网络空间安全技术丛书

工业互联网安全

汪烈军 杨焱青

主编

CYBERSPACE SECURITY
TECHNOLOGY
INDUSTRIAL INTERNET SECURITY

机械工业出版社
CHINA MACHINE PRESS

工业互联网是继移动互联网之后最大的经济机会之一，也是新基建的核心要素，在新基建下安全问题亟待解决。本书以理论和实战相结合的方式，深入研究并系统论述了工业互联网安全方面的相关内容，首先从通用安全方面（包括安全现状、安全态势、安全框架和安全相关政策标准）出发，接着重点探讨了基于工业互联网的威胁建模、攻击检测、安全测评和风险评估，然后详细介绍了工业互联网安全防护，包括防护对象、防护模型和防护技术，最后探讨了典型行业工业互联网的安全解决方案。

全书从通用安全、威胁建模、安全检测、安全防护、安全案例几个方面展开讲解，共14章，每章配有思考与练习，以指导读者进行深入学习。本书提供实验指导书，读者可通过扫描封底二维码获取相关资源。

本书既可作为工业互联网、工业控制系统、信息安全和网络空间安全等领域的科研人员和安全技术人员的参考书，也可作为高等院校工业互联网安全课程的教材，以及对工业互联网安全感兴趣的读者的学习用书。

图书在版编目（CIP）数据

工业互联网安全/汪烈军，杨焱青主编． —北京：机械工业出版社，2023.5
（网络空间安全技术丛书）
ISBN 978-7-111-72941-9

Ⅰ．①工⋯ Ⅱ．①汪⋯②杨⋯ Ⅲ．①互联网络-应用-工业发展-网络安全-研究 Ⅳ．①F403-39②TP393.08

中国国家版本馆CIP数据核字（2023）第057433号

机械工业出版社（北京市百万庄大街22号 邮政编码100037）
策划编辑：郝建伟 责任编辑：郝建伟 解 芳
责任校对：龚思文 张 薇 责任印制：郜 敏
三河市宏达印刷有限公司印刷
2023年6月第1版第1次印刷
184mm×260mm・23.5印张・582千字
标准书号：ISBN 978-7-111-72941-9
定价：149.00元

电话服务 网络服务
客服电话：010-88361066 机 工 官 网：www.cmpbook.com
　　　　　010-88379833 机 工 官 博：weibo.com/cmp1952
　　　　　010-68326294 金 书 网：www.golden-book.com
封底无防伪标均为盗版 机工教育服务网：www.cmpedu.com

网络空间安全技术丛书
专家委员会名单

主　　任　沈昌祥　中国工程院院士
副 主 任　方滨兴　中国工程院院士
　　　　　王小云　中国科学院院士
委　　员（以姓氏拼音为序）
　　　　　陈兴蜀　四川大学
　　　　　陈　洋　小米科技有限责任公司
　　　　　程　光　东南大学
　　　　　程　琳　中国人民公安大学
　　　　　丁　勇　广西密码学与信息安全重点实验室
　　　　　弓峰敏　滴滴出行科技有限公司
　　　　　贺卫东　中电长城网际系统应用有限公司
　　　　　贾　焰　中国人民解放军国防科技大学
　　　　　李　晖　西安电子科技大学
　　　　　李建华　上海交通大学
　　　　　李　进　广州大学
　　　　　李欲晓　中国网络空间研究院
　　　　　刘建伟　北京航空航天大学
　　　　　马　斌　腾讯计算机系统有限公司
　　　　　马　杰　北京百度网讯科技有限公司
　　　　　孟　丹　中国科学院信息工程研究所
　　　　　卿　昱　中国电子科技网络信息安全公司
　　　　　任　奎　浙江大学
　　　　　谈剑峰　上海众人网络安全技术有限公司
　　　　　谭晓生　北京赛博英杰科技有限公司
　　　　　位　华　中国信息安全测评中心
　　　　　魏　军　中国网络安全审查技术与认证中心
　　　　　吴志刚　中国软件评测中心
　　　　　肖新光　安天实验室
　　　　　谢海永　中国科学技术大学
　　　　　赵　波　武汉大学
　　　　　郑志彬　华为技术有限公司
　　　　　祝跃飞　中国人民解放军战略支援部队信息工程大学
秘 书 长　胡毓坚　机械工业出版社
副秘书长　秦　安　中国网络空间战略研究所

出版说明

随着信息技术的快速发展，网络空间逐渐成为人类生活中一个不可或缺的新场域，并深入到了社会生活的方方面面，由此带来的网络空间安全问题也越来越受到重视。网络空间安全不仅关系到个体信息和资产安全，更关系到国家安全和社会稳定。一旦网络系统出现安全问题，那么将会造成难以估量的损失。从辩证角度来看，安全和发展是一体之两翼、驱动之双轮，安全是发展的前提，发展是安全的保障，安全和发展要同步推进，没有网络空间安全就没有国家安全。

为了维护我国网络空间的主权和利益，加快网络空间安全生态建设，促进网络空间安全技术发展，机械工业出版社邀请中国科学院、中国工程院、中国网络空间研究院、浙江大学、上海交通大学、华为及腾讯等全国网络空间安全领域具有雄厚技术力量的科研院所、高等院校、企事业单位的相关专家，成立了阵容强大的专家委员会，共同策划了这套"网络空间安全技术丛书"（以下简称"丛书"）。

本套丛书力求做到规划清晰、定位准确、内容精良、技术驱动，全面覆盖网络空间安全体系涉及的关键技术，包括网络空间安全、网络安全、系统安全、应用安全、业务安全和密码学等，以技术应用讲解为主，理论知识讲解为辅，做到"理实"结合。

与此同时，我们将持续关注网络空间安全前沿技术和最新成果，不断更新和拓展丛书选题，力争使该丛书能够及时反映网络空间安全领域的新方向、新发展、新技术和新应用，以提升我国网络空间的防护能力，助力我国实现网络强国的总体目标。

由于网络空间安全技术日新月异，而且涉及的领域非常广泛，本套丛书在选题遴选及优化和书稿创作及编审过程中难免存在疏漏和不足，诚恳希望各位读者提出宝贵意见，以利于丛书的不断精进。

机械工业出版社

前　言

　　工业互联网是新一代IT（Information Technology）与先进OT（Operation Technology）深度融合的全新工业生态、关键基础设施和新型应用模式，通过人、机、物的全面互联，实现全要素、全产业链、全价值链的全面连接，将推动形成全新的工业生产制造和服务体系。工业互联网是"新基建"的七大领域重点建设内容之一，广泛应用于能源、电子制造、石化加工、钢铁生产、汽车制造、航空航天、船舶制造等关系国计民生的重要行业和领域，已成为国家关键信息基础设施的重要组成部分，是繁荣数字经济的新基石和实现数字化转型的重要途径。

　　安全是工业互联网发展过程中的一项关键问题，由于涉及国家关键基础设施，因此其安全防护工作尤为重要。目前，工业互联网安全仍然面临很多新挑战，还有很多问题亟待解决。云计算、边缘计算、工业大数据、5G、人工智能等新技术与工业互联网技术的融合为工业互联网安全带来新的挑战，使得传统工业控制系统和自我防护能力差的设备连接到互联网，打破了传统工业系统相对封闭可信的制造环境，使得大规模工业控制系统和生产系统成为网络攻击的重点目标。一方面，设备和数据暴露面持续增大，攻击路径增多，安全场景更加复杂。另一方面，工业互联网中一直存在的网络攻击、漏洞隐患等共性问题依旧突出，病毒、木马、高级持续性攻击等安全风险对工业互联网产生的安全威胁日益严峻。因此，工业互联网安全建设任重而道远，需要更多的安全技术人员加入到工业互联网安全防护工作中。

　　近几年，针对工业互联网的各类恶意攻击事件越来越频繁，特别是愈加成熟的APT攻击和新兴的勒索攻击正在成为大型制造企业的头号网络威胁，给工业生产带来极为严重的影响，并造成愈加巨大的损失。伊朗遭"震网病毒"入侵、乌克兰断网事件、美国燃油管道商Colonial Pipeline遭到勒索软件定向攻击、丹麦风力发电机制造商维斯塔斯遭受网络攻击导致敏感数据泄露事件，攻击者都实现了对工业网络和互联网络的攻击穿透，实现了从IT网络领域向OT网络领域的侵袭渗透与破坏。随着工业互联网系统建设的成熟，必然会出现更多工业互联网络安全防御漏洞和可攻击面。同时，各行业领域与工业领域的交互融合，也必然会使得工业生产数据价值剧增，产生更多攻击目标，导致更多的攻击诱因和攻击动机。

　　作为新生事物的工业互联网，其自身系统的构建尚处于初始阶段，互联网外部威胁与工业生产安全内部安全问题相互交织，安全风险急剧扩张。本书从工业互联网安全现状、安全态势、安全框架、政策标准、威胁建模、安全检测、安全防御、安全测评、应急响应等多方面进行了深入的调研分析，给出可落地实施的工业互联网安全架构与实践，以期为与工业互联网企业相关的安全防护工作提供参考，保障工业互联网的未来健康发展。

　　本书从通用安全、威胁建模、安全检测、安全防护、安全案例几个方面展开讲解，共

14 章，每章配有思考与练习，以指导读者进行深入学习。第 1 章介绍了工业互联网安全现状，从工业互联网发展历程开始讲解，介绍了工业互联网体系架构 1.0 和 2.0，分析了工业互联网安全技术趋势，总结了近些年工业互联网安全事件，进一步分析了工业互联网的安全风险和面临的安全挑战。第 2 章对工业互联网安全态势展开研究，总结了工业互联网面临的威胁，分析工业互联网的脆弱性，引申出工业互联网安全发展趋势。第 3 章讲解了工业互联网安全框架，从传统工业互联网安全框架引入，介绍美国 IISF、德国 RAMI 4.0、日本 IVRA 和我国工业互联网安全框架 2.0，最后重点阐述了我国工业互联网安全防护框架。第 4 章梳理了近些年国家、相关部门出台的关于工业互联网安全的重要法律法规和行业发布的政策与标准，以及等保 2.0 对工业互联网安全的重点要求。第 5 章讲解了工业互联网威胁建模技术，包括 STRIDE、DREAD、PASTA、VAST、Cyber Kill Chain 和 ATT&CK 威胁建模，并对 ICS 进行威胁建模，给出了对 ICS 威胁建模方法的一些思考。第 6 章讲解了工业互联网攻击检测技术，从异常攻击检测、误用攻击检测、APT 攻击检测和未知威胁攻击检测方面进行介绍，阐述了攻击溯源、威胁狩猎、身份威胁检测和响应、网络安全态势感知方面的知识，最后介绍了常见针对攻击检测模型和数据特征的攻击可解释性方法，增加了人工智能模型的可信度。第 7 章讲解了工业互联网安全测评相关技术，从工业控制系统、工业互联网平台和工业应用程序三个层次详细介绍了安全测评方法。第 8 章讲解了工业互联网风险评估，介绍了风险评估相关知识和实施过程，分析了工业互联网风险评估关键技术。第 9 章从工业互联网设备、工业控制、工业网络、工业应用和工业大数据五个层次阐述工业互联网防护对象所采用的技术方法。第 10 章讲解了工业互联网防护模型，包括自适应 AI 防护模型、自适应安全架构、网络安全网格架构、零信任网络架构、网络安全滑动标尺模型和网络安全能力成熟度模型，这些模型都是业界认可的最新防护模型，体现了当前最新的研究技术。第 11 章讲解了工业互联网防护技术，从渗透测试的安全加固技术、工控蜜罐技术、数据丢失防护技术、移动目标防御技术、网络空间拟态防御技术和 PLC 代码安全审计方面展开详细阐述。第 12 章讲解了工业互联网应急响应体系，介绍了应急响应相关的法律法规、应急响应事件的分级分类、应急响应 PDCERF 模型、应急响应预案和应急响应管理体系。第 13 章具体讲解了工业互联网应急响应实施方法，包括应急响应常用工具、应急响应常用系统命令、应急响应排查和应急响应案例剖析。第 14 章介绍了典型行业工业互联网安全解决方案，旨在为工业互联网相关企业应对日益增长的安全威胁、部署安全防护措施提供指导，提升工业互联网整体安全防护能力。

本书提供实验指导书，读者可通过扫描封底的二维码获取相关内容。实验包括：实验一　工业互联网威胁建模实验；实验二　工业互联网网络入侵检测实验；实验三　工业互联网攻击溯源实验；实验四　工业互联网攻击可解释性实验；实验五　工业互联网安全测评实验；实验六　工业互联网安全风险评估实验；实验七　工业互联网安全防护技术实验；实验八　移动边缘计算中拟态防御模型的构建和测试；实验九　工业控制系统应急响应取证安全实验。

本书在编写过程中参考了工业互联网产业联盟发布的《工业互联网安全框架》《工业互联网典型安全解决方案案例汇编》《中国工业互联网安全态势报告》和《工业互联网体系架构（版本 2.0）》，绿盟科技发布的《工业互联网安全防护白皮书》，梆梆安全研究院发布的《工业互联网网络安全实践指南》，国家工业信息安全发展研究中心发布的《工业互联网平台安全白皮书（2020）》等文献资料，在此表示感谢。同时对本书参考的所有文献的作者表示诚挚的谢意。

本书的目标读者如下。

1）本书可以作为安全技术人员全面了解工业互联网安全知识的参考资料。

2）本书可以为安全领域的科研人员深入理解和掌握工业互联网安全面临的安全威胁、进行威胁建模、构建安全检测和快速响应模型等方面开展相关研究提供参考。

3）本书可以作为信息安全、网络空间安全、计算机及相关专业的本科生和研究生学习工业互联网安全课程的教材。

本书由新疆大学汪烈军、杨焱青主编，参与本书编写工作的同志还有新疆大学刘淑娴、程述立、杨文忠、王佳、周宇、冯尧、马静、姜少臣、王克丰和新疆维吾尔自治区党校李洪涛。本书的顺利出版，要感谢机械工业出版社的领导和郝建伟编辑给予的大力支持和帮助。

由于时间仓促，书中难免存在不足和疏漏之处，敬请广大专家、读者批评指正。

编　者

目 录

出版说明
前　言

- **第1章　工业互联网安全现状　/　001**
- **1.1　工业互联网发展历程　/　001**
  - 1.1.1　国外工业互联网的主要进展　/　003
  - 1.1.2　国内工业互联网的主要进展　/　003
- **1.2　工业互联网体系架构　/　005**
  - 1.2.1　工业互联网体系架构1.0　/　005
  - 1.2.2　工业互联网体系架构2.0　/　006
- **1.3　工业互联网安全技术趋势　/　008**
  - 1.3.1　工业互联网安全与传统IT信息系统安全差异　/　008
  - 1.3.2　工业互联网安全技术发展趋势　/　010
  - 1.3.3　主流工业互联网安全产品介绍　/　011
  - 1.3.4　工业互联网安全技术面临的问题　/　012
- **1.4　工业互联网的安全事件　/　013**
- **1.5　工业互联网的安全风险　/　015**
  - 1.5.1　设备层的安全风险　/　016
  - 1.5.2　控制层的安全风险　/　017
  - 1.5.3　网络层的安全风险　/　017
  - 1.5.4　应用层的安全风险　/　018
  - 1.5.5　数据层的安全风险　/　020
- **1.6　工业互联网的安全挑战　/　021**
  - 1.6.1　设备层的安全挑战　/　021
  - 1.6.2　控制层的安全挑战　/　022
  - 1.6.3　网络层的安全挑战　/　023
  - 1.6.4　应用层的安全挑战　/　023
  - 1.6.5　数据层的安全挑战　/　024
- **1.7　本章小结　/　024**

1.8 思考与练习 / 025

第 2 章 工业互联网安全态势 / 026

2.1 工业互联网面临的威胁 / 026
2.1.1 网络入侵 / 026
2.1.2 恶意软件 / 026
2.1.3 网络攻击 / 027
2.1.4 网络漏洞 / 027
2.1.5 人为威胁 / 027
2.1.6 自然威胁和意外威胁 / 028

2.2 工业互联网的脆弱性 / 028
2.2.1 平台架构脆弱性 / 029
2.2.2 平台设备暴露与漏洞 / 029
2.2.3 网络通信协议脆弱性 / 030
2.2.4 网络运维脆弱性 / 030

2.3 工业互联网安全发展趋势 / 030
2.3.1 融合安全技术成为 OT 与 IT 融合趋势下的必然选择 / 030
2.3.2 工业互联网未知威胁防范成为难点 / 030
2.3.3 云平台成为安全防护的重点 / 031
2.3.4 内生安全防御和补偿式安全防御将长期并存 / 032
2.3.5 工业互联网安全防护自动化与智能化将不断发展 / 032
2.3.6 对大数据的保护将成为防护热点 / 032
2.3.7 工业互联网安全态势监测与态势感知将成为重要技术手段 / 033

2.4 本章小结 / 033

2.5 思考与练习 / 033

第 3 章 工业互联网安全框架 / 034

3.1 传统工业互联网安全框架 / 034
3.1.1 OSI 安全体系结构 / 034
3.1.2 美国 ISS 公司 P2DR 模型 / 035
3.1.3 美国国家安全局 IATF / 036
3.1.4 国际电工委员会 IEC 62443 标准 / 037
3.1.5 我国 WPDRRC 模型 / 038

3.2 工业互联网安全基本框架 / 039
3.2.1 美国工业互联网安全框架（IISF） / 039
3.2.2 德国工业 4.0 安全框架（RAMI 4.0） / 040
3.2.3 日本工业价值链参考架构（IVRA） / 041

3.2.4　我国工业互联网安全框架 2.0　/　042
3.3　我国工业互联网安全防护框架　/　044
　　　3.3.1　设计原则　/　044
　　　3.3.2　安全防护框架　/　045
3.4　本章小结　/　051
3.5　思考与练习　/　051

第 4 章　工业互联网安全相关政策标准　/　052

4.1　国家正式发布的法律法规　/　052
　　　4.1.1　国内网络安全法律法规　/　052
　　　4.1.2　国外工业互联网安全政策　/　053
　　　4.1.3　国内工业互联网安全政策　/　055
4.2　行业发布的相关标准　/　058
4.3　网络安全等级保护的重点要求　/　059
　　　4.3.1　安全通用要求　/　060
　　　4.3.2　安全扩展要求　/　061
4.4　本章小结　/　061
4.5　思考与练习　/　061

第 5 章　工业互联网威胁建模　/　063

5.1　STRIDE 威胁建模　/　063
　　　5.1.1　STRIDE 的 6 类威胁　/　064
　　　5.1.2　STRIDE 威胁建模的一般流程　/　065
　　　5.1.3　STRIDE 威胁建模的优点　/　066
5.2　威胁评级 DREAD　/　067
　　　5.2.1　威胁评级　/　067
　　　5.2.2　DREAD 威胁评级模型　/　067
　　　5.2.3　通用漏洞评分系统（CVSS）　/　068
　　　5.2.4　智能航旅威胁分析案例　/　071
5.3　PASTA 威胁建模　/　075
5.4　VAST 威胁建模　/　076
　　　5.4.1　应用程序威胁模型（ATM）　/　077
　　　5.4.2　运营威胁模型（OTM）　/　077
5.5　Cyber Kill Chain 威胁建模　/　078
　　　5.5.1　ICS 网络杀伤链模型　/　078
　　　5.5.2　ICS 杀伤链案例分析　/　082
5.6　ATT&CK 威胁建模　/　084

5.6.1　ATT&CK 模型　/　084
　　　5.6.2　ICS 知识库的 ATT&CK　/　086
　　　5.6.3　威胁捕获及示例　/　088
5.7　ICS 威胁建模方法的思考　/　090
　　　5.7.1　ICS 威胁建模的主要应用对象　/　090
　　　5.7.2　ICS 威胁建模逐渐得到业界的价值认可　/　090
　　　5.7.3　ICS 威胁建模方法的"殊途同归"　/　091
　　　5.7.4　ICS 威胁建模具备"双刃剑"特性　/　092
　　　5.7.5　ICS 威胁建模的开放性和动态性　/　092
　　　5.7.6　ICS 威胁模型存在明显的局限性　/　093
5.8　本章小结　/　093
5.9　思考与练习　/　094

第 6 章　工业互联网攻击检测　/　095

6.1　异常攻击检测　/　095
　　　6.1.1　异常攻击检测原理　/　095
　　　6.1.2　常见异常攻击检测方法　/　096
6.2　误用攻击检测　/　098
　　　6.2.1　误用攻击检测原理　/　098
　　　6.2.2　常见误用攻击检测方法　/　098
6.3　APT 攻击检测　/　100
　　　6.3.1　APT 攻击分析　/　100
　　　6.3.2　常见 APT 攻击检测方法　/　102
6.4　未知威胁攻击检测　/　103
　　　6.4.1　未知威胁共性　/　103
　　　6.4.2　未知威胁常见检测方法　/　104
6.5　攻击溯源　/　105
　　　6.5.1　攻击源捕获　/　105
　　　6.5.2　溯源反制手段　/　107
　　　6.5.3　攻击者画像　/　108
6.6　威胁狩猎　/　109
　　　6.6.1　威胁狩猎原理　/　109
　　　6.6.2　威胁狩猎循环　/　111
　　　6.6.3　威胁狩猎模型　/　112
　　　6.6.4　威胁狩猎实现　/　117
6.7　身份威胁检测和响应　/　118
6.8　网络安全态势感知　/　122

　　　　6.8.1　网络安全态势感知体系　/　122
　　　　6.8.2　网络安全态势感知技术框架　/　123
　　　　6.8.3　工业互联网安全态势感知框架　/　126
● 6.9　攻击可解释性　/　128
　　　　6.9.1　LIME　/　129
　　　　6.9.2　SHAP　/　131
　　　　6.9.3　CX-ToM　/　132
● 6.10　本章小结　/　133
● 6.11　思考与练习　/　133

第 7 章　工业互联网安全测评　/　134

● 7.1　工业互联网安全测评相关技术　/　134
　　　　7.1.1　健壮性测试技术　/　134
　　　　7.1.2　压力测试技术　/　135
　　　　7.1.3　网络资产发现　/　136
　　　　7.1.4　端口扫描及漏洞扫描　/　138
　　　　7.1.5　漏洞挖掘技术　/　140
　　　　7.1.6　渗透测试　/　142
● 7.2　工业控制系统安全测评　/　144
　　　　7.2.1　工业控制系统渗透测评　/　144
　　　　7.2.2　工业控制系统漏洞挖掘　/　144
　　　　7.2.3　工业总线协议健壮性测评　/　146
● 7.3　工业互联网平台安全测评　/　147
　　　　7.3.1　云平台安全测评　/　147
　　　　7.3.2　边缘计算平台安全测评　/　148
　　　　7.3.3　大数据平台安全测评　/　148
　　　　7.3.4　人工智能安全测评　/　149
　　　　7.3.5　数据库安全测评　/　151
● 7.4　工业应用程序安全测评　/　151
　　　　7.4.1　漏洞扫描　/　151
　　　　7.4.2　压力测试　/　152
　　　　7.4.3　渗透测试　/　152
　　　　7.4.4　源代码审计　/　153
● 7.5　本章小结　/　155
● 7.6　思考与练习　/　155

第 8 章　工业互联网风险评估　/　156

8.1　风险评估简介　/　156
- 8.1.1　风险评估标准　/　156
- 8.1.2　风险评估要素　/　157
- 8.1.3　风险评估方法　/　158
- 8.1.4　风险评估的工作形式　/　159

8.2　风险评估实施过程　/　160
- 8.2.1　风险评估准备　/　161
- 8.2.2　资产识别　/　162
- 8.2.3　威胁识别　/　168
- 8.2.4　脆弱性识别　/　170
- 8.2.5　已有安全措施识别　/　172
- 8.2.6　风险分析　/　172
- 8.2.7　风险评价　/　174
- 8.2.8　风险处置　/　175
- 8.2.9　沟通与协商　/　176
- 8.2.10　风险评估文档　/　176

8.3　工业互联网风险评估关键技术　/　177
- 8.3.1　工业互联网资产梳理　/　177
- 8.3.2　工业互联网安全基线评估　/　180
- 8.3.3　工业互联网态势感知动态评估　/　181
- 8.3.4　工业通信协议解析分析与流量构造　/　182
- 8.3.5　工业互联网仿真测试环境建设　/　183

8.4　本章小结　/　185

8.5　思考与练习　/　185

第 9 章　工业互联网防护对象　/　186

9.1　工业互联网设备安全防护　/　186
- 9.1.1　设备安全措施　/　186
- 9.1.2　设备安全实施路径　/　187

9.2　工业控制安全防护　/　188

9.3　工业网络安全防护　/　190
- 9.3.1　工业互联网安全防护措施　/　190
- 9.3.2　网络安全防护设备部署　/　191

9.4　工业应用安全防护　/　194

9.5　工业大数据安全防护　/　195
- 9.5.1　工业大数据定义及特征　/　195
- 9.5.2　工业大数据防护采取的措施　/　196

　　　　9.5.3　隐私计算　/　197
　　　　9.5.4　灾难备份　/　201
　　　　9.5.5　数据脱敏　/　203
　9.6　本章小结　/　206
　9.7　思考与练习　/　206

第 10 章　工业互联网防护模型　/　207
　10.1　自适应 AI 防护模型　/　207
　10.2　自适应安全架构　/　209
　　　　10.2.1　自适应安全架构 1.0　/　209
　　　　10.2.2　自适应安全架构 2.0　/　210
　　　　10.2.3　自适应安全架构 3.0　/　210
　10.3　网络安全网格架构　/　211
　10.4　零信任网络架构　/　215
　　　　10.4.1　零信任网络安全模型　/　215
　　　　10.4.2　零信任安全架构　/　217
　　　　10.4.3　零信任网络关键技术　/　219
　　　　10.4.4　零信任网络架构的应用　/　222
　10.5　网络安全滑动标尺模型　/　224
　　　　10.5.1　架构安全　/　226
　　　　10.5.2　被动防御　/　228
　　　　10.5.3　主动防御　/　228
　　　　10.5.4　威胁情报　/　228
　　　　10.5.5　进攻反制　/　229
　10.6　网络安全能力成熟度模型　/　229
　　　　10.6.1　C2M2 成熟度级别　/　229
　　　　10.6.2　C2M2 架构　/　230
　　　　10.6.3　C2M2 应用　/　248
　10.7　本章小结　/　250
　10.8　思考与练习　/　251

第 11 章　工业互联网防护技术　/　252
　11.1　渗透测试的安全加固技术　/　252
　　　　11.1.1　基于防火墙的安全加固技术　/　253
　　　　11.1.2　数据库的安全加固技术　/　253
　　　　11.1.3　网络设备的安全加固技术　/　253
　　　　11.1.4　Web 网络安全加固技术　/　254

11.2　工控蜜罐技术　/　255
　　11.2.1　工控蜜罐技术概述　/　255
　　11.2.2　工控蜜罐的应用案例　/　256
11.3　数据丢失防护技术　/　257
　　11.3.1　数据丢失防护概述　/　257
　　11.3.2　数据丢失防护的传统方法　/　257
　　11.3.3　数据丢失防护的现代方法　/　259
11.4　移动目标防御技术　/　261
　　11.4.1　移动目标防御的主要内容　/　261
　　11.4.2　移动目标防御的策略选择　/　262
　　11.4.3　移动目标防御的常用技术　/　264
　　11.4.4　移动目标防御的相关应用　/　265
11.5　网络空间拟态防御技术　/　267
　　11.5.1　拟态防御的主要内容　/　267
　　11.5.2　拟态防御的相关应用　/　270
11.6　PLC 代码安全审计　/　273
　　11.6.1　PLC 代码安全审计的主要内容　/　274
　　11.6.2　PLC 代码安全审计方法　/　277
11.7　本章小结　/　279
11.8　思考与练习　/　279

第 12 章　工业互联网应急响应体系　/　280

12.1　应急响应相关的法律法规　/　280
12.2　应急响应事件的分级分类　/　283
12.3　应急响应 PDCERF 模型　/　285
12.4　应急响应预案　/　287
12.5　应急响应管理体系　/　288
12.6　本章小结　/　289
12.7　思考与练习　/　289

第 13 章　工业互联网应急响应实施方法　/　290

13.1　应急响应常用工具　/　290
　　13.1.1　进程分析工具　/　290
　　13.1.2　流量分析工具　/　296
　　13.1.3　启动项分析工具　/　299
　　13.1.4　信息收集工具　/　300
　　13.1.5　辅助工具　/　300

13.1.6　WebShell 查杀工具　/　301

13.1.7　专杀工具　/　302

13.2　应急响应常用系统命令　/　304

13.2.1　应急响应系统内容　/　304

13.2.2　应急响应目的及流程　/　305

13.2.3　基于 Linux 的工业系统的常用命令　/　306

13.2.4　基于 Windows 的工业系统的常用命令　/　310

13.3　应急响应排查　/　312

13.3.1　电力生产企业工业互联网安全能力建设　/　312

13.3.2　工业互联网的公共卫生应急响应排查　/　314

13.3.3　工业互联网安全态势感知助力石油石化行业安全防护　/　314

13.3.4　工业互联网安全应急响应中的关键排查技术　/　317

13.4　应急响应案例剖析　/　318

13.4.1　应急响应案例回顾与分析　/　318

13.4.2　应急响应案例总结　/　320

13.5　本章小结　/　322

13.6　思考与练习　/　322

第14章　典型行业工业互联网安全解决方案　/　323

14.1　水电厂工业互联网电力监控系统综合安全防护解决方案　/　323

14.1.1　方案概述　/　323

14.1.2　典型安全问题　/　324

14.1.3　安全解决方案　/　325

14.1.4　小结　/　328

14.2　风电场电力监控系统网络安全解决方案　/　329

14.2.1　方案概述　/　329

14.2.2　典型安全问题　/　329

14.2.3　安全解决方案　/　331

14.2.4　小结　/　336

14.3　火力发电工业控制系统安全防护解决方案　/　336

14.3.1　方案概述　/　336

14.3.2　典型安全问题　/　336

14.3.3　安全解决方案　/　337

14.3.4　小结　/　339

14.4　某石油石化企业安全解决方案　/　339

14.4.1　方案概述　/　339

14.4.2　典型安全问题　/　339

14.4.3　安全解决方案　/　339

14.4.4　小结　/　341
14.5　智慧水务典型安全解决方案　/　341
14.5.1　方案概述　/　341
14.5.2　典型安全问题　/　342
14.5.3　安全解决方案　/　342
14.5.4　小结　/　346

14.6　某燃气企业安全解决方案　/　347
14.6.1　方案概述　/　347
14.6.2　典型安全问题　/　347
14.6.3　安全解决方案　/　347
14.6.4　小结　/　349

14.7　本章小结　/　349
14.8　思考与练习　/　349

参考文献　/　350

第 1 章　工业互联网安全现状

工业互联网（Industrial Internet）是新一代信息通信技术与工业经济深度融合所形成的新兴业态与应用模式，其将设备、人和数据分析连接起来，通过对大数据的利用和分析，构建起覆盖全产业链、全价值链的全新制造和服务体系，为工业乃至产业数字化、网络化、智能化发展提供了实现途径，降低了能耗且提升了效率，是第四次工业革命的重要基石。

工业互联网不是互联网在工业领域的简单应用，而是全球工业系统与高级计算、分析、传感技术以及互联网的高度融合。它以网络为基础，以平台为中枢，以数据为要素，以安全为保障，既是工业数字化、网络化、智能化转型的基础设施，也是互联网、大数据、人工智能与实体经济深度融合的应用模式，同时还是一种新业态、新产业，将重塑企业形态、供应链和产业链。传统的工业企业与用户之间的协调效率较低，而工业互联网可以有效地整合工业系统中的信息资源，有效地降低工业生产的成本，提高生产效率，并能实现工业生产的个性化和智能化。工业互联网对支撑制造强国和网络强国建设、提升产业链现代化水平、推动经济高质量发展和构建新发展格局，都具有十分重要的意义。

工业互联网安全是指网络系统的设备、网络、控制、应用和数据受到保护，不因偶然的或者恶意的原因而遭受破坏、更改、泄露，系统可以连续、可靠、正常地运行，网络服务不中断。建设满足工业需求的安全技术体系和管理体系，增强设备、网络、控制、应用和数据的安全保障能力，识别和抵御安全威胁，化解各类安全风险，构建工业智能化发展的安全可信环境。

1.1　工业互联网发展历程

工业互联网是开放、全球化的网络，通过将人、数据、智能资产和设备连接起来，达到提高生产力和工作效率、降低成本、减少资源使用的目标，从而促进新一轮的工业革命。随着信息技术的飞速发展，物理世界和信息世界将不断融合，通信网络已经从人与人的通信发展到人与机器以及机器与机器的通信。从发展历程来看，工业互联网经历了从工业控制系统到传感网、物联网，再到现在的工业互联网，如图1-1所示。

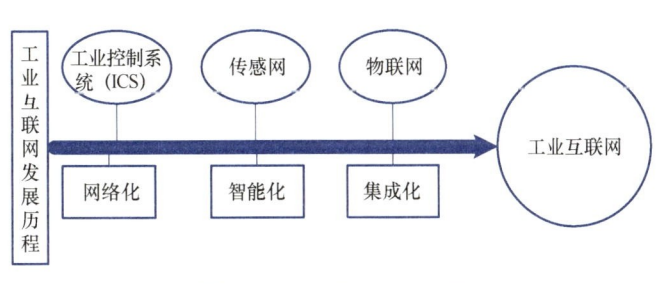

● 图 1-1　工业互联网发展历程

目前，工业互联网有两大内涵。首先工业互联网是关键网络基础设施，工业互联网基于现有互联网，但同时会推动互联网发展和演进，以便满足安全、实时、可靠性等要求，包括工厂内网、工厂外网和标识解析。同时，工业互联网还是新业态和新模式，类似于互联网和移动互联网，围绕工业生产经营，会产生很多应用创新，包括智能化生产、网络化协同等。工业互联网的功能视角包括三大体系，即网络体系、数据体系、安全体系。网络体系是基础，主要作用是把各个工业要素、工业环节连接起来，以支持数据的流动，具体包括网络互联、标识解析、信息交互；数据体系是核心，通过数据的流动、共享、汇聚，支撑形成各种智能化应用，包括三大闭环，即生产控制闭环、企业层面的运行决策优化闭环、整个产业链价值链闭环，其中，生产控制闭环因为要满足生产环节实时反馈控制要求，需要满足超低时延、超高可靠性等要求；安全体系是保障，需要和工业互联网发展同步规划、同步部署。三大体系是工业互联网的关键技术设施，工业互联网发展的核心任务之一就是建设好三大体系。

网络体系方面，工业互联网的外延扩大了，包含了工厂内网，工业控制系统原有相对封闭的使用环境逐渐被打破，开放性和互联性越来越强，使得工业控制系统与各种业务系统的协作成为可能，工业设备、人、信息系统和数据的联系越来越紧密，IT/CT/OT（信息技术/通信技术/操作技术）进行了深度融合。工业互联网由传统DNS域名解析延伸到工业互联网的标识解析，工业互联网标识解析体系的核心包括标识编码、标识载体、标识解析系统、标识数据服务四个部分。标识解析体系为工业互联网的每一个机器和产品赋予"身份证"，是工业互联网"基础中的基础"，是支撑工业互联网互联互通的神经枢纽，也是驱动工业互联网创新发展的关键核心设施。

数据体系方面，数据体系是核心，通过数据汇聚和大数据分析等技术，形成智能分析和判断，而原来工业生产、经营、管理主要依赖于既有经验，平台将来可能汇聚很多数据。工业互联网平台功能可划分为三层，类似于云计算，最底层是边缘层（相当工厂现场OT部分），通过协议转换和边缘计算形成有效的数据采集体系，对设备、系统、产品等方面的数据进行采集，从而将物理空间的隐形数据在网络空间显性化；中间是工业PaaS层，工业PaaS层是平台的核心，对数据进行汇聚、处理、清洗，将云计算、大数据技术与工业生产实际经验相结合，形成工业数据基础分析能力，将工业模型、工业知识、工业经验等资源进行数字化，向下对接海量工业装备、仪器、产品，向上支撑工业智能化应用的快速开发和部署，构建云端开放共享开发环境；最上层是工业应用SaaS层，包括云化工业软件，以行业用户和第三方开发者为主，通过调用和封装工业PaaS层上的开放工具，形成面向行业和场景的创新应用。

安全体系方面，随着工业互联网的发展，很多工业设备、系统都要连接到互联网上，会带来很多安全挑战和风险。现在工业体系相对封闭，有的企业采用物理隔离或者逻辑隔离的方式来保障系统安全，但是工业互联网的发展会慢慢促进工业系统的开放，互联网上的很多安全风险都会延伸到工业互联网中，所以安全体系建设是工业互联网发展的一个很重要的基础和前提。工业互联网安全体系包含五个方面，即设备安全、网络安全、控制安全、应用安全和数据安全。

工业互联网目前以制造为切入点，但它不仅仅包含制造业的应用，也包含其他领域。做好基础设施，如网络平台、安全等，保证实时安全可靠，才可以有效支撑能源、交通、物流等的发展。3D打印、智能装备等强调单点智能，工业互联网是一个大的体系设计。通过数据的流动、数据分析，形成系统化的智能，这远远不是原来靠经验来判断可比拟的，可能会出现很多新的发展空间，这会对现有工业体系产生很大的影响。工业互联网的工业体系实际上很复杂，将来工业互联网在工厂内部会出现新的网络连接，以及智能传感器、控制器等更多数据采集节点，互联网中会出现很多工业互联网平台。

1.1.1 国外工业互联网的主要进展

目前，工业互联网是全球布局热点。美国希望打造工业互联网发展基础，而且不仅仅是围绕工业，还包括能源、车联网、智慧城市等。2012年末，美国通用电气（GE）公司首次提出了工业互联网的概念，提出的关于产业设备与IT融合的方法论在2013年第一个正式投入使用。随后，GE公司联合AT&T、思科、IBM和英特尔四家IT巨头在2014年3月组建了工业互联网联盟（Industrial Internet Consortium，IIC）。IIC的目标是推动工业与信息技术领域的融合，实现传感、连接、大数据分析等在工业领域的深度应用，协同其他机构（尤其是标准组织）解决标准规范等问题。与此同时，250家公司也加入了此联盟，成员分布于29个国家和地区。IIC执行董事Richard Mark Soley博士讲到，从最广义来讲，IIC旨在汇聚"操作系统"，这意味着机器和工厂以及信息技术将结合在一起。

德国更侧重于制造业，强调ICT技术和工业本身的结合，在2013年4月的汉诺威工业博览会上，德国政府正式推出启动"工业4.0"计划，获得了德国科研机构的大力支持，投资约2亿欧元，推动以信息物理系统（CPS）为基础，以生产高度数字化、网络化、机器自组织为标志的工业革命。德国"工业4.0"以西门子、博世、SAP等领先企业的"工业4.0"关键部件产品与工业软件系统为抓手，在全球大量输出"工业4.0"核心产品与整体解决方案，同时高度重视技术标准的推广与合作，广泛开展与美国、中国等国家的工业互联网标准对接与整合，建立具有适应性与资源效率的智能工厂（Smart Factory），从而提升制造业的计算机化、数字化与智能化。

日本更强调机器人应用和工业本身的高质量发展，在2015年6月成立价值链促进会（IVI）上，提出了工业价值链参考架构（Industrial Value ChainReference Architecture，IVRA）。IVRA是日本版智能制造的顶层架构，该架构同时参考了美国工业互联网联盟的参考框架IIRA和德国工业4.0参考框架RAMI 4.0的内容，从设备、产品、流程、人员的资产视角，质量、成本、交付、环境的管理视角，以及计划、执行、检查、执行的活动视角，组成三维模型，并细分出智能制造单元（SMU），进而提出了智能制造的总体功能模块架构，形成了日本智能制造的特有范式。

1.1.2 国内工业互联网的主要进展

近年来，我国工业互联网发展态势良好，有力提升了产业融合创新水平，加快了制造业数字化转型步伐，推动了实体经济高质量发展。工业互联网、5G、数据中心等数字基础设施日益成为新兴基础设施的重要组成部分。在这些高科技领域，既是基础设施，又是新兴产业，既有巨大的投资需求，又能撬动庞大的消费市场，乘数效应、边际效应显著。

我国首先是从参考架构设计出发，同时通过测试引导新技术的研究，通过应用案例标杆来引导应用探索。2013 年以来，我国相继出台了一系列政策鼓励工业云的发展。2017 年 11 月，国务院印发了《关于深化"互联网+先进制造业"发展工业互联网的指导意见》，标志着我国工业互联网顶层设计正式出台，对我国工业互联网发展具有重要意义。2019 年 7 月，由工信部等十部门联合印发的《加强工业互联网安全工作的指导意见》中提出：强化平台和工业 App 安全，要求工业互联网平台的建设、运营单位按照相关标准开展平台建设，在平台上线前进行安全评估并部署安全防护措施，建立健全工业 App 应用前安全监测机制，强化应用过程中用户信息和数据安全保护。

我国初步形成了"一大联盟""两大阵营""三大路径""四大模式"的态势。"一大联盟"指工业互联网产业联盟，联盟会员已超过 1000 多家，包括 ICT 企业、工业企业、面向工业领域的解决方案提供商。联盟也在积极提升国际影响力，并吸引外资企业参与，目前联盟会员中包含了 20 多家外资企业。此外，联盟会员中还包含了投融资机构。"两大阵营"指产业界分别从供给侧和需求侧出发来推动和探索工业互联网发展。我国不断加快工业互联网的发展与探索，逐步形成了"三大路径"，一是工业企业的智能化改造，主要侧重于工程内部，连接设备、系统等，加强数据采集，以实现企业提质增效等需求。二是工业与产品、企业上下游和用户的协作，在工业互联网理念引导下，工厂正在从封闭走向开放，产品走向智能化，工厂系统和产品、企业上下游和用户互联起来，在此基础上，提供产品增值服务、企业之间的信息交互与服务协作，来了解用户的感受。三是平台化路径，工业企业、ICT 企业等依托原有能力，结合工业互联网发展需求，以实现工业互联网平台。

我国围绕工业互联网的创新应用有很多，有设备的健康管理、智能生产管理、能耗监控、排放管理、质量管理等。和国外相比，由于我国工业企业信息化基础整体还比较薄弱，在模式创新的同时还需要同步补课，如针对工业企业信息化水平较低的问题，可利用工业互联网平台、企业上云用云，来满足中小企业低成本信息化需求。通过平台连接工厂，可以打通供需，或将订单分解成不同的工厂加工。还有连接物流，可以优化物流效率。有的企业还通过平台来连接金融，服务中小企业贷款等。

我国工业互联网顶层设计已经基本完成，包括国家战略设计和技术体系设计。围绕网络、平台和安全，正在加速创新，当然也面临很多挑战。安全保障体系同步还要加强设计，且与发展同步推进。随着区块链、人工智能等的发展，这些新技术正在加速向工业领域延伸。技术方面，IT 和 OT 融合是个挑战，且新技术在工业领域的应用有效性有待验证，不同场景对应不同数据模型，大数据分析能力需求也有所不同。我国工业领域技术基础较弱，还需补课并加快跟进。应用方面，我国企业信息化程度薄弱，且本身资金短缺，投入不足，一些标准化的解决方案不能大规模推广。

工业互联网不仅仅是制造业的切入点，通过工业互联网发展可以探索出整个数字经济发展的路径，或者说产业转型发展的方法和路径。工业互联网建设好以后，会带动整个实体经济的发展。当然，工业互联网还有很多需要研究和探索的地方，特别是在应用模式、推广模式、商业模式方面，还有很多挑战。

1.2 工业互联网体系架构

当前，以新一代信息技术为驱动的数字浪潮正深刻重塑经济社会的各个领域，移动互联、物联网、云计算、大数据、人工智能等技术与各个产业深度融合，推动着生产方式、产品形态、商业模式、产业组织和国际格局的深刻变革，并加快了第四次工业革命的孕育与发展。越来越清晰的是，工业互联网是实现这一数字化转型的关键路径，构筑了第四次工业革命的发展基石，我国工业互联网体系架构经历了从 1.0 到 2.0 的演进。

1.2.1 工业互联网体系架构 1.0

面向第四次工业革命与新一轮数字化浪潮，全球领先国家无不将制造业数字化作为强化本国未来产业竞争力的战略方向。各国在推进制造业数字化的过程中，不约而同地把参考架构设计作为重要抓手，如德国推出工业 4.0 参考架构 RAMI 4.0、美国推出工业互联网参考架构 IIRA、日本推出工业价值链参考架构 IVRA，其核心目的是以参考架构来凝聚产业共识与各方力量，指导技术创新和产品解决方案研发，引导制造企业开展应用探索与实践，并组织标准体系建设与标准制定，从而推动一个创新型领域从概念走向落地。

为推进工业互联网发展，中国工业互联网产业联盟（Alliance of Industrial Internet，AII）于 2016 年 8 月发布了《工业互联网体系架构（版本 1.0）》，推动产业各界在认识层面达成共识，为开展工业互联网实践提供了参考依据。工业互联网的核心是基于全面互联而形成数据驱动的智能，网络、数据、安全是工业和互联网两个视角的共性基础与支撑。因此，体系架构 1.0 提出工业互联网网络、数据、安全三大体系，如图 1-2 所示。

其中，"网络"是工业系统互联和工业数据传输交换的支撑基础，包括网络互联体系、标识解析体系和应用支撑体系，表现为通过泛在互联的网络基础设施、健全适用的标识解析体系、集中通用的应用支撑体系，实现信息数据在生产系统各单元之间、生产系统与商业系统各主体之间的无缝传递，从而构建新型的机器通信、设备有线与无线连接方式，支撑形成实时感知、协同交互的生产模式。

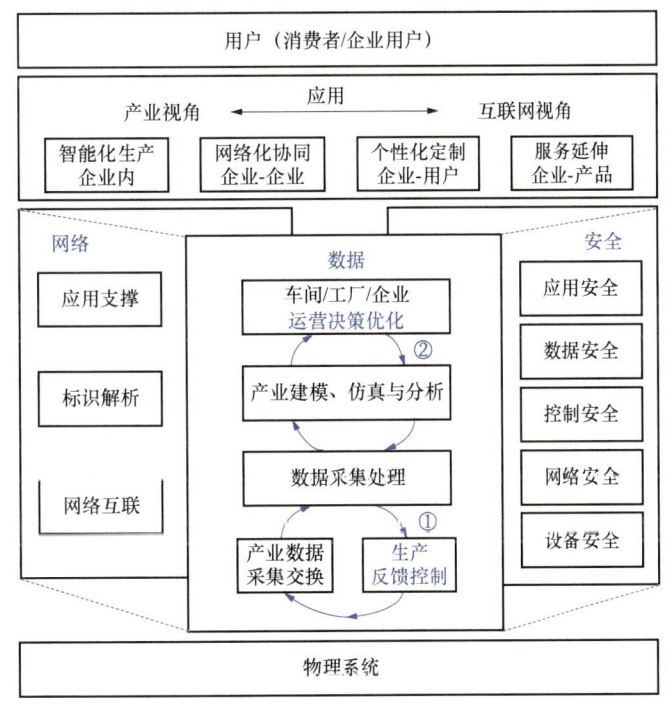

● 图 1-2 工业互联网体系架构 1.0

"数据"是工业智能化的核心驱动，包括数据采集交换、集成处理、建模分析、决策优化和反馈控制等功能模块，表现为通过海量数据的采集交换、异构数据的集成处理、机器数据的边缘计算、经验模型的固化迭代、基于云的大数据计算分析，实现对生产现场状况、协作企业信息、市场用户需求的精确计算和复杂分析，从而形成企业运营的管理决策以及机器运转的控制指令，驱动从机器设备、运营管理到商业活动的智能和优化。

"安全"是网络与数据在工业中应用的安全保障，包括设备安全、网络安全、控制安全、数据安全、应用安全和综合安全管理，表现为通过涵盖整个工业系统的安全管理体系，避免网络设施和系统软件受到内部与外部攻击，降低企业数据被未经授权访问的风险，确保数据传输与存储的安全性，实现对工业生产系统和商业系统的全方位保护。

基于工业互联网的网络、数据与安全三大体系，工业互联网重点构建面向工业智能化发展的三大优化闭环。一是面向机器设备运行优化的闭环，核心是基于对机器操作数据、生产环境数据的实时感知和边缘计算，实现机器设备的动态优化调整，构建智能机器和柔性产线；二是面向生产运营优化的闭环，核心是基于信息系统数据、制造执行系统数据、控制系统数据的集成处理和大数据建模分析，实现生产运营管理的动态优化调整，形成各种场景下的智能生产模式；三是面向企业协同、用户交互与产品服务优化的闭环，核心是基于供应链数据、用户需求数据、产品服务数据的综合集成与分析，实现企业资源组织和商业活动的创新，并进一步形成智能化生产、网络化协同、个性化定制、服务化延伸四大应用模式。

1.2.2　工业互联网体系架构 2.0

在发展和演进的同时，工业互联网产业联盟（AII）于 2020 年 4 月发布了《工业互联网体系架构（版本 2.0）》，工业互联网体系架构 2.0 充分继承了体系架构 1.0 的核心理念、要素和功能体系。在体系架构 2.0 的研究设计中，一方面充分参考了主流的架构设计方法论，包括以 ISO/IEC/IEEE 42010 为代表的系统与软件工程架构方法论和以开放组体系结构框架（TOGAF）、美国国防部体系架构框架（DODAF）为代表的企业架构方法论，以提升架构设计的科学性和体系性；另一方面借鉴现有相关参考架构的设计理念与关键要素，包括以工业互联网参考架构（IIRA）为代表的软件架构、以工业 4.0 架构（RAMI 4.0）和工业价值链参考架构（IVRA）为代表的工业架构和以物联网参考架构（ISO/IEC 30141）为代表的通信架构。

工业互联网体系架构 2.0 从业务视图、功能架构、实施框架三大板块重新定义了工业互联网的参考体系架构，并逐一展开，形成了以商业目标和业务需求为牵引，进而明确系统功能定义与实施部署方式的设计思路，自上向下层层细化和深入，如图 1-3 所示。

业务视图明确了企业应用工业互联网实现数字化转型的目标、方向、业务场景及相应的数字化能力。业务视图首先提出了工业互联网驱动的产业数字化转型的总体目标和方向，以及这一趋势下企业应用工业互联网构建数字化竞争力的愿景、路径和举措。这在企业内部将会进一步细化为若干具体业务的数字化转型策略，以及企业实现数字化转型所需的一系列关键能力。业务视图主要用于指导企业在商业层面明确工业互联网的定位和作用，提出的业务需求和数字化能力需求对于后续功能架构设计是重要指引。

功能架构明确企业支撑业务实现所需的核心功能、基本原理和关键要素。功能架构首先提出了以数据驱动的工业互联网功能原理总体视图，形成物理实体与数字空间的全面联接、

● 图 1-3 工业互联网体系架构 2.0

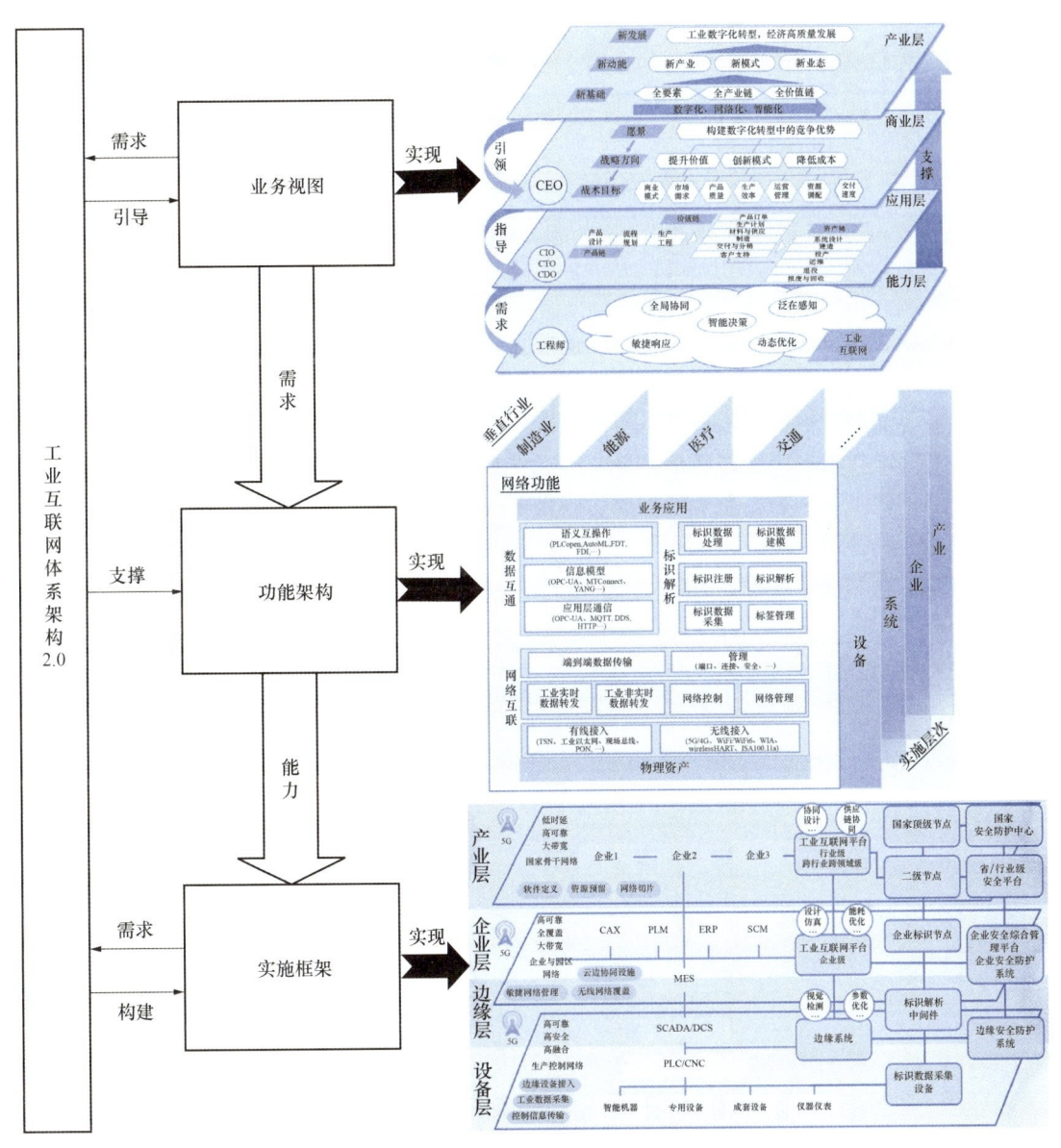

精准映射与协同优化,并明确这一机理作用于从设备到产业等各层级,覆盖制造、医疗等多行业领域的智能分析与决策优化,进而细化分解为网络、平台、安全三大体系的子功能视图,描述构建三大体系所需的功能要素与关系。功能架构主要用于指导企业构建工业互联网的支撑能力与核心功能,并为后续工业互联网实施框架的制定提供参考。

实施框架描述各项功能在企业落地实施的层级结构、软硬件系统和部署方式。实施框架结合当前制造系统与未来发展趋势,提出了由设备层、边缘层、企业层、产业层四层组成的实施框架层级划分,明确了各层级的网络、标识、平台、安全的系统架构、部署方式以及不同系统之间的关系。实施框架主要是为企业提供工业互联网具体落地的统筹规划与建设方案,可进一步用于指导企业技术选型与系统搭建。

1.3 工业互联网安全技术趋势

1.3.1 工业互联网安全与传统IT信息系统安全差异

随着以大数据、云计算和边缘计算等技术为代表的新一代数字技术的兴起，全球进入了数字经济时代，由于与传统产业加速融合，工业互联网开始崭露头角。工业互联网深刻改变了并继续改变着传统制造业的生成方式、组织方式和商业模式，也不断推动着全球工业制造业的快速发展。当今，工业互联网广泛应用于智能制造行业，该行业是关系到国计民生的重要行业，因而安全也被提到了前所未有的高度，与网络、平台并列成为工业互联网的三大功能体系。互联网技术的应用将打破企业生产系统的封闭性，实现企业管理与控制的一体化，提高企业信息化水平，为企业实现生产、管理系统的高效集成奠定基础。但是，工业互联网与传统IT信息系统的建设目标不同，这导致它们在技术、管理与服务等很多方面有相当大的差异，一些典型的差异见表1-1。

● 表1-1 工业互联网与传统IT信息系统的差异化对比

对比项	工业互联网	传统IT信息系统
建设目标	利用计算机、互联网、微电子以及电气等技术，使工厂的生产和制造过程更加自动化、效率化、精确化，并具有可控性及可视性。强调的是工业自动化过程及相关设备的智能控制、监测与管理	利用计算机、互联网技术实现数据处理与信息共享
体系架构	IISF框架、德国工业4.0安全框架、工业互联网体系架构2.0	OSI安全体系结构、P2DR模型、IATF框架、IEC 62443
网络组成	由PLC、RTU、DCS、SCADA等工业控制设备及系统和专用网络互联网协议组成的计算机网络	由计算机系统通过互联网协议组成的计算机网络
操作系统	广泛使用VxWorks、uCLinux、WinCE等嵌入式操作系统，并有可能根据需要进行功能裁减或定制	采用Windows、UNIX、Linux等通用操作系统
数据交换协议	专用通信协议或规约（OPC、Modbus、DNP3等）直接使用或作为TCP/IP的应用层使用	TCP/IP协议栈（应用层协议：HTTP、FTP、SMTP等）
数据保密性	数据保密性要求高，尤其是针对行业敏感数据	数据保密要求不高
系统实时性	系统传输、处理信息的实时性要求高，不能停机和重启恢复	系统的实时性要求不高，信息传输允许延迟，可以停机和重启恢复
系统故障响应	不可预料的中断会造成经济损失或灾难，故障必须紧急响应处理	不可预料的中断可能会造成任务损失，系统故障的处理响应级别根据IT系统的要求而定

(续)

对 比 项	工业互联网	传统 IT 信息系统
系统升级难度	专有系统兼容性差、软硬件升级较困难，一般很少进行系统升级。如需升级可能需要整个系统升级换代	采用通用系统，兼容性较好，软硬件升级较容易，且软件系统升级较频繁
与其他系统的连接关系	一般需要与互联网进行物理隔离	与互联网存在一定的连通性

在传统的信息安全领域，通常将保密性（Confidentiality）、完整性（Integrity）和可用性（Availability）称为安全的三种基本属性，简称 CIA。在大部分情况下，保密性是传统信息安全领域最重要的部分，但在工业控制系统领域则有较大的不同。工业控制系统强调的是工业自动化程度及对相关设备的智能控制、监测与管理能力。工业控制系统在系统架构、设备操作系统、数据交换协议等方面与普通 IT 信息系统存在较大差异，而且更为关注系统的实时性与业务连续性。因此，在工业控制系统中需要首先保证系统设备的可用性和完整性。而由于工业控制系统中传输的数据通常是控制指令和采集的原始数据，而且多是实时数据，需要放在特定的环境下分析才有意义，因此对保密性的要求最低。

工业互联网平台通过各类机器设备、人、业务系统的互联，促进数据跨系统、端到云的流动，基于数据分析、建模和应用，实现数据驱动的生产、运营闭环优化，形成新的业务模式和新的业态。与传统 IT 信息系统相比，工业互联网平台促使流程驱动的业务系统转变为数据驱动的应用范式，为工业企业提供了基于数据的新技术、新方法、新服务和新价值。工业互联网由企业外部网络和企业内部网络组成，而企业内部网络主要由 PLC、RTU、DCS、SCADA 等工业控制设备及系统组成。这些设备品种繁多，且其功能多基于不同于互联网通用操作系统的嵌入式操作系统（如 VxWorks、uCLinux、WinCE 等）开发，并采用专用的通信协议或规约（如 OPC、Modbus、DNP3 等）实现系统间的通信。这些工业控制系统设备及通信规约的专有性以及系统的相对封闭性，使得一般的互联网黑客或黑客组织很难获得相应的工业控制系统的攻防研究环境以及相关系统的资料支持。因此，通常黑客的攻防研究工作多集中在互联网或普通 IT 信息系统上，而很少关注工业控制系统，所以相关的工业系统及通信规约的安全缺陷（或漏洞）也很少被发现。同时，工业控制系统提供商重点关注系统的可用性、实时性，对系统的安全问题、防护措施以及运维策略则缺乏系统的考虑。从 2000 年以后各种由信息安全问题导致的工业控制系统运行问题的情况层出不穷，工业互联网已经不是一方"净土"，其面临的威胁及导致的影响日益严重。

上述原因也使得工业互联网与传统 IT 信息系统在所面临的安全威胁、安全问题及所需要考虑的安全防护措施等方面存在较大的差异，表 1-2 从多个角度对这些差异进行了讨论分析。

• 表 1-2　工业互联网安全与传统 IT 信息系统安全的差异化对比

对 比 项		工业互联网	传统 IT 信息系统
安全威胁	威胁来源	以组织为主	个体、群体、组织
	攻击方法	攻击目的性强的高级持续性威胁（如 Stuxnet、Duqu 等）；采用有组织的多攻击协同模式	常用攻击方式：拒绝服务、病毒、恶意代码、非授权使用、破坏数据安全三属性（CIA）、假冒欺骗等、近年来也有一些组织采用 APT 的攻击模式攻击一些重要信息系统

（续）

对比项		工业互联网	传统 IT 信息系统
安全防护	系统安全	重点关注 ICS（工业控制系统）及其设备专用操作系统的漏洞、配置缺陷等问题；当前系统防护能力不足；系统补丁管理困难、安全机制升级困难	关注通用操作系统的脆弱性、安全配置、病毒防护以及系统资源的非授权访问等；系统级防护能力较强（防病毒、补丁管理、配置核查、外设管控等系统级安全手段丰富）
	网络安全	需要重点关注专有通信协议及规约的安全性及其实时、安全的传输能力；ICS 缺乏统一的数据通信协议标准，专有协议与规范种类繁多；在设计专有通信协议、规约时通常只强调通信的实时性及可用性，对安全性普遍考虑不足，比如缺少足够强度的认证、加密、授权等；通常需要与互联网进行物理隔离	主要关注 TCP/IP 协议族的安全性传输、拒绝服务、应用层安全等，一般对数据传输的实时性要求不高；安全技术、产品、方案相对成熟，安全防护能力强；一般不要求与互联网进行物理隔离
	数据安全	重点关注 ICS 设备状态、控制信息等在传输、处理及存储中的安全性，以及云中数据隐私与脱敏	服务器中存储数据的安全及授权使用
	身份管理	系统用户的身份认证及授权管理相对简单；部分控制设备采用硬件方式认证，难以进行密码周期性修改	IT 用户的身份认证、授权机制比较成熟、完善；用户身份管理系统多采用软件实现，可方便地进行密码周期性修改
安全管理	补丁管理	ICS 补丁管理困难、漏洞难以及时处理；ICS 补丁兼容性差、发布周期长以及系统可用性与业务连续性的硬性要求，使得 ICS 管理员绝不会轻易安装非 ICS 设备制造商指定的升级补丁；使用相对陈旧的系统，可能因厂商已经不存在或厂商不再进行产品的安全升级支持，造成系统漏洞无法及时被修补	传统 IT 信息系统的漏洞和补丁管理系统或工具比较成熟，漏洞一般可以及时得到处理
	行为管理	ICS 需要严格防止系统被误操作与蓄意破坏；通常缺乏针对 ICS 的安全日志审计及配置变更管理机制	一般有比较完善的 IT 系统及网络行为审计机制
	应急响应	需要具备保障 ICS 业务连续性的应急响应计划，强调快速响应	应急响应计划视实际需求而定

1.3.2 工业互联网安全技术发展趋势

伴随着 IT 技术在工业现场应用的深度和广度不断扩展，工业控制系统所面临的安全风险也不断增加。工业控制安全系统原有的以边界隔离和边界防护为主要技术措施的安全防护体系逐步向与业务相关联、相融合的方向发展。在工业云与工业大数据等新的应用形态下，工控安全产品需要在功能和应用形态上突破现有产品的特点，以便于更好地适配新应用的需要。

1. 工业互联网安全架构从边界安全向零信任安全方向演变

传统的工厂网络边界安全架构默认边界内部是安全的，防火墙、杀毒软件、入侵检测系统（IDS）、数据泄露防护系统（DLP）等边界设备作用在物理边界上，根据在边界上的行为开展防护和监视。随着工业互联网在计算能力下沉、业务上云等方面的不断发展，工业互联网安全边界发生改变，需要重构网络安全架构：着重构建以身份为基石，以业务安全访问、持续信任评估、动态访问控制为关键能力的"云管边端"一体化零信任安全架构，如图1-4所示。

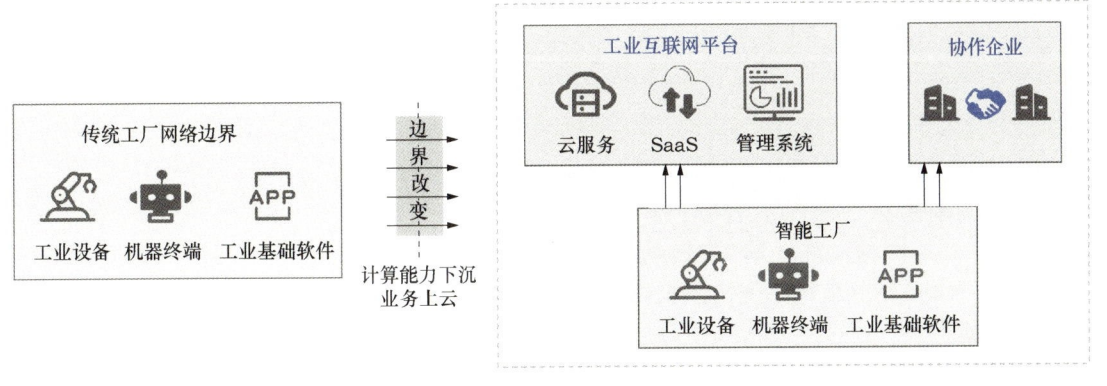

● 图 1-4　工业互联网安全边界的变化

2. 工业互联网安全防护理念从被动防护向主动前瞻防护转变

工控系统虽已设置了相关安全设备来提升系统安全性，但网络攻击手段不断增多，被动防御存在一定的局限性。主动防御可以在恶意入侵行为对工业互联网中信息系统产生影响之前来避免、降低或转移风险，体现一对多防御特征；结合主动探测、流量分析、被动诱捕等技术，可以支持工业互联网的安全态势感知和风险预警，最终实现从被动安全防护向主动前瞻防护转变。

3. 工业互联网安全技术从传统分析向智能感知发展

在发展初期，态势感知技术主要通过采集和分析海量安全数据，发现其中有价值的信息，汇总成易于理解的报告和图表，从而明确可能会对系统安全造成威胁的漏洞。当前，安全技术与大数据、AI技术不断融合，增强了系统的安全检测和分析能力，推动了安全态势感知的发展，主要表现在APT截获、威胁感知、威胁情报共享等方面。工业互联网安全技术朝着智能感知方向发展，开展基于逻辑和知识的推理，从已知威胁推演未知威胁，实现对安全威胁事件的预测和判断。未来借助AI、大数据等新兴技术，不断提升安全风险精确预警与准确处置的水平，实现网络攻击和重大网络威胁的可知化、可视化和可控化。

1.3.3　主流工业互联网安全产品介绍

工业互联网安全技术从大类上主要包括防护类、隔离类、监测类、检测类和运维管控类等，主流的工业互联网安全产品内容如下。

1. 防护类

1）网络防护：区别于传统IT防火墙，工业防火墙对进入工业网络中的数据包进行从

IP 层到应用层的深度分析，以白名单的方式来限制对 IP、协议功能码、操作行为等相关资源的访问。

2）主机防护：通过构建主机的白名单体系或者构建主机应用软件的可信体系来判断相关的软件或者应用是否可以在本系统中运行，阻止不在白名单范围内的软件执行与进程启动。

2. 隔离类

1）网闸类：主要采用"2+1"的方式或者"3+1"的方式，在两主机之间通过隔离卡进行通信，或者通过第三主机对两主机下发策略来实现有限的通信，目前在石油石化、冶金领域中广泛应用。

2）正反向隔离装置：内网和外网之间不建立 TCP/IP 的连接，内网主机和外网主机之间的通信通过单字节的回应机制来实现。对于反向隔离装置仍然需要进行基于数字证书的认证，在内外网之间建立有限的通信，目前在电力行业广泛应用。

3）工业隔离网关：目前有多种形式，有采用"2+1"的隔离形式，还有采用两个防火墙对接的形式，可以有效对 OPC、Modbus、S7 等工业协议进行过滤和处理，尤其是可以对读取和更改 OPC 的点做细粒度的控制。

3. 监测类

1）工控审计：通过自定义或者自学习方式来构建通信行为基线，通过对通信行为的判别来发现超出基线行为的异常，对于出现的违背基线行为的操作进行告警并提供相关的处置建议。

2）工控 IDS：通过对数据包的深度解析，基于特征分析和异常检测来发现进入到或者潜藏在工业控制系统内的攻击行为，实现对攻击行为的有效感知和监测。

3）工业监测预警平台：基于对安全日志、网络日志、主机日志的管理和关联分析，同时结合工业现场运行的特点来发现和还原工业现场潜在的恶意行为。

4. 检测类

1）工控漏洞扫描：可以对工业现场中常见的 IT 操作系统、数据库、工业现场应用软件和工业控制器（如 PLC、DCS 等设备）与装置进行探测，发现其中潜在的安全漏洞。

2）工控漏洞挖掘：主要通过 FUZZ 等技术手段实现对协议健壮性的测试，通过发送指定协议的畸形报文，观测被检测设备在处理畸形报文时的异常，如通过 DoS 来发现系统潜在的漏洞。

5. 运维管控类

1）工业堡垒机：可以实现对运维过程的安全审计和身份管理。目前，在工业现场不能通过前置机安装工业软件的情况下，通过集成与组态和 SCADA 等软件的接口来实现与上位机主机的通信，并对运维过程进行监控。

2）移动工业运维审计：针对现场外部运维人员的运维操作进行监控，发现运维操作中潜在的恶意行为，对恶意行为进行记录和阻断。

1.3.4　工业互联网安全技术面临的问题

当前，工业系统安全保障体系建设已较为完备，伴随新一代信息通信技术与工业经济的深度融合，工业互联网步入深耕落地阶段，工业互联网安全保障体系建设的重要性越发凸显。世界各国均高度重视工业互联网的发展，并将安全放在了突出位置，发布了一系列指导文件和规范指南，为工业互联网相关企业部署安全防护提供了可借鉴的模式，从一定程度上保障了工业互联网的健康有序发展，但随着工业互联网安全攻击日益呈现出的新型化、多样化、复杂化，现有的工业互联网安全保障体系还不够完善，暴露出一些问题。

1. OT 与 IT 融合面临巨大网络安全挑战

智能工厂是将信息技术（IT）的数字世界与运营技术（OT）的物理世界连接起来，也就是实现 IT 与 OT 的融合。IT 与 OT 的融合，存在着诸多的挑战和壁垒，想要突破这些壁垒，只利用现有的技术是行不通的，所以必定要用新的技术来实现。工业现场缺乏信息安全专家，对工业系统的信息安全关注度和重视度都不高，信息安全专家在面对生产优先的工业系统时往往束手无策、畏首畏尾。大部分工业互联网相关企业重发展轻安全，对网络安全风险认识不足。

2. 工业互联网平台安全管理体系有待提升

工业互联网平台安全的有关管理政策、技术标准研究刚刚起步，如何明晰各方安全责任、规范管理平台安全、指导平台企业做好安全防护，尚无明确依据，一系列指导文件亟待研究制定。

3. 工业互联网平台安全技术保障能力较弱

工控系统和设备在设计之初缺乏安全考虑，自身计算资源和存储空间有限，大部分不能支持复杂的安全防护策略，相关工业互联网应用安全检测技术匮乏，很难确保系统和设备的安全可靠。同时，尚无面向工业互联网平台安全的专用防护设备，整体安全解决方案还不成熟，工业企业风险发现、应急处置等网络安全防护能力普遍较弱。工业生产迭代周期长，安全防护部署滞后整体水平低，存量设备难以快速进行安全防护升级换代，整体安全防护能力提升时间长。

4. 数据隐私和数据安全防护缺乏有效手段

工业互联网平台采集、存储和利用的数据资源存在数据体量大、种类多、关联性强、价值分布不均等特点，数据隐私与安全主要关注以下几点。

1）数据包含了敏感或个人隐私信息，因此数据在价值挖掘使用和发布的场景中可能会给个人、第三方和国家带来危害和损失，因此对隐私和重要数据的处理、使用、操作、发布、交换等生产流通环节都有安全与合规的要求。

2）数据需要多方的多维度融合才能创造价值，但往往每方都有自己数据的产权保护、个人数据和重要数据的合规责任，因此需要更安全的数据融合环境。

3）生产数据的每个环节需要相应的安全控制。

工业互联网要健康、顺利地发展，首先要确保数据处于有效保护和合法利用的状态，且具备保障持续安全状态的能力，从而解决企业对数据和隐私的担忧。

1.4　工业互联网的安全事件

近年来工业领域的网络安全事件频频发生，主要集中在设备层和控制层。工控领域长期以来是攻击者攻击的重点，并且对控制层的攻击无论影响程度和破坏程度都比较大。设备层的攻击目前是一个新兴的点，这主要是由于工业互联网的开放化，并且设备层中大量使用嵌入式设备，这些设备无论从资源还是运算能力都得到了极大的提高，同时都采用如 Linux 等开源操作系统，攻击门槛并不高。随着工业互联网的不断发展深入，加上云平台、IPv6、SDN 和 5G 等技术的应用，除了控制层和设备层的攻击之外，将会有越来越多的攻击逐渐延伸到工业云平台、网络、数据等层面。通过对比近几年全球范围内工业互联网的安全事件与之前几年工业互联网的安全事件发现，近年来针对工业互联网的网络攻击不断攀升，受攻击的目标范围不断扩大，传统的攻击目标主要是 SCADA 等工业控制系统，近几年逐渐波及工业设备、云服务器、IT 设备等，攻击方式也越来越多样化，如勒索软件、挖矿病毒、僵尸网络等。

工业互联网作为国家重点信息基础设施的重要组成部分，正在成为全世界最新的地缘政治角逐战场。例如，包括能源、电力等在内的关键网络已成为全球攻击者的首选目标。当前，网络安全威胁正在加速向工业领域蔓延，工业互联网安全事件频发已经严重影响到经济社会正常运行及国家安全，接连发生的安全事件引发各国对工业互联网安全的高度重视与关注。

2010 年 6 月，伊朗纳坦兹核工厂离心机遭受"震网"（Stuxnet）蠕虫病毒破坏。该病毒侵入了西门子公司为核电站设计的工业控制软件，导致 1000 多台用以浓缩铀的离心机运行失控、最终高温自毁而报废。

2015 年 12 月，欧洲乌克兰电力系统遭到高度破坏性的恶意软件 BlackEnergy 攻击，攻击者通过内网渗透，利用系统漏洞获取 SCADA 系统控制权限，远程操控 SCADA 系统，对系统直接发送相关跳闸操作命令。乌克兰至少有三个区域的电力系统被攻击，其中部分变电站的控制系统遭到破坏，监控管理系统同时遭到入侵，造成大面积停电，整个停电事件持续数小时之久。同时，停电过程中，电力线路抢修中心遭受自动拨号软件的恶意攻击，导致客户系统阻塞，干扰事故处理和恢复，约 140 万人受到此事件影响。在发电站遭受攻击的同一时间，乌克兰境内的其他多家能源企业（如煤炭、石油公司）也遭到了针对性的网络攻击。

2020 年 2 月，美国网络安全和基础设施安全局（CISA）发布公告，称一家未公开名字的天然气公司因遭受勒索软件攻击后被迫关闭设施两天。攻击从钓鱼邮件内的恶意链接发起，以 IT 网络为跳板攻击到 OT 网络的 ICS 资产，勒索软件对 IT 和 OT 资产都造成了影响。

2020 年 4 月，以色列的废水处理厂、泵站、污水处理设施的 SCADA 系统多次遭受了网络攻击，以色列国家网络局发布公告称，各能源和水行业企业需要紧急更改所有联网系统的口令，以应对网络攻击的威胁。

2020 年 4 月，葡萄牙跨国能源公司（Energias de Portugal，EDP）遭到勒索软件攻击。攻击者声称，已获取 EDP 公司 10TB 的敏感数据文件，并且索要 1580 比特币赎金（折合约 1090 万美元/990 万欧元）。

2020 年 6 月 7 日，本田汽车位于美国、欧洲及日本分公司的服务器遭勒索软件攻击。BBC 的报道显示本田在 48 小时遭遇了极为惨烈的勒索软件攻击：勒索软件已经传播到本田的整个网络，影响了本田的计算机服务器、电子邮件以及其他内网功能。该攻击事件影响了本田公司在全球的业务，导致计算机和其他装置无法作业，造成部分工厂停工，损失十分严重。

2021年2月，美国佛罗里达州奥尔兹马尔的一个水处理基础设施遭到袭击，攻击者获得了水处理工厂系统的访问权限，并且试图将住宅和商业饮用水中的氢氧化钠的含量从百万分之100提高到百万分之1100，而这可能会使公众面临中毒的风险。攻击者盗用了工厂工作人员的TeamViewer凭证，用来远程监控系统。由于口令共享，黑客很容易就获得了访问权限，并开始在HMI（人机接口）中进行未经授权的更改。幸运的是，工作人员发现了该漏洞，从而避免了一场灾难。工控安全咨询公司Dragos在调查后指出，攻击者在水利基础设施建设公司的站点上部署了一个水坑，并收集了一系列信息，以提高僵尸网络恶意软件模拟合法Web浏览器活动的能力，而且该水坑攻击恶意脚本存在了将近两个月。

2021年5月，美国最大的燃油管道商Colonial Pipeline遭到勒索软件定向攻击，这次勒索攻击相当于切断了美国东部地区油气输送的主要动脉，导致其业务受到严重影响。此次勒索攻击由于涉及国家级关键基础设施，故而引起了全球的震动和广泛关注。

2021年5月，位于挪威的欧洲能源及基础设施企业技术方案供应商Volue公司遭到Ryuk勒索软件攻击。由于勒索软件关闭了挪威200座城市的供水与水处理设施的应用程序，导致挪威国内约85%的居民生活受到影响。攻击事件发生后，Volue公司迅速采取措施，关闭了托管的多种应用程序，将设备进行隔离，并调查攻击细节、影响范围以及可能产生的后果。

2021年11月，丹麦风力涡轮机巨头维斯塔斯（Vestas Wind Systems）遭遇网络攻击，这起事件破坏了其部分内部IT基础设施并导致尚未明确的数据泄露。攻击事件发生后，维斯塔斯的股价跌至两周低点。此次事件中，公司数据被挟持和加密，并且被勒索高额赎金，这些特点都属于勒索软件攻击的特征。

网络空间威胁行为体仍然会将关键基础设施、非PC目标、SCADA/ICS/IoT、车联网、无人机甚至卫星基础设施作为攻击目标；复合手段的攻击仍然会持续，比如威胁行为体会将攻陷的IoT、IT节点组织为僵尸网络，成为后续勒索和间谍行动的支点或跳板；网络攻击会成为国家级威胁行为体在外交对抗与军事冲突之间的更为折中的选项；网络战的阴霾持续加剧等。在新基建浪潮的推动下，工业网络安全产业将迎来新一轮发展机遇和巨大的发展空间。不可否认的是，工业行业普遍存在历史性、系统性存量网络安全问题（如先天的协议和设计缺陷、技术防护措施不到位、威胁感知能力不足、安全制度落实不力、应急处置能力不足等）与5G、云计算、大数据、物联网等新兴技术应用带来的新风险新问题（如平台安全、数据安全、应用安全、设备安全、控制安全）的叠加，形成了更为复杂严峻的网络安全挑战和现实威胁。面对这种系统性、全局性现实威胁以及可能产生灾难性的后果和影响，需要网络安全能力供给方、行业监管部门和工业企业精诚团结，密切协作，全面把握"危"与"机"，以变应变、以变求变，立足大局，把握大势，谋求网络安全对抗新优势。

1.5 工业互联网的安全风险

工业互联网打破了传统工业的封闭环境，其范围、复杂度和风险会产生更大的影响，随着工业系统信息化程度的不断提高，针对工业系统的网络安全问题开始不断暴露，网络安全风险将成为工业互联网最主要的安全风险。当前，在工业互联网的发展过程中主要面临着设备层、控制层、网络层、应用层以及数据层五方面的安全风险问题。

1.5.1 设备层的安全风险

传统工业设备以机械设备为主,设备关注物理和功能安全,未来生产装备和产品将越来越多地集成通用嵌入式操作系统及应用软件,同时这些设备也将随着工业互联网的深入而随之开放,越来越多的工业设备都将暴露在网络攻击之下,因此设备的安全防控刻不容缓,设备的安全风险主要体现在以下方面。

(1) 芯片的安全风险

芯片的安全风险主要指核心元器件安全风险。当前,很多核心芯片(如 CPU、内存等器件)大部分都来自国外,而芯片本身漏洞隐藏比较深,平时很难被发现,但是一旦发现芯片漏洞甚至后门,无疑对终端的安全性造成极大的危害,同时该漏洞很可能将长期存在并无法修复,典型事件是 2016 年 Intel 的芯片后门事件,Intel Core vPro 处理器包含一个远程访问功能,即使在计算机关机的情况下,也可准确地访问该计算机。Core vPro 包含一个独立的物理处理单元(ME)并嵌入在 CPU 中,ME 拥有独立的操作系统。只要电源充足,该 ME 即可以系统的幻影权限(System's Phantom Power)运行,并访问任何硬件。

(2) 固件的安全风险

在以微控制器为核心的工业设备中,固件主要用于实现工业设备的全部功能,不但提供硬件初始化、操作系统加载的功能,同时也为上层软件有效使用硬件资源提供调用接口,因此固件是工业设备系统的重要组成部分。固件作为工业设备的重要组成部分,以灵活、多样的存在形式更加方便了用户的使用,但同时也为工业设备的安全带来了极大的隐患,比如通过提取工业设备固件然后逆向固件代码再反编译更改相应参数、向工业设备固件插入恶意代码从而改变整个系统执行流程或者通过使用没有经过厂商认证的固件程序进行升级等,这些都将威胁到工业互联网,并对工业互联网造成极大的安全威胁。

(3) 操作系统的安全风险

操作系统是工业设备的核心部件,所有的应用程序都在操作系统之上运行,操作系统向上承载应用、通信等应用功能,向下承接底层资源调用和管理。当前主流的工业设备操作系统基本上都是开源的 Linux 操作系统,开源虽然能够极大降低开发成本,但是其本身的安全风险不容小觑,比如已知和未知漏洞风险、安全和健壮性的缺失以及缺乏对操作系统行为的监控。尽管大部分工业设备厂商并不具备自己开发操作系统的能力,但是考虑到工业互联网的特殊性,在选择并使用操作系统时除了要考虑成本、易用性、商业生态等方面的因素外,还需要对安全性做特别关注。

(4) 应用的安全风险

应用的安全风险主要指应用程序自身的漏洞。目前,很多工业设备生产厂商普遍缺乏安全意识和安全能力,在应用等软件的设计和开发过程中并未做任何的安全考虑,导致软件存在编码或者逻辑方面的安全漏洞和缺陷,可以使攻击者在未经授权的情况下非法利用或破坏。部分生产商为了节约开发成本,直接调用第三方的组件并未做任何的安全检测,给工业设备带来了极大的安全风险,很可能会引入一些公开的软件漏洞,极易被黑客利用。一旦这些漏洞被利用,同类设备都将遭受影响。另外,针对工业设备上安装的业务应用,普遍没有做相应的识别和控制机制,例如应用软件的来源识别、应用软件的安装限制、对已经安装的应用软件的敏感行为控制等，容易被攻击者安装恶意程序或进程来实施攻击行为。

多数工业设备涉及生产环节，其安全性至关重要。工业设备应加强自身安全性，尤其应重点关注芯片和操作系统的安全。从前面的安全事件上也看得出来，有的事件是由芯片自身的漏洞所引起的。我国尚未完全拥有成熟的、可商业化的芯片和操作系统，大部分设备中的芯片都是国外的，操作系统虽然使用开源操作系统，但无论从开发质量还是从自主可控角度上看，仍然存在较大的安全隐患，因此这两部分的安全需要得到格外的重视。

1.5.2 控制层的安全风险

当前，工厂控制安全主要关注控制过程的功能安全，对于网络安全的防护能力不足。现有控制协议、控制软件等在设计之初主要基于 IT 和 OT 相对隔离以及 OT 环境相对可信这两个前提，同时工程控制的实时性和可靠性要求高，诸如认证、授权、加密等需要增加开销的网络安全功能被舍弃，因此也就极大增加了控制层面的安全风险。

（1）身份的合法性

主要包括控制设备的合法性以及设备内运行的软件的合法性。如果可以在控制层上随意安插未知的控制设备，该未知控制设备可能直接接管了大量工厂生产设备，这样会对整个工业互联网控制层的网络安全造成非常大的隐患。除此之外，控制设备自身软件的合法性也需要受到关注，例如控制设备的软件升级，所要升级的软件是否为合法软件、有没有被篡改、有没有插入一些恶意程序，这些都将给工业互联网造成潜在安全风险。身份的合法性除了包括控制设备合法性外，操作员的合法性也是必不可少的，很多工业控制系统在操作的时候仅仅是对用户和密码进行验证，并没有对操作者身份进行识别和验证，这样做安全隐患较大，试想一个攻击者如果通过社工的手段得到工业控制系统的用户名和密码，再进行一些破坏活动，那么所造成的严重后果可想而知。

（2）权限的适度性

随着工业互联网 IT 和 OT 网络的融合，使控制设备能够直接访问 IT 网络变成现实。目前国内外已经有大量的 PLC 直接暴露在公网上，成为攻击者的攻击目标，而这些控制设备通常情况下并不应该暴露在公网上。控制设备访问权限的缺失导致这些控制设备直接暴露给攻击者，攻击者可以轻易地通过 IT 网络实现对控制设备注入恶意程序、窃取敏感生产数据甚至改变正常生产作业程序，从而达到破坏工业生产的目的。

工业控制系统自始至终都是攻击者最热衷的攻击对象，从以往曝出的工业互联网安全事件上就能看得出来，大部分是针对工业互联网控制层的攻击，其中针对 SCADA 系统的攻击最多，并且攻击者除了使用各种攻击技术外，还会使用社会工程学的方法，因此身份和权限在控制层的重要性是显而易见的。但是身份和权限的范围并不应局限于设备和操作员，同时应该扩展到工控系统的软件和升级等其他领域，确保设备、系统软件和操作员这三者的身份与权限的合法性、正确性，才是降低控制层安全风险的关键。

1.5.3 网络层的安全风险

工厂网络正在向"三化（IP 化、扁平化和无线化）+灵活组网"的方向发展，将会面临更多的安全风险。当前，针对 TCP/IP 的攻击方法和手段已经非常成熟，这些方法和手段很容易被直接利用到攻击工业互联网网络中。同时，网络灵活组网的需求使网络拓扑的变化更加复杂，并且 IT 和 OT 网络的融合，在无形中又极大地增加了安全风险。

（1）边界的安全风险

工业网络的扁平化与无线化，使得原有的网络边界逐渐模糊，传统的边界安全概念已经不适用于工业互联网，在这样的背景下，传统边界安全正在向微边界甚至无边界方向发展，在这样的情况下，工业互联网网络边界安全风险体现在如下三个方面：首先，网络边界的扩大、分散和不确定，导致无法找出边界从而造成边界隔离的困难，增加边界安全风险；其次，可接入工业互联网的网络设备数量逐步增加，而且设备种类繁多，网络边界准入、认证和授权等都增加了难度，从而使边界安全风险变得更加不确定；最后，工业互联网各种设备，包括生产设备、控制设备、边缘计算设备、网关设备等各种设备的身份识别和验证困难，也极大增加了边界的安全风险。

（2）传输的安全风险

由于工业生产对于实时性和可靠性要求非常高，同时长期以功能安全为主，因此对于增加传输的开销，降低实时性要求是无法接受的，这样也就导致各种设备在传输过程中都采用明文，并未进行任何加密处理，使网络传输极易遭受中间人攻击、网络劫持等安全风险。

（3）协议的安全风险

当前，工业互联网中存在大量的工业特有协议，尤其是现场层和控制层充斥着大量的工业特有协议，比如 Modbus、CAN 等，由于这些总线都应用在相对封闭的环境中，加之工业设备计算能力有限，同时工业网络本身对实时性和可靠性要求高，也注定了这些工业特有协议具有协议简单、速率低和无法忍受高开销带来的延时等缺点，因此采用的安全防护措施较弱，只做了简单的校验措施，而未做机密性保护，所以不能抵御攻击者有针对性的传感器信息采集、报文协议分析、攻击报文构造和报文重放等攻击。

工业互联网的网络是非常复杂的，尤其体现在协议层面上，各种工业协议比比皆是且处于实时性考虑，大部分在设计之初就没有将网络安全考虑进去，随着工业互联网 OT 网络的开放，安全风险将逐渐暴露出来。此外，由于无线技术的应用，使工业互联网网络边界模糊，针对区域网络边界的安全防护和逻辑隔离变得格外困难，进一步增加了安全防护难度。

1.5.4 应用层的安全风险

网络化协同、服务化延伸、个性化定制等新模式、新业态的出现对工业互联网网络安全提出了更高的要求。当前支撑工业互联网的应用除了 MES、PDM 和 PPS 等管理软件外，随着移动化的深入，越来越多的现场监控设备采用 Android 移动终端，因此也非常有必要将工业 App 纳入到考虑范围之内。

（1）管理软件的安全风险

随着工业互联网 IT 和 OT 网络的融合，更多管理软件的使用逐渐从封闭环境向开放环境转变，因此在传统开放环境中的管理软件可能面临的安全风险，在工业互联网商业软件中也都有可能发生，这些威胁包括注入、失效的身份验证、失效的访问控制、组件漏洞、不足的日志监控和记录等，这些安全风险都将影响商业软件（无论是 IT 软件还是 OT 软件）的正常运转，一旦某管理软件失效，都将对工业生产造成影响。

（2）工业 App 的安全风险

目前，大多数工业 App 并未做任何的基础软件防护和安全保障。黑客只需要对这些没有进行保护的 App 进行逆向分析挖掘，就可以直接看到工业互联网云平台的接口、参数等信息。即使些工业 App 做了一定的安全防护，但由于安全强度不够，黑客只需具备一定的技术功底，仍然可以轻松发现工业 App 内的核心内容，包括存放在工业 App 中的信息，如密钥、重要控制接口等。

（3）标识解析系统的安全风险

工业互联网标识解析是工业互联网实现全要素互联互通的重要网络基础设施，为工业设备、机器、零部件和产品提供编码、注册与解析服务，是平台、网络、设备、控制、数据等工业互联网关键要素实现协同的"纽带"。工业互联网标识解析体系是在以互联网 DNS 和 Handle 解析技术为原型的基础之上，用来设计和构建工业领域的分布式大型数据库系统。我国工业互联网标识解析体系采用兼容 GS1、Handle、OID、Ecode 技术方案，由国际根节点、国家顶级节点、二级节点、企业节点、递归节点等要素组成。

从风险分析视角，工业互联网标识解析系统的安全风险主要包括架构安全风险、身份安全风险、数据安全风险、运营安全风险四大风险对象。架构安全风险包括节点可用性风险、节点间协同风险、关键节点关联性风险、新技术风险等；身份安全风险包括涉及人、机和物三种角色的身份欺骗、越权访问、权限紊乱、设备漏洞等；数据安全风险包括涉及标识注册数据、标识解析数据和日志数据的数据窃取、数据篡改、隐私数据泄露、数据丢失等；运营安全风险包括物理环境管理、访问控制管理、业务连续性管理、人员管理、机构管理、流程管理等风险。

（4）工业平台的安全风险

工业平台的安全需要将重点放在数据的安全性和平台自身的安全性上。首先，数据的安全性是用户最为关注的问题，而数据不仅仅包括工业互联网的生产数据，还包括设备自身数据、网络传输数据和应用软件自身产生的数据等，如果这些数据丢失、泄露或者被篡改，不但会对生产制造造成影响，同时也可能会威胁到整个工业互联网的正常运行。其次，平台自身的安全性也是用户极为关注的，现在各种应用都在云上运行，各种数据也都存储在云端，如果云一旦被攻击或者运行异常，整个云上的应用都会受到不同程度的影响，比如针对服务器的 CC 攻击，将会消耗大量的服务器资源，会直接导致服务器响应速度变慢，由于工业生产系统对实时性要求较高，一旦延时过大，将直接对生产制造产生毁灭性的打击。

应用在工业互联网中占据举足轻重的地位，是整个工业生产制造的核心，所有管理软件都将运行在工业云平台上，因此工业云平台的安全性就变得格外重要，同时也是整个工业互联网应用安全的重中之重。云平台的安全风险主要关注点应放在云平台受到攻击而导致全部或者部分业务中断以及云平台发生数据泄露的安全风险上。除此之外，随着工业移动检测、监控终端的应用，大量工业 App 也将成为必不可少的应用软件，先前对于工业 App 的重视不够，这主要是由工业领域封闭性造成的，工业互联网普及带来了极大的开放性，工业 App 的安全风险也就成为重点关注的领域。

1.5.5　数据层的安全风险

工业数据由少量、单一、单向正在向大量、多维、双向转变，具体表现为工业互联网数据体量大、种类多、数据结构复杂，并在 IT 层和 OT 层、工厂内外双向流动共享。工业领域业务应用复杂，数据种类和保护需求多样，数据流动方向和路径复杂，重要工业数据以及用户数据保护难度非常大，同时也应该站在数据全生命周期角度上看数据安全风险。

（1）生成的安全风险

工业互联网数据生成是多维度的，因此源头众多且数据多样，随着工业互联网的推进，数据增长势必会成几何倍数增长，确保数据生成并采集的可信与真实将成为数据安全风险的首要一环。

（2）存储的安全风险

数据生成并准确采集后，必须要进行存储，当前主流的存储方式是数据云存储技术，以多副本、多节点、分布式的形式存储各类数据。这样的数据多集中存储，一旦发生非法入侵和信息泄露将是致命性的。

（3）使用的安全风险

当前越来越多的行业将数据作为战略性资源，在数据查询、访问过程中，不严格的访问权限将导致数据泄露，同时在跨应用、跨部门甚至跨企业过程中的数据使用，不可避免地会涉及数据被多方存储，这些也同样会造成数据泄露。

（4）传输的安全风险

数据被从存储读出并进行计算和分析的过程中，可能会失去对数据安全性的控制，导致对安全边界之外的数据缺乏必要的控制，因此，在各个工业互联网内的机密信息不断双向传输到工业互联网云平台的过程中，如何确保数据传输中的机密性和完整性是一个重要挑战。

（5）共享的安全风险

数据共享可能发生在工厂内部，如跨部门之间的数据共享，也可能发生在工厂外部，如各个工厂之间的数据共享，这些数据势必被其他部门或者工厂存储，同时也可能会有不同角色的人看到这些数据，势必会增加数据泄露的风险。

（6）销毁的安全风险

数据在工业互联网平台删除不彻底，可能会造成敏感数据泄露。在云环境下，用户失去了对数据的物理存储介质的控制权，无法保证数据存储的副本同时也被删除，导致传统删除方法无法满足大数据安全的要求。因此，如何保证应被删除的数据确实被删除，即保证数据可信删除，是一个重要挑战。

工业互联网数据的重要性不言而喻，大量的操作数据和管理数据都会在工业互联网中流动，数据安全风险既贯穿了整个工业互联网，同时也贯穿在数据整个生命周期中。其中，数据的生成和传输过程中的安全风险是格外重要的，这和工业互联网设备和网络的特殊性密切相关。当前很多工业设备资源有限，并且工业协议具有实时性的特点，在设计之初也没有考虑网络安全，因此能使用的安全防护技术也是非常有限的，同时这些设备和协议也将在很长一段时间存在，在可见的将来，数据生成和传输的安全风险将一直存在。

1.6 工业互联网的安全挑战

工业互联网发展带来的巨大安全变革使得工业互联网网络安全在设备、控制、网络、应用、数据各个层面上都面临很多安全挑战，这主要是由工业互联网架构和组成部分特殊性带来的，和工业互联网的特点密不可分。在工业信息安全传统威胁不断增加的同时，工业互联网的安全作为新挑战，面临着新问题和新威胁。

1.6.1 设备层的安全挑战

原本相对封闭的传统生产设备的信息化程度、智能化水平不高，大量安全性十分薄弱，本身存在安全漏洞，随着工业互联网终端设备"智能化、网络化、扁平化"的发展趋势，生产环节中人机交互过程逐渐减少甚至消失，这将导致海量设备直接暴露在网络攻击之下。那么针对现有存量设备进行安全改造将面临很大的挑战。

首先，设备种类多、生产厂家多，甚至很多关键的、核心的工业设备都被国外厂商所把持，这本身就对存量设备的网络安全改造造成极大的困难。各种设备可能采用不同的操作系统，同一操作系统不同版本各方面的功能也不尽相同，甚至由于对工业设备准入标准的缺乏，同一版本的操作系统，不同厂家可能对其的改造也不尽相同，这样本身就为存量设备网络安全改造平添更多困难。除此之外，国外厂商长期霸占我国工业制造核心设备市场，处于强势地位，再要求它们去配合进行工业设备改造，其难度也是可想而知的。

其次，工业现场层和控制层中的设备对于可靠性、实时性和稳定性等功能安全要求高。网络安全通常情况下是需要一定的开销和延时的，同时如果考虑到网络安全就需要添加相应的设备，可能会对现有工业设备的功能安全带来影响，如何平衡功能安全与网络安全，成为最具挑战性的问题之一；另外，目前尚无与工业设备网络安全相关的国家标准和规范，这也成为对工业互联网存量设备改造困难的另一个重大问题。

最后，工业互联网引领工业智能化，随着工业智能化的提升，大量嵌入式设备也随之引入，这些海量未经网络安全保护的终端将直接暴露在 IT 网络上，在互联网以及移动互联网上的现有攻击手段可以直接平移到工业互联网上，可以很容易地对这些嵌入式工业设备进行网络攻击，而且攻击面和攻击点也将是庞大的，木马、病毒、APT 等攻击能够通过网络渗透到这些工业设备中，在设备间以指数级的速度感染扩散，很容易对终端造成业务破坏或者进行恶意控制形成"僵尸网络"。工业设备种类繁多、数量庞大，为企业带来了管理上的困难，而且很多工业设备本身存在软件漏洞，而这些设备直接暴露于互联网上。目前，针对智能设备的恶意程序越来越多，传播手段也在不断更新，很容易被黑客利用。

当前，工业互联网设备的安全挑战主要来自于现有工业设备改造困难。我国工业基础相比于欧、美、日来说还比较薄弱，因此很多工业设备（如精密机床、高精尖工业机器人等）还需要依赖进口，在这些设备上进行网络安全改造是非常困难的，甚至是不可能实现的，只有提高我国工业设备制造能力，实现自主可控性，才能真正解决工业互联网设备所面临的安全挑战。

1.6.2　控制层的安全挑战

工业控制系统广泛应用于石油石化、冶金、勘探、电力、燃气以及市政等领域，用于控制关键生产设备的运行。工控系统越来越开放，减弱了控制系统与外界的隔离程度，随着黑客攻击技术的不断发展，工控系统的安全隐患问题日益严峻，任何一点受到攻击都有可能导致整个系统瘫痪。

传统工业控制安全主要关注控制过程的功能安全，信息安全防护能力不足。现有控制协议、控制软件等在设计之初主要基于 IT 和 OT 相对隔离以及 OT 环境相对可信这两个前提，同时由于工厂控制的实时性和可靠性要求高，诸如认证、授权、加密等安全功能被舍弃，生产控制层安全保障措施的缺失成为工业互联网演进过程中的重要安全问题。而且，对控制层设备开展安全防护面临诸多困难，比如控制层设备对实时性、可靠性的严苛要求导致传统的信息安全技术难以直接应用到工业现场。控制层设备多采用私有协议，且是为满足实时性、可靠性的要求而设计的，基本没有或很少在应用层采取安全防范措施。传统控制层设备主要使用物理隔离的手段，随着工业互联网的"互联互通"，使得控制层开始暴露给外部公共网络，破坏了物理隔离的安全保障。此外控制层设备通常会常年运行，受各种因素影响，控制层设备几乎从不进行软硬件升级，其安全漏洞难以及时消除，存在极大的安全隐患。

IT 和 OT 的融合打破了传统安全可信的控制环境，网络攻击从 IT 层渗透到 OT 层，从工厂外渗透到工厂内，工业协议将面临很多网络安全问题，典型的如 OPC 协议，OPC Classic 协议基于微软的 DCOM 协议，而 DCOM 协议在互联网上是极易受到攻击的，可见如果工厂使用了 OPC 协议，在工业互联网时代，该协议的网络安全将会是影响生产的最重大隐患之一。再比如 DNP3.0 通过功能码和限定词，规定了数据部分的数据大小，因而在链路层报文头中的数据长度值与功能码和限定词有内在的数值计算关系。但往往在实现 DNP3.0 协议时并未对其进行考虑，导致容易构造的非法数据被接受，从而引起缓冲区溢出。类似的例子还有很多，而且相信随着工业互联网的推进，越来越多的工业设备暴露在 IT 网络下，工业协议脆弱性问题还将进一步显现。

另外，随着工控系统越来越开放，高级持续性威胁（Advanced Persistent Threat，APT）成为威胁最大的攻击。APT 攻击有极强的目的性和针对性，往往经过长期的经营与策划而具备高度的隐蔽性，可以隐匿自身，针对特定对象，长期、有计划性和组织性地窃取数据或执行其他攻击行为。这种攻击很难进行检测和防护，而目前缺乏有效的 APT 攻击检测和防护手段，工业互联网的发展使得控制层逐渐暴露给外部公共网络，更加大了 APT 攻击防护的难度。

针对工业控制系统的 APT 攻击一直是困扰工业互联网控制层安全的重大安全问题，而且控制层 APT 攻击已经存在了很长时间。APT 攻击本身可能并非是由单一的一种攻击引起，可能是多种攻击，因此不单单涉及某个安全产品，需要实现很多安全产品协同操作，甚至还有可能需要经验丰富的安全工程师介入进行辅助分析和识别。相信未来 APT 攻击仍然是针对工业互联网控制层的最大安全威胁，并且将长期存在，针对 APT 的防护工作任重道远。

1.6.3 网络层的安全挑战

工业互联网的发展使得工厂内部网络呈现出 IP 化、无线化、组网方式灵活化与全局化的特点，工厂外网呈现出信息网络与控制网络逐渐融合、企业专网与互联网逐渐融合以及产品服务日益互联网化的特点。这就造成了传统互联网中的网络安全问题开始向工业互联网蔓延。网络层的安全风险具体表现为以下几个方面：工业互联协议由专有协议向以太网/IP 转变，导致攻击门槛大大降低；工厂现有 10M/100M 工业以太网交换机性能较低，难以抵抗日益严重的 DDoS 攻击；工厂网络互联、生产、运营逐渐由静态转变为动态，安全策略面临严峻挑战等。此外，随着工厂业务的拓展和新技术的不断应用，IPv6、5G、SDN、标识解析系统等新技术逐渐引入，工厂内外网互联互通进一步深化，会带来更多的安全风险。

同时，工厂内无线网络成为有线网络的重要补充，无线技术逐步向工业领域渗透。目前，无线技术主要用于信息的采集、非实时控制和工厂内部信息化等场景，WiFi、ZigBee、2G、3G/LTE、面向工业过程自动化的无线网络 WIA-PA、WirelessHART 及 ISA100.11a 等技术已在工厂内使用。无线网络本身就存在固有的脆弱性，而且无线技术的应用需要满足工厂实时性和可靠性要求，难以实现复杂的安全机制，因此极易受到非法入侵、信息泄露、拒绝服务等攻击。

为追求更高的生产效率，工业互联网开始承担从生产需求起至产品交付乃至运维的"端到端"的服务。比如大规模个人定制的服装行业，个性化定制的家电行业已经开始实现从由生产需求起至产品交付"端到端"的生产服务模式。工业网络灵活组网的需求使网络拓扑的变化更加复杂，导致传统的基于静态防护策略和安全域的防护效果下降。工业生产网络对信息交互实时性、可靠性的要求，难以接受复杂的安全机制，极易受到攻击。"端到端"的生产模式、无人化生产发展趋势使得工业互联网安全防护的边界空前扩张，对安全防护机制的要求空前提高。

工业互联网网络 IP 化和无线化的发展导致很多工业现场层网络协议向 IP 转变，无线的引入在带来便捷的同时也将网络边界变得模糊不清，这些都使传统企业网的安全风险直接平移到工业互联网中，但是同时受限于工业互联网的特殊性，又不能将企业网成熟的网络安全方案应用其中，必须经过相应的改变来适应工业互联网场景。

1.6.4 应用层的安全挑战

工业互联网应用主要包括工业互联网平台与工业应用程序两大类，其范围覆盖智能化生产、网络化协同、个性化定制、服务化延伸等方面。随着工业互联网的发展，支撑工业互联网业务运行的应用软件及平台大幅增加，如 Web、企业资源计划（ERP）、产品数据管理（PDM）、客户关系管理（CRM）以及越来越多企业正在使用的云平台及服务等。这些应用软件面临传统的病毒、木马、漏洞等安全挑战，云平台及服务也面临着虚拟化中常见的违规接入、内部入侵、多租户风险、跳板入侵、内部外联、社工攻击等内外部安全挑战。随着工业互联网网络化协同、服务化延伸、个性化定制等新模式、新业态的出现，对安全能力提出了更高的要求。工业应用服务呈现多样化，安全需求也不相同，因此对网络安全隔离能力、网络安全保障能力的要求都将提高。

随着工业互联网的发展，未来会出现数量庞大的百万级的工业 App，而且业务多种多样，其中有多数工业 App 和生产设备有很大的关联，通过 App 可以监测和控制生产设备的运行及业务状态，因此工业 App 也是十分关键的攻击入口之一。由于受编程语言的限制，App 本身的安全强度不高，攻击者只需具备一定的技术功底，就可以轻松发现 App 内的核心信息或者直接进行控制。而工业互联网中数量庞大的工业 App，业务不同，安全需求也各不相同，如何进行安全防护和统一的安全管理面临着巨大的挑战。

针对工业互联网应用的安全挑战主要来自于互联网、移动互联网和云平台，这三个方面的挑战也是由于工业互联网将其引入带来的，因此相信随着其他新技术（如人工智能和区块链等）的引入，也会将安全风险与挑战一并引入工业互联网当中。

1.6.5 数据层的安全挑战

工业数据是指工业领域信息化应用中所产生的数据，主要包括现场设备数据、生产管理数据和外部数据。数据是工业互联网的核心，工业数据由少量、单一、单向正在向大量、多维、双向转变，具体表现为工业互联网数据体量大、种类多、结构复杂。大量机器设备的高频数据和互联网数据持续涌入，数据体量巨大，而且数据分布广泛，分布于机器设备、工业产品、系统管理、互联网等各个环节，既有结构化和半结构化的传感数据，也有非结构化数据，数据处理需求多种多样，如生产现场要求实现实时时间分析达到毫秒级，管理与决策应用需要支持交互式批量数据分析。工业互联网标识解析系统中存储了大量涉及国计民生的敏感数据，也需要提供隐私保护、真实认证、抗攻击能力等。这些工业数据在 IT 和 OT 层、工厂内外双向流动共享，不管数据是通过大数据平台存储，还是分布在用户、生产终端、设计服务器等多种设备上，海量数据都将面临数据丢失、泄露、篡改等安全威胁。

因此，工业领域业务应用复杂，数据量庞大，数据种类和保护需求多样，数据流动方向和路径复杂，但是目前针对数据的生产、存储、传输、使用、共享和销毁，在各个层面上都缺乏对数据统一的安全管理，对重要工业数据以及用户数据保护的难度也带来了极大的安全挑战。

数据的安全挑战在于其遍布工业互联网各个环节，在工业互联网各个节点流动，所有的管理数据和操作数据都不断产生并且存储在工业互联网云平台中，同时其安全挑战也将贯穿于数据产生、使用、传输、存储、共享和销毁整个数据生命周期中。

1.7 本章小结

本章主要讲解了工业互联网发展历程和我国工业互联网体系架构，分析了工业互联网安全和传统 IT 信息系统安全的差异，介绍了工业互联网安全技术发展趋势，列举了常见重大工业互联网安全事件，从设备层、控制层、网络层、应用层和数据层 5 个层面总结了工业互联网带来的安全风险和面临的安全挑战。

1.8 思考与练习

1. 什么是工业互联网？什么是工业互联网安全？
2. 工业互联网体系架构 2.0 主要包含什么内容，与工业互联网体系架构 1.0 相比最大的差异在哪里？
3. 工业互联网安全与传统 IT 信息系统安全有什么区别？
4. 工业互联网遭受的网络攻击有哪些？
5. 工业互联网安全技术面临的主要问题有哪些？
6. 工业互联网的安全风险包含哪些？
7. 工业互联网的安全挑战包含哪些？

第 2 章 工业互联网安全态势

工业互联网广泛应用于能源、电力、交通、军工、航空航天及医疗等关系到国家安全、国计民生的重点制造业行业，是我国"新基建"的核心建设内容，已经关系到了国家安全。2022 年是我国实施《工业互联网创新发展行动计划（2021—2023 年）》的关键之年，在政产学研用各方的大力推进下，我国工业互联网发展不断壮大，正处于起步探索转向规模发展的关键期。工业互联网打破了传统工业相对封闭但可信的制造环境，所面临的安全风险对工业生产的威胁与日俱增，一旦受到网络攻击，可能会遭受巨大的经济损失，甚至危及社会安全、公众安全和国家安全。工业互联网改变了传统的产业生态，将 IT、OT 网进行深度融合，带来了各种安全威胁，包括网络入侵、恶意软件、网络攻击、网络漏洞、人为威胁、自然威胁和意外威胁等。此外，工业互联网在平台架构、平台设备、网络通信协议和网络运维上也存在脆弱性，这些都给工业互联网安全带来了巨大挑战。当前，全球各国都在对工业互联网安全发展趋势以及应对进行深入研究，不断重视并持续升级工业互联网安全防御体系，从而推动工业互联网整体安全保障体系的建设和发展。

2.1 工业互联网面临的威胁

2.1.1 网络入侵

网络入侵是指潜入网络刺探或搜集信息，但并不增加或修改数据，也不破坏或干扰网络设备。鉴于从网络获取情报比人工情报容易，代价也小得多，各国情报部门和非国家行为体都特别重视从网络获取各种情报。因此，网络入侵行为急剧增加。

2.1.2 恶意软件

恶意软件通常包括病毒与蠕虫、特洛伊木马与逻辑炸弹、信息垃圾与捕获程序。

1）病毒与蠕虫是指利用非法渠道在网络上传播、对计算机及其系统加以破坏的程序。20 世纪 80 年代开始兴起并广泛传播，引起较多关注的主要包括："莫里斯"蠕虫，导致 6000 多个系统被感染，占当时互联网的 1/10；"梅丽莎"病毒，在 4 天内感染 10 多万台主机；"红色代码"病毒，在 14 个小时内影响了 15 万台计算机系统；"尼姆达"将计算机蠕虫和计算机病毒结合到一起，在持续数天的攻击中，86 万台计算机受到攻击；"震网"病毒，被用于攻击伊朗核设施，因其技术复杂、针对性强而被认为掀开了利用网络空间的新篇章。

2）特洛伊木马与逻辑炸弹是依附在程序或系统中的破坏性代码，在特定条件下进行破坏。

3）信息垃圾是指商家为推销产品而向用户发送的大量电子邮件，只能带来一些小麻烦。

4）捕获程序是当前最为普遍的在线诈骗方式之一，用以捕获用户的个人信息，诱骗用户进入看似合法的网页，从而骗取用户的账户名和密码。

这些恶意软件通常通过漏洞侵入、后门植入、硬件注入、接收路径传入等方式，对计算机系统进行破坏。

2.1.3 网络攻击

迄今为止，真正意义上的"网络战争"并未发生，但网络攻击却多次出现，并且战果卓著。2003年3月，美军在开始常规攻击之前，侵入伊军专用军事保密网络，向数以千计的伊军军官发送电子邮件，劝其将坦克和其他装甲车辆整齐地停放在基地外面并远离它们，获得成功后，致使伊军部队未经交战就消失得"无影无踪"。2007年9月6日，以色列战机通过发动网络攻击骗过叙利亚防空网，毫发无损地摧毁了叙利亚境内的"核设施"。在2008年8月7日爆发的俄格冲突中，俄罗斯对格鲁吉亚实施了持续、复杂和高强度的网络攻击，致使格鲁吉亚丧失对本国".ge"域名的控制权，被迫将许多政府网站转移到国外的服务器上，但俄罗斯随即改变攻击路径，假装是来自格鲁吉亚的网络攻击，结果触发了多数国外银行的自动保护机制，关闭了它们与格鲁吉亚银行的连接，致使格鲁吉亚银行因无法访问欧洲的结算系统而业务瘫痪，不但信用卡系统停止工作，移动电话系统也随之崩溃。尽管网络战争至今尚未发生，但网络战争的威胁确实存在。有的国家从20世纪90年代开始培养网络战士，至今已建成较大规模的网络空间作战部队、军种网络司令部和联合网络司令部，并经常进行网络空间作战演习，一旦需要，即可打响网络战争。

2.1.4 网络漏洞

计算机系统的安全脆弱性是指软件和硬件中存在的允许未经授权的网络进入能力，在2000—2002年出现了显著的增长，弱点的数量由1090个增加到4129个。即使软件和硬件被整合进一套运行系统，它们仍然处于恶意篡改的风险之中。一些国家使用的信息技术产品大多数是在海外制造和组装的，这些产品是否带有不可预知的风险，值得怀疑。我国缺乏拥有自主产权的计算机核心技术（芯片），绝大部分计算机采用外国核心技术，这也为我国网络安全埋下了隐患。因此，计算机安全的新脆弱性总是会不断出现，要确保网络和系统的安全，就必须持续不断地升级防护措施，而不能仅靠现有的安全防护手段。

2.1.5 人为威胁

随着工业与IT的融合，企业内部人员（如工程师、管理人员、现场操作员、企业高层管理人员等)的"有意识"或"无意识"的行为,可能会破坏工业系统、传播恶意软件、忽略工作异常等,而针对人的社会工程学攻击、钓鱼攻击、邮件扫描攻击等大量攻击都利用了员工无意泄露的敏感信息。因此,在工业互联网中,人员管理也面临着巨大安全挑战。

2.1.6 自然威胁和意外威胁

自然威胁是能够损害和破坏网络空间的威胁,包括洪水、飓风、太阳耀斑、闪电、龙卷风等。意外威胁是以多种形式出现的难以预测的威胁,包括无意传播病毒、锄耕机挖断光纤电缆等。

2.2 工业互联网的脆弱性

传统的工控系统处于封闭可信环境,采用"两层三级"的防御体系、分层分域的隔离思路,对网络攻击的防护能力普遍不足。随着工业互联网的发展,工业设备逐渐智能化,相关业务上云、企业协作等不断推进,互联网与工业企业中的生产组件和服务深度融合,使传统的互联网安全威胁(如病毒、木马、高级持续性攻击等)蔓延到工业企业内部,如图 2-1 所示。不同于传统互联网中的信息安全防护,工业互联网安全不仅需要有机融合信息安全和功能安全,还要叠加交织传统工控安全和互联网安全,因而更显复杂。

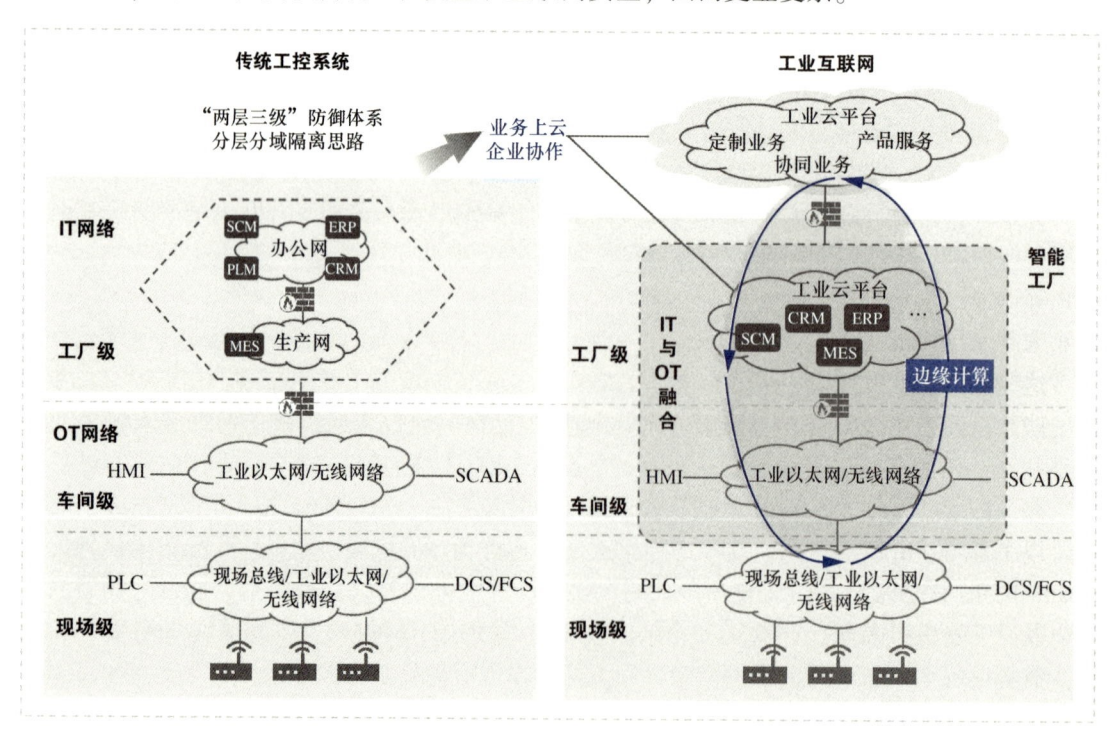

- 图 2-1 传统工控系统向工业互联网的转化示意图

图 2-1 中,SCM 表示软件配置管理;ERP 表示企业资源计划;CRM 表示客户关系管理;

PLM 表示产品全生命周期管理；MES 表示制造企业生产过程执行管理系统；PLC 表示可编程逻辑控制器；DCS 表示分散控制系统；FCS 表示现场总线控制系统；SCADA 表示数据采集与监控系统；IT 表示信息技术；HMI 表示人机接口（人机界面）；OT 表示运营技术。

2.2.1 平台架构脆弱性

网络互通互联之后，原来封闭的工控系统大多存在安全脆弱性、漏洞难以修补、安全问题短期难以解决等问题。此外，工业互联网平台与企业内大量关键设备之间的直连也存在严重的漏洞隐患，且安全漏洞大多为中高危漏洞。

关键工业设备入网、企业平台云端化等措施使得安全风险的传导与延展进一步加速，原有网络安全边界瓦解，传统安全防护措施失效，遭受网络攻击的范围由边界向核心不断扩大。标识解析体系面临分布式拒绝服务（DDoS）攻击、域名劫持等风险，而且不同标识体系（如 Handle、OID、Ecode、GS1 等）在兼容过程中也引入了新的安全风险。第五代移动通信（5G）、互联网协议第六版（IPv6）等新技术在工业互联网中的普及应用，也带来了更多的网络安全挑战。

随着信息通信技术（ICT）、AI、区块链的不断发展，IT 架构出现了颠覆性变革，为工业互联网安全技术提供了底层技术支撑。例如，密码技术经历了古典密码、近代密码、现代密码的发展历程，未来将面临由大数据、区块链等新技术、新业务发展带来的重大挑战。安全技术自身发展到一定阶段，面对新的应用环境和需求，将不断追求技术瓶颈突破，进一步与新技术融合发展。

2.2.2 平台设备暴露与漏洞

大部分工控系统安全机制无鉴别、无加密、无审计，这类工控资产比较脆弱。在和外部联网的情况下，工控系统容易被外部探测，并通过公开或私有通信协议、Web 服务、Telnet、FTP 等返回的信息中包含的特殊字段对资产进行识别，进而可以实现对资产的控制。另外，近年来越来越多的工控漏洞被研究人员发现，这使得暴露在外的工控系统资产十分脆弱。

这些被暴露在互联网上的工控设备在攻击者看来都是感染工控网络的潜在渠道。如果其中一些工控设备本身就存在未修补的漏洞，加之部分工控系统软硬件设备漏洞信息在网上被分享和公开，那么从设备的漏洞入手便极可能成为攻击者入侵的首选。

漏洞数量在逐年增长，那么这些漏洞在实际情况中对工控行业所造成的影响到底有多大呢，以下参考 FireEye 的 Mandiant ICS Healthchecks 所提供的数据一窥究竟。Mandiant ICS Healthchecks 评估来自多个行业组织中的网络安全风险，通过识别特定问题的可利用性、影响以及交叉影响结果来判定危害程度。经其分类统计后发现，在 ICS 组织中发现的安全问题至少有 33% 被评为高风险或严重风险。这意味着攻击者极有可能利用这些安全问题获得目标系统的控制权并危害其他系统和网络，还可能导致服务中断、信息泄露、未授权访问等其他重大负面后果。

工控网络安全漏洞小则导致工厂瘫痪，大则造成核电站爆炸、全国停电等灾难性后果。因此，在黑客成功攻击工业控制系统之前发现漏洞、修复漏洞，促使系统完善，是保障工业控制系统安全运行、增强企业安全健壮性的重要手段之一。

2.2.3　网络通信协议脆弱性

数据是工业互联网的价值重点，工业互联网最核心的价值之一就是实现数据的共享与实时利用。工业互联网采集、存储和利用的数据资源存在数据体量大、种类多、关联性强、价值分布不均、不同领域数据保护利用存在较大差异等特点，因此，工业互联网数据安全存在责任主体边界模糊、分级分类保护难度较大、事件追踪溯源困难等问题。同时，工业大数据技术在工业互联网中的广泛应用，使得工业互联网面临着数据加密存储技术尚不完善，鉴权技术发展尚不成熟，平台用户信息、企业生产信息等敏感信息存在泄露隐患，数据交易权属不明确、监管责任不清等问题，工业大数据应用存在安全风险。

2.2.4　网络运维脆弱性

工业数据安全需要能够提供工业敏感数据发现与识别、数据防泄露、数据脱敏、数据审计等功能，而敏感数据识别与防泄露的数据安全能力可以为工业互联网提供这些功能，向工业互联网业务平台提供接口，实现对企业工业数据的分类分级，使工业企业具备对自身敏感数据的发现与管理能力。

2.3　工业互联网安全发展趋势

工业互联网安全发展的总体趋势是：传统的安全防御技术已无法抗衡新的安全威胁，防护理念将从被动防护转向主动防御。

2.3.1　融合安全技术成为 OT 与 IT 融合趋势下的必然选择

工业互联网是满足工业智能化发展需求，具有低时延、高可靠、广覆盖特点的关键网络基础设施，是新一代信息通信技术与先进制造业深度融合所形成的新兴业态与应用模式。工业控制系统面临着安全事件危害范围扩大、危害程度加深、信息安全与功能安全问题交织等安全风险；控制环境方面表现为信息技术（IT）与运营技术（OT）融合，控制网络由封闭走向开放；控制布局方面表现为控制范围从局部扩展至全局，并伴随着控制监测上移与实时控制下移。工业互联网安全所采用的技术必然是 IT 安全、OT 安全、IT 与 OT 安全以及 IT 与 OT 融合安全技术（如工业 VPN、工业 NAT、工业入侵检测、工控网络接入控制、无须依赖外部特征库的 AI 智能分析与检测等）才能够满足工业互联网安全建设目标，从而使得工业系统既能防护 OT 内部威胁，也能防护 IT 威胁。

2.3.2　工业互联网未知威胁防范成为难点

新基建筑牢基础并加速了工业数字化转型，强化了工业互联网建设，催生了 5G/IoT 等新场景机会。在数字化转型时代，经济利益驱动网络攻击不断升级，关键基础设施和工业互联网保护面临更大挑战。

1）零日漏洞或零时差漏洞（0Day Vulnerability、Zero-Day Vulnerability）依然属于最有效的攻击工具，一些组织依然不计成本地购买零日漏洞来进行攻击，针对零日漏洞的网络流量入侵，恶意文件攻击检测成为关键。APT 组织经常利用未公开的零日漏洞来绕过基于已知特征的 IPS 防御发起 APT 攻击，窃取海量政府数据、医疗信息、账户凭证、企业用户信息等敏感数据。由于获得和开发漏洞利用工具的成本高，这些未公开的漏洞利用工具主要用于具备高攻击价值的目标。而这些未公开的漏洞利用工具都没有 IPS 签名特征，可直接穿透 IPS 设备。

2）海量恶意软件变异频繁，无法准确检测。AV-TEST 2020 年度报告中指出，互联网上每天新增约 33 万恶意软件样本，全年新增恶意软件数高达 1.2 亿，未知威胁对于网络的危害愈演愈烈，安全分析人员无法分析海量恶意样本，导致大部分恶意变种都不能被检测出来。

3）黑客利用 AI 来发起高效攻击。攻击者会不断将 AI 技术融入攻击活动中，使其攻击行为越来越趋向正常化，人工智能将消除攻击中的人为因素，使攻击者更难被识别，传统安全防护技术显得力不从心。

在实现态势感知的过程中，对采集的大量安全数据如何进行分析、发现潜在风险一直是个难点，尤其是在面对工业互联网平台复杂的架构时。工业互联网网络的安全管理要求解决网络使用中出现的安全威胁，有时是不确定、不可知的，传统的特征匹配方法对未知威胁几乎无能为力。人工智能技术具有处理不确定信息的强大自学习能力，不需要先验知识，在引入人工智能技术之后，可以在不明确信息的情况下进行相应的处理，对未知威胁的检测能力较强。

2.3.3 云平台成为安全防护的重点

未来制造系统将呈现扁平化特征，传统以 ISA-95 为代表的"金字塔"体系结构被逐渐打破，ERP、MES、PLM 等处于不同层次的管理功能基于平台实现集成融合应用，工业互联网平台将成为未来制造系统的中枢与核心环节。借助平台提供的数据流畅传递和业务高效协同能力，能够第一时间将生产现场数据反馈到管理系统进行精准决策，也能够及时将管理决策指令传递到生产现场进行执行，通过高效、直接的扁平化管理实现制造效率的全面提升。

平台作为工业互联网的核心，汇聚了各类工业资源，因而在未来的防护中，对于平台的安全防护将倍受重视。平台使用者与提供商之间的安全认证、设备和行为的识别、敏感数据的共享等安全技术将成为刚需。

当前，工业互联网平台主要采用云计算和大数据技术搭建而成，针对云平台的保护显得尤为重要。工业云平台是工业互联网的重要组成部分，也是核心技术架构。工业云平台主要为工业现场数据采集、传输以及在云端的数据存储、处理及分析等各个环节提供基础技术支持，以降低制造业企业实现数字化、智能化的技术门槛，助力工业企业智能制造实现优化资源配置、数字生产可视可控以及协同快速响应市场等决策目标。企业工业互联网云平台有如下安全风险或难题需要解决：云内缺乏威胁隔离机制，网络威胁一旦进入云平台内部，可以肆意横向蔓延，造成边界防护失效；云内主机成倍增加，虚拟层漏洞不易修复，横向访问流量流向不可视，安全态势难以全局掌控；虚拟主机位置不确定、IP 地址动态分配、业务区域边界不确定，造成网络边界消失，硬件设备无法部署；相较于外部攻击，恶意的内部人员泄露数据造成关键数据被窃取。

2.3.4 内生安全防御和补偿式安全防御将长期并存

内生安全防御通常在设备层通过对设备芯片与操作系统进行安全加固并对设备配置进行优化的方式来实现应用程序脆弱性分析。可通过引入漏洞挖掘技术，对工业互联网应用及控制系统采取静态挖掘、动态挖掘，实现对自身隐患的常态化排查；各类通信协议安全保障机制可在新版本协议中加入数据加密、身份验证、访问控制等机制来提升其安全性。但是，工业现场还存在大量的不安全控制协议、不安全的工业设备、不可靠的工控网络、不安全的工业软件等，而更新这些系统又显得不现实，而且周期特别长，同时完全采用内生安全防御方式，在某些情况下并不经济高效，所以采用类似网关的补偿式安全防御也非常必要。

2.3.5 工业互联网安全防护自动化与智能化将不断发展

未来，对于工业互联网安全防护的思维模式将从传统的事件响应式向持续智能响应式转变，旨在构建全面的预测、基础防护、响应和恢复能力，抵御不断演变的高级威胁。工业互联网安全架构的重心也将从被动防护向持续普遍性的监测响应及自动化、智能化的安全防护转移。

2.3.6 对大数据的保护将成为防护热点

工业大数据的不断发展对数据分类分级保护、审计和流动追溯、大数据分析价值保护、用户隐私保护等提出了更高的要求。未来对于数据的分类分级保护以及审计和流动追溯将成为防护热点。

首先是应用数据领域的安全解决方案。简单讲就是 Web 应用 DLP+应用数据对象的安全管理。前者用于各种内部业务人员、外包人员（如客服）、合作伙伴必须使用敏感数据的场景下，监测由这些已经有权限访问敏感数据的人员或主机发起的数据滥用、数据窃取的风险，并能针对泄露事件快速溯源定位到可疑对象，从而建立起威慑能力；后者则用于对应用系统上流动的敏感数据类型、数量、数据载体、涉敏数据接口、暴露面、数据流向、访问者、操作行为等多个对象进行识别，监控状态变化、分析变化影响和异常分析，以提供给数据安全管理人员感知企业数据在业务层的流动态势并辅助进行风险评估。

其次是大数据平台安全方案。简单讲就是针对大数据平台（Hadoop 以及相关组件）的 4A（账号、认证、授权、审计）+数据运维和分析的安全管理。前者提供如账号映射（开源大数据平台不支持 LDAP）、细粒度权限（可以对表的字段级进行控制）、高危操作识别和拦截、审计等能力，给数据运维和分析场景提供更安全可靠的环境；后者则用于对数据库和大数据平台及其组件上流动的敏感数据类型、数量、导入和分发数据载体/模型、数据流向、访问者、操作行为等多个对象进行识别，监控状态变化、分析变化影响和异常，以提供给数据安全管理人员全面感知企业数据在运维和分析场景的流动态势并辅助进行风险评估。

最后是数据地图。主要围绕隐私合规要求，梳理和识别隐私数据分类分级、隐私数据的数据流（采集点、存储地域、使用系统和用途、外流去向），分析隐私数据的授权信息，并按数据主体汇集数据，以提供数据主体权利的支持。

2.3.7　工业互联网安全态势监测与态势感知将成为重要技术手段

工业互联网安全态势感知对影响工控网络安全的诸多要素进行获取、理解、评估并预测未来的发展趋势，成为下一代安全技术的焦点。网络安全态势感知是对网络安全性定量分析的一种手段，是对网络安全性的精细度量。

借助人工智能、大数据分析以及边缘计算等技术，基于协议深度解析及事件关联分析机制，分析工业互联网当前运行状态并预判未来安全趋势，可以实现对工业互联网安全的全局掌控，并在出现安全威胁时通过网络中各类设备的协同联动机制及时进行抑制，阻止安全威胁的继续蔓延。

工业互联网安全态势监测与感知建设对提升工业互联网安全防护能力至关重要。从政府监管层面来说，应做好顶层设计，结合国家工业互联网产业需求，统筹设计国家工业互联网安全监测技术平台功能和架构。加强构建"国家级-省级-企业级"专业化安全监测和预警通报技术手段，实现工控网络相关企业安全态势可感、可知、可监管。

2.4　本章小结

本章主要讲解了工业互联网安全态势，首先从 6 个方面分析了工业互联网面临的威胁，然后从平台架构、平台设备、网络通信协议和网络运维 4 个方面介绍了工业互联网面临的脆弱性，最后总结了工业互联网安全发展趋势。

2.5　思考与练习

1. 工业互联网面临的威胁有哪些？
2. 工业互联网相对传统互联网，有哪些脆弱性？
3. 工业互联网安全的发展趋势有哪些？

第3章 工业互联网安全框架

安全是保障工业互联网健康有序发展的前提，只有构建贯穿全产业链、全生命周期的安全体系，完善满足工业需求的安全技术能力和相应管理机制，才能有效识别和抵御安全威胁、化解安全风险，进而确保工业互联网健康有序发展。工业互联网安全框架作为工业互联网安全体系的顶层设计和实施纲要，是业界专家在工业互联网安全防护方面达成的共识，旨在为工业互联网相关企业进行安全防护措施的部署、实施和评估提供指导，促进工业互联网系统性安全防护能力的提升，为工业互联网数字化、网络化、智能化发展提供安全可信的环境。

3.1 传统工业互联网安全框架

3.1.1 OSI 安全体系结构

OSI 安全体系结构（X.800 标准）是国际标准化组织（ISO）在对 OSI 开放系统互联环境的安全性进行深入研究的基础上提出的。OSI 安全体系结构关注安全攻击、安全机制和安全服务，是一种国际标准，计算机和通信厂商已经开发了符合这个结构化服务和机制标准的产品和服务安全特性。它定义了为保证 OSI 参考模型的安全应具备 5 类安全服务，包括认证（鉴别）、访问控制、数据保密性、数据完整性和不可抵赖性，以及为实现这 5 类安全服务所应具备的 8 种安全机制，包括加密、数字签名、访问控制、数据完整性、认证交换、流量填充、路由控制以及公证。OSI 安全体系结构三维图如图 3-1 所示，安全体系结构中的 5 类安全服务及 8 种安全机制可根据所防护网络的具体要求适当地配置于 OSI 参考模型的 7 个层次中。

OSI 安全体系结构指出了安全服务和安全机制之间的关系，如图 3-2 所示。OSI 安全体系结构针对 OSI 参考模型中的不同层次，部署不同的安全服务与安全机制，体现出分层防护的思想，具有很好的灵活性。然而，OSI 安全体系结构专注于网络通信系统，其应用范围具有一定的局限性。同时，OSI 安全体系结构实现的是对网络的静态安全防护，而网络的安全防护具有动态性，该体系结构对于持续变化的内外部安全威胁缺乏足够的监测与应对能力。此外，OSI 安全体系结构主要从技术层面出发对网络的安全防护问题进行讨论，并未考虑管理在安全防护中的地位和作用。面对更复杂、更全面的安全保障要求，仅依靠 OSI 安全体系结构是远远不够的。

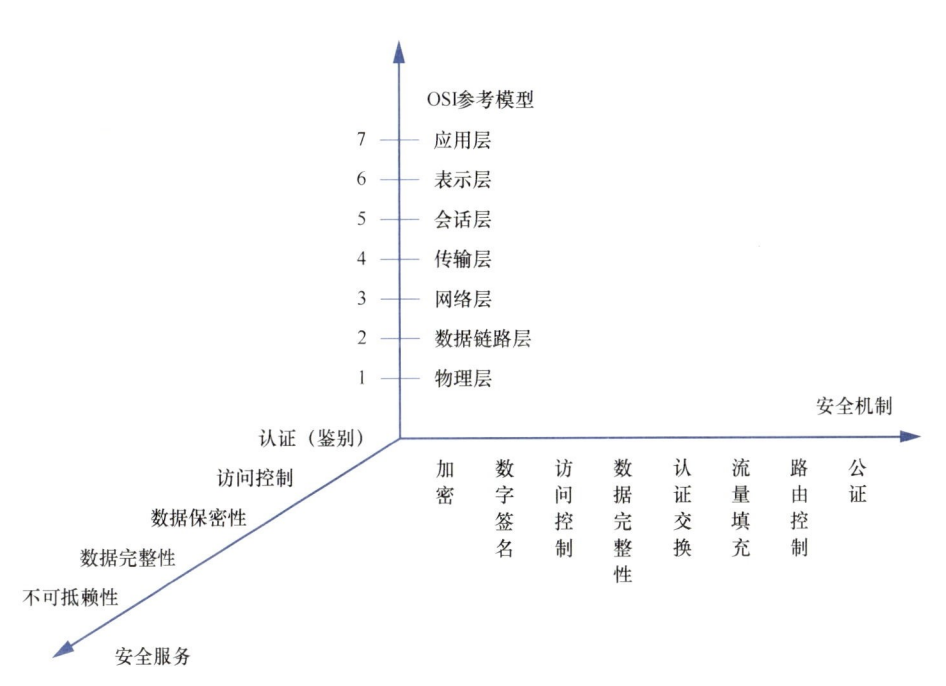

● 图 3-1　OSI 安全体系结构三维图

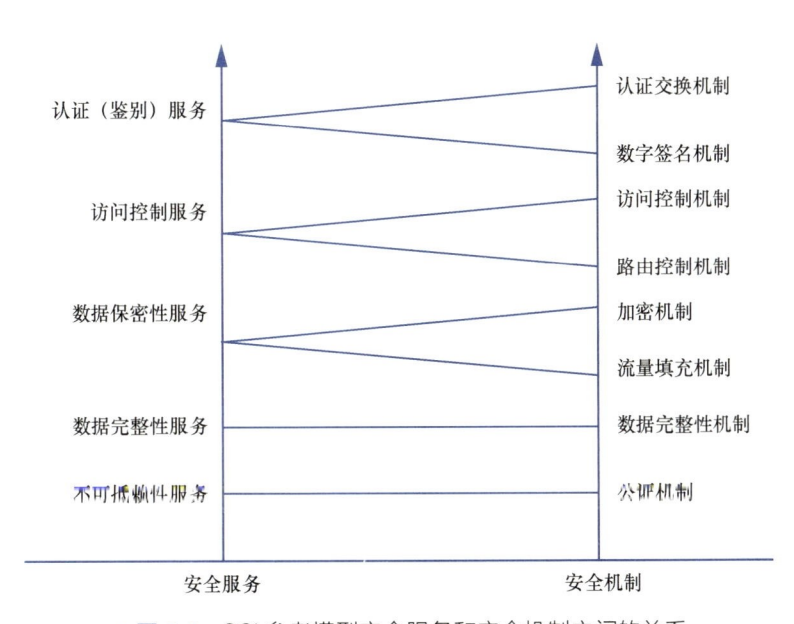

● 图 3-2　OSI 参考模型安全服务和安全机制之间的关系

3.1.2　美国 ISS 公司 P2DR 模型

P2DR（Policy，Protection，Detection，Response）模型是美国 ISS 公司提出的动态网络

安全体系模型，包括 4 个主要部分：Policy（策略）、Protection（防护）、Detection（检测）和 Response（响应），如图 3-3 所示。P2DR 模型建立在基于时间的安全理论基础之上，将网络安全的实施分为防护、检测和响应三个阶段。P2DR 模型是在整体的安全策略的控制和指导下，在综合运用防护工具（如防火墙、操作系统身份认证、加密等）的同时，利用检测工具（如漏洞评估、入侵检测等）了解和评估系统的安全状态，通过适当的反应将系统调整到"最安全"和"风险最低"的状态。防护、检测和响应组成了一个完整的、动态的安全循环，在安全策略的指导下保证信息系统的安全。

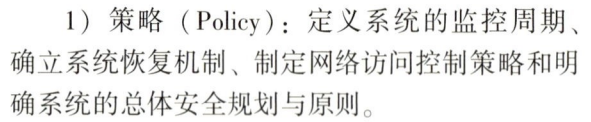

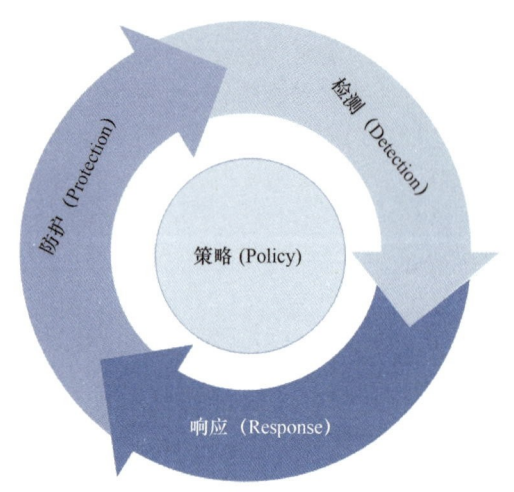

• 图 3-3 P2DR 模型示意图

1）策略（Policy）：定义系统的监控周期、确立系统恢复机制、制定网络访问控制策略和明确系统的总体安全规划与原则。

2）防护（Protection）：通过修复系统漏洞、正确设计开发和安装系统来预防安全事件的发生；通过定期检查来发现可能存在的系统脆弱性；通过教育等手段，使用户和操作员正确使用系统，防止意外威胁；通过访问控制、监视等手段来防止恶意威胁。采用的防护技术通常包括数据加密、身份认证、访问控制、授权和虚拟专用网（VPN）技术、防火墙、安全扫描和数据备份等。

3）检测（Detection）：是动态响应和加强防护的依据，通过不断地检测和监控网络系统发现新的威胁和弱点，通过循环反馈来及时做出有效的响应。当攻击者穿透防护系统时，检测功能就会发挥作用，与防护系统形成互补。

4）响应（Response）：系统一旦检测到入侵，响应系统就开始工作，进行事件处理。响应包括紧急响应和恢复处理，恢复处理又包括系统恢复和信息恢复。

P2DR 模型是一种基于闭环控制的动态安全模型，适用于需要长期持续安全防护的网络系统。从总体上来讲，该模型与 OSI 安全体系结构一样，都局限于从技术上考虑网络的安全问题，忽视了管理对于安全防护的重要性，在模型的具体实施过程中极有可能因安全策略执行不当而影响安全防护效果。

3.1.3 美国国家安全局 IATF

信息保障技术框架（Information Assurance Technical Framework，IATF）是美国国家安全局于 1998 年提出的框架，该框架提出了保障信息系统安全应具备的三个核心要素，即人、技术和操作，如图 3-4 所示。其中，人这一要素包括保障人身安全、对人员进行培训、制定安全管理制度等，强调了人作为防护措施的具体实施者在安全防护中的重要地位。技术这一要素强调要在正确的安全策略指导下采取措施来为信息系统提供安全保障服务并对入侵行为进行检测。操作这一要素则明确了要保证信息系统的日常安全应采取的具体防护手段。此外，该框架将网络系统的安全防护分为网络和基础设施防御、网络边界防御、局域计算环境防御和支撑性基础设施防御 4 个部分。在每个部分中，IATF 都描述了其特有的安全需求和相应的可供选择的技术措施，为更好地理解网络安全的不同方面、分析网络系统的安全需求以及选取恰当的安全防御机制提供了依据。

IATF 通过对上述 4 个部分分别部署安全保障机制，形成对网络系统的纵深防御，从而降低安全风险，保障网络系统的安全性。但 IATF 与 OSI 安全体系结构一样，实现的都是对网络系统的静态安全防护，并未对网络系统部署动态持续的安全防护措施。

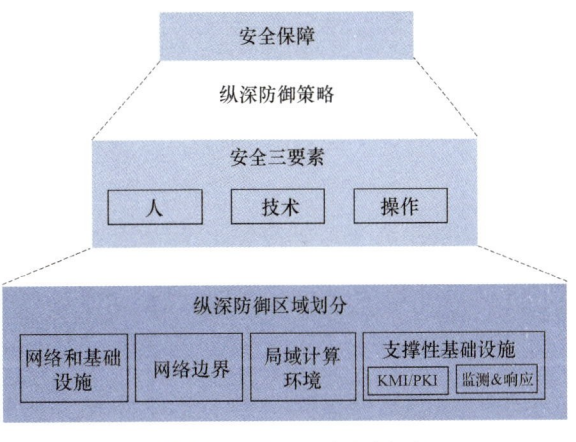

● 图 3-4 信息保障技术框架

3.1.4 国际电工委员会 IEC 62443 标准

2007 年，国际电工委员会工业过程测量、控制与自动化/网络与系统信息安全工作组（IEC/TC65/WG10）与国际自动化协会（ISA99）共同制定了 IEC 62443 系列标准。2011 年，IEC/TC65 年会整合了 IEC 62443 标准结构，优化了标准体系，将 IEC 62443 系列标准名称更改为《工业过程测量、控制和自动化网络与系统信息安全》，包括 4 个部分共 12 个文档，如图 3-5 所示。

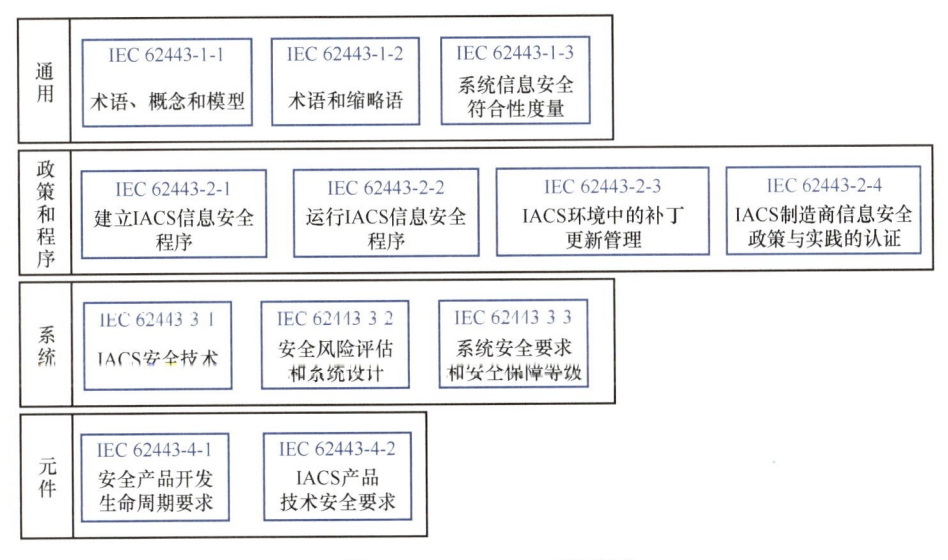

● 图 3-5 IEC 62443 系列标准

IEC 62443 是在国际上被广泛采纳和认可的系统标准，旨在降低部署和操作 IACS（工业自动化控制系统）的风险，其针对最终用户、系统集成商、生产厂商分别有不同的角色定位及功能介绍。各国、各行业制定工控安全相关标准政策都会参考和吸收该标准提供的概

37

念、方法、模型。IEC 62443 标准将工业控制系统按照控制和管理的等级划分成相对封闭的区域，区域之间的数据通信通过管道进行，通过在管道上安装信息安全管理设备来实现分级保护，进而实现控制系统的网络安全纵深防御，如图 3-6 所示。

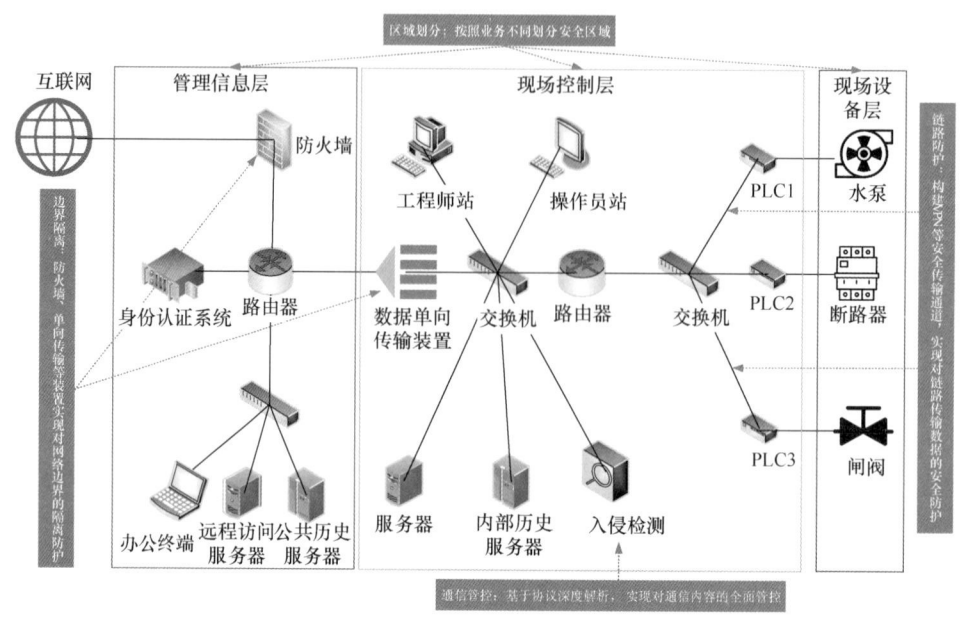

● 图 3-6　IEC 62443 防御案例

在工业 4.0 中，IEC 62443 标准已成为流程和自动化行业中公认的标准。该系列标准解决了组织/流程、系统和组件以及流程相关功能要求之间的逻辑关系。因此 IEC 62443 代表了整个工业领域的标准，符合运营商、集成商和制造商的要求。在流程和系统的审计中，既要考虑传统的业务结构（如 TIC 测试、检验、认证），也要考虑产品测试或组件认证的方法。主要包含的技术文档如下。

- 流程认证、解决方案认证、产品认证（IEC 62443-2-4）。
- 系统认证（IEC 62443-3-3）。
- 流程认证（IEC 62443-4-1）。
- 产品（部件）认证（IEC 62443-4-2）。

IEC 62443 系列标准中对安全技术与安全管理的实施均提出了要求，但从总体上来看，与 OSI 安全体系结构和 IATF 一样，实现的都是静态安全防护。而工业互联网的安全防护是一个动态过程，需要根据外部环境的变化不断进行调整。在工业互联网安全框架的设计中，需要将动态防护的理念纳入其中。

3.1.5　我国 WPDRRC 模型

WPDRRC 模型是我国"863"计划信息安全专家组提出的适合中国国情的信息系统安全保障体系建设模型，是对 PDRR 模型的进一步完善，它在模型的前后增加了预警和反击功能，有六个环节和三大要素。六个环节分别为预警、保护、检测、响应、恢复和反击，它们具有较强的时序性和动态性,能够较好地反映信息系统安全保障体系的预警能力、保护能力、检测能力、响应能力、恢复能力和反击能力。三大要素分别为人员、策略和技术,人员是核心,策略是桥梁,技术是保证,落实在六个环节的各个方面,将安全策略变为安全现实,如图3-7所示。

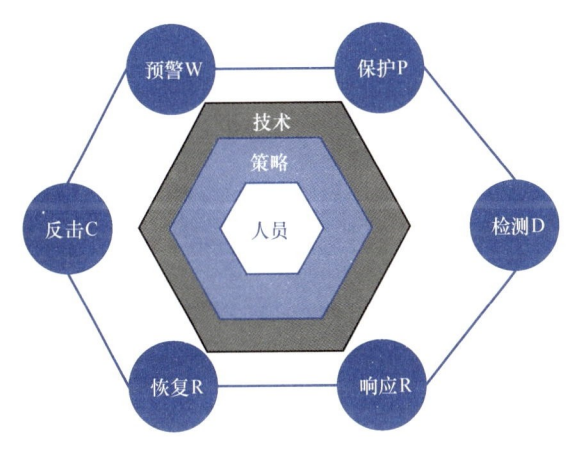

图3-7 我国 WPDRRC 模型

1) 预警:采用入侵防御系统,分析各种安全报警、日志信息,结合使用网络运维管理系统实现对各种安全威胁与安全事件的"预警",预测未来可能受到的攻击以及可能承受的损失。

2) 保护:指采取防火墙、DDoS防御网关、安全域访问控制系统、内网安全管理等各种手段来防护信息系统,阻止可以发生攻击的条件的产生,让攻击者无法顺利地入侵信息系统,以此来减少大多数的入侵事件。

3) 检测:利用各种技术手段和工具,检测系统中是否存在黑客攻击或者其他可能影响系统安全的威胁因素,包括可能被攻击者利用的黑客工具、病毒、各种漏洞等。

4) 响应:采用各类安全审计系统、网络运维管理系统结合专业的安全技术支持服务以及紧急响应等安全服务,实现对各种安全威胁与安全事件的响应。

5) 恢复:对所有数据进行备份,并采用容错、冗余与替换、修复和一致性等手段,保证信息系统受到冲击时能迅速恢复正常运转。

6) 反击:采用入侵防御系统、黑客追踪系统、计算机在线调查取证分析系统、各类安全审计系统和网络运维管理系统,来发现攻击的线索和证据,并向有关机构提供相关信息和依据;具备一定的打击手段,在法律框架内,依法打击犯罪和网络恐怖分子。

3.2 工业互联网安全基本框架

3.2.1 美国工业互联网安全框架(IISF)

2016年9月19日,美国工业互联网联盟(IIC)历时两年正式发布《工业互联网安全框架（Industrial Internet Security Framework，IISF）》（v1.0），拟通过该框架的发布为工业互联网安全研究与实施提供理论指导。

IISF 的实现主要从功能视角出发，定义了三个层次的六个安全功能，如图 3-8 所示。顶层包括四个核心安全功能，分别为端点保护、通信和连接保护、安全监测和分析、安全配置和管理。端点保护可以实现设备在边缘侧和云侧的防御能力，主要关注点包括物理安全功能、网络安全技术和身份鉴权。通信和连接保护利用端点的身份标识与授权能力实现链路层面的认证和授权，主要关注点包括信息流的完整性和保密性。为了与端点和通信保护实现协同，在整个运行周期，安全监测和分析、安全配置和管理必须在系统层面相应启动。在四个核心安全功能之下是一个通用的数据保护层，对这四个功能中产生的数据提供保护。最下层是覆盖整个工业互联网的安全模型和策略层，它将上述五个功能紧密结合起来，实现端到端的安全防护。

• 图 3-8　美国工业互联网安全框架（IISF）

总体来看，美国 IISF 聚焦于 IT 安全，侧重于安全实施，明确了具体的安全措施，对于工业互联网安全框架的设计具有很好的借鉴意义。

3.2.2　德国工业 4.0 安全框架（RAMI 4.0）

德国工业 4.0 注重安全实施，由网络安全组牵头出版了《工业 4.0 安全指南》《跨企业安全通信》《安全身份标识》等一系列指导性文件，指导企业加强安全防护。德国虽然从多个角度对安全提出了要求，但是并未形成成熟的安全体系框架。但安全作为新的商业模式的推动者，在工业 4.0 参考架构（RAMI 4.0）中起到了承载和连接所有结构元素的骨架作用。在工业 4.0 参考架构（RAMI 4.0）中，从 CPS 功能视角、全生命周期价值链视角和全层级工业系统视角三个视角构建了工业 4.0 参考架构（RAMI 4.0），如图 3-9 所示。从 CPS 功能视角看，安全应用于所有不同层次，因此必须对安全风险做整体考虑；从全生命周期价值链视角看，对象的所有者必须考虑全生命周期的安全性；从全层级工业系统视角看，需要对所有资产进行安全风险分析，并对资产所有者提供实时保护措施。

安全性是工业 4.0 组件设计的基石，它可以确保生产设施和产品本身不对人和环境产生威胁，并且保证数据和信息不被滥用。随着工业 4.0 以全新方式整合资源、技术、应用和模式，对整个系统的信息安全防护提出了新的挑战，并呈现出安全架构复杂化、安全防御多维化、安全等级扁平化等特点。

德国 RAMI 4.0 采用了分层的基本安全管理思路，侧重于防护对象的管理。在工业互联网安全框架的设计过程中可借鉴这一思路，并且从实施的角度将管理与技术相结合，更好地指导工业互联网企业部署安全实施。

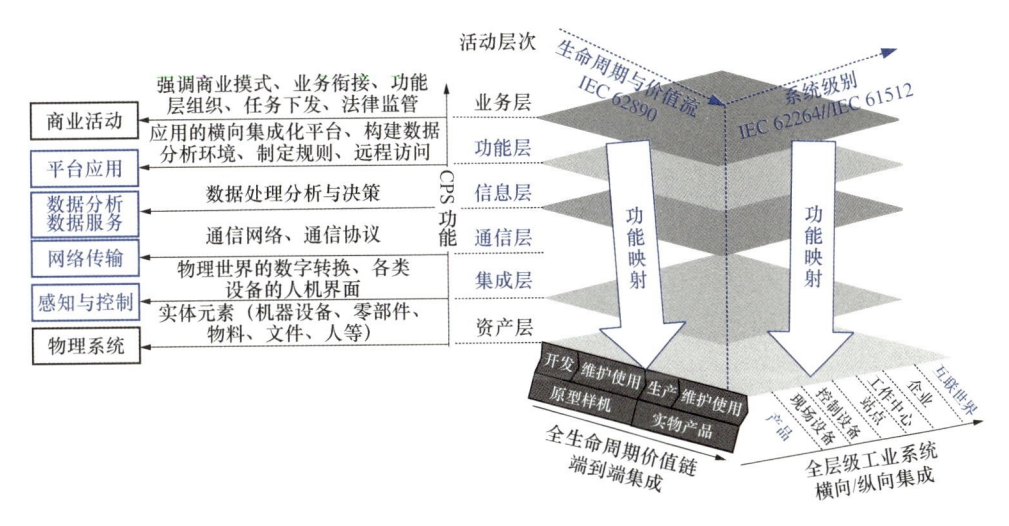

• 图 3-9　工业 4.0 参考架构（RAMI 4.0）

3.2.3　日本工业价值链参考架构（IVRA）

日本工业价值链促进会（Industrial Value Chain Initiative，IVI）是一个由制造业企业、设备厂商、系统集成企业等发起的组织，旨在推动"智能工厂"的实现。2016 年 12 月，IVI 基于日本制造业的现有基础，推出了智能工厂的基本架构《工业价值链参考架构（Industrial Value Chain Reference Architecture，IVRA）》。

IVRA 基本上与工业 4.0 平台的 RAMI 4.0 类似，也是一个 3 维模式。3 维模式的每一个块被称为"智能制造单元（SMU）"，将制造现场作为 1 个单元，通过 3 个轴进行判断。智能制造单元表示智能制造的一个自主单元，是面向工业需求的多样性和个性化的复杂系统（SoS），通过制造单元的互联互通，极大地提高其生产力和生产效率。SMU 由 3 个轴组成，即资产视角、活动视角和管理视角，如图 3-10 所示。纵向为"资产轴"，分为人员层、工序层、产品层和设备层；横向为"活动轴"，分为计划（Plan）、执行（Do）、检查（Check）和改进（Action），是一个 PDCA 循环；内向为"管理轴"，分为质量（Q）、成本（C）、交付（D）和环境（E），是一个 QCDE 活动。

IVRA 还将智能制造单元（SMU）之间的联系定义为"轻便载入单元（PLU）"，具体而言，分为价值、物料、信息和数据 4 个部分。用便携装载单元（Portable Loading Unit，PLU），在保证安全和可追溯的条件下，实现了不同 SMU 之间资产的转移，模拟了制造活动中物料、数据等有价资产的转化过程，从而真实地反映了企业内和企业间的价值转换情况，充分体现了价值链的思想。

与 RAMI 4.0 相比，IVRA 的一大特征是通过 SMU 等形式，纳入了包括具体的员工共操作等在内的"现场感"特征。日本制造业以丰田生产方式为代表，一般都是通过人力最大化来提升现场生产能力，实现效益增长。IVI 向全世界发布的智能工厂新参考架构嵌入了"日本制造业"的特有价值导向，期望成为世界智能工厂的另一个标准。

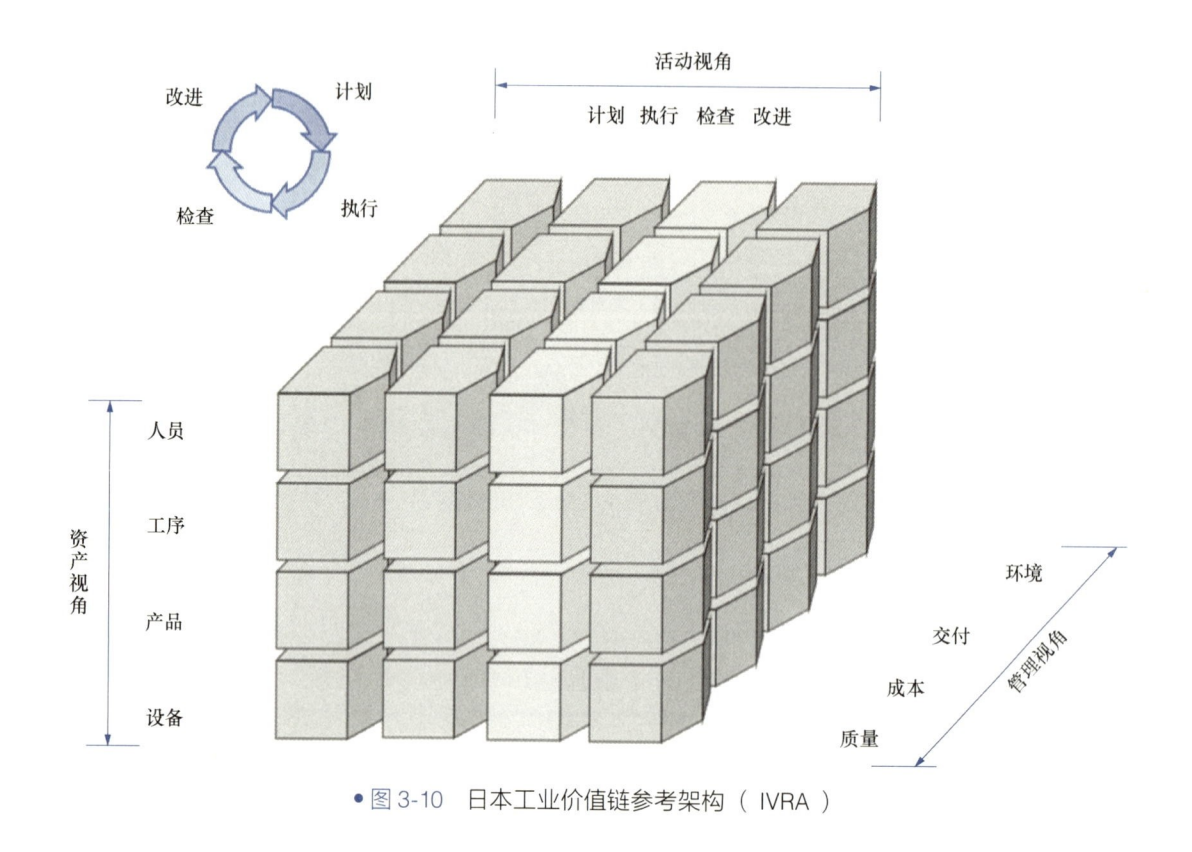

● 图 3-10　日本工业价值链参考架构（IVRA）

3.2.4　我国工业互联网安全框架 2.0

为解决工业互联网面临的网络攻击等新型风险，确保工业互联网健康有序发展，我国工业互联网安全功能框架充分考虑了信息安全、功能安全和物理安全，聚焦工业互联网安全所具备的主要特征，包括可靠性、保密性、完整性、可用性、隐私和数据保护，如图 3-11 所示。

1. 可靠性

可靠性指工业互联网业务在一定时间内、一定条件下无故障地执行指定功能的能力或可能性。

1）设备硬件可靠性，指工业互联网业务中的工业现场设备、智能设备、智能装备、PC、服务器等在给定的操作环境与条件下，其硬件部分在一段规定的时间内正确执行要求功能的能力。

2）软件功能可靠性，指工业互联网业务中的各类软件产品在规定的条件下和时间区间内完成规定功能的能力。

3）数据分析结论可靠性，指工业互联网数据分析服务在特定业务场景下、一定时间内能够得出正确的分析结论的能力。在数据分析过程中出现的数据缺失、输入错误、度量标准错误、编码不一致、上传不及时等情况，最终都可能对数据分析结论的可靠性造成影响。

4）人身安全可靠性，指对工业互联网业务运行过程中相关参与者的人身安全进行保护的能力。

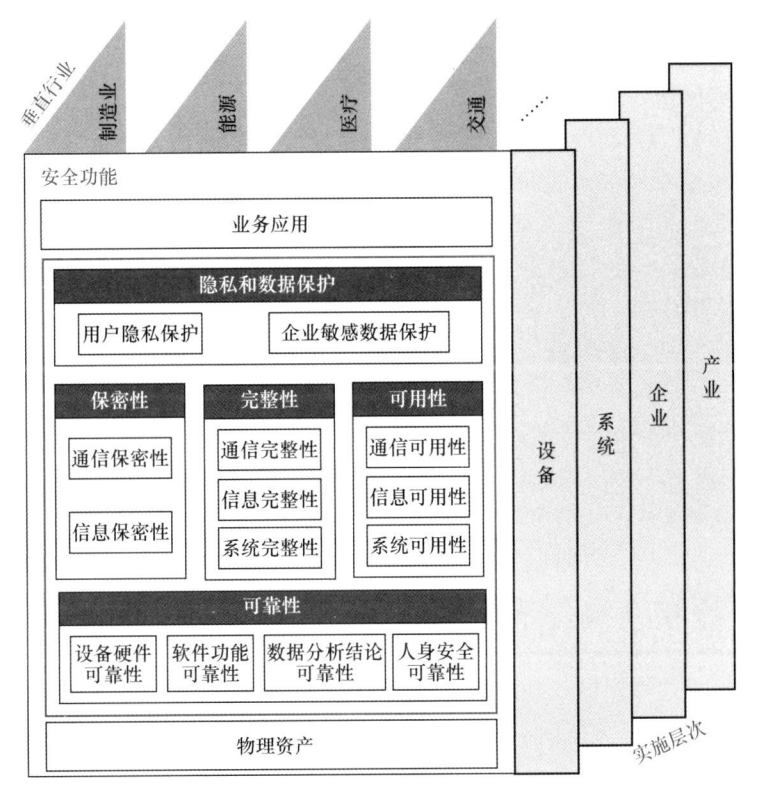

● 图 3-11 我国工业互联网功能视图安全体系框架

2. 保密性

保密性指工业互联网业务中的信息按给定要求不泄露给非授权的个人或企业加以利用的特性，即杜绝有用数据或信息泄露给非授权个人或实体。

1）通信保密性，指对要传送的信息内容采取特殊措施，从而隐蔽信息的真实内容，使非法截收者不能理解通信内容的含义。

2）信息保密性，指工业互联网业务中的信息不被泄露给非授权的用户和实体，只能以允许的方式供授权用户使用的特性。

3. 完整性

完整性指工业互联网用户、进程或者硬件组件具有能验证所发送的信息的准确性，并且进程或硬件组件不会被以任何方式改变的特性。

1）通信完整性，指对要传送的信息采取特殊措施，使得信息接收者能够对发送方所发送信息的准确性进行验证的特性。

2）信息完整性，指对工业互联网业务中的信息采取特殊措施，使得信息接收者能够对发送方所发送信息的准确性进行验证的特性。

3）系统完整性，指对工业互联网平台、控制系统、业务系统（如 ERP、MES）等加以防护，使得系统不会以任何方式被篡改（即保持准确）的特性。

4. 可用性

可用性指在某个考察时间，工业互联网业务能够正常运行的概率或时间占有率期望值。

可用性是衡量工业互联网业务在投入使用后实际使用的效能。

1）通信可用性，指在某个考察时间，工业互联网业务中的通信双方能够正常与对方建立信道的概率或时间占有率期望值。

2）信息可用性，指在某个考察时间，工业互联网业务使用者能够正常对业务中的信息进行读取、编辑等操作的概率或时间占有率期望值。

3）系统可用性，指在某个考察时间，工业互联网平台、控制系统、业务系统（如ERP、MES）等正常运行的概率或时间占有率期望值。

5. 隐私和数据保护

隐私和数据保护指对于工业互联网用户个人隐私数据或企业拥有的敏感数据等提供保护的能力。

1）用户隐私保护，指对与工业互联网业务用户个人相关的隐私信息提供保护的能力。

2）企业敏感数据保护，指对参与工业互联网业务运营的企业所持有的敏感数据进行保护的能力。

3.3 我国工业互联网安全防护框架

3.3.1 设计原则

工业互联网安全防护框架设计应遵循以下原则。

（1）体系化纵深防御原则

在工业互联网环境中，OT 与 IT 相融合，原有的可信边界日益削弱，它本身在物理上、操作上和管理上的种种漏洞构成了系统的安全脆弱性，需要从预防、防护、检测、响应等方面多维度考虑安全防护设计，构建纵深防御体系。

（2）动态防护原则

除考虑静态的安全防护措施外，还要考虑动态、闭环的安全防护部署机制。需要结合工业互联网安全防护的特殊要求，采取静态防护与动态防护措施相结合的方式，及时发现并有效处置安全事件。

（3）最小特权

泛在联接是工业互联网的重要特征，它要实现人、机、物的全面联接，在工业互联网平台环境中，最小特权原则尤为重要，可以减少各对象潜在的相互影响，从而减少、消除对特权无意的、不必要的或者不适当的使用。

（4）平衡性原则

对任何网络，绝对安全难以达到，也不一定是必要的，所以需要建立合理的实用安全性、用户需求评价与平衡体系。安全体系设计要正确处理需求、风险与代价的关系，做到安全性与可用性相容，做到组织上可执行。

（5）遵从性原则

工业互联网系统是一个庞大的系统工程，其安全体系的设计必须遵循一系列标准，这样才能确保各个分系统的一致性，使整个系统安全地互联互通、信息共享。

（6）技术与管理并重原则

安全体系是一个复杂的系统工程，涉及人、技术、操作等要素，单靠技术或单靠管理都不可能实现。因此，必须将各种安全技术与运行管理机制、人员思想教育与技术培训、安全规章制度建设相结合。

3.3.2 安全防护框架

2017年11月，国务院印发了《关于深化"互联网+先进制造业"发展工业互联网的指导意见》，标志着我国工业互联网顶层设计正式出台，对于我国工业互联网发展具有重要意义。安全是工业互联网发展的前提和保障，只有构建覆盖工业互联网各防护对象、全产业链的安全体系，完善满足工业需求的安全技术能力和相应管理机制，才能有效识别和抵御安全威胁，化解安全风险，进而确保工业互联网健康有序发展。2018年11月，工业互联网产业联盟（AII）发布了《工业互联网安全框架》，从防护对象视角、防护措施视角及防护管理视角三大视角出发构建工业互联网安全框架，引导企业全面部署安全防护措施，如图3-12所示。工业互联网安全框架针对不同的防护对象部署相应的安全防护措施，根据实时监测结果发现网络中存在的或即将发生的安全问题并及时做出响应。同时加强防护管理，明确基于安全目标的可持续改进的管理方针，从而保障工业互联网的安全。工业互联网安全框架是构建工业互联网安全保障体系的重要指南，是业界专家在工业互联网安全防护方面达成的共识，旨在为工业互联网相关企业应对日益增长的安全威胁、部署安全防护措施提供指导，提升工业互联网整体安全防护能力。

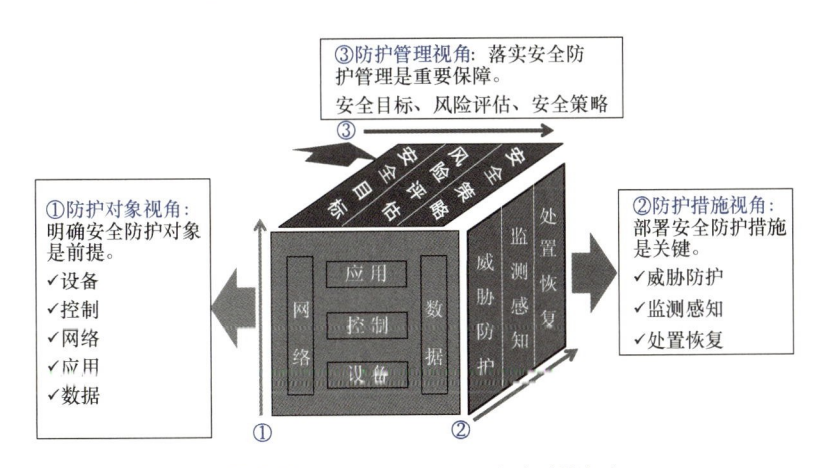

● 图3-12 我国工业互联网安全防护框架

明确安全防护对象是前提，防护对象视角涵盖设备、控制、网络、应用和数据五大安全重点；部署安全防护措施是关键，防护措施视角包括威胁防护、监测感知和处置恢复三大环节，威胁防护环节针对五大防护对象部署主动或被动安全防护措施，监测感知和处置恢复环节通过信息共享、监测预警、应急响应等一系列安全措施、机制的部署增强动态安全防护能力；落实安全防护管理是重要保障，防护管理视角根据工业互联网安全目标对其面临的安全风险进行安全评估,并选择适当的安全策略作为指导、实现防护措施的有效部署。

工业互联网安全框架的三个防护视角相对独立,但彼此之间又相互关联。从防护对象视角来看,安全框架中的每个防护对象,都需要采用一系列合理的防护措施并依据完备的防护管理流程对其进行安全防护;从防护措施视角来看,每一类防护措施都有其适用的防护对象,并在具体防护管理流程指导下发挥作用;从防护管理视角来看,防护管理流程的实现离不开对防护对象的界定,并需要各类防护措施的有机结合,使其能够顺利运转。工业互联网安全框架的三个防护视角相辅相成、互为补充,形成一个完整、动态、持续的防护体系。

1. 防护对象视角

防护对象视角主要包括设备、控制、网络、应用、数据五大防护对象,如图 3-13 所示。具体内容如下。

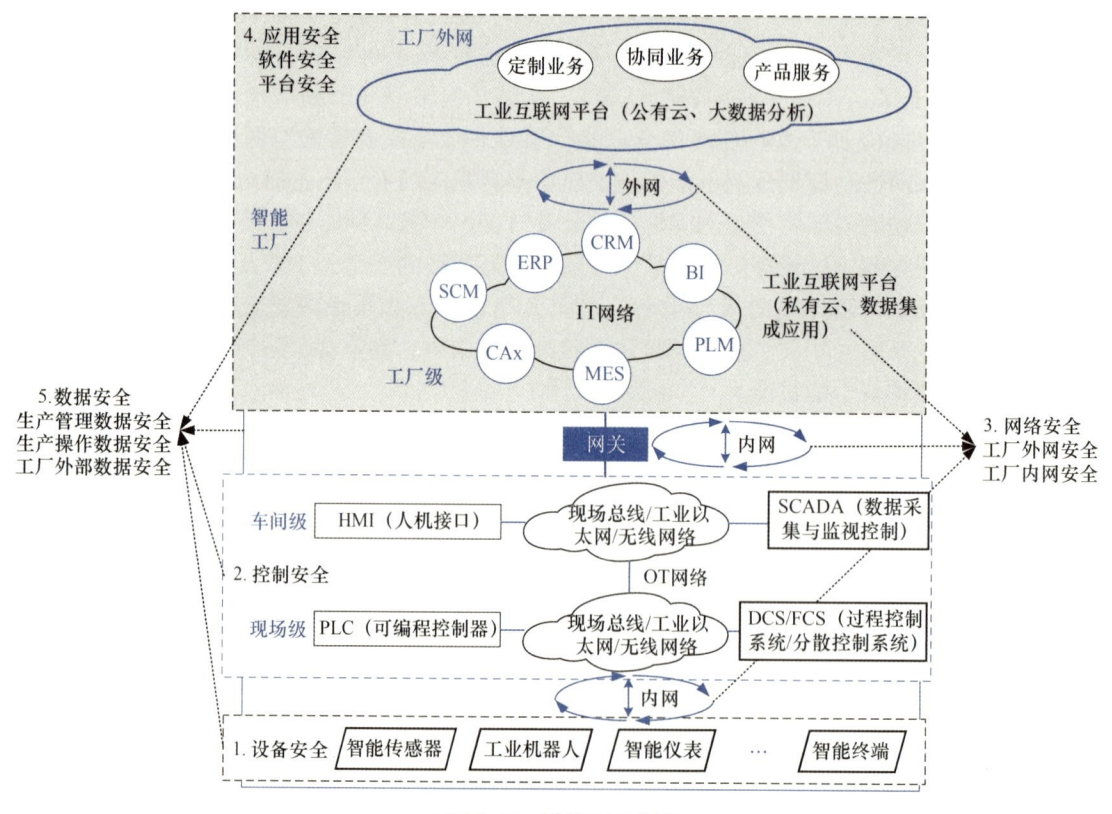

● 图 3-13 防护对象视角

(1) 设备安全

设备安全包括工厂内单点智能器件、成套智能终端、边缘网关、智能机器人等智能设备和智能产品的安全,具体涉及操作系统/应用软件安全与硬件安全两方面。

1) 操作系统/应用软件安全。首先,工业互联网设备供应商需要采取措施对设备固件进行安全增强,阻止恶意代码传播与运行;工业互联网设备供应商可从操作系统内核、协议栈等方面进行安全增强,并力争实现对设备固件的自主可控。其次,设备操作系统与应用软件中出现的漏洞对于设备来说是最直接也是最致命的威胁。设备供应商应对工业现场中常见的设备与装置进行漏洞扫描与挖掘，发现操作系统与应用软件中存在的安全漏洞，并及时对其进行修复。最后是补丁的升级管理。工业互联网企业应密切关注重大工业互联网现场设备的安全漏洞及补丁发布，及时采取补丁升级措施，并在补丁安装前对补丁进行严格的安全评估和测试验证。

2）硬件安全。对于接入工业互联网的现场设备，应支持基于硬件特征的唯一标识符，为包括工业互联网平台在内的上层应用提供基于硬件标识的身份鉴别与访问控制能力，确保只有合法的设备能够接入工业互联网并根据既定的访问控制规则向其他设备及上层应用发送或读取数据。此外，应支持将硬件级部件（安全芯片或安全固件）作为系统信任根，为现场设备的安全启动以及数据传输机密性和完整性保护提供支持。除此之外，工业互联网企业应在工业现场网络重要控制系统（如机组主控 DCS（分散控制系统））的工程师站、操作员站和历史站部署运维管控系统，实现对外部存储器（如 U 盘）、键盘和鼠标等使用 USB 接口的硬件设备的识别，对外部存储器的使用进行严格控制。同时，需要注意部署的运维管控系统不能影响生产控制区各系统的正常运行。

（2）控制安全

控制安全包括控制协议安全、控制软件安全以及控制功能安全。

1）控制协议安全，包括身份认证、访问控制、传输加密、健壮性测试等。为了确保控制系统执行的控制命令来自合法用户，必须对使用系统的用户进行身份认证，未经认证的用户所发出的控制命令不被执行。不同的操作类型需要不同权限的认证用户来操作，如果没有基于角色的访问机制，没有对用户权限进行划分，会导致任意用户可以执行任意功能。在设计控制协议时，应根据具体情况，采用适当的加密措施，保证通信双方的信息不被第三方非法获取。控制协议在应用到工业现场之前，应通过健壮性测试工具的测试。

2）控制软件安全，包括软件防篡改、认证授权、恶意软件防护、补丁升级更新、漏洞修复加固、协议过滤和安全监测审计。软件防篡改是保障控制软件安全的重要环节；控制软件的应用要根据使用对象的不同设置不同的权限，以最小的权限完成各自的任务；对于控制软件应采取恶意代码检测、预防和恢复的控制措施；控制软件的变更和升级需要在测试系统中经过仔细的测试，并制订详细的回退计划；控制软件的供应商应及时对控制软件中出现的漏洞进行修复或提供其他替代解决方案；最后，通过对工业互联网中的控制软件进行安全监测审计可及时发现网络安全事件，避免发生安全事故，并可以为安全事故的调查提供详实的数据支持。

3）控制功能安全。要考虑功能安全和信息安全的协调能力，使得信息安全不影响功能安全、功能安全在信息安全的防护下更好地执行安全功能。现阶段功能安全具体措施主要包括：确定可能的危险源、危险状况和伤害事件；结合典型生产工艺、加工制造过程、质量管控等方面的特征，分析安全影响；考虑自动化、一体化、信息化可能导致的安全失控状态，确定需要采用的监测、预警或报警机制、故障诊断与恢复机制、数据收集与记录机制等；明确操作人员在对智能化系统执行操作过程中可能产生的合理可预见的误用以及智能化系统对于人员恶意攻击操作的防护能力；明确智能化装备和智能化系统对于外界实物、电、磁场、辐射、火灾、地震等情况的抵抗或切断能力，以及在发生异常扰动或中断时的检测和处理能力。

（3）网络安全

工业互联网网络安全防护应面向工厂内部网络、外部网络及标识解析系统等方面，具体包括网络优化设计、网络边界安全、网络接入认证、通信和传输保护、网络设备安全防护、网络安全监测等多种防护措施，构筑全面高效的网络安全防护体系。

1) 网络优化设计。在网络规划阶段，需设计合理的网络结构。

2) 网络边界安全。根据工业互联网中网络设备和业务系统的重要程度将整个网络划分成不同的安全域，形成纵深防御体系。

3) 网络接入认证。网络应对接入的设备与标识解析节点进行身份认证，保证合法接入和合法连接；接入网络的设备与标识解析节点应该具有唯一性标识。

4) 通信和传输保护。指采用相关技术手段来保证通信过程中的机密性、完整性和有效性，防止数据在网络传输过程中被窃取或篡改，并保证合法用户对信息和资源的有效使用。

5) 网络设备安全防护。网络设备与标识解析节点需要采取一系列安全防护措施，主要包括：对登录网络设备与标识解析节点进行运维的用户进行身份鉴别，并确保身份鉴别信息不易被破解与冒用；对远程登录网络设备与标识解析节点的源地址进行限制；对网络设备与标识解析节点的登录过程采取完备的登录失败处理措施；启用安全的登录方式（如 SSH 或 HTTPS 等）。

6) 网络安全监测。指通过漏洞扫描工具等方式探测网络设备与标识解析节点的漏洞情况，并及时提供预警信息。

（4）应用安全

应用安全包括工业互联网平台安全与工业应用程序安全两大类，其范围覆盖智能化生产、网络化协同、个性化定制、服务化延伸等方面。目前，工业互联网平台面临的安全风险主要包括数据泄露、篡改、丢失、权限控制异常、系统漏洞利用、账户劫持、设备接入安全等。对工业应用程序而言，最大的风险来自安全漏洞，包括开发过程中编码不符合安全规范而导致的软件本身的漏洞以及由于不安全的第三方库的使用导致的漏洞等。

相应地，工业互联网应用安全也应从工业互联网平台安全与工业应用程序安全两方面进行防护。对于工业互联网平台，可采取的安全措施包括安全审计、认证授权、DDoS 攻击防护等。对于工业应用程序，建议采用全生命周期的安全防护，在应用程序的开发过程中进行代码审计并对开发人员进行培训，以减少漏洞的引入；对运行中的应用程序定期进行漏洞排查，对应用程序的内部流程进行审核和测试，并对公开漏洞和后门加以修补；对应用程序的行为进行实时监测，以发现可疑行为并进行阻止，从而降低未公开漏洞带来的危害。

（5）数据安全

数据安全包括采集、传输、存储、处理等各个环节的数据以及用户信息的安全。对于工业互联网的数据安全防护，应采取明示用途、数据加密、访问控制、业务隔离、接入认证、数据脱敏等多种防护措施，覆盖包括数据采集、传输、存储、处理等在内的全生命周期的各个环节。

1) 数据采集。工业互联网平台应遵循合法、正当、必要的原则来采集与使用数据及用户信息，公开数据采集和使用的规则，向用户明示采集使用数据的目的、方式和范围，经过用户的明确授权同意并签署相关协议后，才能采集相关数据。

2) 数据传输。为防止数据在传输过程中被窃听而泄露，工业互联网服务提供商应根据不同的数据类型以及业务部署情况，采用有效手段来确保数据传输安全。例如，通过 SSL 保证网络传输数据信息的机密性、完整性与可用性，实现对工业现场设备与工业互联网平台之间、工业互联网平台中虚拟机之间、虚拟机与存储资源之间以及主机与网络设备之间的数据安全传输。

3）数据存储。一是访问控制，数据访问控制需要保证不同安全域之间的数据不可直接访问，避免存储节点的非授权接入，同时避免对虚拟化环境数据的非授权访问。二是存储加密，工业互联网平台运营商可根据数据敏感度采用分等级的加密存储措施（如不加密、部分加密、完全加密等）。三是备份和恢复，工业互联网服务提供商应当根据用户业务需求、与用户签订的服务协议来制定必要的数据备份策略，定期对数据进行备份。当发生数据丢失事故时能及时恢复一定时间前备份的数据，从而降低用户的损失。

4）数据处理。数据处理过程中，工业互联网服务提供商要严格按照法律法规并在与用户约定的范围内处理相关数据，不得擅自扩大数据使用范围，使用中要采取必要的措施来防止用户数据泄露。另外，在资源重新分配给新的租户之前，必须对存储空间中的数据进行彻底擦除，防止被非法恶意恢复。当工业互联网平台中存储的工业互联网数据与用户个人信息需要从平台中输出或共享给第三方应用时，应当在输出或共享前对这些数据进行脱敏处理。

2. 防护措施视角

为帮助相关企业应对工业互联网所面临的各种挑战，防护措施视角从生命周期、防御递进角度明确了安全措施，实现动态、高效的防御和响应。防护措施视角主要包括威胁防护、监测感知和处置恢复三大环节，如图3-14所示。

● 图3-14　防护措施视角

（1）威胁防护

针对五大防护对象，部署主动、被动防护措施，阻止外部入侵，构建安全运行环境，消减潜在安全风险。

（2）监测感知

部署相应的监测措施，主动发现来自系统内部、外部的安全风险，具体措施包括数据采集、收集汇聚、特征提取、关联分析、状态感知等。

（3）处置恢复

建立响应恢复机制，及时应对安全威胁，并及时优化防护措施，形成闭环防御。处置恢复机制是确保落实工业互联网信息安全管理，支撑工业互联网系统与服务持续运行的保障。通过处置恢复机制，在风险发生时能根据预案及时采取措施进行应对，及时恢复现场设备、工业控制系统、网络、工业互联网平台、工业应用程序等的正常运行,防止重要数据丢失,并通过数据收集与分析机制,及时更新优化防护措施,形成持续改进的防御闭环。处置恢复机制主要包括响应决策、备份恢复、分析评估等。

3. 防护管理视角

防护管理视角的设立,旨在指导企业构建持续改进的安全防护管理方针,在明确防护对象及其所需要达到的安全目标后,对于其可能面临的安全风险进行评估,找出当前与安全目标之间存在的差距,制定相应的安全防护策略,提升安全防护能力,并在此过程中不断对管理流程进行改进,如图 3-15 所示。

● 图 3-15 防护管理视角

(1) 安全目标

为确保工业互联网的正常运转和安全可信,应对工业互联网设定合理的安全目标,并根据相应的安全目标进行风险评估和安全策略的选择实施。工业互联网安全目标并非是单一的,需要结合工业互联网不同的安全需求进行明确。工业互联网安全包括保密性、完整性、可用性、可靠性、弹性和隐私安全六大目标,这些目标相互补充,共同构成了保障工业互联网安全的关键特性。

1) 保密性,确保信息在存储、使用、传输过程中不会泄露给非授权用户或实体。

2) 完整性,确保信息在存储、使用、传输过程中不会被非授权用户篡改,同时还要防止授权用户对系统及信息进行不恰当的篡改,保持信息内部、外部表示的一致性。

3) 可用性,确保授权用户或实体对信息及资源的正常使用不会被异常拒绝,允许其可靠而及时地访问信息及资源。

4) 可靠性,确保工业互联网系统在其寿命区间内以及在正常运行条件下能够正确执行指定功能。

5) 弹性,确保工业互联网系统在受到攻击或破坏后恢复正常功能。

6) 隐私安全,确保工业互联网系统内用户的隐私安全。

(2) 风险评估

为管控风险,必须定期对工业互联网系统的各安全要素进行风险评估。对应工业互联网整体安全目标,分析整个工业互联网系统的资产、脆弱性和威胁,评估安全隐患导致安全事件的可能性及影响,结合资产价值,明确风险的处置措施,包括预防、转移、接受、补偿、分散等,确保在工业互联网数据私密性、数据传输安全性、设备接入安全性、平台访问控制安全性、平台攻击防范安全性等方面提供可信服务,并最终形成风险评估报告。

(3) 安全策略

工业互联网安全防护的总体策略，是要构建一个能覆盖安全业务全生命周期的、以安全事件为核心、实现对安全事件的"预警、检测、响应"的动态防御体系。能够在攻击发生前进行有效的预警和防护，在攻击中进行有效的攻击检测，在攻击后能快速定位故障，进行有效响应，避免实质损失的发生。

安全策略中描述了工业互联网总体的安全考虑，并定义了保证工业互联网日常正常运行的指导方针及安全模型。通过结合安全目标以及风险评估结果，明确当前工业互联网各方面的安全策略，包括对设备、控制、网络、应用、数据等防护对象应采取的防护措施，以及监测响应及处置恢复措施等。同时，为打造持续安全的工业互联网，面对不断出现的新的威胁，需要不断完善安全策略。

3.4 本章小结

本章主要讲解了工业互联网安全框架，首先介绍了工业互联网安全标准体系，包括 OSI 安全体系结构、美国 ISS 公司 P2DR 模型、美国国家安全局 IATF 和国际电工委员会 IEC 62443；然后介绍了美国、德国、日本和中国的 4 个工业互联网安全框架；最后介绍了我国工业互联网安全防护框架的设计原则，并从 3 个视角重点介绍了我国安全防护框架的设计内容。

3.5 思考与练习

1. 工业互联网有哪些安全标准体系？
2. 工业互联网有哪些安全框架？
3. 工业互联网安全防护框架包含哪些内容？

第4章 工业互联网安全相关政策标准

制造业是国民经济的主体,是立国之本、兴国之器、强国之基。打造具有国际竞争力的制造业,是我国提升综合国力、保障国家安全、建设世界强国的必由之路。随着新型工业化、信息化、城镇化、农业现代化的同步推进,超大规模内需潜力不断释放,为我国制造业发展提供了广阔空间。万物互联的发展趋势,为企业带来了新的挑战。工业互联网作为"新基建"的七大领域之一,其重要性显著上升到一个新的高度。

近几年来国家先后出台了多个针对工业互联网安全、工业控制系统安全领域的政策、法规、指导计划、标准,包括每年定期要求相关企业执行的"护网行动""网络安全等级保护"等措施,以及每年定期开展的"网络安全宣传周"等活动,为工业互联网的规范发展保驾护航。

4.1 国家正式发布的法律法规

4.1.1 国内网络安全法律法规

党的十八大以来,我国确立了网络强国战略。为了加快数字中国的建设,互联网已经成为国家发展的重要驱动力。随后,党的十九大也同样指出,网络安全是人类面临的共同挑战。自2015年7月1日正式颁布《中华人民共和国国家安全法》开始,我国逐渐在安全细分领域颁布实施有针对性的法律法规,旨在指导相关企业在国家安全的大背景下,完善企业运作的安全措施,降低安全风险,为国家民生稳步发展保驾护航。

2016年11月7日,我国正式颁布《中华人民共和国网络安全法》(以下简称《网络安全法》),自2017年6月1日起施行。《网络安全法》是我国第一部全面规范网络空间安全管理方面问题的基础性法律,是我国网络空间法治建设的重要里程碑,是依法治网、化解网络风险的法律重器,是让互联网在法治轨道上健康运行的重要保障。

2019年10月26日第十三届全国人民代表大会常务委员会第十四次会议通过的《中华人民共和国密码法》,自2020年1月1日起施行。密码是国家重要战略资源,是保障网络与信息安全的核心技术和基础支撑。密码工作是党和国家的一项特殊重要工作,直接关系到国家政治安全、经济安全、国防安全和信息安全。新时代密码工作面临着许多新的机遇和挑战,担负着更加繁重的保障和管理任务。

2021年6月10日,《中华人民共和国数据安全法》(以下简称《数据安全法》)正式颁布，2021年9月1日正式施行，作为我国数据安全领域的首部基础性法律，也是国家安全领域的一部重要法律，标志着我国数据安全保障、数据开发利用和产业发展全面进入法治化轨道。

随着《网络安全法》的正式实施，关键基础设施安全成为国内网络安全的主要关注点之一。2021年7月30日，《关键信息基础设施安全保护条例》正式公布，自2021年9月1日起施行。关键信息基础设施是经济社会运行的神经中枢，是网络安全的重中之重。当前，关键信息基础设施面临的安全形势严峻，网络攻击威胁事件频发。制定出台该条例，建立专门保护制度，明确各方责任，提出保障促进措施，有利于进一步健全关键信息基础设施安全保护法律制度体系。

个人信息保护关乎国计民生，被明确纳入《中华人民共和国民法典》人格权保护范围，但是个人信息泄露乱象频发，因此，结合国际通行实践，对个人信息保护专门立法，规范个人信息处理活动，保障个人信息的有序流通，2021年8月20日，《中华人民共和国个人信息保护法》（以下简称《个人信息保护法》）正式发布，于2021年11月1日起施行。该法的颁布对我国发展数字经济、数字社会、数字政府具有重要意义。

2021年12月28日，国家互联网信息办公室、国家发展和改革委员会、工业和信息化部、公安部、国家安全部、财政部、商务部、中国人民银行、国家市场监督管理总局、国家广播电视总局、中国证券监督管理委员会、国家保密局、国家密码管理局联合修订了《网络安全审查办法》，自2022年2月15日起施行。此次通过对《网络安全审查办法》进行修订，将网络平台运营者开展数据处理活动影响或者可能影响国家安全等情形纳入网络安全审查范围，并明确要求掌握超过100万用户个人信息的网络平台运营者赴国外上市必须申报网络安全审查，进一步保障了网络安全和数据安全，维护了国家安全。

2022年7月7日，国家互联网信息办公室公布《数据出境安全评估办法》，自2022年9月1日起施行。制定出台《数据出境安全评估办法》是落实《网络安全法》《数据安全法》《个人信息保护法》有关数据出境规定的重要举措，目的是进一步规范数据出境活动，保护个人信息权益，维护国家安全和社会公共利益，促进数据跨境安全、自由流动。

近几年来，我国制定的网络安全和数据安全相关的法律法规，如图4-1所示。

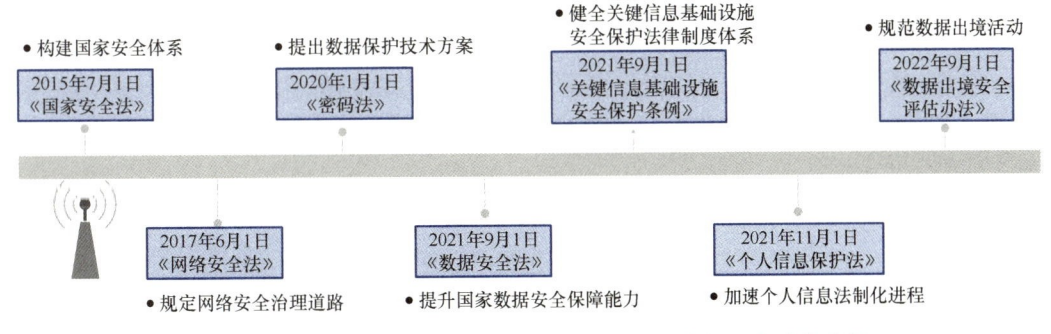

● 图4-1 我国近几年制定的网络安全和数据安全相关的法律法规

4.1.2　国外工业互联网安全政策

当然，并不是只有国内如此重视网络安全，随着各行各业逐渐融入互联网，各国在网络安全领域的国家级投入也持续处于强势增长状态，在有力支撑国际战略政策落地的同时，也为产业发展注入了强心剂。

1. 美国

美国不论是网络规模、黑客数量、安全事件还是互联网产业水平，都远超很多国家。因此，为了稳固自己的地位，针对网络的相关法律也必须与时俱进，才能应对时下不断恶化的网络安全形势。2018 年年初，美国众议院能源和商业委员会通过了以下 4 项法案。

- 《管道与液化天然气设施网络安全准备法案》：要求美国能源部制订计划提高美国能源管道和液化天然气设施的物理安全与网络安全。
- 《能源应急领导法案》：提出将美国能源部的应急响应和网络安全工作领导权力提至助理部长一级。
- 《2018 网络感知法案》：制订计划帮助私营公共事业公司识别并使用网络安全功能强大的产品。
- 《公私合作加强电网安全法案》：提出加强公私合作确保电力设施安全（通过）。

这些法案提出"采取可行的措施"，确保美国能源部能有效执行应急和安全活动，并确保美国能源供应安全可靠。与此同时，美国相继发布了多份网络安全相关政策文件，进一步强化网络安全政策指导：2018 年 5 月，美国能源部发布《能源行业网络安全多年计划》，确定了美国能源部未来五年力图实现的目标和计划，以及实现这些目标和计划将采取的相应举措，以降低网络事件给美国能源带来的风险。同年 12 月，美国众议院能源和商业委员会发布了《网络安全战略报告》，提出了 6 个应对网络安全事件的核心内联概念以及解决网络安全问题的 6 个重点。除此之外，美国相关部门也发布了其他指导性文件，包括商务部国家标准与技术研究院（NIST）的《提升关键基础设施网络安全的框架》、国家安全电信咨询委员会（NSTAC）的《网络安全"登月"计划》等。

另外，美国网络司令部将在政府网站安全、主动防御、实地运营、反恐和基础设施抵御力、身份识别管理等方向加大投入，总预算达 15.13 亿美元。美国《2019 财年国防授权法案》将网络安全预算大幅增加至 300 亿美元，将从推进技术发展、扩大采购权限、强化政企合作、支持人才培养、创建试点项目等方面提升国家网络安全能力。

2. 欧盟

作为世界最大的经济共同体，汇聚了众多发达国家的欧盟在网络安全方面自然也不会袖手旁观。2016 年 7 月 6 日，欧洲议会全体会议通过了首部网络安全相关法规——《欧盟网络与信息系统安全指令》，主要内容包括：要求欧盟各成员国加强跨境管理与合作；制定本国的网络信息安全战略；建立事故应急机制，对能源、金融、交通和饮水、医疗等公共服务重点领域的基础服务运营者进行梳理，强制这些企业加强其网络信息系统的安全，增强防范风险和处理事故的能力。2018 年 5 月，欧盟网络与信息系统（NIS）指令正式生效。此项面向欧盟范围内的新法令旨在提高关键基础设施相关组织的 IT 安全性，同时也将约束各搜索引擎、在线市场以及其他对现代经济拥有关键性影响的组织机构。此外，另一项家喻户晓的法案《通用数据保护条例》也于 2018 年 5 月 25 日正式生效，即 GDPR。这是目前为止出台的全球现有数据隐私保护法规中，覆盖面最广、监管条件最严格的政策。GDPR 管辖的范围涵盖所有处理欧盟居民数据的公司，在欧盟地区的企业必须遵守 GDPR，欧盟之外的企业只要处理欧盟居民的数据也需要遵守 GDPR。每一单 GDPR 违规行为将受到高达 2000 万欧元或者上一年全球年营业额 4% 的严重处罚，以较高者为准。目前为止，Google、Facebook 等多家大型企业也都先后因为安全问题而遭到了 GDPR 的"制裁"。除了欧盟层面的法规之外，欧洲几大国也相继发布了国家战略及系列规划，加强其顶层设计。

3. 德国

2016 年 8 月，德国联邦参议院通过了一项信息安全法案，要求关键基础设施机构和服务商必须执行新的信息安全规定，否则将被处以最高 10 万欧元的罚款。2016 年 9 月，德国联邦经济部发布了《数字化行动纲要》，制定了 12 项针对未来数字化发展的措施，以吸引更多风投资金并促进中型企业数字化转型。2016 年 11 月，德国发布了一项新的网络安全战略计划，以应对越来越多的针对政府机构、关键基础设施、企业以及公民的网络威胁。2018 年 5 月，德国能源与水资源经济联邦协会（BDEW）发布了《能源系统网络安全建议白皮书》，对能源系统的安全控制与通信提出了相关建议。

此外，德国国防部长和内政部长在 2018 年 9 月宣布，将在未来五年投入 2 亿欧元组建网络安全与关键技术创新局，机构定位类似于美国国防部高级研究计划局（DARPA），主要致力于推动自主网络安全技术创新。

4. 英国

2016 年 11 月，英国发布了《国家网络安全战略（2016—2021 年）》，确保了网络安全的重要地位，并提出，英国政府将投入 19 亿英镑强化网络安全能力。2017 年 3 月，英国正式出台了《2017 英国数字化战略》，提出七大战略任务，其中，安全的数字基础设施是其首要任务。2018 年 6 月，英国政府内阁办公室发布实施网络安全最低标准（Minimum Cyber Security Standard），从识别、保护、检测、响应和恢复五个维度，提出了一套网络安全能力建设的最低措施要求。标准的强制效力将驱动英国政府部门、非政府公共机构、承包商等相关单位加大网络安全保障投入，提升安全防护能力。

5. 其他国家

2018 年 2 月，新加坡国会通过了《网络安全法案》，旨在加强保护提供基本服务的计算机系统，防范网络攻击。该法案提出了针对关键信息基础设施的监管框架，并明确了所有者确保网络安全的职责。能源、交通、航空等基础设施领域的关键网络安全信息被点名加强合作。如果关键信息基础设施所有者不履行义务，将面临最高 10 万新元的罚款，或两年监禁，亦或二者并罚。

以色列创新局联合以色列经济和工业部、国家网络局启动为期三年的产业发展计划，包括对有全球影响力的技术、有突破性研发潜力的网络安全企业提供资金支持等，投资 9000 万新谢克尔（约 2443 万美元）。

可以看出，世界各国都在积极应对网络安全问题。

4.1.3　国内工业互联网安全政策

我国正处于互联网发展的窗口期，加强互联网数据保护、提高抵御黑客攻击的能力将是今后互联网发展的一个重要课题。随着网络边界越发模糊，日后出现的各种纷乱繁杂也势必更加汹涌。毋庸置疑，政策体系还需要进一步完善，而安全产品和技术措施的进步也要跟得上互联网发展普及的步伐。信息安全仍旧"未来可期"。

在习近平总书记关于"坚持安全可控和开放创新并重"的重要讲话精神指引下,工信部等部门积极采取措施,促进网络安全与新兴技术融合创新,为产业发展带来新机遇。

2017年11月27日,国务院发布《关于深化"互联网+先进制造业"发展工业互联网的指导意见》。安全是工业互联网发展的前提和保障,只有构建覆盖工业互联网各防护对象、全产业链的安全体系,完善满足工业需求的安全技术能力和相应管理机制,才能有效识别和抵御安全威胁,化解安全风险,进而确保工业互联网健康有序发展。

2018年是我国网络安全政策体系建设非常迅速的一年。2018年3月,全国信息安全标准化技术委员会正式发布《大数据安全标准化白皮书(2018版)》,重点介绍了国内外的大数据安全法律法规、政策执行以及标准化现状,分析了大数据安全所面临的风险和挑战。同时规划了大数据安全标准的工作重点,描绘了大数据安全标准化的体系框架,并提出了开展大数据安全标准化的工作建议。

为了深入实施工业互联网创新发展战略,推动实体经济与数字经济深度融合,工业和信息化部印发了《工业互联网发展行动计划(2018—2020年)》和《工业互联网专项工作组2018年工作计划》。2018年7月,又正式印发了《工业互联网平台建设及推广指南》和《工业互联网平台评价方法》,要求制定完善工业信息安全管理等政策法规,明确安全防护要求;建设国家工业信息安全综合保障平台,实时分析平台安全态势;强化企业平台安全主体责任,引导平台强化安全防护意识,提升漏洞发现、安全防护和应急处置能力。

2018年9月,国家能源局印发了《关于加强电力行业网络安全工作的指导意见》。指导意见有效地促进了电力行业网络安全责任体系,并有助于完善网络安全监督管理体制机制,进一步提高了电力监控系统安全防护水平,强化了网络安全防护体系,提高了自主创新及安全可控能力,从而防范和遏制重大网络安全事件,以保障电力系统安全稳定运行和电力可靠供应。

2018—2020年是我国工业互联网建设起步阶段,对未来发展影响深远。早在2017年下半年,工业和信息化部印发了《工业控制系统信息安全防护能力评估工作管理办法》《工业控制系统信息安全行动计划(2018—2020年)》。工控系统的安全被提升到了前所未有的高度。在此背景下,要求相关企业的安全人员在行业特性、工业控制操作系统、工业控制设备、通信协议、工业实时通信、工控安全事件、工控安全维护等几个方面能及时了解、跟踪、改进和完善。工业控制系统在日常生产制造中占据了非常大的比例,因此,为了进一步推动工控系统网络安全建设,一系列政策法规和指导性文件相继出台。

2019年7月,工业和信息化部、教育部等10部门联合发布了《加强工业互联网安全工作的指导意见》(工信部联网安〔2019〕168号),围绕设备、控制、网络、平台、数据安全,落实企业主体责任、政府监管责任、健全制度机制、建设技术手段、促进产业发展、强化人才培育,构建责任清晰、制度健全、技术先进的工业互联网安全保障体系,覆盖工业互联网规划、建设、运行等全生命周期,形成事前防范、事中监测、事后应急的能力,全面提升工业互联网创新发展安全保障能力和服务水平。

2020年3月,工业和信息化部发布了《关于推动工业互联网加快发展的通知》(工信厅信管〔2020〕8号),鼓励各地引导社会资本设立工业互联网产业基金,加大政策支持力度,提升要素保障水平。鼓励各地将工业互联网企业纳入本地出台的政策支持范围,将基于5G、标识解析等新技术的应用纳入企业上云政策支持范围,将5G电价优惠政策拓展至"5G+工业互联网"领域。

2020年4月，工业和信息化部发布了《关于工业大数据发展的指导意见》（工信部信发〔2020〕67号），强化资金人才支持，发挥财政资金的引导作用，推动政策性银行加大精准信贷扶持力度。鼓励金融机构创新产品和服务，扶持工业大数据创新创业，完善人才培养体系，培育既具备大数据技术能力又熟悉行业需求的复合型人才。

2020年10月，工业和信息化部、应急管理部发布了《关于印发〈"工业互联网+安全生产"行动计划（2021—2023年）〉的通知》（工信部联信发〔2020〕157号），要求不断完善工控安全监测网络等网络安全措施，构建"工业互联网+安全生产"支撑体系。开发基于工业互联网的仿真培训考试系统，建设安全生产培训考试智能监控体系，加快专业人才培养。建设"工业互联网+安全生产"人才培养和评价体系，加强实训基地和"新工科"建设，汇聚产学研用优质资源，培养复合型人才队伍。

2021—2023年是我国工业互联网的快速成长期。为深入实施工业互联网创新发展战略，推动工业化和信息化在更广范围、更深程度、更高水平上融合发展，2021年1月13日，工业和信息化部发布了《关于印发〈工业互联网创新发展行动计划（2021—2023年）〉的通知》（工信部信管〔2020〕197号），结合当前产业发展实际和技术产业演进趋势，确立了未来三年我国工业互联网发展目标。到2023年，新型基础设施进一步完善，融合应用成效进一步彰显，技术创新能力进一步提升，产业发展生态进一步健全，安全保障能力进一步增强。工业互联网新型基础设施建设量质并进，新模式、新业态大范围推广，产业综合实力显著提升。近年来我国发布的工业互联网相关产业政策见表4-1。

● 表4-1 中国工业互联网相关产业政策

发布时间	相关政策	主要内容
2021-01-13	《工业互联网创新发展行动计划（2021—2023年）》	提出工业互联网创新发展目标，包括新型基础设施进一步完善、融合应用成效进一步彰显、技术创新能力进一步提升、产业发展生态进一步健全和安全保障能力进一步增强
2020-10-14	《"工业互联网+安全生产"行动计划（2021—2023年）》	到2023年底，工业互联网与安全生产协同推进发展格局基本形成，工业企业本质安全水平明显增强。一批重点行业工业互联网安全生产监管平台建成运行，"工业互联网+安全生产"快速感知、实时监测、超前预警、联动处置、系统评估等新型能力体系基本形成，数字化管理、网络化协同、智能化管控水平明显提升，形成较为完善的产业支撑和服务体系，实现更高质量、更有效率、更可持续、更为安全的发展模式
2020-04-28	《关于工业大数据发展的指导意见》	树立新发展理念，顺应高质量发展要求，促进工业数据汇聚共享，深化数据融合创新、提升数据治理能力、加强数据安全管理，着力打造资源富集、应用繁荣、产业进步、治理有序的工业大数据生态体系
2020-03-21	《关于推动工业互联网加快发展的通知》	提出加快新型基础设施建设、加快拓展融合创新应用、加快健全安全保障体系、加快壮大创新发展动能、加快完善产业生态布局、加大政策支持力度6个方面20项具体举措
2019-07-26	《加强工业互联网安全工作的指导意见》	到2020年底，工业互联网安全保障体系初步建立。从制度机制、技术手段、产业发展方面提出要求；到2025年，制度机制健全完善，技术手段能力显著提升，安全产业形成规模，基本建立起较为完备可靠的工业互联网安全保障体系

(续)

发布时间	相关政策	主要内容
2018-03-29	《大数据安全标准化白皮书（2018版）》	针对大数据应用中面临的安全风险和挑战，结合国内外大数据安全相关的法律法规，分析大数据安全标准化需求和目前已有的相关标准，建立大数据安全标准体系，并给出大数据安全标准化工作建议
2017-12-29	《工业控制系统信息安全行动计划（2018—2020年）》	加快我国工业控制系统信息安全保障体系建设，提升工业企业的工业控制系统信息安全防护能力，促进工业信息安全产业发展
2017-11-27	《关于深化"互联网+先进制造业"发展工业互联网的指导意见》	工业互联网是推进制造强国和网络强国建设的重要基础，是全面建成小康社会和建设社会主义现代化强国的有力支撑。为深化供给侧结构性改革，深入推进"互联网+先进制造业"，规范和指导我国工业互联网发展提出指导意见
2017-07-31	《工业控制系统信息安全防护能力评估工作管理办法》	督促工业企业做好工业控制系统信息安全防护工作，检验《工业控制系统信息安全防护指南》的实践效果，综合评价工业企业工业控制系统信息安全防护能力，规范针对工业企业开展的工控安全防护能力评估活动

纵观我国近年发布的工业互联网相关政策，对于工业互联网的发展，主要有6个重点话题，分别是"5G+工业互联网""工业互联网安全""工业互联网产业生态""工业互联网数据中心建设""工业互联网App"和"工业互联网在各行业的应用及拓展"。加快研制工业互联网前沿关键技术，将使我国在全球新一轮产业变革的竞争中走在前列，改变长期以来我国在技术、产业发展过程中跟随发达国家脚步的态势。各类政策接踵而来，不断推陈出新。习近平总书记提出：没有网络安全就没有国家安全，没有信息化就没有现代化。2019年5月，网络安全等级保护制度国家标准发布，等保2.0时代正式到来。

等保2.0中采用安全通用要求和安全扩展要求的划分使得标准的使用更加具有灵活性和针对性。不同等级保护对象由于采用的信息技术不同，所采用的保护措施也会不同。例如，传统的信息系统和云计算平台的保护措施有差异，云计算平台和工业控制系统的保护措施也有差异。为了体现不同对象的保护差异，新的等级保护条例将安全要求划分为安全通用要求和安全扩展要求。安全通用要求是针对共性化保护需求提出的，无论等级保护对象以何种形式出现，需要根据安全保护等级实现相应级别的安全通用要求。安全扩展要求针对个性化保护需求而提出，等级保护对象需要根据安全保护等级、使用的特定技术或特定的应用场景实现安全扩展要求。等级保护对象的安全保护措施需要同时实现安全通用要求和安全扩展要求，从而更加有效地保护等级保护对象。

4.2 行业发布的相关标准

作为新型基础设施之一，我国工业互联网正步入落地应用关键窗口期。近年，相关主管部门已经出台了多轮工业互联网的政策支持，目标集中在加大行业应用赋能、区域落地推广力度上。在地方层面，各省市已经相应号召出台了相关政策和指导意见。

从大的方面来看，工业互联网的防护对象主要包括工业现场设备、工业控制系统、网络基础设施、工业应用程序及工业数据，企业体系化安全最终需要做到自主可控。

在国标的大框架内，不同行业在细分领域又分为行标和企标，见表4-2。

● 表4-2 行业细分领域相关政策和标准

序号	标准号	名称	备注
1	AII/006—2021	《工业互联网 网络安全数据采集装置技术要求》	行标
2	YD/T 3865—2021	《工业互联网数据安全保护要求》	行标
3	2019—0024 T-YD	《工业互联网平台安全风险评估规范》	行标
4	2019—0028 T-YD	《工业互联网数控加工制造系统信息安全风险评估要求》	行标
5	2018—1395 T-YD	《工业互联网安全能力成熟度评估规范》	行标
6	DL/T 1455—2015	《电力系统控制类软件安全性及其测评技术要求》	行标
7	JB/T 11962—2014	《工业通信网络网络和系统安全工业自动化和控制系统信息安全技术》	行标
8	Q/GDW 1941—2013	《国家电网公司入侵检测系统测试要求》	企标
9	Q/GDW/Z 1938—2013	《嵌入式电力测控终端设备的信息安全测评技术指标框架》	企标

安全体系是工业互联网健康发展的保障。目前，我国工业互联网安全已取得阶段性成效，工业互联网企业网络安全分类分级管理试点工作稳步推进，研制了一批安全技术产品，建成了一批测试验证、在线培训等公共服务平台，已初步形成政府指导、部门协同、企业主责的安全管理格局，基本构建可感知的安全技术监测服务体系。随着我国工业互联网的快速发展，安全问题将更加突出，需要以安全分类分级标准规范为基础，进一步加快安全防护、安全管理、安全应用服务等标准研制，持续提升工业互联网的安全水平。

4.3 网络安全等级保护的重点要求

2019年5月13日，国家市场监督管理总局、国家标准化管理委员会召开新闻发布会，网络安全等级保护制度2.0标准（以下简称"等保2.0"）正式发布，包括网络安全等级保护的基本要求、测评要求、安全设计技术要求三个部分，于2019年12月1日开始实施。2017年6月1日，《中华人民共和国网络安全法》的正式实施，标志着等保2.0的正式启动。《网络安全法》第二十一条明确了"国家实行网络安全等级保护制度"、第三十一条明确了"国家对公共通信和信息服务、能源、交通、水利、金融、公共服务、电子政务等重要行业和领域，以及其他一旦遭到破坏、丧失功能或者数据泄露，可能严重危害国家安全、国计民生、公共利益的关键信息基础设施，在网络安全等级保护制度的基础上，实行重点保护"。上述要求为网络安全等级保护赋予了新的含义，重新调整和修订了等保1.0标准体系，配合《网络安全法》的实施和落地，指导用户按照网络安全等级保护制度的最新要求，履行网络安全保护义务。

随着信息技术的发展，等级保护对象已经从狭义的信息系统，扩展到网络基础设施、云计算平台/系统、大数据平台/系统、物联网、工业控制系统、采用移动互联技术的系统等，基于新技术和新手段提出新的分等级的技术防护机制和完善的管理手段是网络安全等保 2.0 标准必须考虑的内容。

关键信息基础设施在网络安全等级保护制度的基础上，实行重点保护，基于等级保护提出的分等级的防护机制和管理手段提出关键信息基础设施的加强保护措施，确保等级保护标准和关键信息基础设施保护标准的顺利衔接也是等保 2.0 标准体系需要考虑的内容。

4.3.1 安全通用要求

等保 2.0 标准包括网络安全等级保护的基本要求、测评要求、安全设计技术要求三个部分，安全通用要求见表 4-3。相关政策法规及标准文件包括上位标准《计算机信息系统 安全保护等级划分准则》（GB 17859—1999）、安全保护总体要求《网络安全等级保护条例（征求意见稿）》和重点关键信息基础设施的保护要求《关键信息基础设施安全保护条例》。

● 表 4-3　网络安全等级保护相关政策法规及标准

序　号	标准号	名　　称
1	GB/T 25058—2019	《信息安全技术 网络安全等级保护实施指南》
2	GB/T 22240—2020	《信息安全技术 网络安全等级保护定级指南》
3	GB/T 22239—2019	《信息安全技术 网络安全等级保护基本要求》
4	GB/T 25070—2019	《信息安全技术 网络安全等级保护安全设计技术要求》
5	GB/T 28448—2019	《信息安全技术 网络安全等级保护测评要求》
6	GB/T 28449—2018	《网络安全等级保护测评过程指南》

（1）等保 2.0 标准体系的主要特点

1）将对象范围由原来的信息系统改为等级保护对象（信息系统、通信网络设施和数据资源等），对象包括网络基础设施（广电网、电信网、专用通信网络等）、云计算平台/系统、大数据平台/系统、物联网、工业控制系统、采用移动互联技术的系统等。

2）在等保 1.0 标准的基础上进行了优化，同时针对云计算、移动互联、物联网、工业控制系统及大数据等新技术和新应用领域提出新要求，形成了由安全通用要求+新应用安全扩展要求构成的标准要求内容。

3）采用了"一个中心，三重防护"的防护理念和分类结构，强化了建立纵深防御和精细防御体系的思想。

4）强化了密码技术和可信计算技术的使用，把可信验证列入各个级别并逐级提出各个环节的主要可信验证要求，强调通过密码技术、可信验证、安全审计和态势感知等建立主动防御体系的期望。

（2）等级保护 2.0 标准体系的主要变化

1）名称由原来的《信息安全技术 信息系统安全等级保护基本要求》改为《信息安全技术 网络安全等级保护基本要求》。等级保护对象由原来的信息系统调整为基础信息网络、信息系统（含采用移动互联技术的系统）、云计算平台/系统、大数据应用/平台/资源、物联网和工业控制系统等。

2）将原来各个级别的安全要求分为安全通用要求和安全扩展要求，其中，安全扩展要求包括云计算安全扩展要求、移动互联安全扩展要求、物联网安全扩展要求以及工业控制系统安全扩展要求。安全通用要求是不管等级保护对象形态如何，必须满足的要求。

3）基本要求中各级技术要求修订为"安全物理环境""安全通信网络""安全区域边界""安全计算环境"和"安全管理中心"；各级管理要求修订为"安全管理制度""安全管理机构""安全管理人员""安全建设管理"和"安全运维管理"。

4.3.2 安全扩展要求

在新版的网络安全等级保护2.0体系中，取消了原来安全控制点的S、A、G标注，增加了附录A"关于安全通用要求和安全扩展要求的选择和使用"，描述等级保护对象的定级结果和安全要求之间的关系，说明如何根据定级的S、A结果选择安全要求的相关条款，简化了标准正文部分的内容。增加了附录C描述等级保护安全框架和关键技术，增加了附录D描述云计算应用场景、附录E描述移动互联应用场景、附录F描述物联网应用场景、附录G描述工业控制系统应用场景、附录H描述大数据应用场景。

《工业控制系统信息安全分级规范》（GB/T 36324—2018）对工业控制系统的安全分级提出了行业规范。

4.4 本章小结

安全是工业互联网发展的前提和保障，只有构建覆盖工业互联网各防护对象、全产业链的安全体系，完善满足工业需求的安全技术能力和相应管理机制，才能有效识别和抵御安全威胁，化解安全风险，进而确保工业互联网健康有序发展。

本章首先对国家正式发布的网络安全法律法规做了简单介绍，然后对国内外工业互联网行业发布的支持政策和指导性文件做了较为详细的阐述，最后介绍了等保2.0的基本要求和扩展要求，护航工业互联网安全。

4.5 思考与练习

1. 判断题

（1）国务院发布《关于深化"互联网+先进制造业"发展工业互联网的指导意见》，标志着我国工业互联网顶层设计正式出台。（　　）

（2）任何个人和组织有权对危害网络安全的行为向网信、电信、公安等部门举报。（　　）

（3）国务院电信主管部门负责统筹协调网络安全工作和相关监督管理工作。（　　）

（4）2018—2020年是我国工业互联网建设的起步阶段。（　　）

（5）国家不支持企业、研究机构、高等学校、网络安全相关行业组织参与网络安全国家标准、行业标准的制定。（　　）

（6）对关键业务系统的数据，应至少每年进行一次备份数据的恢复演练。（   ）

（7）网络运营者不得收集与其提供的服务无关的个人信息。（   ）

（8）信息系统应急预案既要制定、修订和完善，更需要演练与处理。（   ）

（9）外部合作单位人员进行开发、测试工作要先与公司签署保密协议。（   ）

（10）网络产品、服务的提供者应当为其产品、服务持续提供安全维护；但出现特殊情况时，在规定或者当事人约定的期限内，可以视情况终止提供安全维护。（   ）

2. 选择题

（1）下列关于网络运营者处置系统漏洞、计算机病毒、网络攻击、网络侵入等安全风险的措施，表述错误的是（   ）。

A. 网络运营者应当制定网络安全事件应急预案

B. 在发生危害网络安全的事件时，应立即启动应急预案

C. 网络运营者应按照规定向有关主管部门报告

D. 由于安全风险的不确定性，对网络运营者及时处理的要求可适当放松

（2）《网络安全法》规定，在（   ）的情况下，经国务院决定或者批准，可以在特定区域对网络通信采取限制等临时措施。

A. 保护网络用户隐私，维护网络运营安全

B. 促进经济平稳发展，维护经济秩序稳定

C. 维护网络主权，防止信息流通

D. 因维护国家安全和社会公共秩序，处置重大突发社会安全事件的需要

（3）境外的机构、组织、个人从事攻击、侵入、干扰、破坏等危害中华人民共和国的关键信息基础设施的活动，造成严重后果的，国务院公安部门和有关部门可以决定对该机构、组织、个人采取（   ）等其他必要的制裁措施。

A. 冻结财产

B. 管制

C. 通报批评

D. 行政拘留

（4）违反《网络安全法》规定，任何个人和组织从事危害网络安全的活动，或者提供专门用于从事危害网络安全活动的程序、工具，或者为他人从事危害网络安全的活动提供技术支持、广告推广、支付结算等帮助，尚不构成犯罪的，应（   ）。

A. 处十日以下拘留

B. 通报批评

C. 由公安机关没收违法所得

D. 责令停产、停业

（5）下列关于国家网信部门会同国务院有关部门组织的国家安全审查表述正确的是（   ）。

A. 该审查为年检，每年检查一次

B. 网络服务的提供者应当通过该审查

C. 关键信息基础设施的运营者采购网络产品和服务，可能影响国家安全的，应当通过该审查

D. 所有关键信息基础设施的运营者有关网络安全的活动都应当通过该审查

第 5 章 工业互联网威胁建模

威胁建模是一种基于工程和风险的方法，用于识别、评估和管理安全威胁，旨在开发和部署符合企业组织安全和风险目标的更好软件与 IT 系统。威胁建模应该在开发周期的早期执行，此时可以及早发现潜在问题并进行补救，从而防止后期花销更大的补救措施。使用威胁建模来考虑安全要求可以促成主动的体系结构决策，从而有助于从一开始就减少威胁。威胁建模在网络物理系统领域特别有用，网络物理系统将软件技术集成到物理基础设施中，例如智能汽车、智能城市或智能电网。虽然具有创新性，但网络物理系统容易遭受传统物理基础设施制造商可能未考虑的威胁。与各种利益相关者一起在网络物理系统上执行威胁建模可以帮助捕获各种类型的威胁。

对工业控制系统（ICS）的网络攻击受到许多因素的影响，包括攻击者的意图、攻击复杂性、攻击能力以及攻击者对 ICS 和自动化流程的熟悉程度等。攻击者并不是简单地利用单一的攻击行为来破坏系统，而是通过一系列努力逐步获取访问权限和足够的信息来达成攻击效果。攻击活动是针对整个防护活动和防护系统进行的。了解攻击者攻击活动的具体步骤，有助于防御者做出更明智的安全和风险管理决策。此外，对攻击者活动的了解，可以帮助防御者鉴别和评估可能的攻击意图、攻击复杂程度、攻击能力，以及对 ICS 的熟悉程度，这些信息有利于评估攻击活动对组织的潜在影响。

简单来说，威胁建模就是通过结构化的方法，系统地识别、评估产品的安全风险和威胁，并对这些风险、威胁制定消减措施的一个过程。本章将对工业互联网中常见的威胁建模方式进行介绍。

5.1 STRIDE 威胁建模

STRIDE 于 1999 年被发明，并于 2002 年被微软采用，是目前最成熟的威胁建模方法。STRIDE 随着时间的推移而发展，包括新的特定于威胁的表以及 STRIDE-per-Element 和 STRIDE-per-Interaction 变体。STRIDE 将威胁类型分为 Spoofing（仿冒）、Tampering（篡改）、Repudiation（抵赖）、Information Disclosure（信息泄露）、Denial of Service（拒绝服务）和 Elevation of Privilege（权限提升）6 种，它对所在系统进行建模。通过构建数据流图（DFD），STRIDE 用于标识系统实体、事件和系统的边界。此外，STRIDE 威胁建模方法具有详细的流程和方法。

5.1.1 STRIDE 的 6 类威胁

STRIDE 威胁建模包含 6 类威胁，具体如下。

1. 仿冒（Spoofing）

仿冒是指攻击者伪装自己的身份以成功冒充可信来源并获得对用户重要数据或信息的访问权限。仿冒经常使用社会工程来说服用户提供用户名和密码等信息。一旦攻击者获得信息，他们将使用它来访问应用程序并从那里感染网络。仿冒攻击包括 Cookie 重放攻击、会话劫持和跨站点请求伪造（CSRF）攻击。由于仿冒是对用户身份验证的攻击，因此最好的预防形式是实施安全的用户身份验证方法，包括安全密码要求和多因素身份验证（MFA）。

2. 篡改（Tampering）

篡改涉及恶意修改数据。攻击者尝试通过篡改目标参数或代码来破坏应用程序，以修改应用程序数据，如用户凭据和权限或应用程序中的其他关键项目。跨站点脚本（XSS）和 SQL 注入等篡改攻击会破坏应用程序的完整性。为了防止篡改，应用程序应设计为验证用户输入并编码输出。在开发阶段和应用程序投入生产后，应使用静态代码分析来识别应用程序中的篡改漏洞。

3. 抵赖（Repudiation）

抵赖攻击利用缺乏正确跟踪和记录用户操作的控制，利用这种缺乏来操纵或伪造新的、未经授权的操作的标识、删除日志或将错误数据记录到日志文件中，并拒绝操作或接收服务（如实施欺诈）。开发人员可以通过在提供操作证明的应用程序中加入数字签名或确保有完整的、防篡改的日志来建立不可否认性，或确保某人不能否认操作的有效性。

4. 信息泄露（Information Disclosure）

信息泄露是指应用程序无意中泄露了可能被攻击者用来破坏系统的应用程序信息。信息泄露可能来自应用程序中留下的开发人员评论、提供参数信息的源代码或包含过多细节的错误消息、泄露用户数据、敏感的商业或业务数据以及有关应用程序及其基础架构的技术细节。然后，攻击者可以使用此信息来强制访问收集有关客户信息的应用程序，这些信息可用于进一步犯罪或者获得特权，从而可以访问应用程序的更敏感区域。

开发人员是防止应用程序信息泄露漏洞的核心：

1）错误消息、响应标头和背景信息应尽可能通用，以避免泄露有关应用程序行为的线索。

2）应制定适当的访问控制和授权，以防止未经授权访问信息。

3）应该从用户的角度检查应用程序本身，以验证开发人员的评论和其他信息没有在生产环境中显示。

5. 拒绝服务（Denial of Service，DoS）

拒绝服务（DoS）攻击使目标流量泛滥，触发崩溃，然后将其关闭，从而拒绝向有效用户提供服务。DoS 攻击通常会耗费时间和金钱，但不会对其受害者造成其他损害。最常见的 DoS 攻击形式是缓冲区溢出攻击，它只是向应用程序发送过多的流量。DoS 攻击可以针对网络层或应用程序层。通过配置防火墙来阻止来自某些来源（如保留、环回或私有 IP 地址或未分配的 DHCP 客户端）的流量，或者引入速率限制来管理流量，可以保护应用程序免受

DoS 攻击。

6. 权限提升（Elevation of Privilege）

权限提升攻击利用应用程序中的漏洞和错误配置来获得特权的非法访问。权限提升攻击可能会利用凭证和身份验证过程，利用设计中的漏洞、错误配置或社会工程来获取非法访问权限。应在开发阶段将防止权限提升的保护内置到应用程序中，这包括管理身份生命周期、对所有用户强制执行最低权限原则、通过配置更改强化系统和应用程序、删除不必要的权限和访问、关闭端口等。

5.1.2　STRIDE 威胁建模的一般流程

STRIDE 是微软开发的用于威胁建模的方法和工具，STRIDE 威胁建模流程图如图 5-1 所示。

1. 绘制数据流图

数据流模型是进行威胁建模的最佳模型，这是因为安全问题往往是在数据流中出现，而不是在控制流中。外部实体、进程、数据存储和数据流是数据流图的 4 个基本要素。

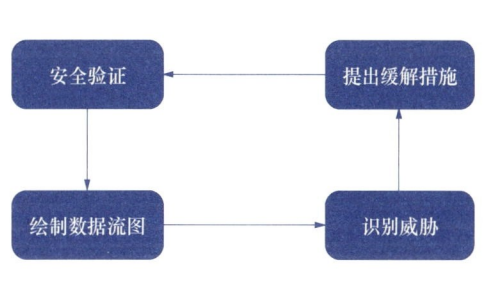

● 图 5-1　STRIDE 威胁建模流程图

（1）外部实体

外部实体指系统控制范围之外的用户、软件系统或者设备，作为一个系统或产品的输入或输出。在数据流图中用矩形表示外部实体。

（2）进程

进程表示一个任务、一个执行过程，一定有数据流入和流出。在数据流图中用圆形表示。

（3）数据存储

数据存储指存储数据的内部实体，如数据库、消息队列、文件等。用中间带标签的两条平行线表示。

（4）数据流

数据流指外部实体与进程、进程与进程或者进程与数据存储之间的交互，表示数据的流转。在数据流图中用箭头表示。

2. 识别威胁

STRIDE 威胁建模方法已经明确了每个数据流图元素具有不同的威胁，其中外部实体只有仿冒（S）、抵赖（R）威胁，数据流只有篡改（T）、信息泄露（I）、拒绝服务（D）威胁，处理过程有所有 6 种（STRIDE）威胁，存储过程有篡改（T）、信息泄露（I）、拒绝服务（D）威胁，但如果是日志类型存储则还有抵赖（R）威胁。

3. 提出缓解措施

根据不同的数据流图元素及威胁，相应的缓解措施也不相同。例如，对于一个 Web 应用来说，缓解仿冒威胁不仅需要较强的认证机制，还需要防止恶意攻击者用暴力破解、口令猜测等方法绕过认证从而造成仿冒用户的威胁。用户仿冒威胁的缓解措施详细内容举例如下：

- 对用户访问进行账号密码、证书等身份认证。
- 用户账号密码认证过程中，如果出现三次密码错误，则增加验证码机制。输入验证码且正确后再进行身份认证。
- 当用户认证 5 次后仍然验证失败，则在 30 分钟内禁止该账号登录。
- 用户密码必须包含数字、字母及特殊字符，且长度在 8 位以上，如果业务安全需要则增加密码过期机制，每隔 3 个月提醒用户修改密码。

在提出缓解措施时，有的时候不仅要考虑安全问题，同时也要考虑软件的易用性，所以不同的威胁和不同的应用场景，其缓解措施也要随之而改变，以在提高应用安全的同时也能给用户带来较好的交互体验。微软对于常用的威胁给出了其常用的标准缓解措施，并在具体实施时已将常用的缓解方案及措施集成为独立的解决方案或者代码模块，可以方便同类应用直接使用，见表 5-1。

• 表 5-1 威胁缓解措施

威胁类型	缓解措施	技术方案
仿冒（S）	认证	Kerberos 认证、PKI 系统（如 SSL/TLS）证书、数字签名
篡改（T）	完整性保护	访问控制、完整性校验
抵赖（R）	日志审计	强认证、安全日志、审计
信息泄露（I）	保密性	加密、访问控制列表
拒绝服务（D）	可用性	访问控制列表、过滤、热备份
权限提升（E）	授权认证	输入校验、用户组管理、访问控制列表

4. 安全验证

在威胁建模完成后，需要对整个过程进行回顾，不仅要确认缓解措施是否能够真正缓解潜在威胁，同时也要验证数据流图是否符合设计、代码实现是否符合预期设计、所有的威胁是否都有相应的缓解措施。最后将威胁建模报告留存档案，作为后续迭代开发、增量开发时威胁建模的参考依据。

5.1.3 STRIDE 威胁建模的优点

STRIDE 威胁建模的优点如下。

1. 尽早发现漏洞

一旦开发了所有或大部分应用程序，许多公认的漏洞识别方法（如静态代码分析、渗透测试、漏洞赏金等）就会发挥作用。但是，在开发周期中修复漏洞比在实时产品中修复漏洞更便宜、更容易。STRIDE 威胁建模是一种以开发为中心的方法，用于评估可能影响应用程序的威胁。STRIDE 可用于形成安全软件开发生命周期的清单，支持开发人员在更便宜且更容易缓解或补救时及早发现潜在弱点。

2. 采取安全第一的方法

STRIDE 威胁建模是围绕威胁构建的，鼓励开发人员思考每个威胁如何攻击应用程序的不同部分。此外，它挑战假设，使开发人员和信息安全团队质疑他们的假设，并测试它们的有效性和安全性。

STRIDE 威胁建模练习的结果可以与 DREAD 风险评估模型相结合，以评估每个风险的影响，并确定漏洞的优先级以进行补救。

3. STRIDE 威胁建模可以反复进行

STRIDE 威胁建模是一个框架，允许定期进行威胁建模练习，以使安全团队能够掌握快速发展的威胁形势，并确保到位的保护能够抵御新旧威胁。

5.2 威胁评级 DREAD

威胁建模是一种通过确定建模目标、责任和定义阻止或减少系统威胁影响的措施来提高网络安全性的策略。通过使用 STRIDE 建模软件工具 Microsoft Threat Modeling Tool 进行威胁建模后，需要对威胁进行评级，进行优先排序。

5.2.1 威胁评级

根据威胁造成的危险对其进行评级，这样就能够首先解决危险最大的威胁，然后再解决其他的威胁。实际上，解决所有找出的威胁也许在经济上是不可行的，可以进行决策，忽略掉一些，因为它们发生的机会很小，即使发生，带来的损失也很小。对威胁评级的一个简单评价系统为：危险=发生概率×潜在的损失。

这种评级方式很容易理解，发生概率大、潜在损失也大的威胁危险等级肯定最高；而发生概率低、潜在损失也低的威胁危险等级最低；发生概率大损失小或者发生概率小损失大的威胁，危险等级就居中。实际做 STRIDE 威胁分析时就是用的这种简单的评级方式，评级简洁实施容易，但由于评级标准单一，对于有争议的威胁就可能出现大家对危险等级的评级意见不统一。在风险评估中，相关攻击适用于个人辅助资产，记录每个资产采取的对策，并评估发生的概率。

5.2.2 DREAD 威胁评级模型

DREAD 是 STRIDE 的改进形式，它有助于评估威胁的风险。该模型有助于将风险分为五类。第一类是"潜在损失"，这只是说明了攻击的严重性。第二类是"重现性"，此类别指定重现攻击是容易还是困难。第三类是"可利用性"，此评级的目的是确定发起攻击所需的工作量。第四类是"受影响的用户"，此类别表示网络上受攻击影响的客户端或用户的数量。最后一类是"可发现性"，这一类表示发现威胁的难度级别。

DREAD 分别是威胁评级的 5 个指标的英文首字母，详细内容如下。

1. 潜在损失（Damage Potential）

如果缺陷被利用，损失有多大？

- 0=没有损失。
- 5=个人用户数据被盗用或影响。

- 10＝整体的系统或数据被破坏。

2. 重现性（Reproducibility）

重复产生攻击的难度有多大？

- 0＝非常困难或者不可能，即使对于应用管理员。
- 5＝需要一步或两步，可能需要变成授权用户。
- 10＝仅仅一个浏览器和地址栏就可以完成攻击，不需要身份认证。

3. 可利用性（Exploitability）

发起攻击的难度有多大？

- 0＝高级程序和网络知识，定制的或高级攻击工具。
- 5＝互联网上存在恶意软件，此漏洞可被轻易地利用或可用攻击工具完成攻击。
- 10＝仅仅一个 Web 浏览器就可以。

4. 受影响的用户（Affected users）

用粗略的百分数表示，多少用户受到影响？

- 0＝没有。
- 5＝一些用户，但不多。
- 10＝所有用户。

5. 可发现性（Discoverability）

缺陷容易发现吗？

- 0＝非常困难，甚至不可能；需要源码或者管理员权限。
- 5＝可以通过猜测或者监测网络活动来发现。
- 9＝错误的细节已经在公共平台上披露，可以用搜索引擎轻易发现。
- 10＝信息在 Web 浏览器的地址栏或者表单里可见。

这 5 个指标中，每个指标的评级分为高、中、低三等，见表 5-2，最终威胁的危险评级由这 5 个指标的加权平均算出。

• 表 5-2　DREAD 威胁等级指标

等　　级	高（3）	中（2）	低（1）
潜在损失	获取完全验证权限，执行管理员操作，非法上传文件	泄露敏感信息	泄露其他信息
重现性	攻击者可以随意再次攻击	攻击者可以重复攻击，但有时间限制	攻击者很难重复攻击过程
可利用性	初学者能短期掌握攻击方法	熟练的攻击者才能完成这次攻击	漏洞利用条件非常苛刻
受影响的用户	所有用户，默认配置，关键用户	部分用户，非默认配置	极少数用户，匿名用户
可发现性	漏洞很显眼，攻击条件很容易获得	在私有区域，部分人能看到，需要深入挖掘漏洞	发现漏洞极其困难

5.2.3　通用漏洞评分系统(CVSS)

通用漏洞评分系统（Common Vulnerability Scoring System，CVSS）是由 NIAC 发布、FIRST

维护的开放、免费的漏洞评估标准。CVSS 最初是于 2005 年 2 月在美国国土安全部网站上公布的。2007 年 6 月，FIRST（国际事件响应和安全组织论坛）发布了这个标准的第 2 版，CVSS2.0（本书讨论的内容如果没有特别说明，均指 CVSS2.0 标准）。它解决了脆弱性评估过程中的混沌问题，给出了一个简洁的脆弱性评估模型，统一了评估标准，使大多数安全信息兼容。

CVSS 的发布为信息安全产业从业人员交流网络中所存在的系统漏洞的特点与影响提供了一个开放式的框架，CVSS 将每个漏洞量化为 0~10 的具体分值，分数越高，危险级别越高。CVSS 的各项评分要素均由国际信息安全领域专家共同制定，具有较强的专业性与说服力。在确定系统漏洞后，依据其漏洞 CVE 编号可以通过在官方网站上查询直接获取该漏洞各要素评定情况及其对应的分值，同时，CVSS 评分标准给出的计算公式中，各要素评分值不存在相关性的计算关系，各指标可以作为独立的因素用于量化分析。CVSS 的使用者包括安全漏洞公告者、各类软件提供商、安全漏洞扫描和管理服务商、安全（风险）管理商、研究者以及计算机系统最终用户。

1. 评估指标

CVSS 评估系统由评估指标和评估过程两大部分构成，评估指标分为三组，分别是基本评估指标、时效性评估指标和环境评估指标。

（1）基本评估指标

基本评估指标描述的是安全漏洞固有的、根本性的属性，这些属性不随时间或用户具体环境的变化而变化，CVSS 基本评估指标包含 6 个指标：入侵途径、入侵复杂性、身份认证要素、信息保密性影响、信息完整性影响、服务持续性影响。

（2）时效性评估指标

时效性评估指标是指安全漏洞与时间相关的属性，这些属性可能随着时间的变化而变化，CVSS 有三个时间评估指标。时效性评估指标是可选性指标，所以每个指标的取值均包含 Not Defined 可选项，当选用 Not Defined 可选项时，该指标将不影响安全漏洞的最终评分。时效性评估指标包括安全漏洞的可用性、修补措施的有效程度和安全漏洞报告的可信度。

（3）环境评估指标

在不同用户的具体使用环境中，产品安全漏洞所造成的危害程度也不同，CVSS 有三个环境评估指标。

1）所有可能的潜在损失：该指标既衡量安全漏洞可能带来的实物资产损失、信息被盗取的损失，也衡量工作效率和业务收入方面受到的经济损失。

2）实施规模：此指标用来衡量产品使用规模对安全漏洞危害性的影响。

3）安全性需要：此指标包含三个子指标，用来衡量对用户而言，受安全漏洞影响的 IT 系统在保密性、完整性、服务可用性方面的相对重要程度。

环境评估是可选性指标，每个指标的取值也包含 Not Defined 可选项，当选用 Not Defined 可选项时，该指标将不影响安全漏洞的最终评分。

2. 评估过程

CVSS 评估系统的评估过程是先计算基本标准，得到一个基本分数，然后在此基础上计算时间标准的分数，再计算环境标准，最后得到一个漏洞安全等级分数。

(1) 基本标准分值计算

基本标准指的是用来评估的漏洞本身固有的一些特点以及这些特点可能造成不良影响的分值，这些分值取值见表 5-3。

基本标准分值＝取整(10×攻击途径×攻击复杂度×认证×((保密性影响×保密性影响偏移量)+(完整性影响×完整性影响偏移量)+(可用性影响×可用性影响偏移量)))

● 表 5-3　基本标准分值

标准	分值	描述	标准	分值	描述
攻击途径	0.7	本地	完整性影响	0.0	无
	1.0	远程		0.7	部分
攻击复杂度	0.5	高		1.0	全部
	0.5	中	完整性影响偏移量	0.33	一般
	1.0	低		0.35	保密性
认证	0.5	要求		0.5	完整性
	1.0	不要求		0.35	可用性
保密性影响	0.5	无	可用性影响	0.0	无
	0.7	部分		0.7	部分
	1.0	全部		1.0	全部
保密性影响偏移量	0.33	一般	可用性影响偏移量	0.33	一般
	0.5	保密性		0.35	保密性
	0.35	完整性		0.35	完整性
	0.35	可用性		0.5	可用性

(2) 时间标准分值计算

因为漏洞往往与时间是有紧密关联的，因此这里也列举出三个与时间紧密关联的要素，见表 5-4，此标准可由用户自评。

时间标准分值＝取整（基本标准×可利用性×补救措施×确认程度）

● 表 5-4　时间标准分值

标准	分值	描述
代码可利用性	0.86	未提供
	0.9	已证实
	0.96	功能性代码
	1.0	完整代码
补救措施	0.87	官方补丁
	0.9	临时补丁
	0.96	临时解决方案
	1.0	不存在
确认程度	0.9	谣传
	0.96	未经证实
	1.0	已确认

（3）环境标准分值计算

每个漏洞造成的影响大小都与用户自身的实际环境密不可分，因此可选项中也包括了环境标准，见表 5-5，此标准可由用户自评。

环境标准分值＝取整((时间标准分值+(10−时间标准分值)×潜在间接风险)×目标分布)

• 表 5-5　环境标准分值

标　　准	分　　值	描　　述
潜在间接风险	0.0	无
	0.1	低
	0.3	中
	0.5	高
目标分布	0.0	无
	0.25	低
	0.75	中
	1.0	高

CVSS 提供了一个开放的框架，有很好的兼容性，并且 CVSS 提供了一种通用的语言，可以让安全业界很好地统一应用。CVSS 系统同时也拥有广泛的发展前景，可以通过软件商分类来为每个软件商的产品存在的漏洞提供漏洞级别，也可以在软件商内部确定该软件所有漏洞的级别。由于临时和环境分数随着时间和环境的变化而变化，因此其评分过程非常主观，使用数学方法很难量化度量因素。同时，一台主机的时间和环境度量分数对另一台主机没有参考价值，因此，大多数漏洞数据库只提供 CVSS 的基本分数，而不使用时间和环境分数，这无疑会影响漏洞评估的准确性，甚至影响网络未来的安全部署。

5.2.4　智能航旅威胁分析案例

本案例中，威胁建模采用微软 STRIDE 模型，并参考 DREAD 风险模型，在掌握工业控制网络的常见脆弱性和威胁的前提下，对智能航旅的威胁进行识别和评价。

威胁建模通常从三个维度来建立：以资产为核心、以攻击者为核心、以业务为核心。在实践中使用哪种建模方式往往根据系统构建者的关注点来决定。比如，风控或者业务部门可能更多关注的是资产或者有价值的东西；安全部门更多关注的是攻击者，通过利用攻击库列表来寻找系统威胁；研发部门更多关注的是正在构建的软件或者部署的系统，将威胁模型作为常用的软件开发模型的补充，来提高软件系统的安全性。通过 STRIDE 模型流程分析如下。

1. 绘制航旅系统某应用场景数据流图

图表是理解系统的最为趁手的工具，可以使用数据流图（Data Flow Diagram）、统一建模语言（UML）、状态图来理解正在构建的系统。将图表应用于以下三个步骤来理解航旅系统某应用场景的威胁建模：确认系统数据流模型、确认信任边界、确认攻击面。航旅系统某应用场景数据流图如图 5-2 所示。

在确认数据流图后，需要引入信任边界对数据流图进行改进。信任边界是不同主体汇聚的位置，即实体与其他不同权限实体之间交互的位置。信任边界是识别威胁的最佳位置，因为大部分的威胁往往具备跨越边界的行为，划分信任边界的数据流是需要进行威胁分析的元素实例。对航司某应用场景的数据流图引入信任边界后如图 5-3 所示。

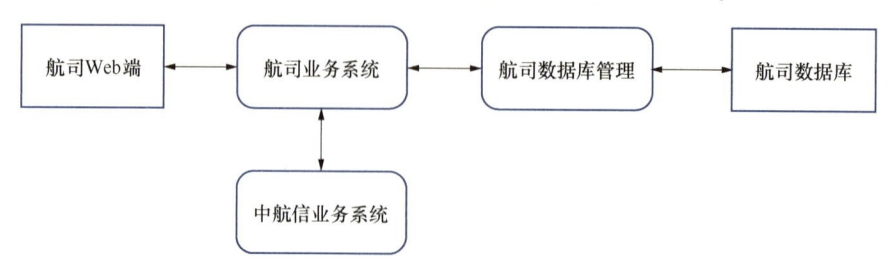

● 图 5-2　航旅系统某应用场景数据流图

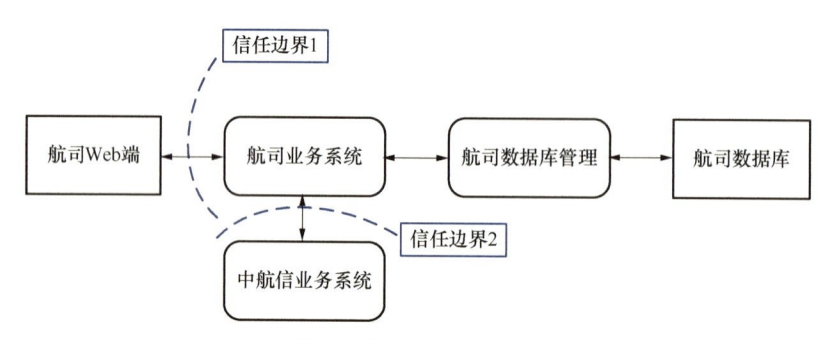

● 图 5-3　对航司某应用场景的数据流图引入信任边界

在确认数据流图的信任边界后，可以很容易得到当前场景暴露的攻击面。攻击面往往就是一个信任边界，是攻击者可以发动攻击的地方。

2. 识别航旅系统某应用场景存在威胁

借助业务场景数据流图和信任边界的划分，结合数据流图的基本元素，使用 STRIDE 方法作为威胁维度来对各基本元素进行威胁分析，可以得出 STRIDE 方法面临的威胁维度，见表 5-6。

● 表 5-6　STRIDE 方法面临的威胁维度

基本元素 \ 维度	S	T	R	I	D	E
外部实体	√		√			
进程	√	√	√	√	√	√
数据流/信任边界		√		√	√	
数据存储		√		√	√	

表 5-6 所描述的是作为基本元素会面临哪些维度的威胁。比如外部实体可以被伪造，并否认自己发起的行为。数据存储几乎不会被伪造，但是往往面临数据被篡改、机密数据泄露以及被拒绝服务攻击使得不能服务的威胁，同时，数据存储是否会面临否认的威胁需要根据数据存储的用途，在数据存储用于审计的场景下，可能会面临伪造的威胁。

使用表 5-6 对航旅某业务场景中的各个要素进行潜在威胁定位，实现业务风险分析，见表 5-7。

• 表 5-7　各个要素潜在威胁定位

元素实例	类　型	S	T	R	I	D	E
航司 Web 端	外部实体	T1		T2			
信任边界 1	数据流		T3		T4	T5	
信任边界 2	数据流		T6		T7	T8	
航司业务系统	进程	T9	T10	T11	T12	T13	T14
航司数据库管理	进程	T15	T16	T17	T18	T19	T20
航司数据库	数据存储		T21		T22	T23	
中航信业务系统	进程	T24	T25	T26	T27	T28	T29

在使用 STRIDE 方法分析完特定业务场景下数据流图中的所有元素实例的潜在威胁以后，已经得到一个抽象的威胁定位图表。接着需要根据攻击库来进行威胁枚举，对各个潜在威胁构建威胁描述和攻击方法，并输出一个威胁列表，对每一个威胁项进行描述。

例如，北京顶象技术有限公司在航旅、电商等现实业务攻防中积累下来的数据和经验，累积了丰富的业务风险攻击库和相应的防护方法，以威胁编号 T1 和 T4 举例输出威胁项描述见表 5-8 和表 5-9。

• 表 5-8　威胁编号 T1 输出威胁项描述

威 胁 编 号	T1
元素实例（攻击的目标）	航司 Web 端
威胁类别	Spoofing
威胁描述	伪装成普通用户查询航班信息
攻击方法	爬虫程序
威胁评级	
威胁处理方法	

• 表 5-9　威胁编号 T4 输出威胁项描述

威 胁 编 号	T4
元素实例（攻击的目标）	信任边界 1/Web 端请求数据流
威胁类别	Information Disclosure
威胁描述	账号盗用
攻击方法	利用流量嗅探工程嗅探网络流量获取请求数据
威胁评级	
威胁处理方法	

3. 提出航旅系统某应用场景存在威胁的缓解措施

使用 STRIDE 方法对业务场景的数据流图实现分析，可以获取当前系统在该业务场景下所面临的潜在威胁。接着需要对威胁进行处理。确认威胁处理方法之前，考虑以下内容。首先，有一些威胁是无法根除的，只能降低这些威胁发生的可能性，或者提高威胁发生的门槛；其次，有一些威胁虽然存在，但是发生的概率很低，而且一旦发生，带来的危害也很小。因此，找到一些机制来判断是否真的需要投入成本去修复这些漏洞意义重大。

威胁评级，对定位出的威胁项进行评分，再根据系统的实际情况和评分结果来权衡处理威胁的方式，判断解决威胁还是缓解威胁或者接受威胁。威胁评级有很多种方式，如 DREAD 与 CVSS 方法。不同评级方法对威胁进行评级的维度和风险等级的计算方法会略有不同，但是总体来说，威胁的级别等于威胁发生的概率乘以威胁带来的潜在损失。在实际事件中，可以根据系统或者业务场景特征选择合适的评级方法甚至对其进行调整使其适应实际情况，本案例中使用 DREAD 方法。

DREAD 风险模型的计算方式为

威胁等级：[忽略(0),严重(10)] = (危害性[0,4]+复现难度[0,4]+利用难度[0,4]+受影响用户[0,4]+发现难度[0,4])/2

以威胁编号 T4 举例，其威胁等级计算过程如下：

威胁编号 T4 的威胁等级 = (3+1+2+1+1)/2 = 4，中危级别，威胁的处理方法为使用 HTTPS 代替 HTTP 进行数据传输，或使用北京顶象技术有限公司的设备指纹和风控引擎产品，对用户登录事件获取实时安全防护。

输出威胁编号 T4 的威胁级别和威胁处理方法见表 5-10。

● 表 5-10　威胁编号 T4 输出威胁级别和威胁处理方法

威 胁 编 号	T4
元素实例（攻击的目标）	信任边界 1/Web 端请求数据流
威胁类别	Information Disclosure
威胁描述	账号盗用
攻击方法	利用流量嗅探工程嗅探网络流量获取请求数据
威胁评级	4
威胁处理方法	使用 HTTPS 而不是 HTTP；或使用顶象设备指纹+风控引擎+账号安全策略

类似过程可输出威胁编号 T1 的威胁级别和威胁处理方法，见表 5-11。

● 表 5-11　威胁编号 T1 输出威胁级别和威胁处理方法

威 胁 编 号	T1
元素实例（攻击的目标）	航司 Web 端
威胁类别	Spoofing
威胁描述	伪装成普通用户查询航班信息
攻击方法	爬虫程序
威胁评级	6.5
威胁处理方法	强制要求用户登录，或使用顶象设备指纹+风控引擎+航旅防爬策略

在对所有的潜在威胁实例进行威胁评级和威胁处理方法举例之后，可以根据系统的业务特征，选择合适的方式来处理潜在威胁。

威胁建模是一种方法论，也是一种分析模型，它并不是针对风险的解决方案。但是通过对软件或系统的威胁建模，可以帮助系统的构建者找出最适合系统和业务场景的风险解决方案。威胁建模提供了一组规范的工具和方法来帮助处理系统中潜在的安全风险，交付更安全的系统。最理想的情况是，在开始构建系统的时候，将安全需求分析引入系统需求分析步骤，在系统概要设计和详细设计阶段引入威胁建模分析部分，并将其作为测试阶段安全测试工作的指导，在输出测试报告的同时输出安全报告。

在现实中，很多已经上线的系统依然面临着各种的潜在威胁和业务风险，北京顶象技术有限公司累积了丰富的业务风险攻击库和相应的防护措施，通过对现有业务系统的威胁建模，输出全链路、多环节纵深风控体系，能有效保障业务的健康运营。

5.3　PASTA 威胁建模

攻击模拟和威胁分析（Process for Attack Simulation and Threat Analysis，PASTA）是 2012 年开发的以风险为中心的威胁建模框架。它包含七个阶段，每个阶段都有多个活动，见表 5-12。

● 表 5-12　攻击模拟和威胁分析（PASTA）

阶　　段	活　　动
确定目标	1）识别业务对象。 2）确定安全和合规要求。 3）分析处理
确定技术范围	1）捕捉技术环境的边界。 2）捕获基础设备、应用程序、软件依赖关系
应用分解	1）确定用例、定义应用程序的入口点和信任级别。 2）识别参与者、资产、服务、角色、数据源。 3）数据流图（DFD）、信任边界
威胁分析	1）概率攻击场景分析。 2）安全事件的回归分析。 3）威胁情报关联与分析
脆弱性和弱点分析	1）查询现有漏洞报告和问题跟踪。 2）使用威胁树对现有漏洞进行威胁映射。 3）使用用例和滥用用例分析设计缺陷。 4）评估（CVSS/CWSS）、列举（CWECVE）
攻击建模	1）攻击面分析。 2）攻击树开发、攻击库管理。 3）攻击漏洞 & 利用攻击树进行分析
风险与影响分析	1）确认和量化业务影响。 2）对策识别与剩余风险分析。 3）ID 风险管理策略

PASTA 代表攻击模拟和威胁分析过程，致力于使技术安全要求与业务目标保持一致。每个步骤都非常复杂，由几个子步骤组成，总体顺序如下。

1）确定目标。
2）确定技术范围。
3）应用分解。
4）威胁分析。
5）脆弱性和弱点分析。
6）攻击建模。
7）风险与影响分析。

PASTA 旨在将业务目标和技术要求结合在一起，它在不同阶段使用了多种设计和启发工具。通过让关键决策者参与进来，并要求来自运营、治理、体系结构和开发的安全输入，将威胁建模过程提升到战略级别。PASTA 被广泛视为以风险为中心的框架，它采用了一个以攻击者为中心的视角，以威胁枚举和评分的形式产生以资产为中心的输出。

5.4 VAST 威胁建模

可视化、敏捷和简单威胁建模（Visual、Agile and Simple Threat，VAST）是一个可扩展的建模过程，可识别应用级威胁，用于在整个软件开发生命周期中进行安全规划。VAST 是一种使用敏捷 DevOps 原则创建的威胁建模方法，用于支持可伸缩性和可持续性企业开发流程，知名的自动化威胁建模平台 ThreatModeler 采用的便是 VAST 模型，平台示例图如图 5-4 所示，感兴趣的读者可以尝试注册登录该平台进行实验（网址为 https://threatmodeler.com/）。

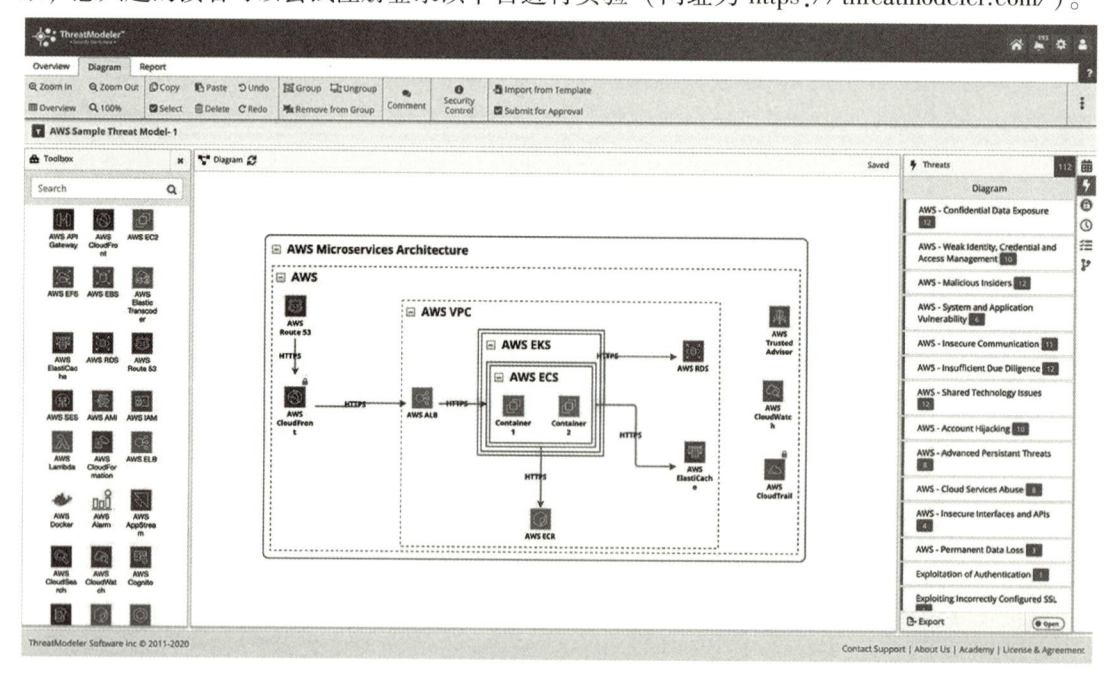

• 图 5-4 VAST 威胁建模平台示例图

VAST 是一种威胁建模方法，可以克服过去方法中许多固有的缺陷，尤其是适应性。考虑到开发团队、基础架构团队在实际运营和关注方面的差异，VAST 需要创建两种类型的模型：应用程序威胁模型（Application Threat Model）和运营威胁模型（Operational Threat Model）。

5.4.1 应用程序威胁模型（ATM）

开发团队的应用程序威胁模型是使用过程流程图（Process Flow Diagrams，PFD）创建的。PFD 映射应用程序的功能和通信，其方式与开发人员和架构师在 SDLC 设计会话中思考应用程序的方式大致相同。VAST 方法中的过程流程图（PFD）与传统的数据流图（DFD）相似，但前者更加精简，并且侧重于用户和执行代码在系统中的移动方式，更紧密地反映了攻击者的思维方式。通过依赖 PFD、VAST 威胁模型，不需要广泛的系统专业知识便可上手。

ATM 应仅关注为其创建的应用程序，主要目的如下。
1）确定与该应用程序相关的威胁（如 OWASP Top 10 等）。
2）从创建过程流程图（PFD）开始，关注开发人员需要如何解决这些威胁。

PFD 允许开发人员、安全专业人员和其他利益相关者构建和修改威胁模型作为功能图，根据开发人员对编码过程的思考，可对应用程序进行可视化分解。即使没有技术安全专业知识，PFD 对开发人员来说也是清晰易懂的，因为它们与敏捷开发方法论相辅相成。这有助于减少安全团队和开发人员之间的来回沟通，从而提高项目效率和工作效率。

5.4.2 运营威胁模型（OTM）

运营威胁模型（OTM）是为基础架构团队设计的，其关注点在基础架构级别（如服务器、数据库、负载均衡和其他基础架构组件）上，OTM 可帮助基础架构团队减轻业务基础架构中的固有威胁，同时与业务战略保持一致。OTM 使企业能够可视化其基础架构风险，并增强关键利益相关者对完整攻击面的理解。通过利用 OTM，企业领导者可以规划和优先考虑基础设施风险缓解策略。

OTM 的第一步是识别运行环境，包括共享组件（如 SSO 服务器、加密服务器、数据库服务器等）。接下来，每个组件的属性都将被附加上潜在威胁，例如，具有不受限制的管理员访问权限或大量机密数据的数据库可能比其他数据库具有更多的潜在威胁。最后，可以系统地识别内部和外部的潜在威胁与已知常见漏洞，并列举相关的安全控制。

VAST 必须依靠自动化、集成和协作三大关键能力来实现可扩展的解决方案，这也是 VAST 的核心思想。

1. 自动化（Automation）

自动化可以提升效率、减少重复工作，这使得威胁建模过程能够持续进行，可以在设计、实施和部署后定期评估威胁。它还允许扩展威胁建模以涵盖整个企业，确保在整个过程中识别、评估威胁并确定其优先级。

2. 集成（Integration）

威胁建模过程必须与 SDLC 中使用的工具集成，以提供一致的评估结果。这些工具包括支持敏捷软件开发框架的工具、平台，该框架强调适应性规划和持续改进。通过敏捷 SDLC，大型项目被分解为短期目标，在两周的短周期内冲刺完成。对于支持敏捷 DevOps 的威胁建模方法，威胁模型本身必须是敏捷的，且拥有正确的 Sprint 周期（Sprint 指 Scrum 团队完成一定数量工作所需的短暂、固定的周期），并在持续改进和迭代的环境中进行威胁建模。

3. 协作（Collaboration）

企业范围内的威胁建模系统需要关键利益相关者的支持，包括软件开发人员、系统架构师、安全经理和整个组织的高级管理人员。可扩展的威胁建模要求以上相关人员进行协作，使用不同技能、视角、知识、权限来评估威胁并确定缓解措施的优先级。没有协作，就不可能实现企业范围的全局威胁建模。此外，协作有助于公司扩展威胁建模活动，以涵盖 SDLC 的所有阶段，并通过更深入地了解整个企业的安全风险现状来应对新的威胁。VAST 威胁映射见表 5-13。

● 表 5-13　VAST 威胁映射

威 胁 名 称	描　　述	受威胁性质
身份验证滥用	导致利用授权或安全凭据的威胁	身份验证、授权
远程代码控制	可能导致远程代码执行的系统和应用程序漏洞	完整性、不可否认性
攻击危害	造成灾难性攻击的威胁，如 DoS、中间人、账户劫持等	可用性、保密性
混杂威胁	混合威胁，包括不安全更新、APIS、接口、网络服务等	其他

5.5　Cyber Kill Chain 威胁建模

Cyber Kill Chain（网络杀伤链）模型由洛克希德·马丁公司在 2011 年提出，用来描述针对性的分阶段攻击。每一环节都是对攻击做出侦测和反应的机会，以帮助决策者更好地检测和应对网络入侵。此模型是通过军事领域的杀伤链概念改编的，对于 IT 和企业网络中的防御者来说，是一个非常成功且广泛流行的模型。该模型不直接适用于 ICS 网络攻击的特殊性质，但它提供了很好的基础和概念。

5.5.1　ICS 网络杀伤链模型

ICS 网络杀伤链模型常用于拆分恶意软件的每个攻击阶段，在每个阶段有对应的特征用于识别。为了帮助人们直观地理解攻击者对 ICS 的攻击过程，下面对 ICS 网络杀伤链模型的两个阶段进行详细介绍。

1. 第一阶段：网络入侵准备和执行

ICS 网络攻击的第一阶段与传统上间谍或情报行动的活动类型类似。每个网络杀伤链模型在攻击阶段的配置因模型而异。为了让敌方从侦察活动开始有效渗透目标组织，根据侦察结果创建武器（攻击有效载荷或恶意代码），利用其渗透目标组织的系统或网络，并实现最终目标，攻击环境是相似的。研究该系统，寻找内部边界保护的突破方法，从而获得生产环境的访问权限。ICS 网络杀伤链模型第一阶段的流程如图 5-5 所示。

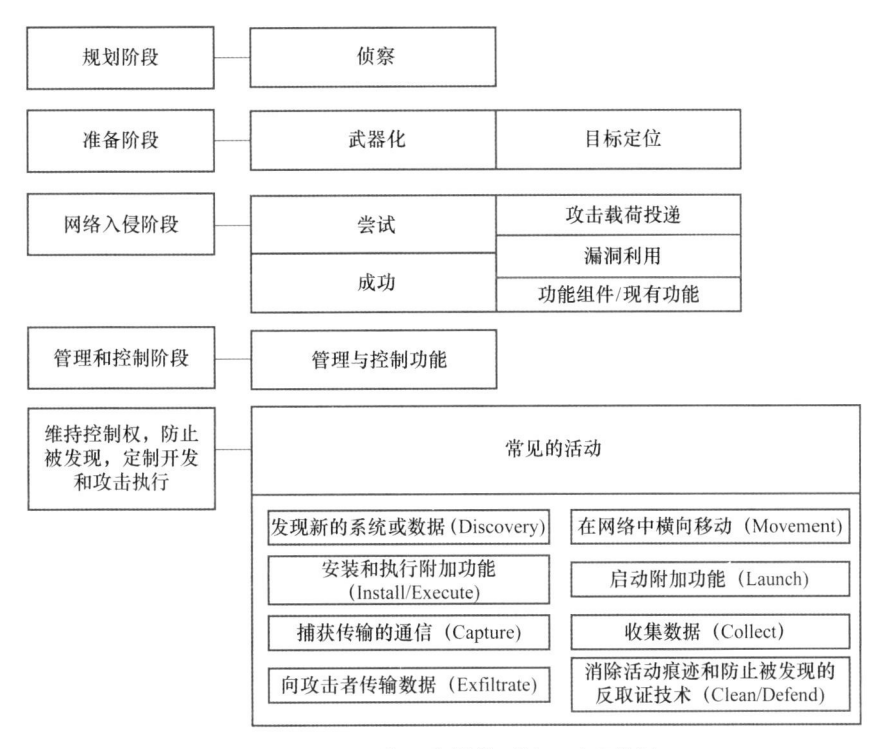

● 图 5-5　ICS 网络杀伤链模型第一阶段的流程

(1) 规划（Planning）阶段

规划（Planning）是第一阶段的第 1 步，主要是对目标进行侦察（Reconnaissance）。侦察是通过观察或其他检测方法来获取有关信息的活动。网络攻击规划和侦察通常包括对目标系统进行研究，可以使用 Google 和 Shodan 等开源信息收集工具，或搜索公开可用的数据，如公告和社交媒体资料。

规划阶段的目标是寻找目标系统的脆弱点，为后续的目标定位、攻击载荷投递和缓冲区溢出寻找相关的信息。可能对攻击者有用的信息包括人员、网络、主机、账户和协议信息，以及相关的策略、进程和过程等信息。

ICS 攻击的规划和侦察还可以包括研究 ICS 漏洞及技术特征，以及了解如何攻击生产过程和操作模型等活动。被动侦察技术（通常称为踩点（Footprinting））可以利用大量的互联网公开信息对目标系统进行侦察而不被发现。主动侦察通常包括主动连接目标的公开或私有的可访问攻击面从而了解其运行模式，以及通过常规查询确定其操作系统或软件的版本。

攻击者还可以尝试利用正常的互联网流量和活动噪声来隐藏自己。公开可获得的关于组织的信息有助于攻击者确定目标，而防御者无法选择的是其组织是否值得成为攻击目标。

(2) 准备（Preparation）阶段

准备是第一阶段的第 2 步，包括武器化或目标定位。武器化（Weaponization）包括修改某个无害的文件，比如一个文档文件，以便在网络入侵阶段中使用。许多时候，武器化后的文件依然是一个文档文件，如 PDF 格式的文件，但其中包含漏洞利用工具。武器化文档文件也可能只是以恶意方式利用某个软件的已有功能，例如，利用 Word 文档中的宏就可以完成部分攻击活动。

目标定位（Targeting）也可以在第 2 步进行，是指攻击者或其代理（如脚本或工具）识别潜在的受害者过程。用现代军事术语来说，目标定位是分析和确定目标的优先次序，并将适当的致命和非致命攻击行动与这些目标相匹配，以达到特定的攻击效果。网络攻击者根据攻击的时间与工作量、技术成功的可能性和被检测到的风险进行权衡，决定将针对目标使用什么攻击工具或方法。例如，在侦察之后，攻击者可以确定通过虚拟专用网络（VPN）进入目标网络是最优策略，因为这样可以用最少的资源消耗达到最佳的攻击效果。

武器化和目标定位都可以进行，但两者都不是必需的步骤。在 VPN 示例中，攻击者可以直接通过获取的凭据进入目标网络，从而不再需要武器化的过程。同样，攻击者可以将武器化文件发送到多个目标，则攻击前无须进行专门的目标定位，在获得初始访问权限后再进行目标选择。

（3）网络入侵（Cyber Intrusion）阶段

要获得初始访问权限，需要第一阶段的第 3 步，称为网络入侵。网络入侵是攻击者为了获得对目标网络或系统的访问控制权，而进行的成功或不成功的任何尝试行为。这包括攻击载荷投递（Delivery）过程，要求攻击者使用某种方法与目标网络进行交互。例如，网络钓鱼电子邮件可以成为攻击者武器化 PDF 的载荷投递机制，或者 VPN 会将攻击载荷投递到目标网络。下一步为漏洞利用（Exploit），是攻击者用来执行恶意操作的手段。这种手段可能是在 PDF 或其他文件打开时引发漏洞溢出获取权限，或者直接获取对网络的访问权限，如获取 VPN 的访问凭证。当漏洞利用成功后，攻击者将安装（Install）远程访问工具或者特洛伊木马等功能组件。攻击者还可以替换或者修改（Modify）系统现有功能。例如，在较新的 Windows 环境中，PowerShell 工具为攻击者提供了足够的功能，使得他们无须依赖恶意软件即可完成入侵过程。由此可见，防御者应该专注于发现和理解威胁，而不应该总是认为威胁来自恶意软件。

（4）管理和控制（Management and Control）阶段

网络入侵成功后，攻击者将进入下一阶段：管理与控制。攻击者可以使用先前安装的功能组件或者盗用注入 VPN 这样的可信通信信道，实现对目标网络的管理与控制功能（Command and Control，C2）。有经验的攻击者经常建立多个 C2 通道，以确保在某个 C2 工具被检测到或移除后不会丢失管理控制权，维持对目标网络的长期管理和控制。值得注意的是，C2 方法不一定需要支持高频率双向通信的直接连接。例如，对受保护网络的某些访问可能依赖于单向通信路径，也可能需要更多的时间来向外传递信息以及向内部发送命令或代码。攻击者通常通过劫持现有通信的方法隐藏正常的 C2 出站和入站流量。在某些情况下，攻击者也可以通过向目标网络接入特殊设备建立自己的通信桥来建立 C2。通过对目标网络的管理和控制，攻击者可以实现其攻击目的。

为了达到最终的目标，攻击过程还有可能包括以下步骤：维持（Sustainment）控制权、防止被发现（Entrenchment）、定制开发（Development）和攻击执行（Execution）。在这个阶段，攻击者行动起来，完整的攻击活动列表会很长；但是，常见的活动包括发现（Discovery）新的系统或数据、在网络中横向移动（Movement）、安装和执行（Install/

Execute）附加功能、启动（Launch）附加功能、捕获（Capture）传输的通信（如获取用户凭证）、收集（Collect）数据、向攻击者传输数据以及消除活动痕迹和防止被发现的反取证技术（Clean/Defend），例如，清除攻击活动的痕迹或者在遇到网络防御者事件响应之类的活动时保护自己的立足点。

管理和控制阶段是 ICS 网络杀伤链第二阶段规划和执行的关键步骤。大量关于 ICS 和工业过程、工程和运营的相关信息保存在连接互联网的网络中，如公司或企业网络。因此，防御者要评估在不受保护的网络中，存在哪些信息和工具可以帮助攻击者实现对 ICS 的攻击。还必须注意，攻击者可以针对供应商或合作伙伴网络执行第一阶段攻击以获得必要的信息，如 ICS 项目文件传送途径或集成商及供应商到 ICS 的远程访问链接。当攻击者成功破坏了 ICS 的安全性并且能够进入第二阶段时，则第一阶段完成。

2. 第二阶段：ICS 攻击开发和执行

在第二阶段，攻击者必须利用在第一阶段中获得的知识来专门开发和测试能够有意义地攻击 ICS 的方法。不幸的是，由于控制设备的敏感性，第一阶段的攻击操作可能会导致意外的攻击结果。这对于国家的网络行动来说是一个重大风险，因为这样的攻击可能被认为是故意的，并具有不可预见的后果。例如，尝试主动发现 ICS 网络上的主机可能会中断必要的通信或导致通信模块失效。与 ICS 应用程序或其底层基础架构组件的简单交互可能会导致无意的结果。此活动虽然包含在第一阶段内，但对第二阶段的行动会产生意外影响。因此，故意的攻击发生在第二阶段，如图 5-6 所示。

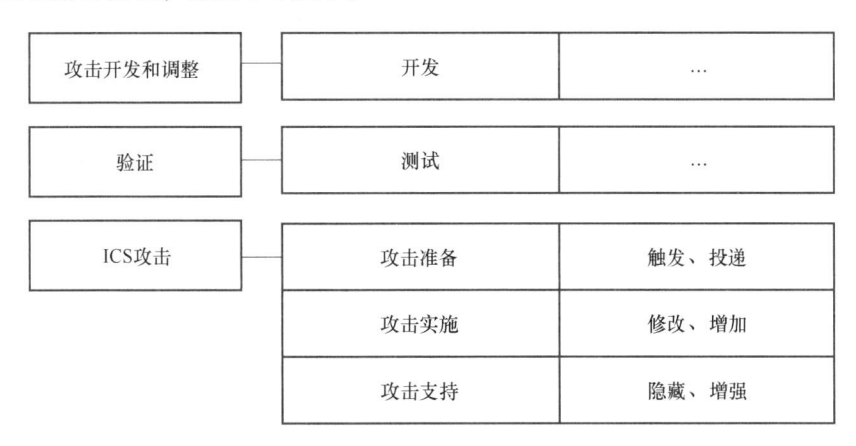

● 图 5-6 ICS 网络杀伤链模型第二阶段的流程

（1）攻击开发和调整（Attack Development and Tuning）

第二阶段从攻击开发和调整阶段开始，在此阶段中，攻击者需要开发一种新功能，专门用于对特定的目标 ICS 系统进行所需的影响。这种开发很可能是通过过滤特定数据实现的。

只有对系统所有者的能力和操作员观察其恶意行为的能力评价极低时，攻击者才会通过现场生产测试来试验和开发他们的攻击。因此，在正常情况下，攻击者的开发和调整过程难以被检测发现。由于需要很长的开发和测试时间，第一阶段和第二阶段的操作之间也可能存在明显的滞后。

（2）验证（Validation）

一旦攻击者开发了一种攻击功能，下一阶段就是验证阶段。在这一阶段，攻击者必须在类似或相同配置的系统上测试他们的攻击功能，确认该功能是否能对目标系统产生有意义和可靠的影响。即使是简单的攻击（如通过增加网络扫描流量对系统进行拒绝服务攻击），也需要进行一定程度的测试以确认扫描可以使系统拒绝服务。但是，对于更重要的影响，可能需要进行更复杂的测试，攻击者可能需要获得真实的物理 ICS 设备和软件组件才能完成测试。虽然大多数维护者很难掌握 ICS 供应商的动态，但各种政府组织可以利用他们的信息来源和方法来识别此类设备的异常采购行为，这可能表明攻击者已经完成了第一阶段攻击过程，准备进入第二阶段攻击过程。

（3）ICS 攻击（ICS Attack）

最终是对 ICS 的实际攻击，攻击者将投递（Deliver）其实现的攻击功能，安装或修改（Install/Modify）现有系统功能，然后执行（Execute）攻击。为实现最终的攻击目的，具体的攻击可能由很多步骤组成（预备或并发攻击），可以细分为攻击准备（Enable Attack）、攻击实施（Initiating Attack）和攻击支持（Supporting Attack）三种类型。如修改（Modify）过程的特定元素的值触发（Trigger）特定操作，引起过程设定点和变量的变化，或通过诸如欺骗状态信息等欺骗工厂操作员使其认为一切正常的策略来支持攻击，都是 ICS 实际攻击中必不可少的步骤。

发起攻击的复杂性取决于系统的安全性、过程的监视和控制程度、安全设计及其实现程度以及预期的影响。例如，破坏 ICS 的简单拒绝服务比以设计的方式操纵流程攻击系统或者重放攻击容易得多。攻击者最终需要操纵生产过程以造成重大伤害，包括可靠或可预测的物理破坏、受控设备或过程元素的损坏或修改（包括修改生产方案、配方和混合方案）。

5.5.2　ICS 杀伤链案例分析

震网（Stuxnet）病毒在伊朗纳坦兹工厂对多台离心机造成了物理损坏，这是研究 ICS 网络杀伤链第一阶段和第二阶段攻击很好的案例。震网病毒在 2010 年才被发现，然而，此次攻击活动可能已经进行了许多年，估计最早从 2006 年或 2007 年左右就已经开始。在那段时间里，攻击者付出了巨大的努力，开发出一种能够对离心机造成物理破坏的针对性攻击工具。这段时间的情报收集工作，很好地印证了 ICS 网络杀伤链理论，具体过程如图 5-7 所示。

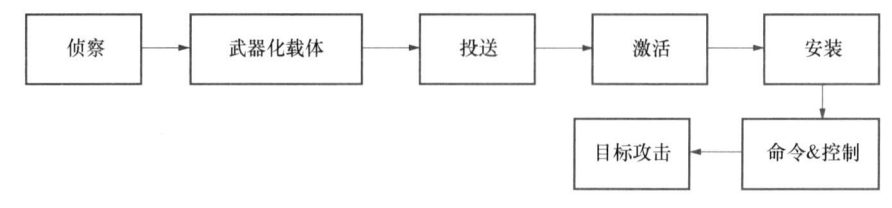

• 图 5-7　震网病毒杀伤链过程

震网病毒背后的参与者已经进行了充分侦察，以确定通往纳坦兹核设施的可能攻击路径。然而，专家还推测，为了获得有关该设施的保密数据，侦察中也可能使用了一些物理组件。此外，据报道，纳坦兹核设施还有一个物理隔离网络，不允许使用传统方法通过网络连接攻击 ICS。然而，它可能还有一种内部威胁，如有意或无意地使用受感染的工程笔记本计算机或可移动存储设备（如 U 盘）来破坏网络。

武器化过程将恶意软件的代码与漏洞结合，放置在笔记本计算机或可移动存储设备上。然后可移动存储设备或笔记本计算机成为恶意软件进入纳坦兹网络的攻击载荷投递方式。震网病毒将自己安装在各种版本的 Windows 系统上，并重复进行漏洞利用和安装阶段，感染了许多系统，直到它可以访问到互联网并联系到攻击者的 C2 服务器。

震网病毒活动是一个完整的两阶段 ICS 攻击过程，通过高度定制的生产过程操纵功能导致物理破坏。该攻击活动覆盖了普渡模型的所有层面，代表了 ICS 杀伤链中受害者遇到的最坏情况。攻击被映射到普渡模型，如图 5-8 所示。

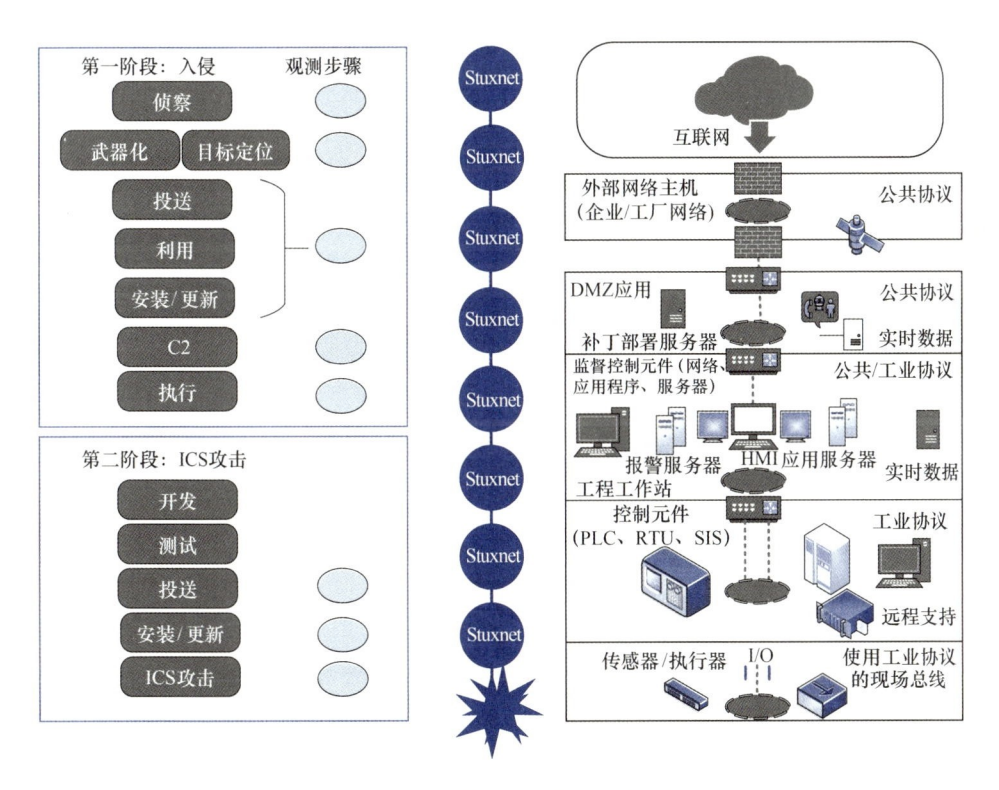

- 图 5-8 Stuxnet 与 ICS 网络杀伤链和普渡模型之间的映射关系

第一阶段的详细过程如下。

1）侦察阶段为震网病毒前期准备阶段，主要是通过社会工程学等手段收买情报人员，获取工控系统的内部资料，了解并掌握基本架构等，为后面病毒投送做准备。

2）武器化载体阶段为震网病毒和其载体的制作阶段，主要是根据了解得到的情报，制作专门的病毒文件和程序，从而达到破坏生产设备的目的。

3）投送阶段主要是通过侦察阶段得到的情报，首先感染核电站建设人员的互联网计算机或 U 盘，通过 U 盘交叉使用入侵到物理隔离的内网。

4）利用阶段主要是攻击代码在目标系统触发，震网病毒在此阶段采取双管齐下的策略，从两个途径触发并向内网扩散。首先是从网络途径，利用 RPC 远程代码执行漏洞

（MS08-067）和打印机后台程序服务模拟漏洞（MS10-061）进行传播；其次是通过介质途径进行传播，主要是利用文件快捷方式解析漏洞（MS10-046）进行传播。

5) 安装/更新阶段主要是震网病毒找到安装有 Win CC 软件的服务器，利用其中的两个"零日"漏洞展开攻击。一是利用 Win CC 系统中存在的一个硬编码漏洞，获取数据库的默认账户名和口令，对系统核心数据进行破坏；二是利用系统中一个名为"Step 7"的工程文件在加载动态链接库时的缺陷，对系统中的核心文件 s70tbxdx.dll 进行替换，实现对工业控制系统中控制代码的接管。

6) 命令与控制（C2）阶段主要是在 PLC 系统下载程序的时候，震网病毒向下载的程序中注入一段代码，从而控制现场设备。

7) 执行阶段是前面六个阶段的最终目的，在此阶段，震网病毒控制设备之后，便持续向代码模块写入不合常规的数据，导致大批设备损坏甚至事故的发生。

5.6 ATT&CK 威胁建模

5.6.1 ATT&CK 模型

MITRE ATT&CK 是一个全球可访问的基于真实世界观察的对手战术和技术知识库，由 MITRE 公司在 2013 年提出模型，它的全称是 Adversarial Tactics、Techniques and Common Knowledge（ATT&CK），它是一个站在攻击者的视角来描述攻击中各阶段用到的技术的模型。ATT&CK 知识库被用作在私营部门、政府以及网络安全产品和服务社区中开发特定威胁模型与方法的基础。随着 ATT&CK 的创建，MITRE 正在履行其为更安全的世界解决问题的使命——通过将社区聚集在一起开发更有效的网络安全。ATT&CK 是开放的，可供任何个人或组织免费使用。

ICS 的 ATT&CK 旨在将 ATT&CK 结构和方法应用于 ICS 技术领域。随着更多针对 ICS 攻击的事件报告被公开发布，知识库得到了完善和成熟。在电力、石油和天然气行业等常见的 ICS 环境中，开展了评估知识库对内部红/蓝团队活动的适用性工作。这些活动帮助 ATT&CK for ICS 团队巩固了用例，并找到了允许技术跨越多个工业部门和控制系统类型的抽象级别。ATT&CK for ICS 在技术目标或战术方面经历了三次重大迭代。每次主要迭代中包含的策略如下。

1) 持久性、特权升级、防御规避、操作员规避、凭证访问、发现、横向移动、执行、指挥和控制、中断、破坏。

2) 持久性、权限提升、防御规避、操作员规避、凭证访问、发现、横向移动、执行、妥协完整性、物理影响。

3) 初始访问、执行、持久性、回避、发现、横向移动、收集、指挥和控制、抑制响应功能、削弱过程控制、影响。

ATT&CK ICS 框架标准与洛克希德·马丁公司的网络杀伤链一致，并且它解决了大多数当代全球网络威胁。和 Kill Chain 等模型相比，ATT&CK 的抽象程度更低一些，但是又比普通的利用和漏洞数据库更高。MITRE 公司认为，Kill Chain 在高维度理解攻击过程有帮助，但是无法有效描述对手在单个漏洞的行为。目前，ATT&CK 模型分为三部分，分别是 PRE-ATT&CK、ATT&CK for Enterprise（包括 Linux、macOS、Windows）和 ATT&CK for Mobile（包括 iOS、Android），其中 PRE-ATT&CK 覆盖攻击链模型的前两个阶段（侦察、武器化载体），ATT&CK for Enterprise 覆盖攻击链的后五个阶段（投送、激活、安装、命令与控制、目标攻击），ATT&CK Matrix for Mobile 主要针对移动平台。

PRE-ATT&CK 包括的战术有优先级定义、选择目标、信息收集、发现脆弱点、攻击性利用开发平台、建立和维护基础设施、人员的开发、建立能力、测试能力、分段能力。ATT&CK for Enterprise 包括的战术有访问初始化、执行、常驻、提权、防御规避、访问凭证、发现、横向移动、收集、数据获取、命令和控制，如图 5-9 所示。

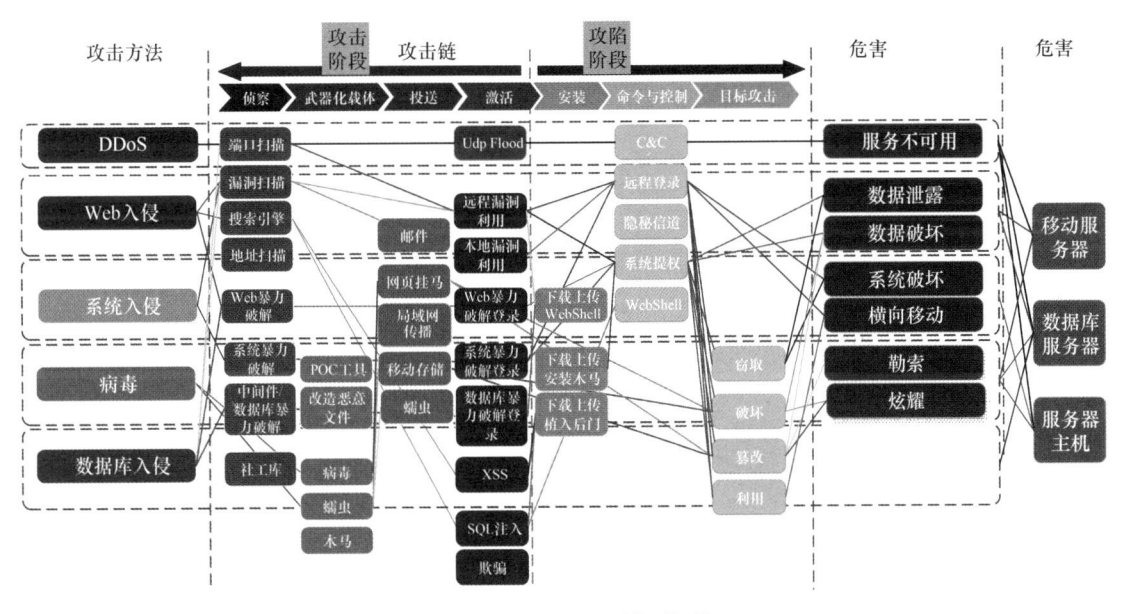

●图 5-9 ATT&CK 模型架构

MITRE 在定义 ATT&CK 时，定义了一些关键对象，如组织（Group）、软件（Software）、技术（Technique）、战术（Tactic），其中，组织使用战术和软件，软件实现技术，技术实现战术。例如，APT28（组织）使用 Mimikatz（软件）达到了获得登录凭证的效果（技术），实现了以用户权限登录的目的（战术），整个攻击行为又被称为 TTP，是战术、技术、过程的集合。

在控制、执行和维护阶段，框架使用策略来实现规定的阶段目标。共定义了十类策略，包括持久性、特权执行、防御规避、凭证访问、发现、横向移动、执行、收集、渗出、指挥和控制，每个类别有 8~29 个组成战术。ATT&CK 分析方法用于描述敌方技术，以便于更好地检测敌方行为。该方法从行为识别开始，然后采集数据并进行分析。完成后，创建"对手模拟场景"，参与的红色团队模拟威胁，并调查攻击。

各个威胁模型框架都出于不同目的而构建，其对比见表 5-14。

•表 5-14　各个威胁模型对比

模 型 方 法	适 用 范 围
STRIDE	软件开发
DREAD	快速风险评估与分析
PASTA	软件开发、组织风险、业务影响
VAST	自动化、一体化和敏捷开发
ATT&CK	APT TTPs

5.6.2　ICS 知识库的 ATT&CK

ICS 中常见的几种控制系统能够实现所依赖的物理过程（例如，从发电到负载的电力输送、水和废水管理、制造以及其他类似的网络物理过程）的高效（在大多数情况下是安全的）自动化。ICS 的 ATT&CK 记录了影响 ICS 技术领域中以下高级系统的对手行为。

- 基本过程控制系统。
- 过程控制。
- 操作员界面和监控。
- 实时和历史数据。
- 报警。
- 安全仪表系统和保护系统。
- 工程和维护系统。

其中，基本过程控制系统（BPCS）处理过程控制和监控。根据批准的设计控制策略，它们从传感器和过程仪表获取输入，并根据控制功能提供输出。通常，BPCS 在规定的操作条件下控制过程，优化工厂运营，生产高质量产品，提供操作员界面，用于监控过程，提供报警/事件记录和趋势分析功能。而许多与 BPCS 相关的失败都是自我暴露的，自我暴露的失败发生得很快，并且在 BPCS 中很容易被察觉。安全仪表系统（SIS）和保护系统由传感器、逻辑求解器和最终控制元件组成，旨在通过将过程置于安全状态来保护人员、设备和环境。SIS 和保护系统是继 BPCS 和警报/操作员干预之后的下一层保护。许多与 SIS 和保护系统相关的故障都是非自暴露的。非自暴露故障不会对系统产生即时可见的影响，并且可以保持隐藏状态。SIS 和保护系统通常是休眠部件，只有在出现某些情况时才对过程起作用。非自暴露故障可能会阻止这些系统在需要时执行其工作。工程和维护系统用于配置、诊断和维护前面章节中提到的许多系统。这是通过直接/网络连接或控制台访问设备来实现的。在许多情况下，供应商提供的软件和工具用于完成工程和维护功能。

1. 防御能力提升

ICS 设计和使用的 ATT&CK 背后有四个基本概念：保持对手的观点；根据真实世界的事件活动，从经验示例和事件中提取并加以改进；用适当的抽象级别表示内容，以有效地将攻击行为与潜在的对策联系起来；在多个层面上捕捉攻击行为的差异，这可能导致自暴露或非自暴露的失败，强调这些对手行为可能导致的失败和后果。

如何将 ATT&CK 应用于实际的防御体系中，Freddy 认为首先需要理解作为防守方的可控部分。攻击者一般会利用漏洞对系统进行入侵，如果对关键资产进行操作，那么会有部分动作涉及关键控制。对关键控制的行为进行调整和验证，就能够对攻击者的恶意行为进行捕获。ATT&CK 各要素关系图如图 5-10 所示。

• 图 5-10　ATT&CK 各要素关系图

1）想要对关键控制的行为进行验证，需要先对自己的检测能力进行检查：从收集的日志中识别攻击行为；设计分析体系，从攻击者的相关知识开始分析或参考开源社区；部署分析程序，用于检测、捕获和能力改善。

2）从已知的攻击组织所覆盖技术上分析，研究哪些技术会对关键资产造成严重影响。

3）检查自身的检测能力能否对关键技术进行覆盖，比如使用代理、终端杀毒软件、系统监视器的日志所能覆盖的技术范围是否满足自己的需求。

4）最终建立针对自身所需的分析程序：
- 对自己关注的"技术"进行研究，阅读相关文档。参考现有的分析或者是开源社区的源码，对可能合法的行为与恶意行为进行区分。
- 使用关注的技术进行模拟攻击演练，检查对应日志的记录情况。
- 自己写查询语句对日志进行事件搜索，不断进行测试和迭代，使用相关技术发起多种模拟攻击，减少误报。

2. 攻击测试工具

在模拟攻击演练方面，介绍四款基于 ATT&CK 模型的攻击测试工具：

1）MITRE CALDERA：一个自动攻击仿真系统，能够在 Windows 企业网络中执行攻陷后的恶意行为。

2）Endgame RTA：一个针对 Windows 的 Python 脚本框架，用于蓝队测试他们对基于 ATT&CK 模型的恶意技术的检测能力。Endgame RTA 可生成超过 50 种不同的 ATT&CK 战术，包括一个二进制应用程序，可执行所需的活动。

3）Atomic Red Team：一个开源的小型、高度可移植的测试集合，映射到 MITRE ATT 和 CK 框架中的相应技术。这些测试可用于验证检测和响应技术及过程。

4）Uber Metta：一个用于基础对抗模拟的工具，将多步的攻击者行为解析为 YAML 文件，并使用 Celery 对操作进行排队，自动化执行。

随着工业互联网安全的 ATT&CK 不断发展，它所包含的信息和所采用的结构也在不断发展。对敌方行为也涌现了一些新的见解和理解，但保持不变的是对敌方作战环境的准确描述意图。其中，对抗行为仍以逻辑方式分类，反映所采取的行动和后果，与传感器、系统配置、技术和防御者检测、缓解威胁的可行对策进行关联。工业互联网的 ATT&CK 方法在现有但有限的一组已发布的工业互联网安全事件报告的基础上，建立了一个可定义和分解相关真实世界事件的工作词典。此外，随着越来越多的报告和事件被分析和了解，也在不断评估和调整用于描述的对手目标（战术）和活动（技术），通过更详细和细粒度的报告支持工业互联网的 ATT&CK。

　　工业互联网安全的 ATT&CK 通过对手的视角部署战术和技术。从这个角度出发，分析者可以更好地理解并考虑对手在讨论防御和其他对策时可能采取的行动。相比之下，其他各种安全模型侧重于防御者的角色和视角，包括漏洞评分、基于防御者的环境和系统计算风险度量。ATT&CK 专注于对手视角，通过根据对手的战术手册规划防御策略，实现了从"确实发生"到"可能发生"的战略转变。这一观点有助于将对手采取的行动和可以采取的防御措施与只考虑防守方的情况联系起来。对于 ICS 领域来说，这是一个特别重要的考虑因素，在 ICS 领域，缓解和检测并不总是容易添加到风险环境中。ICS 环境的另一个重要考虑因素是需要考虑可以针对域的 IT 和 OT 元素采取的行动。该领域可能针对的独特挑战、技术、系统和设备，从对手的角度来看更为广泛。能够根据经验数据源确定最值得关注的领域，使防御者能够专注于针对可能有不同环境理解的对手的防御措施。例如，与精通领域的运营商和资产所有者不同，对手可能需要执行发现动作来了解 ICS 设备。同样，对手在 IT 和 OT 设备之间架起桥梁的方式可能与防御者看待这种联系的方式不同。因此，ICS 的 ATT&CK 在评估和实施防御与对抗措施时提供了更广泛、更准确的参考框架。使用 ATT&CK 可以了解潜在的对手威胁和采取的行动，而不考虑防御者可用的具体数据收集工具和方法。防御者可以根据有价值的信息采取行动，如根据对手目标，将相关行动和行为与可在其环境中部署的特定防御进行映射。

　　ICS 的 ATT&CK 中包含的活动和行为主要基于真实世界 ICS 事件与攻击的公开可用报告、安全公告和其他相关信息源。通过 ICS 的 ATT&CK 知识库可以准确地告知读者已证实的对手行为、能力和可能发生的活动。例如，ATT&CK for ICS 可能会将已发表的攻击性研究视为可能的对手行为的来源。通过将知识库与事件报告紧密结合，将重点放在现实世界中更可能遇到的威胁上。避免理论行为和强调高效用、常用的对抗技术，更好地服务于希望优先考虑其资源的防御者。

　　就 ICS 的 ATT&CK 而言，战术选择与 ICS 技术领域中的影响因素相关，能够根据需要调整和完善现有战术，以应对工作 ICS 数据集的新添加。知识库还试图反映对手行为中观察到的变化。这些变化可以以几种不同的形式表现出来。类似地，随着对手对 ICS 领域的熟悉程度随着时间的推移，他们的能力可能会发展并引入新的行为。新的战术就可以根据需要定义现有的、但未分类的或新的对手目标，从而为对手在 ICS 技术领域中进行的交互和技术提供准确的上下文。

　　技术是 ATT&CK 知识库的基础，它代表了对手通过执行一个动作而做出的个别动作或对手通过执行动作而获得的信息。MITRE 根据多种标准评估 ATT&CK 中的新技术，以获取 ICS 知识，如技术名称、抽象、对 ICS 的影响以及对手的使用。每一项都在定义好的技术方面发挥着重要作用。

5.6.3　威胁捕获及示例

　　ATT&CK 模型还能够应用于威胁捕获。在防御的基础之上，威胁捕获对整套分析体系提出了更高的要求。首先，能够利用工具对之前覆盖的技术检测出高质量的告警；其次，分析思路集中于不容易检测到的地方；最后，对分析的范围进行扩宽。

在威胁捕获的实际实践中，同样需要不断测试和迭代来提升对未知威胁的检测能力：

1）检查是否存在关键的恶意行为指标。
- 是否建立网络连接。
- 是否在临时目录创建子进程，进行命令交互等。
- 是否从 dllhost cmstp COM 对象中创建的子进程。

2）研究"是什么"和"怎么做"。
- 二进制文件是否签名。
- 该二进制文件是否适用于所有版本的 Windows 系统。
- 该二进制文件能否执行远程命令。
- 该二进制文件在进程运行时是否会自动提权。

3）分析二进制的执行频率。

4）分析父进程调用 CMSTP 的频率。

接下来介绍中间人（T830）和修改控制逻辑（T833）两种技术。这两种攻击方法都演示了如何使用 ATT&CK 技术方法来确定何时以及如何为 ICS 开发 ATT&CK 新技术。

1. 中间人技术（MITM）

对手可以利用中间人技术来中断和操纵设备（如客户端和服务器）之间的通信，而无须立即指示或检测到可能发生的情况。当考虑在过程环境中操纵通信时，这种攻击可能特别危险。中间人技术已被用于更改内联通信，这可能使对手能够植入自己的恶意代码，或在合法最终用户未意识到的情况下实施进一步的恶意行为。

- 当双方或设备之间存在信息通信时，可能会发生 MITM 攻击，特别是在不使用加密的情况下。
- 不同功能级别的几个工业资产可能会受到 MITM 技术的影响，例如，一些潜在的窗口系统，如人机界面（HMI）和工作站，而另一些则是较低级别的控制设备，如 PLC。
- MITM 攻击在传统 IT 和一些 OT 环境中有记录在案的攻击。比如，Stuxnet 病毒利用"零日漏洞"导致伊朗核设施中的离心机故障。
- MITM 攻击的变化取决于范围。例如，在网络级别应用 MITM 攻击，而不是在 PLC 的输入和输出接口之间的单个设备上使用 MITM 攻击。
- 通过包捕获和端点分析可以看到网络级别的检测。PLC 输入和输出之间的 MITM 检测可通过配置更改警报突出显示。
- 假设密钥分发安全，加密可以有效减少 MITM 攻击。
- MITM 技术涉及恶意操纵双方之间的通信。中间人应被纳入执行中的个人技术，而修改控制逻辑应用于 ICS 特定技术。

2. 修改控制逻辑

修改控制逻辑指攻击者在系统上植入恶意代码，通过修改控制资产的控制逻辑来导致系统功能失灵的行为。例如，攻击者可以修改控制资产的控制逻辑，以改变系统的执行流程，从而导致系统功能失灵。

- 修改控制逻辑既可用于抑制反应功能，也可用于损害过程控制。
- 攻击者可能使用修改控制逻辑，通过通用编程语言创建的逻辑对流程环境进行修改。

- 通过向设备写入新逻辑或更改当前逻辑来中断当前进程来完成对设备逻辑的更改。
- 修改控制逻辑可以发生在安全仪表系统等设备上,也可以发生在 PLC 和 RTU 等控制器上。此技术严格影响功能级别为 1 的资产。
- 修改控制逻辑是工业领域内攻击者所特有的,是达到影响条件前的最后阶段之一。
- 修改控制逻辑的多种应用或影响主要取决于目标资产。
- 修改控制逻辑不共享基于资产的数据源和检测结果。

修改控制逻辑的核心功能是添加或更改控制过程的主要逻辑,从而中断或操纵物理过程。很少有被跟踪的攻击者能够实现像修改控制逻辑这样的直接过程破坏技术,当然也存在一些技术具有与修改控制逻辑相似的功能,通常是以不同的角度或方法针对程序。修改控制逻辑应作为抑制响应功能和损害过程控制策略下的一项单独技术。

5.7 ICS 威胁建模方法的思考

当前,市场上已经拥有各种各样的威胁建模框架和方法,这些模型的侧重点不同,其中一些模型针对特定安全技术领域,如工业控制系统(ICS)。ICS 威胁建模的直接受益对象主要有威胁情报分析师、威胁狩猎者和 IR 小组、红队和 CISO 四类角色。ICS 威胁模型的直接价值体现在标识威胁、管理风险和辅助决策三个方面。ICS 威胁建模的方法论,成为防御者认知 ICS 威胁、解构 ICS 威胁向量、发现威胁、呈现威胁的有力武器,其作用和价值为业界高度认可,且具有开放、动态的属性。然而,ICS 威胁模型也有其局限性,实际使用时需要裁剪。

5.7.1 ICS 威胁建模的主要应用对象

ICS 威胁建模的直接受益对象,主要有四类角色,分别威胁情报分析师、威胁狩猎者和 IR 小组、红队和 CISO。

1)威胁情报分析师利用此标准语言进行报告和分析。例如,在 ATT&CK for ICS 之前,对于描述 APT33 与 MAGNALLIUM,只以说二者相关联,无法准确清晰表示这种关联。ATT&CK for ICS 建立了一种通用语言来帮助分析师更好地理解威胁行为,而不是特定的指标或网络异常。

2)威胁狩猎者和 IR 小组利用枚举的威胁行为库作为 ICS 搜索和 ICS 应急响应工作的一部分,大大提高了工作效率。

3)红队可模拟已知组织的威胁行为,以支持蓝队网络防御的开发、测试和验证。这些活动增加了防御者的信心,也发现了可能需要额外关注的缺陷。

4)CISO 或者 SOC 负责人利用红蓝对抗的结果来帮助制定防御策略并确定网络安全计划的优先级,同时也有利于与管理层进行积极有效的沟通。

5.7.2 ICS 威胁建模逐渐得到业界的价值认可

威胁建模专家 Adam Shostack 指出:"威胁建模是集中建设安全防御的关键。如果没有威胁建模，您将永远在玩'打地鼠'的游戏"。对于不同的威胁建模方法，有些通常单独使用，有些可以与其他方法结合使用。作为 ICS 威胁建模的主要成果，ATT&CK for ICS 一经推出，就得到 CyberX、Dragos、Otorio、FireEye 等安全厂商的积极评价和认可，目前在它们的相关威胁分析报告中得以应用。ICS 威胁模型的直接价值体现在以下三个方面。

1. 标识威胁

协助识别、枚举、交流并了解威胁和缓解措施，以保护应用程序资产。它有助于产生安全性改进的优先列表。威胁建模可以在计划、设计或以后的功能实现阶段进行。威胁建模不仅使团队可以更好地了解产品，而且还可以帮助团队更好地了解应用程序正在使用的各种组件。这些知识有助于了解对产品的正面和负面影响。

2. 管理风险

风险可以采取不同的形式管理，并且可以来自组织内部或外部。IT 安全是推动大公司战略的关注点之一，其中包括违规风险、数据泄露、基础设施中断、法律处罚等。信息安全法律法规（无论国外还是国内）现在比以往任何时间都严格。例如，欧盟实施的《通用数据保护条例（GDPR）》。不合规的组织可能面临巨额罚款。此时，威胁建模就可以发挥作用，以解决所有潜在的威胁和更高级别的威胁。

3. 辅助决策

威胁建模可以帮助产品更加安全可靠，可据此提出防御技术改进建议。利用流程中所有可用的信息，威胁模型可以做出合理的安全决策。如果按照规范进行操作，它可以为所有安全产品提供清晰的视图。至于威胁模型是否有助于产品能力的改进有待实践检验，但相关厂商的尝试已经展开，这主要取决于组织内部如何综合考量安全性以及产品团队的目标。

5.7.3 ICS 威胁建模方法的"殊途同归"

STRIDE、DREAD、PERA 模型、BlackBox-layered 以及 ATT&CK-ICS 五种 ICS 威胁建模方法，其关键步骤均是精准描述目标系统、明确目标的范围、确定模型的类别、找出所有威胁、创建威胁矩阵，在这一过程中就是要解决"What""Where""When""Who""How"的问题。通过上下文表示来帮助防御者识别系统，回答"What"的问题，从而可以确定威胁建模的目标对象，然后限制范围以确定弱点是否在自动化过程中，范围有系统、子系统或供应商、网络协议甚至组件。下一步将以"黑盒子"的身份来划定界限，以回答"Where"问题，这将有助于识别包括通信、人员、硬件、供应链和物理组件在内的交互。有时，范围可能仅集中于系统生命周期的一个阶段来定义威胁建模中的"When"问题，这将导致"Who"正在执行每个步骤。"How"的安全专家将确定每个级别的深度，最后创建所需的威胁矩阵。正所谓殊途同归，黑盒分层的方法和 ATT&CK 的方法，均输出了细颗粒度的威胁矩阵。

而从评价建模方法的优劣指标来看，以威胁呈现、可扩展性、适用性等来观测，黑盒分层的方法和 ATT&CK 的方法已经相差无几。从体系化防御的角度来看，找到威胁只是第一步，要防御威胁的发生或者检测到正在进行的威胁，仍然是一项复杂的系统工程。内部团队可以管理 ICS 系统运行环境中的许多威胁。但是，更复杂的程序需要特殊的技能、能力和人员，内部入侵者的威胁才是真正的挑战，需要对概念、操作和技术有特别的理解。

所有的威胁建模方法都有最初的开发目的，这也限制了在不同环境下的可用性，不同威胁模型的优缺点见表 5-15。

• 表 5-15　威胁模型优缺点对比

威胁模型	优　点	缺　点
攻击树	易于采用和理解	对系统和网络安全方面的知识要求高
	重复结构一致	新的、通用攻击树比较难以创建
	可以为每个组件单独使用，而不是构建完整的复杂系统	不提供评估子目标、攻击或风险的指南
STRIDE	易于学习和执行	主要用于软件开发
	最成熟的方法之一	随着系统复杂性的增加，威胁的数量会迅速增加
	良好的文档	时间和资源密集型
OCTAVE	主要面向运营风险、安全实践和技术	文档较大且含糊不清
	深入和灵活的方法	过程耗时
	具有内置的缓解优先级	关注组织的风险，不解决技术的风险
	重复的结果一致	评估活动，非持续性的流程
	可扩展	
ATT&CK	可观的范围和规模	不关注个人威胁
	持续不断的更新	主要关注高级持续性威胁
	寻找新的威胁，增加威胁情报	

5.7.4　ICS 威胁建模具备"双刃剑"特性

值得一提的是，ICS 威胁建模的方法论已成为防御者认知 ICS 威胁、解构 ICS 威胁向量、发现威胁、呈现威胁的有力武器，其作用和价值为业界所高度认可。作为防御者，这个模型对攻击 TTP 进行细粒度分解，特别适合威胁检测产品的特征标定、检测点位设定和策略规划。站在攻击者的视角，这个建模过程涉及的方法和输出结果，同样为其提供了完善攻击链、丰富武器库、逃避检测机制、对抗追踪溯源等活动的有力支撑。这种持续对抗博弈的能力较量，必然会加剧双方技术制高点的争夺态势。从目前的实践来看，在 IT 域的威胁模型，以 MITRE 的 ATT&CK 框架和 NSA 的威胁框架为主导的趋势已经比较明显，相关安全厂商的产品和服务已经适配了这种威胁模型。而在 OT 域，MITRE 刚刚推出的 ATT&CK for ICS 也得到了部分工业安全厂商的认可与跟随，未来相应产品的适配肯定会跟进。

5.7.5　ICS 威胁建模的开放性和动态性

ICS 威胁建模不是一个包含任何人都可以开始到结束的有明确步骤的程序过程，但它具有开放性和动态性。

1）开放性体现在威胁模型可吸纳安全厂商、设施运营方、供应链等多个渠道的知识库更新和追加，比如 ATT&CK for ICS 已经得到 Dragos、GE、Otorio 及一些研究人员的支持，对相关的 TTP 进行补充和完善。

2）动态性归因于技术的发展变化，比如 AI/ML、5G、IT 与 OT 的加速融合，根本原因在于新技术被攻击方和防御者都积极应用而对攻防态势、力量对比带来的变化。这种变化必然会催生威胁模型的修正、更新和演进。比如，AI/ML 在企业目标系统中的应用，就必然考虑对 AI/ML 系统进行威胁建模，这提出了新思维方式和新问题。数据科学家和安全工程师都应对此进行评估，因为这将成为他们进行威胁建模讨论和缓解优先级划分的指南。此外，如果攻击者采用了融合 AI/ML 技术的 TTP，那在呈现和找出融合了 AI/ML 的 TTP 并提供缓解措施时，则需要提供有关特定攻击 TTP 的详细信息以及用于保护产品和服务免受这些威胁影响的缓解步骤。这对威胁建模也提出了新的挑战。

5.7.6　ICS 威胁模型存在明显的局限性

无论是 ICS 的哪一个威胁模型均有其优点与缺点，而且其与行业（特别是关键信息基础设施领域）场景产生关联，实际使用时可能需要裁剪。威胁模型是风险模型的输入，是风险度量的关键。威胁模型是依据保护对象的系统模型构建的。如何评价威胁模型？有什么标准？据此提出的防御技术有效性如何？还有待实践的检验。比如，用规范性、覆盖度、具象性评价 ICS 威胁模型是否足够？ICS 威胁模型在支撑风险度量的评估和定义方面，需要用适用性、可行性、可采纳性、可扩展性、信息共享能力等维度来评价。在 ICS 威胁模型用于支撑网络攻防演练方面，桌面推演、红蓝对抗、混合演习对复杂度、严谨性、完整性、覆盖度的要求不尽相同。特别是在评估所提出的防御技术方面，其有效性即对组织网络安全能力的增强，需要通过抽象或概念模型、建模和模拟事件、网络靶场、桌面推演、模拟实验、操作实验和欺骗环境等手段来检验。

5.8　本章小结

威胁建模是一个不断循环的过程。虽然可以降低攻击带来的危险，但是却不能减少或者消除实际的威胁。因此不管采取何种安全措施以及采用何种对策，威胁仍旧存在。安全界的现实就是，承认威胁的存在并控制危险。威胁模型应当是动态模型，应随着时间的推移不断更改，以适应发现的新型威胁与攻击。它还要能够适应应用程序为适应业务变更的需求而不断完善与更改的自然发展过程。

威胁建模可以帮助人们控制安全风险并在团队中间沟通这些安全风险，并做出有效响应。威胁建模在过程的整个周期（从初始化到部署，还包括维护过程）进行。人们需要了解威胁建模的所有过程，并应掌握如何通过威胁建模技术，从而以最有效的方式来缓解威胁。

5.9 思考与练习

1. 简述 STRIDE 威胁建模的 6 类威胁？如何实现？
2. 对比 DREAD 和 CVSS 两种威胁评级的特点及适用场景。
3. 简述 PASTA 威胁建模的内容及特点，并实践实现。
4. 简述 VAST 威胁建模的内容及特点，并实践实现。
5. Cyber Kill Chain 威胁建模是如何实现第一阶段和第二阶段攻击操作的？
6. 简述 NIST 威胁建模的内容及特点，并实践实现。
7. ATT&CK 威胁建模的主要措施有哪些？主要内容是什么？

第 6 章　工业互联网攻击检测

随着科技和信息化的发展，数字化经济转型如火如荼地开展，基于工业互联网的新技术、新模式和新业态取得了空前进步，但与此同时，工业信息安全形势日趋严峻，安全风险持续攀升。工业互联网深度融合了 IT 网和 OT 网，工业网络体系会以服务为导向进行动态适配，同时也会增加更多的攻击入口和攻击路径，为此攻击检测也需要引入一些新的技术特征与防护模式。当前，攻击的种类越来越多，攻击方式越来越复杂，攻击检测技术也被应用于工业互联网领域。传统的网络攻击检测产品无法适用于工业控制网络，例如，工控网络不可采取牺牲可用性的安全监测手段；工控网络无法接受"漏报"和"误报"；传统安全产品无法识别工控网络中存在的众多私有协议；工控网络内产品升级的频次普遍偏低，存在大量漏洞；工业控制系统的攻击行为具有隐蔽性和不可预测性等。面对此类安全风险，工业互联网攻击检测技术的应用尤为重要。在当今时代，如何对工业互联网安全开展监测、如何搭建攻击检测平台、使用怎样的检测技术都值得工业界和学术界进行进一步探究。

6.1　异常攻击检测

6.1.1　异常攻击检测原理

异常检测（Anomaly Detection），也称为离群值检测，是识别与正常情况有显著差异的意外事件、观察结果或项目。任何类型的异常检测都基于两个基本假设：
- 数据异常很少发生。
- 数据异常的特征明显不同于正常实例。

异常通常可以按以下几种方式进行分类。
- 网络异常：网络行为异常偏离正常、标准或预期。要检测网络异常，网络所有者必须具有预期或正常行为的概念。检测网络行为异常需要持续监控网络以发现意外趋势或事件。
- 应用程序性能异常：这些只是端到端应用程序性能监控检测到的异常。这些系统观察应用程序功能，收集有关问题的数据，包括支持基础设施和应用程序依赖性。当检测到异常时，将触发速率限制，并通知管理员有关问题数据的问题来源。
- Web 应用程序安全异常：包括可能影响安全的任何其他异常或可疑的 Web 应用程序行为，如 CSS 攻击或 DDoS 攻击。

异常检测的假设是入侵者活动异常于正常主体的活动。建立计算机系统中正常行为的模式库，然后根据收集到的信息数据，通过某种方法，查看是否存在重大偏差，如果偏差在规定范围之外，则认为发生了入侵行为。构建异常检测原理的入侵检测系统，首先要建立系统或用户的正常行为模式库，不属于该库的行为被视为异常行为。但是，入侵性活动并不总是与异常活动相符合，而是存在下列四种可能性：入侵性非异常、非入侵性且异常、非入侵性非异常、入侵性且异常。异常检测的优点是可以检测到一些未知的攻击，缺点是误报率较高。

异常检测面临的挑战包括如下内容：
- 正常状态不能明确定义。
- 在某些领域正常和异常并没有明确的界限。
- 数据本身存在噪声，噪声和异常难以区分。
- 正常行为并不是一成不变的，也会随时间而演化。
- 标记数据获取难，标记数据量少。

异常检测主要由两步构成，包括信息收集和序号分析，内容如下。

（1）信息收集

异常检测的第一步是信息收集，内容包括系统、网络、数据及用户活动的状态和行为。而且，需要在计算机网络系统中的若干不同关键点（不同网段和不同终端）收集信息，这除了尽可能扩大检测范围的因素外，还有一个重要的因素就是从一个来源的信息有可能看不出疑点，但有几个来源的信息的不一致性却是可疑行为。当然，异常检测很大程度上依赖于收集信息的可靠性和正确性。

（2）信号分析

对上述收集到的有关系统、网络、数据及用户活动的状态和行为等信息，一般通过三种技术手段进行分析，即模式匹配、统计分析和完整性分析。

自 1970 年出现工业串行链路以来，Modbus 协议使得数以万计的自动化设备能够相互通信，是目前使用最广泛的工业协议之一。Modbus 作为应用层报文传输协议，其采取客户机/服务器的通信模式。Modbus 族中包含用于串口链路的 Modbus RTU 和 Modbus ASCII，以及用于工业以太网的 Modbus/TCP。当前，针对工业互联网的异常攻击检测采用特征主要来自控制逻辑运行异常检测和通信行为异常检测。

6.1.2　常见异常攻击检测方法

监督、半监督或无监督机器学习技术为异常检测算法提供了基础，因此异常检测方法主要分为三类：监督异常检测方法、半监督异常检测方法和无监督异常检测方法。本质上，正确的异常检测方法取决于数据集中可用的标签。

（1）监督异常检测方法

监督异常检测方法使用带有正常和异常样本的标记训练集构建预测模型。最常见的监督方法包括贝叶斯网络、k 最近邻、决策树、监督人工神经网络和支持向量机等。监督异常检测方法类似于传统的模式识别，不同之处在于异常值检测在类别之间存在严重的不平衡，并非所有统计分类算法都适合异常检测的固有不平衡性。

监督模型的优势在于它可以提供比无监督技术更高的检测率。这是因为它可以通过模型输出返回一个置信度分数,结合数据和先验知识,并对变量之间的相互依赖性进行编码。

(2) 半监督异常检测方法

半监督异常检测方法根据一个给定的正常训练数据集创建一个表示正常行为的模型,然后通过检测由学习模型生成遇到的任何一个实例的可能性来检测异常。半监督异常检测方法也可能适用于部分标记的数据集。然后,它将仅在标记的数据子集上构建分类算法,并使用该模型来预测剩余数据的状态。

(3) 无监督异常检测方法

无监督异常检测方法不需要手动标记训练数据,仅根据数据的内在属性来检测未标记数据测试集中的异常。无监督异常检测方法假设只有一小部分、统计上不同的网络流量是恶意和异常的。因此,这些技术假设频繁、相似实例的集合是正常的,并将不频繁的数据组标记为恶意。最流行的无监督异常检测算法包括自编码器、k 均值聚类算法、GMM 和基于假设检验的分析等。

在搜索相对罕见的异常数据时,用户不可避免地会遇到可能与异常行为相似的相对高水平的噪声。这是因为异常和正常行为之间的界限通常是不精确的,并且可能会随着恶意攻击者调整他们的策略而经常改变。此外,由于许多数据模式是基于时间和季节性的,因此异常检测技术存在额外的固有复杂性。例如,需要随着时间的推移分解多种趋势,需要更复杂的方法来识别季节性与噪声或异常数据的实际变化。由于以上原因,存在各种异常检测技术,具体如下。

(1) 基于聚类的异常检测

基于聚类的异常检测在无监督学习中仍然很流行。它基于这样的假设,即相似的数据点倾向于成组聚集在一起,这取决于它们与局部质心的接近程度。k 均值是一种常用的聚类算法,它创建 k 个相似的数据点集群。然后,用户可以在系统设置中将不属于这些组的数据实例标记为数据异常。作为一种无监督技术,聚类不需要任何数据标记。

可以部署聚类算法来捕获异常数据,该算法已经在训练集上创建了许多数据集群,以便计算异常事件的阈值。如果数据点与其最近质心之间的距离大于阈值,则这些数据点是异常的。

(2) 基于密度的异常检测

基于密度的异常检测技术需要标记数据。该类方法是针对所研究的点,计算它的周围密度和其临近点的周围密度,基于这两个密度值计算出相对密度,作为异常分数。即相对密度越大,异常程度越高。这些异常检测技术基于的假设是,正常点与其临近点的密度是相近的,而异常点的密度和临近点存在较大的差异。

(3) 基于统计检验的异常检测

使用这类技术基于的基本假设是,正常的数据是遵循特定分布形式的,并且占了很大比例,而异常点的位置和正常点相比存在比较大的偏移。比如高斯分布,在平均值加减 3 倍标准差以外的部分仅占了 0.2% 左右的比例,一般把这部分数据标记为异常数据。使用这种方法存在的问题是,均值和方差本身都对异常值很敏感,因此如果数据本身不具备正态性,就不适合使用这种检测方法。

(4) 基于距离的异常检测

基于距离的异常检测技术通过计算每个点与周围点的距离,来判断一个点是不是存在异常。基于的假设是正常点的周围存在很多个临近点，而异常点与周围点的距离都比较远。

(5) 基于深度学习的异常检测

目前，最常用于异常检测的深度学习技术主要为自编码器（AutoEncoder）。AutoEncoder 包含两个主要的部分：Encoder（编码器）和 Decoder（解码器）。Encoder 的作用是发现给定数据的压缩表示，Decoder 用来重建原始输入。在训练时，Decoder 使 AutoEncoder 选择最有信息量的特征，最终保存在压缩表示中。最终压缩后的表示就在中间的 coder 层当中。根据正常数据训练出来的 AutoEncoder，能够将正常样本重建还原，但是无法将异于正常分布的数据点较好地还原，导致还原误差较大。如果样本的特征都是数值变量，则可以用 MSE 或者 MAE 作为还原误差。其检测分为两步：首先，用正常的数据集训练一个 AutoEncoder；然后，用训练出的 AutoEncoder 计算异常数据的重建误差，重建误差大于某个阈值为异常，否则为正常。

6.2 误用攻击检测

6.2.1 误用攻击检测原理

误用检测（Misuse Detection），又称为特征检测（Signature-Based Detection）、基于知识的检测技术，它假定所有入侵行为和手段（及其变种）都能够表达为一种模式或特征，并对已知的入侵行为和手段进行分析，提取检测特征，构建攻击模式或攻击签名，通过系统当前状态与攻击模式或攻击签名的匹配判断入侵行为。通过收集非正常操作的行为特征，建立相关的特征库。通过监测用户或系统的行为，与预先确定的特征知识库里的各种攻击模式进行比较，如果能够匹配，则判断为攻击。

误用检测技术的优点在于可以准确地检测已知的入侵行为，缺点是不能检测未知的入侵行为。误用检测的关键在于如何表达入侵行为，即攻击模型的构建，把真正的入侵与正常行为区分开来。基于误用检测原理的入侵检测方法有以下几种。

1) 基于条件概率的误用检测方法。
2) 基于专家系统的误用检测方法。
3) 基于状态迁移分析的误用检测方法。
4) 基于键盘监控的误用检测方法。
5) 基于模型的误用检测方法。

6.2.2 常见误用攻击检测方法

基于误用检测原理的攻击检测方法如下。

(1) 基于条件概率的误用检测方法

基于条件概率的误用检测方法，指将入侵方式对应一个事件序列，然后观测事件发生序列，应用贝叶斯定理进行推理，推测入侵行为。基于条件概率的误用检测方法，是基于概率论的一种通用方法。它是对贝叶斯方法的改进，其缺点是先验概率难以给出，而且事件的独立性难以满足。

（2）基于状态迁移分析的误用检测方法

状态迁移分析方法以状态图表示攻击特征，不同状态刻画了系统某一时刻的特征。初始状态对应于入侵开始前的系统状态，危害状态对应于已成功入侵时的系统状态。初始状态与危害状态之间的迁移可能有一个或多个中间状态。攻击者执行一系列操作，使状态发生迁移，可能使系统从初始状态迁移到危害状态。因此，通过检查系统的状态就能够发现系统中的入侵行为。采用该方法的 IDS 有 STAT（State Transition Analysis Technique）和 USTAT（State Transition Analysis Tool for UNIX）。

（3）基于规则的误用检测方法

基于规则的误用检测方法，指将攻击行为或入侵模式表示成一种规则，只要符合规则就认定它是一种入侵行为。Snort 入侵检测系统就采用了基于规则的误用检测方法。基于规则的误用检测按规则组成方式分为以下两类。

1）向前推理规则。根据收集到的数据，规则按预定结果进行推理，直到推出结果时为止。这种方法的优点是能够比较准确地检测入侵行为，误报率低；其缺点是无法检测未知的入侵行为。目前，大部分 IDS 采用这种方法。

2）向后推理规则。由结果推测可能发生的原因，然后再根据收集到的信息来判断真正发生的原因。这种方法的优点是可以检测未知的入侵行为，但缺点是误报率高。

（4）基于机器学习的误用检测方法

机器学习是人工智能的一个分支，主要研究通过经验来自动改进计算机算法，常见的机器学习模型如下。

1）数理统计（Statistical）：通过检查用户或系统的正常行为和异常行为来创建统计模型，统计模型可以用来识别新的攻击，常用的统计方法有主成分分析、卡方分布、高斯混合分布。

2）支持向量机（Support Vector Machine，SVM）：支持向量机是一种在数据样本有限的情况下检测入侵事件的有效方法，向量机的目标是以最合适的方式用一个特征向量来区分两种类型数据。

3）数据挖掘（Data Mining）：数据挖掘是从采集的海量数据中提取大量的信息，通过分析用户与数据之间的关联关系来提取关键规则，是用户行为分析的常用方法。

4）基于规则集（Rule-Based）：由安全研究人员分析网络中的攻击流量，提取关键规则，从而在这个基础上降低数据维度后再对入侵行为进行检测。

5）人工神经网络（Artificial Neural Network，ANN）：模拟人类大脑对信息进行加工、存储和处理，神经网络通过学习获得知识，并将学到的知识存储在连接点的权重中。

（5）基于深度学习的误用检测方法

随着入侵者的攻击手段日趋智能化、复杂化，传统的机器学习技术对异常攻击行为的检测有效性在下降。近年来，深度学习以其独特的学习机制，利用大数据和高算力达到学习的高准确率。

1）深度前馈网络：也称为全连接前馈神经网络或多层感知机。

2）递归神经网络：也称为循环神经网络，能有效处理序列数据。

3）卷积神经网络：包括卷积层、池化层、全连接层，能够在保留图片特征的前提下，将大数据量的图像有效降维到小数据量。

4）自编码器：是一种无监督的神经网络模型，由编码器和解码器组成，主要目的是将输入值编码成中间值，然后将中间值解码，使输入数据被重构，从而实现降维。

6.3 APT 攻击检测

6.3.1 APT 攻击分析

APT 攻击通常是由一群高级攻击者共同完成的，以获取目标机构或政府的关键信息。APT 由如下三个关键词组合而成。

（1）高级

APT 攻击者能够将常见且成熟的攻击技术手段组合或改进为执行 APT 攻击所需的高级工具和先进方法，并且针对网络中的脆弱点随时调整攻击方案来发动和保持攻击。

（2）持续

APT 攻击者的目标是高度坚定和持久的，他们不会放弃。一旦进入了目标系统，就会尽可能长时间地待在目标系统中。策划并使用一些规避技术来逃避攻击目标中的入侵检测系统的检测。通常寻求低调而缓慢的攻击方式来提高其攻击成功率。

（3）威胁

APT 攻击的威胁通常致使攻击目标的敏感数据丢失、关键环节或任务受阻。尽管各个国家和组织机构对其事务或数据采取了先进的保护措施，APT 攻击仍然对许多国家和组织机构形成了越来越大的威胁。

APT 攻击是为了提高攻击成功率而精心策划和组织的攻击活动。为了达到指定的目标，攻击者必须在不被发现的情况下，以不同的形式发起多个阶段性的攻击。攻击者一般会先设法进入网络中的一个系统，然后执行必要的特权升级以抵达目标系统，从而访问目标系统的关键环节，其间通过网络连接将攻击状态或信息发送给攻击者的命令和控制中心。换言之，APT 攻击一般会针对目标网络建立立足点，执行内部网络扫描，在网络中从一个系统横向移动到另一个系统，最终到达目标系统并执行有害活动。在进行有害活动后，攻击者可能选择继续在网络的其他系统上进行恶意活动或清理痕迹后离开系统，这取决于攻击者雇佣方的意图。整个 APT 攻击过程中，攻击者和目标网络中的攻击载体通过命令控制中心交互信息。实际上，APT 攻击的整个过程没有具体的固定模式，但是可以从大体上总结出攻击通常会经历以下几个阶段。

1. 阶段 1：侦察

侦察是攻击者了解目标的阶段。攻击者越了解目标，成功率就越高。这个阶段，攻击者会广泛研究其攻击目标，收集必要的信息和有价值的情报，以提高攻击成功率。该阶段收集的信息甚至涉及员工的社交生活、习惯和经常访问的网站等细节。此外，还包括底层 IT 基础设施的细节，如交换机的类型、路由器、反病毒工具、防火墙、使用的 Web 服务器、开放的端口等，这些不仅有助于攻击者建立立足点，而且还有助于其深入渗透到目标网络内部。这一阶段，信息收集技术通常涉及社会工程技术、现场侦察、端口扫描和服务扫描；也可能会利用边界网关协议（BGP）查找域和路由信息；或在目标网络上查找具有高风险的漏洞并利用这些漏洞进行攻击，如跨站脚本（XSS）和SQL注入；或核实目标机构网络中开放的端口、地址范围、网络地址、活动机器、防火墙、IDS/IPS、运行软件、接入点、虚拟主机、过时的系统、虚拟化平台、存储基础设施等，以解密目标网络布局。APT攻击者一旦收集到足够的信息，就会制订攻击计划，并准备必要的工具。

2. 阶段2： 建立立足点

为了实现攻击目的，攻击者需要在目标网络中建立立足点。如果攻击者实现了这个阶段的攻击，表示攻击者就已经成功进入到攻击目标的计算机或计算机网络。该攻击阶段可利用阶段1中收集到的信息（在目标机构的Web应用程序中发现的漏洞，或终端用户系统中的漏洞等），通过水坑攻击、钓鱼攻击、USB设备、网络下载等途径部署恶意软件。接下来，APT攻击者耐心等待恶意软件在攻击目标的网络内运行，打开目标系统的大门。此时，对于APT攻击者的挑战就是保证恶意软件在没有被反病毒工具、入侵检测和入侵防御系统检测到的情况下可以顺利运行。攻击者一旦将恶意软件在目标系统中运行并控制了目标系统，就会保持低姿态，尽量不被发现以进入下一阶段。通常，APT攻击者立足目标网络后，会建立一个命令控制（C&C）通信通道，进行后续攻击。命令控制服务器是APT攻击周期中非常重要的一个组成部分，也被称为C&C或C2服务器。APT攻击者需要用它建立和攻击目标之间的开放通信通道。

3. 阶段3： 横向移动或保持隐蔽

这一阶段中，攻击者的目的是将他们的立足点扩展到目标内部的其他系统，以搜索到需要的攻击目标。如果攻击者的目的是破坏目标机构的关键环节或窃取目标机构数据，他们将在目标网络内横向移动，以搜索这些重要环节或数据。当APT攻击者获得其攻击目标的系统访问权限后，就可以轻松扩展到目标内部环境中的其他系统。他们使用各种技术从立足的系统访问其他主机并访问敏感资源。最常见的情况是，会在此阶段使用窃取到的合法凭证将恶意软件和其他工具安装在不同的机器上，并且要保证这些工具不被发现。这个阶段中可能涉及权限升级技术，可能通过键盘记录程序获取用户的密码，也可能是利用哈希传递或利用漏洞等方式，这些都是APT攻击者常用的密码转储工具。

4. 阶段4： 泄露或阻碍

当攻击者的目的是侵蚀攻击目标的关键环节时，本阶段包括破坏或摧毁这些重要环节等活动。当攻击者的目标是获取组织机构的数据时，本阶段包括检索该数据并将其发送到攻击者的命令和控制中心。在盗窃组织机构数据的情况下，攻击者将他们收集的数据导出到命令控制服务器。由于大多数入侵检测和防御系统都是对进入端口的数据过滤而不是出口过滤，所以数据外泄可能不会被检测到。攻击者根据其攻击目标的防御方法，可能会智能地将数据泄露分成多个批次，并发送到不同IP地址的服务器。大多数恶意软件利用域名系统（DNS）定位其域名服务器和被攻击设备，据此，APT攻击者可以与受害者设备建立长期连接，窃取敏感数据。

5. 阶段5： 后期渗透或撤退

这一阶段包括达成目的后期渗透或撤退活动，如持续窃取数据、破坏更重要的环节、删除证据后彻底退出组织的网络等。如果 APT 攻击的目的只是实施一次性的破坏，在实现后就可以退出攻击。然而，APT 攻击的目的也可能不仅仅是执行一次有害活动，而是持续潜伏在目标组织中，直到攻击者的雇佣方解除攻击，比如攻击的目的是长期潜伏获取数据。这种情况就需要在获得了当前数据后更进一步渗透目标网络，在此过程中继续检索，一旦发现需要的信息就随时导出数据。不管是要退出攻击还是继续潜伏，攻击者在此阶段都必须要掩盖自己的踪迹，这样就不会留下任何自己发起攻击的线索。此阶段的工作即尽可能地删除在攻击期间产生的文件、安装的各种工具或可能成为攻击有力证据的日志等。

对于任何一种 APT 攻击目标（如泄露、破坏和潜伏），以上五个阶段中，前两个阶段都是攻击者必须经历的，因为详细的侦察和建立立足点可以增加成功概率。其他三个阶段，根据攻击者的目标不同而有所不同。如果攻击者的最终目标是潜伏在网络中，攻击者会在阶段 3 保持潜伏并随着攻击目标内部的网络变化保持自我更新，同时研究和了解目标机构的工作系统和用户，从而获得尽可能多的信息且不被攻击目标发现。此外，如果攻击者的目的是窃取组织机构的数据或破坏组织机构的关键环节，攻击者将不得不在组织机构网络内部横向移动搜索数据资源或关键组件以保证实现攻击。在阶段 4 中，不同的 APT 攻击也会有所不同。例如，如果目的是窃取组织机构数据，攻击者会开展数据外泄相关活动；如果目的是侵蚀目标机构的关键环节，攻击者会开展阻碍其计划实施的相关活动；如果最终目标是潜伏在网络中，APT 攻击者不会进入阶段 4 和阶段 5，除非攻击的最终目的突变为窃取组织机构数据或破坏组织机构的关键环节。

6.3.2 常见 APT 攻击检测方法

APT 攻击具有隐蔽性强、成功率高、危害性极大的特点。APT 网络攻击行为往往通过多种途径实施，在不同的地方总会留下相应的痕迹和线索。因此需要有多个检测和分析模块，如沙箱检测、异常检测、流量分析、攻击回溯等。

（1）沙箱检测技术

沙箱是一个封闭的且独立的检测环境，类似于蜜罐系统，用于检测网络攻击。沙箱技术也可以针对 0day 攻击，传统的异常检测使用的是特征检测方法，而 0day 攻击采用的是非未知的攻击技术，所以当有 0day 攻击时，由虚拟沙箱进行检测可以提高防御入侵的能力。

虚拟沙箱不再局限于可执行程序，而是面向更广阔的软件应用，虚拟出来的运行环境能够模拟正常的软件行为，例如，模拟微软 Word 程序的功能来打开捕获的可疑 Doc 文档文件，从这个过程中发现是否有尝试漏洞利用攻击的行为，如远程 URL 下载、堆喷、释放文件并执行等。但被检测样本的复杂性和多样性使得沙箱检测变得非常局限，如待测样本的环境、数量、类型等。其检测的效果也非常依赖于样本本身，若样本本来是未知的攻击则很难加以检测。

（2）异常检测技术

异常检测主要是识别异常活动，包括网络入侵、日志审计等。通信过程中的心跳信号、有周期规律的通信请求、命令通信光谱特征多态匹配、上下行数据异常流量比等行为特征，都是检测恶意代码时最为关注的行为特征。当遇到 APT 中的 0day 攻击时，因没有异常的特征而无法检测，所以异常检测在平常首先需要采取的是对正常的网络行为建模，当检测的行为与建模行为有偏差时，就存在网络攻击。其核心是元数据的提取、对异常特征的检测和对行为模式的检测。

数据包括时间、空间、日志、流量等，用少量的数据去检测是否异常。异常特征涵盖了时间、空间、日志、流量等基础特征，也可以用于互相计算而得出的新特征。行为模式主要是针对主机、服务器行为。

（3）全网流量检测技术

全网流量是指对计算机网络的五层协议（应用层、传输层、网络层、数据链路层、物理层）每一层进行全方位检测。在应用层可以还原数据、内容，如还原下载附件；还可以还原行为，如DNS域名的查询。在传输层可以检测流量是否加密或检测数据格式，还可以检测对消息的控制和管理。网络层是端到端的检测，可以检测数据包的大小、IP地址等。数据链路层是单链路上的数据检测。物理层则可以用于检测帧、电流、信号等。一般，普通的流量检测只会检测包头内容，从而忽略了内容的检测。全流量也有不足，如在检测的同时需要处理大量的数据，正常情况下一个百兆网络的数据流量就能达到1TB/天。

（4）攻击溯源与关联分析

网络攻击溯源通常是在网络攻击时对攻击者的查找，在应用层的ID映射到IP地址后，将应用层溯源转化成网络层溯源，溯源内容包括攻击者发起的相关信息，如使用的设备、IP、邮件、日志、路由信息等。然后可以对这些信息进行关联分析，提取特征或者找出交集，有利于对攻击源的快速定位、重建攻击链和识别攻击意图。在APT检测中，安全人员一般先检测出攻击或者预测出攻击，根据检测或者预测的结果进行碎片关联分析，最后查找攻击源。

6.4 未知威胁攻击检测

6.4.1 未知威胁共性

当人们试图发现未知威胁的蛛丝马迹时，需要海量且多维度的终端信息作为支撑。为了重现出未知威胁的感染途径和传播方法，这些信息需要涵盖终端基础信息、样本投递信息、内存活动信息、系统变更信息四个大类，具体可细分为移动存储文件传输、进程启停行为、DNS解析行为、URL访问行为、进程注入行为、文件访问行为等细化维度的信息。收集终端更多维度且更细化的数据可以给用户提供更丰富的终端描述，能够最大限度地为检测能力提供支撑。

未知威胁又分为两种，一种是已知威胁的变种，是能预测到可能会发生的，可以一定程度上进行防范的，称为"已知的未知威胁"；另一种是未知新型网络攻击，是无法预测的，让人觉得无从防范的，称为"未知的未知威胁"。

未知威胁检测一直都是网络攻击检测的难点，而当前的未知威胁很多都是基于公开的恶意攻击工具改进生成的，如DeepLocker。这些未知威胁和已经发现的恶意攻击之间存在威胁行为共性，在高级攻击语义空间上分布近似。

6.4.2 未知威胁常见检测方法

基于终端海量的行为数据，如何发现未知威胁的线索？以下将探讨三种寻找未知威胁线索的方法。

（1）基于异常知识的检测

在海量的终端数据中寻找线索虽然十分困难，但并不是无迹可寻的。好比有经验的警察可以根据一个人表情的异常、微小的动作来判断一个人是否存在嫌疑一样，基于异常知识的检测需要根据文件、进程等信息的偏离情况对收集上来的终端信息进行检查，从而发现异常情况。按照偏离的属性或关系，可以先将异常的情况总结为文件静态属性偏离、进程动态属性偏离和敏感激进的活动（如敏感的内存活动或磁盘变更）三大类。以"寄生兽"为例，人们发现终端上启动了 PowerShell 并执行了脚本，这就属于敏感激进活动的异常情况。基于这样的思路找到线索之后，就需要根据进程的行为动作来判断是否为安全威胁。如果确定为安全威胁，则可以通过进程查杀等动作将未知威胁的"检测"落地为对已知威胁的"评估"和"拦截"。

基于异常知识的检测对安全人员的知识储备和能力要求较高，而且依赖人力进行海量数据的比对和分析效率太低，那么是否有一种相对高效的方式来发现异常信息并以自动化的方式进行处理？答案是肯定的，这就是基于威胁情报的检测。

（2）基于威胁情报的检测

威胁情报可以帮助用户快速识别安全威胁并做出明确决定，通常包含了安全威胁的行为描述和攻击特征。现如今，安全厂商提供的威胁情报多用于网关类设备，对于处于潜伏期的恶意样本或者内网扩散不经网关的安全威胁就有了很大的漏洞。因此，若要建设终端的检测能力，威胁情报就需要在终端落地并与终端数据进行碰撞比对。通过这种方式，安全产品可以对明确的已知威胁进行自动化处置，同时把潜在的未知威胁通过告警的方式提示安全运维人员。运维人员则可以通过对历史相关的已知威胁的学习，对此风险告警进行人工介入，缩短未知威胁响应时间。在威胁情报的引导下，不但企业用户可以学习和了解生产环境中发现的已知威胁，终端安全产品同样可以通过威胁情报检出潜在的未知威胁，并协助安全运维人员进行安全决策。而通过最终决策结果，安全运维人员可以通过矫正或更新威胁情报的方式，实现终端安全治理中知识的管理和积累。通过这种本地知识积累和云端知识传递的方式，企业中的终端安全产品会不断向未知威胁检出与响应流程自动化的目标前进。而企业中的安全运维人员，也会不断提升自身的安全运维能力。最终，终端安全治理得以向智能化的方向发展，而威胁情报将成为智能化的核心驱动力。

威胁情报是由安全厂商提供的，在这种安全能力传递到客户之前将会存在一段"空窗期"。如何弥补在这一段"空窗期"对未知威胁的检测能力不足？机器学习将会是非常好的补充。

（3）基于机器学习的检测

参考各大安全厂商的监测数据，新恶意样本的产生越来越快，绕过终端防护基线的手段层出不穷，使用机器学习的方法来弥补客户"空窗期"检测能力的不足已经成为业界趋势之一。简单来说，机器学习要先建立一个分析模型，之后对分析模型进行大量的训练。这类模型的建立过程首先基于行为样本或者网络访问样本进行聚类,之后建模出初次判断模型(包含大量参数),然后根据大量的正负样本通过神经网络的算法对参数进行调整,使其偏离率越来越低。要想获得一个准确的判断模型,神经网络的层数和样本的训练量就很重要:神经网络的层数如果过少,对样本的分析就会不够细化,导致误漏报率的提高;但是从另一方面,也需考虑神经网络层数过多对于性能的影响,如果神经网络层数过多,则会使训练周期和判断时间大大延长。一般来说,业界的最佳实践是采用六层的神经网络算法。另一个涉及模型能力的重要因素是样本的训练量。通过大量样本的分析训练,判断模型会通过神经网络自动对判断的参数进行调节,使之偏离率最小。如果样本规模过小,则会使模型的参数调整不够成熟,产生大量误报漏报。因此,神经网络层数和样本训练量是建立机器学习机制的重要考量因素,二者缺一不可。

6.5 攻击溯源

攻击溯源,一般指追踪网络攻击源头、溯源攻击者的过程。在英文中的说法是"Attribution",中文直译为"归因",也有研究将"Traceback"和"Source Tracking"视为与"Attribution"同等意义。攻击溯源技术通过综合利用各种手段主动地追踪网络攻击发起者、定位攻击源,结合网络取证和威胁情报,有针对性地减缓或反制网络攻击,争取在造成破坏之前消除隐患,在网络安全领域具有非常重要的现实意义。攻击溯源流程主要由三部分组成:攻击源捕获、溯源反制手段和攻击者画像,如图6-1所示。

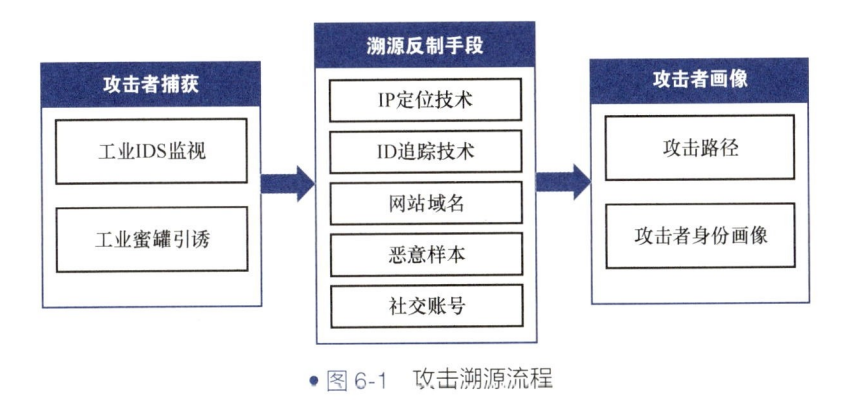

● 图 6-1 攻击溯源流程

6.5.1 攻击源捕获

随着科技的发展,工业控制系统逐渐接入互联网,而当前互联网上存在着大量的攻击,直接影响着工业控制系统的安全,工控系统面临的安全形势也越来越严重。攻击者会向目标主机发送特定的攻击数据包或执行恶意行为。如果能追踪这些攻击数据包的来源,定位攻击者的真实位置,受害主机不但可以采用应对措施,如在合适位置过滤攻击数据包,而且可以对攻击者采取法律手段。通过日志与流量分析、服务器资源异常、蜜罐系统等各种方式,获取攻击者行为、意图的相关信息,并进行快速攻击源定位,从而进行快速响应,保障企业网络安全。常见的攻击源捕获工具主要包含两种：利用工业 IDS 进行监视来确定攻击位置，并追踪其来源；制作工业蜜罐对攻击源进行进一步探索与挖掘。

（1）利用工业 IDS 来追踪攻击者地址

入侵检测系统（IDS）是一种对网络传输进行即时监视，在发现可疑传输时发出警报或者采取主动反应措施的网络安全设备。通过追踪来源，可以更多地了解攻击者。这些经验不仅可以记录下攻击过程，同时也有助于确定解决方案。

利用工业 IDS（入侵检测系统），首先充分利用系统日志，追踪攻击者留下的踪迹，观察目录以及文件的异常改变与程序执行中的异常行为，收集攻击者的入侵信息。网络环境中的文件系统包含很多软件和数据文件，而含有重要信息的文件和私有数据文件经常是攻击者修改或破坏的攻击目标，另外还可以利用检测系统收集物理形式的入侵信息，这些入侵信息包括未授权的对网络硬件连接和对物理资源的未授权访问。然后通过模式匹配、统计分析和完整性分析三种技术手段对收集到的数据进行分析，其中前两种方法用于实时的入侵检测，而完整性分析则用于事后分析。通过利用工业 IDS，先收集攻击者信息，再进行数据分析，进而追踪攻击者地址，如图 6-2 所示。

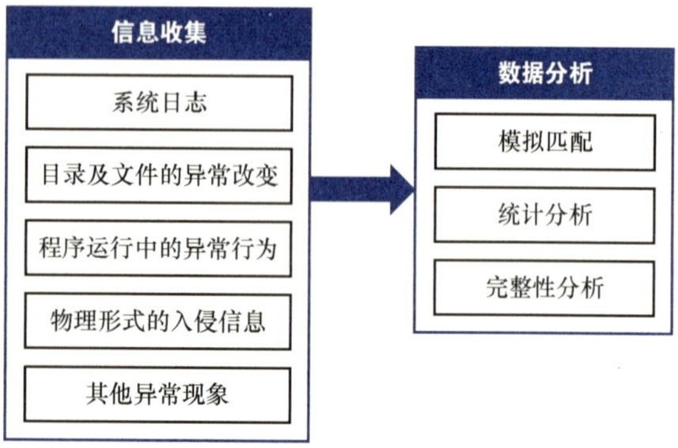

● 图 6-2 工业 IDS 入侵检测流程

（2）制作工业蜜罐引诱攻击者

工业蜜罐是一种用于工控安全的主动防御技术，以伪装技术为基础，利用工业协议及服务模拟和威胁诱捕等技术，诱使攻击者进行网络攻击，从而捕捉攻击行为。工业蜜罐会提供一些与真正业务系统非常类似的功能，包括工业资产仿真系统和工业互联网协议仿真。工业资产仿真系统能够伪装模拟前置服务器、历史服务器、RTU、PLC、HMI、保护装置、测控装置、备自投装置、低周减载装置、通信网关装置等工控设备蜜罐，且伪装的工控设备与真实设备在协议交互、执行输出方面具备与真实设备同等的交互能力。工业互联网协议仿真系统能够模拟仿真 HTTP、FTP、Telnet、MySQL、SNMP、SMTP、TFTP、MQTT、COAP、POP3 等常见通用 IT 协议蜜罐，同时具备对工控协议的仿真能力，包括 EtherNet/IP、S7、DNP3、FINS、Modbus TCP、IEC 103、IEC 104、ICCP、MMS、GOOSE、SV 等协议，且能够实现指令级别的高交互。

工业蜜罐里面也会存放一些看似有用的业务数据，而且这些服务都是存在安全漏洞的，容易被各种攻击工具识别，从而吸引黑客攻击。在攻击者入侵蜜罐时，蜜罐可以记录攻击者的入侵行为，获取攻击者的主机信息、浏览器信息甚至是真实 IP 及社交信息，并将日志传输到一台安全的服务器（防止黑客抹掉蜜罐的日志），一般接入 SIEM（安全信息和事件管理）服务器，进行统一存储、分析并处理，如图 6-3 所示。当前比较流行的工控蜜罐有 Conpot、Snap7、CryPLH、XPOT、HoneyPLC、GridPot 和 GasPot 等，Conpot 和 Snap7 是相对成熟的蜜罐代表，Conpot 实现了对 BACnet、ENIP、guardian_ast、HTTP、IPMI、kamstrup、MISC、Modbus、S7comm 和 SNMP 10 个协议的模拟，属于低交互蜜罐，能够在服务器端快速部署、修改和拓展。

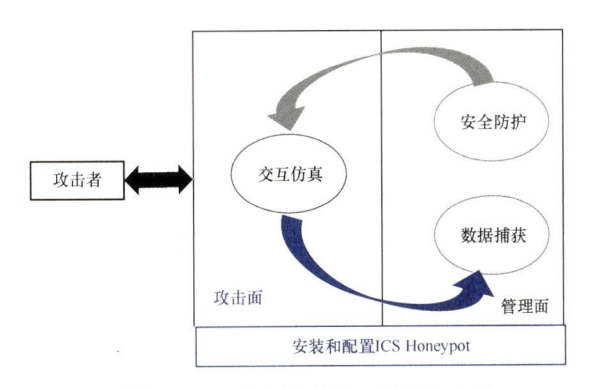

• 图 6-3　工业蜜罐制作及引诱的实现

6.5.2　溯源反制手段

通过 IP 定位技术、恶意样本、日志分析、ID 追踪技术等不同方式进行攻击手段确定，协助企业进行相应的防御措施并确定反制手段。

（1）IP 定位技术

首先根据 IP 定位物理地址，可以发现代理 IP 地址，然后通过对特定的 IP 范围和端口范围进行穷举扫描，发现网络中开放的端口，反向渗透服务器进行分析，最终定位到攻击者相关信息。

端口扫描一般针对 TCP 端口进行，利用 TCP 的三次握手建立连接的原理，通过连接是否成功来判断端口是否开放。端口扫描对于时间性能要求较高、耗时过长的扫描将大大降低扫描结果的可靠性。Masscan 是一个互联网级别的高性能端口扫描工具，使用 SYN 包检测技术，能够在 5 分钟内完成对整个互联网所有 IP 的扫描。

（2）ID 追踪技术

通过搜索引擎、社交平台、技术论坛、社工库匹配等方法，例如，利用网络 ID 从技术论坛追溯邮箱，继续通过邮箱反追踪攻击者的真实姓名，通过姓名检索到相关简历信息。

（3）网站域名

通过对攻击者使用的 URL 域名进行分析，挖掘攻击源头。查询域名的 Whois 信息，可以关联到攻击者部分信息，如注册名、注册邮箱、注册地址、电话、注册时间、服务商等。

（4）恶意样本

针对恶意样本的溯源分析可以从同源分析、家族溯源、作者溯源这三方面作为突破点进行分析。从溯源目标上来看，可分为恶意代码家族溯源及作者溯源。

1）同源分析：通过利用恶意样本间的同源关系，挖掘出可溯源痕迹，并根据它们出现的前后关系判定变体来源。恶意代码同源性分析，其目的是判断不同的恶意代码是否源自同一套恶意代码或是否由同一个作者、团队编写，其是否具有内在关联性、相似性。

2）家族溯源：恶意样本的家族变体是已有恶意代码在不断的对抗或功能进化中生成的新型恶意样本，针对变体的家族溯源是通过提取其特征数据及代码片段，分析它们与已知样本的同源关系，进而推测可疑恶意样本的家族。

3）作者溯源：恶意样本的作者溯源就是通过分析和提取恶意样本中的相关特征，定位出恶意样本作者相关特征，揭示样本间的同源关系，进而溯源到已知的作者或组织。

（5）社交账号

利用社交网站的 JSONP 接口泄露敏感信息的漏洞，基于 JSONP 跨域，获取攻击者的主机信息、浏览器信息、真实 IP 及社交信息等。例如，通过搜索引擎、社交平台查询其 ID 并从技术论坛追溯邮箱，继续通过邮箱反追踪攻击者的真实姓名，通过姓名找到相关简历信息，达到反制攻击者的目的。

对恶意样本溯源分析一般需要结合动态调试和静态调试分析，样本分析过程中还需要结合网络抓包数据分析，发现攻击者的个人 ID、用户名、邮箱、C2 服务器等信息，成功定位到攻击者。

6.5.3 攻击者画像

在端口扫描过程中，Masscan 会在短时间内对整个互联网所有的 IP 进行扫描，极大地提高了扫描效率。通过对这些扫描的结果进行整理，得到攻击者的攻击途径、攻击手段、攻击意图、IP 地址、ID 信息、邮箱等真实信息，将潜伏在暗处的攻击者拉出水面，找到造成攻击的真凶，勾勒出攻击者的画像，维护互联网用户的合法权益以及网络空间的安全，打击网络违法犯罪行为。对攻击者画像流程如图 6-4 所示。

• 图 6-4　对攻击者画像流程

整个攻击溯源实现详细流程如图 6-5 所示。

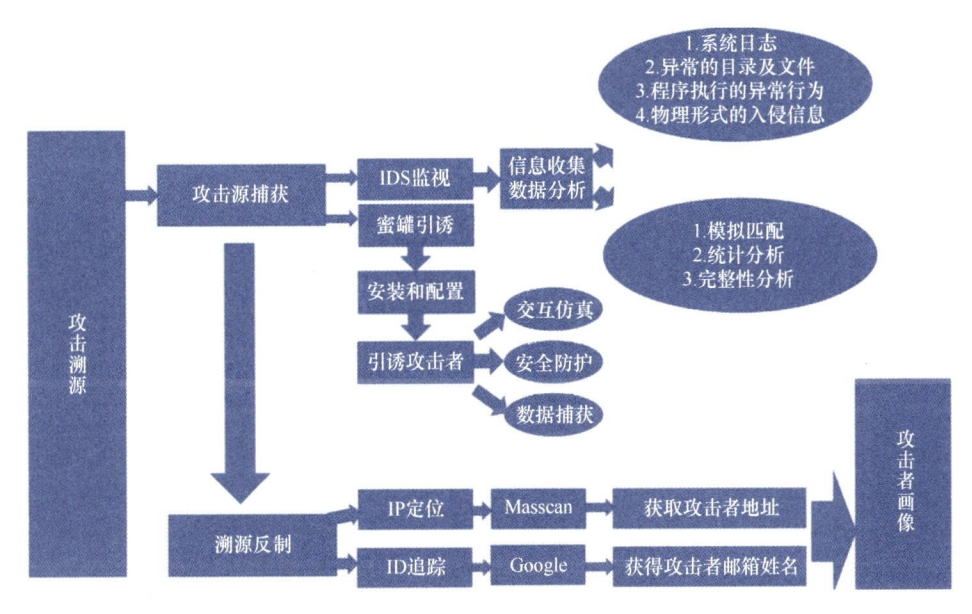

• 图 6-5 攻击溯源实现详细流程

6.6 威胁狩猎

人工智能的迅速发展和广泛应用促进了数字经济的快速发展，然而，基于人工智能技术的智能攻击也逐渐成为一种新型的攻击手段，传统的攻击防护方式已经不能满足安全防护的实际需求，组织机构想要检测入侵是否已经发生变得越来越困难。整个网络环境变得越发复杂，传统基于特征值的被动检测技术效果变得越来越差，没有任何一种技术能够100%检测到恶意活动，因此人们不得不主动出击去狩猎，也就是"威胁狩猎"。

威胁狩猎（Threat Hunting）是一种聚焦于追踪攻击者以及攻击者在执行侦察、执行恶意软件、窃取敏感数据时留下痕迹的一种主动防御技术。威胁狩猎不仅只是简单标记、报警可疑的活动，还需要应用人类的分析能力以及对环境上下文的理解来更快速地确定何时发生了未授权的活动。这使得攻击可以更早被发现，在攻击者完成攻击目标之前阻止其恶意行为。当然，实践威胁狩猎需要有可用的工具，从而帮助分析人员看清其组织网络中到底发生了什么，包括通过日志分析技术等。

6.6.1 威胁狩猎原理

威胁狩猎是指借助威胁数据、分析技术和专家经验，主动搜索、识别网络中未知威胁的过程，其核心思想是假设存在威胁，并开展主动和持续的搜索发现，以缩短发现攻击者踪迹所需时间和提高响应处置能力。威胁狩猎是一个持续性、闭环的主动防御过程。简而言之，威胁狩猎就是主动发现潜伏在网络环境中尚未被发现的攻击活动，而这个过程需要不断地迭代进行，其目的是发现现有的安全解决方案或产品无法检测到的威胁，从而避免可能带来的巨大损失。威胁狩猎不是一种技术，而是一种方法。狩猎团队基于网络中的异常情况，以安全假设作为狩猎的起点，借助工具、分析技术和攻击框架展开调查发现新的战术、技术和过程（Tactics、Techniques and Procedures，TTPs）。除触发事件响应外，威胁狩猎会将新的TTPs添加到分析平台或者安全管理平台。每一次威胁狩猎活动都可以拓展其发现能力，进而使狩猎能够发现更广泛、更多样的攻击。

威胁猎人是技能娴熟的IT安全专业人员，能够在威胁可能导致严重问题之前搜索、记录、监控并消除威胁。威胁猎人为企业安全带来了人为因素，补充了自动化系统。理想情况下，威胁猎人是公司IT部门内部的安全分析师，熟知公司的运营情况，但有时也会是外部分析师。威胁猎人不仅会梳理安全数据并搜索隐藏的恶意软件或攻击者，寻找计算机可能遗漏或误判为已解决的可疑活动模式，还会帮助修补企业的安全系统，防止此类网络攻击再次发生。

为了成功进行威胁狩猎，组织的安全需要适当的健康数据收集。数据是威胁狩猎过程中的关键要素。威胁猎人使用丰富的数据来搜索安全环境各个角落的网络威胁。从安全信息与事件管理（Security Information and Event Management，SIEM）工具、用户和实体行为分析（User and Entity Behavior Analytic，UEBA）解决方案收集的信息可以作为发现威胁和可疑活动模式的起点。然而，真正的威胁隐藏在未知之中，因此威胁猎人依靠人类逻辑来搜索超出此类工具能力的范围。主动网络威胁狩猎每次都遵循类似如下的过程。

- 触发：在触发阶段之前，威胁猎人收集有关安全环境和潜在威胁的见解。然后，触发猎人展开调查。触发器可以是组织系统和网络中的知情假设或异常活动。
- 调查：随着调查的开始，威胁猎人的目标是收集重要信息以确定威胁是良性的还是恶意的。在此阶段，可以使用多种工具来协助和加快对日常活动的调查。
- 解决方案：在解决阶段，安全团队和工具使用收集到的信息来响应已确认的威胁。来自所有调查的数据被分析和存储以丰富未来的调查。自动化工具可以使用这些数据来提高效率，而安全团队可以改进安全措施并预测可能的趋势。

威胁猎人从基于安全数据或从环境中接收到的触发器的假设开始，该假设或触发器可作为对潜在风险进行更深入调查的跳板。威胁猎人可以采用三种主要的调查方式，具体如下。

- 结构化狩猎：结构化威胁狩猎从攻击指标（IoA）开始，并以攻击者的战术、技术和程序（TTPs）为中心。对于这种类型，狩猎通常围绕MITRE PRE-ATT&CK和ATT&CK框架构建，这有助于威胁猎人在攻击者对环境造成破坏之前识别威胁者。
- 非结构化狩猎：非结构化威胁狩猎从触发器或妥协指标（Indicators of Compromise，IoC）开始。然后，猎人在网络中搜索触发器或IoC检测前和检测后的恶意模式。威胁猎人可以在数据保留限制允许的范围内调查历史数据。这种类型的威胁狩猎可以发现新型威胁或过去渗透到环境中但现在处于休眠状态的威胁。
- 情境和实体驱动狩猎：情境和实体驱动的威胁狩猎侧重于高风险/高价值实体，如敏感数据或关键计算资源。情境威胁狩猎着眼于企业的个别漏洞，如在风险评估中发现的漏洞。实体驱动的狩猎使用外部攻击数据来识别最新网络威胁的趋势TTPs。有了这些信息，猎人就可以在组织自己的环境中寻找特定的行为。

以下最佳实践可以更有效地执行威胁狩猎。

(1)保持内部透明度

为了识别异常,猎人需要了解其环境的各个方面,这包括体系结构、通信流和用户权限。威胁猎人需要识别可能成为攻击焦点的高价值数据。对于猎人来说,了解商业惯例以及员工和客户行为非常重要。识别异常活动的唯一方法是了解组织中什么是正常的。设定行为标准或基线可能会有所帮助。例如,如果使用特定产品功能的客户很少,但该功能的流量很大,这可能表明存在攻击。透明度的一个重要方面是访问系统数据,通常是日志格式。应集中收集日志,以便使用现代安全工具轻松分析和收集。网络过滤器、防火墙以及入侵防御和检测系统等工具都可以提供有用的信息。

(2)使用最新的资源

为了找到突破安全防御的攻击者,威胁猎人需要了解最新的攻击方法、工具和流程。依靠常识或过时的威胁信息是不够的。在过去,威胁猎取可以简单到识别一个已知的恶意软件哈希值或一个简单的妥协指标(IoC),但如今,这些明显的威胁已经被现有的安全解决方案所阻挡。现代威胁猎取必须超越明显的威胁,例如,发现零日漏洞或跨越安全孤岛的攻击、将账户泄露与注入攻击或网络攻击相结合。

(3)充分利用现有的工具和自动化

威胁猎人不需要取代组织的IT专业人士或正在工作的安全团队。安全和IT专家可以帮助他们访问和有效使用网络安全工具与数据集。威胁猎人应该有权访问组织已在使用的所有工具和流程,还应该有权访问所有安全数据集。威胁狩猎需要人类的创造力和直觉,但自动化分析功能可以减少威胁狩猎人员的手动工作。虽然机器学习算法目前在模式识别方面不如人类,但可以以更快的速度处理更多数据。成功的威胁猎人将人类的聪明才智与自动化分析相结合。

(4)使用 UEBA 补充威胁狩猎

用户和实体行为分析(UEBA)支持对来自 SIEM、云系统和安全工具的安全数据进行自动分析。UEBA 解决方案监控网络上用户、应用程序和其他实体的行为,分析它们与数据和系统的交互以识别异常行为。UEBA 可以通过检查人类和机器的行为模式,用行为分析来补充基于签名和基于规则的检测。UEBA 可以更容易地检测内部威胁、有针对性攻击、金融欺诈以及与已知攻击模式或恶意软件签名不匹配的其他威胁。UEBA 可加快威胁猎人识别可疑和异常行为的能力,还可以帮助威胁猎人形成有关威胁的假设。结合威胁情报,UEBA 可以帮助威胁猎人快速启动搜索,以查看网络上的异常是否与已知的 TTPs 匹配。

6.6.2 威胁狩猎循环

威胁狩猎是一个持续的过程,也是一个闭环。选择合适的 SIEM 系统,集中收集各类型日志(如安全设备、终端、应用程序等),以进行高效的数据分析。依据已创建好的威胁狩猎程序进行狩猎,狩猎过程中着重关注对组织感兴趣的特定攻击者,尽可能记录并自动化执行该操作。要始终假设攻击者已进入组织内部,并且已产生了违规行为,要考虑攻击者的运作方式和原因,也要依靠狩猎活动来开辟新的调查渠道,并根据与威胁相关的风险等级对狩猎进行优先级划分,不断狩猎,不要等待告警发生,尽可能在告警发生之前找到攻击者。

威胁狩猎过程的最初定义是由 Sqrrl 提出的,也被定义为"威胁狩猎循环",威胁狩猎的循环流程如图 6-6 所示，包括 4 个步骤。

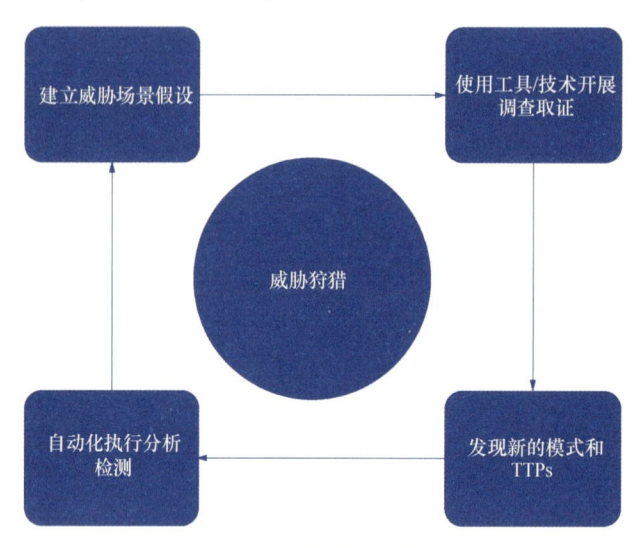

● 图 6-6　威胁狩猎的循环流程

1）建立假设。

2）使用技术和工具开始调查取证。

3）执行分析，威胁猎人试图在组织环境中发现新模式或异常，此步骤的目的是验证假设是否成立。

4）尽可能自动化执行成功搜索的结果进行分析检测，此步骤为防止团队重复相同的过程并使他们将精力集中在发现新的异常/违规行为上。

威胁狩猎过程的起点是假设，但是这种假设有三种假设来源，也是狩猎的方式，具体如下。

- 基于分析的方式：分析分为两种，基本数据分析以及机器学习的 UEBA 的高级分析方式。
- 基于重点的方式：皇冠珍珠分析法，对 IT 资产中比较重要的资产进行重点关注。
- 基于情报的方式：根据威胁情报提供的内容，进行威胁狩猎。

6.6.3　威胁狩猎模型

威胁狩猎活动由"假设"所驱动，并且是针对具体特定目标进行的，这种假设有三种来源：数据分析、关键资产分析和情报分析。从实施角度看，SANS 研究所提出的威胁狩猎模型包括六个连续的阶段：目的确认、范围确认、装备准备、计划审查、执行阶段和反馈阶段，如图 6-7 所示。

（1）目的确认

目的确认阶段是威胁狩猎周期的第一阶段，用于明确狩猎的目的和预期的结果。目的确认阶段侧重于狩猎将实现的组织目标，组织的执行领导或管理层可能会指导威胁搜索的目的，以满足更大的、长期业务目标。目的确认阶段定义的三个研究领域如下。

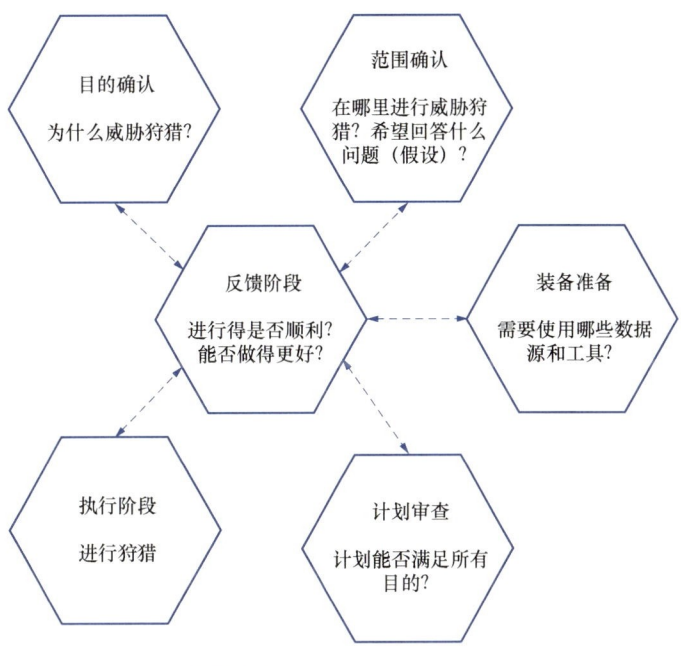

● 图 6-7 SANS 威胁狩猎模型

1）狩猎的目的：总体目的说明为什么需要进行狩猎。

2）狩猎地点：目的还包括确定环境的范围，以及确定狩猎的假设和限制。

3）狩猎的预期结果：预期结果应与业务目标以及威胁狩猎如何支持降低风险保持一致。

狩猎发生的原因可能包括在企业并购事件后将新的网络连接到现有的可信网络上，新的威胁情报表明环境中存在攻击者，或者希望获得对环境更高的认识和信心。虽然目的并没有接管威胁搜索的任务，但目的提供了一般性的指导，可能会将威胁搜索集中在商业目标所关注的区域或子系统领域。最后，目的侧重于狩猎的最终结果。结果可能包括发现环境中的攻击者或识别事件响应过程中的漏洞，从而推动采购决策。

（2）范围确认

威胁狩猎周期的第二阶段是范围确认，包括制订收集数据的详细计划，以及制定分析性问题，也称为假设。范围确认阶段的第一步确定了狩猎发生的区域以及所有相关的系统和协议。范围确认阶段的第二步涉及制定支持总体目标的假设。假设与数据源相匹配，以证明或反驳手头的分析问题。值得注意的是，假设的发展应该发生在目的和范围的定义阶段之后。发展的顺序是至关重要的，因为假设必须被创造出来以证明或反驳一个分析性问题。如果没有一个最初定义的目的或范围来驱动分析问题的产生，关于数据来源的假设可能会导致狩猎偏离预期结果，并引入不必要的认知偏差。

（3）装备准备

威胁狩猎周期的第三阶段是装备准备，重点是确定处理数据所需的分析技术和工具，并证明或推翻已提出的假设。装备准备包括数据源的选择和威胁猎人将采用的分析策略、技术和程序，以使用范围确认阶段定义的数据源并回答已开发的假设。相关分析方法的识别在装备准备阶段起着核心作用。当威胁猎人通过围绕数据源建立假设而错误地倾向于某个特定的数据源时，就会发生收集偏差。装备准备阶段的两个阶段的重点是识别数据源，然后选择分析方法。

在假设制定之后，确定数据源是验证假设是否合乎逻辑的下一步，数据来源将被用来证明或推翻所创建的假设。攻击者基础设施目标和功能的结合创建了一个数据源映射，用于在所研究的系统上进行威胁狩猎。数据源识别阶段评估潜在的数据源，并决定给定的来源是否与确认或否定当前假设相关，此过程的输出可能会利用收集管理框架（Collection Management Framework，CMF）来评估收集的数据。CMF 是一个数据表，提供可用数据源的记录、来源的收集方式和持续时间。更新后的 CMF 可帮助威胁猎人了解可用的数据源以及可能需要额外收集的位置。

（4）计划审查

计划审查阶段提供了一个检查点，以确保已制定的假设和确定的资源符合狩猎的总体目的。项目经理可能会向利益相关者简要介绍狩猎计划，以确保计划的狩猎符合预期目标。计划审查阶段还包括执行狩猎所需的任何额外资源的分配。如果一个狩猎团队没有进行狩猎所需的所有资源，则计划审查阶段应该确定不足之处，并提出潜在的解决方案来解决所发现的问题。额外的资源可能包括购买新的工具、雇用外部资源或重新确定整个狩猎的范围。最后，计划审查还应该考虑到威胁狩猎将消耗的时间。此外，作为执行阶段之前的最终审查，计划审查应该确保狩猎的时间范围有足够的数据收集覆盖。

（5）执行阶段

一旦猎捕计划获得批准，执行阶段就是威胁猎人根据确定的假设收集和分析数据的阶段。威胁猎人收集范围确认阶段确定的信息，并使用分析技术来证明或推翻已提出的假设。分析人员还应该转向其他可用的数据集，并根据需要使用额外的分析技术来满足狩猎的目的。在所有分析结束后，狩猎报告的开发在执行阶段结束时开始。最终的狩猎报告应侧重于狩猎工作的结果和对目的的回答。生成的威胁狩猎报告应该包含任何其他数据源、分析技术以及猎杀过程中其他值得注意的事件或发现。

（6）反馈阶段

最后，反馈阶段提供了对所有先前阶段的分析以及它们对狩猎的影响、明确不足，并提供一个机会来确定未来狩猎的改进，从而推动狩猎标准化、程序化。在威胁追捕结束时，每个阶段都会被问到几个问题，以便让参与回顾的人员参与。图 6-8~图 6-11 描述了每个阶段要问的几个问题。对这些问题的回答应促使组织根据以往回顾的优势和不足，以更高的效率来处理未来的威胁狩猎。

对范围确认阶段的反馈集中在研究中选择寻找的系统和假设生成过程，如图 6-8 所示。对范围确认阶段的反馈侧重于范围的质量、所选假设与范围的相关性以及威胁情报来源的有用性。如果威胁搜索无法识别与搜索总体目的相关的系统，则范围确认阶段的反馈应确定缺

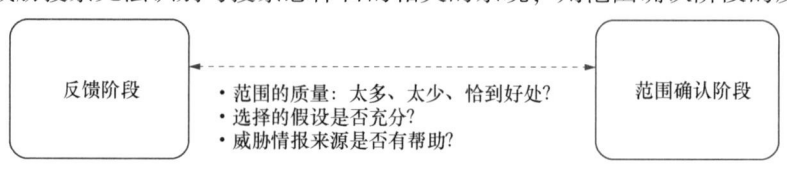

• 图 6-8 范围确认阶段的反馈

陷并提供避免未来错误的潜在解决方案。如果假设与搜索的目的无关，那么提供给范围确认阶段的反馈将确定假设开发的改进。

对装备阶段准备的反馈侧重于数据集和分析技术对威胁狩猎的支持程度，如图 6-9 所示。对装备准备阶段的反馈解决了狩猎结果是否成功实现、狩猎的"原因"是否得到满足、要求是否符合预期结果、是否牢记受众以及是否确定了相关数据源。如果收集管理框架不存在或不包含可用数据源的更新列表，则对装备准备阶段的反馈可能表明需要立即更新收集管理框架。如果威胁狩猎由于认知偏差或分析师错误而忽略了数据源，那么装备准备阶段的反馈可能会解决未来狩猎如何避免数据源选择错误的问题。

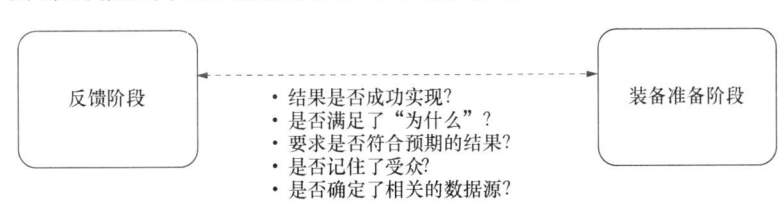

● 图 6-9 装备准备阶段的反馈

如果为狩猎选择的分析技术不够充分或不够全面，无法证明或反驳给定的假设，则对装备准备阶段的反馈可能会提出改进建议。最近的认知偏差可能会导致分析师根据最近一次狩猎中的成功来衡量一种工具的有效性，然而另一种分析技术可能会产生更准确或更全面的结果。对装备准备阶段的反馈建议对装备准备阶段的执行方式进行更正，以避免不适当的分析偏差。

装备准备阶段反馈的另一个重要组成部分是自动化。威胁分析师可能会在给定的威胁狩猎中使用手动分析技术，在可能的情况下，应该尽可能实现自动化以提高效率。

对计划审查阶段的反馈确定了计划审查在多大程度上保持了搜索对目标的关注，如图 6-10 所示。对计划审查阶段的反馈侧重于计划审查阶段是否遗漏了任何可观察到的问题，以及是否应该进行额外的计划来验证检查在未来的狩猎中应考虑的问题。计划审查阶段是组织确保计划的威胁搜索符合总体目的的阶段。如果计划审查阶段未能发现装备准备阶段制定的范围和方法的缺陷，则计划审查过程的改进应提供关于如何更好地集中狩猎的反馈。计划审查阶段的另一个反馈则集中在狩猎资源分配的效率上。

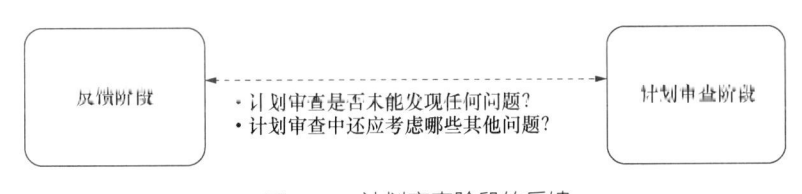

● 图 6-10 计划审查阶段的反馈

执行阶段的反馈主要集中在狩猎过程中的数据收集、分析和数据透视的情况，如图 6-11 所示。对执行阶段的反馈解决了在威胁搜索过程中遇到的认知偏差以及有效使用工具、技术和数据的问题。反馈阶段应评估分析师在进行搜索时的严格程度。严格程度主要是指分析技术在相关数据源上的使用情况，以揭示与攻击者存在相关的可观察数据。执行阶段的反馈也可以考虑攻击者在环境中的 TTPs 覆盖率。通过了解攻击者的 TTPs 和环境中的相关行为，有可能建立一个与攻击者 TTPs 相关的主机和网络上的已知可观察对象列表。

• 图 6-11 执行阶段的反馈

为帮助组织机构建设和评价自身的威胁狩猎能力，Sqrrl 的首席威胁猎人（David J. Bianco）提出了威胁狩猎成熟度模型（Hunting Maturity Model，HMM）。该模型将组织机构的狩猎能力分为 5 个级别，用于对团队的检测能力进行分类：初始、最小、程序、创新和领导，每个级别包含分析水平和数据收集水平两个评价维度，如图 6-12 所示。

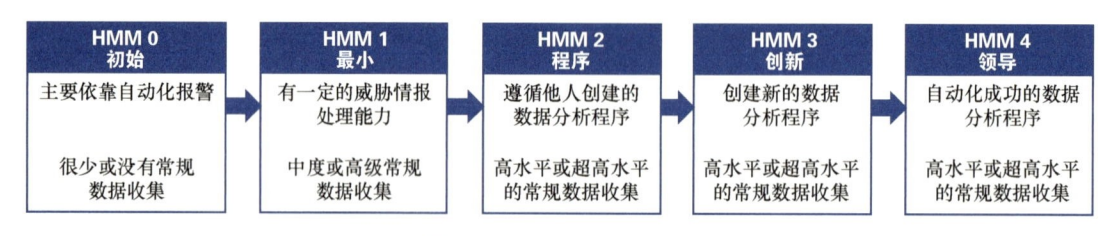

• 图 6-12 威胁狩猎的成熟度

在初始和最小阶段，高度依赖自动化检测工具，但是在最小阶段，一些威胁情报也可用于检测；程序、创新和领先阶段都是由高水平/超高水平的数据收集确定的，它们之间的差异取决于团队是否可以创建自己的数据分析程序，以及是否可以提供自动化程序以避免重复的搜索检测。更全面的成熟度加入了假设的来源、使用的工具以及对于威胁情报的使用水平，见表 6-1。

• 表 6-1 结合 HMM 和威胁狩猎循环的威胁狩猎矩阵

阶段	HMM 0 初始	HMM 1 最小	HMM 2 程序	HMM 3 创新	HMM 4 领导
数据收集	很少，或者没有	能够收集 IT 环境中一些关键节点的数据	能够收集 IT 环境中某些类型的数据	能够收集 IT 环境中某些类型的数据	能够收集 IT 环境中某些类型的数据
建立假设	仅仅处理 SIEM/IDS/防火墙中的告警	根据威胁情报去构建新假设	根据威胁情报、专家经验去构建新假设	根据威胁情报、专家经验、人工风险评分去构建新假设	根据威胁情报、专家经验、自动化的风险评分去构建新假设
通过工具和技术去验证假设	在告警终端、SIEM 中搜索，没有主动的调查	以全文检索或者 SQL 的方式，利用 SIEM 或日志分析工具进行搜索	基于现在的捕获流程，利用简单的工具去搜索分析数据来验证假设	具备可视化和关联分析能力，构建新的捕获流程	具备高效的可视化和关联分析能力，实现了新流程的构建自动化

(续)

阶段	HMM 0 初始	HMM 1 最小	HMM 2 程序	HMM 3 创新	HMM 4 领导
检测模式 &TTPs	无或者仅有 SIEM/IDS 告警	通过金字塔底层的 IoC 检测	通过金字塔中层和下层的 IoC 进行检测，并根据时间分析这些 IoC 的趋势变化	能够根据对手的 TTP 和金字塔顶层的 IoC 进行检测	自动化地检测复杂 TTP，追踪战役，支持组织间的情报 IoC 共享
分析自动化	无	使用威胁情报进行自动化告警	建立有效的捕捉流程库，并定期运行	建立有效的捕捉流程库，并经常运行，具备基础的数据分析能力（基线、离群点分析）	自动化地捕捉流程发布与构建，高水平的数据分析能力（机器学习）

结合表 6-1，可以发现 HMM 提升途径（在矩阵中右移）如下。
- 提出假设：动态地提出假设，自动化地得到假设的风险值。
- 通过工具调查：工具具备有效的可视化和图检索能力。
- 发现新模式和 TTPs：从仅用 IoC 到复杂任务（TTPs 匹配）。
- 分析和自动化：通过机器学习，增强分析、检测系统。

以 2016 年乌克兰电厂攻击事件为例，根据 SANS 研究所提出的威胁狩猎模型进行分析，具体如下。
- 目的确认阶段：所有 500kV 输电变电站和前十大配电变电站进行威胁狩猎。
- 范围确认阶段：确定被测系统、控制系统资产和人机界面，IEC 60870-5-104 是其中的重要协议；确定假设，攻击者使用针对 IEC 60870-5-104 协议的工具，对变电站进行了攻击。
- 装备准备阶段：IEC 60870-5-104 数据源，使用商用工具或者 Wireshark 来分析流量，使用 Snort 在流量中检测，也可检查 Windows 事件日志。
- 计划审查阶段：评估上述流程是否满足狩猎的目的。
- 执行阶段：检查 Windows 日志和流量中是否存在已知 TTPs。
- 反馈阶段：分析狩猎过程中的不足。

6.6.4 威胁狩猎实现

威胁狩猎实现全流程由六步构成，包括威胁假设、攻击复现、分析取证、深入研究、自动捕获和分享记录，如图 6-13 所示。

（1）威胁假设

威胁狩猎的主要特征之一为它是人为驱动的活动，无法完全自动化。核心过程的来源就是狩猎的假设，假设是指对组织环境的真实威胁与威胁猎人的预感以及如何发现威胁的方法相一致。假设一般基于观察发现（如发现与基线存在偏差）、基于其他组织共享的信息。提出假设对于产生良好效果的狩猎至关重要，但是定义不正确的假设将导致错误的结果或结论，会对组织造成负面影响，这代表防御失效，给攻击者提供了更长的活动时间；同时在可视化层面上会产生一种错误的安全感，从而会引发错误的假设，认为没有违规/异常行为的发生，感觉组织环境很安全。明确定义的假设必须简洁明了，必须可测试，需考虑使用的工具和所需的数据，不能太宽泛，也不能太具体，但是必须指定要从何处收集数据以及要狩猎什么。

威胁建设检测能力的驱动因素，通常借助一些攻击模型来指导具体的研究路线，如 MITRE 的 ATT&CK 攻击矩阵，当然还有 Cyber Kill Chain 和 Attack Lifecycle 等其他选择。选定攻击模型后，可以根据攻击流行度或防护薄弱点来选定具体的研究对象。

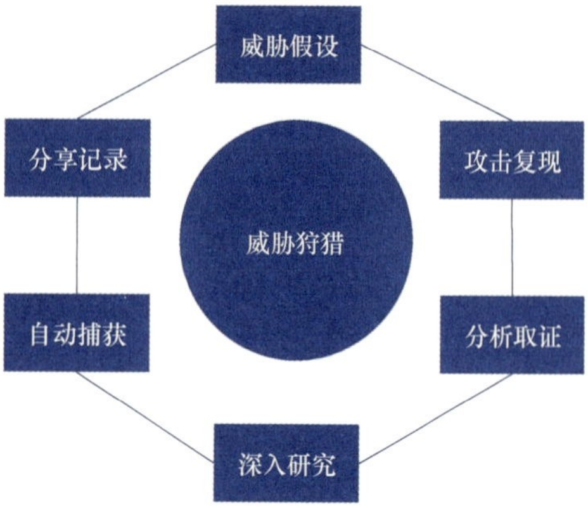

● 图 6-13　威胁狩猎实现流程

（2）攻击复现

有了狩猎目标，在开始进行分析和检测之前，还需要具体的攻击活动以供研究。如果没有现成的恶意样本或数据，最好考虑借助工具来完成这一活动，不仅是为了方便复现，更是为了方便记录和共享。这里推荐两个常用的项目如下。

- Atomic：https://github.com/redcanaryco/atomic-red-team/。
- Caldera：https://github.com/mitre/caldera。

（3）分析取证

有了攻击活动后，就需要掌握关键数据源，选择合适的角度去观测恶意行为。假如平时经常用到 ATT&CK 模型，可以参考各种 TTPs 所需的数据源做好相应的日志采集工作。

（4）深入研究

有了日志之后，也许很容易就能观测到一些较为明显的攻击特征，产出基于模式或基于行为类型的规则。但是要想尽可能地避免误报并提高检测质量，还得继续深入研究，可以借助 UEBA 和机器学习，也可以使用长尾分析和 RBA（Risk-Based Alerting）等手段来帮助发现未知威胁并提高检测置信度。

（5）自动猎捕

这一步其实是将前面的研究成果落地，为产品赋能，固化成脚本或工具，提高分析效率，创造直接价值。通过上面的步骤人工识别出威胁后，就可以采取一些自动化的措施来提高后续的分析效率，并直接创造价值。

（6）分享记录

最后为了方便复盘、分享和团队协作，务必要做好文档管理。不仅仅包括检测规则，还包括攻击复现过程、恶意样本日志，甚至包括狩猎过程中所使用到的其他技巧。例如，对于新的攻击方法，可以将复现过程编写成 Caldera 的插件或者 Atomic 的脚本，对于已复现的攻击步骤，可以记录下日志数据，打包归档，方便其他成员实时分析。

6.7　身份威胁检测和响应

身份威胁检测和响应（Identity Threat Detection and Response，ITDR）是 Gartner 在 2022

年发布的《2022安全运营技术成熟度曲线》报告中正式提出的一种旨在保护身份的新型网络安全解决方案，专门用于保护身份和管理身份的系统，是所有现代IT系统的核心。ITDR工具可以帮助保护身份系统，检测它们何时受到威胁并实现有效的修复。因此，ITDR的生命周期一般应包含三个阶段：在网络攻击之前保护身份、保护身份免受活跃的网络威胁和攻击后恢复身份服务及操作。

随着组织迅速转向远程工作和采用公共云，传统的网络边缘实际上已不复存在。基于身份的攻击呈上升趋势，当今的组织必须保护身份，并检测攻击者何时进行利用、滥用或窃取企业基于身份的攻击活动。如今，网络犯罪分子越来越多地利用特权访问凭证绕过身份和访问管理（Identity and Access Management，IAM），然后使用这种访问权限在网络中横向移动来窃取有价值的数据，如员工和客户的敏感的个人或财务信息。考虑到身份滥用造成的损害，采用保护身份的解决方案至关重要。分析研究发现，凭据数据滥用是现在所有违规行为中的大部分因素，突出表明攻击者不断尝试访问有效凭据并利用它们在未被发现的情况下在整个网络中移动。凭据滥用还促进了勒索软件2.0等攻击策略的发展，勒索软件现在造成越来越多的违规行为。

AD（Active Directory）是基于身份的网络攻击的常见目标，因为它们的妥协可以为攻击者提供立足点，以扩大访问权限、建立持久性、提升特权、识别更多目标并横向移动。ITDR的核心是检测凭据盗窃和特权滥用、对AD的攻击以及创建攻击路径的风险授权。与专注于授权和身份验证的现有身份保护工具（如身份和访问管理（Identity and Access Management，IAM）、特权访问管理（Privilege Access Management，PAM）或身份治理和管理（Identity Governance and Administration，IGA））相比，ITDR解决方案保护身份、权利和管理它们的系统，确保合适的人可以访问他们需要的资源。ITDR提供对凭据滥用、授权暴露和特权升级活动的可见性，从端点扩展到AD和多云环境。只有经过授权的用户、设备和服务才能访问系统，ITDR技术将为身份和访问管理（IAM）部署额外的安全层。

和端点检测与响应（Endpoint Detection and Response，EDR）相比，ITDR解决方案的运作方式相似，但侧重点不同。EDR解决方案寻找对端点的攻击并收集数据进行分析，而ITDR解决方案寻找针对身份的攻击。当EDR检测到攻击时，它需要响应操作来停止进程、隔离系统或协助调查。相比之下，ITDR解决方案通过提供将攻击者重定向到诱饵等非生产资产的虚假数据，在检测到攻击时增加了一层防御。它还可以自动将进行基于身份的攻击的受感染系统与网络的其余部分隔离开来，从而限制仅与诱饵环境的交互。EDR工具和ITDR解决方案可以通过收集取证数据和收集攻击期间使用的进程的遥测数据来协助事件响应。

一些ITDR解决方案还可以通过提供使企业身份容易受到攻击的风险的可见性来管理身份攻击面。这些风险包括存储在端点上的凭据、允许攻击者提取数据或进行攻击的AD配置错误，或者允许攻击者访问敏感或关键工作负载和数据的云环境中的过多权限。减少这些暴露可以通过限制攻击者能够瞄准或利用的目标来保护企业身份。

身份应该得到与组织应用于其主机、网络、系统和软件的相同级别的管理及控制。这比以往任何时候都更加重要，因为身份已成为网络攻击的主要媒介。与IT风险的其他方面一样，身份风险应通过预防性和检测性控制来管理。

（1）身份是新的边界

身份被描述为新的边界，因为即使网络、端点和所有其他设备都是安全的，攻击者只需要访问一个特权账户就可以危害企业资源。

(2) 身份是新的漏洞

如果身份是新的边界，那么身份也是新的漏洞，身份安全漏洞已成为最大的企业风险。身份和访问管理系统旨在执行最小特权原则，但也力求在用户通过身份验证后尽量减少摩擦。这些截然不同的目标，使得检测威胁行为者何时成功妥协并使用有效用户的凭据变得更加困难。因此，账户接管攻击（ATO）已成为最主要的攻击媒介。尽管部署了特权账户管理（PAM）、多因素身份验证（MFA）和其他身份与访问管理（IAM）解决方案来保护身份不被威胁参与者利用，但 Illusive 的研究表明，可利用的身份风险存在于六分之一的企业端点。

威胁行为者使用多种技术来获取对账户凭证的访问权限，这些技术经常利用开源攻击工具。通过这种方式泄露身份，他们可以更轻松地隐藏邪恶活动，并在完成最终行动之前更快地完成攻击的各个阶段。典型的勒索软件攻击通常利用在网络钓鱼攻击中窃取的凭据或在暗网上购买的凭据来建立初始访问。然后，攻击者使用各种攻击工具（如 Mimikatz）来提升权限并转储特权凭据。事实上，从系统内存中窃取凭据是攻击中最常用的身份识别技术。

身份易受攻击的原因分为身份未托管、身份配置错误和身份暴露三类。

(1) 身份未托管

1) 服务账户：机器身份不受 PAM 管理，因为它们在实施过程中未被发现，而且并非所有应用程序都与 PAM 兼容，如现代化成本高昂的遗留应用程序。

2) 本地管理员：本地管理员权限可促进各种 IT 支持请求，但通常在创建后未被发现或被遗忘，从而使他们无法管理。

3) 特权账户：许多其他特权账户不受 PAM 或 MFA 解决方案的管理，因为它们在部署期间仍未被发现。

(2) 身份配置错误

1) 影子管理员：嵌套身份组的复杂性使得很难查看所有身份的完整权限和应享权限，导致账户被授予意外的过度特权。

2) 弱加密和密码：配置为利用弱加密、缺失加密或不强制执行强密码策略的身份。

3) 服务账户：具有特权访问权限的机器身份可能会被错误配置为允许人类进行交互式登录。

(3) 身份暴露

1) 缓存凭据：通常存储在端点内存、注册表和磁盘上的账户与凭据信息，它们很容易被常用的攻击者工具利用。

2) 云访问令牌：存储在端点上的云访问令牌是攻击者获取云资产访问权限的常用手段。

3) 打开 RDP 会话：远程应用程序会话可能被不正确地关闭，使攻击者能够利用打开的会话及其特权，在很大程度上没有被发现的风险。

需要注意的是，任何给定的身份都可能以多种方式受到攻击，并且跨越这三个漏洞类别。这些身份通常会使组织面临最大程度的身份风险。例如，单个身份可能会被错误配置为拥有意外的影子管理员权限，这在本质上会导致该身份由于缺乏 IT 知识而不受管理，通常会触发针对具有其权限的账户的额外级别的访问管理保护持有（如 PAM、MFA 等），并且可以以导致其凭据暴露的方式进一步使用相同的身份。

完整的 ITDR 解决方案应包括发现和修复组织身份状况中的漏洞以防止身份利用的预防功能，以及在出现危害指标时准确发出警报的检测功能。

（1）ITDR 预防控制

ITDR 预防控制会在威胁行为者试图利用它们之前发现并修复身份漏洞。与传统的漏洞和风险管理程序非常相似，ITDR 的发现功能使组织能够清点其身份"资产"的风险。最有效的 ITDR 解决方案可以提供自动化、持续和全面的身份发现，包括对未托管、配置错误和暴露的特权账户的可见性。这种可见性支持有效的 IT 和信息安全决策，以减轻不同身份管理系统（如 IGA、PAM、MFA、SSO 等）的大型、多阶段部署中的这些风险。事实上，对任何复杂系统进行有效管理都需要持续扫描问题，身份管理也不例外。

（2）ITDR 检测控制

ITDR 检测控制可以发出警报，有迹象表明威胁行为者或内部人员试图以给组织带来风险的方式破坏或利用身份。需要检测控制来减轻无法避免的风险，以便在发生攻击时可以提醒合适的团队成员并在必要时快速做出响应。

在攻击完成之前准确检测身份威胁已被证明是难以实现的，原因有很多。

- 检测攻击的时间更短：在许多情况下，攻击者在许多攻击类型（如勒索软件）中的停留时间已从数月缩短至数天。通过将他们的注意力转移到执行系统入侵的身份妥协上，攻击者能够更快地通过攻击阶段来执行发现、横向移动、收集数据并完成攻击。
- 现有安全控制的有效性降低：随着攻击者的重点已经转移到利用身份作为他们的主要目标，攻击者几乎放弃了许多以前的技术，使这些技术的安全工具变得无关紧要。攻击者还经常证明，一旦他们提升了权限，他们就能够禁用旨在检测他们的安全控制，包括端点代理。
- 无法从可接受的特权账户活动中准确检测恶意行为：特权用户的签名和基于行为的分析已被证明无法准确检测恶意特权升级和横向移动，成功攻击的持续增加证明了这一点。特权管理员账户的可接受行为（数据科学家称之为高数据熵）缺乏足够的一致性，导致难以建立有效的基线，而这些基线是最小化误报和漏报警报所必需的。因此，需要更准确地检测受感染的特权账户。欺骗及其植入欺骗性内容以引诱攻击者的确定性方法为行为分析提供了一种可行且经过验证的替代方法，可以准确检测特权升级和横向移动。如果实施得当，这种方法会根据对攻击者的技术和工具的理解，设置只有攻击者会与之交互的诱饵，并且不会留下任何线索让攻击者相信他们被困住了（如在主机上运行的服务或代理）。

如今，身份安全是网络安全威胁的核心，检测和响应基于身份的威胁的能力至关重要。虽然许多工具都旨在保护网络安全，但 ITDR 为组织提供了一个关键的新武器，可以发现和修复凭据与授权弱点，并实时检测攻击。由于现代网络犯罪分子试图利用易受攻击的凭据和权利在网络中移动而不被发现，ITDR 解决方案在阻止这方面的攻击上发挥了有意义的作用，而其他工具根本无法做到。

6.8 网络安全态势感知

6.8.1 网络安全态势感知体系

前美国空军首席科学家 M.Endsley 博士在 1995 年发表论文"Toward a theory of situation awareness in dynamic systems"（动态系统中的态势感知理论）里指出，态势感知（Situational Awareness or Situation Awareness，SA）是感知一定时间和空间中的环境要素，理解它们的意义，并预测它们在不久的将来的状态。在这个定义中，可以提炼出态势感知的三个要素：感知、理解和预测，并且这三个要素存在着层次上的递进关系。

- 感知：感知并获取环境中的重要线索和元素。
- 理解：整合感知到的数据和信息，分析其相关性。
- 预测：基于对环境信息的感知和理解，预测相关知识在未来的发展趋势。

对应到网络安全领域，网络安全态势感知（Cyberspace Situation Awareness，CSA）是指将态势感知的相关理论和方法应用到网络安全领域中，即感知和获取网络安全要素，理解网络安全状况，预测其发展趋势，并以可视化的方式展现给用户，从而帮助决策和行动。随着网络安全复杂性的凸显，态势感知在网络安全领域得到高度重视和广泛应用。在工业互联网场景下的网络安全态势感知建模过程如图 6-14 所示，可以分解为以下四个过程。

工业互联网场景数据采集 → 态势理解 → 态势评估 → 态势预测

- 图 6-14 工业互联网场景下的网络安全态势感知建模过程

1）数据采集：通过各种检测工具，对影响系统安全性的要素进行检测采集获取，这一步是态势感知的前提。采集的数据来源包括网络流量数据、日志数据、漏洞、木马和病毒样本等。

2）态势理解：对采集到的数据使用分类、归并、关联分析等手段进行处理融合，对融合的信息进行综合分析，得出网络的整体安全状况，这一步是态势感知的基础。

3）态势评估：定性、定量分析网络当前的安全状态和薄弱环节，并给出相应的应对措施，这一步是态势感知的核心。

4）态势预测：通过对态势评估输出的数据进行建模分析，预测网络安全状况的发展趋势，这一步是态势感知的目标。

网络安全态势感知是一种基于环境的动态地、整体地洞悉安全风险的能力，它利用数据融合、数据挖掘、智能分析和可视化等技术，直观显示网络环境的实时安全状况，为网络安全保障提供技术支撑。网络安全态势感知可以使网络安全人员宏观把握整个网络的安全状态，了解网络状态、受攻击情况、攻击来源以及哪些服务易受到攻击等情况，识别出当前网络中存在的问题和异常活动，并做出相应的反馈或改进；网络安全态势感知可以使用户单位清楚地掌握所在网络的安全状态和趋势，做好相应的防范准备，减少甚至避免网络中病毒和恶意攻击带来的损失；网络安全态势感知可以使应急响应组织从网络安全态势中了解所服务网络的安全状况和发展趋势，为制定有预见性的应急预案提供基础。

随着物联网、云计算和人工智能等技术的快速发展，工业控制系统从封闭系统走向开放共享，很多颠覆性的新技术也引入了新的安全问题。例如，海量终端接入、传统的网络边界消失、网络攻击的隐蔽性和复杂度大大增强等，这都为工业互联网安全提出了新的挑战。正是在这样的背景下，以网络安全态势感知技术为核心的产品和解决方案得到快速发展。网络安全态势感知技术可以带动整个安全防护体系升级，实现以下三个方面的转变：

- 安全建设的目标从满足合规要求转变为增强防御和威慑能力，并且更加注重对抗性，这对情报技术提出了更高要求。
- 攻击检测的对象从已知威胁转变为未知威胁，通过大数据分析、异常检测、态势感知、机器学习等技术，实现对高级威胁的检测。
- 对威胁的响应从人工分析并处置转变为自动响应闭环，强调应急响应、协同联动，实现安全弹性。

网络安全态势感知的建设结果可以从如下几个方面进行评估。

- 防御：利用掌握的情报和资产摸底信息，完善防御体系，消除资产风险。
- 检测：提供网络安全持续监控能力，快速、精准地检测出安全威胁。
- 响应：提供涵盖终端和网络的响应能力，支持攻击取证、事件溯源和威胁修复等。
- 预测：通过对历史安全情况、现网流行攻击和情报系统进行综合研判，提供改进建议。

6.8.2 网络安全态势感知技术框架

在分析网络安全态势感知的过程中，学术界和行业界提出了多种成熟的分析模型，这些模型的分析方法虽各不相同，但多数都包含了感知、理解和预测三个要素。比较著名的有 Endsley、OODA 循环模型、JDL 和 Tim Bass 四个经典模型，这些模型为网络安全态势感知理论和技术的发展提供了参考与借鉴。

（1）Endsley 模型

Endsley 模型是在 1995 年由 M. Endsley 在"Toward a theory of situation awareness in dynamic systems"中，仿照人的认知过程建立的，主要分为核心态势感知与影响态势感知的要素两部分，如图 6-15 所示。

Endsley 模型将核心态势感知分为三个层级，分别是要素感知、态势理解和态势预测。

- 要素感知（Level 1）：感知环境中相关要素的状态、属性和动态等信息。
- 态势理解（Level 2）：通过识别、解读和评估的过程，关注信息融合以及信息与预想目标之间的联系。
- 态势预测（Level 3）：基于对前两级信息的理解，预测未来的态势演化趋势以及可能发生的安全事件。

Endsley 模型将影响态势感知的要素主要分为任务和系统要素、个人因素，实现态势感知能力依赖于各影响要素提供的服务。态势感知系统最终的执行效果将反馈给核心态势感知，形成正反馈，不断提升态势感知的总体能力。

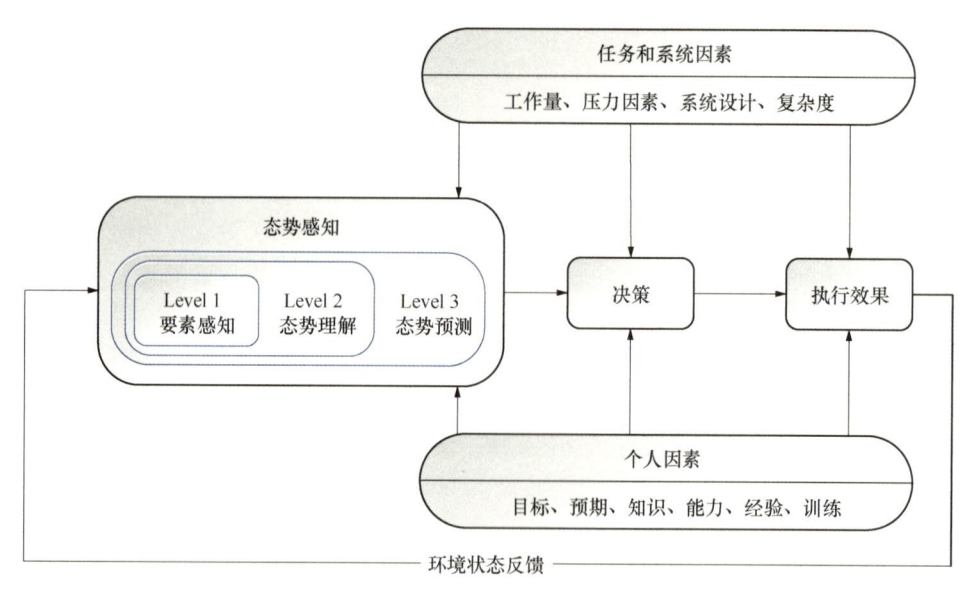

● 图 6-15 Endsley 模型

(2) OODA 循环模型

OODA 是指观察（Observe）、定位（Orient）、决策（Decide）以及行动（Act），它是信息战领域的一个循环对抗模型，如图 6-16 所示。OODA 是一个不断收集信息、评估决策和采取行动的过程。

将 OODA 循环应用在网络安全态势感知中，攻击者与分析者都面临这样的循环过程：在观察中感知攻击与被攻击，在理解中调整并决策攻击与防御方法，预测对手下一个动作并发起行动，同时进入下一轮的观察。

如果分析者的 OODA 循环比攻击者快，那么分析者有可能"进入"对方的循环中，从而占据优势。例如，通过关注对方正在进行或者可能进行的事情，即分析对手的 OODA 循环，来判断对手下一步将采取的动作，而先于对方采取行动。

(3) JDL 模型

● 图 6-16 OODA 循环模型

JDL（Joint Directors of Laboratories）模型是面向数据融合的模型，由美国国防部成立的数据融合联合指挥实验室在 1984 年提出，经过逐步改进和推广使用而形成。

JDL 模型将来自不同数据源的数据和信息进行综合分析，根据它们之间的关系，进行目标识别、身份估计、态势评估和威胁评估，融合过程会通过不断的精炼评估结果来提高评估的准确性。该模型已成为美国国防信息融合系统的一种实际标准,其具体结构如图 6-17 所示。

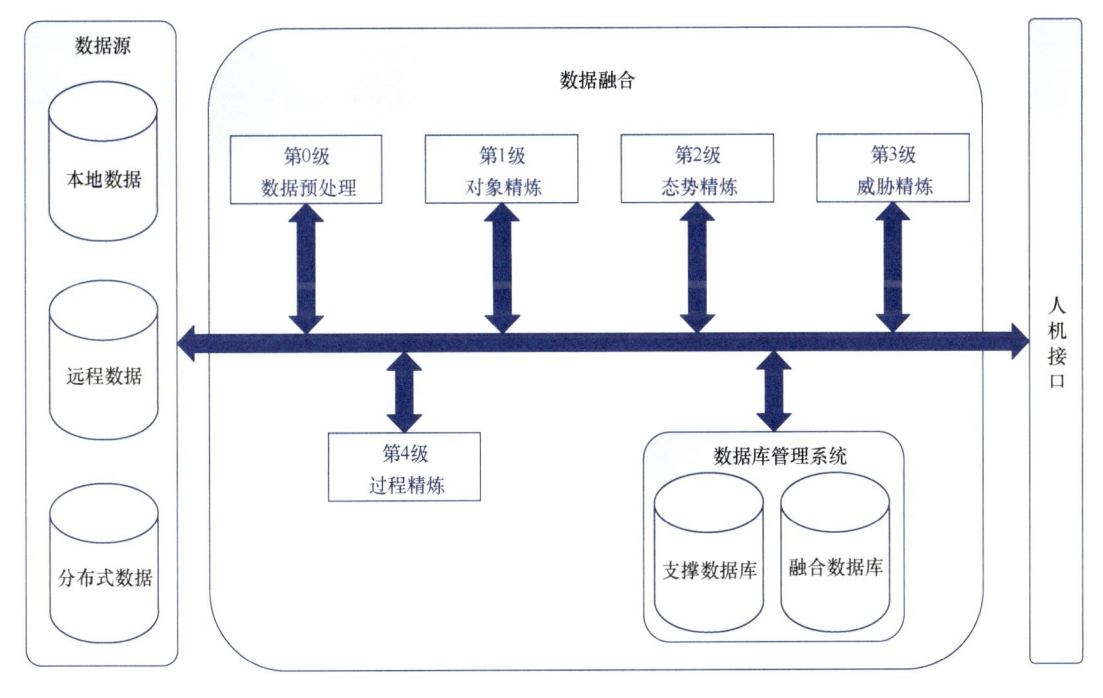

• 图 6-17 JDL 模型的具体结构

JDL 模型包括五级处理,详细内容如下。
- 第 0 级数据预处理:负责过滤、精简、归并来自信息源的数据,如入侵检测警报、操作系统及应用程序日志、防火墙日志、弱点扫描结果等。
- 第 1 级对象精炼:负责数据的分类、校准、关联及聚合,精炼后的数据被纳入统一的规范框架中,多分类器的融合决策也在此级进行。
- 第 2 级态势精炼:综合各方面信息,评估当前的安全状况。
- 第 3 级威胁精炼:侧重于影响评估,既评估当前面临的威胁,也预测威胁的演变趋势以及未来可能发生的攻击。
- 第 4 级过程精炼:动态监控融合过程,依据反馈信息优化融合过程。

在网络安全态势感知中,面对大量来自内外部的安全数据,通过 JDL 模型进行数据的融合分析,能够实现对分析目标的感知、理解与影响评估,为后续的预测提供重要的分析基础和支撑。

(4) Tim Bass 模型

Tim Bass 模型是针对分布式入侵检测提出的融合模型,该模型以底层的安全事件收集为出发点,通过数据精炼和对象精炼提取出对象库,然后通过态势评估和威胁评估提炼出高层的态势信息,并做出相应的决策,该框架将数据由低到高分为数据、信息和知识三个层面。Tim Bass 模型具有很好的理论意义,为后续的研究提供了指导,但最终并未给出成型的系统实现。该方法的缺点是当网络系统很复杂时,威胁和传感器的数量以及数据流会变得非常巨大而使得模型不可控。该模型的具体结构如图 6-18 所示。

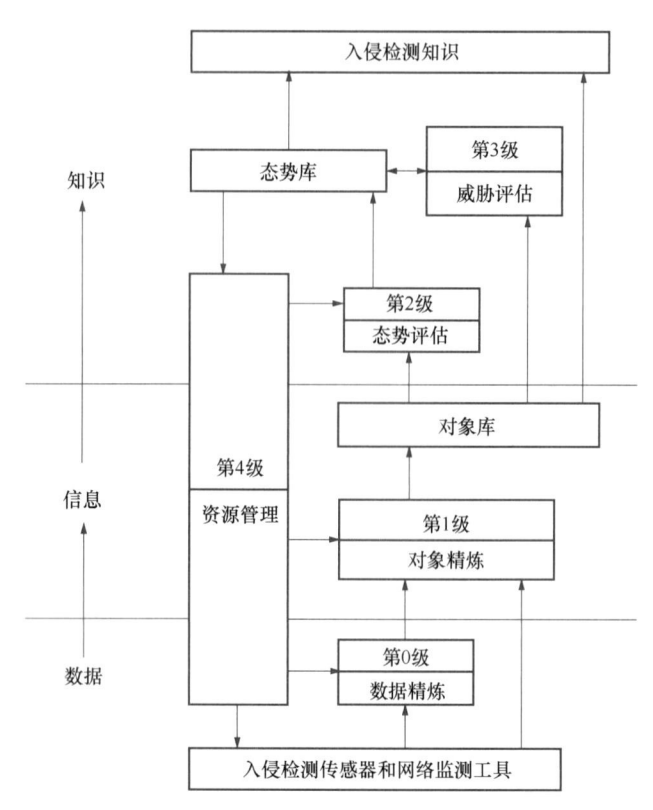

● 图 6-18 Tim Bass 模型的具体结构

Tim Bass 模型基于入侵检测的多传感器数据包括 5 级，详细信息显示如下。
- 第 0 级数据精炼：主要负责提取、过滤和校准入侵检测的多传感器原始数据。
- 第 1 级对象精炼：将数据规范化，统一格式后，进行关联分析，提炼分析对象，按相对重要性赋予权重。
- 第 2 级态势评估：根据提炼的分析对象和赋予的权重评估系统的安全状况。
- 第 3 级威胁评估：主要是基于网络安全态势库和对象库状况评估可能产生的威胁及其影响。
- 第 4 级资源管理：主要负责整个态势感知过程的资源管理，优化态势感知过程和评估预测结果。

6.8.3 工业互联网安全态势感知框架

工业互联网安全态势感知对影响工控网络安全的诸多要素进行获取、理解、评估以及未来的发展趋势预测，成为下一代安全技术的焦点。工业互联网安全态势感知平台是专注于工业环境的网络安全智能分析运营平台。平台全面采集各类工控流量及日志信息，通过内置的大数据安全分析模型整合零散的工业安全数据，深入挖掘安全风险与攻击事件，实现工业网络空间安全态势的全面感知。平台采用威胁发现、智能研判和自动化响应处置的闭环安全管理体系，有效地提高了安全运维工作效率，为工业企业实现了智能安全运营。工业互联网安全态势感知主要包括数据采集层、数据处理层、数据存储层、数据分析层、数据展示层五个层次，其技术架构如图 6-19 所示。

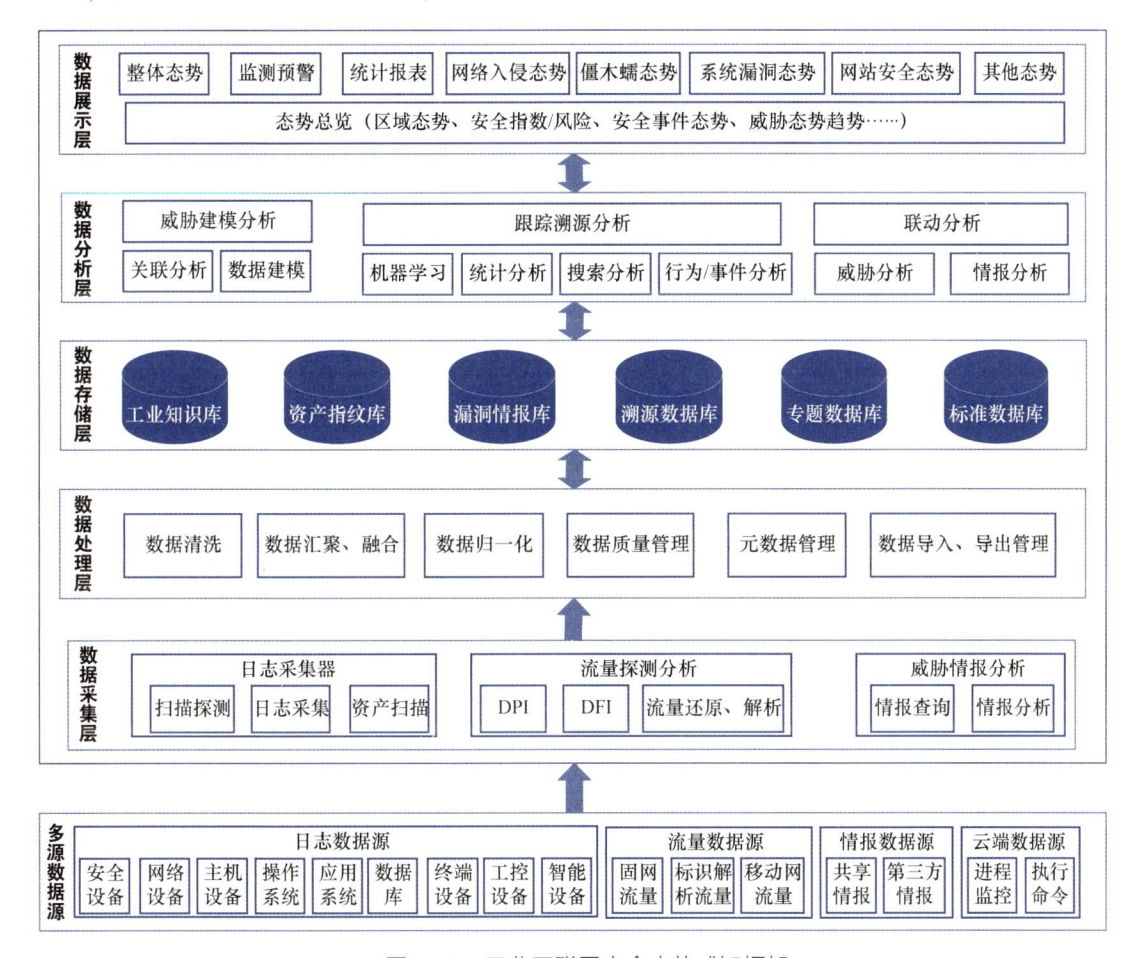

图 6-19 工业互联网安全态势感知框架

（1）数据采集层

针对不同的网络环境和业务应用，网络安全态势感知系统的前端数据源会有所区别，前端数据源是大数据分析的基础与前提，准确高质量的数据能保证安全分析效果。针对用户对态势感知的场景需求，依托数据采集对象和采集内容，定义分析场景和建模。采集包括网络设备、主机、应用、安全设备等记录的日志数据和告警信息；异常流量数据和按规则匹配的网络流量数据；以及整个网络中所有的资产信息、相关的人员信息、账号信息以及与资产相关的漏洞信息、脆弱性信息和威胁情报信息等辅助信息数据，为进一步场景化的态势感知分析需求提供数据支撑。

（2）数据处理层

数据处理层主要对多源、异构数据进行清洗和过滤、归一化、标识等操作，从而提高安全分析的可信度，降低误报率。数据处理层采用必要的数据清理算法，将异构的数据整理成易处理的结构化数据。其中，数据清洗和过滤是对大量的重复数据进行归并，并将无效数据剔除；归一化是将原始数据转换为统一格式和内容的数据，为后续分析处理提供统一的标准化数据结构；对原始数据进行重新审核、筛选和排序，形成准确、基础的数据关系图谱。

（3）数据存储层

数据存储层主要是网络安全态势感知系统对采集的不同类型数据进行分级分类存储，以满足数据分析的要求。采用分级、分类、分层的模式，汇聚资源数据、网络运行数据、网络安全事件、威胁情报等重要数据，实现各类网络安全数据的统一融合，为数据分析、数据共享提供数据基础。该层需要对不同数据源同一类型的数据进行汇聚，并根据数据存储需求，对数据存储的类型、内容、方式和周期等进行约定。

知识库作为工业控制网络安全态势感知技术的核心模块，主要包含工业知识（如各品牌 PLC、RTU、IED 等）库、工业恶意行为指纹库（如支持 SiemensS7、Modbus、BACnet、Ethernet/IP 等协议）、工业恶意组织指纹库、工业漏洞情报库等专业知识库。

（4）数据分析层

网络安全态势感知的数据分析层是利用流量识别、协议分析、文件还原等手段，通过特征检测、规则分析、算法分析、行为分析等方法，结合人工智能、深度学习、行为建模、场景构建等技术，采用数据整理分类、对比统计、重点识别、趋势归纳、关联分析、挖掘预测等数据处置策略，从海量数据中自动挖掘出有价值的信息，发挥数据的最大价值。数据分析是态势感知能力建设的核心，而分析模型、分析技术的正确使用是网络安全态势感知建设的关键。因此，该层的重点在于数据分析模型的设计，从而实现风险、威胁和异常行为的分析，并给出其评价指标和方法。

（5）数据展示层

数据展示层主要通过展示界面展示网络运行状态、网络攻击行为、安全事件、整体安全态势等，并能够持续地、多维度地监测信息资产和相关的威胁、脆弱性、安全事件、安全风险等分类态势指标变化情况，同时展示告警信息。目前，各个产品和系统对安全的展示五花八门，让用户看不懂、看不明白，很多时候会忽略重点，因此该层的重点在于展示的内容要规范、合理，从而让用户快速了解网络安全状况。

网络安全态势感知与可视化技术的结合，将网络中蕴含的态势状况通过可视化图形方式展示给用户，并借助人在图形图像方面强大的处理能力，对标识态势、攻击源、攻击事件和工控资产的态势进行可视化展示，并通过可视化界面进行数据关联查询。

6.9 攻击可解释性

深度学习技术的蓬勃发展给众多领域带来了革命性的进步，在很多任务中，深度学习模型的表现甚至超过了人类，尤其是在图像、自然语言处理等领域。然而，大多数这些精确的决策系统仍然是复杂的黑匣子，这意味着它们的内部逻辑和工作原理对用户来说是隐藏的，甚至专家也无法完全理解其做出判断的原因。这给深度学习模型应用在对网络攻击检测方面带来了巨大挑战，因为可以被解释的深度学习模型才能让用户放心地采纳算法提供的建议。

6.9.1 LIME

LIME（Local Interpretable Model-Agnostic Explanations），是由 Marco Ribeiro、Sameer Singh 和 Carlos Guestrin 三人在 2016 年发表论文 "'Why Should I Trust You?' Explaining the Predictions of Any Classifier" 中介绍的局部可解释性模型算法，是一种事后解释方法，即在建立模型之后所做的解释。LIME 算法框图如图 6-20 所示，其名称也很好地反映了它的特点。

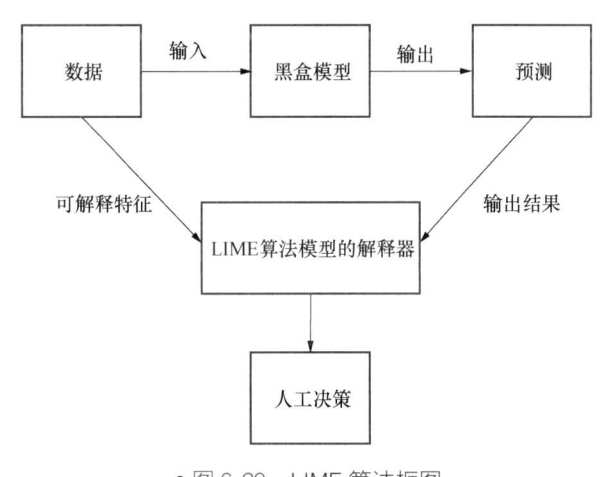

● 图 6-20 LIME 算法框图

- Local：基于想要解释的预测值及其附近的样本，构建局部的线性模型或其他代理模型。
- Interpretable：LIME 做出的解释易被人类理解。利用局部可解释的模型对黑盒模型的预测结果进行解释，构造局部样本特征和预测结果之间的关系。
- Model-Agnostic：LIME 解释的算法与模型无关，无论是用 Random Forest、SVM 还是 XGBoost 等各种复杂的模型，得到的预测结果都能使用 LIME 方法来解释。
- Explanations：LIME 是一种事后解释方法。

LIME 可处理不同类型的输入数据，如表格数据（Tabular Data）、图像数据（Image Data）或文本数据（Text Data）。对于表格数据，如用银行客户行为数据预测理财产品销售情况，训练完复杂模型后可以用 LIME 得到哪些特征会影响理财产品销售；图像数据，如识别图片中的动物是否为猫，训练完复杂模型后可以用 LIME 得到图片中的动物被识别为猫是因为哪一个或几个像素块；文本数据，如识别短信是否为垃圾短信，训练完复杂模型后可以用 LIME 得到　条信息被判断为垃圾短信是因为哪一个或几个关键词。

1. LIME 算法原理

LIME 的算法需要输入想要解释的预测样本和已经训练好的复杂模型，基于表格数据，算法步骤如下。

（1）预测样本附近随机采样

对于连续型特征，LIME 在预测样本点附近用一个标准正态分布 $N(0, 1)$ 来产生指定个数（代码中设置的 num_samples）的样本；而对于类别型特征，则根据训练集的分布进行采样，当新生成样本的类别型特征与预测样本相同时，该类别型特征取值为 1，否则取值为 0；假设，想要解释的预测点为 $x^* = (x_1, x_2, \cdots, x_p)$，有 p 个特征，其中第 i 个特征为连续型特征，取值为 x_i，δ_i 为该特征在训练集中的标准差；生成的 N 个样本为 $z_k = (z_1, z_2, \cdots, z_p)$，$k = 1, 2, \cdots, N$，通过标准正态分布 $N(0,1)$ 对应生成一个随机数 a_{ki}（对应第 k 个新生成样本的第 i 个特征），则新生成的第 k 个样本的第 i 个特征的取值为 $a_{ki}\delta_i + x_i$。

（2）对新生成的样本打标签

将新生成的样本放入已经训练好的复杂模型中训练，得到对应的预测结果。设训练好的复杂模型为 f，则新生成的样本预测结果为 $f(z_1)$，$f(z_2)$，$\cdots$，$f(z_N)$。

（3）计算新生成的样本与想要解释的预测点的距离并得到权重

新生成的样本距离想要解释的预测点越近，则认为这些样本能够更好地解释预测点，因此需要赋予更高的权重。用指数核函数去定义新生成样本的权重，设为 $\pi_{x^*} = \exp\left(\dfrac{-D(x^*, z)^2}{\delta^2}\right)$，此处 $D(x^*, z)$ 为某个新生成的样本到 x^* 的距离函数，δ 为超参数。从公式中可以看到，距离越近，π_{x^*} 的值越大。

（4）筛选用来解释的特征，拟合线性模型

设想要用来解释的特征有 p' 个，则用来解释的特征为 $z' = (z_{(1)}, z_{(2)}, \cdots, z_{(p')})$，此处 $z_{(1)}$ 与 z_1 不一定相等，只是用来表示从 p 个特征中选取 p' 个作为解释；设用来解释的线性模型为 $g(z') = \omega_g \cdot z' = \omega_0 + \omega_1 z_{(1)} + \cdots + \omega_{p'}' z_{(p')}$，为了求出线性模型的系数，定义一个加权平方损失构造损失函数 $L(f, h, \pi_{x^*}) = \sum_{k=1}^{N} \pi_{x^*}(z_k)(f(z_k) - g(z'_k))^2$，找出使得损失最小的 ω_g，而 $\omega_g \cdot z'$ 即用来解释的特征的线性组合；而对于 p' 个特征的选择，该论文代码中提供 forward selection、highest weights、lasso_path 等方法。

2. Submodular Pick

虽然 LIME 可以实现对单个预测值的事后解释，提高了大家对黑箱模型的理解，但要看变量对模型预测值的整体影响，还需要进行全局解释。当用数据集做特征变量的全局解释时，需要挑选具有代表性且多元化的样本。一般的随机挑选方法（Random Pick）得到的效果较为一般，而且也不太稳定。该论文中提出次模挑选（Submodular Pick）来得到具有代表性的样本集。

3. LIME 安装使用

LIME 安装地址为 https://github.com/marcotcr/lime，首先输入"python.exe -m pip install --upgrade pip"，更新 pip，如图 6-21 所示。

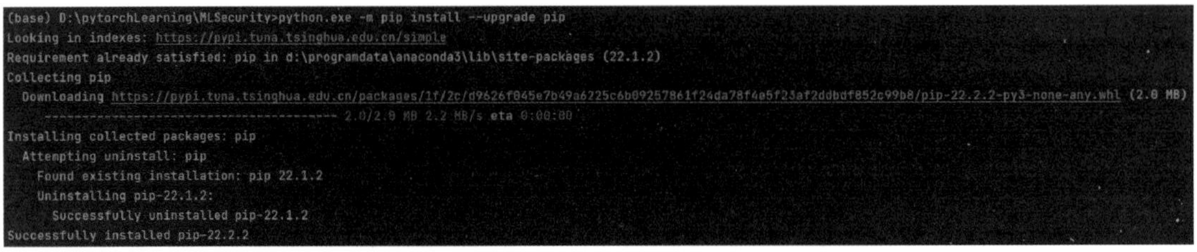

• 图 6-21　更新 pip

然后输入"pip install lime",安装 LIME,如图 6-22 所示。

• 图 6-22　安装 LIME

6.9.2　SHAP

SHAP(Shapley Additive exPlanations)是一种用于解释任何机器学习模型输出的博弈论方法。它使用博弈论中的经典 Shapley 值及其相关的扩展将最佳信用分配与局部解释联系起来,是一种基于游戏理论上最优的 Shapley 值来解释个体预测的方法。从博弈论的角度,把数据集中的每一个特征变量当成一个玩家,用该数据集去训练模型得到预测的结果,可以看成众多玩家合作完成一个项目的收益。Shapley 值通过考虑各个玩家做出的贡献,来公平地分配合作的收益。SHAP 的目标就是通过计算 x 中每一个特征对预测的贡献,来对模型判断结果进行解释。SHAP 方法的整个框架图如图 6-23 所示。

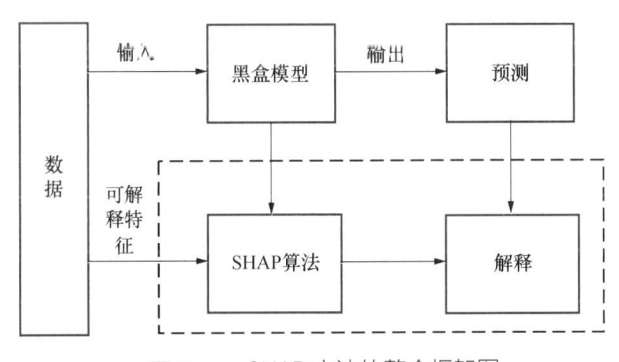

• 图 6-23　SHAP 方法的整个框架图

SHAP 是由 Shapley 值启发的可加性解释模型。对于每个预测样本，模型都产生一个预测值，SHAP 值就是该样本中每个特征所分配到的数值。假设第 i 个样本为 x_i，第 i 个样本的第 j 个特征为 $x_{i,j}$，模型对第 i 个样本的预测值为 y_i，整个模型的基线（通常是所有样本的目标变量的均值）为 y_{base}，那么 SHAP 值服从以下等式。

$$y_i = y_{\text{base}} + f(x_{i,1}) + f(x_{i,2}) + \cdots + f(x_{i,k})$$

SHAP 的含义是观察到某一个样本的预测中各个特征对预测结果产生的影响。SHAP 基本思想是计算一个特征加入到模型时的边际贡献，然后考虑该特征在所有的特征序列的情况下不同的边际贡献，取均值，即该特征的 SHAP baseline 值。

6.9.3 CX-ToM

朱松纯教授团队曾于 2021 年在 Cell 子刊《iScience》上发表论文"Counterfactual explanations with theory of-mind for enhancing human trust in image recognition models"。这篇论文提出了一个新的可解释 AI 框架 CX-ToM，它将"心智理论（ToM）"和"反事实解释"（Counterfactual Explanations，CX）集成到了单一的解释框架中，可以用于解释深度卷积神经网络（CNN）做出的决策，在图像识别模型中增强人类对神经网络的信任。当前，可解释 AI 框架倾向于在单轮对话中生成"解释"，是一次性的，而 CX-ToM 的一大亮点则是将"解释"视为一种基于人机交互对话的多轮次通信过程。

朱松纯团队曾于 2019 年发表论文"X-ToM：Explaining with Theory-of-Mind for Gaining Justified Human Trust"。X-ToM 模型使用心智理论（ToM）增加了人类对 AI 的信任，CX-ToM 模型在 X-ToM 模型的基础上最新融合运用了反事实解释的概念，进一步增加了人类对 AI 的信任。

尽管基于大数据训练的神经网络模型在这几年已经发展到了成千上万亿的参数规模，但是其内部的演算机制仍然无法解释，在获取人类的信任方面效果甚微。而 CX-ToM 模型却能增加人类对图像识别神经网络的信任，这里的关键在于，CX-ToM 模型将反事实解释和心智理论集成融合到了单一的解释框架中，反事实解释和心智理论都是使得神经网络获取人类信任的利器。

（1）反事实解释

反事实解释是按以下形式描述了一种因果关系："如果没有发生 X，那么 Y 就不会发生。"例如："如果我早上没有赖床，我上班就不会迟到了。"这里事件 Y 是上班迟到，原因之一是早上赖床。反事实就是想象一种与事实相矛盾的假设情况，然后再进行推理判断。

（2）心智理论

心智理论是指理解自己和他人心理状态（包括情绪、信仰、意图、欲望、假装与知识等）的能力，最早在心理学和认知科学中被研究，现已泛化到人工智能领域。心智理论在多智能体和人机交互环境中尤为重要，因为只有每个智能体都理解其他智能体（包括人）的状态和意图才能更好地执行任务，其行为又会影响到其他智能体做出行为判断。机器要想获取人类的信任，必须以沟通的方式向人类解释其每一步决策的意图。高效的解释不是一次性的，而是一个人机交互的反复沟通过程。由于人类很容易被太多或太详细的解释所淹没，而交互式沟通有助于机器理解人类并识别人类特定的解释内容。此外，认知研究表明，只有在机器充分考虑到人类的意图和信念后才能产生最佳的解释。心智理论恰恰可以明确地建模人类的意图，在人机交互的对话中生成一系列解释，从而帮助机器揣摩人类的心智，减少机器和人类之间的认知思维差异，增加人类对机器的信任。

（3）CX-ToM：反事实解释和心智理论的结合

人类具有强大的想象和思考能力，可以运用反事实解释将一张图像从类别 A 转换到类别 B，但是这对机器而言却非常困难。因此，人类要想办法通过一次次的互相沟通，教会机器学会这个反事实解释的过程，心智理论在这里就派上了用场。

CX-ToM 模型通过结合有助于明确跟踪人类用户意图的心智理论框架解决了这个问题。尽管最近也有一些关于生成像素级反事实和对比解释的工作，但朱松纯教授团队的论文是第一个提出同时具有多轮次生成、反事实和概念解释方法的工作。过往的研究表明，信任与可理解性（人类用户对 AI 系统的理解程度）和可预测性（在特定任务上预测系统性能的准确程度）密切且正相关。因此，人类在开发可解释 AI 系统时，要通过向人类用户提供有关系统预测的解释来提高可理解性和可预测性。当前，有很多基于注意力机制的可解释 AI 工作，但是它们都不足以提高可理解性和可预测性，获取不了人类的信任。而 CX-ToM 模型在这方面做得很好，这两点在实验中得到了验证。

6.10 本章小结

本章主要从网络攻击检测的角度讨论工业互联网网络攻击检测方面的技术，探讨了异常攻击检测、误用攻击检测、未知威胁攻击检测、攻击溯源、威胁狩猎、身份威胁检测和响应、网络安全态势感知，最后从攻击可解释性方面介绍了三种人工智能可解释性方法：LIME、SHAP 和 CX-ToM。

6.11 思考与练习

1. 工业互联网攻击检测有哪些技术和方法？
2. 工业互联网如何检测 APT 攻击？
3. 工业互联网如何检测未知威胁攻击？
4. 攻击溯源的常见方法有哪些？
5. 攻击可解释性方法包括哪些？

第7章 工业互联网安全测评

工业互联网安全测评是测评工业互联网安全状况是否符合相应水平要求的重要过程，是落实工业互联网安全防护相关制度的重要环节。在工业互联网业务建设、业务运营、安全整改时，使用单位通过安全测评进行现状分析，确定业务的安全防护现状和存在的安全问题，并在此基础上确定业务的安全整改需求。

安全测评可从设备安全、控制安全、网络安全、应用安全、数据安全、物理与环境安全、安全策略与安全管理制度、安全管理机构及人员、安全建设管理、安全运维管理10个方面进行。安全测评的对象可包含现场设备（如各类传感器、设备等）、控制系统、标识解析系统、工业互联网平台、工业应用程序、工业互联网基础设施等。在安全测评的过程中可借助各类测试工具，如嗅探器、漏洞扫描工具、协议分析器、渗透测试工具等。

本章主要从技术的角度出发，围绕工业互联网的安全测评，介绍工业互联网安全测评常用的相关技术，之后从工业控制系统、工业互联网平台以及工业应用程序三个方面进行安全测评方法的说明。

7.1 工业互联网安全测评相关技术

工业互联网发展面临多种安全风险：供应链不可控，潜在安全隐患大；工业互联网的泛在互联、跨域共享特点将会显著扩大受攻击面，给现有的网络安全防范带来巨大挑战；控制系统自身漏洞多、难修补，导致工业互联网安全地基不牢；工业互联网的安全管理跨界融合困难。鉴于上述安全风险，工业互联网这个"新基建"的重要领域，从一开始就必须系统性考虑安全可控的信息技术体系，做到"同步规划、同步建设、同步使用"，以保证新型基础设施的安全。安全建设离不开安全测评。

7.1.1 健壮性测试技术

在工业应用场景下，健壮性测试技术的应用非常广泛。根据测试的目标可以分为针对工业控制系统的健壮性测试、针对工业控制总线协议的健壮性测试、针对工业应用App的健壮性测试等多个方面。

总的来讲，工业应用健壮性测试是指针对工业应用场景，以软件测试为手段寻找造成健壮性失效的因素，从而为软件提供健壮性失效时的保护措施，提高系统或应用的健壮性能力。健壮性测试的目的在于通过开发健壮性测试检验系统的容错能力和故障恢复能力。

健壮性测试结果一般可用系统失效率 F 来表示：

$$F = \sum_{i}^{N} w_i \frac{f_i}{t_i}$$

式中，N 表示健壮性测试中被测对象的个数；w_i 表示被测对象 i 的权重；t_i 表示被测对象 i 的测试次数；f_i 表示被测对象 i 在测试中出现失效的次数。

健壮性测试的方法有基于测量的健壮性测试、基于故障注入的健壮性测试以及健壮性基准程序方法等。其中，基于测量的健壮性测试多用于硬件的健壮性测试；基于故障注入的健壮性测试是通过使系统加速失效来测试被测对象不同层面的健壮性，可分为模拟硬件层故障健壮性测试和模拟软件层故障健壮性测试两类，其中，前者通过模拟一些如 CPU、内存、总线等的故障来使系统加速失效，后者主要通过系统内建工具或系统接口函数使系统失效，从而测试被测对象的健壮性，经典的基于故障注入的测试工具有 CrashMe、FERRARI、DOCTOR、Xception 等；健壮性基准程序方法是目前比较流行的健壮性测试方法，该方法由一组健壮性测试用例（也称为激励）组成。通过运行健壮性测试用例，产生测试结果，通过对测试结果的分析产生对系统健壮性的评估。Ballista 工具的测试方法如图 7-1 所示。

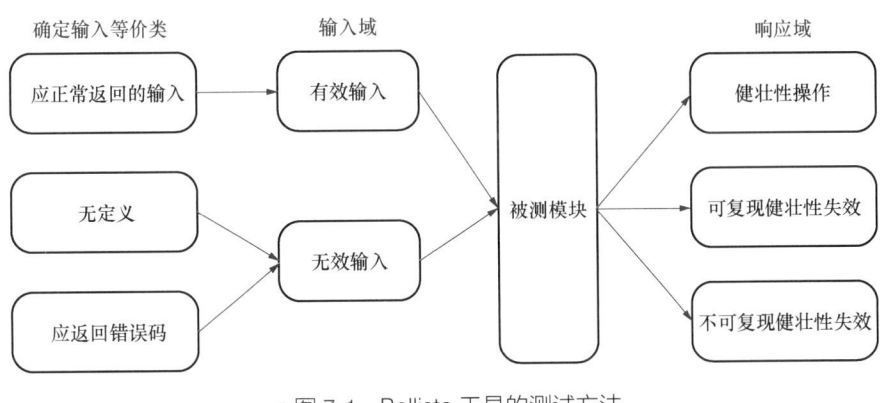

● 图 7-1　Ballista 工具的测试方法

7.1.2　压力测试技术

压力测试也称为负载测试，是通过逐步增加系统负载（如并发用户访问数、持续运行时间、数据访问规模等），测试系统性能的变化，并最终确定在满足性能指标的情况下，系统所能承受的最大负载量。可通过压力测试获取系统性能随负载的变化，以确定在什么负载条件下系统性能处于失效状态，从而获得系统提供的最大服务级别，也可通过压力测试找到影响系统性能的瓶颈，以便对应用系统进行优化处理。

根据负载类型，压力测试可分为并发性能测试和疲劳压力测试等。
- 并发性能测试是通过逐渐增加并发用户数负载，直到系统达到瓶颈或者不能接收的状态，然后综合分析执行指标、资源监控指标等来确定系统并发性能的过程。并发性能测试是压力测试的重要内容。

- 疲劳压力测试是指在构建系统稳定运行情况下能够支持的最大并发用户数或者日常运行用户数,使其持续执行业务,然后通过综合分析执行指标和资源监控指标,来确定系统在处理业务上的最大工作强度。

压力测试的流程一般包括编写压力测试计划、编写压力测试用例、用多进程模拟多用户并设置测试数据、设置并发点、运行测试用例(收集测试数据)、分析测试结果和提交测试报告等,如图 7-2 所示。

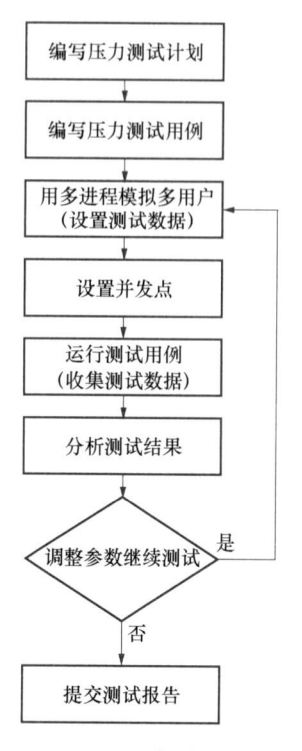

● 图 7-2 压力测试的流程

7.1.3 网络资产发现

按照 ISO 13335-1:2004《信息安全管理指南》的定义,任何对组织有价值的东西都可被称为资产。在信息系统中,网络资产包含了硬件、软件、数据、知识产权、服务、人员等,都是安全管理的重要对象。

网络资产发现也称为网络资产探测,是指利用网络手段追踪和掌握网络资产情况的过程。它包括主机发现、操作系统识别、服务识别等,是实现网络安全管理的重要前提,在网络安全相关工作中具有广泛的应用价值。

网络资产发现技术也可能被攻击者利用,攻击者通过网络资产发现技术,搜集暴露在公开网络中的相关信息,以便为攻击目标的确定和信息收集提供手段。此外,网络资产发现技术在进行安全评估时可用于检测评估对象是否因为安全配置的弱点或配置上的缺陷等导致影响系统安全性的相关信息在网络中被暴露。

网络资产发现技术的发展如图 7-3 所示，可将其划分为传统网络资产发现技术和新型网络资产发现技术两大类。传统网络资产发现技术从烦琐的人工统计发展到基于客户端的自动统计，而新型网络资产发现技术从基于入侵式的网络扫描到基于搜索引擎的非入侵式探测。其中，新型网络资产探测技术主要分为主动、被动和基于搜索引擎三大类，其基本实现流程如图 7-4 所示。

● 图 7-3 网络资产发现技术的发展

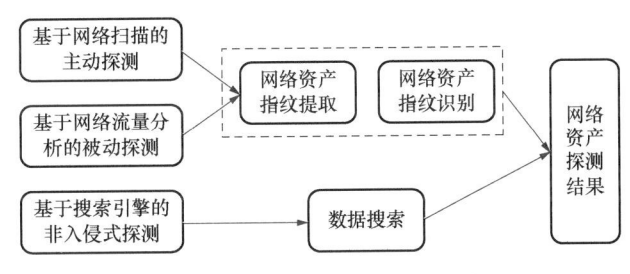

● 图 7-4 新型网络资产发现的流程

1）主动探测方法是指通过主动向目标网络资产发送构造的数据包，并从返回数据包的相关信息（包括各层协议内容、包重传时间等）中提取目标指纹，与指纹库中的指纹进行比对，来实现对开放端口、操作系统、服务及应用类型的探测。根据使用的指纹信息类型，主动探测方法主要分为基于响应协议栈指纹的主动探测方法和基于单包响应时延统计两类。Nmap 是基于响应协议栈指纹的网络资产探测工具的典型代表。Shamsi 等人提出了基于单包响应时延统计理论的操作系统指纹识别方法，通过只发送单个 SYN 包进行探测，引入随机模型对 SYN/ACK 重传数据包的超时时间指纹进行分析和识别。

2）被动探测方法是指采集目标网络的流量，对流量中应用层 HTTP、FTP、SMTP 等协议数据包中的特殊字段、TCP 三次握手、DHCP 等协议数据包的指纹特征进行分析，从而实现对网络资产信息的被动探测。一般情况下，部分应用层协议数据包中会包含一些网络资产信息，例如 HTTP 的 User-Agent 字段中包含了操作系统、浏览器版本等信息，但该字段非常容易被修改，可信度不高，而且此分析方式对使用加密协议的数据包无效。因此，目前相关研究更侧重于对应用层以下的 IP、TCP、DHCP 等协议特征进行分析。常见的被动网络资产探测工具有 p0f、PRADS、Satori、NetworkMiner 等。

3）基于搜索引擎的非入侵式探测可利用 Google Hacking、Baidu Hacking 等传统搜索引擎技术进行漏洞目标探测以及敏感信息挖掘，也可以利用 Shodan 等专用互联网设备搜索引擎进行目标探测，利用 Shodan 搜索暴露在互联网中的网络摄像头（Webcam）设备的搜索结果如图 7-5 所示。

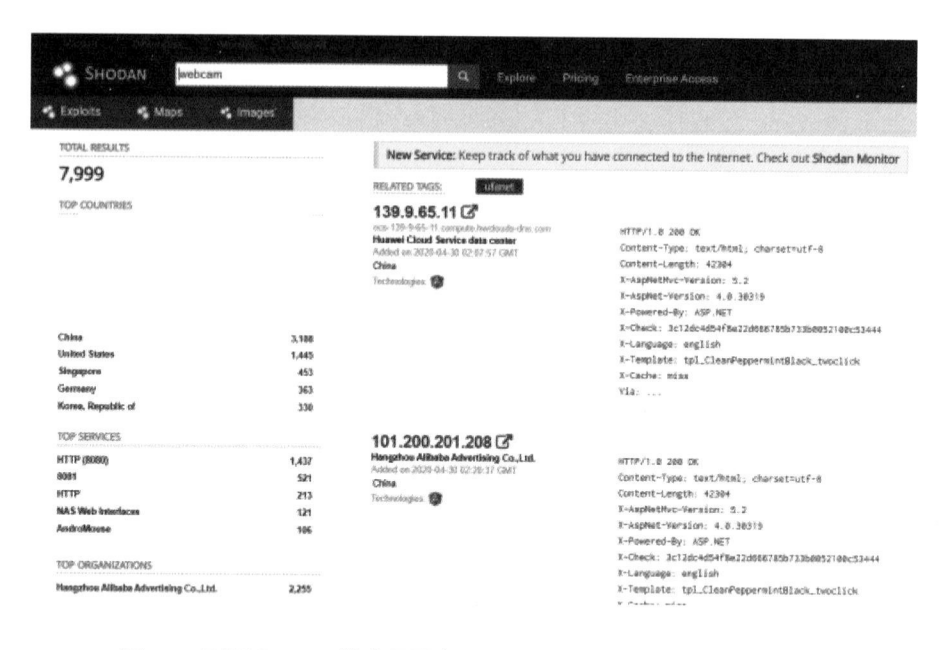

• 图 7-5 利用 Shodan 搜索暴露在互联网中的 Webcam 设备的搜索结果

7.1.4　端口扫描及漏洞扫描

扫描器是一种通过搜集系统信息来自动监测远程或者本地主机安全性弱点的工具。通过使用扫描器，可以发现远程服务器的端口开放情况、提供的网络服务以及软件的版本，帮助测评人员了解远程主机的安全问题。

扫描器的原理是通过向远程主机的不同端口服务发出请求访问，并记录目标返回的应答信息，从而搜集大量关于目标主机的有用信息。扫描器可帮助攻击者、管理者、测评人员发现目标系统的内在弱点。

扫描器有三大功能：发现一个主机或者网络的状态；判定系统有哪些服务正在运行；通过服务测试，发现系统的漏洞。

按照扫描的目的，扫描器可分为端口扫描器和漏洞扫描器。其中，端口扫描器主要用于发现目标系统的端口分配情况及与端口相关的信息。例如 Nmap、PortScan 等是典型的端口扫描工具。漏洞扫描器除了具备端口扫描器的功能以外，还可以检测目标系统中可能存在的已知漏洞。这类工具的危害性相对较大，往往成为黑客攻击的必备工具。但对于安全测评来讲，漏洞扫描器也可成为安全管理人员的得力工具，帮助管理者及时了解系统中的漏洞，从而及时采取相应措施，保护系统的安全性。ISS、Nessus、SATAN 为常见的漏洞扫描工具。

1. 端口扫描

端口扫描从扫描原理上讲包含 TCP Connect 扫描、TCP SYN 扫描、TCP FIN 扫描、TCP Xmas 树扫描、TCP NULL 扫描、TCP ACK 扫描、UDP 扫描等多种扫描方式。

（1）TCP Connect 扫描

该扫描方法一般可通过调用 socket API 的 connect 函数来实现，若扫描端与被扫描端成功建立了连接，则说明服务端口属于开放状态。该方法由于会建立完整的 TCP 连接，因此容易被目标系统检测发现。TCP Connect 扫描过程如图 7-6 所示。

（2）TCP SYN 扫描

这种扫描方式只完成了 TCP 连接三次握手的前两次握手过程，因此也称为"半连接扫描"。当扫描端向被扫描端发送 SYN 数据包后，若服务器端相应端口属于开放状态，则会回发 SYN/ACK 数据包，否则回发 RST/ACK 数据包。扫描端可根据接收数据包的类型来进行判断。

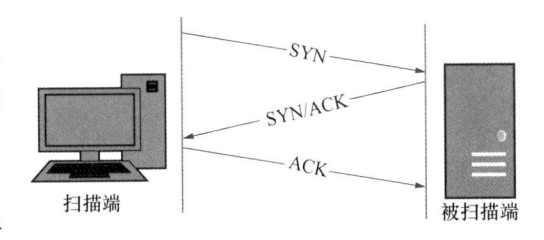

● 图 7-6　TCP Connect 扫描过程

（3）TCP FIN 扫描

这种扫描方式是扫描端在没有建立 TCP 连接情况下直接向被扫描端发送 FIN 探测数据包。根据 RFC 793，若被扫描端相应端口属于开放状态，则不会回发任何信息（简单忽略探测数据包）；若被扫描端相应端口属于关闭状态，则会返回一个 RST 数据包。扫描端可据此进行端口状态判断。

（4）TCP Xmas 树扫描

这种扫描方式与 TCP FIN 扫描类似，扫描端发送的 TCP 探测数据包是 FIN、URG、PUSH 标志位的特殊分组。根据 RFC 793，若被扫描端相应端口属于开放状态，则不会回发任何信息；若被扫描端相应端口属于关闭状态，则会返回一个 RST 数据包。

（5）TCP NULL 扫描

这种扫描方式是扫描端发送所有 TCP 标志位都关闭的 TCP 探测数据包。根据 RFC 793，若被扫描端相应端口属于开放状态，则不会回发任何信息；若被扫描端相应端口属于关闭状态，则会返回一个 RST 数据包。

（6）TCP ACK 扫描

这种扫描方式是扫描端发送所有 TCP ACK 标志位的探测数据包。根据 RFC 793，若被扫描端相应端口属于开放状态，则不会回发任何信息；若被扫描端相应端口属于关闭状态，则会返回一个 RST 数据包。

（7）UDP 扫描

该扫描方式是扫描端通过 UDP 向被扫描端口发送 UDP 探测数据包，如果目标端口属于关闭状态，则返回"ICMP 端口不可达（ICMP Port Unreachable）"消息。扫描端可据此判断被扫描相应端口的运行状态。

一般来讲，TCP FIN 扫描、TCP Xmas 树扫描、TCP NULL 扫描相对 TCP Connect 扫描和 TCP SYN 扫描更为隐蔽。但不是所有的系统协议实现都参考 RFC 793，因此实际扫描结果可能存在偏差，在应用过程中需要扫描者根据实际情况进行判断分析。

2. 漏洞扫描

漏洞扫描可帮助网络管理员掌握网络的安全设置和运行的应用服务，发现被测对象的安全漏洞，以便管理员能根据漏洞扫描的报告结果采取响应措施，比如更正系统中的错误设置、打补丁等。与入侵检测系统以及防火墙一类的被动防御手段相比，漏洞扫描技术能帮助管理者主动掌握系统的安全状态，从而做到防患于未然。

漏洞扫描技术可分为基于主机的漏洞扫描和基于网络的漏洞扫描两大类。

1) 基于主机的漏洞扫描主要针对系统中不安全的配置以及违反安全策略的对象，从而发现可能存在的漏洞。

2) 基于网络的漏洞扫描是通过检测远程目标主机的不同端口并记录目标逐级的应答信息，从而搜集到与目标主机相关的各类信息，如操作系统类型、服务类型及服务软件版本等。然后与扫描器所接入的漏洞数据库进行匹配，从而发现已知漏洞的存在。

7.1.5 漏洞挖掘技术

漏洞挖掘技术可大体分为传统的漏洞挖掘技术和基于机器学习的漏洞挖掘技术两大类。

1. 传统的漏洞挖掘技术

传统的漏洞挖掘可分为基于静态分析的漏洞挖掘和基于动态测试的漏洞挖掘，挖掘技术包括源代码检测、二进制比对、模糊测试、符号执行等方法，如图 7-7 所示。

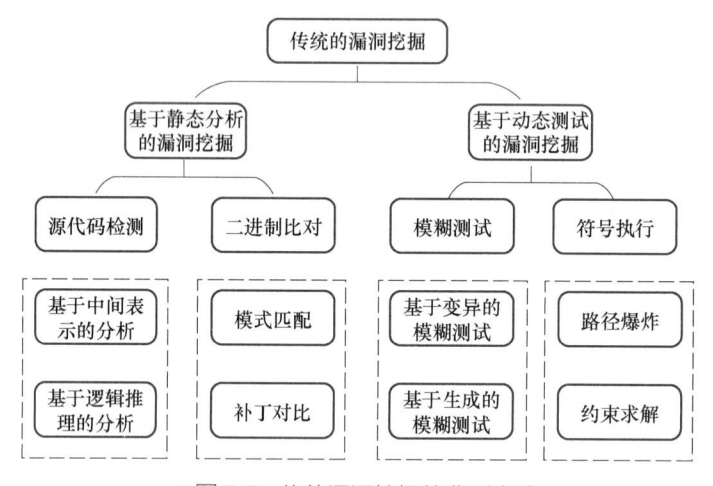

● 图 7-7 传统漏洞挖掘的典型方法

（1）基于静态分析的漏洞挖掘

基于静态分析的漏洞挖掘是指在不允许目标程序的前提下分析目标程序的源代码或者二进制程序，结合程序的数据流和控制流信息，通过类型推导、安全合规检查、模型检测等技术挖掘程序中的漏洞。根据目标程序形式的不同，可分为面向源代码的漏洞挖掘和面向二进制程序的漏洞挖掘。

1) 面向源代码的漏洞挖掘主要采用基于中间表示的分析和基于逻辑推理的分析来实现。基于中间表示的分析技术主要包括数据流分析、控制流分析、污点分析、符号执行等具体实现方式。N. Jovanovic 采用了取值分析、污点分析、指针别名分析等静态分析技术来实现对 PHP 源码中的 SQL 注入和跨站脚本等漏洞的检测。W. R. Bush 等人采用了静态符号执行技术模拟执行 C/C++ 源码程序，并采用约束求解对程序中的部分路径进行检测。B. Shastry 等人采用了数据流分析的框架，通过对程序进行数据流、控制流等复杂分析检测安全相关的漏洞，并支持对大型 C/C++ 源码程序的分析。

2) 面向二进制程序的漏洞挖掘技术主要包括基于模式匹配和基于补丁比对的技术。

B. Shastry 等人首先抽象出二进制程序函数中的内存模型，然后采用 VSA（Virtual Storage Analyze）分析技术追踪堆分配和释放指令相关的操作变量，并基于此建立 UAF（Use After Free）漏洞模式且挖掘出了 ProFTPD 程序中的漏洞。J. Feist 使用了称为半仿真的二进制静态漏洞挖掘技术。通过 VSA 分析和数据依赖分析（Data Dependence Analysis，DDA）技术实现对变量地址的追踪和数据流依赖分析，并采用污点分析技术检测潜在的漏洞。S. Cheng 把二进制程序和带补丁的二进制程序翻译成中间表示，并在此基础上构建控制流图，基于控制流图对比程序间的差异，提取相关的约束，然后采用符号执行技术进行验证，以此找出补丁对应的漏洞。

静态漏洞挖掘技术是直接对目标程序进行分析，不需要构造程序的执行环境，能提取较为完整的控制流等信息，因此可能发现动态漏洞挖掘技术难以发现的漏洞。但由于静态漏洞挖掘技术往往依赖于人工构造的漏洞模式，对先验知识依赖性较大；且因为无法获得程序实际动态运行过程中的上下文信息，因此静态漏洞挖掘技术具有精度较低的缺点。

（2）基于动态测试的漏洞挖掘

基于动态测试的漏洞挖掘技术是指在目标实际运行的状态下采用的分析技术，常用的动态漏洞挖掘技术包括模糊测试、符号执行等。

模糊测试是一种自动化或者半自动化的软件测试技术，该技术通过构造随机的、非预期的畸形数据作为程序的输入，并监控程序执行过程中可能产生的异常，然后将这些异常作为分析的起点，确定漏洞的可利用性。模糊测试是当前最有效的用于挖掘通用程序漏洞的分析技术，被广泛应用。

基于对程序内部结构的分析程度不同，模糊测试主要可以分为白盒测试、黑盒测试、灰盒测试三次测试类型。白盒模糊测试是在对被测试程序内部结构、逻辑进行系统性分析的基础上进行测试；黑盒模糊测试把程序当成黑盒处理，不对程序内部进行分析；灰盒模糊测试介于黑盒和白盒模糊测试之间，在对程序进行轻量级分析的基础上进行测试。

按输入样本的生成方式，模糊测试可分为基于变异的模糊测试和基于生成的模糊测试两种方式。基于变异的模糊测试在修改已知测试输入的基础上生成新的测试用例，而基于生成的模糊测试则是直接在已知输入样本格式的基础上生成新的测试输入。Peach、Spike 是典型的基于生成的模糊测试（Peach 也具有基于变异进行模糊测试的功能），通过对输入格式定制编写数据模型（Data Model）和状态模型（State Model）的方式指定输入数据的类型和依赖关系，并结合变异策略生成测试输入。其中，Peach 通过编写配置文件实现对样本格式的约束，而 Spike 需要利用提供的编程接口来对样本格式进行约束。Pham 等人结合输入模型和符号执行技术生成测试输入，使用符号执行鉴别输入格式约束能有效保证输入的合法性。

符号执行是一种能够系统性探索程序执行路径的程序分析技术，通过对程序执行过程中被污染的分支条件及其相关变量的收集和翻译，生成路径约束条件，然后使用可满足性模理论（SMT）求解器进行求解，判断路径的可达性以及生成相应的测试输入。通过这种方式产生的测试输入与执行路径之间具有一对一的关系，能够避免冗余测试输入的产生，进而能有效解决模糊测试冗余测试用例过多导致的代码覆盖率增长慢的问题。

符号执行技术应用已经被学术界和工业界应用在漏洞挖掘领域。自从符号执行（特别是动态符号执行）技术被提出以来，已经有很多相关的工具被应用到实际的软件测试当中，如 SAGE、MergePoint 等。其中，SAGE 已经被应用到了微软内部的日常开发安全测试中；

MergePoint 已经在 Debian 系统下发现上百个可利用漏洞。

2. 基于机器学习的漏洞挖掘技术

受益于机器学习、深度学习技术的快速发展，研究人员在近年来也开始采用机器学习技术来缓解软件漏洞挖掘领域的一些瓶颈问题。通过采用机器学习、深度学习等技术，帮助相应的漏洞挖掘工具，在海量的与漏洞相关的数据中提取经验和知识，然后根据训练生成的模型对新的样本进行分类、预测，提高对软件漏洞挖掘的精度和效率。

从应用场景看，基于机器学习的漏洞挖掘涉及二进制程序函数识别、函数相似性检测、测试输入生成、测试输入筛选、路径约束求解等领域；从使用的机器学习算法看，常采用逻辑回归、随机森林、长短时记忆网络（LSTM）、强化学习等多种机器学习、深度学习的算法。

7.1.6 渗透测试

渗透测试是站在攻击侧的角度，通过模拟黑客攻击，努力突破目标系统的安全控制策略并获得控制访问权的安全测试方法。通过渗透测试可以发现系统存在哪些方面的不足，从而为系统安全加固、改进安全控制策略等提供依据。

根据测试前对测试目标内部信息的掌握程度，可将渗透测试分为黑盒测试、白盒测试、灰盒测试三种类型。

1）黑盒测试中，渗透测试人员测试前只知道要测试的目标系统对象，而对系统内部的任何信息都不知道。

2）白盒测试中，渗透测试人员测试前知道目标系统的详细信息，可根据掌握的信息设计渗透测试方案。

3）灰盒测试是介于上述两种测试之间的一种方法，对目标系统有一定的了解，还掌握了一定的信息，可是并不全面。渗透测试人员需要持续性地搜集信息，并结合已知信息从中将漏洞找出。

根据 PTES（Penetration Testing Execution Standard），渗透测试分为七个阶段，如图 7-8 所示。

(1) 前期交互阶段

在这个阶段中，渗透测试团队和被测单位进行交互讨论，确定渗透测试的范围、目标、限制条件以及服务合同细节。该阶段通常包括客户需求收集、制订测试计划、定义测试范围与边界、定义业务目标、项目管理与规划等活动。

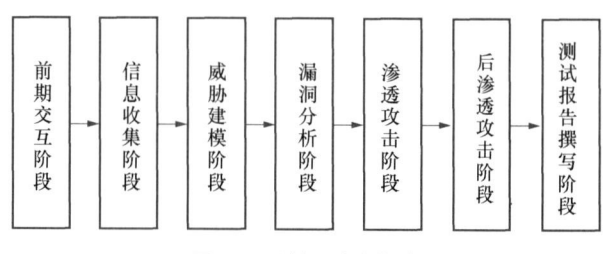

• 图 7-8 渗透测试的流程

渗透测试必须得到客户响应的书面委托和授权，客户书面授权委托同意实施方案是进行渗透测试的必要条件。渗透测试的所有细节和风险的知晓、所有过程都应在客户的控制下进行，具体如下。

- 确定渗透测试范围。
- 目标规划。

- 建立通信渠道。
- 交互确定规则。
- 其他要素。

（2）信息收集阶段

信息收集对于渗透测试前期来说是非常重要的。只有掌握了目标系统足够多的信息，才能更好地进行渗透检测。

信息收集的方式可以分为主动收集和被动收集。主动收集是指通过探测方式扫描目标系统，被动收集是指利用第三方工具收集信息（如 Google Hacking 等）。使用主动收集方式时，所做的操作很可能被目标系统所记录；使用被动收集方式时，收集到的信息会比较少，但不会被目标主机记录。一般情况下，一个渗透测试项目需要使用多种方式收集更多信息，保证信息收集的完整性。在这个阶段里，需要使用各种方法收集将要被攻击的客户组织的所有信息。

信息收集是每一步渗透攻击的前提，通过信息收集可以针对性地制定渗透测试的测试方案，提高测试成功率，同时还可以有效地降低攻击测试对系统正常运行造成的不利影响。

在这个阶段里，通过逐步深入的探测，确定目标系统中实施了哪些安全防御措施。

（3）威胁建模阶段

威胁建模主要使用在信息收集阶段所获取到的信息标识出目标系统上可能存在的安全漏洞与弱点。在进行威胁建模时确定最为高效的攻击方法、所需要进一步获取的信息、渗透系统的切入点。在此阶段中，通常要把客户组织作为敌手，然后以攻击者的视角和思维来尝试利用目标系统的弱点。

（4）漏洞分析阶段

在确定最后可行的攻击通道后，接下来需要考虑如何取得目标系统的访问控制权限，即漏洞分析阶段。此阶段主要是从前面几个环节获取的信息中分析和理解哪些攻击途径会是可行的。需要重点分析的是端口扫描结果和漏洞扫描结果以及在情报收集环节中得到的其他关键信息。

（5）渗透攻击阶段

此阶段是渗透测试过程中的执行阶段。在此环节中，进行渗透测试的团队需要利用他们所找出的目标系统安全漏洞来真正地入侵到系统中获得访问控制权。

渗透测试可以利用公开渠道获取的渗透代码，但一般在实际应用场景中，渗透测试者还需要充分地考虑目标系统特性来定制渗透测试策略，并需要绕过目标网络与系统中实施的安全防御措施，才能成功达成渗透目的。在黑盒测试中，渗透测试者还需要考虑对目标系统检测机制的逃逸，从而避免造成目标组织安全响应团队的警觉或发现。

（6）后渗透攻击阶段

此阶段从已经攻破了客户系统或取得域管理员权限之后开始，需要渗透测试团队根据目标组织的业务经营模式来寻找客户组织最具价值和尝试安全保护的信息及资产，达到对客户组织造成最重要业务影响的攻击路径。

（7）测试报告撰写阶段

渗透测试过程最终向客户组织提交渗透测试报告。报告体现了在渗透测试过程中做了哪些、如何做的以及如何修复所发现的安全漏洞和弱点。在撰写报告时需要站在客户的角度分析如何进行改进、如何提升安全意识以及修补发现的漏洞，以提升整体的安全水平。

7.2 工业控制系统安全测评

7.2.1 工业控制系统渗透测评

从结构上看，传统的工业控制系统（Industrial Control System，ICS）包括数据采集与监控（Supervisory Control and Data Acquisition，SCADA）系统、人机界面（Human Machine Interface，HMI）、分散控制系统（Distributed Control System，DCS）、可编程逻辑控制器（Programmable Logical Controller，PLC）、远程终端单元（Remote Terminal Unit，RTU）等设备。因此，对工业控制系统的渗透测试也同样涉及相关系统，但由于系统之间存在较大的差异性，例如 SCADA 系统和 HMI 多是建立在 Windows 或 Linux 操作系统上的工业应用软件，如 WinCC、Wonderware、Citect 等，而 DCS、RTU、PLC 则是专用于测控应用的嵌入控制系统，多采用 VxWorks、WinCE、μClinux 之类的嵌入式操作系统，因此对不同系统进行测评的具体方式也存在差异。下面以 SCADA/HMI 系统为例说明对相应产品的渗透测试主要过程。

- 信息收集。在进行渗透测试之前，网络可借助一些工具进行资产网络发现。如利用目前最流行的网络空间搜索引擎 Shodan，利用 Shodan 使用特定的语法即可搜索出海量的物联网设备、CPS、SCADA 等。
- 借助 ZMap、Nmap 等工具扫描 SCADA/HMI 主机的开放端口等相关信息，并收集运行在目标主机上的固件版本、固件序列号等信息。
- 利用 ICSScan 等漏洞扫描工具对目标系统可能存在的漏洞进行扫描，然后看是否存在可被利用的漏洞。例如，SCADA 中是否存在可被利用的 DLL 劫持漏洞、缓冲区溢出漏洞、ActiveX 控件漏洞等。也包括基于 SSH、远程桌面、SNMP、FTP 等的可能存在的弱口令。然后根据实际收集到的信息指定相应的漏洞测试方案。
- 在获取设备固件的情况下，可利用工具查阅是否存在口令硬编码或者其他可被利用的漏洞等信息。
- 利用渗透测试工具（如 Metasploit、Burp Suite、OWASP ZAP 等）进行渗透测试实施。

7.2.2 工业控制系统漏洞挖掘

在工业控制系统漏洞挖掘方面，主要有三个方向：对 HMI/SCADA 系统的漏洞挖掘、对 PLC/DCS/RTU 系统的漏洞挖掘以及对工业控制协议的漏洞挖掘。具体来看，当前面向工业控制领域的漏洞挖掘主要集中在操作系统、工控协议、ActiveX 控件、文件格式、Web HMI、数据库、固件后门、移动应用等几个方向。

从所采用的挖掘方式上看，漏洞挖掘主要分为动态测试以及静态测试两大类，如图 7-9 所示。其中，针对操作系统、工控协议、ActiveX 控件、文件格式、数据库的漏洞挖掘主要采用动态测试技术；针对固件后门、移动应用等的漏洞挖掘主要采用静态测试技术；针对 Web HMI，两种技术都比较常用。

1. 动态测试技术

针对工业控制系统的动态测试技术主要是指在工业控制系统的运行状态下，采用基于工业控制系统的模糊测试（Fuzzing）、风暴测试、双向测试等进行漏洞挖掘的方法。

（1）模糊测试

模糊测试是一种通过向目标输入大量非预期数据，并监视目标的运行状态以发现安全漏洞的一种技术。模糊测试是一种自动或半自动的测试技术，该技术需要反复不断地向目标进行输入。

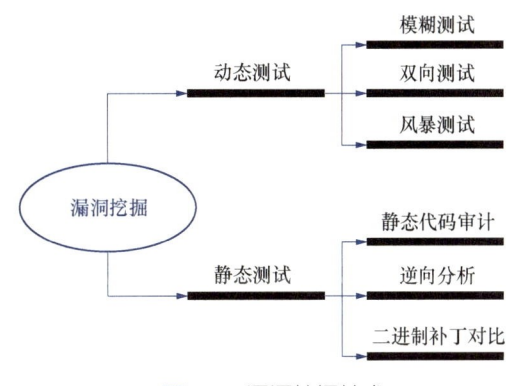

● 图 7-9　漏洞挖掘技术

基于工业控制系统的模糊测试是指针对工业控制通信协议进行异变或分析协议数据包的特点构造特定数据包，然后利用发包工具发送到工控协议上位机或者下位机，再通过监视目标系统的异常响应来进行漏洞挖掘。

基于工业控制系统的模糊测试是在深入理解各个工控协议规约特征的基础上构造输入数据和测试用例去遍历协议实现的各个方面，包括在数据的内容、结构、消息以及序列中引入异常。此外，在漏洞挖掘中可通过引入大数据分析、人工智能算法等将初始的变异范围主要集中在目标设备最容易发生故障的范围内，从而缩小用例规模，提高测试效率。

（2）双向测试

双向测试是一种基于突变的强制性模糊测试方法。这种方法是在已有数据样本的基础上插入或者修改变异字段来改变正常工业控制系统上位机和下位机之间的交互数据，并监视目标系统的状态来进行漏洞挖掘。

（3）风暴测试

风暴测试是指在短时间内向目标发送大量完全相同的数据包的压力测试。目标设备的处理能力可根据测试数据包发送速率的不同而改变。而较为脆弱的系统在风暴测试中因无法处理大量数据而出现无法响应等故障。在进行风暴测试时，一般测试速度从低到高逐渐提高，最终得到目标系统的最大抗压值。

2. 静态测试技术

针对工业控制系统的静态测试技术是指脱离工业控制系统运行状态的漏洞挖掘技术，包括静态代码审计、逆向分析、二进制补丁对比等通用漏洞挖掘技术。

（1）静态代码审计

静态代码审计是采用代码审计工具结合人工代码审计的方法来分析系统源代码、工业应用源代码等，从而发现系统软件或应用软件存在的漏洞。该方法只适用于提供工业控制系统源码的情形。

（2）逆向分析

逆向分析技术是指通过固件分析工具对固件进行逆向汇编二进制代码，分析二进制代码函数及其运行逻辑，通过这种方式来挖掘固件、二进制可执行程序安全漏洞。

(3) 二进制补丁对比

二进制补丁对比分析是指当工业控制系统厂家发现漏洞并提供修复漏洞补丁但并没有公布漏洞相关信息的时候，可通过二进制程序对比工具检测补丁和源程序之间的差异，从而发现安全漏洞。

7.2.3　工业总线协议健壮性测评

工业总线协议健壮性测试是评估基于工控协议安全性能的重要内容，同时也是针对基于工业控制协议的工控系统漏洞挖掘的一个重要方面。测试内容可在风暴测试、语法测试、模糊测试等方面进行。

(1) 风暴测试

风暴测试主要是为了检验 PLC、DCS 等工控设备在面对大规模协议数据包突发输入时的健壮性问题。测试方式主要是利用测试设备构造符合协议语法规范的大规模 PDU，然后发送到工控设备，再监视被测设备是否因为风暴数据而导致拒绝服务、逻辑执行错误等现象发生。较为脆弱的系统在风暴测试中往往会因无法处理大量数据而出现无法响应等故障。

(2) 语法测试

语法测试是根据被测协议的语法生成测试输入以检测基于被测协议的工控系统对各类输入的响应。语法测试的步骤是识别被测协议的通信规范，包括应用层数据的语法形式。根据语法生成畸形测试用例，生成的测试用例包含了各类语法错误，然后将测试用例发送至被测系统。通过监测被测系统的状态，以检验通信协议程序及对通信数据的处理是否存在安全缺陷。

(3) 模糊测试

模糊测试是工业总线协议健壮性测试的一个重要方法。工业控制网络协议的模糊测试通过构造畸形数据包，并将畸形数据包发送给被测工控目标，从而测试工业控制网络协议的安全性。具体流程图如图 7-10 所示。模糊测试的关键就在于通过何种方法生成规模较小且测试效果较好的异变协议数据包。多种具体模糊测试方法的特点见表 7-1。

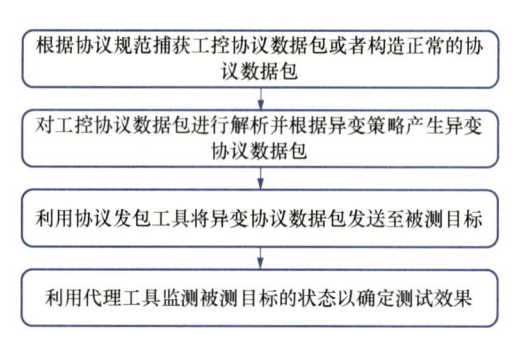

● 图 7-10　工业控制网络协议安全分析方法流程图

● 表 7-1　模糊测试方法及特点

模糊测试方法	特　　点
预生成测试用例	缺乏随机生成、测试用例有限
随机生成用例	所有数据随机生成、测试效率低
手动协议异变测试	手动方式、可以依靠测试者经验，灵活性较差
变异或强制性测试	对每个字节进行模糊测试，相对低效
自动协议生成测试	对测试系统使用的协议工作的语法进行建模，然后基于模型生成输入并据此创建测试用例，较为复杂

7.3 工业互联网平台安全测评

7.3.1 云平台安全测评

云安全联盟（Cloud Security Alliance，CSA）近年发布的报告显示，云计算技术面临的主要威胁有以下几个方面。

- 数据泄露。数据泄露是近年最多的一类威胁，也是最严重的一类云安全威胁。数据泄露行为可能会严重损害云平台企业的声誉等，还可能导致知识产权损失和重大法律责任风险。
- 配置错误和变更控制不足。云计算资源配置错误是导致组织数据泄露的主要原因，尽管很多企业清楚云安全漏洞会造成严重的后果，但它们在对云计算的服务进行配置时，仍然可能出错。配置错误的类型多种多样，例如将数据存储在有安全风险的存储单元或容器中、对数据赋予过度的读写权限或禁用默认的安全配置，这类配置错误都会造成意想不到的安全问题。例如，2018 年 Exactis 公司因云服务配置错误导致包含 2.3 亿美国消费者的个人数据被泄露。
- 缺乏云安全架构和策略。云安全策略和安全架构包括对云部署模型、云服务模型、云服务器提供商（CSP）、服务区域可用性区域、特定云服务、通用原则和预定义规则的选择和规划。云基础设施以及业务的快速变化，包括分散特性、订阅式的模式，都会影响安全技术和安全因素的设计。
- 无安全举措的软件开发流程。在云计算场景下，软件开发的复杂性会更大。在这种复杂性中，若软件开发者们缺乏安全考量就很容易出现安全漏洞或配置错误。
- 其他安全风险。云计算平台面临的其他安全风险还包括第三方供应链风险、系统漏洞、APT 攻击等。

由此可见，云平台的安全性对于部署在其上的应用安全、数据安全至关重要。针对云平台的安全测评可参考等级保护 2.0《信息安全技术 网络安全等级保护测评要求》中与云计算平台相关的内容进行实施。测评内容包括虚拟化安全、平台安全、数据安全、应用安全、访问控制、安全审计、密码使用与管理等多个方面。这里列出针对测评中的技术验证环节的部分测评手段。

- 利用 IxChariot、Spirent、TestCenter 等工具进行平台的功能性测试。
- 利用 WebInspect、AppScan 等漏洞扫描工具对部署在云平台的 Web 等应用进行漏洞扫描检测。
- 利用云平台专用安全测试工具对云平台进行多方面的安全策略检测。这包括虚拟机之间内存、网络、存储等资源的隔离措施，云平台组件的已知漏洞扫描，云平台提供的用户与平台之间、平台内各组件之间的加密通信验证。
- 利用 Metasploit 等渗透测试工具从攻击侧的角度测试云平台是否存在漏洞利用的风险。例如虚拟机隔离是否存在漏洞、云平台管理账户是否存在安全控制方面的漏洞等。

- 可通过 FTP 工具验证平台虚拟网络带宽的管理功能的有效性。
- 可利用漏洞挖掘工具（如 Peach Fuzzer 等）检验平台应用是否有未知漏洞的存在。

7.3.2 边缘计算平台安全测评

在万物互联时代，由传感器、摄像头、移动终端一类的边缘设备所产生的海量数据进而产生的数据处理需求与边缘设备本身受限的计算、存储资源成为一对矛盾，而采用将数据上传至云端做统一集中式处理又会带来时延性问题以及网络带宽压力问题。边缘计算（Edge Computing，EC）通过将云计算能力下沉到靠近边缘侧，可以有效解决上述问题。

在工业互联网应用场景下，将边缘计算与工业互联网应用进行深度融合，从而在网络边缘处实现云计算服务能力，进而有效降低网络的传输时延，能较好地满足工业场景下对实时性要求严格的业务需求。

这类边缘计算系统一般采用边缘计算服务器（EC 服务器）以及 DCS、PLC 等设备的计算资源构建边缘计算硬件环境，而边缘计算平台有 Akraino Edge Stack、EdgeX Foundry、CORD 等开源边缘计算平台或者其他商业边缘计算平台等多种选择。在工业互联网中部署边缘计算节点虽然可以有效分解云端复杂的计算任务，从而极大地提高工业互联网数据计算的时效性能，但同时也带来了一系列安全挑战，如由于开放环境可能导致数据非法访问、数据泄露、数据丢失等问题，因 Host OS 或 Guest OS 的漏洞以及边缘计算平台中的漏洞导致的木马、病毒攻击或黑客攻击等问题。

针对边缘计算平台的安全测评可包含如下几个方面。
- 检测边缘设备与边缘计算平台之间以及边缘计算平台与云平台之间的数据传输是否采取了数据加密和数字签名等措施。
- 检测边缘计算平台中的数据是否采取了分级分类存储策略，对敏感数据是否采用了加密机脱敏措施。
- 检测边缘计算节点是否采取了"最小化"访问权限原则，是否对数据的访问采取了相应的认证和访问控制策略。
- 可采用端口扫描工具、漏洞扫描工具对边缘计算平台进行测试，检测是否存在不必要的端口开放问题，是否存在可被利用的平台软件漏洞。

7.3.3 大数据平台安全测评

针对大数据平台的安全问题研究当前主要集中在如下几个方面。

1）大数据处理中的隐私保护问题。

2）大数据组件之间的身份认证、数据隔离、数据加密存储及传输以及大数据平台边界保护和审计问题。

3）因大数据来源的不安全性可能导致的数据污染问题。

4）大数据平台中数据的全生命周期管理问题。

5）大数据平台本身的安全漏洞可能导致的数据泄露以及平台可靠性问题。

对大数据平台的安全测评可包含以下几个重点方向。

- 采用端口扫描工具、漏洞扫描工具对大数据平台进行扫描，检验平台软件是否存在漏洞。
- 大数据平台中的节点是否采用了访问控制策略。例如，基于属性加密的访问控制和基于角色的访问控制。
- 大数据平台中的数据是否采取了分级分类存储、加密存储及传输，对敏感数据是否采用了加密机脱敏措施。
- 大数据平台是否采取了相应措施来解决数据与模型的不一致性问题。

7.3.4 人工智能安全测评

随着人工智能技术的发展，人工智能已经在自然语言处理、图像识别、声纹识别、智能驾驶等一系列领域得到了广泛应用。在工业应用领域，人工智能也发挥了巨大作用，是实现智能制造的有力工具。与此同时，人工智能也存在安全问题，例如深度学习模型可能遭受对抗样本攻击以及深度学习模型的版权保护问题，这也是当前人工智能安全问题的研究重点。

对人工智能模型的安全测评可利用对抗样本攻击检测进行测评。对抗样本攻击是利用合成样本，能使得深度学习模型产生错误。对抗样本是由 Szegedy 等人提出的，通过对深度神经网络训练得到的模型研究发现在输入与输出之间的映射往往不是线性的，如果在输入数据中通过故意添加肉眼不易察觉的细微扰动就可以生成对抗样本，这将导致模型以高置信度给出一个错误的输出。

根据是否需要指定攻击的类目，对抗样本攻击可分为无目标攻击和有目标攻击。

- 无目标攻击。无目标攻击是不指定具体类目，只要让模型输出错误即可的攻击类型。
- 有目标攻击。有目标攻击不仅需要使模型输出错误，还需要使模型输出到指定的类别。因此相对于无目标攻击，有目标攻击的难度更大。

根据是否知道模型的具体细节（如模型结构、模型参数），对抗样本攻击可以分为白盒攻击和黑盒攻击。

- 白盒攻击：攻击者能够获得模型的所有信息。
- 黑盒攻击：攻击者无法获得模型的任何信息，只能通过模型的反馈结果来对黑盒模型进行估计，从而实施的样本攻击。

针对深度学习模型的安全测评，可采用对抗样本攻击来检验模型的健壮性。其核心在于如何合成有效攻击样本。下面是三个对抗样本生成算法。

(1) Box-constrained L-BFGS

Szegedy 等人提出了基于 L-BFGS 的对抗样本生成算法，并成功对 MNIST 和 ImageNet 的数据进行攻击。该算法将对抗样本的生成描述如下：

$$\text{Minimize } \|x-x'\|_2$$
$$\text{s. t. } 1) f(x') = t$$
$$2) x' \in [0,1]^n$$

其中，t 表示需要攻击的类别；f 表示现有的分类器。

上面优化的目标就是在攻击成功的情况下，寻找最小的扰动 r，距离度量方式是 L_2。由于限制条件 1) 较难优化，因此作者将 $f(x') = t$ 这个限制简化成了 $\text{Minimize loss}_{F,t}(x')$ 进行优化：
$$\text{Minimize } c\;\|x-x'\|_2+\text{loss}_{F,t}(x')$$
$$\text{s. t. } x'\in[0,1]^n$$

该优化方式为固定系数，优化得到当前系数 c 下的最优解，然后对 c 进行搜索得到最小的 $\|x-x'\|_2$。这个工作的意义非常大，后续的算法基本上都是按照这个优化框架进行改进的。

（2）FGSM（Fast Gradient Sign Method）

Goodfellow 等人提出了基于一步梯度的对抗样本生成方法——FGSM，较好解决了 L-BFGS 算法在生成对抗样本中需要对每一个对抗样本进行优化的难题。该方法的数学表示如下：

$$x'=x-\varepsilon\cdot\text{sgn}(\nabla\text{loss}_{F,t}(x))$$

其中，t 是目标攻击的类别；ε 是允许最大的扰动量（因为 sgn 的取值是 [+1,-1]）。所以 FGSM 算法可以认为是一种基于 L_∞ 距离约束的对抗样本生成方法。

（3）JSMA（Jacobian-based Saliency Map Attack）

Nicolas Papernot 等人提出了基于雅克比矩阵的显著图攻击方法 JSMA，该方法是通过对样本的输入特征进行增强（或减弱）来达到分类器产生错误输出的目的。该方法的实现步骤如下。

1）采用前向导数方法计算雅克比矩阵（Jacobian Matrix）；

$$J_F(X)=\frac{\partial F(X)}{\partial X}=\left[\frac{\partial F_j(X)}{\partial x_i}\right]_{i\in 1,\cdots,M, j\in 1,\cdots,N}$$

2）构造对抗性显著图。采用增强特征时，构造对抗性显著图的方法为

$$S^+(X,t)[i]=\begin{cases}0 & \text{如果}\dfrac{\partial F_t(X)}{\partial x_i}<0 \text{ 或 } \sum_{j\neq t}\dfrac{\partial F_j(X)}{\partial x_i}>0\\ \left(\dfrac{\partial F_t(X)}{\partial x_i}\right)\left|\sum_{j\neq t}\dfrac{\partial F_j(X)}{\partial x_i}\right| & \text{其他}\end{cases}$$

采用减弱特征时，构造对抗性显著图的方法：

$$S^-(X,t)[i]=\begin{cases}0 & \text{如果}\dfrac{\partial F_t(X)}{\partial x_i}>0 \text{ 或 } \sum_{j\neq t}\dfrac{\partial F_j(X)}{\partial x_i}<0\\ \left(\dfrac{\partial F_t(X)}{\partial x_i}\right)\left|\sum_{j\neq t}\dfrac{\partial F_j(X)}{\partial x_i}\right| & \text{其他}\end{cases}$$

3）添加扰动生成对抗样本。

JSMA 是基于 L_0 距离约束的对抗样本生成方法，该方法通过在样本上进行少量的特征调整来达到攻击的目的。

其他攻击样本生成算法还包括 C&W、UPSET、Houdini、Ants、MI-FGSM、Curls&Whey 等。

在评价对抗样本攻击的性能方面一般可采用攻击成功率和对抗样本平均失真度等指标来描述。其中，攻击成功率 τ 表示成功引发模型产生错误输出（或者指向性错误输出）的对抗样本的比例；对抗样本平均失真度 ε 表示为生成对抗性样本而修改的输入特征的比例。

7.3.5 数据库安全测评

除了互联网领域常使用的关系型数据库（Oracle、MySQL 等）、键-值型数据库（Redis、Amazon DynamoDB 等）、文档存储数据库（MongoDB 等）之外，在工业互联网应用领域，时序数据库（Time Series DB）是应用广泛且非常重要的一类数据库。由于工业应用场景下，大量的数据都带有时序标签，且具有数据规模大、读写性能要求高等特点，传统关系型数据库已不能适应这类需求。时序数据库相对于传统关系型数据库，优化了数据的存储、改进了数据索引方式、提高了数据访问性能。虽然时序数据库具有和关系型数据库不同的访问 API 等，但从数据库使用的角度上讲，时序数据库和传统关系型数据库具有相似性。从安全的角度上讲，时序数据库也存在与传统数据库类似的安全问题。

对于时序数据库的安全测评，可在数据完整性保障、数据保密性、数据库灾备能力三个方面开展，具体如下。

- 检测系统是否在数据的存储和传输中采取了防篡改监测措施，并在监测到数据被篡改后能恢复受损数据。
- 检测系统是否在存储和传输中采取了数据加密及其他保密性措施，并对密钥进行了有效安全管理。
- 检测是否采取了专用通信协议及其他措施来防止数据库遭受攻击而导致数据泄露。
- 检测是否启用数据灾备功能，灾备设计是否满足要求。
- 检测数据库是否启用了"最小授权"策略以及是否采取了核实的自主访问控制、强制访问控制策略，防止数据被非授权访问。
- 检测数据库是否启用了审计，以追踪到数据库的存取或者修改操作。
- 可使用 Database Scanner、Scuba 等工具对数据库的安全配置及安全漏洞进行扫描。

7.4 工业应用程序安全测评

工业应用程序是为了解决特定问题、满足特定需要而将实践证明可行和可信的工业技术知识封装固化后所形成的一种面向工业场景的应用程序。工业应用程序安全风险种类繁多，例如根据《中国工业互联网安全态势报告（2020 年）》显示，在检查的 714 款工业 App 中，80% 的 App 存在界面劫持、动态注入、篡改/二次打包等风险。

针对工业应用程序的安全测评可通过漏洞扫描、压力测试、渗透测试和源代码审计等多个方法进行。

7.4.1 漏洞扫描

针对工业应用程序及运行环境的漏洞扫描是保障系统安全的主动防御措施。相关单位可通过这种方式及时了解工业应用程序及运行环境存在的已知漏洞，以便及时采取响应措施，避免系统"带病"运行从而导致可能的重大安全事故。针对工业应用程序的漏洞扫描一般可采用专门的工业漏洞扫描系统来进行，例如，360公司的360 IVSS产品系列的系统可对工业生成执行层、过程监控层、现场控制层的系统进行漏洞扫描。对于企业管理层的一般应用程序可采用互联网场景下的漏洞扫描工具来进行已知漏洞扫描，例如，通用漏洞扫描工具Nessus、Web应用扫描工具AppScan、数据库扫描工具AppDetective等。

7.4.2 压力测试

根据压力测试的实施流程，测试工业应用程序在不同压力输入情况下的效率状况以及系统可承受的压力极限。通过这种方式可帮助被测单位找到影响应用运行的性能瓶颈，可将其作为判断是否需要对应用系统进行优化或结构调整的依据，然后对系统资源进行合理优化，以提高应用服务的响应时间与吞吐量为最终目的。

针对具体的工业应用程序进行压力测试时，需要注意以下几个方面。

1) 要根据工业应用程序的具体访问服务点及通信规范，编写合理的测试程序或者测试脚本。为了让测试进程顺利执行，必须根据程序的实际访问规则合理地对测试数据进行参数化，方法如下。

- 找到需要参数化的域。可以通过比较测试脚本，找到需要参数化的域。
- 合理地设置输入数据。同时运行的一组测试数据有时需要具备唯一性，有时需要顺序性，有时需要随机性，有时需要数据在一个区间内，有时需要从数据库的某个表提取数据。总之，参数化后的数据应与原数据模式保持一致。

2) 一个测试脚本或测试程序往往包含多个事务的测试，模拟多用户的多个进程。即使运行同一个版本的测试程序，也难以保证测试事务能同时运行，这将影响对测试事务的响应时间的测试。因此应该设置合理的并发点，让所有进程都运行到并发点时再进行释放，使所有的进程能同时运行同一个事务。

3) 当运行测试程序时，还需要根据实际运行情况增加或减少并发的进程。此外，在测试运行时，要对一些测试数据进行自动记录，如响应时间、系统资源的使用情况等。

4) 如果测试失败，则必须分析失败的原因。如果是系统引起的，应反馈给设计人员修改后再进行测试；如果测试结果不满足预期需求，则应反馈给相关人员，以便进行系统或应用的优化调整。

7.4.3 渗透测试

基于渗透测试的工业应用程序安全测评，是站在攻击侧的角度模拟黑客的攻击方法，可以检验工业应用程序的安全性脆弱点。虽然渗透测试所采取的手段与黑客攻击相似，但与黑客攻击的显著区别是渗透测试是在不影响系统正常运行的情况下进行测试，且通过发现系统的脆弱性从而有针对性地进行查漏补缺，最终提高系统的安全性。

对工业应用程序的安全测评的具体做法如下。

（1）制定渗透测试方案

在进行渗透测试之前首先制定并完善测试方案。方案中应该包括的内容有渗透测试的目标、渗透测试的范围、渗透测试的时间及人员、渗透测试的计划、渗透测试方法、渗透所采用的测试工具、可能存在的风险及规避措施以及渗透测试过程管理。

渗透测试所采用的扫描及攻击工具应具有可控性，应保证工具本身的安全性。

渗透测试方案中应制定测试过程中当目标系统处于非正常状态时的恢复方案。渗透测试方案还应该制定保密措施，参与测试人员需签订保密协议，并在测试后将资料交还被测单位。

在进行渗透测试之前，还需要和被测单位进行详细磋商，告知测试的所有细节和风险点，测试方案需经被测单位书面签字同意才能实施。

（2）被测目标的信息收集

信息收集的方法有地址扫描、操作系统指纹探测、端口扫描、漏洞扫描等，对于扫描出的漏洞，可检索漏洞相关信息以及攻击测试代码。例如，使用 Metasploit 框架的 search 命令根据漏洞编号检索漏洞信息、使用 show exploit 查看是否有可用攻击代码。此外，针对工业应用程序的渗透测试除了关注应用程序本身的安全漏洞以外，平台的漏洞、中间件的漏洞、第三方工具的漏洞、操作系统的漏洞等也在测试范围内。这是因为工业应用程序必然依托底层的运行环境才能工作。

（3）渗透攻击的实施

在渗透测试实施中，可能出现两种情况：一种是目标存在重大安全弱点，在渗透攻击实施后可以直接控制目标系统；另一种是虽然目标没有重大安全弱点，但攻击实施后取得了普通用户权限，在这种情况下，可通过该普通权限进一步搜寻信息和脆弱点，看是否存在提升权限的途径。

（4）风险分析和撰写渗透测试报告

渗透测试完成，对渗透测试得到的数据进行分析，包括识别威胁及脆弱性以及风险控制措施。对被测目标进行综合评估，并向被测单位提交详细的渗透测试报告，报告要重点给出目标的风险点及明确的结论，此外还需要向被测单位提供合理的解决方案。

通过基于渗透测试的安全评估可以帮助被测单位掌握被测工业应用程序及运行环境的安全风险，并通过安全加固等措施提高目标的安全性。

7.4.4　源代码审计

从本质上来讲，应用程序的漏洞主要是由于应用程序开发者有意或无意的不安全编码产生的。通过源代码审计方法，既能够很好地杜绝程序中的后门，又能够筛查出潜在的漏洞威胁，如程序可能出现的缓冲区溢出漏洞、SQL 注入漏洞、XML 实体攻击漏洞、XSS 跨站脚本漏洞等。

1. 源代码审计原则

程序开发人员在编写程序时、源代码安全审计人员在审计代码时都应该遵循代码审计的原则，这样通过一次完整的代码审计，可以避免大部分应用程序的源代码漏洞。审计原则如下。

（1）零信任输入数据

据统计，由输入数据引起的安全问题占漏洞的比例高达 90%。所以对于程序代码中数据输入的格式、数据输入的长度以及数据的内容格式进行严格限定，能起到安全控制作用。

（2）遵循安全编码规范

遵循安全编码规范在代码开发阶段很有必要，软件系统因为编码规范、安全会更健壮，抵抗恶意攻击的能力也越强。源代码审计制定了相应技术的源代码安全规范，并在审查的过程中检查应用程序是否严格遵从现有的安全编码规范。一般，不同的开发语言都有相应的安全编码规范。

（3）反向思考

在源代码审计的过程中，需要审计人员站在攻击者的角度，从各个方面对代码的所有问题进行排查，对于异常问题的检查，要考虑到其波及范围和漏洞影响。

源代码在进行审计实施时，可采用自上而下、自下而上以及逻辑路径覆盖三种方法来进行。

1）自上而下的代码审计法跟踪了所有的外来输入，凡是有可能被用户恶意控制的变量和容易对内部变量造成污染的函数或者方法都被严格跟踪。一旦参数被接受，就顺着代码逻辑进行跟踪，一直到找到可能有安全威胁的代码或者所有的输入都被过滤或限定为安全为止。

2）自下而上的代码审计法则恰恰相反，自下而上的代码审计法是根据敏感函数的关键词字典，从应用点回溯器接受参数，一步一步向上跟踪，直到排除嫌疑或发现安全隐患为止。此方法需要审计人员对敏感函数的内部机理和使用方法非常了解，这样才能判断某些非法参数的输入是否会有安全风险。

3）逻辑路径覆盖方法是从生命周期和代码的逻辑上出发，人工或者使用工具来遍历代码逻辑上所有可能形成的路径，发现这些路径上可能存在的安全隐患。

2. 源代码审计技术

常用的源代码审计技术有基于数据流/控制流的分析技术、基于词法语法的分析技术、基于抽象语法树的语义分析以及基于规则检查的分析技术等。

（1）基于数据流/控制流的分析技术

基于数据流/控制流的分析技术是指在静态环境下，从程序源代码中收集语义信息，检测使用操作中和对变量的定义中是否存在安全问题。数据流/控制流分析主要是针对源程序代码上所有可能的逻辑路径和路径上所有变量的操作序列。但该方法存在一定的缺陷，如当信息量过大时，容易造成组合爆炸等。该方法主要应用在检测赋值引用异常及内存错误等方面。

（2）基于词法语法的分析技术

基于词法语法的分析技术一般是采用与CWE、CVE等安全漏洞库匹配的方法，这样能够检测出源代码中的不安全函数或漏洞个数和位置。该方法简单高效，但由于缺少源代码的语义信息等，加上漏洞库里面只包含已知漏洞，而那些未公开的漏洞则无法匹配检测，这样会导致检测漏报以及检测精度的下降，所以往往用在代码审计的前期阶段。

（3）基于抽象语法树的语义分析

基于抽象语法树的语义分析是通过扫描程序源代码，在去掉了冗余的语法结构后提取出源代码中的主要信息，然后通过抽象语法树来分析源代码的语义信息，从而清晰地掌握源代码中的全局信息和模块信息甚至局部信息。这样使得隐藏于源代码中的危险漏洞被检测出来，但是由于大多数安全漏洞比较复杂，所以此方法的检测能力和准确率还有待提高。

（4）基于规则检查的分析技术

基于规则检查的分析技术主要针对源代码中存在的一些通用漏洞的规则，首先该方法采用比较特定的语法来描述漏洞规则，然后用规则解析器来进行分析，将分析结果转换成系统能够识别的内部表达，同时采用图匹配和代码匹配来完成源代码的漏洞检测。在流程上，该方法比较完善，对于与安全编码规则相矛盾的源代码是很容易检测出来的。但是由于安全编码程序中所遵循的规则不能描述所有漏洞特征，所以只能够在已知的漏洞库中达到较好的检测效果，而对于0Day漏洞则效果欠佳。

基于源代码的审计技术可应用于工业应用程序的安全评测中，用于测评工业应用程序的脆弱性。此外，采用源代码审计进行安全评测时，一般先采用审计工具进行扫描检测，然后再进行人工审核。常用的源代码审计工具有Fortify SCA、FindBugs、PMD、CheckStyle等。

7.5 本章小结

本章首先介绍了工业互联网安全测评使用的相关技术，包括健壮性测试技术、压力测试技术、网络资产发现、端口扫描及漏洞扫描、漏洞挖掘技术和渗透测试技术，然后讲解了工业控制系统安全测评方法、工业互联网平台安全测评方法和工业应用程序安全测评方法。

7.6 思考与练习

1. 对系统进行压力测试包含哪几个流程？
2. 健壮性测试的目的是什么？
3. 列举说明利用Google Hacking等搜索引擎技术进行信息收集的方法。
4. 扫描器的功能有哪些？
5. 试说明漏洞挖掘有哪些常用方法？
6. 渗透测试的流程包含哪些内容？

第 8 章　工业互联网风险评估

安全是工业互联网健康发展的前提和保障，受到党中央、国务院的高度重视。国务院《关于深化"互联网+先进制造业"发展工业互联网的指导意见》中，将安全保障与网络、平台建设并列，成为工业互联网的三大体系之一。全面提升工业互联网安全保障能力，是促进工业互联网创新发展，推动现代化经济体系建设，护航制造强国和网络强国战略实施的应有之举。

在工业互联网建设、运行中，可能存在各种软硬件、设备缺陷以及系统集成缺陷等，工业互联网的安全管理中潜在的薄弱环节，都将导致不同程度的安全风险。安全保障的根本目的是风险管控，即通过好的手段或者手段的组合将风险控制在"合理可行的低"范围内。"合理可行的低"是指以尽量小的代价将可以避免的风险减至最小。

对工业互联网进行风险分析，可以了解工业互联网目前及未来风险所在，评估这些风险可能带来的安全威胁及其影响程度，可以为安全策略的确定、工业互联网的建立及安全运行提供依据。通过第三方权威或者国际机构评估和认证，也给用户提供了工业互联网可靠性的信心，增强产品、组织的竞争力。

本章首先介绍风险评估相关概念、风险评估实施过程，然后就工业互联网风险评估所涉及的关键技术进行介绍。

8.1　风险评估简介

工业互联网风险评估是从风险管理的角度，运用科学的方法和手段，系统分析工业互联网所面临的威胁及其存在的脆弱性，评估安全事件一旦发生可能造成的危害程度，为防范和化解工业互联网所面临的风险或者将风险控制在可接受的水平，制定有针对性的抵御威胁的防护对策和整改措施，以最大限度地为保障工业互联网提供科学依据。

如前所述，安全保障的根本目的是风险管控，通过好的手段（或者手段的组合）将风险控制在"合理可行的低"。因此，需要制定风险评价标准和接受原则。

8.1.1　风险评估标准

风险可接受程度对于不同行业，根据网络、平台、生产企业的系统、装置的具体条件不同，有着不同的准则。工业互联网属于新兴技术领域，要做到安全风险可接受准则和评价标准的科学、实用，技术上可行、应用上可操作，尚需一定时间。

2021年11月，工信部发布的《工业互联网综合标准化体系建设指南》中确定和工业互联网风险评估相关的标准有五个，见表8-1。

• 表8-1 工业互联网风险评估相关标准

总序号	分序号	标准名称	标准编号/计划编号	标准类型	制订/修订	推荐/强制	状态
371	1)	工业控制网络安全风险评估规范	GB/T 26333—2010	国家标准	制订	推荐	现行
372	2)	信息安全技术 工业控制系统风险评估实施指南	GB/T 36466—2018	国家标准	制订	推荐	现行
373	3)	工业互联网平台安全风险评估规范	2019—0024 T-YD	行业标准	制订	推荐	制定中
374	4)	工业互联网数控加工制造系统信息安全风险评估要求	2019—0028 T-YD	行业标准	制订	推荐	制定中
375	5)	工业互联网安全风险评估规范					待制定

从表8-1可以看出，专门应用于工业互联网的风险评估标准还有待制定，已发布的GB/T 36466—2018《信息安全技术 工业控制系统风险评估实施指南》在GB/T 20984—2007《信息安全技术 信息安全风险评估规范》（以下简称GB/T 20984—2007）的基础上进行了改进，适用于工业控制系统的风险评估。GB/T 20984—2007是信息安全风险评估通用标准，2022年4月发布的GB/T 20984—2022《信息安全技术 信息安全风险评估方法》（以下简称GB/T 20984—2022），于2022年11月1日正式实施，并全面代替GB/T 20984—2007。

按照遵循新标准的原则，目前进行工业互联网风险评估，可结合被评估对象特点、实际应用要求，参照通用标准GB/T 20984—2022开展。

8.1.2 风险评估要素

风险评估基本要素包括资产、威胁、脆弱性和安全措施。资产是安全策略的保护对象，对组织具有价值的任何东西都是资产。威胁指对资产或组织可能造成负面结果的一个事件的潜在源。脆弱性指资产中存在的弱点。风险评估要素及其之间的关系如图8-1所示。

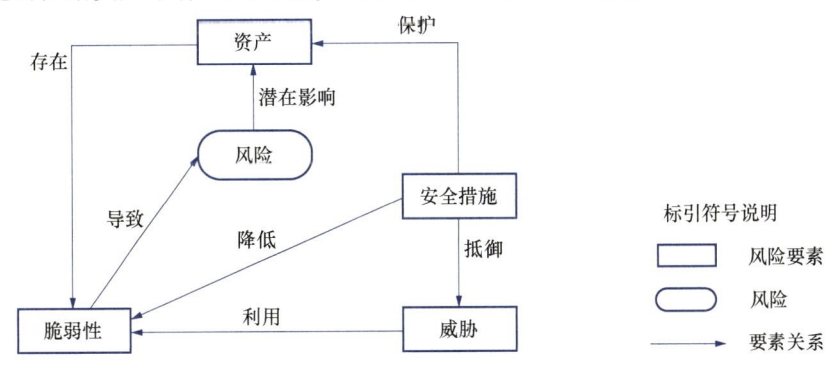

• 图8-1 风险评估要素及其之间关系

从图 8-1 中可以看出风险评估基本要素之间具有如下关系。
- 风险要素的核心是资产，而资产存在脆弱性。
- 威胁通过利用资产存在的脆弱性导致风险。
- 安全措施的实施通过降低资产脆弱性被利用难易程度，抵御外部威胁，以实现对资产的保护。
- 风险转化成安全事件后，会对资产的运行状态产生影响。

风险分析时，应综合考虑资产、威胁、脆弱性和安全措施等要素。

8.1.3 风险评估方法

风险评估方法的选择直接影响到评估过程中的各个环节，甚至可以左右最终的评估结果，所以需要根据系统的具体情况，选择合适的风险评估方法。风险评估的方法可分为三大类：定量风险评估方法、定性评估方法、定性与定量相结合的评估方法。

1. 定量评估方法

定量评估方法是指运用数量指标来对风险进行评估，通过对风险相关的所有要素（资产价值、威胁频率、弱点利用程度、安全措施的效率和成本等）赋值实现对风险评估结果的量化。典型的定量分析方法有因子分析法、聚类分析法、风险图法（如时序模型、回归模型等）、决策树法等。定量评估中涉及的几个重要概念如下。

1) 暴露因子（Exposure Factor，EF）：特定威胁对特定资产造成损失的百分比，即损失的程度。

2) 单一损失期望（Single Loss Expectancy，SLE）：即特定威胁可能造成的潜在损失总量。

3) 年度发生率（Annualized Rate of Occurrence，ARO）：威胁在一年内估计会发生的频率。

4) 年度损失期望（Annual Loss Expectancy，ALE）：特定资产在一年内遭受损失的预期值。

定量分析的过程如下：
1) 识别资产并为资产赋值。
2) 通过威胁和弱点评估，评估特定威胁作用于特定资产所造成的影响，即确定 EF（取值为 0~100%）。
3) 计算特定威胁发生的概率，即 ARO。
4) 计算资产的 SLE：SLE=总资产值×EF。
5) 计算资产的 ALE：ALE=SLE×ARO。

【例 8-1】 假定某公司投资 500 000 美元建立了一个网络运营中心，其最大威胁是火灾，一旦火灾发生，网络运营中心的估计损失程度 EF=45%，根据消防部门推断，该网络运营中心所处的地区每 5 年会发生一次火灾，于是得出 ARO=0.2。基于以上数据，该公司网络运营中心的 ALE 将是 500 000×45%×0.2=45 000 美元。

可以看到，对定量分析来说，EF 和 ARO 两个指标最为关键。

定量评估方法的优点是用客观、直观的数据来表述评估的结果，看起来一目了然，有时，一个数据所能够说明的问题可能是用一大段文字也不能够阐述清楚的，使用定量分析方法可以使研究结果更科学、更严密、更深刻。缺点是常常为了量化，使本来比较复杂的事物简单化、模糊化了，有的风险因素被量化以后还可能被误解和曲解。

2. 定性评估方法

定性评估方法是主要依据研究者的知识、经验、历史教训、政策走向及特殊变例等非量化资料对系统风险状况做出判断的过程。它主要以与调查对象的深入访谈做出的个案为基本资料，然后通过一个理论推导演绎的分析框架，对资料进行编码整理，以此基础得出调查结论，如将风险管理各要素（如资产威胁的可能性、脆弱点被利用的容易度等）的大小或高低程度定性分级，如高、中、低三级。典型的定性分析方法有因素分析法、逻辑分析法、历史比较法、德尔菲法。

定性评估方法的优点是避免了定量方法的缺点，可以挖掘出一些蕴藏得很深的思想，评估结论更全面、更深刻；但它的主观性很强，往往需要凭借分析者的经验和直觉或行业的标准和惯例，对评估者本身的要求很高。与定量分析方法相比，定性分析较为主观，精确性不够，而定量分析较为客观，比较准确。此外，定量分析的结果直观，容易理解，而定性分析的结果则很难有统一的解释。我国信息安全风险评估标准 GB/T 20984—2022 中对资产重要性、脆弱性的严重程度、威胁发生的可能性等均采用定性评估方法。

3. 定性与定量相结合的评估方法

安全风险评估是一个复杂的过程，需要考虑的因素很多，有些评估要素可以用量化的形式来表达，而对有些要素的量化又是很困难甚至是不可能的，所以并不主张在风险评估过程中一味地追求量化，也不认为一切量化的风险评估过程都是科学、准确的。

一般认为定量分析是定性分析的基础和前提，定性分析应建立在定量分析的基础上才能揭示客观事物的内在规律。定性分析则是灵魂，是形成概念、观点、做出判断、得出结论所必须依靠的，在复杂的信息安全风险评估过程中，不能将定性分析和定量分析两种方法简单地割裂开来，而应该将这两种方法融合起来，采用综合的评估方法。

8.1.4　风险评估的工作形式

GB/T 20984—2022 中指出安全风险评估的工作方式有自评估、检查评估两种形式。

1. 自评估

自评估是指评估对象的拥有、运营或使用单位发起的对本单位进行的风险评估。自评估应在风险评估标准的指导下，结合评估对象特定的安全要求实施。

周期性进行的自评估可以在评估流程上适当简化，重点针对自上次评估后评估对象发生变化而引入的新威胁以及脆弱性的完整识别，以便于对两次评估结果进行比对。但评估对象发生重大变更，如增加新的应用或应用发生较大变更、网络结构和连接状况发生较大变更、技术平台大规模更新、系统扩容或改造、发生重大安全事件后，或基于某些运行记录怀疑将发生重大安全事件时，应进行完整的自评估。

自评估可由发起方实施或委托风险评估服务技术支持方实施。由发起方实施的评估可以降低实施的费用、提高相关人员的安全意识，但可能由于缺乏风险评估的专业技能，其结果不够深入准确；同时，受到组织内部各种因素的影响，其评估结果的客观性易受影响。委托风险评估服务技术支持方实施的评估，过程比较规范，评估结果的客观性比较好，可信程度较高；但由于受到行业知识技能及业务了解的限制，对评估对象的了解（尤其是在业务方面的特殊要求）存在一定的局限。由于引入风险评估服务技术支持方本身就是一个风险因素，因此，对其背景与资质、评估过程与结果的保密要求等方面应进行控制。

此外，为保证风险评估的实施，与评估对象关联的相关方也应配合，以防止给其他方的使用带来困难或引入新的风险。

2. 检查评估

检查评估是指评估对象上级管理部门组织的或国家有关职能部门开展的风险评估。

检查评估可依据标准的要求，实施完整的风险评估过程。检查评估也可在自评估实施的基础上，对关键环节或重点内容实施抽样评估，包括（但不限于）以下内容：自评估队伍及技术人员审查；自评估方法的检查；自评估过程控制与文档记录检查；自评估资产列表审查；自评估威胁列表审查；自评估脆弱性列表审查；现有安全措施有效性检查；自评估结果审查与采取相应措施的跟踪检查；自评估技术技能限制未完成项目的检查评估；上级关注或要求的关键环节和重点内容的检查评估；软硬件维护制度及实施管理的检查；突发事件应对措施的检查等。

检查评估也可委托风险评估服务技术支持方实施，但评估结果仅对检查评估的发起单位负责。由于检查评估代表了主管机关，涉及评估对象也往往较多，因此，要对实施检查评估机构的资质进行严格管理。

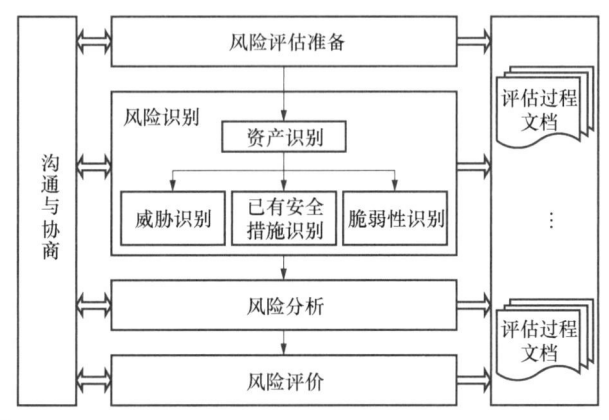

8.2 风险评估实施过程

风险评估实施过程分为风险评估准备、风险识别、风险分析和风险评价四个阶段，如图 8-2 所示。

风险评估准备是整个风险评估过程有效的保证和基础。信息安全风险评估是一项复杂的、系统化的活动，为了保证评估过程的可控性以及评估结果的客观性，在风险评估实施前应进行充分准备，并制订计划。

风险识别是指发现和列出风险要素并赋值，得到资产价值、威胁发生的可能性、脆弱性的严重程度及安全事件的影响程度。

在风险识别的基础上进行风险分析，依据风险计算方法，得到系统资产的风险值。

● 图 8-2 风险评估实施过程

最后根据风险评价准则对系统资产风险计算结果进行等级处理。

风险评估工作是持续性的活动，当评估对象的政策环境、外部威胁环境、业务目标、安全目标等发生变化时，应重新开展风险评估。

8.2.1 风险评估准备

由于风险评估受到组织的业务战略、业务流程、安全需求、系统规模和结构等方面的影响，因此，在风险评估实施前，应充分做好评估前的各项准备工作。此阶段工作如下。

（1）确定风险评估目标

在考虑风险评估的工作形式、生命周期中所处阶段、被评估单位的安全评估需求的基础上，确定风险评估目标。

风险评估应贯穿于评估对象生命周期各阶段中。评估对象生命周期各阶段中涉及的风险评估原则和方法是一致的，但由于各阶段的实施内容、对象、安全需求不同，使得风险评估的对象、目的要求等各方面也有所不同。在规划设计阶段，通过风险评估以确定评估对象的安全目标；在建设验收阶段，通过风险评估以确定评估对象的安全目标达成与否；在运行维护阶段，要持续地实施风险评估以识别评估对象面临的不断变化的风险和脆弱性，从而确定安全措施的有效性，确保安全目标得以实现。因此，每个阶段风险评估的具体实施应根据该阶段的特点有所侧重。

（2）确定风险评估的对象、范围和边界

风险评估的范围可能是组织全部的信息及与信息处理相关的各类资产、管理机构，也可以是某个独立的信息系统、关键业务流程、与客户知识产权相关的系统或部门等。

实施一次风险评估的范围可大可小，需要根据具体评估需求确定，可以对组织全部的信息系统进行评估，也可以仅对关键业务流程进行评估，还可以对组织关键部门的信息系统进行评估。确定评估范围时，应结合已确定的评估目标和组织的实际信息系统建设情况，合理定义评估对象和评估范围边界。

（3）组建评估团队

在确定风险评估的目标、范围后，需要组建风险评估团队，具体执行组织的风险评估。由于风险评估涉及组织管理、业务、信息资产等各个方面，因此风险评估团队中除了信息安全风险评估专业人员外，还需要有组织管理层、相关业务骨干、信息安全运营管理人员等的参与，以便更好地了解组织信息安全状况，以利于风险评估的实施。必要时，可组建由评估方、被评估方领导和相关部门负责人参加的风险评估领导小组，聘请相关专业的技术专家和技术骨干组成专家小组。

评估实施团队应做好评估前的表格、文档、检测工具等各项准备工作，进行风险评估技术培训和保密教育，制定风险评估过程管理相关规定。可根据被评估方的要求，双方签署保密合同，必要时签署个人保密协议。

（4）开展前期调研

在确定了风险评估的目标、范围、团队后，要进行前期调研，前期调研是确定被评估对象的过程，风险评估小组应进行充分的系统调研，为风险评估依据和方法的选择、评估内容的实施奠定基础。系统调研内容有系统安全保护等级、主要业务功能和要求、网络结构与网络环境，包括内部连接和外部连接、系统边界、主要硬件和软件、数据和信息、系统和数据的敏感性、支持和使用系统的人员、信息安全管理组织建设和人员配备情况、信息安全管理制度、法律法规及服务合同等内容。

系统调研可采取问卷调查、现场面谈相结合的方式进行。

（5）确定评估依据

根据风险评估目标以及系统调研结果，确定评估依据和评估方法。评估依据如下。

- 适用的法律、法规。
- 现有国际标准、国家标准、行业标准。
- 行业主管机关的业务系统的要求和制度。
- 与信息系统安全保护等级相应的基本要求。
- 被评估组织的安全要求。
- 系统自身的实时性或性能要求等。

根据评估依据，应根据被评估对象的安全需求来确定风险计算方法，使之能够与组织环境和安全要求相适应。

（6）建立风险评价准则

组织应在考虑国家法律法规要求及行业背景和特点的基础上，建立风险评价准则，以实现对风险的控制与管理。建立风险评价准则能够对风险评估的结果进行等级化处理；也能实现对不同风险的直观比较；能确定组织后期的风险控制策略。

风险评价准则应满足以下要求。

- 符合组织的安全策略或安全需求。
- 满足利益相关方的期望。
- 符合组织业务价值。

（7）制定评估方案

风险评估方案是评估工作实施活动总体计划，用于管理评估工作的开展，使评估各阶段工作可控，并作为评估项目验收的主要依据之一。风险评估方案应得到被评估组织的确认和认可。风险评估方案的内容如下。

- 风险评估工作框架：包括评估目标、评估范围和评估依据等。
- 评估团队组织：包括评估小组成员、组织结构、角色、责任；如有必要还应包括风险评估领导小组和专家组组建介绍等。
- 评估工作计划：包括各阶段工作内容、工作形式、工作成果等。
- 风险规避：包括保密协议、评估工作环境要求、评估方法、工具选择、应急预案等。
- 时间进度安排：评估工作实施的时间进度安排。
- 项目验收方式：包括验收方式、验收依据、验收结论定义等。

（8）获得最高管理者支持

评估方案需得到组织最高管理者的支持和批准。

就上述内容形成较为完整的风险评估实施方案，并报组织最高管理者批准，以获得其对风险评估方案的支持，同时在组织范围内就风险评估相关内容对管理者和技术人员进行培训，以明确有关人员在风险评估中的任务。

8.2.2 资产识别

资产识别是风险评估的核心环节。资产是对组织具有价值的信息或资源，是安全策略保护的对象。在风险评估工作中，风险的重要因素都以资产为中心，威胁、脆弱性以及风险都是针对资产而客观存在的。威胁利用资产自身的脆弱性，使得安全事件的发生成为可能，从而形成了安全风险。这些安全事件一旦发生，对具体资产甚至是整个信息系统都将造成一定的影响，从而对组织的利益造成影响。因此，资产是风险评估的重要对象。

不同价值的资产受到同等程度破坏时对组织造成的影响程度不同。资产价值是资产重要程度或敏感程度的表征。识别资产并评估资产价值是风险评估的一项重要内容。

资产按照层次可划分为业务资产、系统资产、系统组件和单元资产，如图8-3所示。因此，资产识别应从三个层次进行。

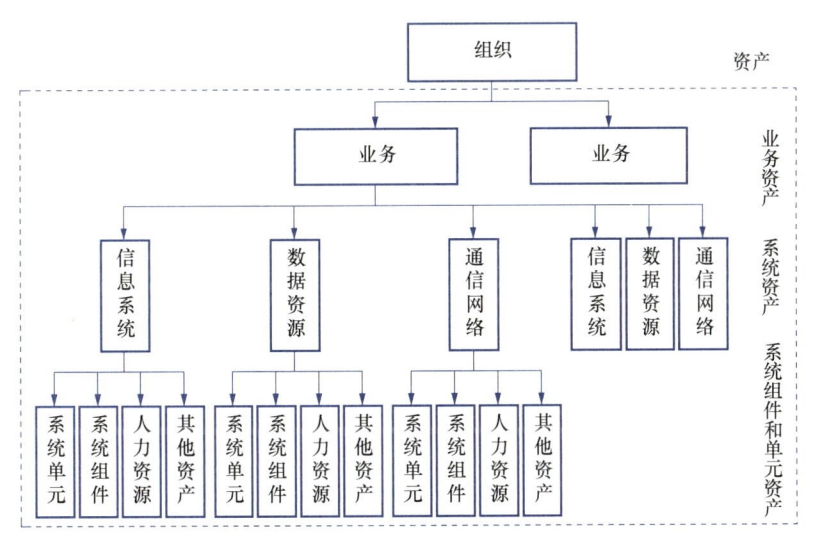

●图 8-3 资产层次图

1. 业务识别

业务是实现组织发展规划的具体活动，业务识别是风险评估的关键环节。

（1）识别内容

业务识别主要识别业务的功能、对象、流程和范围等，包括业务的属性、定位、完整性和关联性识别。业务的定位主要识别业务在发展规划中的地位。业务的完整性主要识别其为独立业务或非独立业务。业务的关联性识别主要识别与其他业务之间的关系。业务识别内容的参考见表8-2。

●表 8-2 业务识别内容表

识别内容	示 例
属性	业务功能、业务对象、业务流程、业务范围、覆盖地域等
定位	发展规划中的业务属性和职能定位、与发展规划目标的契合度、业务布局中的位置和作用、竞争关系中竞争力强弱等
完整性	独立业务：业务独立，整个业务流程和环节闭环。 非独立业务：业务属于业务环节的某一部分，可能与其他业务具有关联性

(续)

识别内容	示 例
关联性	关联类别：并列关系（业务与业务间的并列关系包括业务间相互依赖或单向依赖、业务间共用同一信息系统、业务属于同一业务流程的不同业务环节等）、父子关系（业务与业务之间存在包含关系等）、间接关系（通过其他业务或者其他业务流程产生的关联性等）。 关联程度：如果被评估业务遭受重大损害，将会造成关联业务无法正常开展，此类关联为紧密关联，其他为非紧密关联

业务识别数据应来自熟悉组织业务结构的业务人员或管理人员。业务识别既可通过访谈、文档查阅、资料查阅，还可通过对信息系统进行梳理后总结整理进行补充。

（2）业务重要性赋值

应根据业务的重要程度进行等级划分，并对其重要性进行赋值。业务重要性赋值的参考见表8-3。

• 表8-3 业务重要性赋值表

赋值	标识	定 义
5	很高	业务在规划中极其重要，在发展规划中的业务属性及职能定位层面具有重大影响，在规划的发展目标层面中短期目标或长期目标中占据极其重要的地位
4	高	业务在规划中较为重要，在发展规划中的业务属性及职能定位层面具有较大影响，在规划的发展目标层面中短期目标或长期目标中占据较为重要的地位
3	中等	业务在规划中具有一定重要性，在发展规划中的业务属性及职能定位层面具有一定影响，在规划的发展目标层面中短期目标或长期目标中占据重要的地位
2	低	业务在规划中具有一定重要性，在发展规划中的业务属性及职能定位层面影响较低，在规划的发展目标层面中短期目标或长期目标中占据一定的地位
1	很低	业务在规划中具有一定重要性，在发展规划中的业务属性及职能定位层面影响很低，在规划的发展目标层面中短期目标或长期目标中占据较低的地位

业务的关联性会对业务的重要性造成影响。若被评估业务与高于其重要性赋值的业务具有紧密关联关系，则该业务重要性赋值应在原赋值基础上进行调整。存在紧密关联业务影响时的业务重要性赋值调整方法见表8-4。

• 表8-4 业务重要性赋值调整方法表

赋值	标识	定 义
5	很高	业务重要性为4，紧密关联业务的重要性为5，该业务重要性调整为5
4	高	业务重要性为3，紧密关联业务的重要性为4以上（含），该业务重要性调整为4
3	中等	业务重要性为2，紧密关联业务的重要性为3以上（含），该业务重要性调整为3
2	低	业务重要性为1，紧密关联业务的重要性为2以上（含），该业务重要性调整为2

2. 系统资产识别

（1）识别内容

系统资产识别包括资产分类和业务承载性识别两个方面。

在一个组织中，资产的存在形式多种多样，不同类别资产具有的资产价值、面临的威胁、拥有的脆弱性、可采取的安全措施都不同。对资产进行分类既有助于提高资产识别的效率，又有利于整体的风险评估。

业务是组织存在的必要前提，信息系统承载业务。信息系统的正常运行可以保证业务的正常开展，关乎组织的利益。通过资产调查，应确定评估对象中包含哪些信息系统、每个信息系统处理哪些种类的业务、每种业务包括哪些具体业务功能以及相关业务处理的流程。分析并清楚理解各种业务功能和流程，有利于分析系统中的数据流向及其安全保证要求。

系统资产识别的主要内容描述见表8-5。系统资产分类包括信息系统、数据资源和通信网络，业务承载性包括承载类别和关联程度。

● 表 8-5　系统资产识别的主要内容描述表

识别内容	示例
分类	信息系统：信息系统是指由计算机硬件、计算机软件、网络和通信设备等组成的，并按照一定的应用目标和规则进行信息处理或过程控制的系统。典型的信息系统如门户网站、业务系统、云计算平台、工业控制系统等。 数据资源：数据是指任何以电子或者非电子形式对信息的记录。数据资源是指具有或预期具有价值的数据集。在进行数据资源风险评估时，应将数据活动及其关联的数据平台进行整体评估。数据活动包括数据采集、数据传输、数据存储、数据处理、数据交换、数据销毁等。 通信网络：通信网络是指以数据通信为目的，按照特定的规则和策略，将数据处理节点、网络设备设施互联起来的一种网络。将通信网络作为独立评估对象时，一般是指电信网、广播电视传输网和行业或单位的专用通信网等以承载通信为目的的网络
业务承载性	承载类别：系统资产承载业务信息采集、传输、存储、处理、交换、销毁过程中的一个或多个环节。 关联程度：业务关联程度（如果资产遭受损害，将会对承载业务环节运行造成的影响，并综合考虑可替代性）、资产关联程度（如果资产遭受损害，将会对其他资产造成的影响，并综合考虑可替代性）

（2）系统资产价值赋值

对资产的赋值不仅要考虑资产的经济价值，更重要的是要考虑资产的安全状况（即资产的保密性、完整性和可用性）对组织业务承载性的影响程度。举个例子来说，美国微软公司若丢失了一台存有最新版本 Windows 操作系统源代码的笔记本计算机，这个计算机丢失事件的发生对微软公司业务造成的损失要比资产本身（笔记本计算机）的价值大得多。

资产赋值的过程也就是对资产在保密性、完整性、可用性和业务承载性上的要求进行分析，并在此基础上得出综合结果的过程。资产对保密性、完整性和可用性上的要求可由安全属性缺失时造成的影响来表示，这种影响可能造成某些资产的损害以致危及信息系统，还可能导致经济利益、市场份额、组织形象的损失。系统资产价值应依据资产的保密性、完整性和可用性赋值，结合业务承载性、业务重要性进行综合计算，并设定相应的评级方法进行价值等级划分，等级越高表示资产越重要。

1）资产保密性赋值方法。根据资产在保密性上的不同要求，可将其分为 5 个等级，分别对应资产在保密性上应达成的程度或者保密性缺失时对资产造成的影响。保密性赋值的参考见表8-6。

• 表 8-6　资产保密性赋值表

赋值	标识	定　义
5	很高	资产的保密性要求非常高，一旦丢失或泄露会对资产造成重大的或无法接受的影响
4	高	资产的保密性要求较高，一旦丢失或泄露会对资产造成较大影响
3	中等	资产的保密性要求中等，一旦丢失或泄露会对资产造成影响
2	低	资产的保密性要求较低，一旦丢失或泄露会对资产造成轻微影响
1	很低	资产的保密性要求非常低，一旦丢失或泄露会对资产造成的影响可以忽略

2）资产完整性赋值方法。根据资产在完整性上的不同要求，可将其分为 5 个等级，分别对应资产在完整性上应达成的程度或者完整性缺失时对资产造成的影响。完整性赋值的参考见表 8-7。

• 表 8-7　资产完整性赋值表

赋值	标识	定　义
5	很高	资产的完整性要求非常高，未经授权的修改或破坏会对资产造成重大的或无法接受的影响
4	高	资产的完整性要求较高，未经授权的修改或破坏会对资产造成较大影响
3	中等	资产的完整性要求中等，未经授权的修改或破坏会对资产造成影响
2	低	资产的完整性要求较低，未经授权的修改或破坏会对资产造成轻微影响
1	很低	资产的完整性要求非常低，未经授权的修改或破坏对资产造成的影响可以忽略

3）资产可用性赋值方法。根据资产在可用性上的不同要求，可将其分为 5 个等级，分别对应资产在可用性上应达成的程度或者可用性缺失时对资产造成的影响。可用性赋值的参考见表 8-8。

• 表 8-8　资产可用性赋值表

赋值	标识	定　义
5	很高	资产的可用性要求非常高，合法使用者对资产的可用度达到年度 99.9% 以上，或系统不准许中断
4	高	资产的可用性要求较高，合法使用者对资产的可用度达到每天 90% 以上，或系统允许中断时间小于 10 min
3	中等	资产的可用性要求中等，合法使用者对资产的可用度在正常工作时间达到 70% 以上，或系统允许中断时间小于 30 min
2	低	资产的可用性要求较低，合法使用者对资产的可用度在正常工作时间达到 25% 以上，或系统允许中断时间小于 60 min
1	很低	资产的可用性要求非常低，合法使用者对资产的可用度在正常工作时间低于 25%

4）系统资产业务承载性赋值方法。根据系统资产对所承载业务的影响不同，可将其分为 5 个等级，分别对应系统资产在业务承载性上应达成的不同程度或者资产安全属性被破坏时对业务的影响程度。系统资产业务承载性赋值的参考见表 8-9。

• 表 8-9　系统资产业务承载性赋值表

赋值	标识	定　义
5	很高	资产对于某种业务的影响非常大，其安全属性被破坏后可能对业务造成非常严重的损失
4	高	资产对于某种业务的影响比较大，其安全属性被破坏后可能对业务造成比较严重的损失
3	中等	资产对于某种业务的影响一般，其安全属性被破坏后可能对业务造成中等程度的损失
2	低	资产对于某种业务的影响较低，其安全属性被破坏后可能对业务造成较低的损失
1	很低	资产对于某种业务的影响非常低，其安全属性被破坏后对业务造成很小的损失，甚至可以忽略不计

5）资产价值赋值。资产价值应依据资产保密性、完整性和可用性的赋值等级，经综合评定确定。综合评定的方法可根据信息系统所承载的业务对不同安全属性的依赖程度，选择资产保密性、完整性和可用性最为重要的一个属性的赋值等级作为资产的最终赋值结果；也可以根据资产保密性、完整性和可用性的不同等级对其赋值进行加权计算得到资产的最终赋值结果，这个加权方法可根据组织的业务特点确定。评估小组可根据资产赋值结果确定关键资产范围，并围绕关键资产进行后续的风险评估工作。系统资产价值等级划分的描述见表 8-10。

• 表 8-10　系统资产价值等级表

等级	标识	系统资产价值等级描述
5	很高	综合评价等级为很高，安全属性被破坏后对组织造成非常严重的损失
4	高	综合评价等级为高，安全属性被破坏后对组织造成比较严重的损失
3	中等	综合评价等级为中，安全属性被破坏后对组织造成中等程度的损失
2	低	综合评价等级为低，安全属性被破坏后对组织造成较低的损失
1	很低	综合评价等级为非常低，安全属性被破坏后对组织造成很小的损失，甚至可以忽略不计

3. 系统组件和单元资产识别

（1）识别内容

系统组件和单元资产分类包括系统组件、系统单元、人力资源和其他资产。系统组件和单元资产应分类识别，系统组件和单元资产识别的主要内容描述见表 8-11。

• 表 8-11　系统组件和单元资产识别表

分　类	示　例
系统单元	计算机设备：大型机、小型机、服务器、工作站、台式计算机、便携计算机等。 存储设备：磁带机、磁盘阵列、磁带、光盘、软盘、移动硬盘等。 智能终端设备：感知节点设备（物联网感知终端）、移动终端等。 网络设备：路由器、网关、交换机等传输线路，光纤、双绞线等。 安全设备：防火墙、入侵检测/防护系统、防病毒网关、VPN 等
系统组件	应用系统：用于提供某种业务服务的应用软件集合。 应用软件：办公软件、各类工具软件、移动应用软件等。 系统软件：操作系统、数据库管理系统、中间件、开发系统、语句包等。 支撑平台：支撑系统运行的基础设施平台，如云计算平台、大数据平台等。 服务接口：系统对外提供服务以及系统之间的信息共享边界，如云计算 PaaS 层服务向其他信息系统提供的服务接口等

(续)

分类	示例
人力资源	运维人员：对基础设施、平台、支撑系统、信息系统或数据进行运维的网络管理员、系统管理员等。 业务操作人员：对业务系统进行操作的业务人员或管理员等。 安全管理人员：安全管理员、安全管理领导小组等。 外包服务人员：外包运维人员、外包安全服务或其他外包服务人员等
其他资产	保存在信息媒介上的各种数据资料：源代码、数据库数据、系统文档、运行管理规程、计划、报告、用户手册、各类纸质的文档等。 办公设备：打印机、复印机、扫描仪、传真机等。 保障设备：UPS、变电设备、空调、保险柜、文件柜、门禁、消防设施等。 服务：为了支撑业务、信息系统运行、信息系统安全、采购的服务等，如知识产权、版权、专利等

（2）系统组件和单元资产价值赋值

所有资产均可作为安全管理脆弱性测试的测试对象。系统组件和单元资产价值应依据其保密性、完整性、可用性赋值进行综合计算，并设定相应的评级方法进行价值等级划分，等级越高表示资产越重要。系统组件和单元资产价值等级划分的描述见表8-12。资产保密性、完整性、可用性赋值方法同系统资产赋值。

• 表8-12 系统组件和单元资产价值等级表

等级	标识	系统组件和单元资产价值等级描述
5	很高	综合评价等级为很高，安全属性被破坏后对业务和系统资产造成非常严重的影响
4	高	综合评价等级为高，安全属性被破坏后对业务和系统资产造成比较严重的影响
3	中等	综合评价等级为中，安全属性被破坏后对业务和系统资产造成中等程度的影响
2	低	综合评价等级为低，安全属性被破坏后对业务和系统资产造成较低的影响
1	很低	综合评价等级为非常低，安全属性被破坏后对业务和系统资产造成很小的影响，甚至可以忽略不计

8.2.3 威胁识别

威胁是指可能导致危害系统或组织的不希望事故的潜在起因。威胁是客观存在的，无论对于多么安全的信息系统，它都存在。威胁的存在，使组织和信息系统存在风险。因此，风险评估工作中，需全面、准确地了解组织和信息系统所面临的各种威胁。

1. 威胁识别内容

威胁识别的内容包括威胁的来源、种类、主体、动机、时机和频率。

（1）来源

在对威胁进行分类前，应识别威胁的来源。威胁来源包括环境、意外和人为三类，环境包括断电、静电、灰尘、潮湿温度、电磁干扰、火灾、地震等环境危害或自然灾害；意外指非人为因素导致的软件、硬件、数据、通信线路等方面的故障，或者依赖的第三方平台或者信息系统等方面的故障；还有人为因素导致资产的保密性、完整性和可用性遭到破坏。

（2）种类

根据威胁来源的不同，威胁可划分为未来损害、自然灾害、信息损害、未授权行为、技术失效等威胁种类。

(3) 主体

威胁主体依据人为和环境进行区分，依据人为因素可分为国家、组织团体和个人，依据环境因素可分为一般的自然灾害、较为严重的自然灾害和严重的自然灾害。

(4) 动机

威胁动机是指引导、激发人为威胁进行某种活动，对组织业务、资产产生影响的内部动力和原因。威胁动机可划分为恶意动机和非恶意动机，恶意动机包括攻击、破坏、窃取等，非恶意动机包括误操作、好奇心等。

(5) 时机

威胁时机可划分为普通时期、特殊时期和自然规律。

(6) 频率

威胁出现的频率应根据经验和有关的统计数据来进行判断，综合考虑以下四个方面，形成特定评估环境中各种威胁出现的频率。

- 以往安全事件报告中出现过的威胁及其频率统计。
- 实际环境中通过检测工具以及各种日志发现的威胁及其频率统计。
- 实际环境中监测发现的威胁及其频率统计。
- 近期公开发布的社会或特定行业威胁及其频率统计，以及发布的威胁预警。

威胁出现的频率应进行等级化处理，不同等级分别代表威胁出现频率的高低。等级数值越大，威胁出现的频率越高。威胁的频率应参考与组织、行业和区域有关的统计数据进行判断。威胁频率的赋值方法见表8-13。其中，威胁时机对威胁频率有调整作用。

• 表 8-13 威胁频率赋值方法表

等级	标识	威胁频率等级描述
5	很高	出现的频率很高、在大多数情况下几乎不可避免或可以证实经常发生过
4	高	出现的频率较高、在大多数情况下很有可能会发生或可以证实多次发生过
3	中等	出现的频率中等、在某种情况下可能会发生或被证实曾经发生过
2	低	出现的频率较小、一般不太可能发生或没有被证实发生过
1	很低	威胁几乎不可能发生或仅可能在非常罕见和例外的情况下发生

组织及业务所处的地域和环境决定了威胁的来源、种类、动机，进而决定了威胁的能力，即威胁来源完成对组织业务、资产产生影响的活动所具备的资源和综合素质。

2. 威胁赋值

依据威胁的行为能力和频率，结合威胁发生的时机，进行综合计算对威胁赋值，并设定相应的评级方法进行等级划分，等级越高表示威胁利用脆弱性的可能性越大。特定威胁行为能力划分的描述见表8-14，威胁赋值等级划分的描述见表8-15。

• 表 8-14 特定威胁行为能力赋值表

等级	标识	特定威胁行为能力等级描述
3	高	恶意动力高，可调动资源多；严重自然灾害
2	中	恶意动力高，可调动资源少；恶意动力低，可调动资源多；非恶意或意外，可调动资源多；较严重自然灾害
1	低	恶意动力低，可调动资源少；非恶意或意外；一般自然灾害

• 表 8-15　威胁赋值表

等　级	标　识	威胁等级描述
5	很高	根据威胁的行为能力、频率和时机，综合评价等级为很高
4	高	根据威胁的行为能力、频率和时机，综合评价等级为高
3	中等	根据威胁的行为能力、频率和时机，综合评价等级为中
2	低	根据威胁的行为能力、频率和时机，综合评价等级为低
1	很低	根据威胁的行为能力、频率和时机，综合评价等级为很低

8.2.4　脆弱性识别

脆弱性是资产自身存在的，如没有被威胁利用，脆弱性本身不会对资产造成损害。例如，信息系统足够健壮，威胁便难以导致安全事件的发生。也就是说，威胁通过利用资产的脆弱性才可能造成危害。因此，组织一般通过尽可能消减资产的脆弱性，来阻止或消减威胁造成的影响，所以脆弱性识别是风险评估中最重要的一个环节。

1. 识别内容

如果脆弱性没有对应的威胁，则无须实施控制措施，但应注意并监视它们是否发生变化。相反，如果威胁没有对应的脆弱性，也不会导致风险。应注意，控制措施的不合理实施、控制措施故障或控制措施的误用本身也是脆弱性。控制措施因其运行的环境，可能有效或无效。

脆弱性可从技术和管理两个方面进行审视。技术脆弱性涉及 IT 环境的物理层、网络层、系统层、应用层等各个层面的安全问题或隐患。管理脆弱性又可分为技术管理脆弱性和组织管理脆弱性两方面，前者与具体技术活动相关，后者与管理环境相关。

脆弱性识别可以以资产为核心，针对每一项需要保护的资产，识别可能被威胁利用的脆弱性，并对脆弱性的严重程度进行评估；也可以从物理、网络、系统、应用等层次进行识别，然后与资产、威胁对应起来。脆弱性识别的依据可以是国际或国家安全标准，也可以是行业规范、应用流程的安全要求。对应用在不同环境中相同的脆弱性，其影响程度是不同的，评估方应从组织安全策略的角度考虑，判断资产的脆弱性被利用难易程度及其影响程度。同时，应识别信息系统所采用的协议、应用流程的完备与否、与其他网络的互联等。

对不同的识别对象，其脆弱性识别的具体要求应参照相应的技术或管理标准实施。脆弱性识别内容的参考见表 8-16。

• 表 8-16　脆弱性识别内容表

类　型	识别对象	识别方面
技术脆弱性	物理环境	从机房场地、机房防火、机房供配电、机房防静电、机房接地与防雷、电磁防护、通信线路的保护、机房区域防护、机房设备管理等方面进行识别
	网络结构	从网络结构设计、边界保护、外部访问控制策略、内部访问控制策略、网络设备安全配置等方面进行识别

(续)

类型	识别对象	识别方面
技术脆弱性	系统软件	从补丁安装、物理保护、用户账号、口令策略、资源共享、事件审计、访问控制、新系统配置、注册表加固、网络安全、系统管理等方面进行识别
技术脆弱性	应用中间件	从协议安全、交易完整性、数据完整性等方面进行识别
技术脆弱性	应用系统	从审计机制、审计存储、访问控制策略、数据完整性、通信、鉴别机制、密码保护等方面进行识别
管理脆弱性	技术管理	从物理和环境安全、通信与操作管理、访问控制、系统开发与维护、业务连续性等方面进行识别
管理脆弱性	组织管理	从安全策略、组织安全、资产分类与控制、人员安全、符合性等方面进行识别

脆弱性识别所采用的方法主要有文档查阅、问卷调查、人工核查、工具检测、渗透性测试等。

2. 脆弱性被利用难易程度赋值

脆弱性被利用难易程度赋值需要综合考虑已有安全措施的作用。一般来说，安全措施的使用将降低系统技术或管理上脆弱性被利用难易程度，但安全措施的确认并不需要和脆弱性识别过程那样具体到每个资产、组件的脆弱性，而是一类具体措施的集合。

依据脆弱性和已有安全措施识别结果，得出脆弱性被利用难易程度，并进行等级化处理，不同的等级代表脆弱性被利用难易程度的高低。等级数值越大，脆弱性越容易被利用。脆弱性被利用难易程度的一种赋值方法见表 8-17。

● 表 8-17　脆弱性被利用难易程度赋值表

等级	标识	定　义
5	很高	实施了控制措施后，脆弱性仍然很容易被利用
4	高	实施了控制措施后，脆弱性较容易被利用
3	中等	实施了控制措施后，脆弱性被利用难易程度一般
2	低	实施了控制措施后，脆弱性难被利用
1	很低	实施了控制措施后，脆弱性基本不可能被利用

影响程度赋值是指脆弱性被威胁利用导致安全事件发生后对资产价值所造成影响的轻重程度分析并赋值的过程。识别和分析资产可能受到的影响时，需要考虑受影响资产的层面，可从业务层面、系统层面、系统组件和单元三个层面进行分析。

影响程度赋值需要综合考虑安全事件对资产保密性、完整性和可用性的影响。影响程度赋值采用等级划分处理方式，不同的等级分别代表对资产影响的高低。等级数值越大，影响程度越高。影响程度的一种赋值方法见表 8-18。

● 表 8-18　影响程度赋值表

等级	标识	定　义
5	很高	如果脆弱性被威胁利用，将对资产造成特别重大的损害
4	高	如果脆弱性被威胁利用，将对资产造成重大损害

(续)

等级	标识	定义
3	中等	如果脆弱性被威胁利用,将对资产造成一般损害
2	低	如果脆弱性被威胁利用,将对资产造成较小损害
1	很低	如果脆弱性被威胁利用,将对资产造成的损害可以忽略

8.2.5 已有安全措施识别

在识别脆弱性的同时,评估人员应对已采取安全措施的有效性进行确认。安全措施的确认应评估其有效性,即是否真正降低了系统的脆弱性,抵御了威胁。对有效的安全措施继续保持,以避免不必要的工作和费用,防止安全措施的重复实施,对确认为不适当的安全措施应核实是否需要取消或对其进行修正,或用更合适的安全措施替代。

安全措施可以分为预防性安全措施和保护性安全措施两种。预防性安全措施可以降低威胁利用脆弱性导致安全事件发生的可能性,保护性安全措施可以降低安全事件发生后对组织或系统造成的影响。

已有安全措施确认与脆弱性识别存在一定的联系。一般来说,安全措施的使用将降低系统技术或管理上的脆弱性,但安全措施确认并不需要像脆弱性识别过程那样具体到每个资产、组件的脆弱性,而是一类具体措施的集合,为风险处理计划的制订提供依据与参考。

8.2.6 风险分析

风险分析是对组织业务相关的资产、威胁、脆弱性及其各项属性的关联分析,综合进行风险分析和计算,得到被评估组织业务所面临的风险值。

1. 风险分析原理

在完成了资产识别、威胁识别、脆弱性识别以及已有安全措施确认后,将采用适当的方法和工具确定威胁利用脆弱性导致安全事件发生的可能性,并综合安全事件的影响程度及其所作用的资产价值,确定分享,并据此判断安全事件造成的损失对组织的影响,即安全风险。

风险分析的原理如图 8-4 所示,内容如下。

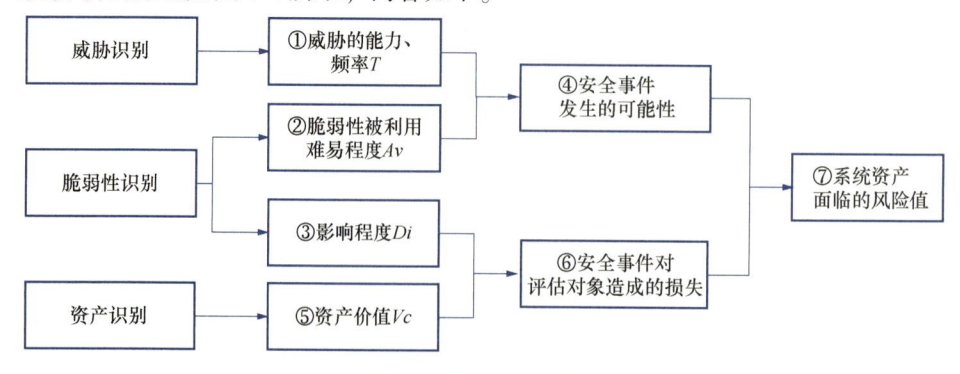

• 图 8-4 风险分析的原理

- 根据威胁的来源、种类、动机等，并结合威胁相关安全事件、日志等历史数据统计，确定威胁的能力和频率。
- 根据脆弱性访问路径、触发要求以及已实施的安全措施及其有效性，确定脆弱性被利用难易程度。
- 确定脆弱性被威胁利用导致安全事件发生后对资产所造成的影响程度。
- 根据威胁的能力和频率，结合脆弱性被利用难易程度，确定安全事件发生的可能性。
- 根据资产在发展规划中所处的地位和资产的属性，确定资产价值。
- 根据影响程度和资产价值，确定安全事件发生后对评估对象造成的损失。
- 根据安全事件发生的可能性以及安全事件造成的损失，确定评估对象的风险值。
- 依据风险评价准则，确定风险等级，用于风险决策。

2. 风险计算方法

在识别业务 B 并对其重要性赋值、识别系统资产 A 及其业务承载连续性后对资产价值 Va 赋值、识别系统组件和单元资产 C 后对其资产价值 Vc 赋值、识别威胁的能力和频率并对其威胁值 T 赋值、识别安全措施和脆弱性后并对脆弱性被利用难易程度 Av 和影响程度 Di 赋值后，进行风险计算有四个关键计算环节。

(1) 计算安全事件发生的可能性

根据威胁赋值及脆弱性被利用难易程度，计算威胁利用脆弱性导致安全事件发生的可能性，即

安全事件发生的可能性 $=L[$威胁赋值,脆弱性被利用难易程度$]=L(T,Av)$。

在具体评估中，应综合攻击者技术能力（如专业技术程度、攻击设备等）、脆弱性被利用难易程度（如可访问时间、设计和操作知识公开程度等）、资产吸引力等因素来判断安全事件发生的可能性。

(2) 计算安全事件发生后的损失

根据资产价值及安全事件影响程度，计算安全事件一旦发生后的损失，即

安全事件造成的损失 $=F[$资产价值,影响程度$]=F(Vc,Di)$。

安全事件发生造成的损失不仅仅是针对该资产本身，还可能影响业务的连续性；不同安全事件的发生对组织造成的影响也是不一样的。

(3) 计算系统资产风险值

根据计算出的安全事件发生的可能性以及安全事件造成的损失，计算系统资产风险值，即

风险值 $=R[$安全事件发生的可能性,安全事件造成的损失$]=R(L(T,Ax),E(Vc,Di))$

(4) 计算业务风险值

应根据业务所涵盖的系统资产风险综合计算得出业务风险值，即

业务风险值 $=Rb[$系统资产风险值 1,系统资产风险值 2,$\cdots$,系统资产风险值 $n]=Rb(RA_1,RA_2,\cdots,RA_n)$。

其中，Rb 表示业务风险计算函数；RA_1，RA_2，$\cdots$，RA_n 表示业务所涵盖系统资产的风险值。

评估方可根据自身情况选择相应的风险计算方法计算风险，将安全事件发生的可能性与安全事件的损失进行运算得到风险值。

8.2.7 风险评价

1. 系统资产风险评价

为实现对风险的控制和管理,根据风险评价准则对系统资产风险计算结果进行等级处理。等级化处理的方法是按照风险值的高低进行等级划分,风险值越高,风险等级越高。风险评估等级划分方法见表8-19。

● 表8-19 系统资产风险等级划分表

等级	标识	描 述
5	很高	风险发生的可能性很高,对系统资产产生很高影响
4	高	风险发生的可能性很高,对系统资产产生中等及高影响。 风险发生的可能性高,对系统资产产生高及以上影响。 风险发生的可能性中,对系统资产产生很高影响
3	中等	风险发生的可能性很高,对系统资产产生低及以下影响。 风险发生的可能性高,对系统资产产生中及以下影响。 风险发生的可能性中,对系统资产产生高、中、低影响
2	低	风险发生的可能性中,对系统资产产生很低影响。 风险发生的可能性低,对系统资产产生低及以下影响。 风险发生的可能性很低,对系统资产产生中、低影响
1	很低	风险发生的可能性很低,对系统资产几乎无影响

2. 组织资产风险评价

根据风险评价准则对业务风险计算结果进行等级处理,在进行业务风险评价时,可从社会影响和组织影响两个层面进行分析。社会影响涵盖国家安全,社会秩序,公共利益,公民、法人和其他组织的合法权益等方面;组织影响涵盖职能履行、业务开展、触犯国家法律法规、财产损失等方面。基于后果的业务风险等级划分方法见表8-20。

● 表8-20 业务风险等级划分表

等级	标识	描 述
5	很高	社会影响: 1)对国家安全、社会秩序和公共利益造成影响。 2)对公民、法人和其他组织的合法权益造成严重影响。 组织影响: 1)导致职能无法履行或业务无法开展。 2)触犯国家法律法规。 3)造成非常严重的财产损失
4	高	社会影响: 对公民、法人和其他组织的合法权益造成较大影响。 组织影响: 1)导致职能履行或业务开展受到严重影响。 2)造成严重的财产损失

(续)

等级	标识	描述
3	中等	社会影响： 对公民、法人和其他组织的合法权益造成影响。 组织影响： 1）导致职能履行或业务开展受到影响。 2）造成较大的财产损失
2	低	组织影响： 1）导致职能履行或业务开展受到较小影响。 2）造成一定的财产损失
1	很低	组织影响： 造成较小的财产损失

8.2.8 风险处置

风险处置就是依据风险评估结果，按高低、优先顺序排列给出风险列表，然后制订一个风险处置计划，选择控制措施以降低、保留、规避或转移风险。

风险处置的基本原则是适度接受风险，根据组织可接受的处置成本将残余安全风险控制在可以接受的范围内。风险处置有 4 种选项，即风险降低、风险接受、风险规避和风险转移。

（1）风险降低

风险降低是指通过选择控制措施来降低风险级别，使残余风险能够再被评估时达到可接受的级别，如从高风险降低到低风险或者可以接受的风险。可采取纠正、消除、预防、影响最小化、威慑、检测、恢复、监视和意识等控制措施。例如，采用法律的手段制裁犯罪（包括窃取涉密信息、攻击关键的信息系统基础设施、传播有害信息和垃圾邮件等），发挥法律的威慑作用，从而有效遏制威胁源的动机；采取系统加固措施，及时给系统打补丁（特别是针对安全的补丁），关闭无用的网络服务端口，从而减少系统的脆弱性，降低其被利用的可能性；采取容灾备份、应急响应和业务连续性计划等措施，从而降低安全事件造成的影响程度等。

在选择控制措施时，重要的是权衡获取、实施、管理、运行、监视和保持控制措施的成本与被保护资产的价值。有许多约束会影响控制措施的选择，比如技术约束中性能要求、可管理性（运行支持要求）和兼容性问题，可能会妨碍某些控制措施的使用，或者导致人为失误，此时，会使控制措施无效，产生安全错觉，或者比没有控制措施时的风险更高（例如，要求复杂的口令，但没有适当的培训，导致用户将口令写下来，增加风险）。而且，控制措施可能会影响性能。管理者应设法找出解决方案，以在保证足够的信息安全的同时满足性能要求。这一步骤的结果是列出可能的控制措施的列表，包括成本、效益和实施优先级。

（2）风险接受

风险接受是指组织管理者决定接受的风险处置计划和残余风险，做出并正式记录接受风险的决策及相应责任。也是指对风险不采取进一步的处理措施，接受风险可能带来的结果。

风险接受的前提是确定了信息系统的风险等级，评估了风险发生的可能性以及带来的潜在破坏，分析了使用处理措施的可能性，并进行了较全面的成本效益分析，认定某些功能、服务、信息或资产不需要进一步保护。

(3) 风险规避

通过不使用面临风险的资产来避免风险。比如，在没有足够安全保障的信息系统中，不处理敏感的信息，从而防止敏感信息的泄露。再如，对于只处理内部业务的信息系统，不使用互联网，从而避免外部的入侵和攻击。

当所识别的风险被认为过高或实施其他风险处置选项的花费超过了收益时，可做出从计划的或现有的活动或一组活动中的撤出，或者改变活动赖以进行的状况的决定，从而完全地规避风险。例如，对于由自然界引起的风险，物理上把信息处理设施移到风险不存在或处于控制下的地方，可能是成本效益最好的选择。

(4) 风险转移

风险转移是指依据风险评价将风险转移给能有效管理特定风险的另一方。如在本机构不具备足够的安全保障技术能力时，将信息系统的技术体系（即信息载体部分）外包给满足安全保障要求的第三方机构，从而避免技术风险。再如，通过给昂贵的设备上保险，将设备损失的风险转移给保险公司，从而降低资产价值的损失。

在实施的时候，风险转移需做出与外部相关方共担某些风险的决策。风险转移能产生新的风险或更改现存的、已识别的风险。因此，必要时需要引入新的额外的风险处置。

组织依据国家、行业主管部门发布的建设要求进行的风险处置，应严格执行相关规定。例如，依据相关要求实施的安全风险加固工作，应满足相应等级的安全技术和管理要求；对于因不能够满足该等级安全要求产生的风险则不能够使用适度接受风险的原则；对于有着行业主管部门特殊安全要求的风险处置工作，同样不适用适度接受风险的原则。

8.2.9 沟通与协商

风险评估实施团队应在风险评估过程中与内部相关方和外部相关方保持沟通，并对沟通内容予以记录，沟通的内容如下。

1) 为理解风险及相关问题和决策而就风险及其相关因素相互交流的信息和意见。
2) 相关方已表达的对风险事件的关注、意见以及相应的反应。

8.2.10 风险评估文档

风险评估文档是指在风险评估过程中产生的过程文档和结果文档，包括（但不限于）如下文档。

1) 风险评估方案：阐述风险评估目标、范围、人员、评估方法、评估结果的形式和实施进度等。
2) 资产识别清单：根据组织所确定的资产分类方法进行资产识别，形成资产识别清单（包括业务资产、系统资产、系统组件和单元资产），明确资产的责任人和责任部门。
3) 重要资产清单：根据资产识别和赋值的结果，形成重要资产列表，包括重要资产名称、描述、类型、重要程度、责任人、责任部门等。

4）威胁列表：根据威胁识别和赋值的结果，形成威胁列表，包括威胁来源、种类、威胁行为、能力和频率等。

5）已有安全措施列表：对已采取的安全措施进行识别并形成已有安全措施列表，包括已有安全措施名称、类型、功能描述及实施效果等。

6）脆弱性列表：根据脆弱性识别和赋值的结果，形成脆弱性列表，包括具体脆弱性的名称、描述、类型、被利用难易程度及影响程度等。

7）风险列表：根据威胁利用脆弱性导致安全事件的情况，形成风险列表，包括具体风险的名称、描述等。

8）风险评估报告：对风险评估过程和结果进行总结，详细说明评估对象、风险评估方法、资产、威胁、脆弱性和已有安全措施的识别结果、风险分析、风险统计与结论等内容。

9）风险评估记录：风险评估过程中的各种现场记录应可复现评估过程，以作为产生歧义后解决问题的依据。

记录风险评估过程的相关文档，应符合以下（包括但不限于）要求。

1）确保文档发布前是得到批准的。

2）确保文档的更改和现行修订状态是可识别的（有版本控制措施）。

3）确保文档的分发得到适当控制，并确保在使用时可获得有关版本的适用文档。

4）防止作废文档的非预期使用，若因任何目的需保留作废文档时，应对这些文档进行适当的标识。

对于风险评估过程中形成的相关文档，还应规定其标识、存储、保护、检索、保存期限以及处置所需的控制。相关文档是否需要以及详略程度，由组织的管理者来决定。

8.3 工业互联网风险评估关键技术

8.3.1 工业互联网资产梳理

工业互联网是人、机、物、系统等的全面连接，所涉及的资产不仅包括传统的信息资产，还包括大量的工业生产设备，甚至包括一些即联即用的通信设备和终端，这使得工业互联网中存在资产多、种类繁杂、现实管理混乱、资产所属及其网络安全责任所属不清的情况，未来，海量的智能传感器、智能仪表等边缘传感设备的广泛应用更将加剧这种状况。在资产不清的基础上很难开展有效的风险评估，且发生工控网络安全事件，组织也很难开展应急处置。因此，快速有效的资产识别和梳理，是保证工业互联网安全、开展工业互联网风险评估需要解决的首要问题。

资产梳理就是建立组织的资产清单、明确资产责任人以及资产使用及处置规则。2016年10月，工业和信息化部印发了《工业控制系统信息安全防护指南》，其中"资产安全"要求明确提出了"建设工业控制系统资产清单"。

(1) 互联网资产梳理

面向互联网的系统暴露的信息越多,如端口、后台管理系统、与外单位互联的网络路径等信息,越容易被攻击者盯上;攻击者往往不会正面攻击防护较好的系统,而是通过组织自己都未记录或防护不严的一些信息资产发动攻击。组织一定要知道自己的所有信息资产,这样才能做好及时加固防护。

进行资产梳理时,首先根据需要选择不同角度对资产进行分类,然后收集明确归口的信息系统资产信息,如数据库、中间件、群件系统、各商业软件平台、后台地址、使用框架、敏感目录等;统一排查发现未确定归口部门的资产,确定其归口管理部门;梳理资产对应的开放端口、服务,并明确其用途;梳理易受攻击的应用系统目标(重点资产);梳理存储敏感数据(如用户数据、源代码数据)的资产;梳理安全防护资源等。

经过资产梳理得到资产清单,该资产清单为后续漏洞、基线配置、风险评估等提供基础信息。根据内网、互联网资产、接口清单、服务器等分类,可以建立不同角度的资产表,资产列表的内容可以包含(但不局限于)以下内容。

1) 硬件资产信息:IP 地址信息和安全台账信息,如设备名称、厂家(维保厂家)、版本号、安全策略、特征库升级记录、巡检记录、维修记录、安全承诺书等。

2) 软件资产信息:IP 地址段信息和资产安全台账信息,如业务系统名称、开发单位名称、安全定级信息、操作系统类型及版本、数据库类型及版本、网络安全管理员、数据安全管理员、IP、Web URL 链接、安全承诺书、安全方案、代码审计等。

资产信息主要由组织各部门提供,管理员提供基础资产列表;开发人员提供更详细的应用系统信息,如数据库、Web 中间件、域名、后台地址、使用框架和是否使用 CMS、敏感目录;运维部门的网络工程师提供网络的拓扑结构、各类防护设备的策略等。

工业互联网中涉及的资产种类繁多,数量巨大,只采用人工核查方式显然是低效的,并且容易遗漏,应用自动化资产探测能够较好地解决这一问题。资产探测是指追踪、掌握网络资产情况的过程,通常包括主机发现、操作系统识别、服务识别等。通过资产探测,能够帮助组织梳理网络当前存活的资产,并据此发现网络中存在的隐匿非法资产,为工业互联网安全监控、态势感知提供系统认知基础,是实现资产安全管理的重要前提。资产自动探测分为主动、被动和基于搜索引擎三大类,详细内容见第 7 章。

(2) 风险暴露面排查

如前所述,网络黑客在针对特定目标进行攻击之前,往往会对目标进行深入研究,重点找到安全漏洞、弱口令账号等暴露在外的安全风险。这些暴露在攻击者视线范围内,可以被利用并进行入侵的系统、设备、信息等,就属于暴露面。互联网暴露面资产直接面向外部攻击者的威胁,相对于企业内部资产,所面临的安全风险更高。

虽然大多数组织都认识到暴露面的风险所在,并想方设法来减少暴露面;但不幸的是,并非所有暴露面都是显而易见的,大量的暴露面都潜藏在不容易被发现的暗处,很容易因为资产排查不彻底、人员疏漏等问题被忽略。一项安全研究表明,大量电厂、供水厂的基础设施人机界面(HMI)被无意暴露在互联网中,其中的关键信息很有可能被用于发动网络攻击,带来基础服务被破坏等严重后果。

要彻底找到企业的风险暴露面并非一件容易的事情。首先,单纯依靠系统运维和安全运维,人工梳理很难完整和高效地维护资产台账。传统的配置管理系统或安全审计体系往往依赖专用的接口协议或复杂的系统插件，实施成本高、局限性大，也无法自动化地关联资产属性和脆弱性风险。

其次，随着 5G、物联网等数字化技术的应用，企业接入网络的应用与终端将呈现快速增长的趋势，这也意味着企业的风险暴露面会随之增长，并更趋复杂化，再加上网络攻击技术的持续演进，网络安全将面临更加严重的压力。这不仅对攻防演练的对抗强度提出了挑战，也对暴露面风险的梳理和安全防护提出了更高的要求。

企业可以从收敛暴露面和提升安全性两个方面入手。从收敛暴露面来看，企业可以采取减少互联网连接通道、归拢外网访问出口、关闭容易被利用的高危端口、下线非必要的未知资产、整改不安全的已知资产等做法，尽量减少风险的暴露面。从提升安全性来看，建议企业推动老旧 IT 资产升级、修复问题资产、制定精细化安全策略、重点保护集权系统，同时，建立协同联动的应急响应机制，提升在风险发生之后的应急响应能力。

（3）影子资产排查

工业互联网中既有底层的工业控制系统，又有各种业务支持平台、Web 系统、Web 服务器、存储设备、网络设备、安全设备、生产设备越来越复杂，资产管理工作也越发困难。一些资产长时间无人维护导致存在大量的漏洞及配置违规，为组织安全带来极大的隐患，更为严重的是管理员无法察觉，不能有效地做好防护措施，这些资产被称作影子资产、未知资产、无主资产或僵尸资产，是重要的安全隐患。

影子资产是攻击者攻破组织内部网络最容易利用的跳板，因此梳理影子资产是资产梳理的重中之重，应避免组织内部统计错误疏漏。尤其是数据资产，它的影响是隐形的，如果被复制产生的后果也是有不确定性的。

可以通过流量识别、搜索引擎等方法发现影子资产。不同的资产有不同的资产指纹，可以通过流量识别资产，并与已有资产列表进行对比，筛选无归口资产并与管理员确认资产用途。将开放端口、服务信息与资产匹配，重点筛选 HTTP/HTTPS/FTP/SMTP/POP3/RADIUS/RDP/NTP/数据库的端口，并与相关人员确认。

利用 Shodan、Censys 及 ZoomEye 等网络安全专用的搜索引擎能够对具有公网 IP 的资产进行扫描探测，对公网网络组件、网络设备、网络服务器等的探测具有一定优势，为用户提供了一种间接查询实现网络资产探测的方式，这种方式不仅高速、隐蔽，避免了同目标网络的直接交互，为安全管理员审视本单位（或组织）网络资产的安全情况提供了一种新的视角，而且为全网范围的探测和历史数据的积累提供了支持。但它也存在数据获取能力局限于所使用的搜索引擎、对无公网 IP 资产无效等缺陷，且易受到欺骗，准确率相比主动、被动探测而言更低。

同时，应从安全管理制度上防范影子资产的产生，如从财务流程下手，所有和 IT 有关的申报全部要走 IT 部门审批、组织内部系统和互联网访问的权限审批，以保证所有新系统和内部系统对接是经过安全部门审批的，还要强化责任意识教育，明确资产责任人以及资产使用及处置规则。

（4）构建资产台账

在进行资产梳理后得到资产台账。构建资产台账时，资产信息应完整，如能够识别包含设备类型、厂家、品牌、型号、操作系统、软件及版本、IP 地址、子网掩码、网关、开放服务、开放端口、协议、存在的漏洞、弱口令、补丁信息、地理位置、防护情况和资产属性等各类信息。

组织得到内部所有资产信息后，还不能直接使用，需要从安全视角对其进行分类分级。参照漏洞的 CVSS 评分标准，重点考量机构用户自身的行业特点、资产所属的业务重要程度，综合制定分类分级标准。

分类分级的标准确立后，需要对资产打上标签标识。可通过自动化的方式将操作系统、应用、中间件、框架等可直接识别确认的信息批量打上标签，之后通过人工协助，对资产的重要程度、优先级、归属地、责任人等信息进行标签标记。如果机构用户的资产数量非常庞大，这个过程还可以通过机器学习自行优化迭代。标签标识与漏洞情报结合后，可以迅速缩小潜在受影响的资产范围。

在工业互联网的发展中，组织所拥有的资产形态、数量都在不断增加，资产数据并不是静态的，而是随着业务发展、计算环境变化而变化的。安全团队需要对资产（特别是核心资产）进行动态更新与绘制。主要实现方式是利用可视化技术，结合资产数据的应用场景，从多个维度对资产数据进行关联分析与展现。对资产信息的分类分级、标签标识、更新与绘制（即资产测绘），能够实现对资产的关联绘制，使资产成为更有价值的资产数据。工业互联网资产测绘是工业互联网资产梳理的重要发展方向。

8.3.2　工业互联网安全基线评估

在 8.2 节中，要求对资产进行详细识别和评估，对可能引起风险的威胁和脆弱点进行评估，根据风险评估的结果来识别和选择安全措施，所采用的是详细评估。详细评估对信息安全风险有精确的认识，能够准确定义出组织目前的安全水平和安全需求，集中体现了风险管理的思想。但详细评估非常耗费资源，包括时间、精力、技术等。工业互联网中，尤其是工控系统资产多、种类繁杂，具有资产多、脆弱点多、面临的威胁多等特点，因此对工业互联网进行详细风险评估所耗费的资源是难以估量的，此时可以采取基线评估。

基线评估指组织根据自己的实际情况（如所在行业、业务环境与性质等），对信息系统进行安全基线检查，即拿现有的安全措施与安全基线规定的措施进行比较，找出其中的差距，得出基本的安全需求，通过选择并实施标准的安全措施来消减和控制风险。

所谓的安全基线，是在诸多标准规范中规定的一组安全控制措施或者惯例，这些措施和惯例适用于特定环境下的所有系统，可以满足基本的安全需求，能使系统达到一定的安全防护水平。组织可以根据国家标准、行业标准或其他有类似业务目标的组织惯例来选择安全基线。例如，等保中将工控系统划分为 5 个安全等级，并规定了不同安全等级的安全要求，这些要求是进行等级保护的基本要求，组织需按照工控系统的安全级别定期进行等保测评，对照等级保护相关标准，查找安全问题和差距。当然，如果环境和商务目标较为典型，组织也可以自行建立基线。

基线评估的优点是需要的资源少、周期短、操作简单，对于环境相似且安全需求相当的诸多组织，基线评估显然是最经济有效的风险评估途径。基线评估的缺点是基线水平的高低难以设定，如果过高，可能导致资源浪费和限制过度；如果过低，可能难以达到充分的安全，此外，在管理安全相关的变化方面，基线评估比较困难。

安全基线评估是网络风险评估的重要内容。工业互联网，尤其是基础的工业控制系统，设备数量巨大，很难进行详细的风险评估，采用安全基线评估可以提高工业互联网风险评估的效率。

2021年1月，工业和信息化部办公厅发布《关于开展工业互联网企业网络安全分类分级管理试点工作的通知》，确定工业互联网网络安全采用分类分级管理模式。从已有的文件中可以看出，工业互联网分类分级基本延续了等级保护制度的思想，如按照受侵害的客体以及被侵害的严重程度可划分为五个安全保护等级，不同级别的安全保护要求不同，监管强度亦有所区别。工业互联网分类分级标准规定了工业互联网应用场景下各组成对象不同安全等级的安全防护要求，目前相关标准还在制定中。

工业互联网安全基线评估中，应充分针对其特点来建立安全基线，尤其是现场控制部分。例如，许多终端控制设备位于室外而非机房环境，这对物理环境提出了新要求；工业主机尽管以普通计算机形态存在，但由于其功能主要用于生产业务运营而非个人使用，因而各种外设接口都需要严格管理；过程监控往往要求24小时不间断，其不同用户的切换可能会对状态监视及控制造成安全影响，这又对传统的身份鉴别和访问控制提出了考验；工控系统实时性高的特点会直接影响安全模块或者安全设备的部署。这些因素都是工业互联网安全基线评估中需要慎重考虑的内容。

8.3.3　工业互联网态势感知动态评估

传统的网络安全风险评估采用的是静态评估方法，静态评估的对象是网络安全风险评估概念框架中的资产价值、脆弱性和安全策略。这些评估对象具有一定的稳定性，不会实时地发生变化，因此该方法不能动态地处置网络突发安全事件，对网络上实时发现的威胁信息不敏感，不具有动态性。

工业互联网的网络安全是动态变化的，可能面临着外部恶意网络攻击、内部人员误操作、运行状态异常等动态变化的安全威胁。仅仅依靠安全基线静态评估是远远不够的，必须实施动态安全原则，应用网络威胁检测与态势感知能够较好地应对这种动态安全变化，一旦发现新的威胁和异常事件，会及时触发新的针对安全事件的评估，从而对其运行状态进行感知和评估。

近年来，动态风险评估方法逐渐得到发展。动态风险评估方法最大的特点是其具有"动态"特性，可在一段时间内对网络或系统的安全状态进行动态、持续的评估，通过对被评估对象安全相关数据的综合分析，发现网络和系统中存在的安全风险，预测安全风险的动态演化趋势。

动态风险评估技术是对传统风险评估方法的增强应用，尤其适用于较大规模网络的自动化风险评估和风险管控。目前，动态风险评估越来越得到各国政府和研究机构的重视，但总体来看，该技术的研究还处于起步阶段，距离成熟应用还有很多技术难点需要突破。

动态风险评估由于评估频次高、数据采集频繁，通常需要通过自动化评估工具代替人工评估。动态风险评估的实现涉及动态数据采集、数据融合、定量风险计算、风险趋势预测等多项关键技术，其中的难点主要集中在对安全风险态势的正确理解和合理预测上。

动态信息采集主要实现网络或信息系统的资产、威胁、脆弱性信息采集以及相关数据的动态更新。很多时候，动态信息采集可依托于入侵检测系统、异常流量分析系统、日志分析系统、漏洞扫描器等工具获取相关数据。通过定期或不定期的信息采集，可检测被评估网络和系统的资产变化与威胁变化情况，并识别网络和信息系统在安全配置、运行、管理等方面存在的薄弱环节。动态信息采集过程获得的数据存储在数据库中，为后续的动态风险计算、数据综合应用和安全风险态势预测提供基础数据。

动态风险值计算过程与传统的风险计算过程采用相同的算法，二者的主要区别是：动态风险计算模块是周期性重复计算不同时刻的风险值，其计算周期与动态信息采集获得的资产、威胁、脆弱性数据更新周期一致。简单地说，随着动态信息采集模块周期性地输出资产、威胁、脆弱性相关数据，动态风险计算模块将周期性地计算网络和系统安全风险值。

进行动态的信息采集和动态安全风险计算，可以获得一段时间内多个时间点的安全风险值，为安全风险态势预测提供必需的历史数据。这些历史数据和当前的安全风险数据是进行态势预测的必要条件。

安全风险态势分析是风险评估中的难点，目前，很多研究者提出了各种各样的预测算法，这些算法在满足一定假设条件的基础上可达到一定程度的预测精度，但总体看来，由于安全风险具有随机性，目前大多数的安全风险预测算法在应用上都具有一定的局限性。

态势是系统中各个对象状态的综合。态势感知是在一定的时间和空间范围内提取系统中的要素，理解这些要素的含义，并且预测其可能的效果。网络安全态势预测是在对现有安全态势理解的基础上，从时间、资产脆弱性、安全事件关联性等不同维度进行综合分析，通过已发生的安全事件中包含的"核心信息"来预测可能发生的网络安全事件，最终能够实现"事前预防"的主动防御体系。当然，主动防御体系不能仅靠态势感知系统来全部完成，用户同样需要通过代码审计、渗透测试等多种手段来发现自身弱点，查漏补缺，才能达到防患于未然的目的。

对于网络安全的态势评估，目前国内对整体网络安全态势和基于攻击指示器的检测研究较多，但针对某个或某类特定安全事件，如何快速评估事件的影响范围、受损范围及潜在受损范围等态势，相关研究和工程应用则相对不足。

8.3.4 工业通信协议解析分析与流量构造

无论是对工业控制网络进行安全监测，还是对工控设备进行安全测试，均离不开对工业通信协议的理解和解析。工控系统使用的工业网络协议数量众多，种类繁杂，其中大量工业通信协议为厂商私有，不对外公开。因此，对各种私有的工业通信协议进行协议分析、规约识别、语义理解就变得十分重要。

多数的工控设备和操控它们的工控软件之间的数据传输与资源共享使用的都是针对工业控制场景制定的工控通信协议，比如 Modbus、S7、DNP3、BACnet 等工控协议。对于大多数工业控制协议，通常都提供了相应固定的功能码来获取设备的型号、生产厂商和版本号等资产信息。所以要想获得工控设备的资产信息，首先要知道工控设备使用的协议类型，然后通过构造对应协议的请求数据包，与设备建立通信连接，最后获得工控设备的资产数据。

对工业协议做指令级深度解析，是监测系统实现资产识别、入侵检测、创建基线以及监测与审计的技术基础。协议分析技术有以下几个层级。

1）针对工业控制系统特有的工业协议（如 Modbus、S7、FINS 以及 GE 等），通过规格识别、逆向分析等手段，厘清报文特征与业务操作的内在关系。

2）结合工业控制系统中各作业单元网络流量数据与业务数据，针对不同的工控网络安全与业务安全异常场景，选取随机森林、决策树、k-means、神经网络等机器学习或深度学习算法或混合算法，学习生成工控系统安全异常检测模型。

3）采集工业控制系统各作业单元网络流量数据，通过工控协议深度解析技术与会话还原技术，对网络流量数据中的网络连接、工控指令、重要业务以及通信方向等关键信息生成工业控制系统安全行为基线，实现对偏离安全行为基线的异常行为的实时检测。

此外，工控系统的实时性要求高，一般不能接受较严重的网络延迟和抖动，信息通信必须不被中断或受到影响。因此，在对工控设备或工控安全设备进行安全测试时，往往还需要构造特定的工控测试流量包，实现工业协议健壮性、工业协议解析合规性等安全测试。

8.3.5 工业互联网仿真测试环境建设

工业互联网主要涉及关系到国计民生的关键行业领域，如电力、石油、化工、水利、交通、制造、冶金等，尤其是工业互联网中的工业控制系统，是这些领域自动化生产和运营的"神经中枢"和"大脑"，具有核心作用。

工业互联网安全评估不能影响生产业务的正常运行，但是安全评估过程中采用的技术手段却有可能对实际在线运行的工业控制系统造成严重影响，如造成生产停车、经济损失，甚至发生火灾爆炸等。因此，应该严格禁止对工业互联网底层生产运行系统采取主动探测、渗透测试等技术手段。

通过采用工业互联网系统的软硬件备件，按照一定比例建立工业互联网仿真测试环境，对系统进行测试评估并对发现的问题进行验证，是一个行之有效的办法。为了综合平衡测试结果的可信度与测试环境的建设投入，可以考虑虚实结合方式，对与网络安全密切相关的关键要素（如工业软件、工控设备、工业通信网络等）采用真实系统进行构建，而对其他要素（如工艺流程、物理过程等）进行仿真，总体上应保证系统结构完整，确保安全测试效果。

目前，针对工控系统的仿真研究较多，依据用途不同，可归纳为工业控制系统测试床、工业控制系统靶场和工业控制系统蜜网3类，其中，工业控制系统测试床仿真模拟工业生产过程，广泛用于生产控制优化、计划与资源优化、人员培训、安全评估与安全测试研究等。

根据测试床的组件不同，现有工业控制系统测试床主要分为四种：基于真实网络域和真实物理域的全实物复制物理测试床、基于仿真网络域和仿真物理域的软件联合仿真测试床、基于仿真网络域和真实物理域的半实物仿真测试床、基于真实网络域和仿真物理域的仿真模拟混合测试床，见表8-21。

• 表8-21 工业控制系统测试床分类

	真实网络域	仿真网络域
真实物理域	全实物复制物理测试床	半实物仿真测试床
仿真物理域	仿真模拟混合测试床	软件联合仿真测试床

(1) 全实物复制物理测试床

全实物复制物理测试床根据真实设备复制实现了整个工厂的结构，如美国能源部的国家 SCADA 测试床（National SCADA Test Bed，NSTB）为全实物复制的测试床，用于实现对工控系统的脆弱性和软硬件安全性的测试评估。

该类测试床能够得到最真实的测试结果，但是成本非常高，而且对测试床的攻击可能会破坏工厂的底层设备，对工厂的安全造成威胁，且由于其真实的环境很难对某个实验进行完全相同的重复测试。缩小规模的实物复制测试床，也简化了测试场景及相应的数据流，与实际情况仍存在一定差异。

(2) 半实物仿真测试床

半实物仿真测试床是依托真实的物理硬件设备实现的，用 NS-2（Network Simulator Version 2）、OMNeT++（Objective Modular NetworkTestbed in C++）等软件模拟实现测试床的信息网络层。

该类测试床只适用于比较小型的系统，具有真实的实物层，能够进行部分网络攻击的模拟，但是搭建和维护成本较高，对工厂的攻击模拟可能会对实际实物层设备造成损害，对网络的仿真不能反映真实的网络状态。

(3) 软件联合仿真测试床

软件联合仿真测试床使用软件仿真实现系统的网络层和实物层，使用 MATLAB Simulink 等软件建立工厂的仿真模型，利用 NS-2、OMNeT++等网络模拟软件实现对网络层的构建。张仁斌团队针对 ICS 测试床部署成本高、网络拓扑难以共享等问题，提出了一种基于 Docker 容器的 ICS 网络安全测试床构建方法，该方法具有较好的资源加载速度和可移植性，有利于 ICS 网络安全的测试、研究和教学工作。

该类测试床完全利用软件实现，成本较低，重点在于实现多部分软件的联合交互，提供数据交换、时钟同步等功能。但是由于测试床利用软件实现网络层，缺乏和真实网络设备的交互，无法反映各种真实的攻击对 NICS 的影响。

(4) 仿真模拟混合测试床

仿真模拟混合测试床利用软件建模实现对实物层的仿真，搭建真实的网络作为网络层。Genge 等人利用 MATLAB Simulink 实现对实物层的仿真，利用 Emulab 实现网络层，两层之间利用共享内存实现数据交互。其中，Emulab 是一个网络测试平台，它为研究人员提供了广泛的环境来开发、调试和评估他们的系统，可以由用户提交网络框架搭建需要的网络测试环境。周晓敏等人创建了基于 MATLAB 实现对简化后的 TE 过程模型的模拟，在真实网络环境下完成对系统的搭建，并对系统模拟了 HMI 攻击和传感器攻击。

该类测试床实物层采用软件模拟，不需要购置大量工厂设备，节约了成本，通过软件对工厂各个设备进行模拟，可以完全重复地进行测试，进行攻击测试不会破坏实物层设备。但是软件模拟的工厂缺乏可信度，必须要采用大家认可的工厂模型。信息层采用真实网络实现，可以真实反映网络状况，产生与工厂生产过程相关的控制流数据，进行更多种类网络攻击的模拟测试，但是需要比较多的设备才能够完成对工厂网络的搭建。

综上，基于仿真模拟混合方式构建 NICS 测试床具有一定的优势，是主要发展趋势，但也存在一定的局限性。网络功能虚拟化（Network Functions Virtualization，NFV），尤其是容器技术，为基于仿真模拟混合方式构建 NICS 测试床提供了新的技术途径。

网络化工业控制系统（Networked Industrial Control System，NICS）是工业 4.0、工业互联网的重要组成部分，其安全问题日益成为研究热点之一。因不能在实际的 NICS 中进行基于攻击测试的相关安全研究，设计实现一个支持自动控制并具有可扩展能力的工控系统分布式交互仿真平台，是开展工业互联网风险评估的重要基础。

8.4 本章小结

工业互联网风险评估是工业互联网安全保障体系建立过程中的重要评价方法和决策机制，没有准确及时的风险评估，将无法对工业互联网安全状况做出准确的判断。风险评估作为工业互联网安全的重要组成部分，已经不仅仅是个别企业的问题，而是关系到国民经济的每一方面的重大问题，它将逐渐走上规范化和法制化的轨道上来，国家对各种配套的安全标准和法规的制定将会更加健全，评估模型、评估方法、评估工具的研究、开发将更加活跃，工业互联网及相关产品的风险评估认证将成为必需环节。

本章首先介绍了工业互联网风险评估的相关标准、风险要素、风险评估方法、风险评估的工作形式，然后基于 GB/T 20984—2022《信息安全技术 信息安全风险评估方法》介绍了风险评估的实施过程，包括风险评估准备、风险识别、风险评价和风险处置。最后讨论了开展工业互联网风险评估所涉及的关键技术。

8.5 思考与练习

1. 简述工业互联网安全风险评估在工业互联网建设中的地位和重要意义。
2. 风险评估要素有哪些？它们之间的关系是怎样的？
3. 如何确定资产价值？
4. 如何确定威胁发生的频率？
5. 如何确定脆弱性的严重程度？
6. 如何确定安全事件的影响程度？
7. 简述风险分析的过程。
8. 简述风险评估的实施过程。
9. 什么是发现暴露面？为什么要排查风险暴露面？
10. 什么是影子资产？如何排查影子资产？

第 9 章 工业互联网防护对象

工业互联网作为国家重点信息基础设施的重要组成部分，正在成为全世界最新的地缘政治角逐战场。例如，包括能源、电力等在内的关键网络已成为全球攻击者的首选目标，极具价值。当前，网络安全威胁正在加速向工业领域蔓延，工业互联网安全事件频发已经严重影响经济社会正常运行及国家安全，接连发生的安全事件引发了各国对工业互联网安全的高度重视与关注，因此工业互联网的防护成为亟待解决的问题。

9.1 工业互联网设备安全防护

9.1.1 设备安全措施

工业互联网的发展使得现场设备由机械化向高度智能化发生转变，并产生了嵌入式操作系统+微处理器+应用软件的新模式，这就使得未来海量智能设备可能会直接暴露在网络攻击之下，面临攻击范围扩大、扩散速度增加、漏洞影响扩大等威胁。

工业互联网设备安全指工厂内单点智能器件以及成套智能终端等智能设备的安全，具体应分别从操作系统/应用软件安全与硬件安全两方面出发部署安全防护措施，可采用的安全机制包括固件安全增强、恶意软件防护、设备身份鉴别与访问控制、漏洞修复等。

1. 操作系统/应用软件安全

（1）固件安全

增强工业互联网设备供应商需要采取措施对设备固件进行安全增强，阻止恶意代码传播与运行。工业互联网设备供应商可从操作系统内核、协议栈等方面进行安全增强，并力争实现对于设备固件的自主可控。

（2）漏洞修复加固

设备操作系统与应用软件中出现的漏洞对于设备来说是最直接也是最致命的威胁。设备供应商应对工业现场中常见的设备和装置进行漏洞扫描与挖掘，发现操作系统与应用软件中存在的安全漏洞，并及时对其进行修复。

（3）补丁升级管理

工业互联网企业应密切关注重大工业互联网现场设备的安全漏洞及补丁发布，及时采取补丁升级措施，并在补丁安装前对补丁进行严格的安全评估和测试验证。

2. 硬件安全

（1）硬件安全增强

对于接入工业互联网的现场设备，应支持基于硬件特征的唯一标识符，为包括工业互联网平台在内的上层应用提供基于硬件标识的身份鉴别与访问控制能力，确保只有合法的设备能够接入工业互联网并根据既定的访问控制规则向其他设备或上层应用发送或读取数据。此外，应支持将硬件级部件（如安全芯片或安全固件）作为系统信任根，为现场设备的安全启动以及数据传输保密性和完整性保护提供支持。

（2）运维管控

工业互联网企业应在工业现场网络重要控制系统（如机组主控 DCS）的工程师站、操作员站和历史站部署运维管控系统，实现对外部存储器（如 U 盘）、键盘和鼠标等使用 USB 接口的硬件设备的识别，对外部存储器的使用进行严格控制。同时，注意部署的运维管控系统不能影响生产控制区各系统的正常运行。

9.1.2 设备安全实施路径

鉴于工业互联网设备类型多样、体量较大、安全管理较为分散、行业自律水平不一等实际情况，应从国家、行业、应用等角度统筹规划，强化国家监管、行业认证、网络安全工程应用。工业互联网设备网络安全管理与防护的具体实施路径（见图 9-1）旨在健全工业互联网设备的适应性策略与能力，分类分级实施安全评估和管理，完善标准规范、检测认证、风险管理应急处置等机制。

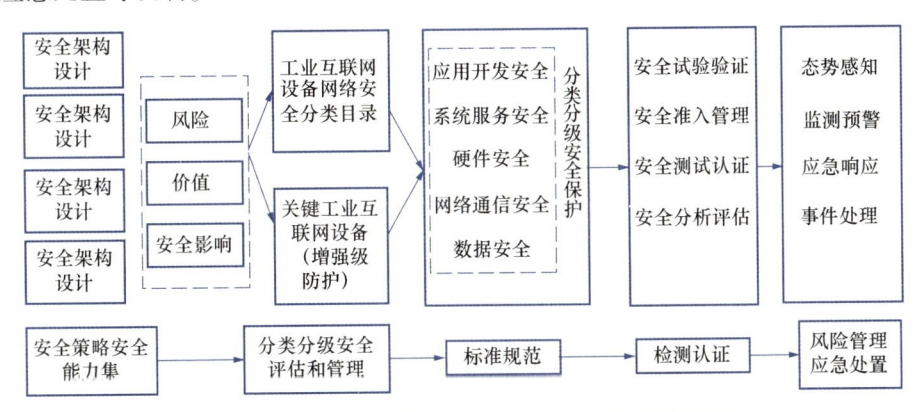

● 图 9-1 工业互联网设备安全防护实施路径示意图

1）建立设备自身安全策略和基础能力集，包括设备安全架构设计、安全基线配置、可信根验证和分类分级防护的基本要求。构建设备自身的安全"基线"，强化设备的内生安全能力。

2）结合设备的网络安全风险、保护价值、发生事件的安全影响，针对不同种类、应用场景的工业互联网设备开展分类分级评估。建立分类分级目录，形成重点保护设备及其安全策略并纳入网络关键设备和网络安全专用产品目录，高效开展强制性安全检测认证和审查。

3）完善工业互联网设备的安全防护规范、分类分级防护要求。针对不同类别和防护级别的设备，做好应用开发安全、系统服务安全、硬件安全、网络通信安全、数据安全等技术防护要求，形成设备的网络安全差异化、精细化管理模式。

4）建立工业互联网设备网络安全检测评估体系。加强设备进入市场前的网络安全试验验证、准入审核、测试认证以及应用过程中常态化的安全风险评估，以评促建，形成设备安全防护闭环。

5）强化工业互联网设备安全风险管理和应急处置，包括针对关键工业互联网设备的网络安全态势感知与监测预警，行业侧/企业侧的应急响应、事件处置的工具平台及机制方法。实时掌握设备安全态势和风险视图，为风险预警和应急工作提供常态化技术手段。

9.2 工业控制安全防护

工业互联网使得生产控制由分层、封闭、局部逐步向扁平、开放、全局方向发展。其中，在控制环境方面表现为信息技术（IT）与操作技术（OT）融合，控制网络由封闭走向开放；在控制布局方面表现为控制范围从局部扩展至全局，并伴随着控制监测上移与实时控制下移。上述变化改变了传统生产控制过程封闭、可信的特点，造成安全事件危害范围扩大、危害程度加深、信息安全与功能安全问题交织等后果。

对于工业互联网控制安全防护，主要从控制协议安全、控制软件安全及控制功能安全三个方面考虑，可采用的安全机制包括协议安全加固、软件安全加固、恶意软件防护、补丁升级、漏洞修复、安全监测审计等。

1. 控制协议安全

（1）身份认证

为了确保控制系统执行的控制命令来自合法用户，必须对使用系统的用户进行身份认证，未经认证的用户所发出的控制命令不被执行。在控制协议通信过程中，一定要加入认证方面的约束，避免攻击者通过截获报文获取合法地址建立会话，影响控制过程安全。

（2）访问控制

不同的操作类型需要不同权限的认证用户来操作，如果没有基于角色的访问机制，或没有对用户权限进行划分，会导致任意用户可以执行任意功能。

（3）传输加密

在设计控制协议时，应根据具体情况，采用适当的加密措施，保证通信双方的信息不被第三方非法获取。

（4）健壮性测试

控制协议在应用到工业现场之前应通过健壮性测试工具的测试，测试内容可包括风暴测试、饱和测试、语法测试、模糊测试等。

2. 控制软件安全

（1）软件防篡改

工业互联网中的控制软件可归纳为数据采集软件、组态软件、过程监督与控制软件、单元监控软件、过程仿真软件、过程优化软件、专家系统、人工智能软件等类型。软件防篡改是保障控制软件安全的重要环节，具体措施包括以下几种。

1) 控制软件在投入使用前应进行代码测试,以检查软件中的公共缺陷。
2) 采用完整性校验措施对控制软件进行校验,及时发现软件中存在的篡改情况。
3) 对控制软件中的部分代码进行加密。
4) 做好控制软件和组态程序的备份工作。

(2) 认证授权

控制软件的应用要根据使用对象的不同,设置不同的权限,以最小的权限来完成各自的任务。

(3) 恶意软件防护

对于控制软件应采取恶意代码检测、预防和恢复的控制措施。控制软件恶意代码防护具体措施如下。

1) 在控制软件上安装恶意代码防护软件或独立部署恶意代码防护设备,并及时更新恶意代码软件和修复软件版本与恶意代码库,更新前应进行安全性和兼容性测试。防护软件包括病毒防护、入侵检测、入侵防御等具有病毒查杀和阻止入侵行为的软件;防护设备包括防火墙、网闸、入侵检测系统、入侵防御系统等具有防护功能的设备。应注意防止在实施维护和紧急规程期间引入恶意代码。

2) 建议控制软件的主要生产厂商采用特定的防病毒工具。在某些情况下,控制软件的供应商需要对其产品线的防病毒工具版本进行回归测试,并提供相关的安装和配置文档。

3) 采用具有白名单机制的产品,构建可信环境,抵御零日漏洞和有针对性的攻击。

(4) 补丁升级更新

控制软件的变更和升级需要在测试系统中经过仔细的测试,并制订详细的回退计划。对重要的补丁需尽快测试和部署。对于服务包和一般补丁,仅对必要的补丁进行测试和部署。

(5) 漏洞修复加固

控制软件的供应商应及时对控制软件中出现的漏洞进行修复或提供其他替代解决方案,如关闭可能被利用的端口等。

(6) 协议过滤

采用工业防火墙对协议进行深度过滤,对控制软件与设备间的通信内容进行实时跟踪,同时确保协议过滤不得影响通信性能。

(7) 安全监测审计

通过对工业互联网中的控制软件进行安全监测审计可及时发现网络安全事件,避免发生安全事故,并可以为安全事故的调查提供详实的数据支持。目前,许多安全产品厂商已推出了各自的监测审计平台,可实现协议深度解析、攻击异常检测、无流量异常检测、重要操作行为审计、告警日志审计等功能。

3. 控制功能安全

要考虑功能安全和信息安全的协调能力,使得信息安全不影响功能安全,功能安全在信息安全的防护下更好地执行安全功能。现阶段功能安全具体措施主要如下。

1) 确定可能的危险源、危险状况和伤害事件,获取已确定危险的信息(如持续时间、强度、毒性、暴露限度、机械力、爆炸条件、反应性、易燃性、脆弱性、信息丢失等)。

2) 确定控制软件与其他设备或软件(已安装的或将被安装的)以及与其他智能化系统(已安装的或将被安装的)之间相互作用所产生的危险状况和伤害事件,确定引发事故的事件类型（如元器件失效、程序故障、人为错误以及能导致危险事件发生的相关失效机制）。

3）结合典型生产工艺、加工制造过程、质量管控等方面的特征，分析安全影响。

4）考虑自动化、一体化、信息化可能导致的安全失控状态，确定需要采用的监测、预警或报警机制，故障诊断与恢复机制，数据收集与记录机制等。

5）明确操作人员在对智能化系统执行操作过程中可能产生的合理可预见的误用以及智能化系统对于人员恶意攻击操作的防护能力。

6）智能化装备和智能化系统对于外界实物、电、磁场、辐射、火灾、地震等情况的抵抗或切断能力，以及在发生异常扰动或中断时的检测和处理能力。

9.3 工业网络安全防护

9.3.1 工业互联网安全防护措施

工业互联网的发展使得工厂内部网络呈现出 IP 化、无线化、组网方式灵活化与全局化的特点，工厂外网呈现出信息网络与控制网络逐渐融合、企业专网与互联网逐渐融合以及产品服务日益互联网化的特点。这就造成了传统互联网中的网络安全问题开始向工业互联网蔓延，具体表现为以下几个方面：工业互联协议由专有协议向以太网/IP 转变，导致攻击门槛极大降低；现有一些 10M/100M 工业以太网交换机（通常是非管理型交换机）缺乏抵御日益严重的 DDoS 攻击的能力；工厂网络互联、生产、运营逐渐由静态转变为动态，安全策略面临严峻挑战等。此外，随着工厂业务的拓展和新技术的不断应用，今后还会面临 5G/SDN 等新技术引入、工厂内外网互联互通进一步深化等带来的安全风险。

工业互联网网络安全防护应面向工厂内部网络、外部网络及标识解析系统等方面，具体包括网络结构优化、网络边界安全防护、网络接入认证、通信和传输保护、网络设备安全防护、安全监测审计等多种防护措施，构筑全面高效的网络安全防护体系。

（1）网络结构优化

在网络规划阶段，需设计合理的网络结构。一方面，通过在关键网络节点和标识解析节点采用双机热备与负载均衡等技术，应对业务高峰时期突发的大数据流量和意外故障引发的业务连续性问题，确保网络长期稳定可靠运行。另一方面，通过合理的网络结构和设置提高网络的灵活性与可扩展性，为后续网络扩容做好准备。

（2）网络边界安全防护

根据工业互联网中网络设备和业务系统的重要程度将整个网络划分成不同的安全域，形成纵深防御体系。安全域是一个逻辑区域，同一安全域中的设备资产具有相同或相近的安全属性，如安全级别、安全威胁、安全脆弱性等，同一安全域内的系统相互信任。在安全域之间采用网络边界控制设备，以逻辑串接的方式进行部署，对安全域边界进行监视，识别边界上的入侵行为并进行有效阻断。

（3）网络接入认证

接入网络的设备与标识解析节点应该具有唯一性标识，网络应对接入的设备与标识解析节点进行身份认证，保证合法接入和合法连接，对非法设备与标识解析节点的接入行为进行阻断与告警，形成网络可信接入机制。网络接入认证可采用基于数字证书的身份认证等机制来实现。

（4）通信和传输保护

通信和传输保护是指采用相关技术手段来保证通信过程中的保密性、完整性和有效性，防止数据在网络传输过程中被窃取或篡改，并保证合法用户对信息和资源的有效使用。同时，在标识解析体系的建设过程中，需要对解析节点中存储以及在解析过程中传输的数据进行安全保护。具体如下。

1）通过加密等方式保证非法窃取的网络传输数据无法被非法用户识别和提取有效信息，确保数据加密不会对任何其他工业互联网系统的性能产生负面影响。在标识解析体系的各类解析节点与标识查询节点之间建立解析数据安全传输通道，采用国密局批准使用的加密算法及加密设备，为标识解析请求及解析结果的传输提供保密性与完整性保障。

2）网络传输的数据采取校验机制，确保被篡改的信息能够被接收方有效鉴别。

3）应确保接收方能够接收到网络数据，并且能够被合法用户正常使用。

（5）网络设备安全防护

为了提高网络设备与标识解析节点自身的安全性，保障其正常运行，网络设备与标识解析节点需要采取一系列安全防护措施，主要如下。

1）对登录网络设备与标识解析节点进行运维的用户进行身份鉴别，并确保身份鉴别信息不易被破解与冒用。

2）对远程登录网络设备与标识解析节点的源地址进行限制。

3）对网络设备与标识解析节点的登录过程采取完备的登录失败处理措施。

4）启用安全的登录方式（如 SSH 或 HTTPS 等）。

（6）安全监测审计

网络安全监测指通过漏洞扫描工具等方式探测网络设备与标识解析节点的漏洞情况，并及时提供预警信息。网络安全审计指通过镜像或代理等方式分析网络与标识解析系统中的流量，并记录网络与标识解析系统中的系统活动和用户活动等各类操作行为以及设备运行信息，发现系统中现有的和潜在的安全威胁，实时分析网络与标识解析系统中发生的安全事件并告警。同时，记录内部人员的错误操作和越权操作，并进行及时告警，减少内部非恶意操作导致的安全隐患。

9.3.2 网络安全防护设备部署

某个应用场景工业互联网安全设备部署示例如图 9-2 所示，网络规划采用了模块化多层次的模式，将本地网络分为办公网、生产管理网、生产监控网和工业现场网。在各个网络边界及内部采取相应的网络安全设备，最终达到保护网络的目的。

1. 办公网络部署

在内部网络的边界部署互联网防火墙、入侵检测系统（IDS）、堡垒机。通过互联网防火墙设置安全策略防止来自互联网的攻击。也可以设置 VPN 访问策略，使远程访问节点通过隧道，使用加密、认证等信息保护技术来保证访问者与被访问对象之间数据传输的安全。

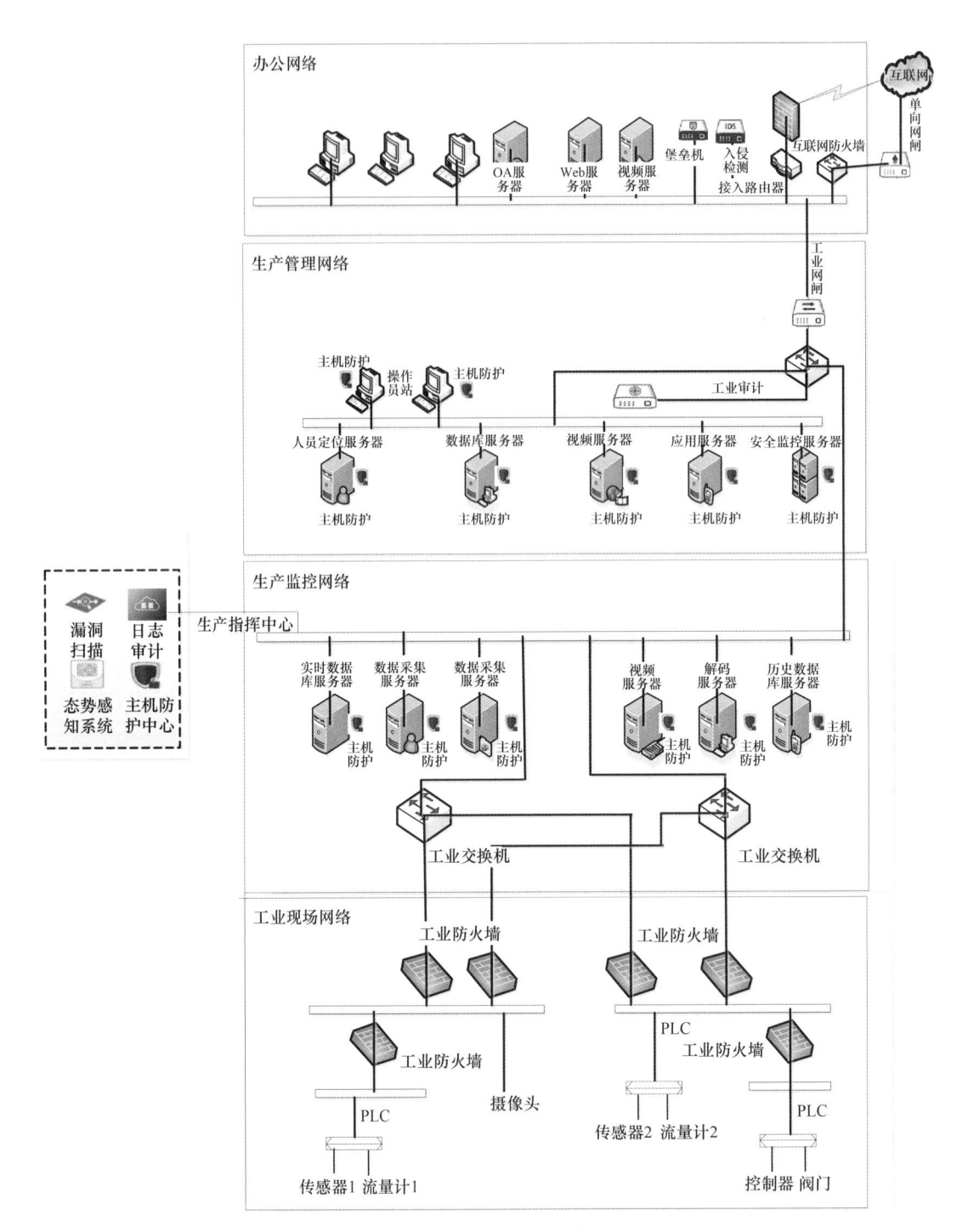

●图 9-2　工业互联网安全设备部署图

入侵检测系统可以对网络的访问行为进行有效监测，检查异常行为，使入侵行为更早地被发现，同时结合防火墙及时阻止入侵行为的进一步破坏。部署堡垒机是将其作为进入内部网络的一个检查点，以达到把整个网络的安全问题集中在某个主机上解决，从而达到省时省力，不用考虑其他主机的安全的目的。目前，我国很多安全设备公司有相应的产品，如天融信、深信服、华为硬件防火墙等。

2. 生产管理网络部署

在生产管理与办公网络之间部署了双向工业网闸，其功能主要为文件同步、数据库同步等，实现在确保网络隔离的基础上，在客户端、无客户端模式下实现广泛的业务数据交换。在主机及服务器防护方面采用工业主机防护系统，可对工业主机的可执行程序进行管理，防止已知和未知恶意程序的侵入；实现文件完整性保护、外设管控、安全基线加固；能够防止主机被当作宿主机对其他主机和工控系统造成攻击伤害等，从而对工业上位机及服务器实现全方位的安全防护，保障业务连续稳定运行。目前，我国安全产品公司（如奇安信、绿盟、天融信、深信服等）都提供各具特色的工业主机防护系统。

安全审计是安全管理的重要环节，应在生产控制大区内引入相对集中的、智能的安全审计系统，通过技术手段，对网络运行日志、操作系统运行日志、数据库访问日志、业务应用系统运行日志、安全设施运行日志等进行统一的安全审计，及时自动分析系统安全事件，实现系统安全运行管理。基于上述观点，在生产管理网络中部署了工业审计系统。

3. 生产监控网络部署

生产监控网络是与生产现场关联紧密的环节。因此，在生产监控网络中采取更加严格的安全防护，部署了更多的安全防护环节和生产指挥中心。

部署日志审计的目的就是通过集中采集信息系统中的系统安全事件、用户访问记录、系统运行日志、系统运行状态等各类信息，经过规范化、过滤、归并和告警分析等处理之后，以统一格式的日志形式进行集中的存储和管理，结合丰富的日志统计汇总及关联分析功能，实现对信息系统日志的全面审计。

工控漏洞扫描系统是基于工业互联网企业侧生产网络及控制设备进行脆弱性检测与漏洞扫描。由于工控系统的复杂性、多样性、专业性，因此要求工控漏洞扫描要对不同厂商的不同硬件产品、组态软件、应用系统等多种类型的设备进行扫描、识别和检测，并能根据扫描结果生成扫描评估报告，准确定位其脆弱点和潜在威胁，给出漏洞修复建议和预防措施，协助管理员修补漏洞。

工业态势感知系统的作用是收集工业网络漏洞风险通知，通过收集紧急安全通知实时揭示新发现的漏洞，感知工业环境要素，了解状态，预测未来状态，并整合工业数据信息系统，如杀毒软件、防火墙、入侵检测系统、安全审计系统等。评估当前全网情况并预测未来变化趋势。通过部署工业态势感知系统，可以全面掌握工业网络安全状况的变化及趋势，继而为采取有效预防措施消除安全隐患提供有力保障。

设置主机防护中心的目的是通过控制中心对网内所有工业主机进行安全策略管理、配置下发、模块定制等，实现统一管控和安全风险分析。同时，针对分部和中心可进行级联部署和配置、风险管理，尤其对于拥有较大规模主机防护的环境，集中管理会显著提升运维效率。

工业现场网络是工业网络的基础和核心环节。为了保证与工业现场网络的可靠连接，在交换机的部署上采用交换机热备方式。由两台交换机通过不同链路连接到工业现场，从而保证在某一设备发生故障时，保障与工业现场的通信传输正常进行，保证正常的生产秩序。

4. 工业现场网络部署

为了对工业生产现场进行防护，在网络边界采用了工业防火墙。由于工业环境的特点，工业防火墙应针对工业特点支持深度检测各类工业控制协议，包括 OPC UA、Modbus、Siemens S7 等主流工控协议，在防护上阻止针对生产内网的非法访问、非法操作、入侵攻击、病毒感染、DDoS 攻击等安全威胁，在硬件上要适应工业现场环境。在网络连接上采用冗余链路与监控网络相连。对于重点设备，如用于工业生产的核心设备等，加装工业防火墙进行进一步的安全防护。

此外，因管理等需要，需要对工业现场数据进行采集，采用单向网闸，其能够主动采集工控网的实时生产数据、组态等信息，将数据绝对单向地导出至数据采集方，对外提供数据服务，阻断安全威胁从外部网络向工业网络传输的风险。

9.4　工业应用安全防护

工业互联网应用主要包括工业互联网平台与工业应用程序两大类，其范围覆盖智能化生产、网络化协同、个性化定制、服务化延伸等方面。相应地，工业互联网应用安全也应从工业互联网平台安全与工业应用程序安全两方面进行防护。

1. 平台安全

（1）安全审计

安全审计主要是指对平台中与安全有关的活动的相关信息进行识别、记录、存储和分析。平台建设过程中应考虑具备一定的安全审计功能，将平台与安全有关的信息进行有效识别、充分记录、长时间的存储和自动分析。能对平台的安全状况做到持续、动态、实时的有依据的安全审计，并向用户提供安全审计的标准和结果。

（2）认证授权

工业互联网平台用户分属不同企业，需要采取严格的认证授权机制保证不同用户能够访问不同的数据资产。同时，认证授权需要采用更加灵活的方式，确保用户间可以通过多种方式将数据资产分模块分享给不同的合作伙伴。

（3）DDoS 防御

部署 DDoS 防御系统，在遭受 DDoS 攻击时，保证平台用户的正常使用。平台抗 DDoS 的能力应在用户协议中作为产品技术参数的一部分明确指出。

（4）安全隔离

平台不同用户之间应当采取必要的措施实现充分隔离，防止蠕虫病毒等安全威胁通过平台向不同用户扩散。平台不同应用之间也要采用严格的隔离措施，防止单个应用的漏洞影响其他应用甚至整个平台的安全。

（5）安全监测

应对平台实施集中、实时的安全监测，监测内容包括各种物理和虚拟资源的运行状态等。通过对系统运行参数（如网络流量、主机资源和存储等）以及各类日志进行分析，确保工业互联网平台提供商可执行故障管理、性能管理和自动检修管理，从而实现对平台运行状态的实时监测。

（6）补丁升级

工业互联网平台搭建在众多底层软件和组件基础之上。由于工业生产对于运行连续性的要求较高，中断平台运行进行补丁升级的代价较大。因此，平台在设计之初就应当充分考虑如何对平台进行补丁升级的问题。

（7）虚拟化安全

虚拟化是边缘计算和云计算的基础，为避免虚拟化出现安全问题影响上层平台的安全，在平台的安全防护中要充分考虑虚拟化安全。虚拟化安全的核心是实现不同层次及不同用户的有效隔离，其安全增强可以通过采用虚拟化加固等防护措施来实现。

2. 工业应用程序安全

（1）代码审计

代码审计指检查源代码中的缺点和错误信息，分析并找到这些问题引发的安全漏洞，并提供代码修订措施和建议。工业应用程序在开发过程中应该进行必要的代码审计，发现代码中存在的安全缺陷并给出相应的修补建议。

（2）人员培训

企业应对工业应用程序开发者进行软件源代码安全培训，包括：了解应用程序安全开发生命周期（SDL）的每个环节，如何对应用程序进行安全架构设计，具备所使用编程语言的安全编码常识，了解常见源代码安全漏洞的产生机理、导致后果及防范措施，熟悉安全开发标准，指导开发人员进行安全开发，减少开发者引入的漏洞和缺陷等，从而提高工业应用程序安全水平。

（3）漏洞发现

漏洞发现是指基于漏洞数据库，通过扫描等手段对指定工业应用程序的安全脆弱性进行检测，从而发现可利用漏洞。在应用程序上线前和运行过程中，要定期对其进行漏洞扫描，及时发现漏洞并采取补救措施。

（4）审核测试

对工业应用程序进行审核测试是为了发现功能和逻辑上的问题。在上线前对其进行必要的审核测试，可以有效避免信息泄露、资源浪费或其他影响应用程序可用性的安全隐患。

（5）行为监测和异常阻止

对工业应用程序进行实时的行为监测，通过静态行为规则匹配或者机器学习的方法，发现异常行为，发出警告或者阻止高危行为，从而降低影响。

9.5 工业大数据安全防护

9.5.1 工业大数据定义及特征

工业大数据主要指工业领域在业务活动和过程中产生、采集、处理、存储、传输和使用的海量数据的集合。从来源上可粗略分为内部数据和外部数据两大类。内部数据主要指来自工厂内部的数据，包括生产经营业务数据、机器设备数据等。外部数据主要指来自工厂外部的数据，主要包括来自市场、客户、政府、供应链等外部环境的信息和数据。

工业大数据是智能制造与工业互联网的核心，其本质是通过促进数据的自动流动来解决控制和业务问题，减少决策过程所带来的不确定性，并尽量克服人工决策的缺点。

工业大数据除了拥有传统大数据的"4V"特征，即大规模（Volume）、速度快（Velocity）、多样（Variety）、价值（Value），还具有反映工业逻辑的多模态、强关联、高通量等新特征。

9.5.2 工业大数据防护采取的措施

工业互联网相关的数据按照其属性或特征，可以分为四大类，即设备数据、业务系统数据、知识库数据、用户个人数据。根据数据敏感程度的不同，可将工业互联网数据分为一般数据、重要数据和敏感数据三种。工业互联网数据涉及数据收集、传输、存储、处理等各个环节。随着工厂数据由少量、单一、单向向大量、多维、双向转变，工业互联网数据体量不断增大、种类不断增多、结构日趋复杂，并出现数据在工厂内部与外部网络之间的双向流动共享。由此带来的安全风险主要包括数据泄露、非授权分析、用户个人信息泄露等。

对于工业互联网的数据安全防护，应采取明示用途、数据加密、访问控制、业务隔离、接入认证、数据脱敏等多种防护措施，覆盖包括数据收集、传输、存储、处理等在内的全生命周期的各个环节。

1. 数据收集

工业互联网平台应遵循合法、正当、必要的原则来收集与使用数据及用户信息，公开数据收集和使用的规则，向用户明示收集、使用数据的目的、方式和范围，经过用户的明确授权同意并签署相关协议后才能收集相关数据。授权协议必须遵循用户意愿，不得以拒绝提供服务等形式强迫用户同意数据采集协议。

另外，工业互联网平台不得收集与其提供的服务无关的数据及用户信息，不得违反法律、行政法规的规定和双方约定来收集、使用数据及用户信息，并应当依照法律、行政法规的规定和与用户的约定来处理其保存的数据及个人信息。

2. 数据传输

为防止数据在传输过程中被窃听而泄露，工业互联网服务提供商应根据不同的数据类型以及业务部署情况，采用有效手段确保数据传输安全。例如，通过 SSL 保证网络传输数据信息的保密性、完整性与可用性，实现对工业现场设备与工业互联网平台之间、工业互联网平台中虚拟机之间、虚拟机与存储资源之间以及主机与网络设备之间的数据安全传输，并为平台的维护管理提供数据加密通道，保障维护管理过程的数据传输安全。

3. 数据存储

（1）访问控制

数据访问控制需要保证不同安全域之间的数据不可直接访问，避免存储节点的非授权接入，同时避免对虚拟化环境数据的非授权访问。

1）存储业务的隔离：借助交换机，将数据根据访问逻辑划分到不同的区域内，使得不同区域中的设备相互间不能直接访问，从而实现网络中设备之间的相互隔离。

2）存储节点接入认证：对于存储节点的接入认证可通过成熟的标准技术，包括 iSCSI 协议本身的资源隔离、CHAP（Challenge Handshake Authentication Protocol）等，也可通过在网络层面划分 VLAN 或设置访问控制列表等来实现。

3）虚拟化环境数据访问控制：在虚拟化系统上对每个卷定义不同的访问策略，以保障没有访问卷权限的用户不能访问，各个卷之间互相隔离。

（2）存储加密

工业互联网平台运营商可根据数据敏感度采用分等级的加密存储措施（如不加密、部分加密、完全加密等）。建议平台运营商按照国家密码管理有关规定使用和管理密码设施，并按规定生成、使用和管理密钥。同时，针对数据在工业互联网平台之外加密之后再传输到工业互联网平台中存储的场景，应确保工业互联网平台运营商或任何第三方都无法对客户的数据进行解密。

（3）备份和恢复

用户数据作为用户托管在工业互联网服务提供商的数据资产，服务提供商有妥善保管的义务。应当采取技术措施和其他必要措施，防止信息被泄露、毁损、丢失。在发生或者可能发生个人信息泄露、毁损、丢失的情况时，应当立即采取补救措施，按照规定及时告知用户并向有关主管部门报告。

工业互联网服务提供商应当根据用户业务需求、与用户签订的服务协议制定必要的数据备份策略，定期对数据进行备份。当发生数据丢失事故时能及时恢复一定时间前备份的数据，从而降低用户的损失。

4. 数据处理

（1）使用授权

数据处理过程中，工业互联网服务提供商要严格按照法律法规以及在与用户约定的范围内处理相关数据，不得擅自扩大数据使用范围，使用中要采取必要的措施来防止用户数据泄露。如果处理过程中发生大规模用户数据泄露的安全事件，应当及时告知用户和上级主管部门，对于造成用户经济损失的应当给予赔偿。

（2）数据销毁

在资源重新分配给新的租户之前，必须对存储空间中的数据进行彻底擦除，防止被非法恶意恢复。应根据不同的数据类型以及业务部署情况，选择采用如下操作方式。

1）在逻辑卷回收时对逻辑卷的所有 bit（位）进行清零，并利用"0"或随机数进行多次覆写。

2）在非高安全场景，系统默认将逻辑卷的关键信息（如元数据、索引项、卷前 10MB 等）进行清零；在涉及敏感数据的高安全场景中，当数据中心的物理硬盘需要更换时，系统管理员可采用消磁或物理粉碎等措施来保证数据被彻底清除。

（3）数据脱敏

当工业互联网平台中存储的工业互联网数据与用户个人信息需要从平台中输出或与第三方应用进行共享时，应当在输出或共享前对这些数据进行脱敏处理。脱敏应采取不可恢复的手段，避免数据分析方通过其他手段复原敏感数据。此外，数据脱敏后不应影响业务连续性，避免对系统性能造成较大影响。

9.5.3　隐私计算

隐私计算是涵盖了众多学科的交叉融合技术，是一种包含了安全多方计算、同态加密、差分隐私、零知识证明、联邦学习以及可信执行环境等主流技术子项的相关技术合集及产品方案。因为隐私计算技术和方案的种类较多，为了便于理解和分类，业界通常将上述技术分为三大路径：以安全多方计算为代表的密码学路径、以可信任执行环境为代表的硬件路径和以联邦学习为代表的人工智能路径。

1. 工业互联网数据要素化

2022年6月22日，中央全面深化改革委员会第二十六次会议审议通过了《关于构建数据基础制度更好发挥数据要素作用的意见》，对数据确权、流通、交易、安全等方面做出部署。会议明确，促进数据高效流通使用、赋能实体经济，意味着数据要素市场化正呈加速态势。

工业互联网、工业大数据的发展促进工业数据要素市场的发展和成形，以安全为前提的工业大数据跨域流通和交易需求成为必然趋势，推进工业数据要素资源的交换流通与交易的隐私计算、可信数据空间等技术体系研发备受关注。

隐私计算（Privacy Compute 或 Privacy Computing）是指在保护数据本身不对外泄露的前提下实现数据分析计算的技术集合，达到对数据"可用、不可见"的目的；在充分保护数据和隐私安全的前提下，实现数据价值的转化和释放。

可信计算（Trusted Computing，TC）是一项由可信计算组推动和开发的技术。可信计算是在计算和通信系统中广泛使用基于硬件安全模块支持下的可信计算平台，以提高系统整体的安全性。可信数据空间是数据与资源共享的数字化基础设施，旨在促进不同利益相关方之间可信、安全、透明地进行数据共享、交换、流通与交易，从而实现数据的"可用不可见、可用不可存、可控可计量"。

工业数据空间是一个为数据安全流动和应用而搭建的数据流通、运行、管理环境，是基于数据使用控制、隐私计算、安全技术、存证溯源等技术综合构建的、遵从统一标准的、覆盖数据全生命周期的数据管控系统和价值生态体系，是实现数据要素高效配置的新型基础设施。工业数据空间实现了让数据像实物一样被管理；实现了数据处理行为存证，提供数据使用、流动、交易、合规证据。从工业互联网数据要素化，可以看出隐私计算可信数据空间初露端倪。

2. 工业互联网隐私计算技术体系

隐私计算交叉融合了密码学、人工智能、计算机硬件等众多学科，逐渐形成以安全多方计算、联邦学习、可信执行环境为代表，混淆电路、秘密共享、不经意传输等作为底层密码学技术，同态加密、零知识证明、差分隐私等作为辅助技术的相对成熟的技术体系，为数据安全合规流通提供了技术保障。隐私计算技术体系如图9-3所示。

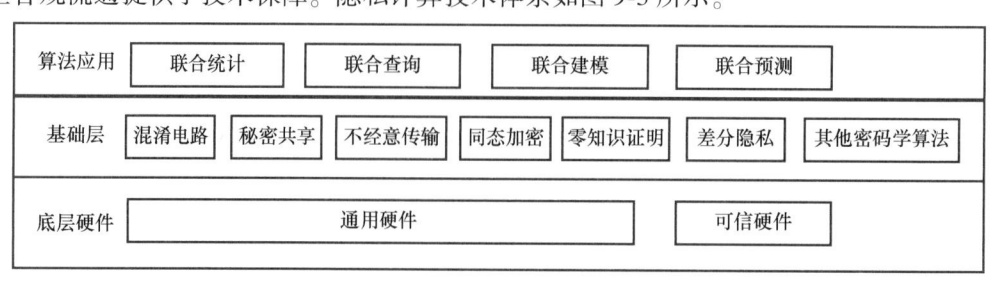

算法应用	联合统计	联合查询	联合建模	联合预测
基础层	混淆电路　秘密共享　不经意传输　同态加密　零知识证明　差分隐私　其他密码学算法				
底层硬件	通用硬件			可信硬件	

• 图9-3　隐私计算技术体系

从技术角度出发，隐私计算是涵盖众多学科的交叉融合技术，目前，主流的隐私计算技术主要分为三大方向：第一类是以安全多方计算为代表的基于密码学的隐私计算技术；第二类是以联邦学习为代表的人工智能与隐私保护技术融合衍生的技术；第三类是以可信执行环境为代表的基于可信硬件的隐私计算技术。不同技术往往组合使用，在保证原始数据安全和隐私性的同时，完成对数据的计算和分析任务。

（1）安全多方计算

安全多方计算（Secure Multi-party Computation，MPC）由图灵奖获得者姚期智院士于1982年通过提出和解答百万富翁问题而创立，是指在无可信第三方的情况下，多个参与方共同计算一个目标函数，并且保证每一方仅获取自己的计算结果，无法通过计算过程中的交互数据推测出其他任意一方的输入数据（除非函数本身可以由自己的输入和获得的输出推测出其他参与方的输入）。从协议实现角度分析，在基于安全多方计算的隐私计算领域，被广泛应用的有混淆电路、秘密共享和不经意传输等基础密码学技术。

安全多方计算是一种密码学领域的隐私保护分布式计算技术，能够使多方在互相不知晓对方内容的情况下，参与协同计算，最终产生有价值的分析内容。在实现原理上，安全多方计算并非依赖单一的安全算法，而是多种密码学基础工具的综合应用，包括同态加密、差分隐私、不经意传输、秘密共享等，通过各种算法的组合，让密文数据实现跨域的流动和安全计算。安全多方计算的一种简单实现方案示意图如图9-4所示。

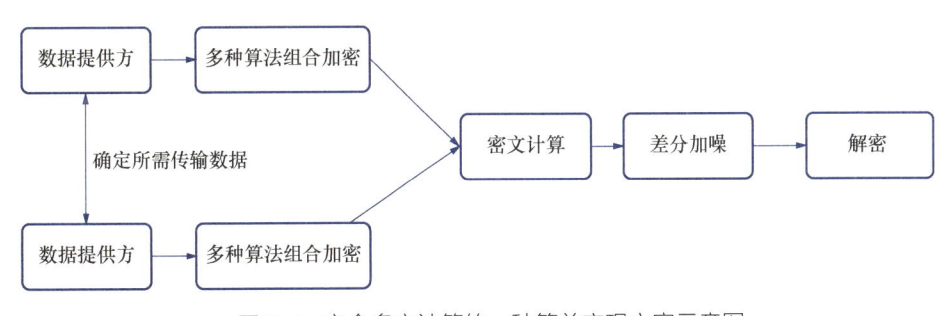

●图9-4 安全多方计算的一种简单实现方案示意图

安全多方计算能够在不泄露任何隐私数据的情况下让多方数据共同参与计算，然后获得准确的结果，可以使多个非互信主体在数据相互保密的前提下进行高效数据融合计算，达到"数据可用不可见"。最终实现数据的所有权和数据使用权相互分离，并控制数据的用途和用量，即某种程度上的"用途可控可计量"。安全多方计算具有很高的安全性，要求敏感的中间计算结果也不可以被泄露，并且在40多年的发展中其各种核心技术和构造方案不断接受学术界和工业界的检验，具有很高的可信性，其性能在各种研究中不断提升，现在很多场景下已经达到了产业能实际应用接受的程度。

（2）联邦学习

联邦学习（Federated Learning，FL），又名联邦机器学习、联合学习、联盟学习等。相比于使用中心化方式的传统机器学习，联邦学习实现了在本地原始数据不出库的情况下，通过对中间加密数据的流通和处理来完成多方联合的学习训练。它一般会利用分布式数据来进行本地化的模型训练，并通过一定的安全设计和隐私算法（如同态加密、差分隐私等），将所得到的模型结果通过安全可信的传输通道，汇总至可信的中心节点，进行二次训练后得到最终的训练模型。由于密码学算法的保障，中心节点无法看到原始数据，而只能得到模型结果，因此有效保证了过程的隐私。联邦学习和多方安全计算的区别主要在于应用场景有较大不同。因此，联邦学习的实现主要"面向模型"，其核心理念是"数据不动模型动"，而多方安全计算则是"面向数据"，其核心理念是"数据可用不可见"。

联邦学习是实现在本地原始数据不出库的情况下，通过对中间加密数据的流通与处理来完成多方联合的机器学习训练。联邦学习参与方一般包括数据方、算法方、协调方、计算方、结果方、任务发起方等角色，根据参与计算的数据在数据方之间分布的情况不同，可以分为横向联邦学习、纵向联邦学习和联邦迁移学习，纵向联邦学习的系统架构如图 9-5 所示。

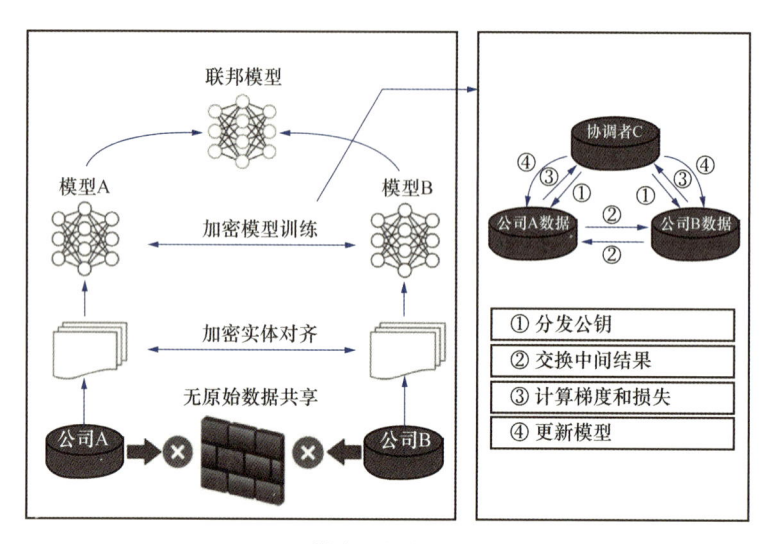

● 图 9-5　纵向联邦学习的系统架构

（3）可信任执行环境

可信任执行环境（Trusted Execution Environment，TEE）指的是一个隔离的安全执行环境，在该环境内的程序和数据，能够得到比操作系统层面（OS）更高级别的安全保护。其实现原理在于通过软硬件方法，在中央处理器中构建一个安全区域，计算过程执行代码 TA（Trust Application）仅在安全区域分界中执行，外部攻击者无法通过常规手段获取和影响安全区的执行代码和逻辑。同时，计算数据通过相关密码学算法加密，来保证数据只能在可信区中进行计算，其简单实现示意图如图 9-6 所示。

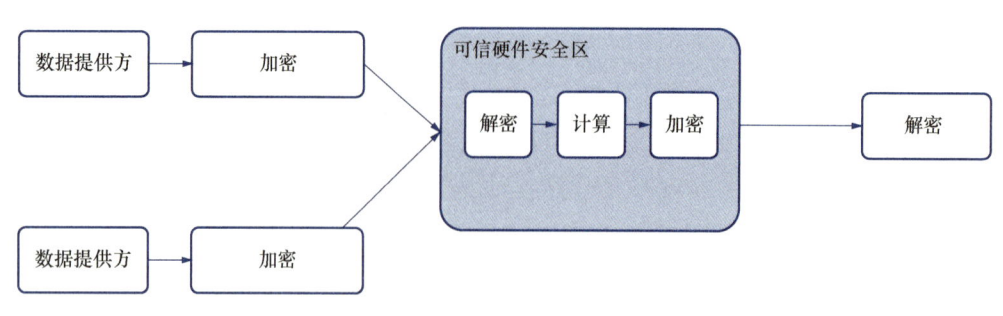

● 图 9-6　可信任执行环境简单实现示意图

上述三个算法的详细区别和联系见表 9-1。

● 表 9-1　三种隐私计算算法对比

技术路线	核心思想	数据流动	密码技术	硬件要求
安全多方计算（MPC）	数据可用不可见，信任密码学	原始数据加密后交换	同态加密、差分隐私、秘密共享等	通用硬件
联邦学习（FL）	数据不动模型动，信任密码学	不交换原始数据	不经意传输、秘密共享、同态加密、差分隐私等	通用硬件
可信任执行环境（TEE）	数据可用不可见，信任硬件	原始数据加密后交换	非对称加密算法	基于可信技术实现的可信硬件

9.5.4　灾难备份

灾难备份是为了灾难恢复而对数据、数据处理系统、网络系统、基础设施、专业技术能力和运行管理能力进行备份的过程。目前，工业互联网受到来自内部与外部的各种威胁，并且自身存在一定的脆弱性，其主要表现在以下方面。

1. 勒索病毒和网络攻击

目前，对工业设备和工控系统威胁最大的是专门针对工业主机（指工业控制系统上位机，如操作员站、工程师站、历史数据库、实时数据库、MES 服务器等）的勒索病毒和网络攻击。工业主机往往运行常见的操作系统，攻击者很容易获得并进行研究。近年来，工业互联网安全事件频发，如 2017 年爆发的 WannaCry 勒索病毒感染了全球 150 个国家的 30 万台主机，使得雷诺、日产等汽车制造厂商被迫停产；2018 年台积电因勒索病毒感染而造成多条产品线停工，给企业带来巨大的经济损失。

2. 系统老旧和漏洞风险

随着工业控制系统网络之间互联互通的不断推进，以及工业控制系统和工业设备接入互联网的数量越来越多，通过互联网对工业控制系统实施攻击的可能性越来越高。且现存的工控系统生命周期较长，工业主机大多是 Windows 7、Windows 2000 等老旧的操作系统，版本升级困难，甚至无法更新，存在大量已知漏洞，很容易成为病毒和网络攻击的直接目标、攻击入口和关键跳板。

3. 不安全传输和加密

此外，攻击者也可以利用不安全传输方式作为攻击工业控制网络的入口。由于网络基础设施的局限性，经常需要无线网络、卫星、GPRS 等通用传输手段来实现与调度中心的连接和数据交换。这些传输手段没有足够的安全保护和加密措施，很容易出现网络窃听、数据劫持、第三人攻击等安全问题，以及网络的渗透和控制。

4. 云平台的安全问题

在云平台中，作为底层支撑的虚拟化技术在带来效率提升和开销降低的同时，也带来了一系列由于物理的共享与逻辑隔离的冲突而导致的数据安全问题。在公有云环境下，不同机构之间物理隔离的网络被由网络虚拟化技术构建的虚拟网络所取代。这种网络资源复用模式虽然实现了网络资源的高效利用、网络流量的集中分发，但也带来了诸多安全问题。

针对工业互联网的脆弱性，可以采取以下安全防护。

（1）安全可靠：提供云到端的备份保护方式

进行云到端的备份保护，赋予用户在数据和业务两个层面的安全防护能力。满足复杂混合架构中的数据保护要求，全方位保护工业互联网云端各类数据。通过建立安全可靠的云上数据灾备保障体系，有效解决病毒感染、人为误删除等问题导致的工业互联网应用系统逻辑错误问题，并实现全网工控设备的统一安全监测和防护，确保其业务系统的安全性与可靠性。

（2）守护防线：制定云上数据安全方案

1) 有效规避云端业务系统出现崩溃或数据丢失等事件的发生。完成业务实时迁移、即时接管，实现快速应急恢复，缩减业管理成本，保障业务连续。

2) 为保障云端核心数据安全，避免被勒索软件攻击，提供可用性校验策略，自动定时校验备份集数据块的完整性、一致性，一旦发现工业云上数据丢失或被篡改，可及时进行报警应急处理。

（3）进退自如：部署云上迁移服务

1) 适应多种场景迁移需求，轻松完成迁移失败预防，实现数据的分钟级恢复；搭载智能弹性捕获迁移工具，快速完成迁移过程，使业务平滑过渡，保证关键云上业务的连续性。

2) 轻松实现虚拟机到物理机、物理机到物理机的迁移，真正做到X2X整体迁移，不受硬件环境差异的困扰，完整的风险控制确保工业互联网数据的安全加密。数据迁移服务框架如图9-7所示。

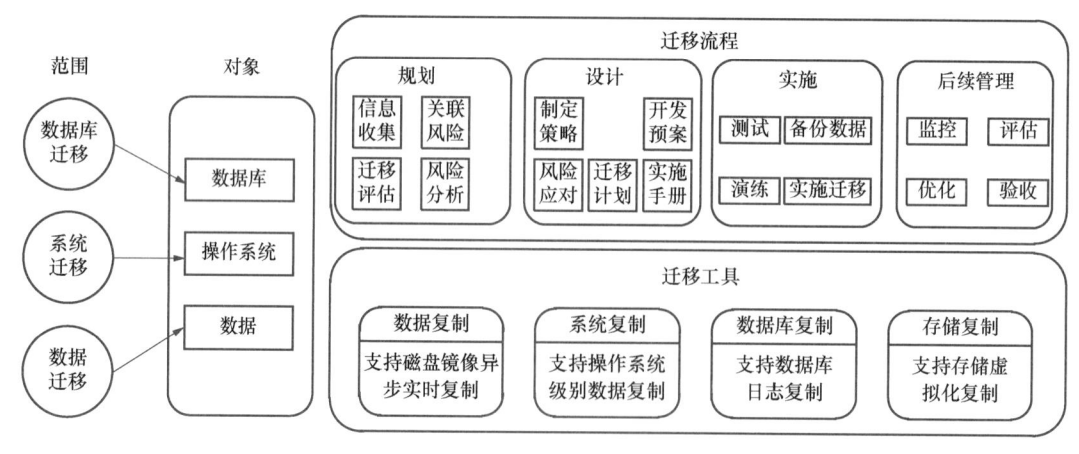

● 图9-7 数据迁移服务框架

（4）防患未然：建立云端应急保障机制

1) 关键云端业务 7×24h 持续运行，保证任意时间点回退接管以及故障监测，规避云端关键应用的业务中断风险，符合关键工控应用的 RTO（恢复时间目标）要求。

2) 立足各种实际灾备需求，核查和配置相应级别的云上灾难恢复资源作为后盾，实现故障接管，保障云端业务连续性；以风险管理的服务理念，对全网工控设备进行主动式勒索病毒全局域网扫描，帮助工业企业及时拦截云平台上病毒、木马、恶意程序的攻击，满足工业环境的安全防护。

9.5.5 数据脱敏

数据脱敏是指对某些敏感信息通过脱敏规则进行数据的变形，实现敏感隐私数据的可靠保护。在数据脱敏实践方面，目前国内重点行业企业已意识到工业数据安全的重要性，但在数据采集、传输、存储、处理、交换共享等环节，存在未进行有效的数据脱敏、直接使用原始敏感数据等情况。

在脱敏技术方面，工业企业使用的数据脱敏工具虽然具备一定的数据脱敏功能，但在技术细节方面仍有不足。一方面，内置的数据脱敏算法较为单一，支持的数据源类型较少，无法满足多种场景下多类型工业数据脱敏后的开发和测试使用；另一方面，数据脱敏工具在工业数据分类分级、敏感数据自动识别等方面的应用尚不成熟，脱敏算法、脱敏效率、脱敏机制等都有待提高。此外，部分数据脱敏工具不具备多维可视化功能，相关技术人员无法通过任务状态、任务进度条、脱敏报告等自动获取工业数据脱敏的即时情况。

工业数据脱敏存在以下难点：一是工业数据种类多、格式多，导致工业数据脱敏需针对性解决海量、多源、异构等问题；二是工业数据间逻辑关系强，数据从产生到使用与产品生命周期密切相关，关联分析准确性要求较高等，增加了工业数据脱敏技术难度；三是工业数据实时性、连续性等特点，以及工业时序数据的高维度、关系依赖性强特征，使得工业数据的动态脱敏难度大。工业数据脱敏方案包含两个阶段，具体如下。

1. 数据脱敏业务流程

数据脱敏业务流程主要包括敏感数据梳理、敏感数据识别、脱敏算法选择、脱敏任务执行、脱敏结果输出5个步骤，如图9-8所示。

● 图 9-8 工业数据脱敏业务流程图

（1）敏感数据梳理

为使工业数据能够安全共享使用，充分发挥其价值，首先需要梳理出其中的敏感数据，并进行有效脱敏后再流通共享，确保敏感数据不被泄露或篡改。

（2）敏感数据识别

敏感数据识别是数据脱敏的前提和关键。基于机器学习的工业敏感数据识别框架，如图9-9所示。该识别框架通过从已标注的数据集中提取特征属性，利用机器学习的方法构建识别模型，从而达到识别未知数据集的目的。相比传统的数据识别方法而言，该识别框架可支持多种机器学习算法，具有性能卓越、兼容性强等优势。

（3）脱敏算法选择

依据不同的工业数据的类型、特征及脱敏需求，选取不同的数据脱敏算法，所采用的数据脱敏算法一般包括泛化、变形、遮蔽、随机、替换、强加密和格式保留加密等。

（4）脱敏任务执行

脱敏任务执行过程应支持任务的启动、暂停、中断、延续、终止等操作。

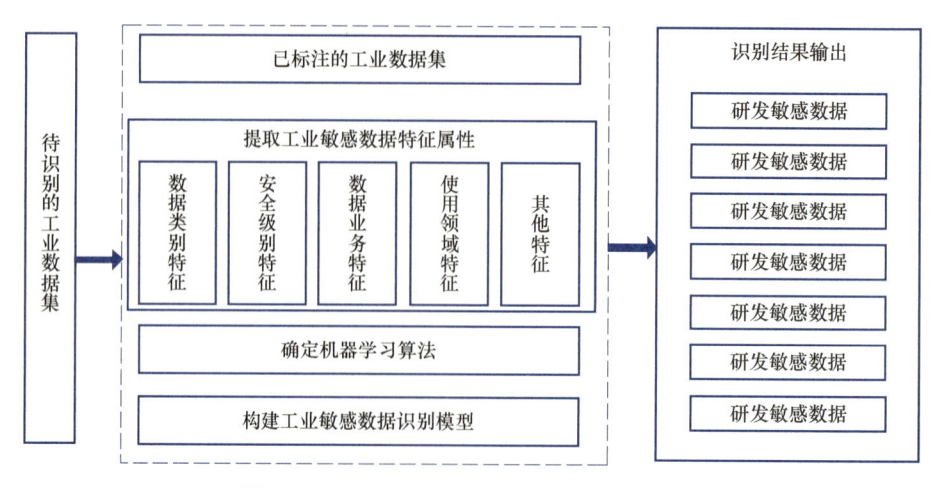

● 图 9-9 基于机器学习的工业敏感数据识别框架

（5）脱敏结果输出

依据上述脱敏流程，输出工业数据脱敏结果。

2. 数据脱敏步骤

基于工业数据具有实时产生及动态增加等特征，相较于传统的数据脱敏技术而言，批量数据脱敏技术可支持多种类型数据库，且能一次性轻量级处理数据，更能满足工业数据脱敏需求。因此，可选择 Sqoop 技术对工业数据进行脱敏处理。具体脱敏流程可分为 3 个步骤，如图 9-10 所示。

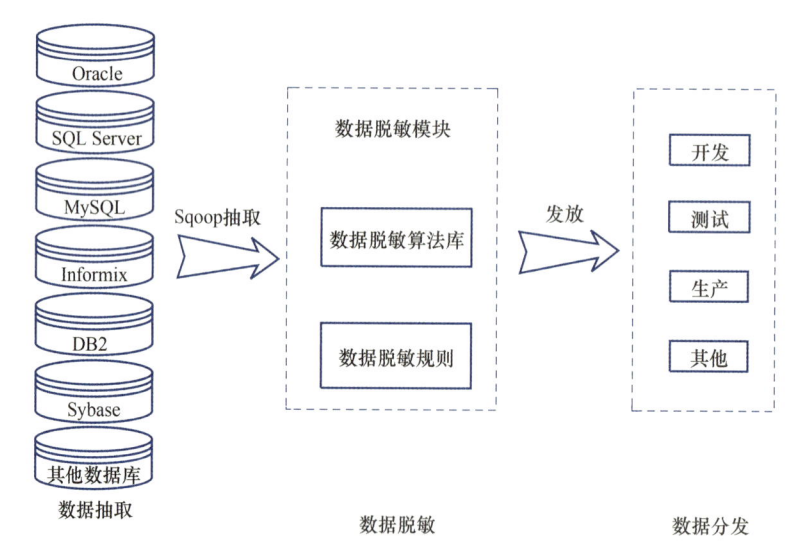

● 图 9-10 工业数据脱敏流程

1）数据抽取：工业数据可利用 Sqoop 技术从 Oracle、SQL Server、MySQL、Informix、PostgreSQL、DB2、Sybase、EDB 等常用数据库，TimescaleDB、KairosDB 等时序数据库，以及文件、FTP 等接口进行抽取。数据抽取过程可保证原始数据的完整性，还可保证数据之间的逻辑关系完整。

2)数据脱敏：通过数据脱敏算法库中的脱敏算法实现对敏感数据的转换，在脱敏过程中要保持数据的关联性和完整性，确保数据在同一系统中的一致性。

3)数据分发：工业数据脱敏后，通过数据库、文件、FTP等接口进行分发。

3. 数据脱敏规则

数据脱敏规则主要包括可恢复规则和不可恢复规则。可恢复规则是指可通过某种方式恢复原始数据的规则，如各类加解密规则。不可恢复规则是指使用任何方法都无法恢复原始数据的规则。对于工业数据而言，需要从数据的重要程度、用途、影响范围等多种维度综合确定数据脱敏规则。

4. 数据脱敏系统

(1) 数据脱敏系统总体架构

工业数据脱敏系统通过采集SCADA、PLC、DCS、ERP等系统，以及工业主机、数据库等软硬件设备的数据，经过数据清洗、转换等预处理过程，利用敏感数据识别与数据脱敏引擎实现对敏感数据的深度分析和脱敏处理。该系统通过设置脱敏算法选择和脱敏任务执行子模块，可以实现灵活配置的目的。无论是针对已有的还是新上的工业数据脱敏业务，该系统都能提供一套合适的数据脱敏方案。

(2) 数据脱敏系统功能

数据脱敏系统功能包括敏感数据梳理、敏感数据识别、脱敏算法选择、脱敏任务执行及安全管理5个模块功能，如图9-11所示。

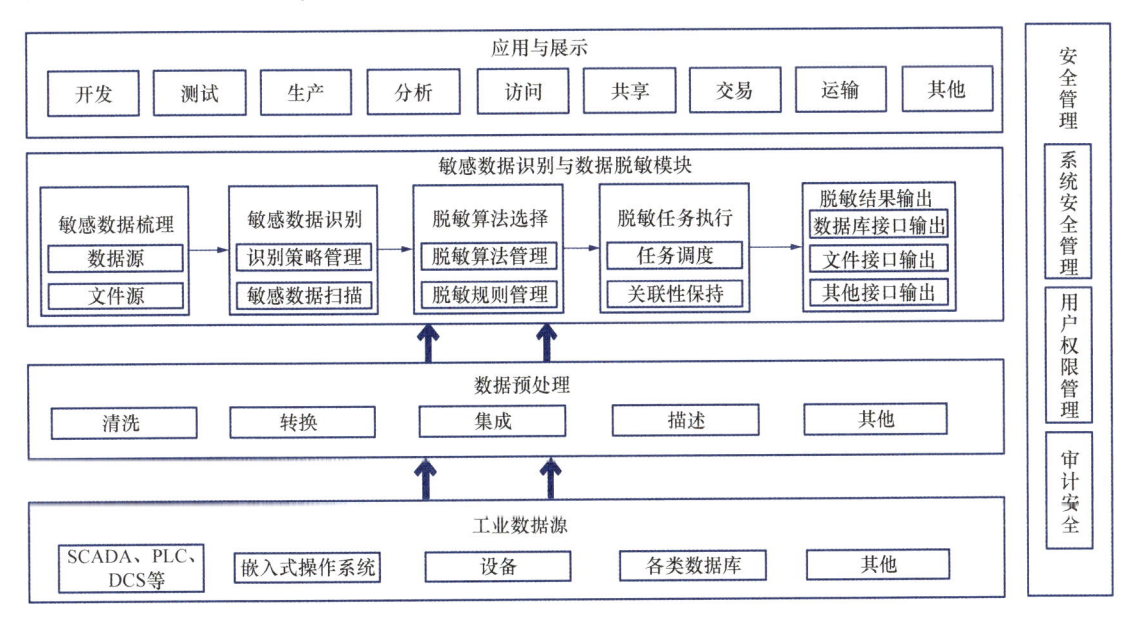

● 图9-11 工业数据脱敏系统总体框架

1)敏感数据梳理。数据脱敏系统应内置完善的敏感数据特征库，支持包括Oracle、SQL Server、MySQL、Informix、PostgreSQL、DB2、Sybase、EDB等主流数据库，TimescaleDB、KairosDB等时序数据库的接入，并可支持自定义数据库类型。

2)敏感数据识别。数据脱敏系统应支持敏感数据的自动发现和识别，并且应配置多种识别策略。

3）脱敏算法选择。数据脱敏系统应支持多种脱敏算法并应具备完善的脱敏规则，以实现对不同业务系统、不同数据库的脱敏操作。数据脱敏系统应设置专门的脱敏算法管理模块，内置包括数据替换、泛化、有损、混洗等常用的数据脱敏算法，基于机器学习、神经网络等方法的智能化脱敏算法，以及自定义脱敏算法，便于新业务应用或系统升级。此外，数据脱敏系统还应具备相对独立的脱敏规则管理模块，包括可恢复性规则和不可恢复性规则等。

4）脱敏任务执行。数据脱敏系统应具备完善的任务调度功能，包括状态监控、调试配置、参数管理、进度执行、时间调用、命令行调用等。

5）安全管理。数据脱敏系统应具备完善的安全管理模块，包括系统安全管理、用户权限管理和审计安全等。

工业数据脱敏技术是数据脱敏与制造业相结合的技术产物，是工业企业、平台企业等保护工业数据安全的重要技术手段。工业数据不仅包含工业生产图纸、机理模型文件、指令代码等，还包括大量的时序数据。如何面向工业时序数据进行脱敏处理成为工业数据脱敏技术必须解决的难题。期待在不久的将来，工业数据脱敏技术在现有工业数据脱敏方案的基础上，可实现针对性更强、扩展性更好的功能。

9.6 本章小结

本章从工业互联网的设备安全、控制安全、网络安全、应用安全以及数据安全5个方面对工业互联网的安全防护进行阐述，介绍了5个方面防护的措施及其特点，清晰了相互之间的关系，在实践中结合工业现场实际情况，设计合理的防护架构，选择合适的防护措施，运用恰当的技术手段组成工业互联网的安全屏障。

9.7 思考与练习

1. 简述工业互联网设备安全防护。
2. 工业大数据有哪些特征？
3. 什么叫灾难备份？工业互联网可采用哪些方式？
4. 什么叫隐私？工业互联网隐私包括哪些方面？
5. 请查阅文献资料，了解隐私计算、可信计算等相关知识，谈谈你对工业互联网隐私计算的理解和认识。
6. 结合《关于构建数据基础制度更好发挥数据要素作用的意见》，谈谈你对可信工业数据空间的认识和理解。

第 10 章 工业互联网防护模型

新基建背景下,工业互联网作为新一代信息技术与制造业深度融合的产物,对工业未来发展会产生革命性的影响。工业互联网安全领域的投资和应用推进势必会加速,同时促生更多新趋势。一方面,安全防护智能化将不断发展,未来对于工业互联网安全防护的思维模式将从传统的事件响应式向持续智能响应式转变,构建全面的预测、基础防护、响应和恢复能力,以抵御不断演变的高级威胁。另一方面,工业互联网平台作为工业互联网发展的核心,汇聚了各类工业资源,工业互联网平台安全在工业互联网安全防护中的地位日益凸显。随着工业互联网安全领域的发展,工业互联网防护模型也在不断地发生变化。本章将介绍目前网络安全领域较为流行的防护模型,包括利用流行的自适应 AI 防护模型进行漏洞智能识别;近年大热的自适应安全框架自动适应不断变化的网络和威胁环境,并不断优化自身的安全防御机制;网络安全网格架构构建可组合的分布式安全控制,以提高整体安全效率;零信任网络架构,实现对访问行为的精细化管控;网络安全审计委员会发布的网络安全滑动标尺模型为企业安全建设提供一种宏观角度的指导;网络安全能力成熟度模型可以快速对企业安全现状进行评估,旨在仅解决与信息技术(IT)和运营技术(OT)资产及其运营环境相关的网络安全实践的实施和管理问题。

10.1 自适应 AI 防护模型

近年来,人工智能(AI)已经成为加强人类信息安全团队工作的一个重要工具。人工智能提供了急需的分析和威胁识别,网络安全专业人员可以利用这些分析和威胁识别来降低漏洞风险,改善安全态势,因为人类已经无法充分保护动态的企业攻击面。在安全方面,人工智能可以识别和优先处理风险,快速检测网络上的恶意软件,领导事件响应,并在入侵发生前检测出入侵行为。

在传统的模糊测试中,可以为应用程序生成许多不同的输入以试图使其崩溃。由于每个应用程序都以不同的方式接受输入,因此需要进行大量手动设置,在暴力攻击中尝试所有可能的输入,然后查看应用程序如何响应,这种做法需要很长时间。

AI Fuzzing 使用机器学习和类似技术来查找应用程序或系统中的漏洞。Fuzzing 已经存在了一段时间,但它很难做到,并且没有在企业中获得太大的吸引力。添加人工智能有望使工具更易于使用且更灵活。这些顶级 AI 模糊测试工具如下。

- 微软安全风险检测(Microsoft Security Risk Detection,MSRD)。
- 谷歌的 ClusterFuzz。

- Synopsys 的防御性模糊测试（Defensics Fuzz Testing）。
- PeachFuzzer by PeachTech。
- Fuzzbuzz。

MSRD 使用智能约束算法，智能模糊测试的另一个主要选择是遗传算法。两者都是模糊工具可以在最有希望的路径上找到漏洞的方法。American Fuzzy Lop 开源工具集使用了遗传算法，该工具集是基于云的新产品 Fuzzbuzz 的核心。AFL 也是 Google ClusterFuzz 项目的一部分。到目前为止，寻找零日漏洞一直是一个挑战，而且新的零日漏洞的价格很高，AI Fuzzer 是当前查找零日漏洞的一种新技术。

不同于传统模糊测试，AI Fuzzer 根据神经网络的特点，以神经元覆盖率作为测试评价准则。神经元覆盖率是指通过一组输入观察到的激活神经元数量和神经元输出值的范围。通过神经元覆盖率增益来指导输入变异，让输入能够激活更多的神经元，神经元值的分布范围更广，从而探索不同类型的模型输出结果、错误行为，从而测评模型鲁棒性。

AI Fuzzer 主要包括三个模块，如图 10-1 所示。

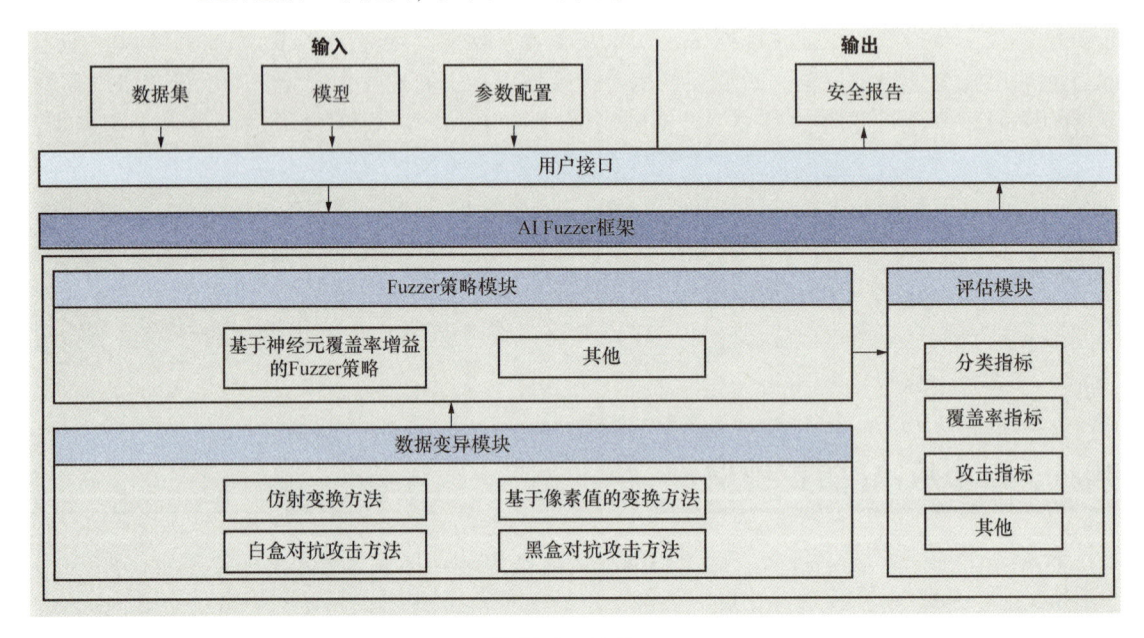

- 图 10-1 AI Fuzzer

（1）Natural Threat/Adversarial Example Generator（数据变异模块）

随机选择变异方法对种子数据变异生成多个变种。支持多种样本的变异策略，具体如下。

- 图像仿射变换方法，如平移、旋转、缩放、错切、透视等。
- 基于像素值变化的方法，如改变对比度、亮度、模糊、加噪、柏林噪声等。
- 基于对抗攻击的白盒、黑盒对抗攻击方法，如 FGSM、PGD、MDIIM 等。

（2）Fuzzer Moduler（Fuzzer 策略模块）

对变异生成的数据进行模糊测试，观察神经元覆盖率的变化情况，如果生成的数据使得神经元覆盖率增加，则加入变异的种子队列，用于下一轮的数据变异。目前支持的神经元覆盖率指标包括 NC、TKNC、KMNC、NBC、SNAC。

（3）Evaluation（评估模块）

评估 Fuzzer 效果，生成数据的质量，变异方法的强度。支持 3 个类型 5 种指标，包括准确率、精确率、召回率等通用评价指标，神经元覆盖率指标，对抗攻击成功率指标。

10.2 自适应安全架构

随着云计算、大数据、物联网、移动互联网、人工智能等新技术的成熟，社交网络、电子商务、智慧城市的发展，人们的生活全面走进了网络所构建的虚拟世界。Gartner 在 2014 年的 ISC（Internet Security Conference）上针对高级攻击提出了面向下一代的自适应安全架构（Adaptive Security Architecture，ASA），以应对云大物移智时代所面临的安全形势。自适应安全架构从预测、防御、检测、响应四个维度强调安全防护是一个持续处理的、循环的过程，细粒度、多角度、持续化地对安全威胁进行实时动态分析，自动适应不断变化的网络和威胁环境，并不断优化自身的安全防御机制。自适应安全架构的基石是假设系统出现问题，并采用持续监控来发现漏洞并进行调整。自适应安全架构在不断发展，经历了 1.0、2.0、3.0 版的更新与蜕变。

10.2.1 自适应安全架构 1.0

在自适应安全架构 1.0 提出之前，市场上的安全产品主要侧重于安全防御和边界防御的问题。自适应安全架构不再被动地进行加强防御和提升应急响应，而是重点强调实时监测和动态响应，通过持续性地监控与分析，具备对未知的网络攻击的预测能力，构成了防御、检测、响应以及预测的安全防控流程闭环。自适应安全架构 1.0 示意图如图 10-2 所示。

Gartner 确定了自适应安全架构的四个阶段：预测、防御、检测和响应，这四个阶段创建了一个可以从源头快速发现和响应可疑行为的系统。

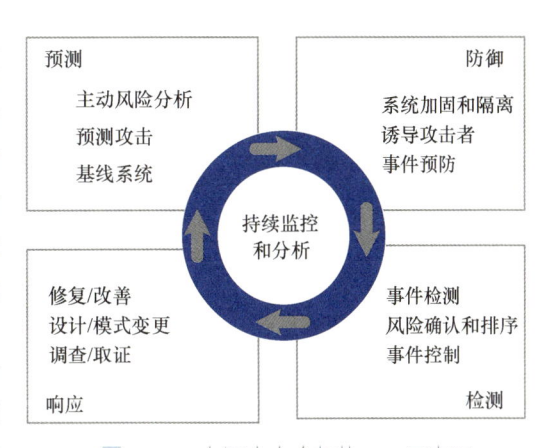

● 图 10-2 自适应安全架构 1.0 示意图

1）防御：通过降低被攻击面、拦截攻击者和攻击动作来提高攻击门槛。

2）检测：持续监视/检测事件的发生并对其进行评估，对检出的事件进行隔离，以防止其造成进一步的破坏。

3）响应：用于高效调查和补救被检测分析功能（或外部服务）查出的事件，以提供入侵认证和攻击来源分析，并产生新的预防手段来避免未来事件。

4）预测：通过防御、检测、响应结果不断优化基线系统，逐渐精准预测未知的、新型的攻击。

10.2.2 自适应安全架构2.0

2017年，自适应安全架构发展进入了2.0时期，主要是在1.0的基础上添加了一部分内容，从而完善了防御、检测、响应与预测四部分的循环体系，如图10-3所示。与自适应安全架构1.0相比，自适应安全架构2.0的主要变化包括三点：首先，将持续监控和分析修改为持续的可视化和评估，同时加入了对用户和实体进行行为分析（User&Entity Behavior Analytics，UEBA）相关的内容。UEBA通过机器学习与大数据分析，能够对用户、终端以及应用层、网络层等网络设备进行行为实时分析模拟，搜集相关安全缺陷，辅助终端安全厂商与网络安全厂商发现更深层次的安全问题。其次，在原有的4个象限的大循环防御、检测、响应与预测不变的同时，引入了每个象限的小循环体系，形成了动态持续的主动防御能力。最后，在大循环中加入了策略和合规的要求，同时对大循环每个步骤的目的进行了说明，从防御象限实施动作到检测象限监测动作，再到响应和预测象限调整动作。正是这些改变，进一步完善了自适应安全架构，增强了此架构的普适性。

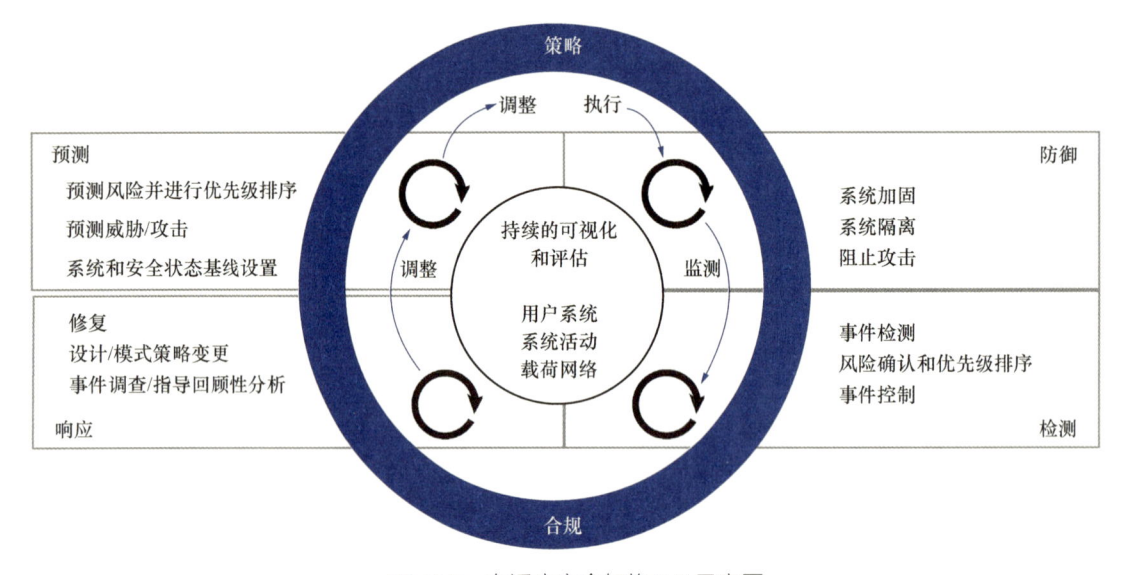

● 图10-3 自适应安全架构2.0示意图

10.2.3 自适应安全架构3.0

在2017年6月举办的第23届Gartner安全与风险管理峰会开幕式上，来自Gartner的三位著名分析师（Ahlm、Krikken和Neil McDonald）创造性地提出了一个全新的战略方法——持续自适应风险与信任评估（Continuous Adaptive Risk and Trust Assessment，CARTA），并对CARTA进行了详细的阐述，几乎将Gartner所有的研究领域或者说当今安全的所有细分领域都涵盖其中。CARTA被普遍认为是自适应安全架构3.0，并被列入了2018年ICS发布的十大安全趋势中。与自适应安全架构2.0相比，在新提出的CARTA中引入了云访问安全代理（Cloud Access Security Broker，CASB），形成了自适应安全架构与CASB内外双环的循环保护结构，无论是自适应的认证鉴权体系还是安全防御体系，均形成了检测、防御、响应与预测的闭环。自适应安全架构3.0示意图如图10-4所示。

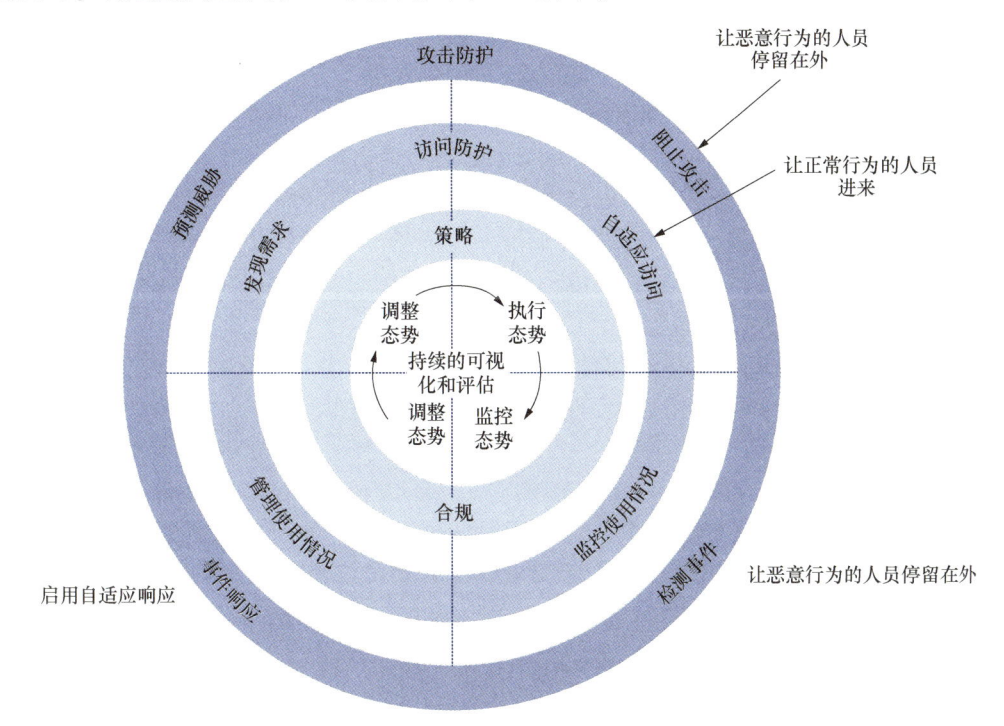

● 图 10-4　自适应安全架构 3.0 示意图

工业网络安全与威胁情报公司 CyberX 宣布推出 ICS 攻击向量预测技术，这是一种模拟技术，可以对当前工控环境中的漏洞及资产进行高级分析，并能够可视化地模拟攻击形式及路径，进而预演各种缓解措施的效果，组织可利用这种技术，更有效而熟练地利用有限资源和狭窄的维护时间窗口。CyberX 表示，在产品中加入攻击预测技术后，可满足 Gartner 的"自适应安全架构"框架提出的四个要求：预测、防御、检测和响应。

10.3　网络安全网格架构

随着远程办公、云化服务的兴起，随时随地办公正在成为常态，还有更多的应用和数据迁移到云服务，传统网络边界已经消失，新的攻击面已经出现，使得网络安全威胁形势日益复杂。同时，网络攻击手段也在快速演进，AI 和大规模自动化技术驱动的新型威胁层出不穷，更带来了网络攻击数量的快速增长。在这种形势下，传统安全手段已经无以为继，加之组织普遍存在网络安全技能短缺的困境，这就需要一种全新的安全架构模式来解决新需求。因此，Gartner 在 2021 年发布的报告《2021 年顶级战略技术趋势》（Top Strategic Technology Trends for 2021）中首次提出网络安全网格架构（Cybersecurity Mesh Architecture，CSMA），CSMA 全新理念一经问世就获得了广泛关注，并被列入 2022 年网络安全主要趋势。CSMA 在业内获得了极大反响，一些安全厂商积极响应并迅速推出了符合 CSMA 理念的安全产品或解决方案。例如，近些年在云安全领域的安全组织 Fortinet 推出的"Fortinet Security Fabric"安全架构，成为 CSMA 理念的最佳落地实践。

CSMA 是一种现代化的安全分布式架构方法或者策略，能够在需要的地方部署一致性的控制能力，以一种紧密集成、可扩展、高度灵活并富有弹性/韧性的方式，通过提供支持服务层（整合策略管理、控制台安全情报和身份矩阵）来让安全工具之间能够协作而不是各自为战。CSMA 能够让任何用户和设备可以安全地访问或使用数字化资产，无关乎其所在的物理位置。CSMA 打破了传统安全产品"自上而下"的技术架构、"一应俱全"的部署形式，采用"水平"分布式方式将各种各样的安全设备通过一张相互联通、相互协作的网络有机联系在一起，从而形成一套能在庞大的安全生态系统中协同运行，且自动适应网络环境演化的全面覆盖、统一管控、动态协同和快速响应的网络安全平台。CSMA 的这些特性要求正是解决混合业务部署场景下网络安全的必要特性，是应对多云/混合云安全、云地一体化、跨域安全分析、多种安全产品能力整合方面安全挑战的万能钥匙。

1. CSMA 的总体框架

CSMA 是一种新兴的方法，用于构建可组合的分布式安全控制，以提高整体安全效率。CSMA 旨在为各种安全控制和解决方案提供可扩展、可互操作和可组合的框架，以更有效地进行互操作。CSMA 的基础层定义了各种安全解决方案可以协作实现的核心安全目标和功能。CSMA 总体框架如图 10-5 所示。CSMA 定义了四个安全基础层，具体如下。

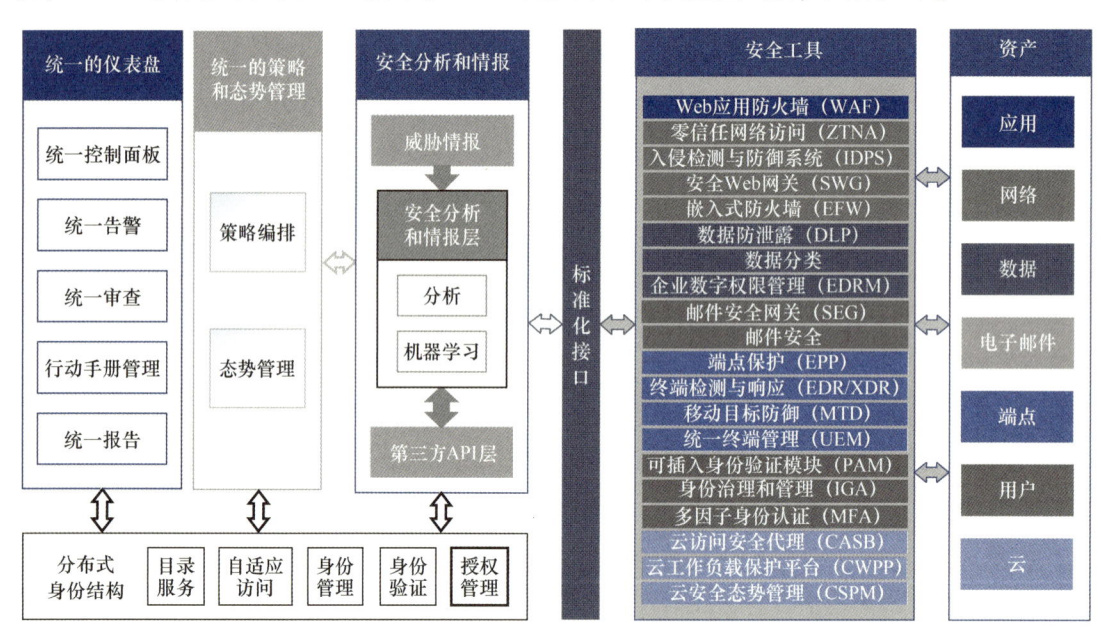

● 图 10-5 CSMA 总体框架

（1）统一的仪表盘

CSMA 可以为整个安全生态系统提供一个综合视图，使安全团队能够更快速、更有效地响应安全事件，以便部署适当的响应。仪表盘是安全运营的重要功能，可为相关人员提供安全态势的直观展示，有效提高安全运营人员的工作效率。统一的安全分析是实现统一仪表盘的基础，仪表盘是安全分析结果的直观表达，两者相辅相成。相关安全数据归一化后，通过丰富的统计方法和可视化方法最终形成整合仪表盘。

（2）统一的策略和态势管理

Gartner 认为 CSMA 可以将统一的策略转换为各个安全工具的本地配置结构，或者作为一种更高级的替代方案来提供动态运行时的授权服务，以确保 IT 团队能够更有效地识别合规风险和错误配置问题。

统一的安全策略管理是客户安全需求的最直接表达，它无关安全设备类型、安全厂商类型、资产或网络的位置。一个成熟的网络架构，应该具备一个强大的策略编排器，能够根据客户输入的统一安全策略，结合统一的资产和身份管理进行对应安全资源、安全策略及业务流量的引流编排。为客户在正确的位置、为正确的用户部署满足其安全和权限策略。统一的安全策略最终将会被转换为具体网络位置、具体单体设备可以处理的形式并下发。

统一的态势管理则是根据不同位置、不同类型安全工具所产生的安全数据，结合安全知识库、安全威胁情报等综合分析而得。它不仅可以为安全运营人员提供统一的安全态势信息，同时也可以结合 SOAR 等自动化编排技术，为企业提供自动、智能且持续的安全编排和响应，使企业的业务和资产始终保持在安全的运营状态。

（3）安全分析和情报

CSMA 可以收集、汇总和分析来自各种安全工具的安全数据，基于丰富的威胁分析手段，结合威胁情报，利用机器学习等技术形成更加准确、一致的威胁分析结果并触发适当的响应。这将极大提高企业的风险分析能力、降低威胁响应时间，并有效减少攻击。具体来说，需要将企业部署的各种安全设备、安全探针等安全工具所产生的运行日志、安全日志进行归一化、范式化处理，然后结合 ATT&CK 模型、威胁情报等手段将安全日志分层提取、归并，最后形成高精度的安全事件并自动处置。

（4）分布式身份结构

在云的场景中，身份管理始终是安全的最大隐患之一，尤其是在多云、混合云场景下，基础设施的异构性、离散性使得身份管理更加困难。云的大规模和多样性、云上资源的短生命周期、跨云缺乏一致性和标准、特殊权限过多等，使传统的 IAM 解决方案很难胜任。CSMA 的分布式身份结构（Distributed Identify Fabric）基础层可以提供目录服务、自适应访问、去中心化身份管理、身份验证和授权管理等功能，从而解决传统应用的身份锁定问题，支撑构建适合用户需求的零信任网络架构。

CSMA 是在物理网络之上构建的逻辑层，CSMA 应用视图如图 10-6 所示，直观展示了在逻辑层中通过对各种安全能力的编排、执行，使得各种安全工具基于四个安全基础层实现互操作，提供统一的安全管控和可见性，而不是在孤岛中运行每个安全工具，从而构建一个能在庞大的安全生态中协同运行，且自动适应网络环境演化的安全平台。

2. CSMA 的特征

CSMA 具备以下四个主要特征。

（1）通用集成框架

CSMA 提供一种通用的集成框架和方法，实现类似"乐高"化思维的灵活、可组合、可扩展的安全架构。通过标准化工具支持可互操作的各种安全服务编排和协同，从而实现广泛分布的不同安全服务的高效集成，建立起合作的安全生态系统来保护处于本地、数据中心和云中的数字资产，并基于数据分析、情报支持和策略管理等能力的聚合形成更加强大的整体安全防御和响应处置能力。

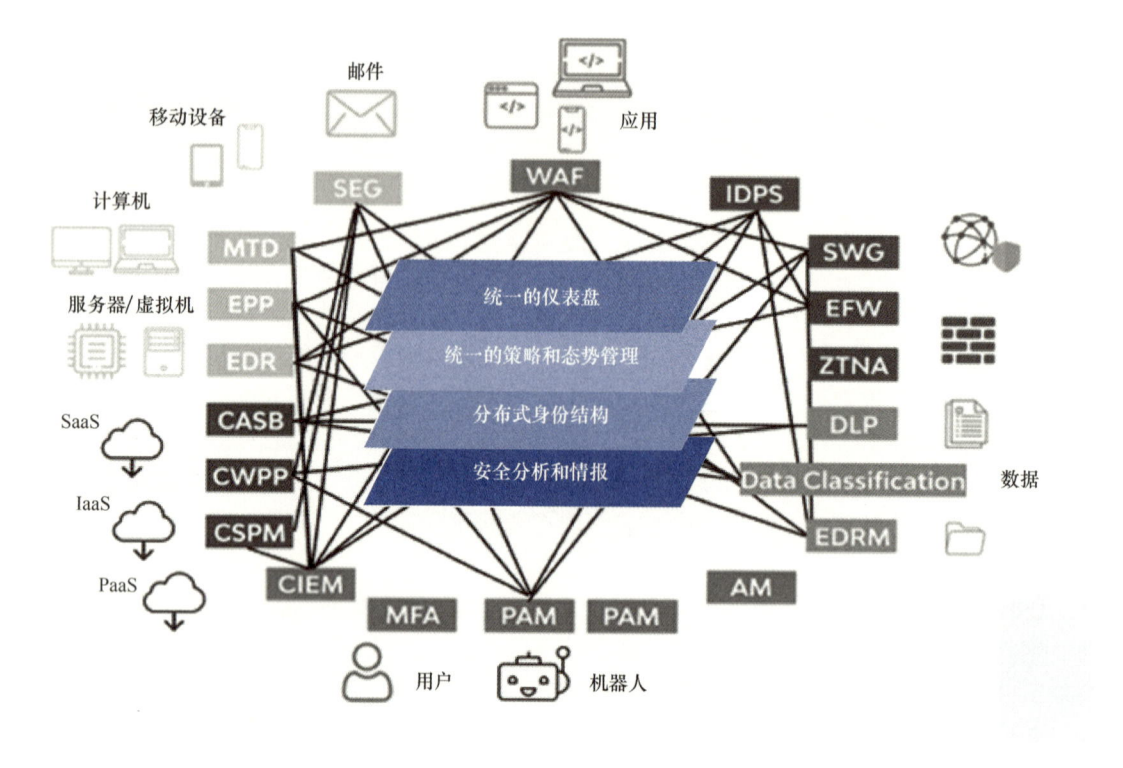

•图 10-6 CSMA 应用视图

（2）分布式网络架构

CSMA 利用了网格的去中心化、对等协作、结构灵活、连接可靠、扩展性强等优势，不再侧重于围绕所有设备或节点构建"单一"边界，而是围绕每个接入点创建更小的、单独的边界。通过建立与接入点同样多的安全边界，保证物理位置广泛分布的用户能随时随地安全接入，符合零信任网络中的"微分段"要求，使得网络犯罪分子和黑客更难利用整个网络。同时，网络中主客体之间在逻辑上都是点对点直连关系，无须关注具体的物理网络部署，能够简化安全配置且能自动适应网络动态变化。

（3）集中管理与分散执行

与传统的网关集中访问控制不同，CSMA 采用了集中的策略编排和权限管理，基于策略分布式地执行，将网络安全控制能力分布到网络的更多地方，使安全措施更接近需要保护的资产，一方面，有利于消除安全管控盲点，缓解传统集中安全控制存在的性能处理瓶颈，适应用户终端和组织业务分散化发展需要；另一方面，有利于实现全局的安全威胁分析，形成更加一致的安全态势，从而实现更加精准的安全管控和更加快速的响应处置。

（4）围绕身份定义安全边界

在当前网络协议中，因缺失身份要素带来了很多安全问题，物理 IP 地址与人和终端的关联性越来越弱，导致基于地址、流量、日志的安全检测和威胁分析技术难以实现针对人的威胁研判；基于网络协议字段特征检测的传统边界访问控制技术，同样使得基于身份的授权访问成为天方夜谭。由于网络威胁本质上是人带来的威胁，因此难以实现精准高效的安全威胁处置。CSMA 延续了零信任网络的思想，用身份定义网络边界，让身份成为威胁研判与安全管控的基础。

10.4 零信任网络架构

在互联网环境下，网络安全的宏观特征反映在应用安全。应用安全的实现离不开具体的网络环境，而环境的微观体现则是流量（数据），即数据从哪里来（数据源）、到哪里去（目的地）并经过了哪些中间环节（路由与交换）。基于这一思想，早期的网络安全通常采用易于理解和实施的以边界防护为主体的安全理念，即通过安全设备将网络物理地划分为可信和不可信两个区域，其中的安全设备主要包含企业防火墙、Web 防火墙、入侵检测系统（Intrusion Detection System，IDS）、入侵防御系统（Intrusion Prevention System，IPS）、网关等。在此环境下，针对网络安全设备技术的研发一直是网络安全领域的热点和焦点，其技术和产品也在随着应用和安全要求不断迭代出新，并从边界延伸到终端（如主机防火墙、主机代理等）。

近年来，一种新的安全思考方式受到了人们的关注，它摒弃了传统的以边界来定义和划分信任的思想和做法，转而采用"永不信任，始终验证"的模式，这一模式被称为零信任模型。"零信任"认为所有网络/网络流量均不可信，不再根据资产或用户所处的物理/网络位置（如内外网）以及它们的所有者（如个人或是企业）等信息来赋予隐式信任。基于这一安全理念构建的网络具有以下特点和优势。

1）可以强化身份识别和访问控制，用户或设备从任意位置访问资源时都需要进行身份的验证和授权，并进行持续的、动态的信任评估，这样可以有效减少凭据失窃所带来的攻击。

2）可以提高东西向流量（内部网络流量）的安全性，通过隔离技术对企业内的资产进行隔离，大幅降低了攻击面，阻止攻击者在渗透之后进一步的横向移动。

3）可以对外隐藏应用程序，只有通过验证的用户和设备才能访问应用，能够有效抵御非法扫描以及 DDoS（分布式拒绝服务）攻击，提高了网络的可靠性和安全性。

零信任模型在网络安全方面所具备的特点促使其得以迅速发展。

10.4.1 零信任网络安全模型

零信任是一个以数据为中心的安全框架。它的设计理念是，任何组织不应默认信任任何人或任何事物。每个组织需要在授予访问权限之前验证尝试连接到其资源的所有内容的身份和可信度。零信任网络是在传统网络基础上，通过充分融入零信任安全机制而形成的一种网络安全架构，该安全架构不再以网络边界划分"信任"，而是需要对所有的访问主体（如人、设备、系统和应用等）进行细粒度的安全风险评估，并通过动态调整授权访问策略，实现对访问行为的精细化管控。零信任网络的实现方法是以受限资源安全保护需要为出发点，以身份认证为前提，以持续信任评估和动态访问控制为手段，以与访问主体相关联的整体身份标识为对象，对所有访问信息进行加密处理，最终实现访问主体与访问客体之间的安全访问控制。零信任网络安全模型可以分为用户平面、控制平面和数据平面，实现从访问主体到访问客体之间的安全控制，如图10-7所示。其中，用户平面主要由验证用户、验证设备、权限控制和自适应学习4个组件组成，为零信任网络提供身份服务与管理功能。一旦用户通过身份验证，并能够证明所使用设备的可信性，则授予相应的资源访问权限。控制平面为零信任中已通过验证的访问主体（基于组织中的角色、时间或设备类型等）提供授权服务，同时还能够为访问主体和访问客体之间的加密通信协调配置密钥、临时凭证、临时端口等参数。数据平面由控制平面指挥，一旦访问主体通过了控制平面的检查和授权，系统便动态配置数据平面，接受来自该访问主体的流量。

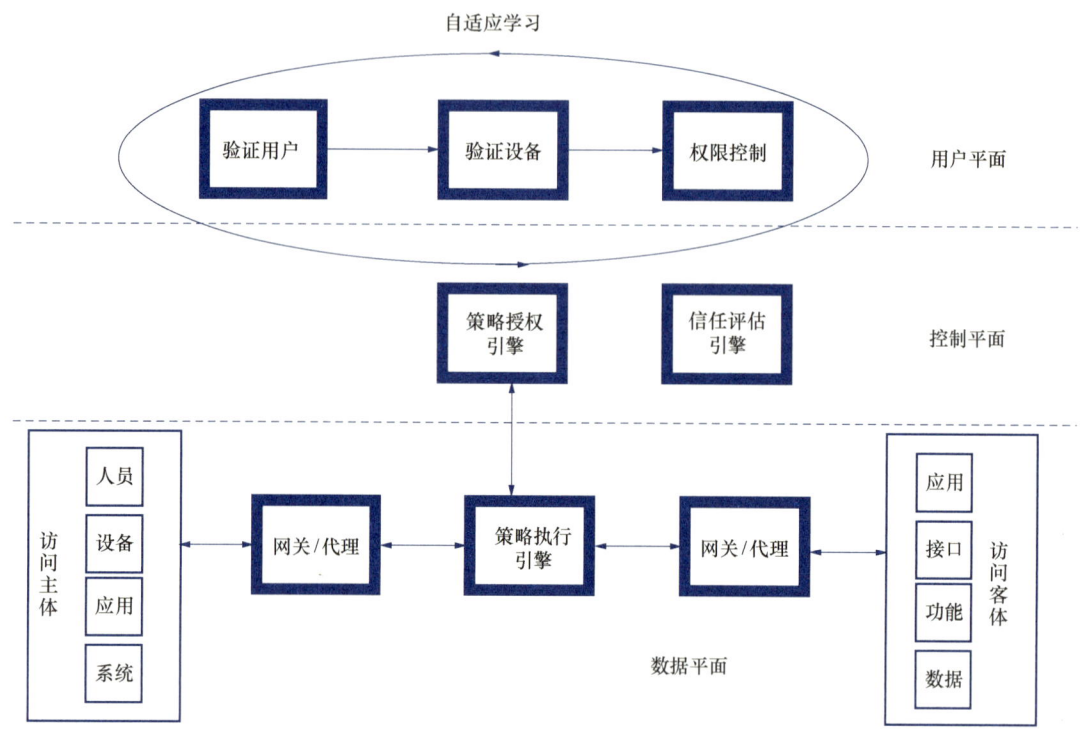

● 图 10-7　零信任网络安全模型

零信任网络的特征主要体现在以下3个方面。

（1）可变的信任

零信任网络通过细粒度的多维身份认证和强化授权与信任管理，以应对复杂网络环境下的安全要求，这些功能主要通过信任评估引擎、策略授权引擎和策略执行引擎来完成。其中，信任评估引擎可实现对网络实体和请求风险的量化评分，为策略配置提供依据。传统的信任高度依赖用户的身份认证，而零信任网络将安全策略与用户角色解耦，网络中的信任来自于动态的信任评分，信任评分策略同时针对用户、设备、应用等因素动态建立。策略授权引擎实现对访问授权请求的动态授权分析，并将结果传递给策略执行引擎强制执行。策略执行引擎通过与策略授权引擎的互动，实现对访问请求的授权决策，并根据决策结果强制执行。

（2）逻辑域划分

逻辑域划分是网络系统经常使用的概念，其基本思想是根据管理要求和操作特点将网络功能划分为多个区域，不同区域之间通过清晰的接口进行联动，主要包括用户平面、数据平面和控制平面。其中，用户平面主要针对系统管理员，由可信的系统管理员直接进行访问授权或授予信任，也可以借助信任委托系统在无须人为干预的情况下，以安全可信的方式管理零信任网络。数据平面主要由位于网络路径上直接处理网络流量的应用程序和网络设备（如防火墙、路由器、代理服务器等）组成，负责对数据进行高速处理，以决定数据流量是否通过。控制平面作为整个系统的控制中心，在位于用户平面的系统管理员的干预下配置策略，再将策略下发给数据平面执行。同时，构成控制平面的组件将接收并处理来自数据平面的访问网络资源或授权访问网络资源权限的请求。零信任客户端发起访问请求或发起与控制平面之间的交互，当访问请求进入控制平面时，由相应的组件检查该访问请求发起方的信息，对访问风险进行评估，并通过检查相关策略来确定访问资源需要的信任度。授权判定一旦产生，控制平面就会告知数据平面或重新配置相应策略，授予该访问请求相应的访问权限。需要注意的是，控制平面自身需要极高的可信度，同时数据平面与控制平面之间要有非常清晰的接口，以防止攻击者攻陷数据平面系统后在网络内部的横向移动。

（3）网络代理

在传统的访问控制策略中，一般需要将用户、设备和应用程序等分别作为独立的实体进行单独授权。在零信任网络中的策略配置时，为了提高效率并有效防御针对信任凭据的攻击，需要将参与实体的信息组合为一个称为"网络代理"的整体后再进行授权。也就是说，零信任网络中的网络代理是指在网络访问请求中，将与访问请求相关联的用户、设备（包括该设备名称、IP 地址、MAC 地址等）和应用程序等组成的信息集合来表示该请求发起方的身份。

10.4.2 零信任安全架构

美国国家标准与技术研究院 NIST 在特别出版物 SP 800-207《零信任架构》中指出，传统安全方案对授权用户开放了过多的访问权限。零信任的首要目标就是重建信任，基于身份实现细粒度的访问控制，解决越权访问的风险。对零信任安全做了如下定义：零信任安全提供一系列概念、理念、组件及其交互关系，以便消除针对信息系统和服务进行精准访问判定所存在的不确定性。此定义指出了零信任需要解决的关键问题：消除对数据和服务的未授权访问，强调了需要进行细粒度访问控制的重要性。美国《国防部零信任参考架构》在原则阐述中假设环境中存在安全危险，存在恶意的攻击者，环境中的用户、设备、网络都视为不受信任，与其所处的网络位置无关。所以访问主体对数据源和计算服务的访问请求，默认情况下是拒绝的。英国国家网络安全中心在《零信任架构设计原则》中将身份理解为可以唯一代表用户（人）、服务（软件过程）或设备，因此需要在充分了解访问主体用户、设备和服务的身份并掌握其安全状况后，确定访问主体身份的信任等级，进行身份验证。

参考美国国家标准与技术研究院（NIST）《零信任架构》、美国《国防部零信任参考架构》、英国国家网络安全中心《零信任架构设计原则》和其他业界零信任模型，结合零信任的实践经验，给出通用零信任架构，如图 10-8 所示。

零信任秉承"从不信任并始终验证"的安全原则，对访问主体和访问客体之间的数据访问与认证验证进行处理，并将访问行为实施平面分解为用于网络通信控制的控制平面和用于应用程序通信的数据平面。访问主体通过控制平面发起的访问请求，由信任评估引擎、访问控制引擎实施身份认证和授权，一旦访问请求获得允许后，系统动态配置数据平面，访问代理接受来自访问主体的流量数据，建立一次性的安全访问连接。信任评估引擎将持续进行信任评估，把评估数据提供给访问控制引擎进行零信任策略决策运算，判断访问控制策略是否需要改变，如有需要及时通过访问代理中断连接，快速实施对资源的保护。

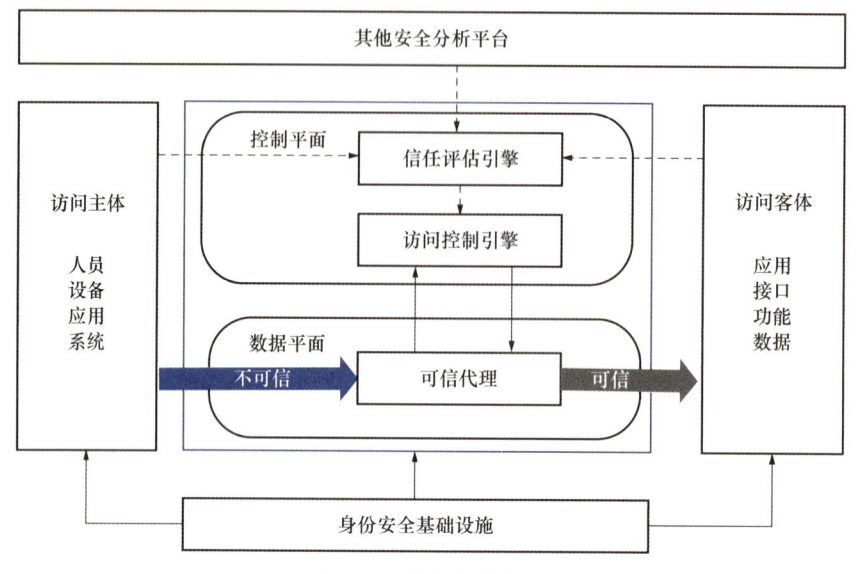

● 图 10-8　通用零信任架构

（1）访问主体

访问主体是指主动发起资源访问行为的人员、设备、应用、系统。

（2）访问客体

访问客体是指由企业控制并且受零信任系统保护的应用、接口、功能、数据。将所有的数据源和计算服务都视为"资源"。

（3）可信代理

可信代理作为零信任架构的数据平面的组件，是动态访问控制能力的策略执行点。可信代理拦截访问请求后，通过访问控制引擎对访问主体进行身份认证，对访问主体的权限进行动态判定。可信代理将为认证通过并且具有访问权限的访问请求建立安全访问通道，允许主体访问被保护资源。当访问控制引擎判定访问连接需要进行策略变更时，可信代理实施变更，中止或撤销会话。同时，可信代理需要对所有的访问流量进行加密。

（4）访问控制引擎

访问控制引擎和可信代理联动，对所有访问请求进行认证和动态授权。访问控制引擎的权限判定既可基于简单的静态规则，也可基于上下文属性、信任等级和安全策略进行动态权限判定，最终决定是否为访问请求授予资源的访问权限。

（5）信任评估引擎

信任评估引擎是零信任架构中实现持续信任评估能力的核心组件，与访问控制引擎联动，持续为其提供主体信任等级评估、资源安全等级评估以及环境评估等评估数据，作为访问控制策略判定依据。

（6）身份安全基础设施

身份安全基础设施作为实现零信任架构以身份为基石能力的关键支撑组件，至少包含身份管理和权限管理功能组件。身份管理和权限管理为访问控制提供所需的基础数据来源，其中身份管理实现各种实体的身份化及身份生命周期管理，权限管理实现对授权策略的细粒度管理和跟踪分析。典型的身份安全基础设施包括 PKI 系统、身份管理系统、数据访问策略等。

（7）数据平面和控制平面

数据平面完成各场景、不同层次数据流量的统一代理，按照受保护资源的不同，可以是物理化设备、虚拟化设备，也可以以容器、插件等形态存在。控制平面负责对数据平面进行动态访问控制。控制平面的核心组件有访问控制组件、环境感知组件、身份分析组件等。

（8）其他安全分析平台

企业现有的安全平台建设成果，为零信任提供资产状态、规范性要求、运行环境安全风险、威胁情报等数据。综合大量的日志信息能够支撑零信任实现持续的动态评估。其中，典型的其他安全分析平台包括终端防护与响应系统、安全态势感知分析系统、行业合规系统，以及威胁情报源、安全信息和事件管理系统等。

10.4.3　零信任网络关键技术

1. 软件定义边界技术（SDP）

在传统网络架构中，控制功能与数据处理紧密耦合，存在网络功能界面划分不清、控制能力不足等问题。SDP 旨在使应用程序所有者能够在需要时部署外围功能，以便将服务与不安全的网络隔离开来。SDP 将物理设备替换为在应用程序所有者控制下运行的逻辑组件，SDP 仅在设备认证和身份验证之后才提供对应用程序基础架构的访问。SDP 的架构来源于网络访问的身份验证和授权，每台服务器都隐藏在远程访问网关设备后面，用户必须对其进行身份验证，才能看到授权服务并提供访问权限。

SDP 的概念类似于无边界网络，在传统边界安全架构中，边界是内、外网络之间的界线，而 SDP 将传统的信任域不断缩小，直至成为一个需要受保护的访问客体或一台主机。SDP 架构如图 10-9 所示，主要由零信任客户端、管控平台和 SDP 网关三部分组成。

（1）零信任客户端

将包含用户、设备、应用等与访问请求相关的所有信息关联后形成一个用户标识，然后将其发送给管控平台进行验证。通过验证后，管控平台将与访问请求相关的 SDP 网关信息及权限返回给零信任客户端。通过本步骤，实现了零信任网络在访问服务之前针对用户和设备的"先认证，后连接"功能。

（2）管控平台

管控平台是 SDP 的控制中心，实现对客户端请求的身份认证并对合法请求动态授予临时的访问权限、管理 SDP 网关、管理访问策略，实时评估用户访问状态并动态管控用户的访问行为。另外，为便于零信任网络的实施，管控平台还可以与已有的统一身份认证、态势感知等系统进行对接。

```
       用户平面        控制平面        数据平面
```

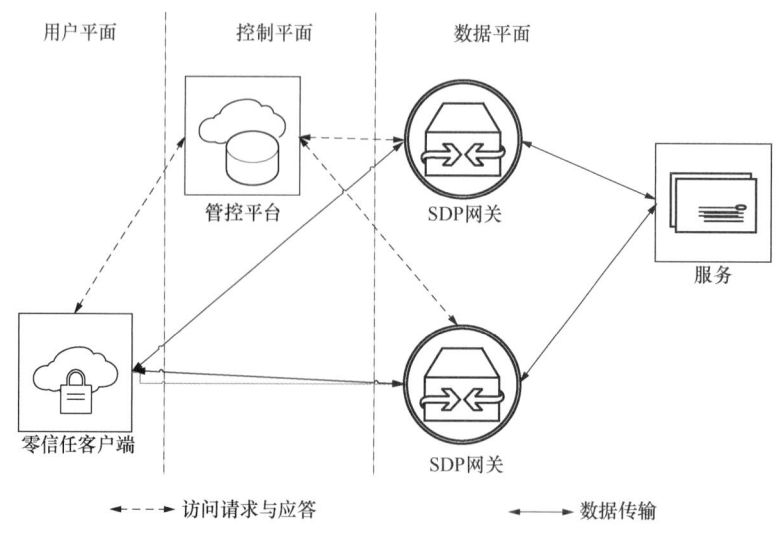

•图 10-9 SDP 架构

（3）SDP 网关

SDP 网关需要事先向管控平台进行注册，接受管控平台的统一管理。当用户得到管控平台的访问许可后，SDP 网关才会根据管控平台下发的策略接受客户端的访问请求，并代理服务器端实现与客户端之间以加密方式进行的通信，同时随时接收管控平台下发的策略来管理通信过程。

2. 身份和访问管理技术

身份和访问管理（IAM）是一项基本和关键的网络安全能力，是在包括用户、设备、应用、服务和数据等单一实体或组合体都拥有一个全网统一身份的前提下，确认访问者的身份合法性，并为合法用户在规定时间内按照权限要求访问受保护资源所提供的一种安全方法和技术。身份和访问管理用于对用户、设备或服务进行身份验证，并授予或拒绝访问数据和其他系统资源的权限。在访问任何应用程序的情况下，系统或服务不需要自己的身份存储或身份验证机制来进行身份验证，而是通过配置可信身份提供者进行身份验证，减少了应用程序的工作量，简化了大型分布式系统的管理。身份和访问管理可用于企业内部或企业外部的企业对企业之间，甚至在私营企业和云提供商之间。IAM 有一个广泛的组织领域，处理识别云对象、实体和基于预先建立的策略控制对资源的访问。同时，IAM 有许多与身份和访问管理相关的操作领域，包括身份管理和配置、身份验证管理、联合身份管理、授权管理和合规性管理。

动态身份认证与访问控制是零信任网络中对 IAM 的具体要求，也是传统 IAM 针对零信任网络需要改进和完善的内容。对于目前已经成熟的主要应用于传统网络安全中的 RBAC、ABAC 和 TBAC 访问控制技术，因其普遍缺乏动态性而无法即时反映访问过程的细微变化，所以难以直接应用于零信任网络。但是对用户、设备、应用和网络流量进行身份标识和认证，以及对与网络安全相关的地址、端口、协议、延时、传输路径等进行全要素分析与管理，进而为访问控制策略提供精准的服务，则是零信任网络对 IAM 的基本要求。目前，对于零信任网络中的 IAM 最有效的解决办法是充分借鉴和整合 RBAC、ABAC 和 TBAC 等已有技术的优势，并在动态性和精细化的风险评估方面进行算法优化与性能提升，进而实现零信任网络所要求的身份和控制管理。RBAC、ABAC 和 TBAC 技术应用于零信任网络时的主要优点和存在的主要不足见表 10-1。

• 表 10-1　RBAC、ABAC 和 TBAC 在零信任网络中的应用比较

名称	主要优点	主要不足
RBAC	简化了用户权限管理过程，减小了系统开销，利于实现	复杂环境下对角色设计存在较大挑战，难以实现细粒度动态授权
ABAC	克服了角色与身份之间的关联限制，可以实现最小权限管理	实体属性难以详细设置，策略配置复杂
TBAC	将访问权限与任务绑定，任务结束则权限消失，访问过程具有时间窗口，可实现细粒度管理	任务的随机分解困难，对访问主体的控制难度大

3. 微隔离技术

微隔离（Micro Segmentation，也称为微分段）是一种细粒度的边界安全管理策略，是边界隔离不断向受保护资源靠近的结果。微隔离最早出现在以太网交换技术中，用以限制网络广播域来减小网络冲突，从而提升网络性能。当虚拟化和云计算技术出现后，微隔离主要以软件或软硬件结合方式通过在云计算或虚拟化环境中划分逻辑域来形成逻辑上的安全边界，从而实现细粒度的流量监测、访问控制和安全审计等功能。

目前，微隔离的实现方法主要分为物理安全设备（如防火墙、IPS、IDS 等）、主机代理等方式。微隔离的对象可以根据具体需要来选定，主要包括 CPU 时间、内存访问、网络访问、文件系统访问、系统调用等。另外，应用程序隔离根据运行环境的不同，可以使用沙箱及 Windows 隔离应用等。从技术实现原理来看，微隔离主要存在虚拟化和共享内核环境两种类型。其中，虚拟化使应用程序运行在虚拟硬件环境中，不同的虚拟机（Virtual Machine，VM）之间通过 Hypervisor 提供服务，而且 VM 与 Hypervisor 之间存在清晰的边界，交互界面较小，安全性较高。共享内核环境（Shared Kernel Environments）类似于容器化（如 Docker），通过提供可共享内核来运行同一组应用程序，在低成本环境中实现隔离功能。与虚拟化技术相比，共享内核环境的安全性相对较弱。

4. 自动配置管理系统

在零信任网络中，策略配置是自动更新的，策略执行是动态进行的，控制平面与数据平面之间频繁的交换信息也是通过自动化系统来自动实现的，因此自动化程度及效率是实现零信任网络的关键。传统的配置管理系统通常也可以实现对数据平面中的网络策略配置进行自动化处理，从而直接应用到零信任网络。网络安全的理想状态是给零信任网络配置专用的自动化系统，如图 10-10 所示。其中，最上层是一个意图驱动网络（Intent-Driven Networks，IDN），位于管理平面。IDN 可以根据运营商的意图自动转换、验证、部署、配置和优化，实现目标网络状态变化并自动解决异常事件，保证网络可靠性。IDN 是可编程、可定制的自动化网络，可以实现应用意图的表达、网络状态的全局感知和闭环优化。中间层的关键组件是位于控制平面的控制器，依据具体的网络拓扑和协议来执行网络策略并感知当前网络状态，同时使状态与策略形成闭环，以状态来求解策略的正确性，达成策略配置与状态之间的一致性。最下层是位于数据平面的网络，关注的是具体的网络流量，实现对流量与策略之间

的匹配与监控，同时执行由策略定义的网络功能。

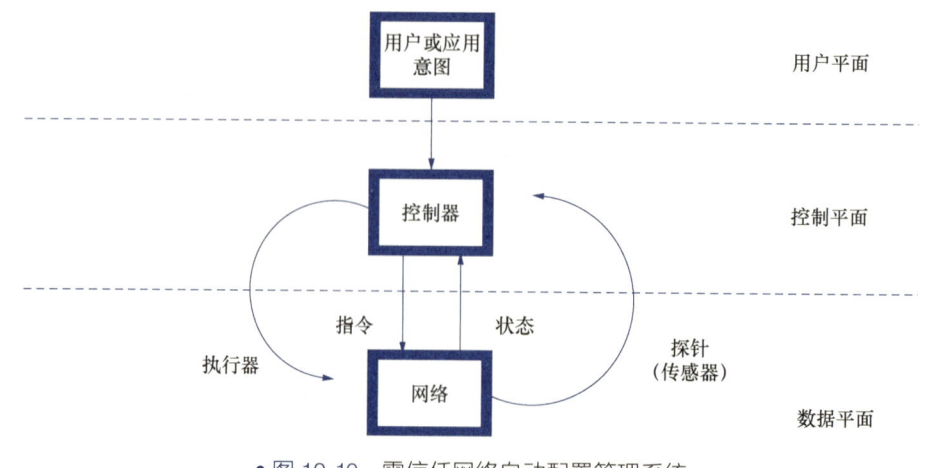

● 图 10-10　零信任网络自动配置管理系统

10.4.4　零信任网络架构的应用

面向不同的应用环境、业务场景，零信任架构有多种灵活的实现方式和部署模式。面向远程办公、云计算平台、大数据中心、物联网、5G 应用等典型场景，按照访问主体和资源之间的关系，数据平面的访问代理重点考虑采用便于和被保护资源相结合的部署模式，如"设备代理+网关"模式、"资源门户"模式、"设备应用沙箱"模式等，搭建安全的访问通道，对访问请求进行分流。控制平面的访问控制引擎负责指挥，按照"先认证后连接"原则，建立、维持有效连接，实施对资源的安全访问控制。在此过程中，持续开展安全监控评估，对应用场景中出现的安全威胁及时响应，消减风险。

（1）远程办公

零信任架构基于网络所有参与实体的数字身份，对默认不可信的所有访问请求进行加密、认证和强制授权，汇聚关联各种数据源进行持续信任评估，并根据信任的程度对权限进行动态调整，最终在访问主体和访问客体之间建立一种动态的信任关系。针对远程移动办公场景，基于零信任的远程办公安全参考架构如图 10-11 所示。

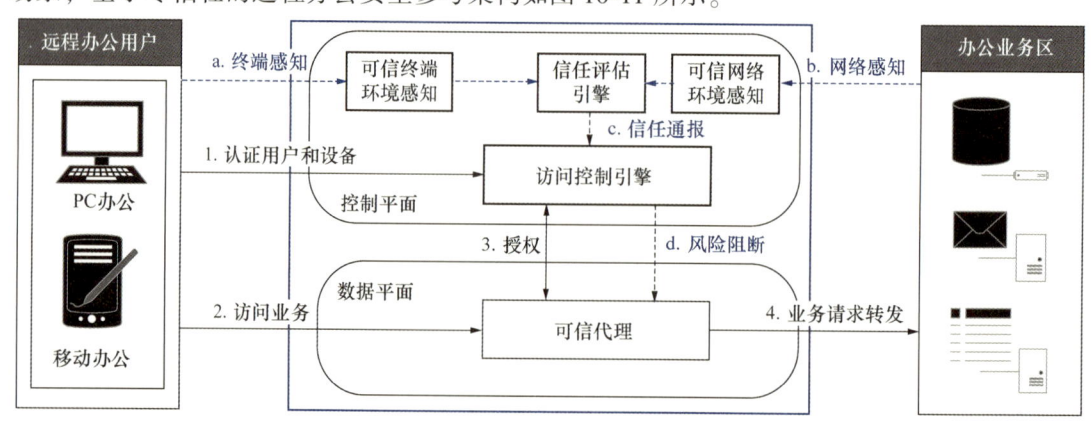

● 图 10-11　基于零信任的远程办公安全参考架构

(2) 物联网

物联网呈现出与传统网络不同的特性,其中海量多样化的物联网设备入网方式和自身弱点都会带来无法忽视的系统风险。连接物联网的终端普遍存在自我保护能力弱、极易遭受攻击者恶意破坏的特点,网络安全问题也逐步暴露出来。随着边缘计算技术的不断完善,边缘计算在本地执行计算和分析的思想也越来越被接受,云边协同成为新的基础架构,极大地满足了物联网大部分场景在敏捷连接、实时业务、数据优化、安全与隐私等方面的计算需求。在物联网实施零信任架构,可借助边缘计算技术,解决终端的身份认证和访问控制,允许身份可信、经过动态授权的物联网设备入网,并动态监测,及时发现并处置假冒、伪造的非法连接。

对物联网设备建立身份指纹,由主体属性(包括 MAC 地址、操作系统、端口、协议、服务、厂商)、环境属性(包括上线时间、IP、接入位置、业务流量大小)和客体属性(包括所属部门、管理人员、授权时间、授权级别)构成,通过持续主动扫描、被动监听检测、安全接入控制区等方式,对物联网终端进行持续信任评估、访问控制,解决物联网终端的身份仿冒和恶意访问,如图 10-12 所示。

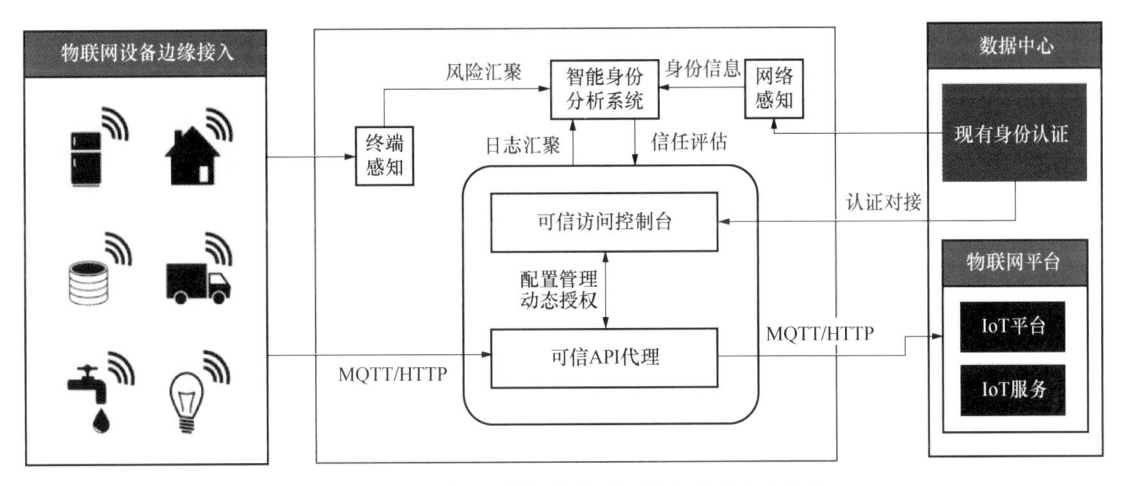

• 图 10-12 基于零信任的物联网接入安全参考架构

(3) 电力互联网

电力系统作为国家关键基础设施,为国民日常生活工作提供保障,事关国家经济命脉与能源安全。而电力系统网络环境复杂,其安全性难以保证,容易遭受大量的内外部攻击。随着云计算、智能电网等技术的兴起,智能电表等电网终端越来越多,所处位置与环境复杂,情况多变,使得网络安全边界越来越模糊。针对以上安全风险和威胁及电力系统在信息保护和系统运营等方面的高安全需求,应将基于边界防护的传统安全防护模式逐步转变为以身份行为为核心的安全验证机制。因此,在电网现有安全防护总体框架的基础上,增加零信任安全组件,并与电网现已部署的防火墙、电力监控系统等安全设备相结合,构建了基于零信任的电网安全防护架构。该架构主要包括终端可信感知、多源数据汇总平台、信任评估平台、访问控制平台、统一安全管理平台及可信访问代理等,如图 10-13 所示。

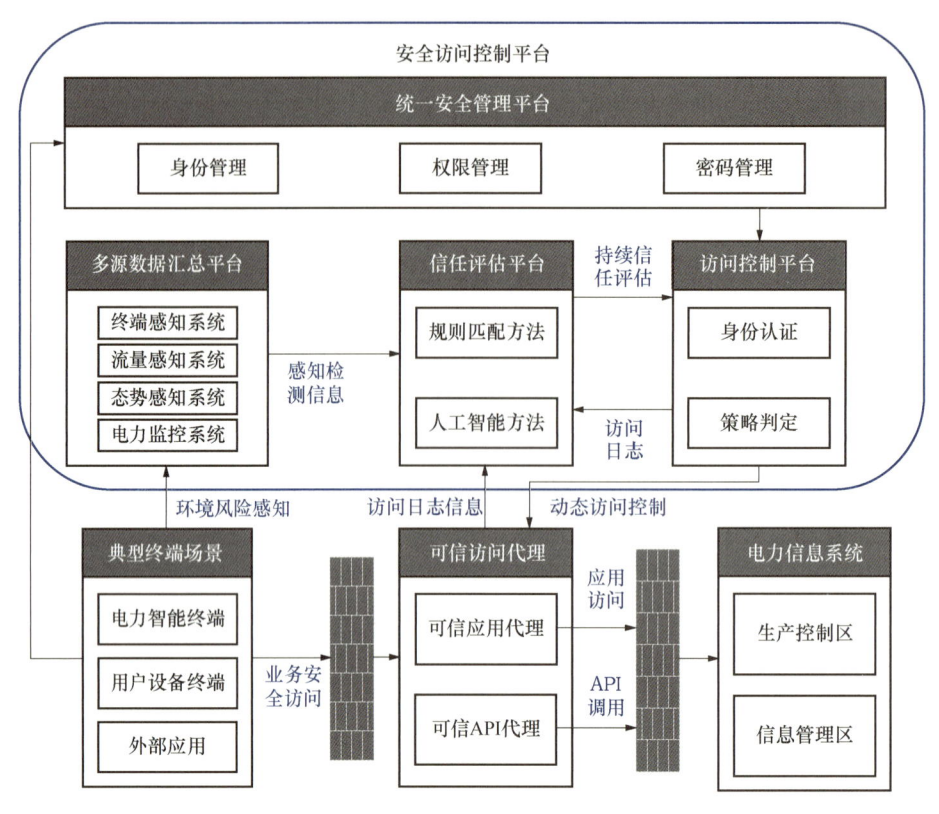

• 图 10-13　基于零信任的电网安全防护参考架构

10.5　网络安全滑动标尺模型

网络安全滑动标尺模型（The Sliding Scale of Cyber Security）由美国系统网络安全协会（SANS）的 Robert M.lee 在 2015 年 8 月发表的白皮书《The Sliding Scale of Cyber Security》中首次提出，提供了一种宏观角度的企业安全建设指导模型。网络安全滑动标尺模型是针对网络安全活动和投资领域进行详细探讨的模型，该模型包含架构安全、被动防御、主动防御、威胁情报和进攻反制五大类别，如图 10-14 所示。

滑动标尺模型从左到右，是一种明确的演进关系，这种演进至少包含以下三个层面的含义。

- 左侧是右侧的基础，如果右侧的建设没有一定的基础，在实际工作中也很难完成更右侧的能力建设。例如，如果在架构安全阶段的安全域划分、访问控制没有做好，被动防御要考虑的攻击面就会很大，进而难以实施；而被动防御阶段做得不好，很多简单的事件/攻击无法快速处理，也就没有资源（需要分析的事件/数据，以及对应的安全运营资源）真正开展被动防御领域的工作。再进一步，如果没有主动防御能力，也就不会有情报生产能力；没有情报能力，进攻反制也不可能有准确的目标。

第 10 章 工业互联网防护模型

网络安全滑动标尺模型

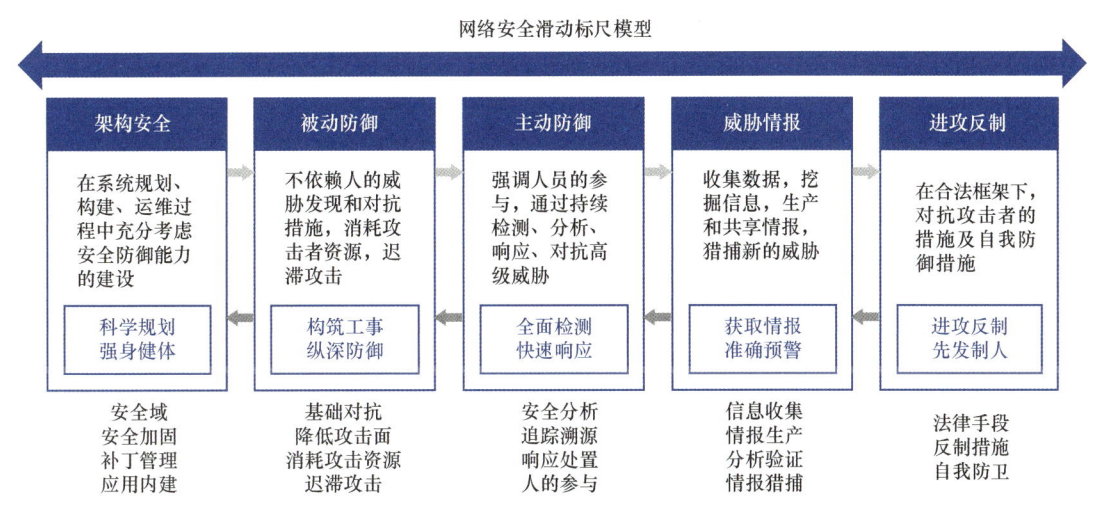

架构安全	被动防御	主动防御	威胁情报	进攻反制
在系统规划、构建、运维过程中充分考虑安全防御能力的建设	不依赖人的威胁发现和对抗措施，消耗攻击者资源，迟滞攻击	强调人员的参与，通过持续检测、分析、响应、对抗高级威胁	收集数据，挖掘信息，生产和共享情报，猎捕新的威胁	在合法框架下，对抗攻击者的措施及自我防御措施
科学规划 强身健体	构筑工事 纵深防御	全面检测 快速响应	获取情报 准确预警	进攻反制 先发制人
安全域 安全加固 补丁管理 应用内建	基础对抗 降低攻击面 消耗攻击资源 迟滞攻击	安全分析 追踪溯源 响应处置 人的参与	信息收集 情报生产 分析验证 情报猎捕	法律手段 反制措施 自我防卫

● 图 10-14 网络安全滑动标尺模型

但这种依赖关系没有高下之别，架构安全和被动防御中的技术/运营挑战并不一定就弱于其他阶段。

- 从左到右，是逐步应对更高级网络威胁的过程。一般而言，做好架构安全和被动防御，可以较好地抵御非定向型的攻击（包括现今流行的勒索病毒或者挖矿病毒等）；积极防御面对的更多是具备定向攻击特点的网络威胁；情报阶段进一步增强了对定向攻击的发现、跟踪、处置能力，往往这些定向攻击有着丰富资源；而反制阶段考虑合法性等因素，一般组织不需要过多考虑。
- 从左到右，是投入成本逐步增加的过程，但考虑组织要面对的主要威胁，并不是一定要进行积极防御、情报或者反制能力的建设。同时，可以认为一些许诺只需要很低成本就能快速建立的积极防御和情报能力，往往不是那么可信。

网络安全滑动标尺模型每个分类的投入回报比不同，能够抵御的威胁攻击类型也不同，组织可以根据自身的情况将安全投入放到不同分类中，成本与安全价值之间的关系如图 10-15 所示。

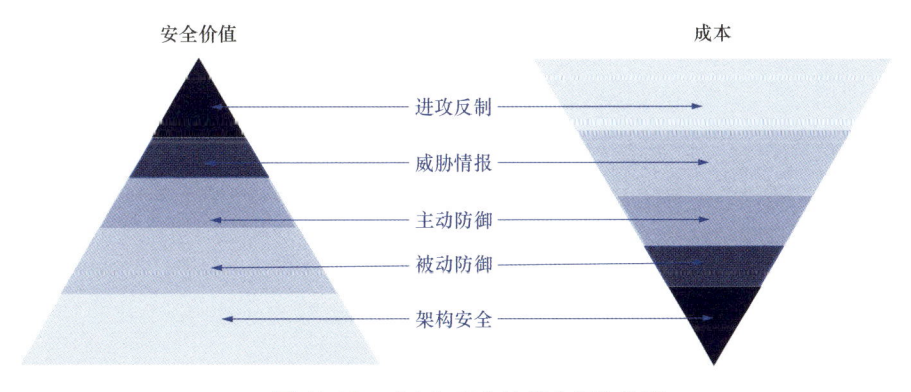

● 图 10-15 成本与安全价值之间的关系

10.5.1 架构安全

架构安全指用安全思维规划、构建和维护系统,是网络安全建设的基石。企业需要将网络安全思想融入网络建设之初,将业务应用、网络建设、安全规划融合为一体,采用增加安全性的措施,减少攻击面,并提升响应速度。

架构安全是企业能够以最小的开销获得最大安全价值的方法,因此也是最需要重视的方法。企业可以从管理和建设两个维度做好架构安全。从建设维度,可以参照等保 2.0 中的网络架构安全,构建清晰的企业网络架构拓扑图,列好资产清单,同步做好网络建设规划和安全建设规划。从管理维度,依照 ISO 27001 的管理体系构建相应的管理要求。

(1) 区块链技术

区块链(Blockchain)是由区块连接而成的链,其本质是一个分布式共享的、不可篡改的账本,旨在促进业务网络中的交易记录和资产跟踪流程。作为一种在不可信的竞争环境中低成本建立信任的新型计算范式和协作模式,区块链凭借其独有的信任建立机制,正在改变诸多行业的应用场景和运行规则,是未来发展数字经济、构建新型信任体系不可或缺的技术之一。

区块链具备信任、责任、透明和安全性。这使许多类型的组织和贸易伙伴能够访问和共享数据,这种现象称为第三方、基于共识的信任。所有参与者都在一个不可否认的分散、高度可扩展和有弹性的记录机制中维护每笔交易的加密记录。区块链不需要任何额外的开销或中介。拥有去中心化的单一信息源,意味着在可能彼此不完全信任的各方之间执行可信业务互动的情况下降低成本。在大多数企业使用的许可型区块链中,参与者有权参与网络,并且每个参与者都需要维护每个交易的加密记录。任何需要安全、实时、可共享的交易记录的公司或集团都可以从这种独特的技术中受益。没有单一位置可以存储所有内容,从而提高安全性和可用性,不会出现中央漏洞。区块链具有如下四个重要特性。

1) 去中心化信任:很多企业之所以采用区块链技术而不是其他数据存储技术,主要原因就是区块链不依赖中央权威就能保证数据完整性,即基于可靠数据实现去中心化信任。

2) 区块:区块链顾名思义就是将数据存储在区块中,然后每一个区块都与前一个区块连接,组成链状结构。区块链技术仅支持添加(附加)新的区块,一旦添加到区块链后,就无法修改或删除任何区块。

3) 共识算法:共识算法负责区块链系统内的规则执行。当各参与方为区块链设置规则后,共识算法将确保各方遵守这些规则。

4) 区块链节点:区块链节点负责存储数据区块,是区块链中的存储单元,可保持数据同步和始终处于最新状态。任意节点都可以快速确定是否有区块发生了变更。当一个新的全节点加入区块链网络时,它会下载当前链上所有区块的副本。而当新节点与其他节点同步并更新至最新的区块链版本后,它可以像其他节点一样接收任意的新区块。

(2) 零信任安全

零信任安全是一种 IT 安全模型,要求试图访问专用网络上资源的每一个人和每一台设备(无论位于网络边界之内还是之外)都必须进行严格的身份验证。零信任网络访问(Zero Trust Network Access,ZTNA)是与零信任架构相关的主要技术,可根据定义的访问控制策略提供对应用程序和服务的安全远程访问。零信任的核心思想是：默认情况下，企业内外部的任何人、事、物均不可信，应在授权前对任何试图接入网络和访问网络资源的人、事、物进行验证。

零信任安全意味着默认情况下，网络内外都不信任任何人，并且试图访问网络资源的每一个人都需要进行验证。已有证据表明这种附加的安全层可以防止数据泄露。零信任安全的支撑原则如下。

- 持续监控和验证：零信任网络背后的理念是假设网络内部和外部都有攻击者，所以没有用户或机器应该被自动信任。零信任验证用户身份和权限，以及设备身份和安全。在登录和建立连接后，经过一段时间就会超时，迫使用户和设备不断重新验证。
- 最低权限：零信任安全的另一原则是最低权限访问。也就是说，仅向用户授予必要的访问权限，这样能最大限度减少各个用户接触网络敏感部分的机会。实施最低权限涉及谨慎管理用户权限。VPN不太适合用于最低权限的授权方式，因为登录VPN后，用户可以访问连接的整个网络。
- 设备访问控制：除了用户访问控制外，零信任还要求对设备访问进行严格控制。零信任系统需要监控有多少个不同的设备在尝试访问它们的网络，确保每个设备都得到授权，并评估所有设备以确保它们没有被入侵。这进一步减少了网络的攻击面。
- 微分段：零信任网络也利用微分段。微分段是一种将安全边界划分为小区域的做法，以分别维护对网络各个部分的访问。例如，将文件存放在利用微分段的单个数据中心的网络可能包含数十个单独的安全区域。未经单独授权，有权访问其中一个区域的个人或程序将无法访问任何其他区域。
- 防止横向移动：在网络安全领域，"横向移动"是指攻击者进入网络后在该网络内移动。即使攻击者的进入点被发现，横向移动也难以被检测到，因为攻击者会继续入侵网络的其他部分。零信任旨在遏制攻击者，使他们无法横向移动。由于零信任访问是分段的且必须定期重新建立，因此攻击者无法移动到网络中的其他微分段。一旦检测到攻击者的存在，就可以隔离遭入侵的设备或用户账户，切断进一步的访问。
- 多因素身份验证（MFA）：多因素身份验证（MFA）也是零信任安全的核心价值观。MFA意味着需要多个证据来对用户进行身份验证；仅输入密码不足以获得访问权限。

（3）关口前移

做安全要同步规划，同步建设，同步运营，要将关口前移，是指把安全保障前移到信息化的早期。把安全内嵌到系统中，而不是建设完成之后外在修补，这样可以从本质上提高安全保障能力。安全规划和安全架构从时间点上高度一致，一个组织的安全能力最初一定来自于好的规划，安全架构则是好的规划的关键点，架构安全还是从规划阶段做起更好。

（4）微分段技术

微分段（Microsegmentation）是一种精细分组的安全隔离技术，通过将数据中心业务单元按照一定规则进行分组，然后在分组间部署高级安全策略进行管理。如果传统的安全界限被打破，这将有助于隔离访问并限制恶意活动的横向移动。采用微分段技术，企业可以在其数据中心和云环境中创建安全区域，使工作负载相互隔离，并分别进行保护。在物联网环境中，微分段技术可以让企业更好地控制设备之间越来越多的横向数据流，而不再是仅采用以边界防护为主的安全工具。

10.5.2 被动防御

被动防御是指在无人员介入的情况下，附加在系统架构之上可提供持续的威胁防御或威胁洞察力的系统。被动防御保护资产，阻止或限制已知安全漏洞被利用、已知安全风险的发生。被动防御更多依赖静态的规则，因此需要持续的优化升级。被动防御是网络安全建设的起始阶段，也是核心投入阶段。被动防御主要模型包括纵深防御模型、NIST 网络安全架构，主要技术包括样本系统，如防火墙、反恶意软件系统、入侵防御系统、防病毒系统、入侵检测系统和类似的传统安全系统。

被动防御是企业所需要做的基础安全防护工作，在建设时可以参照等保 2.0 中的安全区域边界和安全计算环境进行构建。被动防御涉及的技术已较为成熟，企业在进行产品选型时，可以先对积极防御阶段进行规划，然后依据积极防御时的产品选择，进行被动阶段防御产品选型。被动安全能力的构建，一直是传统安全的聚焦点。当前，传统安全厂商围绕自己的核心产品，一方面在做提升产品质量的工作，让产品能够进入到更多的关键场景中，另一方面围绕产品的核心能力，逐渐向更高的能力方向上进行构建，例如威胁情报、安全监测等方向。

10.5.3 主动防御

主动防御也可以称为积极防御，分析人员对处于所防御网络内的威胁进行主动监测、响应、学习（经验）和应用知识（理解）的过程。主动防御阶段注重人工的参与，在这一阶段人们将结合工具对网络进行持续的监督与分析，对风险采用动态的分析策略，与实际网络态势、业务相结合，与攻击者的能力进行对抗。

主动防御是网络安全建设的进阶阶段，是一般需要能达到的阶段。主动防御主要模型包括主动网络防御周期、网络安全监控，主要技术包括 SIEM、威胁情报消费、网络安全监控、事件响应。主动防御阶段既要求产品的能力，也要求人员能力素养。主动防御的建设可参照等保 2.0 中的安全管理中心进行。主动防御的建设落地需要产品和人员同步进行，人员能力可以通过雇佣专业的信息安全人员或者采购信息安全服务方式获得。

10.5.4 威胁情报

威胁情报（Threat Intelligence），也被称作安全情报（Security Intelligence）、安全威胁情报（Security Threat Intelligence），指从安全数据中提炼的，与网络空间威胁相关的信息，包括威胁来源、攻击意图、攻击手法、攻击目标信息，以及可用于解决威胁或应对危害的知识。广义的威胁情报也包括情报的加工生产、分析应用及协同共享机制。一般威胁情报需要包含威胁源、攻击目的、攻击对象、攻击手法、漏洞、攻击特征、防御措施等。威胁情报在事前可以起到预警的作用，在威胁发生时可以协助进行检测和响应，在事后可以用于分析和溯源。常见的网络威胁情报服务有黑客或欺诈团体分析、社会媒体和开源信息监控、定向漏洞研究、定制的人工分析、实时事件通知、凭据恢复、事故调查、伪造域名检测等。

威胁情报是网络安全主动防御建设阶段，必须与实际情况紧密结合。威胁情报主要模型包括网络杀伤链模型、ATT&CK 模型、钻石模型、情报生命周期等，主要技术包括威胁情报生成、蜜罐等。情报更多的是指主动生成威胁情报的过程，企业生成威胁情报最直接的方式就是部署蜜罐系统。企业在部署蜜罐、密网等系统时，同时也需要与服务共同采购。

10.5.5 进攻反制

进攻反制是指对抗攻击者的法律反制措施、自卫反击行为。这是一种提升自身网络安全的进攻行为，因为通常在合法性的边缘游走。对于民间机构，这些行为可能会产生负面影响，带来法律风险，因此不建议直接采用这类方法进行防护，但可以引入"主动出击"的思想和合法反制措施，来提升自身防攻击能力。

进攻反制属于网络安全建设的较高目标，通过模拟攻击和合法反制来提升网络的抗攻击能力。进攻反制的主要技术包括攻击溯源、攻防实验室、红蓝队攻防演练。通过对攻击溯源，获得攻击者的准确信息，利用法律手段或其他合法手段进行反制；建立攻防实验室，对组织的重要系统进行模拟攻击，来验证防护手段的健壮性；组织红蓝队攻防演练，在实战中不断提升网络抗攻击能力。

10.6 网络安全能力成熟度模型

网络安全能力成熟度模型（Cybersecurity Capability Maturity Model，C2M2）由美国能源部（DOE）、电力分部门协调委员会（ESCC）与石油和天然气分部门协调委员会（ONG SCC）资助的公共和私营部门组织共同开发。

C2M2 侧重于与信息、信息技术（IT）和运营技术（OT）资产及其运营环境相关的网络安全实践实施与管理。该模型可用于：加强组织的网络安全能力；使组织能够有效且标准化地评估和检验网络安全能力；在组织间共享知识、最佳实践和相关参考资料，以提高网络安全能力；使组织能够优先考虑行动和投资，以提高网络安全能力。

C2M2 设计适合与一种自评估方法和工具一起使用，以便组织衡量和改进其网络安全计划。这些工具包括一个基于 PDF 的工具和一个基于 HTML 的工具，这两个工具都在用户的本地机器上维护所有数据。使用其中一个工具的自我评估可以在一天内完成，该工具也适用于更严格的自我评估工作。此外，C2M2 还可用于指导新的网络安全计划的开发。C2M2 提供了描述性而非规定性的指导，模型内容以较高的抽象级别表示，因此可以被各种类型、结构、规模和行业的组织所应用。一个部门广泛使用该模型可以支持对该部门的网络安全能力进行基准测试。这些属性也使 C2M2 成为实施 NIST 网络安全框架（NIST CSF）的一个易扩展的工具。

10.6.1 C2M2 成熟度级别

模型定义了四个成熟度指标级别（Maturity Indicator Levels，MILs），从 MIL0 到 MIL3，独立应用于模型中的各个领域。MILs 定义了成熟度的双重进程：方法演进和管理演进。

MILs 的四个方面对于理解和应用模型非常重要。

- 成熟度指示级别独立应用于每个域。因此，使用该模型的组织可能在不同的领域以不同的 MIL 评级运行。例如，一个组织可能在一个域中运行 MIL1，在另一个域中运行 MIL2。
- MIL 在每个域内是累积的。要在给定域内获得 MIL，组织必须执行该级别及其以下级别的所有实践。例如，组织必须在 MIL1 和 MIL2 中执行所有领域实践，才能在领域中实现 MIL2。类似地，组织必须执行 MIL1、MIL2 和 MIL3 中的所有实践以实现 MIL3。
- 为每个域建立目标 MIL 是利用该模型指导网络安全方案改进的有效策略。在确定目标 MIL 之前，组织应熟悉模型中的实践。然后，可以将差距分析活动和改进工作集中在实现目标级别上。
- 实践效果和 MIL 成就需要与业务目标和组织网络安全战略计划相一致。努力在所有领域实现最高级别 MIL 可能不是最佳选择。公司应评估实现特定 MIL 的成本和潜在收益。该模型的设计使所有公司（不论规模）都应该能够跨全领域实现 MIL1。

MIL2 和 MIL3 的方法进展相关的特点不同于与管理进展相关的特点。每个 MIL 的特点见表 10-2。

• 表 10-2　MIL 特点汇总

级别	特　　点
MIL0	不完整。未执行实践。MIL0 中不包含任何实践活动，可以简单地认为处于 MIL0 级别的组织还没有达到 MIL1 定义的实践活动
MIL1	初始等级。初步开始实践，但可能是临时性的
MIL2	可执行。MIL2 级别有 4 个常见的实践特征。 管理特点： • 记录实践。 • 有足够资源支持这个过程。 方法特点： • 实践变得完善或高于 MIL1 标准
MIL3	可管理。在 MIL3 中，每个域定义的实践活动都是更加制度化的。 管理特点： • 由政策（或其他组织化指导）指引活动。 • 实践执行人员具备相应的技能和知识。 • 定义了执行相关的义务、职责和权力。 • 评估并跟踪活动的有效性。 方法特点： • 实践变得完善或高于 MIL2 标准

10.6.2　C2M2 架构

2022 年 7 月，美国能源部（DOE）网络安全、能源安全与应急响应办公室（CESER）

发布了 C2M2 2.1。C2M2 2.1 旨在通过加强和改善国家的网络安全态势和能力，指导能源企业提升工业控制系统（ICS）网络安全水平，以应对日益严重的能源网络安全威胁。C2M2 2.1 包含了其他增强功能，以更好地使模型领域和实践与国际公认的网络安全标准和最佳实践保持一致，包括 2018 年 4 月发布的 NIST 网络安全框架 1.1 版。

C2M2 包括 356 项网络安全实践，由 10 个领域组成，每个领域都是网络安全实践的一个逻辑分组。一个领域内的实践根据支持该领域的目标成就进行分组。在每个目标中，实践按照 MILs 排序。这些实践代表了一个组织可以执行的活动，以建立并使该领域的能力成熟。一个领域中的每个目标都包括一组实践，这些实践按 MILs 排序。每个领域的要素如图 10-16 所示。

对于每个领域，该模型提供了一个目的声明，即对该领域意图的高度概括，然后是提供更多背景和介绍实践的介绍性说明。在侧边栏中还包括了一个场景示例。提供目的声明、介绍性说明和例子是为了帮助解释该领域的实践。10 个领域中的每一个的目的声明都是按照这些领域在模型中出现的顺序排列的。在每个领域的名称旁边，都提供了一个贯穿整个模型的简短名称。

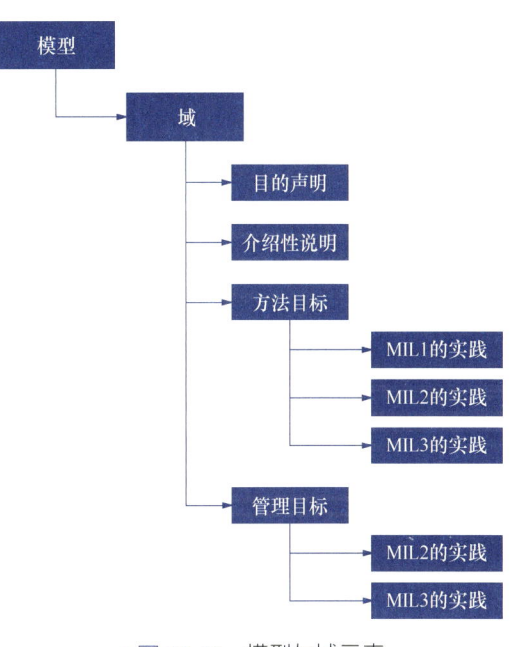

• 图 10-16 模型与域元素

（1）资产（ASSET）变更和配置管理

管理组织的 IT 和 OT 资产，包括软硬件以及与关键基础设施和组织目标的风险相应的信息资产，包括五个目标：IT 和 OT 资产清单管理、信息资产清单管理、IT 和 OT 资产配置管理、IT 和 OT 资产变更管理、ASSET 领域的活动管理。每个目标的实践内容见表 10-3～表 10-7。

• 表 10-3 IT 和 OT 资产清单管理

级别	内 容
MIL1	• 有一份对功能交付至关重要的 IT 和 OT 资产清单，清单管理可能是临时性的
MIL2	• IT 和 OT 资产清单包括存在某种潜在威胁的资产。 • 根据定义的标准（包括对功能交付的重要性）对已统计的 IT 和 OT 资产进行优先级排序。 • 优先级标准包括考虑功能内的资产可以在多大程度上被利用以实现威胁目标。 • IT 和 OT 清单应包括支持网络安全活动的属性信息（如位置、资产优先级、操作系统和固件版本）
MIL3	• IT 和 OT 资产清单已完成（清单包括功能内的所有资产）。 • IT 和 OT 资产清单是最新的，即根据定义的触发器（如系统更改）定期更新。 • 在重新部署之前和生命周期结束时，数据能够安全地从 IT 和 OT 资产中删除或销毁

● 表 10-4　信息资产清单管理

级别	内　容
MIL1	● 对功能交付很重要的信息资产（如 SCADA 设置点和客户信息）至少以临时方式进行清点
MIL2	● 信息资产清单包括功能内可用于实现威胁目标的信息资产。 ● 库存信息资产根据定义的标准进行分类，其中包括对功能交付的重要性。 ● 分类标准包括考虑功能内的资产可以在多大程度上被利用以实现威胁目标。 ● 信息资产清单包括支持网络安全活动的属性（如资产类别、备份位置和频率、存储位置、资产所有者、网络安全要求）
MIL3	● 信息资产盘点完成（盘点包括功能内的所有资产）。 ● 信息资产清单是最新的，即根据定义的触发器（如系统更改）定期更新。 ● 信息资产在生命周期结束时使用适合其网络安全要求的技术进行清理或销毁

● 表 10-5　IT 和 OT 资产配置管理

级别	内　容
MIL1	● 至少以临时方式建立配置基线
MIL2	● 配置基线用于在部署和恢复时配置资产。 ● 配置基线包含适用于网络安全架构的需求。 ● 根据定义的触发器定期审查和更新配置基线，如系统更改和网络安全架构更改
MIL3	● 在整个资产生命周期中监控资产配置是否与基线一致

● 表 10-6　IT 和 OT 资产变更管理

级别	内　容
MIL1	● 资产变更在实施之前至少以临时方式进行评估和审批。 ● 至少以临时方式记录资产变更（记录日志）
MIL2	● 建立和维护资产变更的文件要求。 ● 在部署之前测试对更高优先级资产的更改。 ● 更改和更新以安全的方式实施。 ● 为对功能交付很重要的资产建立和维护逆转变更的能力。 ● 变更管理实践涉及资产的整个生命周期（如采购、部署、运营、报废）
MIL3	● 在部署之前对更高优先级资产的更改进行网络安全影响测试。 ● 更改日志包括有关影响资产网络安全要求的修改信息

● 表 10-7　ASSET 领域的活动管理

级别	内　容
MIL1	● 在 MIL1 上没有实践
MIL2	● 对 ASSET 领域中的活动的建立、遵循和维护进行记录形成文档。 ● 提供充足的资源（如人员、资金和工具）以支持 ASSET 领域的活动
MIL3	● 最新政策或其他组织文件定义了 ASSET 领域活动的要求。 ● 在 ASSET 领域中为活动人员分配职责、责任和权限。 ● 在 ASSET 领域中执行活动的人员具有执行指定职责所需的技能和知识。 ● 评估并跟踪 ASSET 领域中活动的有效性

实际案例：

某公司根据功能的重要性确定 IT、OT 和信息资产的优先级。此信息存储在资产数据库中，其中包含支持网络安全活动的属性信息，包括资产优先级、硬件和软件版本、物理位置、网络安全需求（如资产保密性、完整性和可用性的业务需求）、基于资产敏感度的类别、资产所有者和应用配置基线版本。

该公司将此信息用于网络风险管理活动，包括识别哪些系统可能受到软件漏洞影响，确定网络安全事件响应的优先顺序，以及灾难恢复规划。

为了保持变更的可追溯性和一致性，企业的变更管理活动确保资产数据库在配置变更时保持当前状态。所有关于资产的重要决策都要传达给利益相关者（包括资产所有者），以便有效地管理对功能的潜在影响。

（2）威胁和漏洞（THREAT）管理

建立和维护计划、程序和技术，以检测、识别、分析、管理和响应网络安全威胁及漏洞，并与组织的基础设施（如关键、IT 和运营）和组织目标的风险相适应，包括三个目标：减少安全漏洞、威胁响应与威胁信息共享、THREAT 领域的活动管理。每个目标的实践内容见表 10-8～表 10-10。

• 表 10-8　减少安全漏洞

级别	内容
MIL1	• 至少以临时方式识别支持网络安全漏洞发现的信息源。 • 至少以临时方式收集和解释网络安全漏洞信息。 • 至少以临时方式进行网络安全漏洞评估。 • 至少以临时方式缓解与功能交付相关的网络安全漏洞
MIL2	• 监控高优先级资产的安全漏洞信息源。 • 定期根据定义的触发因素（如系统变化和外部事件）进行网络安全漏洞评估。 • 对已识别的网络安全漏洞进行分析和优先级排序，进行相应处理。 • 在部署补丁或其他缓解措施之前进行功能影响评估。 • 与组织定义的利益相关者共享有关发现的网络安全漏洞的信息
MIL3	• 共同解决功能内所有受到监控的 IT 和 OT 资产的网络安全漏洞信息源。 • 由独立功能运营的各方执行网络安全漏洞评估。 • 漏洞监控活动包括审查以确认针对网络安全漏洞采取的措施是否有效。 • 建立并维护机制以接收和响应来自公众或外部各方关于与组织的 IT 和 OT 资产相关的潜在漏洞的报告

• 表 10-9　威胁响应与威胁信息共享

级别	内容
MIL1	• 至少以临时方式识别支持威胁管理活动的内部和外部信息源。 • 至少以临时方式收集和解释有关网络安全威胁的信息。 • 至少以特别的方式识别功能的威胁目标。 • 至少以临时方式解决与功能交付相关的威胁
MIL2	• 建立该功能的威胁概况，其中包括威胁目标和其他威胁特征（如威胁参与者类型、动机、能力和目标）。 • 对威胁文档中所有组件的威胁信息源优先级排序并进行监控。 • 对已识别的威胁进行分析和优先级排序，并相应地进行处理。 • 与利益相关者（如高管、运营人员、政府、关联组织、供应商、部门组织、监管机构、信息共享和分析中心）交换威胁信息

(续)

级别	内　容
MIL3	• 该功能的威胁配置文件会根据定义的触发器定期更新，如系统更改和外部事件。 • 威胁监控和响应活动利用并触发预定义的操作状态。 • 采用安全、近实时的方法接收和共享威胁信息，以实现快速分析和行动

● 表 10-10　THREAT 领域的活动管理

级别	内　容
MIL1	• 在 MIL1 上没有实践
MIL2	• 对 THREAT 领域中活动的建立、遵循和维护进行记录，形成文档。 • 有足够的资源（如人员、资金和工具）支持 THREAT 领域中的活动
MIL3	• 最新政策或其他组织文件定义了 THREAT 领域活动的要求。 • 在 THREAT 领域中为活动人员分配职责、责任和权限。 • 在 THREAT 领域中执行活动的人员具有相应职责所需的技能和知识。 • 评估并跟踪 THREAT 领域中活动的有效性

实践案例：

某企业研究了其通常应对的威胁类型，包括恶意软件、拒绝服务攻击和激进的网络攻击团体。该信息已被用于开发公司的威胁文档。公司已经确定了可靠的信息源，以快速识别威胁，并能够消化和分析来自网络安全和基础设施安全中心（CISA）、信息共享和分析中心（ISAC）与行业协会等来源发布的威胁信息，并开始有效应对。

当漏洞减少时，公司使用事件响应和安全团队论坛通用漏洞评分系统（CVSS）来更好地确认已知软件漏洞的潜在影响。这允许企业根据漏洞的重要性来划分优先级以减少活动。

（3）风险（RISK）管理

建立、操作和维护企业网络风险管理计划，以识别、分析和应对组织所面临的网络风险，包括其业务部门、子公司、相关的互联基础设施和利益相关者，包括五个目标：建立和维护网络风险管理战略和计划、识别网络风险、分析网络风险、响应网络风险、RISK 领域的活动管理。每个目标的实践内容见表 10-11 ~ 表 10-15。

● 表 10-11　建立和维护网络风险管理战略和计划

级别	内　容
MIL1	• 该组织有网络风险管理战略，可以以临时方式制定和管理
MIL2	• 根据组织的网络安全计划战略和企业架构，建立并维护网络风险管理战略。 • 建立并维护网络风险管理计划，以根据网络风险管理战略开展网络风险管理活动。 • 将 RISK 领域的活动信息传达给利益相关者。 • 建立并维护网络风险管理计划的治理。 • 高级管理层对网络风险管理计划的支持是可见且积极的
MIL3	• 网络风险管理计划符合组织的使命和目标。 • 网络风险管理计划与组织的企业范围风险管理计划相一致

• 表 10-12　识别网络风险

级别	内　　容
MIL1	• 至少以临时方式识别网络风险
MIL2	• 使用定义的方法来识别网络风险。 • 来自适当运营和业务领域的利益相关者参与网络风险识别。 • 已识别的网络风险被合并分类（如数据泄露、内部错误、勒索软件、OT 控制接管），以促进类别级别的管理。 • 网络风险类别和网络风险记录在风险登记表或其他人工制品中。 • 将网络风险类别和网络风险分配给风险所有者。 • 网络风险识别活动根据定义的触发器定期执行，如系统更改和外部事件
MIL3	• 利用 ASSET 领域的资产清单和优先级信息进行网络风险识别活动，如 IT 和 OT 资产支持终止、单点故障、信息资产披露、篡改或破坏的风险。 • 利用 THREAT 领域活动的漏洞管理信息来更新网络风险并识别新风险（如对组织构成持续风险的漏洞或新识别的漏洞引起的风险）。 • 利用 THREAT 领域活动的威胁管理信息来更新网络风险并识别新的风险。 • 利用 THIRD-PARTIES 领域活动的信息来更新网络风险并识别新的风险。 • 利用 ARCHITECTURE 领域活动的信息（如未缓解的架构一致性差距）来更新网络风险并识别新的风险。 • 网络风险识别会考虑可能产生或影响关键基础设施或其他相互依赖组织的风险

• 表 10-13　分析网络风险

级别	内　　容
MIL1	• 至少以临时方式根据预估的影响对网络风险进行优先级排序
MIL2	• 通过已定义的标准确定网络风险的优先级（如对组织的影响、对社区的影响、可能性、敏感性、风险承受能力）。 • 使用定义的方法来评估更高优先级网络风险的影响（如与实际事件的比较、风险量化）。 • 定义的方法用于分析更高优先级的网络风险（如分析攻击类型的普遍性来估计可能性，使用控制评估的结果来估计敏感性）。 • 来自适当运营和业务职能部门的组织利益相关者参与对更高优先级网络风险的分析。 • 当网络风险不再需要跟踪或响应时，网络风险将从风险登记表或其他用于记录和管理已识别风险的人工制品中删除
MIL3	• 网络风险分析会根据定义的触发因素定期更新，如系统更改、外部事件和来其他模型域的信息

• 表 10-14　响应网络风险

级别	内　　容
MIL1	• 至少以临时方式实施风险应对措施（如减轻、接受、避免或转移）以解决网络风险
MIL2	• 根据分析和优先级排序，使用定义的方法来选择和实施风险应对措施
MIL3	• 评估网络安全控制，以确定它们是否设计得当，是否按预期运行，以减轻已识别的网络风险。 • 网络风险影响分析和网络安全控制评估的结果由企业领导层审查，以确定网络风险是否得到充分缓解，并且没有超过风险承受能力。 • 领导层定期审查风险应对措施（如减轻、接受、避免或转移）以确定它们是否仍然合适

• 表 10-15　RISK 领域的活动管理

级别	内　　容
MIL1	• 在 MIL1 上没有实践
MIL2	• 为 RISK 领域中的活动建立、遵循和维护进行记录，形成文档。 • 提供充足的资源（如人员、资金和工具）以支持 RISK 领域中的活动
MIL3	• 最新政策或其他组织文件定义了 RISK 领域活动的要求。 • 在 RISK 领域中为活动人员分配职责、责任和权限。 • 在 RISK 领域中执行活动的人员具有相应职责所需的技能和知识。 • 评估并跟踪 RISK 领域中活动的有效性

实践案例：

某企业设计了一种企业风险管理策略，确定其风险容忍和评估、应对和监控网络风险的策略。董事会每年审查该策略，以确保与组织的战略目标保持一致。

在该计划中，风险容忍度（包括合规风险和提供基本服务的风险）被识别并记录。将已识别的风险记录在风险登记表中，以确保及时监控和应对，同时确认态势。

企业利用来自当前网络安全架构的信息，分析关键资产如何关联以及哪些资产暴露在互联网上。例如，接受来自互联网请求的 Web 服务器被认为比那些不接受请求的资产的风险更高。支持暴露面资产的其他资产，如 Web 服务器后端的数据库服务器，属于二级风险，并依此类推。然后，根据安全控制保护优化资产的基本风险。

资产在提供基础服务方面的重要性和其基于网络及安全架构的暴露程度，这两者组成了每项资产的最终风险（等级）。

（4）身份访问（ACCESS）管理

为可能被授予对组织资产的逻辑或物理访问权限的实体创建和管理身份。根据关键基础设施和组织目标的风险控制对组织资产的访问，包括四个目标：建立并维护身份、逻辑访问控制、物理访问控制、ACCESS 领域的活动管理。每个目标的实践内容见表 10-16~表 10-19。

• 表 10-16　建立并维护身份

级别	内　　容
MIL1	• 至少以临时方式为需要访问资产的人员和其他实体（如访问资产的服务和设备）提供身份标识。 • 至少以临时方式为需要访问资产的人员和其他实体颁发凭证（如密码、智能卡、证书和密钥）。 • 当不再需要时，至少以临时方式撤销身份标识
MIL2	• 定义并实施密码强度和重用限制。 • 身份存储库根据定义的触发器定期审查和更新，如系统更改和组织结构更改。 • 当不再需要时，身份将在组织定义的时间阈值内取消配置。 • 特权凭证的使用仅限于需要它们的进程。 • 更高风险的访问（如特权账户、服务账户、共享账户和远程访问）需要更强的凭据、多因素身份验证或一次性凭据
MIL3	• 在可行的情况下，所有访问都需要多因素身份验证。 • 在可行的情况下，在规定的不活动时间后禁用身份

• 表 10-17 逻辑访问控制

级别	内容
MIL1	• 至少以临时方式实施逻辑访问控制。 • 逻辑访问权限在不再需要时被撤销
MIL2	• 建立和维护逻辑访问要求（如允许哪些类型的实体访问资产的规则、允许访问的限制、远程访问的限制、身份验证参数）。 • 逻辑访问要求包含最小权限原则。 • 逻辑访问要求包含职责分离原则。 • 逻辑访问请求由资产所有者审查和批准。 • 更高风险的逻辑访问权限会受到额外的审查和监控
MIL3	• 根据定义的条件，定期检查并更新逻辑访问权限，确保与需求的一致性。 • 异常逻辑访问监控作为网络安全事件的指标之一

• 表 10-18 物理访问控制

级别	内容
MIL1	• 至少以临时方式实施物理访问控制措施（如围栏、锁和标牌）。 • 物理访问权限在不再需要时被撤销，至少以临时方式撤销。 • 至少以临时方式维护物理访问日志
MIL2	• 建立和维护物理访问要求（如允许谁访问资产的规则、如何授予访问权限、允许访问的限制）。 • 物理访问要求包含最小权限原则。 • 物理访问要求包含职责分离原则。 • 物理访问请求由资产所有者审查和批准。 • 更高风险的物理访问权限会受到额外的审查和监控
MIL3	• 审查和更新物理访问权限。 • 监控物理访问以识别潜在的网络安全事件

• 表 10-19 ACCESS 领域的活动管理

级别	内容
MIL1	• 在 MIL1 上没有实践
MIL2	• 为 ACCESS 领域中活动的建立、遵循和维护形成文档化记录。 • 提供充足的资源（如人员、资金和工具）来支持 ACCESS 域中的活动
MIL3	• 最新策略或其他组织文件定义了 ACCESS 领域活动的需求。 • 在 ACCESS 领域为活动人员分配职责、责任和权限。 • 在 ACCESS 领域中执行活动的人员具有相应职责所需的技能和知识。 • 评估并跟踪 ACCESS 领域中活动的有效性

实践案例：

A 公司决定将多个身份和访问管理（IAM）系统迁移到一个支持多因素身份验证的系统。该组织认为，减少 IAM 系统的管理数量将使访问管理更加有效。

和 A 公司类似，准备将遗留系统迁移到新 IAM 系统时，发现一些前员工仍有活动账户，一些现任人员拥有过多的访问权限，一些角色发生变化的员工依然拥有他们不需要的账户权限。

A 公司更新其身份管理流程，包括与组织人力资源流程协调，以帮助确保无论用户何时变更角色或离职，其访问将得到审查和更新。

A 公司还会进行季度审查，以确保授予组织资产的访问权限符合访问要求。

（5）态势感知（SITUATION）

建立并维护各类活动和技术，以收集、分析、预警、报告以及利用运营、安全和威胁信息，包括来自其他域模型的状态和汇总信息，构建组织运营状态和网络安全状态的态势感知，包括四个目标：执行日志、执行监控、建立并维护态势感知、SITUATION 领域的活动管理。每个目标的实践内容见表 10-20～表 10-23。

• 表 10-20 执行日志

级别	内容
MIL1	• 至少以临时方式对功能交付的关键资产记录日志
MIL2	• 对用于功能交付且可能存在被利用威胁的资产记录日志 • 对功能交付的关键资产以及用于功能交付且可能存在被利用威胁的资产，建立并维护日志需求。 • 将日志数据与功能聚合
MIL3	• 针对高优先级资产执行更严格的日志记录

• 表 10-21 执行监控

级别	内容
MIL1	• 定期审查日志或其他网络安全监控活动。 • 监控 IT/OT 环境中可能引发网络安全事件的异常活动
MIL2	• 建立和维护功能监控与分析需求，并及时审查事件数据。 • 基于系统日志、数据流、网络基线、网络安全事件和体系结构来建立与维护异常活动指标，并在 IT/OT 环境中进行监测。 • 配置了警报和预警机制用于发现网络安全事件，以支持网络安全事件的识别。 • 监控活动与威胁概况保持一致
MIL3	• 对更高优先级的资产执行更严格的监控。 • 分析风险信息用于识别异常活动的指标。 • 根据定义的触发因素（如系统更改和外部事件）定期评估和更新异常活动指标

• 表 10-22 建立并维护态势感知

级别	内容
MIL1	• 在 MIL1 上没有实践
MIL2	• 建立并维护用于反映某项功能当前网络安全状态的方法。 • 整合监控数据以了解某项功能当前运行状态。 • 提供来自全公司的相关信息用于增强态势感知能力
MIL3	• 已定义态势感知报告要求，并解决了及时向组织定义的利益相关者传播网络安全信息的问题。 • 收集来自组织外部的相关信息并在整个组织内提供，以增强态势感知。 • 建立并维护一种能力，以聚合、关联和分析网络安全监控活动的输出，并提供对功能的网络安全状态的近实时了解。 • 预定义的操作状态已记录在案，并且可以根据功能的网络安全状态或在其他域中的活动触发时实施

• 表 10-23　SITUATION 领域的活动管理

级别	内容
MIL1	• 在 MIL1 上没有实践
MIL2	• 为 SITUATION 领域中活动的建立、遵循和维护形成文档化记录。 • 提供充足的资源（如人员、资金和工具）来支持 SITUATION 领域中的活动
MIL3	• 最新策略或其他组织文件定义了 SITUATION 领域活动的需求。 • 在 SITUATION 领域，为活动人员分配职责、责任和权限。 • 在 SITUATION 领域中执行活动的人员具有相应职责所需的技能和知识。 • 评估并跟踪 SITUATION 领域中活动的有效性

实践案例：

某公司监控其重要系统，以了解可能发生的网络安全异常活动。此外，员工还监控提供可靠网络安全信息的多个资源，包括其供应商和 NCCIC（国家网络安全和通信整合中心）。

该公司确定，一个新出现的威胁指标往往存在于组织的不同位置。构建安全访问者跟踪，对计算机异常行为的响应，了解数据包的路径，安全团队监控网络事件和外部资源。安全团队每天从各部门收集信息，增加自己的数据，为组织其他部门生成态势感知报告。报告可以总结当前的运行状况，并张贴在管理室和公司内部网站上。

当态势感知表明需要加强安全时，对访问者会进行更仔细的筛选，IT 提供桌面维护服务，对行为不当的计算机进行恶意软件扫描，同时，IT 安全部门会发送有关网络钓鱼的提醒。高级管理人员可以审查态势感知信息，并考虑是否需要采取特别行动——例如，关闭网站。在高危警报状态时，可以更改防火墙规则集，以限制非必要协议（如视频会议），延迟非紧急变更请求，并让网络安全事件响应团队处于待命状态。

（6）事件响应与持续运营（RESPONSE）

建立并维护计划、流程和技术，以检测、分析、缓解、响应和从网络安全事件中恢复，与关键基础设施和企业目标一致，在网络安全事件发生时保证连续性，包括五个目标：网络安全事件检测、网络安全事件分析和事件公布、网络安全事件响应、解决持续运营中的网络安全、RESPONSE 领域的活动管理。每个目标的实践内容见表 10-24~表 10-28。

• 表 10-24　网络安全事件检测

级别	内容
MIL1	• 对检测到的网络安全事件进行报告并记录日志
MIL2	• 建立了网络安全事件检测标准（如什么构成网络安全事件、在哪里查找网络安全事件）。 • 根据已有标准记录网络安全事件日志
MIL3	• 事件信息相互关联以通过识别模式、趋势和其他通用特征来支持事件分析。 • 基于已识别的风险和组织威胁库来调整网络安全事件检测活动。 • 监控功能的态势感知以支持网络安全事件的识别

• 表 10-25　网络安全事件分析和事件公布

级别	内容
MIL1	• 建立了网络安全事件公布标准。 • 利用网络安全事件分析支持事件公布

(续)

级别	内容
MIL2	• 基于对功能的潜在影响正式建立网络安全事件公布标准。 • 根据已有标准公布网络安全事件。 • 根据特定条件或定期更新网络安全事件公布标准。 • 对网络安全事件记录日志直到事件结束，并构建知识库。 • 根据态势感知报告的需求，确定网络安全。 • 利益相关者，并将事件予以通知
MIL3	• 网络安全事件公布标准与网络风险优先级标准保持一致。 • 网络安全事件相互关联，以识别多个事件的模式、趋势和其他通用特征

• 表10-26　网络安全事件响应

级别	内容
MIL1	• 至少以临时方式确定网络安全事件响应人员并分配角色。 • 至少以临时方式执行对网络安全事件的响应，以限制对功能的影响并恢复正常运行。 • 至少以临时方式报告事件（如内部报告、ICS-CERT或信息共享分析中心报告）
MIL2	• 建立和维护涉及事件生命周期所有阶段的网络安全事件响应计划。 • 网络安全事件响应根据定义的计划和程序执行。 • 网络安全事件响应计划包括针对内部和外部利益相关者的沟通计划。 • 网络安全事件响应计划演习根据定义的触发因素定期进行，如系统更改和外部事件。 • 执行网络安全事件培训活动并采取纠正措施，包括更新事件响应计划
MIL3	• 分析网络安全事件根本原因并采取纠正措施，包括更新事件响应计划。 • 网络安全事件响应与供应商、执法部门和其他外部实体酌情协调，包括取证及证据留存。 • 网络安全事件响应人员与其他组织参加联合网络安全演习。 • 网络安全事件响应利用并触发预定义的操作状态

• 表10-27　解决持续运营中的网络安全

级别	内容
MIL1	• 网络安全事件发生时，执行连续性计划用以保持和恢复系统运行。 • 数据备份可用且经过测试。 • 确定IT/OT资产所需的备用设备
MIL2	• 连续性计划解决网络安全事件的潜在影响。 • 在连续性计划中识别和记录维持功能最低限度运营所需的资产和活动。 • 连续性计划解决对功能交付很重要的IT、OT和信息资产，包括备份数据和替换、冗余以及备用IT和OT资产的可用性。 • 对交付功能很重要的资产的恢复时间目标（RTO）和恢复点目标（RPO）已纳入连续性计划。 • 建立触发连续性计划执行的网络安全事件标准，并传达给事件响应和连续性管理人员。 • 连续性计划通过定期评估和演练进行测试，并根据定义的触发因素（如系统更改和外部事件）进行测试。 • 保护备份数据的网络安全控制等同于保护源数据的控制或比保护源数据的控制更严格。 • 数据备份在逻辑上或物理上与源数据分开。 • 提供选定IT和OT资产的备件

(续)

级别	内　容
MIL3	• 连续性计划与已识别的风险和组织的威胁概况保持一致，以确保覆盖已识别的风险类别和威胁。 • 连续性计划演练解决更高优先级的风险。 • 连续性计划测试或启动结果与恢复目标进行对比，用以改进方案。 • 定期审查和更新连续性计划

• 表 10-28　RESPONSE 领域的活动管理

级别	内　容
MIL1	• 在 MIL1 上没有实践
MIL2	• 为 RESPONSE 领域中活动的建立、遵循和维护形成文档化记录。 • 提供充足的资源（如人员、资金和工具）来支持 RESPONSE 领域中的活动
MIL3	• 最新策略或其他组织文件定义了 RESPONSE 领域活动的需求。 • 在 RESPONSE 领域中为活动人员分配职责、责任和权限。 • 在 RESPONSE 领域中执行活动的人员具有相应职责所需的技能和知识。 • 评估并跟踪 RESPONSE 领域中活动的有效性

实践案例：

某公司购买了一个桌面维护跟踪系统来记录和跟踪重要的网络安全事件。在共享工作区的墙上，公司张贴了一张图表，根据对公司重要系统的潜在影响，确定网络安全事件公布的标准。当发生网络安全事件时，事件响应计划要求记录事件并传达给关键利益相关者。报告过程包括负责沟通态势感知域中所描述功能的当前状态的相关人员。公司每年测试事件响应计划，以确保其程序能够充分应对整个事件周期的各个阶段。

(7) 第三方风险（THIRD-PARTIES）管理

建立并维护控制措施，以管理供应商和其他第三方产生的网络风险，与关键基础设施和组织目标的风险相称，包括三个目标：识别并确定第三方优先级、第三方风险管理、THIRD-PARTIES 领域的活动管理。每个目标的实践内容见表 10-29 ~ 表 10-31。

• 表 10-29　识别并确定第三方优先级

级别	内　容
MIL1	• 至少以临时方式识别重要的 IT 和 OT 第三方依赖关系（即功能交付所依赖的内部和外部合作方）。 • 可以访问、控制或保管对交付功能很重要的任何 IT、OT 或信息资产的第三方
MIL2	• 遵循定义的方法来识别供应商和其他第三方产生的风险。 • 根据既定标准对第三方进行优先排序（例如，对功能交付的重要性、妥协或中断的影响、在合同中协商网络安全要求的能力）。 • 升级的优先级分配给供应商和其他第三方，这些第三方的妥协或中断可能会导致重大后果（如单一来源供应商、具有特权访问权限的供应商）
MIL3	• 根据定义的触发因素定期更新供应商和其他第三方的优先顺序，如系统更改和外部事件

• 表 10-30　第三方风险管理

级别	内　容
MIL1	• 选择供应商和第三方应考虑其网络安全资质。 • 选择产品和服务应考虑其网络安全能力
MIL2	• 已制定确定网络安全需求的方法，并实施相关控制，以防止由供应商和第三方产生的风险。 • 已制定评估和选择供应商与第三方的方法。 • 对更高优先级的供应商和第三方实施更为严格的评估和管控。 • 通过与供应商和第三方的协议来正式确定网络安全需求。 • 供应商和第三方定期证明其满足网络安全要求的能力
MIL3	• 对供应商和第三方的网络安全要求包括适当的软件安全和产品开发安全。 • 产品选择标准包括对下线和终止服务的考虑。 • 选择标准包括考虑防范假冒或受损软件、硬件和服务的保障措施。 • 更高优先级资产的选择标准包括评估关键资产要素（如硬件和软件）的材料清单。 • 更高优先级资产的选择标准包括对任何关联的第三方托管环境和源数据的评估。 • 采购资产的验收测试包括考虑网络安全要求

• 表 10-31　THIRD-PARTIES 领域的活动管理

级别	内　容
MIL1	• 在 MIL1 上没有实践
MIL2	• 为 THIRD-PARTIES 领域中活动的建立、遵循和维护形成文档化记录。 • 提供充足的资源（如人员、资金和工具）来支持 THIRD-PARTIES 领域中的活动
MIL3	• 最新策略或其他组织文件定义了 THIRD-PARTIES 领域活动的要求。 • 在 THIRD-PARTIES 领域中为活动人员分配职责、责任和权限。 • 在 THIRD-PARTIES 领域中执行活动的人员具有相应职责所需的技能和知识。 • 评估并跟踪 THIRD-PARTIES 领域中活动的有效性

实践案例：

某公司采购了多个供应商的产品和服务。最近，公司开始和一个新供应商合作，在正常业务过程中，该供应商可以访问敏感数据和系统。但在项目合同中，该公司强制要求敏感数据保密性，还规定了信息处理、通信和存储的网络安全要求。合同要求在传输和存储过程中要加密，密码和密钥应管理得当，严格管控供应商人员在部署、操作和维护期间对公司系统与数据的访问。此外，该公司对供应商的操作（包括供应商对其供应商的网络安全实践）进行审查，参与到对系统的安全设计审查，并计划对交付系统进行定期审计，以确保供应商持续履行其义务。

当供应商提供设备时，会开展检查，以验证硬件、软件和固件是否真实，以及初始配置是否符合要求。为了做到这一点，该公司进行随机抽样审计，包括与硬件制造商确认序列号（以帮助检测假货），验证相关软件和固件的数字签名，以及检查初始配置的一致性。

（8）员工管理（WORKFORCE）

建立并维护计划、流程、技术和控制，以创造网络安全文化，并确保人员的稳定性和工作能力，与关键基础设施和企业目标一致，包括五个目标：实施人员控制、提高网络安全意识、落实网络安全的职责、培养网络安全人才、WORKFORCE 领域的管理活动。每个目标的实践内容见表 10-32～表 10-36。

• 表 10-32　实施人员控制

级别	内　　容
MIL1	• 招聘时进行人员审查（如背景调查、体检）。 • 离职流程考虑网络安全
MIL2	• 定期对因工作可以访问某些重要资产的人员进行审查。 • 人员调动程序考虑网络安全。 • 让用户意识到自己在 IT、OT 和信息资产保护和可接受使用方面的责任
MIL3	• 根据职位风险等级，对所有人员（包括员工、供应商和承包商）进行审查。 • 对不遵守既定安全政策和程序的人员实施包括纪律处分在内的正式问责程序

• 表 10-33　提高网络安全意识

级别	内　　容
MIL1	• 开展网络安全意识教育活动
MIL2	• 建立和维护网络安全意识目标。 • 网络安全意识目标与定义的威胁概况保持一致。 • 定期开展网络安全意识活动
MIL3	• 网络安全意识活动是根据工作角色量身定制的。 • 网络安全意识活动解决预定义的操作状态（SITUATION-3g）。 • 定期评估网络安全意识活动的有效性，并根据定义的触发因素（如系统更改和外部事件）进行适当的改进

• 表 10-34　落实网络安全的职责

级别	内　　容
MIL1	• 至少定义了网络安全责任。 • 已落实网络安全责任
MIL2	• 网络安全职责分配给特定角色，包括外部服务提供商。 • 建立网络安全责任制制度或文档
MIL3	• 根据定义的条件（如系统变更和组织结构变更），定期审查和更新网络安全职责和岗位要求。 • 实施网络安全职责管理，以确保覆盖范围的充分和适当，包括接续计划

• 表 10-35　培养网络安全人才

级别	内　　容
MIL1	• 至少为负有网络安全责任的相关人员提供网络安全培训。 • 根据当前和未来的运营需求确定网络安全知识、技能和能力的要求与差距分析
MIL2	• 培训、招聘和留用工作协调一致，以解决已确定的人才缺口问题。 • 网络安全培训是授权访问支持功能交付的资产的先决条件
MIL3	• 定期评估培训计划的有效性，并进行适当的改进。 • 培训计划包括为负有重大网络安全责任的人员提供继续教育和专业发展机会

• 表 10-36　WORKFORCE 领域的管理活动

级别	内　容
MIL1	• 在 MIL1 上没有实践
MIL2	• 为 WORKFORCE 领域中活动的建立、遵循和维护形成文档化记录。 • 提供充足的资源（如人员、资金和工具）来支持 WORKFORCE 领域的活动
MIL3	• 最新策略或其他组织文件定义了 WORKFORCE 领域活动的需求。 • 在 WORKFORCE 领域为活动人员分配职责、责任和权限。 • 在 WORKFORCE 领域执行活动的人员具有相应职责所需的技能和知识。 • 评估并跟踪 WORKFORCE 领域活动的有效性

实践案例：

某公司，决定投资先进的数字技术。这项投资包括一个长期的人才培训和管理项目，以帮助员工保持新系统可以有效和安全地运行。该公司发现招聘、培训和留住具有必要技能的人员（特别是有网络安全培训和经验的人员）比预期要困难得多。此外还发现，由于另一家公司不当的安全措施，致使自家新兴数字技术品牌受到了影响。

该公司通过对其系统、实践和策略的风险管理进行评估来分析这些信息。该公司认为，员工培训对于解决系统和社会工程攻击以及对公司目标和企业内部威胁至关重要。因此，该公司开始为管理人员和员工开展技术与安全培训以及认证，以宣贯管理和保护公司资产所需的意识和技能，这有助于保护组织外部关联的关键基础设施。

（9）网络安全架构（ARCHITECTURE）

建立并维护组织网络安全架构的结构和行为，包括控制、流程、技术和其他元素，与关键基础设施和企业目标一致，包括六个目标：建立和维护网络安全架构战略和计划、将网络保护作为网络安全架构的一个要素来实施、将 IT 和 OT 资产安全作为网络安全架构的一个要素来实施、将软件安全作为网络安全架构的一个要素来实施、将数据安全作为网络安全架构的一个要素来实施、ARCHITECTURE 领域的活动管理。每个目标的实践内容见表 10-37～表 10-42。

• 表 10-37　建立和维护网络安全架构战略和计划

级别	内　容
MIL1	• 组织已有网络安全架构战略
MIL2	• 根据组织的网络安全计划战略（PROGRAM-1b）和企业架构建立与维护网络安全架构战略。 • 建立并维护网络安全架构战略文档，其中包括 IT、OT 系统和网络，并与系统和资产分类与优先级排序保持一致。 • 建立并维护网络安全架构（如架构审查流程）的治理，包括定期架构审查和例外流程的规定。 • 高级管理层对网络安全架构计划的支持是可见并且活跃的。 • 网络安全架构建立并维护组织资产的网络安全要求。 • 选择并实施网络安全控制措施以满足网络安全要求
MIL3	• 网络安全架构战略和计划与组织的企业架构战略和计划保持一致。 • 根据定义的触发因素定期评估组织的系统和网络与网络安全架构的一致性，如系统更改和外部事件。 • 网络安全架构以组织的风险分析信息（RISK-3d）和威胁概况（THREAT-2e）为指导。 • 网络安全架构解决预定义的操作状态（SITUATION-3g）

• 表 10-38　将网络保护作为网络安全架构的一个要素来实施

级别	内　　容
MIL1	• 至少以临时方式实施网络保护。 • 组织的 IT 与 OT 系统通过物理方式或逻辑方式彼此隔离
MIL2	• 根据资产风险和优先级（如内部资产、外围资产、连接到组织 WiFi 的资产、云资产、远程访问和外部拥有的设备）为选定的资产类型定义和实施网络保护。 • 根据资产网络安全要求，对功能交付很重要的资产在逻辑上或物理上分为不同的安全区域。 • 网络保护包含最小特权和最少功能的原则。 • 网络保护包括监视、分析和控制选定安全区域的网络流量（如防火墙、白名单、入侵检测和预防系统）。 • 对 Web 流量和电子邮件进行监控、分析和控制（如恶意链接阻断、可疑下载阻断、电子邮件身份验证技术、IP 阻断）
MIL3	• 根据网络安全要求，所有资产都分为不同的安全区域。 • 在有保证的情况下，实施单独的网络，通过独立身份验证在逻辑上或物理上将资产划分为安全区域。 • OT 系统在操作上独立于 IT 系统，因此在 IT 系统中断期间可以维持 OT 操作。 • 设备与网络的连接受到控制，以确保只有经过授权的设备才能连接（如网络访问控制（NAC））。 • 网络安全架构可以隔离受损资产

• 表 10-39　将 IT 和 OT 资产安全作为网络安全架构的一个要素来实施

级别	内　　容
MIL1	• 对功能交付很重要的资产实施逻辑和物理访问控制，从而加以保护。 • 实施端点保护（如安全配置、安全应用程序和主机监控）以保护对功能交付很重要的资产
MIL2	• 强制执行最小权限原则（如限制用户和服务账户的管理访问权限）。 • 强制执行最少功能原则（如限制服务、限制应用程序、限制端口、限制连接的设备）。 • 在可行的情况下，作为资产部署过程的一部分建立和维护安全配置。 • 在可行的情况下，安全应用程序需要作为设备配置的一个元素（如端点检测和响应、基于主机的防火墙）。 • 可移动媒体的使用受到控制（如限制使用 USB 设备、管理外部硬盘驱动器）。 • 在资产级别或在资产级别控制不可行的情况下，作为补偿控制对功能内的所有资产实施网络安全控制。 • 对功能内的所有资产执行维护和容量管理活动。 • 控制物理运行环境以保护功能内资产的运行。 • 对更高优先级的资产实施更严格的网络安全控制
MIL3	• 在整个资产生命周期中控制固件的配置和更改。 • 实施控制（如白名单、黑名单和配置设置）以防止执行未经授权的代码

• 表 10-40　将软件安全作为网络安全架构的一个要素来实施

级别	内　　容
MIL1	• 在 MIL1 上没有实践
MIL2	• 内部开发的用于部署在更高优先级资产上的软件是使用安全软件开发实践开发的。 • 选择用于部署在更高优先级资产上的采购软件包括考虑供应商的安全软件开发实践。 • 采购的软件和内部开发的软件都需要安全的软件配置作为软件部署过程的一部分

(续)

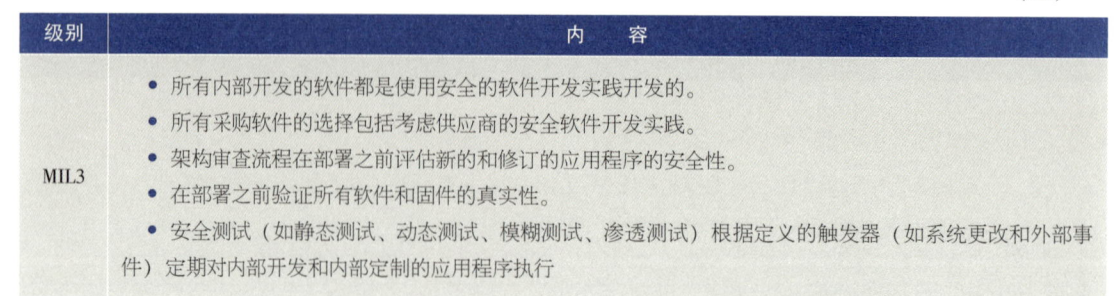

级别	内容
MIL3	• 所有内部开发的软件都是使用安全的软件开发实践开发的。 • 所有采购软件的选择包括考虑供应商的安全软件开发实践。 • 架构审查流程在部署之前评估新的和修订的应用程序的安全性。 • 在部署之前验证所有软件和固件的真实性。 • 安全测试（如静态测试、动态测试、模糊测试、渗透测试）根据定义的触发器（如系统更改和外部事件）定期对内部开发和内部定制的应用程序执行

● 表 10-41 将数据安全作为网络安全架构的一个要素来实施

级别	内容
MIL1	• 对静态敏感数据实施保护
MIL2	• 对于选定的数据类别，所有静态数据都受到保护。 • 对于选定的数据类别，所有传输中的数据都受到保护。 • 对选定数据类别的静态数据和传输中数据实施加密控制。 • 实施密钥管理基础设施（即密钥生成、密钥存储、密钥销毁、密钥更新和密钥撤销）以支持密码控制。 • 实施限制数据泄露的控制措施（如数据丢失防护工具）
MIL3	• 网络安全架构包括对存储在可能丢失或被盗资产上的数据的保护（如全盘加密）。 • 网络安全架构包括防止未经授权更改软件、固件和数据

● 表 10-42 ARCHITECTURE 领域的活动管理

级别	内容
MIL1	• 在 MIL1 上没有实践
MIL2	• 为 ARCHITECTURE 领域中活动的建立、遵循和维护形成文档化记录。 • 提供充足的资源（如人员、资金和工具）来支持 ARCHITECTURE 领域的活动
MIL3	• 最新策略或其他组织文件定义了 ARCHITECTURE 领域活动的要求。 • 在 ARCHITECTURE 领域为活动人员分配职责、责任和权限。 • 在 ARCHITECTURE 领域执行活动的人员具有相应职责所需的技能和知识。 • 评估并跟踪 ARCHITECTURE 领域活动的有效性

实践案例：

某公司已认识到其当前的网络安全控制环境不足以维持其网络安全风险管理目标。该公司对其网络安全计划进行了评估，并确定了许多已识别的差距源于缺乏主动规划和选择网络安全改进计划的不协调方法。为了加强其网络安全态势，该公司记录了一个目标网络安全架构。该公司计划将该架构用作其网络安全项目选择过程和供应商提案评估标准的一部分。

目标网络安全架构为该公司确定要实现的网络安全风险管理成果提供了蓝图。使用以架构为中心的方法，该公司能够确定正确的权衡以满足可接受的风险承受水平。例如，可以权衡分层防御（如虚拟专用网络、防火墙和访问控制）的好处与实施和维护这些控制的成本。通过这种方式，该公司可以更好地了解潜在的网络安全改进工作如何影响其整体风险状况，以及这些工作在多大程度上能够实现其运营和网络安全目标。

(10) 网络安全计划（PROGRAM）管理

建立并维护企业网络安全计划，该计划为组织的网络安全活动提供治理、战略规划和支持，使网络安全目标与关键基础设施和企业目标一致。网络安全计划是一套设计和管理的综合活动，旨在满足组织或职能的网络安全目标。网络安全计划可以在组织或功能级别上实现，但更高级别的实现和企业视角可以通过整合整个企业的活动和资源投资使组织受益，包括三个目标：建立网络安全计划战略、建立和维护网络安全计划、PROGRAM 领域的活动管理。每个目标的实践内容见表 10-43~表 10-45。

• 表 10-43　建立网络安全计划战略

级别	内　容
MIL1	• 已制定组织网络安全计划战略
MIL2	• 网络安全计划战略确定了该组织网络安全活动的目标。 • 记录网络安全计划战略和优先事项，并与组织的使命、战略目标和关键基础设施的风险保持一致。 • 网络安全计划战略定义了组织为网络安全活动提供计划监督和治理的方法。 • 网络安全计划战略定义了网络安全计划的结构和组织。 • 网络安全计划战略确定了计划要遵循的标准和指南。 • 网络安全计划战略确定了该计划必须满足的任何适用的合规性要求（如 NERC CIP、TSA 管道安全指南、PCI DSS、ISO、DoD CMMC）
MIL3	• 网络安全计划战略根据定义的触发因素定期更新，如业务变化、操作环境变化和威胁概况变化（THREAT-2e）

• 表 10-44　建立和维护网络安全计划

级别	内　容
MIL1	• 具有适当权限的高级管理层至少以临时方式为网络安全计划提供支持
MIL2	• 网络安全计划是根据网络安全计划战略制定的。 • 高级管理层对网络安全计划的支持是可见并且活跃的。 • 为网络安全政策的制定、维护和执行提供高级管理层赞助。 • 将网络安全计划的责任分配给具有足够权限的角色。 • 确定网络安全项目管理活动的利益相关者并让他们参与进来
MIL3	• 定期审查网络安全计划活动，以确保它们符合网络安全计划战略。 • 对网络安全活动进行独立审查，以确保符合网络安全政策和程序，定期并根据确定的触发因素（如流程变化）进行审查。 • 对网络安全计划酌情处理并实现法律和监管的合规性。 • 该组织与外部实体合作，为网络安全标准、指南、领先实践、经验教训和新兴技术的制定与实施做出贡献

• 表 10-45　PROGRAM 领域的活动管理

级别	内　容
MIL1	• 在 MIL1 上没有实践
MIL2	• 为 PROGRAM 领域中活动的建立、遵循和维护形成文档化记录。 • 提供充足的资源（如人员、资金和工具）来支持 PROGRAM 领域的活动

(续)

级别	内容
MIL3	• 最新策略或其他组织文件定义了 PROGRAM 领域活动的需求。 • 在 PROGRAM 领域为活动人员分配职责、责任和权限。 • 在 PROGRAM 领域执行活动的人员具有相应职责所需的技能和知识。 • 评估并跟踪 PROGRAM 领域活动的有效性

实践案例：

某公司决定建立企业网络安全计划。首先，公司成立了一个由各区代表组成的委员会。该网络安全治理委员会将为公司制定网络安全计划战略，并招募一名新的网络安全副总裁来实施基于该战略的计划。副总裁向董事会报告，并将在整个企业中开展业务、技术管理和人员的工作，以解决网络安全问题。

副总裁的第一件事是扩展并记录公司的网络安全计划战略，确保其与业务战略保持一致，并解决其对关键基础设施造成的风险。在该战略获得董事会批准后，副总裁将开始实施，通过重组部分现有的分区网络安全团队并招募更多的团队成员来解决组织中的技能差距。

客户服务主管和财务副总裁将根据新计划来解决潜在事件和随后的公关问题造成的即时与附带影响。IT 主管和工程副总裁负责在开发和缓解风险方面提供指导。

10.6.3　C2M2 应用

C2M2 用于组织持续评估其网络安全能力，以有效的方式评估其能力水平，并告知其网络安全投入的优先级。使用 C2M2 的建议方法如图 10-17 所示。一个组织根据该模型执行自我评估，利用该评估来确定能力差距，对这些差距进行优先排序，并制订计划来改善它们，

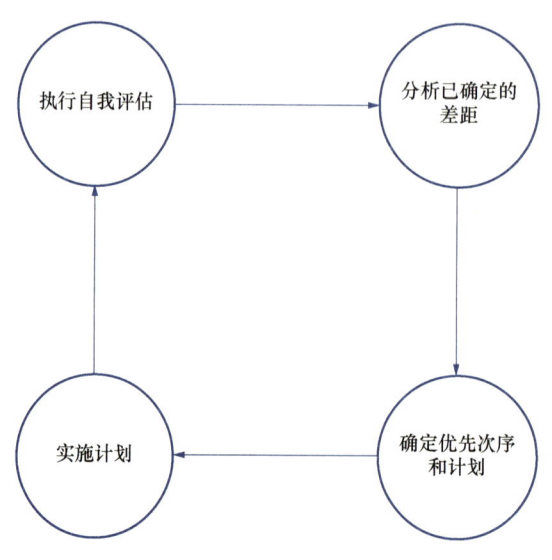

• 图 10-17　使用 C2M2 的建议方法

最后实施计划来弥补这些差距。随着计划的实施、业务目标的变化以及风险环境的演变，这个过程会不断重复。

（1）执行自我评估

执行 C2M2 自我评估可以衡量一个组织内网络安全活动的实施情况。该模型的设计目标是使组织能够在一天内完成对单个功能的自我评估，而不需要大量的研究或准备。如果开始准备，组织首先要确定模型应用程序或功能的范围。接下来，组织应确定对该功能的交付很重要的 IT、OT 和信息资产。

组织应选择合适的人员根据模型实践来评估功能。应确定一名熟悉模型内容的有效执行者来指导自我评估。来自整个组织的利益相关者的参与产生了最好的结果，增加了对相关网络安全风险的共享态势感知和使用模型实践来减轻这些风险的具体步骤，并提供一个澄清角色和责任的机会。

被选中参与自我评估的人员应包括运营人员、管理利益相关者和任何其他可以提供有关组织在模型中网络安全实践绩效的有用信息的人。通过公开的对话和达成共识，自我评价研讨会的参与者决定每个领域的实践的实施水平。答复从四个等级中选择：未实施、部分实施、大部分实施、完全实施。对每个自我评估响应选项的描述见表10-46。

● 表10-46　自我评价响应选项的说明

响应	描述
完全实施	完整
大部分实施	完整，但有公认的改进机会
部分实施	不完整，有多种改进机会
未实施	缺席的，该实践不是由组织执行的

使用 DOE8 提供的免费 C2M2（https://c2m2.doe.gov/）自我评估工具之一或使用其他工具记录响应。自我评估完成后，将生成一份评分报告，提供与模型相关的性能摘要级描述，以及实践级实施状态。该报告提供了范围内功能的网络安全态势的时间点视图。应与自评研讨会参与者一起审查报告，并解决任何差异或问题。需要注意的是，自评报告可能包含敏感信息，应予以相应保护。

（2）分析已确定的差距

自评估的评分报告将确定模型实践效果的差距。组织的第一步分析是确定这些差距对组织来说是否重要或有意义。对于组织来说，不宜追求在所有领域实现最高的 MIL。相反，组织应该确定每个领域的实践效果和 MIL 水平，使其能够更好地满足其业务目标和网络安全战略。组织应确定其所需的能力概述——即模型中每个域的目标 MIL 评级。所需功能的集合是组织的目标概述文件。

对于首次使用该模型的组织来说，通常在最初的自我评估后确定一个目标轮廓。这给了组织一个机会，使其更加熟悉这个模型。对该模型有更多经验的组织通常在进行自我评估之前就已经确定了目标状况。在选择目标形象时，应包括组织利益相关者的适当组合。这可能是一个在职能部门的运营和管理方面有专长的人，也可能是一个代表整个组织的业务、技术和运营考虑的人的集合。然后，可以对照自我评估研讨会的结果来检查目标概要文件，以确定对组织来说很重要的差距。

（3）确定优先次序和计划

完成差距分析后，对需要实施的行动进行优先级排序，以完全实现在特定领域中所需的能力实践。优先级排序应使用诸如差距如何影响组织目标、领域支持的业务目标重要性、实现必要实践的成本以及实现实践所需资源的可用情况等指标。对差距和活动的成本效益分析可以为所需行动的优先顺序提供信息。

接下来，制订计划来弥补差距。计划应遵循标准的组织规划流程，并与组织和网络安全的战略目标保持一致。这些计划可以是数周、数月或数年，具体取决于弥补所选差距和实现所需能力的改进程度。应确定并指定具有足够权力执行计划的专人为计划负责人。领导层应定期进行审查，以评估状态，排除障碍，并在实施过程中确定所有必要的纠正。

（4）实施计划

应实施在上一步中制订的计划以解决已确定的差距。模型自我评估在跟踪实施方面特别有用，应定期执行，以确保实现预期的进展。为了响应业务、技术、市场或威胁环境中的主要变化，还应考虑定期重新评估，以确保当前概要文件符合组织所需的状态。

输入、行动和输出的潜在方法的细分见表 10-47。

• 表 10-47 输入、行动和输出的潜在方法的细分

步骤	输 入	行 动	输 出
执行自我评估	1）C2M2 自评估。 2）策略与流程。 3）了解网络安全计划	与适当的与会者一起举办 C2M2 自我评估研讨会	C2M2 自评估报告
分析已确定的差距	1）C2M2 自评估报告。 2）组织目标。 3）对关键基础设施的影响	1）制定目标概况。 2）分析差距。 3）评估差距的潜在后果。 4）确定需要注意哪些差距	差距与潜在影响列表
确定优先次序和计划	1）差距与潜在影响列表。 2）组织受限因素	1）确定弥补差距的行动。 2）对行动进行成本效益分析。 3）优先排序行动。 4）为行动制订计划	优先级排序执行计划
实施计划	优先级排序执行计划	1）跟踪计划进度。 2）定期或应对重大变化重新评估	项目跟踪数据

10.7 本章小结

本章主要从工业互联网防护模型角度总结了常见的网络防护模型，介绍了自适应 AI 防护模型、自适应安全架构、零信任网络架构、网络安全滑动标尺模型和网络安全能力成熟度模型，旨在介绍最新安全防护模型的设计和实现思想，为读者了解相关研究方向提供帮助。

10.8 思考与练习

1. 什么是自适应 AI 防护模型？
2. 什么是自适应安全架构？
3. 零信任网络产生的背景是什么？零信任网络关键技术有哪些？
4. 如何实现零信任安全模型？
5. 网络安全滑动标尺模型包含哪些内容？
6. 网络安全能力成熟度模型包含哪些内容？

第 11 章 工业互联网防护技术

工业智能化的快速发展对未来工业经济发展产生着全方位、深层次、革命性的影响。工业生产过程中的研发、管理、服务等多个环节直接暴露于互联网中,工业经济发展的安全问题不可忽视。企业经营生产过程面临着更加严重的、多途径的网络攻击和病毒侵扰,传统的安全防御已难以有效应对新的安全威胁,全新的安全防护理念急需建立以确保工业智能化应用的安全可靠。

11.1 渗透测试的安全加固技术

《工业互联网体系架构》中指出工业互联网体系架构的三大核心是网络、数据和安全。其中,网络是工业网络互联互通、数据流通的支撑基础;数据是核心驱动;而安全则是保障工业应用、网络正常通信、数据融合的重要前提。IPv6 在实现工厂内部网络和外部网络互联互通的同时,不得不考虑互联网和工业控制网络中安全隐患带来的影响。由于 IPv6 工业互联网的全面推进,工业生产过程变得越来越灵活,同时,开放、共享的环境导致了工业互联网安全边界模糊化。网络安全的动态防御、数据安全、设备安全等方向的研究成为未来研究的热点。为了保障 IPv6 工业互联网的发展,必须建立一个全面的安全体系架构,完善相关技术标准和安全技术能力,才能有效抵御各种威胁,解决诸多安全问题,最终确保工业互联网安全有序发展。因此,急需从技术、管理、服务等多角度共同构建工业互联网的安全发展环境。

安全加固是配置目标系统的重要过程。针对工业互联网系统、数据库及应用中间件等系统,通过修改安全配置、优化访问控制策略、增加安全机制等一系列手段,提高目标系统的健壮性和安全性,增加攻击者入侵的难度,从而达到安全加固的目标。常见的安全加固技术如下。

1)安装操作系统和应用软件后进行漏洞扫描,在重大项目上线时,邀请安全专家进行渗透测试和安全评估。

2)及时更新操作系统、系统软件、应用软件的安全配置。

3)定期提供系统自身以及维护系统功能测试。

4)定期进行系统安全风险测试和系统备份,必要时重建系统。

渗透测试作为一种常规的安全加固手段,在合法授权范围内,通过信息搜集、漏洞挖掘、权限提升等行为,对目标对象进行安全测试,最终输出测试报告。渗透测试报告是对测试目标系统进行渗透测试的过程中产生的所有结果,包括测试目标系统的基本信息、安全漏洞以及针对目标系统的不足给出的解决方案。通常，渗透测试报告提供了关键的细节，包含测试过程中潜在的危险。通过渗透测试报告，操作人员可以进一步提升系统的稳定性，完成对系统的安全加固。

11.1.1 基于防火墙的安全加固技术

防火墙是信息安全系统的重要组成部分，是抵御安全攻击的第一道防线。防火墙基本类型如图 11-1 所示。防火墙与网络性能之间的关系是网络用户最为关注的问题，严格的防火墙安全设置可能导致系统网络性能下降，而开放的安全设置也可能带来更强的网络性能。因此，在评估网络安全加固技术的有效性时，评估防火墙平台及其对网络性能的影响是很重要的。Hayajneh 等人提出了一种分析不同防火墙平台性能的评估方法，需要考虑的指标包括延迟、抖动、吞吐量和丢包。此外，还通过一组攻击实验测试防火墙的安全性能。A.Maraj 等人通过渗透测试技术，分析了防火墙和其他防护系统的防护性能。通过对威胁管理网关、自适应安全设备以及下一代防火墙的安全性能进行比对，可知当面对 DoS 攻击时，使用下一代防火墙技术能够有效抵御攻击。

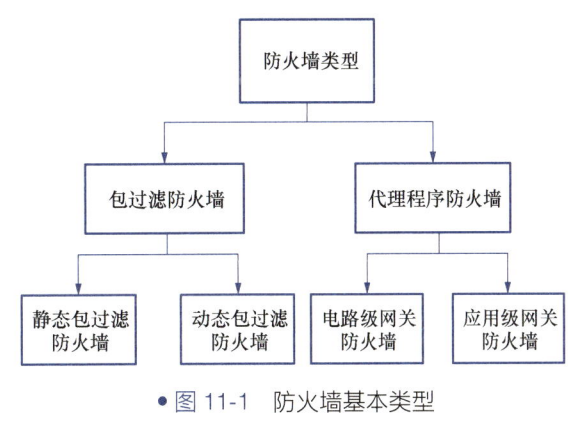

● 图 11-1 防火墙基本类型

11.1.2 数据库的安全加固技术

数据库的安全加固技术主要包括以下几种。

1）密码策略和弱口令：定期对用户的密码属性进行安全检查，包括空密码、密码更新时间等。修改目前所有账号的口令，确保口令长度达到至少 12 位。通常以无规律的方式对数字、字母、符号混排，不使用默认的密码。

2）通信协议加密：当服务器对数据库进行远程管理时，防止系统信息在网络传输过程中被窃听，应使用加密通信协议，提高安全性。

3）设置身份认证：将操作系统用户和数据库系统特权用户的权限分离，防止操作系统用户对数据库进行非授权管理。

11.1.3 网络设备的安全加固技术

S. Siboni 等人提出了一种面向物联网设备的创新安全测试平台，旨在通过执行标准和先进的安全测试，测试所有类型的物联网设备以及不同的软硬件配置。该平台采用先进的基于机器学习算法的分析过程，监控被测物联网设备的整体运行情况，实验结果表明，该测试平台能够有效检测出物联网设备的安全漏洞。由于不同智能工厂之间存在竞争关系，设备制造商无法整合所有智能工厂的私有信息来训练智能制造设备故障预测模型。Yue Wang等人提出了一种基于区块链的工业物联网隐私信息安全共享方案，用来解决智能工厂的隐私信息共享问题。首先，将智能工厂抽象为边缘节点，在模拟的边缘设备上构建去中心化、分布式的可信区块链网络，提出了一种智能椭圆曲线数字签名（IECDSA）算法来保证边缘节点共享信息的所有权。其次，提出了一种基于声誉的委托权益证明（RDPoS）共识算法，以提高委托权益证明（DPoS）共识算法的安全性和可靠性。此外，设计并实现了一种基于信息属性的激励机制，以增加边缘节点共享信息的动机。该文献证明了基于区块链的隐私信息安全共享方案可以在保证信息共享安全的前提下，提高边缘节点共享信息的积极性。该系统框架如图11-2所示。

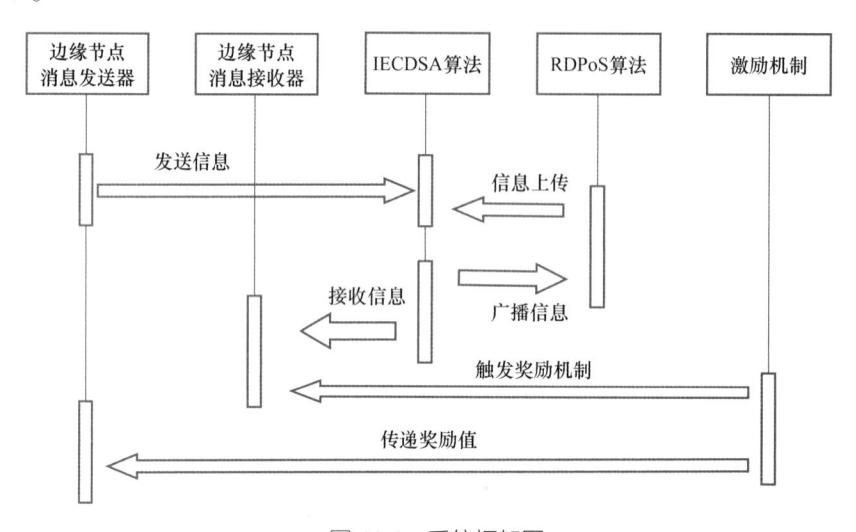

● 图 11-2　系统框架图

11.1.4　Web网络安全加固技术

当今，网络浏览器是网络泄露和数据泄露的主要途径之一。通过一系列的Web配置，Web浏览器加固可以防止或减轻许多攻击途径。例如，在一个典型的客户端桌面基础架构上，通过强制配置允许用户使用一个浏览器来连接关键和可信的网站，使用另一个浏览器来连接不可信的网站，这有助于防止来自大多数基于JavaScript和插件的攻击。A.Jillepalli等人提出了针对Internet Explorer和谷歌Chrome进行远程安全加固Web浏览器的指南。他们希望系统管理员使用该指南来执行企业范围内的安全策略，以实现高精度和低权限的浏览器加固。

随着Web技术的发展，Web应用面临着越发严重的安全问题，尤其是SQL注入式攻击与网页篡改攻击，正严重威胁着Web应用的数据隐私性与服务可用性。米昂等人针对校园网提出了一种Web安全加固方案，该方案采用了分布式的客户端部署方式，为管理员提供了统一的管理与配置平台，使其更适合于为服务器群组或大量离散状态的Web服务器提供统一的安全加固服务。基于该解决方案，设计并实现了安全加固系统，并将其正式部署在校园网环境中。针对SQL注入式攻击，米昂等人基于HTTP请求类型进行分类检测，改进了使用关键字或规则进行过滤的方法，并结合 HTTP 异常响应屏蔽、攻击源 IP 动态拦截机制，提出了一种多方位的检测防御方案。在详细分析 Tomcat 服务器数据处理流程的基础上，利用上述方案设计并实现了 Tomcat 服务器上的 SQL 注入防御模块。实验结果表明，与单纯使用关键字或规则进行过滤的 SQL 注入检测方案相比，该方案可以有效降低检测漏报率与误报率，并避免了 Web 应用敏感信息的泄露。

11.2　工控蜜罐技术

随着工业化与信息化的融合发展，联网工控系统和设备数量持续上升，网络攻击手段复杂多变、重大安全事件频繁发生，敲响了工业信息安全的警钟。工业控制系统蜜罐技术能够有效捕获针对工业控制系统发起的网络攻击数据，通过分析攻击手段剖析黑客活动趋势，在工控安全态势感知领域有着极高的实用价值。

11.2.1　工控蜜罐技术概述

在工业控制系统网络资产越发重要的时代，黑客不断利用各种手段获取重要资产，如工业控制系统的设备信息、生产数据、专有数据等。攻击方和防御方展开了一场隐形的网络战争，不断地实现矛与盾的对抗。为了达到这种对抗的平衡，工业控制系统蜜罐应运而生。众所周知，蜜罐是一种有目的地暴露一组漏洞和服务的计算机系统，任何攻击者都可以探测、分析并最终利用这些漏洞和服务。工业控制系统蜜罐通过模拟工控系统的业务网络及其生产环境，以实现一个逼真的工业控制系统来完成威胁研究、感知的功能。

根据为攻击方提供的交互程度，可以将蜜罐系统分为低交互性蜜罐、中交互性蜜罐和高交互性蜜罐，见表 11-1。低交互性蜜罐通过编程软件构建伪装的系统运行环境，提供简单的服务模拟，交互程度较低；中交互性蜜罐以软件模拟方式搭建，可模拟较为复杂的系统服务，为攻击者提供较好的交互环境，可捕获更多的信息数据；高交互性蜜罐一般采用真实系统搭建，交互程度高，但由于黑客的攻击行为可对蜜罐本身造成损坏，因此安全风险最大。

● 表 11-1　不同交互程度蜜罐的比较

交 互 度	功　　能	信 息 量	部署与维护	识 别 度	安 全 风 险
低交互	模拟简单的系统操作与服务	少	简单	易	低
中交互	模拟较为复杂的系统服务	一般	中等	一般	较低
高交互	模拟真实的系统环境	丰富	复杂	难	较高

工控蜜罐的主要功能如下。

1）收集分析互联网上针对工业控制系统发起的恶意行为，在大规模攻击之前提前感知风险，判断攻击趋势。

2）分散黑客注意力，诱导攻击者对蜜罐系统发动网络攻击，从而保护真实的工业控制系统健康运行，避免对工业生产造成破坏。

3）高交互性蜜罐可诱使攻击者发动真实攻击，挖掘分析工业控制系统零日漏洞。

随着信息技术的发展,出现了针对不同业务应用场景的蜜罐系统,如 Web 蜜罐、数据库蜜罐、移动应用蜜罐、IoT 蜜罐等。工控蜜罐作为面向工业控制、工业生产业务环境的新一代蜜罐系统也得到了越来越多的关注,目前主流的工控蜜罐有 Conpot、Snap7、CryPLH、XPOT 等,见表 11-2。

● 表 11-2 常见工控系统蜜罐

名 称	功 能 说 明
Conpot	能对 Modbus、S7 comm 工控协议进行简单低层次模拟
Snap7	模拟西门子 S7-300、S7-400、S7-1200 系列 PLC 的通信
CryPLH	模拟西门子 S7-300 PLC,除模拟部分 S7 comm 协议外,还支持 SNMP 服务
XPOT	高交互性蜜罐,能高度模拟西门子 S7 系列 PLC

11.2.2 工控蜜罐的应用案例

随着蜜罐技术的逐渐成熟,越来越多的蜜罐设备被部署于工业控制系统,对智慧电厂、能源互联网等业务系统进行保护。现有的用于 PLC 的蜜罐技术缺乏获得有价值数据所需的复杂服务模拟,同时面对复杂攻击模式无法自动适应。Efrén López-Morales 等人提出了一个高交互、可扩展收集恶意软件的蜜罐 HoneyPLC,可支持广泛的 PLC 模型和供应商。HoneyPLC 提供高级协议模拟,如 TCP/IP、S7comm、HTTP 和 SNMP,实现了与真实 PLC 相当的交互水平。HoneyPLC 的 S7comm 服务器拥有新颖的梯形逻辑捕获功能,可编写攻击者上传到 HoneyPLC 的任何梯形逻辑程序。实验结果表明,HoneyPLC 表现出高度的伪装性,可被 Nmap、Shodan 的 Honeyscore、Siemens Step7 Manager、PLCinject 和 PLCScan 等多种侦察工具识别为真实设备。由于蜜罐系统的主要目的是尽可能收集越来越多的攻击轨迹,因此系统容量的限制是一个主要问题。B.Park 等人提出了动态虚拟网络蜜罐(DVNH),在 Network IDS 检测到新攻击时提供蜜罐。DVNH 将攻击重定向到蜜罐系统,从而保护目标系统。W. Tian 等人提出了一种蜜罐部署契约理论模型(HDCM)来提高 AMI(高级计量基础设施)的防御效率,其中,SES(共享者)将诚实地共享防御数据,TPR(接收者)的防御成本随之降低。该文首先将 SES 的贡献分成有限的类型,并对 TPR 和 SES 之间的国防数据共享契约进行建模;然后在充要条件下推导出 HDCM 的契约可行性;最后分析了连续销售情况下 TPR 提供的最优合同。仿真结果表明,HDCM 能够激励安全态势感知系统部署蜜罐并诚实共享防御数据,使 AMI 的防御效能接近信息对称情况。为了保护 SDN(软件定义网络)免受反蜜罐攻击,M. Du 等人研究了在 SDN 中部署防御 DDoS 攻击的 Honeypot 问题,提出了一种 PHG 策略来保护 SDN 免受基于蜜罐的攻击,同时证明了在 PHG 策略中有几组不同的贝叶斯纳什均衡(BNE)。

鉴于不同的物联网设备具有不同的规格和配置,每个蜜罐都需要以独特的方式进行设计和配置。Armin Ziaie Tabari 等人提出了一种创建多阶段多方面蜜罐生态系统的方法。研究人员通过观察真实世界攻击者的行为,逐渐增加低交互性物联网蜜罐的复杂性,为物联网相机构建低交互性蜜罐,设计 ProxyPot 的代理实例。ProxyPot 位于物联网设备和外部网络之间,帮助研究人员观察物联网设备的入站/出站通信。J.Xu 等人基于无监督聚类算法，提出了一种信息分类方法。由于蜜罐技术很难详细区分提取数据的类型，所以使用无监督聚类算法对收集的数据进行分类。考虑蜜罐攻击行为是用高低交互捕捉的，通过重定向技术将正常的访问请求转发给真实的服务器进行处理，将异常的访问请求转发给蜜罐虚拟机进行处理，以此较好地防御、监控和发现一些攻击事件的行为及信息。

11.3 数据丢失防护技术

工业互联网是一个高度集成的全球工业系统，具有先进的计算、分析和传感技术。随着数据安全的日益重要，隐私保护逐渐上升到战略地位，特别是互联网数据隐私保护。如果不能充分保障隐私数据安全，工业互联网系统中的个人信息、商业秘密和军事秘密可能被不法分子窃取或利用，必将严重影响个人隐私、军事安全和国家安全。同时，数据的丢失容易造成重大的经济损失，也会损害相关组织的声誉。为了应对数据丢失问题，业界做出了各种努力，包括防火墙、入侵检测系统（IDS）和虚拟专用网络（VPN）。然而这些技术无法适用于非结构化和非恒定的数据，故引入数据丢失防护（DLP）技术。

11.3.1 数据丢失防护概述

数据丢失防护（Data Loss Prevention，DLP），亦可称为数据泄露防护（Data Leakage Prevention，DLP），主要通过专业的数据技术以及数据管理模式，确保指定数据不会意外丢失或者流出。数据丢失的途径可归类为三种。

1) 使用丢失：操作失误导致技术数据丢失或损坏；通过打印、剪切、复制、粘贴、另存为、重命名等操作丢失数据。

2) 存储丢失：数据中心、服务器、数据库的数据被随意下载、共享；离职人员通过 U 盘、CD/DVD、移动硬盘随意复制机密资料；笔记本计算机被盗、丢失或维修造成数据丢失。

3) 传输丢失：通过 E-mail、QQ 等轻易传输机密资料；通过网络监听、拦截等方式篡改、伪造传输数据。

DLP 分域安全技术针对复杂的互联网环境，利用集中管理的手段，对关键数据进行监视与分析，确保企事业单位动态数据与静态数据及时传输与存储。DLP 分域安全技术以分域的方式展开数据安全管理，利用终端、端口、磁盘等实现分域控制，一旦在分域控制中监测到敏感信息或者危险信息，便及时终止数据信息的传输与粘贴，并且对数据信息进行加密处理，确保数据信息的安全。

11.3.2 数据丢失防护的传统方法

数据丢失防护（DLP）的传统方法主要有以下三种。
1) 防火墙技术主要是网络安全角度所采取的一种多部件组合技术，是计算机网络安全技术的基本组成部分，也是较为常见的计算机网络安全防护技术之一。防火墙是指在两个网络或系统之间实施访问控制的安全防御系统，是内部网络和外部网络之间的一道安全屏障，如图 11-3 所示。防火墙用于保护可信网络，防止非可信网络入侵，提供网络安全服务，是实现网络和信息安全的基础设施之一，是不同网络之间信息的唯一出入口。防火墙通常安装在内部网络和外部网络之间，所有来自外部网络的信息必须穿过防火墙方可进入内部网络。通过建立一整套规则和策略来监视流经网络的数据包源地址、目的地址和端口等信息，限制对受保护网络的未授权访问，实现对进、出内部网络信息的审计和控制，阻止非法数据包通过，从而有效保护内部网络系统的安全。

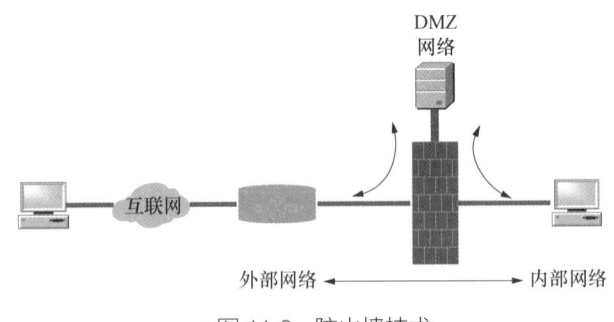

● 图 11-3 防火墙技术

2）入侵检测系统（IDS）是一种监控网络或系统活动的设备或软件应用程序，用于防止恶意活动。IDS 通过软件包的监听获得网络数据包，然后进行入侵检测分析。其主要的方法是建立具体的特征库，基于规则审计分析，进行包的数据内容搜索、匹配，从而检测到缓冲区溢出、端口扫描等多种攻击，并具有实时报警功能。IDS 的总体模块如图 11-4 所示。入侵防御系统（IPS）监控网络、系统活动中是否有恶意活动，主要用于识别恶意活动、记录信息，阻止或停止恶意活动并报告活动。由于入侵防御系统既可以监控网络流量、系统活动的恶意活动，又可以进行报警、丢弃恶意报文等操作，故入侵防御系统是入侵检测系统的扩展。

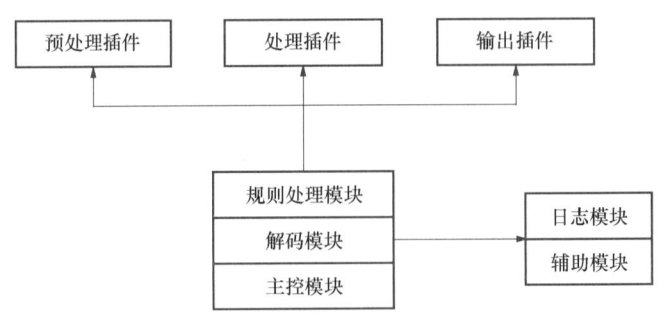

● 图 11-4 IDS 的总体模块

3）虚拟专用网络（VPN）技术是信息安全保障技术之一，为计算机网络运行中的信息安全提供保护。VPN 是专用网络的延伸，通过模拟两点之间的链路，将数据压缩处理后，在相对安全的环境下将数据传送到目的地。专用链接是基于公用网络模拟形成的，需要在专用网络建设后做加密处理，只有掌握密钥的人才可解压并阅读数据，以强化对计算机网络的保护效果。

11.3.3 数据丢失防护的现代方法

1. 基于沙盒技术的数据丢失防护

沙盒技术与主动防御技术的原理截然不同。主动防御是发现程序有可疑行为时立即拦截并终止运行，沙盒技术则是发现可疑行为后让程序继续运行，当确定是病毒后才会终止。沙盒技术的一般流程是：让疑似病毒文件的可疑行为在虚拟的沙盒里充分表演，沙盒会记下它的每一个动作；当疑似病毒充分暴露了其病毒属性后，沙盒就会执行回滚机制，即将病毒的痕迹和动作抹去，恢复到系统正常状态。

Dongdong Huo 等人提出一个数据融合算法对当前交通状况进行准确估计，同时给出一种决策逻辑算法用于区分信赖信息和恶意信息。在数据融合算法中，每个相邻的车辆使用下式提供对自我车辆状态的估计。

$$z_t^{(ji)} = \begin{cases} x_t^{(ji)} = x_t^{(j)} + d_t^{(ji)} \cos(\gamma_t^{(ji)}) + a_{t1} \\ y_t^{(ji)} = y_t^{(j)} + d_t^{(ji)} \sin(\gamma_t^{(ji)}) + a_{t2} \\ v_t^{(ji)} = v_t^{(j)} + s_t^{(ji)} \sin(\gamma_t^{(ji)}) + a_{t3} \end{cases}$$

其中，$z_t^{(ji)}$ 代表来自自我车辆传感器的测量值；a_t 是一组从 N 中抽取的随机样本，代表测量噪声；i 表示自我车辆；j 表示相邻车辆的数量；$x_t^{(ji)}$、$y_t^{(ji)}$ 和 $v_t^{(ji)}$ 是在 j 的坐标系中对 i 的位置和速度的估计；$d_t^{(ji)}$、$s_t^{(ji)}$ 和 $\gamma_t^{(ji)}$ 分别是使用激光雷达和雷达在时间 t 时两个车辆之间的相对距离、相对速度和角度；$x_t^{(ji)}$、$y_t^{(ji)}$ 和 $v_c^{(ji)}$ 是 i 的邻居 j 的位置和速度的估计。

基于数据融合算法的结果，将其与来自邻近车辆的信息进行比较，以决定在改道情况下是否存在虚假的数据注入攻击。具体逻辑为：通过最小化公式计算阈值，当剩余值大于阈值时，该车辆的虚假数据注入攻击可被检测出来。

2. 基于区块链技术的数据丢失防护

在工业5.0时代，工业物联网系统（IIoT）已经从原来的"网络-物理"系统转变为复杂的"人-网络-物理"系统，数据安全问题变得更加重要。区块链技术可以用来保证 IIoT 数据的安全。Merkle 树是一种矢量承诺，证明规模与 Merkle 树的深度有关。Merkle 树的基础架构如图 11-5 所示，Merkle 树的叶子是承诺向量，而 Merkle 树的根是相应的承诺本身。从叶子节点到根节点的路径上的所有兄弟节点和叶子节点本身都是一个整体，兄弟节点和叶子节点构成了矢量的开放证明。在基于 Merkle 树的区块链系统中，开放证明可以被用作存储证明。当验证一个数据的完整性和正确性时，首先使用存储证明来重新计算 Merkle 根，然后与 Merkle 根进行比较，最后将其与块头中的 Merkle 根进行比较。当两者都相同时，就可证明该数据片是存储在区块链中的完整数据。传统的区块链系统使用 Merkle 树来存储数据，在验证数据的完整性和正确性时，所需的证明规模很大，同时无法对数据进行批量验证。为解决此问题，Jin Wang 等人采用了增量聚合子矢量承诺（IASVC）来代替 Merkle 树，从而减少证明的规模和通信消耗。

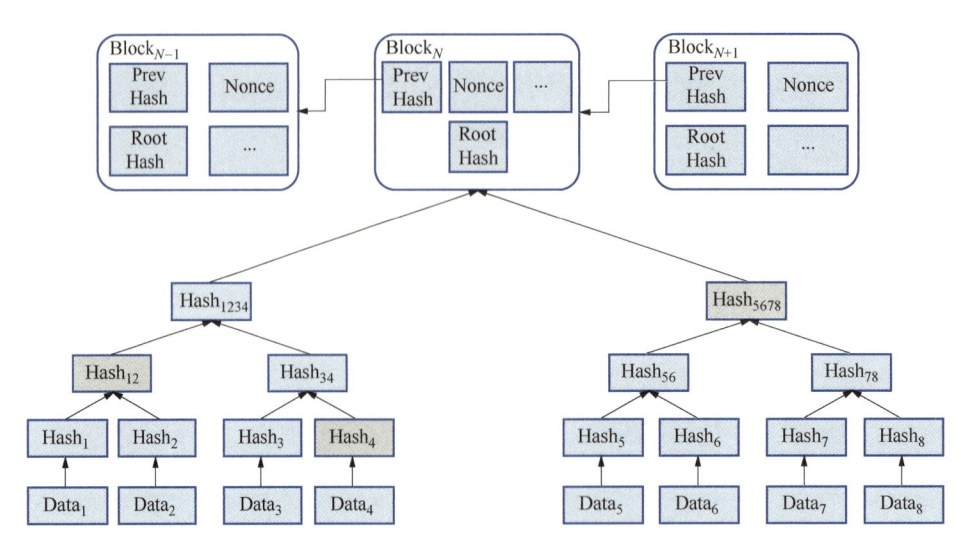

● 图 11-5　Merkle 树的基础架构

3. 基于人工智能的数据丢失防护

近年来，网络安全事件频发，几乎每一起安全事件都离不开数据泄露的威胁。为应对新网络威胁下的敏感数据丢失，Donglan Liu 等人通过研究现有的数据丢失防护技术，提出了基于人工智能的敏感数据丢失防护方法。通过预制一个简单的安全策略，将数据的检测结果和数据提交给安全管理器；根据安全检查员的判断，利用人工智能算法进行自学习安全策略，促进安全策略的更新。Ghouse 等人设计并开发了一种关于秘密数据（DIT）泄露的安全解决方案，秘密数据可部署在网络网关中，其中，网关是连接可信网络与不受信任网络之间的链接。该方法采用 GCN 进行网络分类，采用 AES 加密技术实现数据传输过程中的数据丢失预防。此外，Ghouse 等人提出一种用于传输数据的 DLP 新概念，利用机器学习技术，采用基于内容和上下文的文本分类技术，然后使用加密技术来保持保密性。该文给出一种基于安全网关分析技术的数据丢失防护体系结构 D-SeGaTe，如图 11-6 所示。该体系结构允许数据从 Intranet 域到 Internet 域，在对数据进行分类后，要么加密发送（机密数据），要么按原样发送（非机密数据）。针对机密数据，在文档保密的情况下，所有数据（包括文档、文本、图像）通过一个基于 ML 的分类器，该分类器在网关加载所有训练数据集存储库，使用训练数据集存储库对分类模块进行训练，向分类模块提供测试数据。针对非机密数据，数据的分类在发送端网关进行，文档、文本、图像通过基于 ML 的分类模块，对文本、文档进行内容和上下文的机密数据分析。

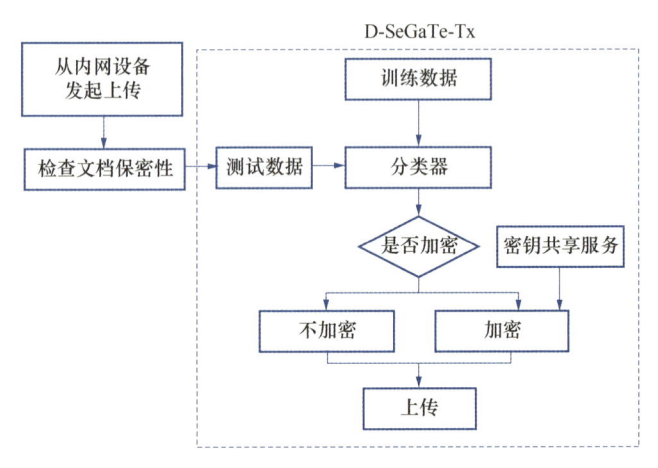

● 图 11-6　D-SeGaTe 体系结构

11.4 移动目标防御技术

近年来，以互联网、物联网、云计算、大数据、人工智能等为代表的新一代信息技术风起云涌，开始与传统产业加速融合，工业互联网开始崭露头角。随着工业互联网的快速发展，各种针对服务持续性的攻击也层出不穷，其中，分布式拒绝服务攻击因其流量的海量性、流量特征难识别和分布式等特征，导致常规的安全系统难以防范。移动目标防御（Moving Target Defense，MTD）技术通过扰乱、异构、冗余、变形、变换或混淆等方式将动态性、随机化的安全理念引入原有的静态、确定、自相似的传统网络中，实现网络攻击平面的动态变化，从而彻底扭转攻击者在攻防博弈中的不对称信息，是一种颠覆性的新型主动防御技术。

最早期的防御技术主要有传统的防火墙、入侵检测系统、防病毒软件、威胁感知系统等，都是典型的被动防御技术。随着现有攻击技术的不断发展，传统的防御技术对越来越复杂的网络攻击显得力不从心，主要体现出滞后性、特异性两个特点，因此被动的网络防御思路亟待做出改变。2011年12月，美国国家科学技术委员会（NSTC）发布了《可信网络空间：联邦网络安全研发战略规划》，明确提出"针对网络空间所面临的现实和潜在威胁"，要突破传统思路，发展"改变游戏规则"的革命性技术，确定四个能"改变游戏规则"的研发主题，移动目标防御就是其中之一。

移动目标防御并不是某一种具体的防御方法，而是一种设计指导思想。目前，在该思想的指导下，世界范围内的许多研究者进行了大量的研究工作，产生了很多攻击面的动态转移技术。攻击面动态转移技术主要通过改变特定系统资源属性或属性对外的呈现信息，使其攻击面发生变化，从而迷惑或误导攻击者，促使攻击者攻击错误目标或丢失攻击目标，改变网络防御被动的局面，以此提高系统的安全性。

11.4.1 移动目标防御的主要内容

移动目标防御的主要思路是通过构建具有动态性、冗余性、异构性等内生安全能力的系统，改变原有系统的固定性，增大目标系统的可探知难度，最大限度地降低漏洞的成功利用率、破坏和干扰后门等的可控性、阻断或干扰攻击的可达性，从而显著增加攻击的难度和成本。移动目标防御的核心观点在于绝对的安全是不可能实现的，如何在系统遭受入侵攻击之后依然能够连续安全运行，将损害降低在一个可控的范围内。该思想的核心在于通过增加系统的随机性、降低系统的脆弱性暴露力度，从网络系统架构本质上增加攻击成本和难度，迫使攻击者在不断迭代的结构中加大投入成本，多维度迫使攻击者放弃攻击，最大限度提高目标系统的防御能力和弹性，从而扭转防御处于弱势的局面。MTD技术可落在网络、平台、系统、软件应用、数据等多个层面实施，如图11-7所示。当前，移动目标防御技术按网络体系结构划分，可分为数据层移动目标防御、软件应用层移动目标防御、系统层移动目标防御、平台层移动目标防御、网络层移动目标防御。

（1）数据层

数据作为系统中最基本的组成成分，是攻击者优先进行攻击的目标，也是攻击者对系统发动攻击所依赖或者所使用的主要系统资源之一。通过篡改、窃取系统中的重要数据，攻击者可以干扰甚至破坏系统的正常运行，从而达到其攻击目的。基于数据攻击面的动态转移技术并不是让任意数据动态化、随机化和多样化，而是根据系统的防御需求，在保持数据语义不发生变更的前提下，通过对选定数据的形式、编码、格式、排列等进行动态变换，实现脆弱性的规避或者攻击行为的发现，从而提升系统的安全性。

（2）软件应用层

软件应用层的移动目标防御主要以软件应用为变化对象，对其实施各种变换技术，如多样化技术、等价变换技术等，在攻击者面前呈现一个不确定且不可预测的目标，从而使攻击者难以顺利实施恶意行为，增加攻击者发起相应攻击的困难度，提高软件抗攻击能力。

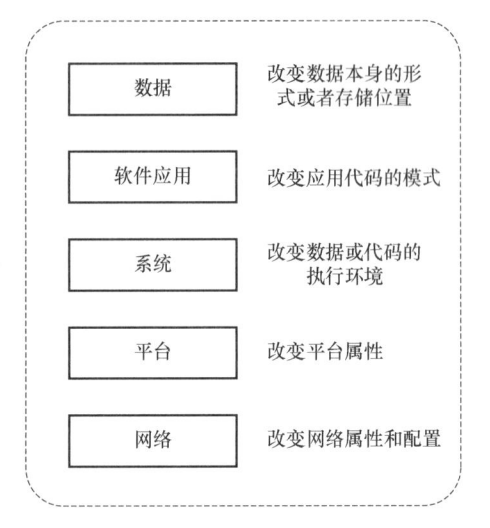

● 图 11-7　移动目标防御的五个层次

（3）系统层

系统层的移动目标防御专注于动态切换主机操作系统、指令集合等，例如，在操作系统层，使用流控制传输协议替代用户数据报协议等协议，以实现动态 IP 地址变换，进行数据传输。

（4）平台层

平台主要是指能够承载应用运行的软件或硬件环境，其中包括处理器、操作系统、虚拟化平台及具体应用的开发环境等。基于平台攻击面的动态转移方法，主要是针对传统平台单一架构的缺陷，采用构建多样化运行平台的方式，动态改变应用的运行环境和系统配置，使系统呈现出随机性、不确定性和动态性，以此来提高攻击者对系统进行攻击的难度。目前，基于平台攻击面的动态转移方法主要有平台动态迁移、虚拟化技术、Web 应用动态防御、移动平台动态防御等。

（5）网络层

针对工业互联网当前面临的挑战，已有大量的安全防护技术用于工业互联网，以保护工业互联网设备的安全。其中，大约54%的移动目标防御技术是基于网络层进行部署。网络层移动目标防御技术通过变换网络层要素信息，如 IP 地址、端口号、路由选择等，切断攻击方的网络侦察、漏洞探测，阻碍攻击方定位和访问目标主机。网络层移动目标防御迫使攻击者不断追逐攻击目标，增大了攻击方成本，消除了攻击方的时间优势和信息不对称优势。

11.4.2　移动目标防御的策略选择

移动目标防御技术能够通过周期性重置系统的某些方面来动态更改系统攻击面，使得传统的静态网络具有动态性和随机性，提升系统被预测和攻击的难度，从而削弱攻击者在传统网络攻防对抗中的固有优势。该技术能够让攻击者收集到的信息快速失效，从而延长攻击者的攻击时间，增加其攻击成本。由于系统可用资源有限，虽然移动目标防御技术能够有效改善系统的静态特性，但这也将增加系统的运行负担，影响为用户提供的服务质量。因此，在防御过程中如何有效地进行策略选择非常重要。

（1）基于信息熵的移动目标防御策略选择

信息熵常被用来作为一个系统的信息含量的量化指标，从而可以进一步用来作为系统方程优化的目标或者参数选择的判据，可以通过信息熵的方式统计当前流量的分布情况，来对攻击者目前所处的阶段进行建模，并根据所处的阶段采用对应的策略进行防护。然而，采用信息熵的方式需要对攻击者的行为模式以防守方的视角进行详细的定义，对攻防双方的建模过于理想化，缺乏一定的说服力。

（2）基于机器学习的移动目标防御策略选择

机器学习是当下研究领域较热的点，已被应用在了移动目标防御的策略选择上，常用的算法包括遗传算法、强化学习算法等。

1）基于遗传算法的移动目标防御策略选择：将不同动作作为遗传算法中的染色体，并对染色体进行选择、交叉和变异操作，从而得到满足条件的染色体，即得到一个较优的结果。在遗传算法中，使用适应度来评估不同的染色体，而适应度可以定义为防御者的防御回报、攻击成功率等。

2）基于强化学习的移动目标防御策略选择：防御者不断更新采取动作的回报值，从而建立一个将系统状态和回报值相结合的Q值表，再根据Q值表选取动作以获得最大的回报，Q-Learning的学习过程如图11-8所示。

（3）基于博弈论的移动目标防御策略选择

由于网络攻防中防御方进行有效防御的关键是选择最佳的行动策略，且攻防双方的目标相互冲突，是非合作关系，恰好与博弈论的基本特征相吻合。对博弈论与移动目标防御结合的研究，从一开始定义顺序的斯塔克尔伯格博弈模型，到实证博弈分析模型，后续的研究通常与强化学习中的马尔可夫决策过程结合，包括利用多目标马尔可夫决策过程建模，再到最新的将攻防对抗视为连续过程，再结合马尔可夫决策过程的微分方程博弈模型，在近几年，研究人员对该领域进行了不断的探索与完善。

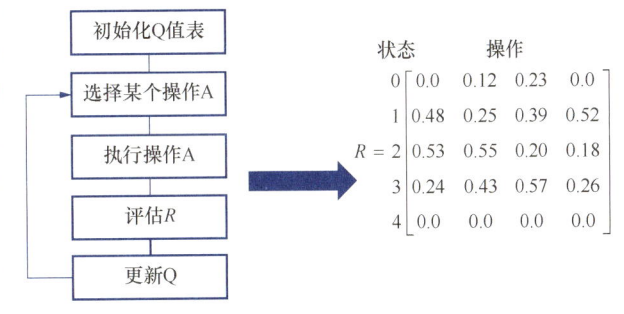

● 图11-8 Q-Learning的学习过程

（4）基于攻击图的移动目标防御策略选择

在攻击者对网络进行渗透的过程中，特定的连续攻击行为是一条由攻击者节点到目标节点的攻击路径。攻击图是一种基于模型的网络安全评估技术，它从攻击者的角度出发，在综合分析多种网络配置和脆弱性信息的基础上，找出所有可能的攻击路径。根据攻击者当前所处节点，结合其他节点上的漏洞情况以及节点的价值对其攻击行为进行预测，并提前对后续路径上的节点实施移动目标防御以应对攻击者的进攻。资产感知攻击图如图11-9所示。

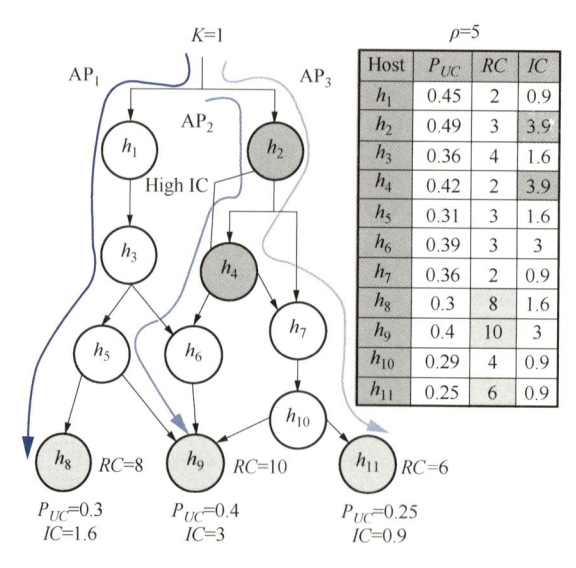

● 图 11-9 资产感知攻击图

11.4.3 移动目标防御的常用技术

移动目标防御的常用技术主要有以下四种。

(1) 动态内存技术

动态内存技术也称为地址空间随机化技术，即系统运行时随机化分配堆栈空间的地址。地址空间随机化技术是通过随机化目标在存储器中的位置信息，从而使得依赖于目标地址信息的攻击失效。地址空间随机化技术的具体实现机制有：随机化栈基址或全局库函数入口地址，或者为每一个栈帧添加一个随机偏移量；随机化全局变量位置及为栈帧内局部变量所分配的偏移量；为每个新栈帧分配一个不可预测的位置（如随机分配），而不是分配到下一个相连的单元。具体的随机化时机可以是程序编译期间、进程加载期间，也可以是程序运行期间。

(2) 指令集随机化技术

指令集随机化技术是指系统在代码加载时生成随机关键指令序列，是通过对系统指令集进行特殊的随机处理来保护系统免遭代码注入攻击的一类技术。指令集随机化技术通常由以下方式来实现。

1) 在编译时对可执行程序的机器码进行异或加密操作，采用特定寄存器来存储加密所使用的随机化密钥，同时在程序解释指令时再对机器码进行异或解密。

2) 采用块加密来替代异或操作，如采用 AES 加密算法，以 128B 大小的块作为加密间隔尺度来加密程序代码以实现指令集随机化。

3) 在受用户控制的程序安装过程中通过使用不同的密钥来实现随机化，以完成对整个软件栈的指令集随机化，从而避免执行未授权的二进制和脚本程序。

(3) 网络地址随机化技术

网络地址是节点之间通信的基本要素，攻击者实施攻击的第一步通常为探测、收集潜在目标节点的网络地址，攻击手段表现为扫描攻击。因此，网络地址随机化是网络层移动目标防御的研究内容之一。网络地址随机化主要通过伪随机变换受保护主机的 IP 地址和端口，如图 11-10 所示，使攻击者难以探测到潜在目标的网络位置或使已探测到的目标在短时间内失效。

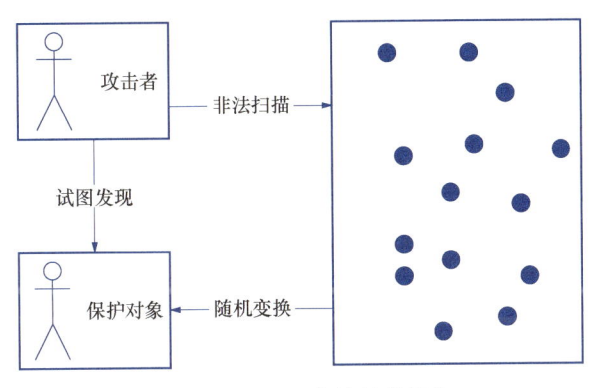

● 图 11-10　网络地址随机化

（4）路由选择随机化技术

路由即转发路径，是节点之间通信的重要因素。面对静态不变的路由，攻击者可以寄居某个中间节点或链路从而截获完整的通信内容，或者对某个中间节点或链路输出恶意流量使正常通信受阻，攻击手段表现为监听攻击和拒绝服务攻击。路由选择随机化指的是动态改变数据包在通信双发之间的转发路径，如图 11-11 所示，使攻击者无法截获完整的通信内容，也使其无法通过瘫痪少量中间节点和链路阻断正常通信。

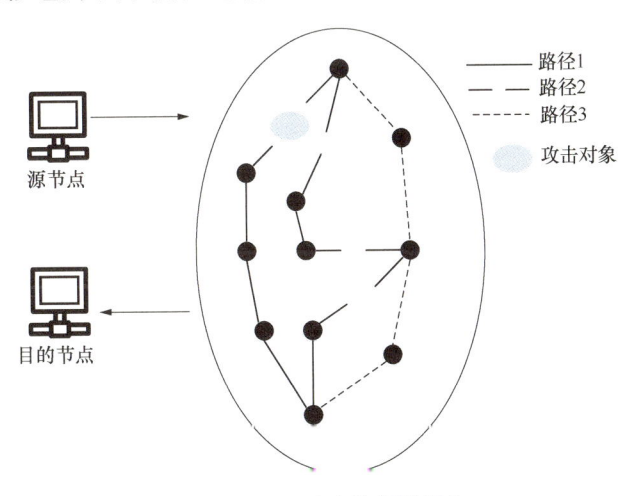

● 图 11-11　路由选择随机化

11.4.4　移动目标防御的相关应用

1. 基于 IPv6 的移动目标防御与访问控制融合方法

"十四五"期间，拟结合工业互联网 5G 与 IPv6 网络架构的优点，在全国范围内全面推进基于 IPv6 工业互联网的部署。在 IPv6 工业互联网的实际部署中，由于 IPv6 可直接使用公网 IP 地址进行通信，新的通信方式将导致传统工业企业以 IPv4 规划的网络安全边界被打破，从而造成大量设备暴露在公网中，给这些设备带来在 IPv4 网络中所没有的安全挑战。为解决基于 IPv6 的工业互联网所面临的安全问题，李振宇等人提出使用移动目标防御方法对工业互联网的网络进行安全防护，从而构建工业系统环境中的可信网络，推动零信任安全防护措施实施，其防护架构如图 11-12 所示。

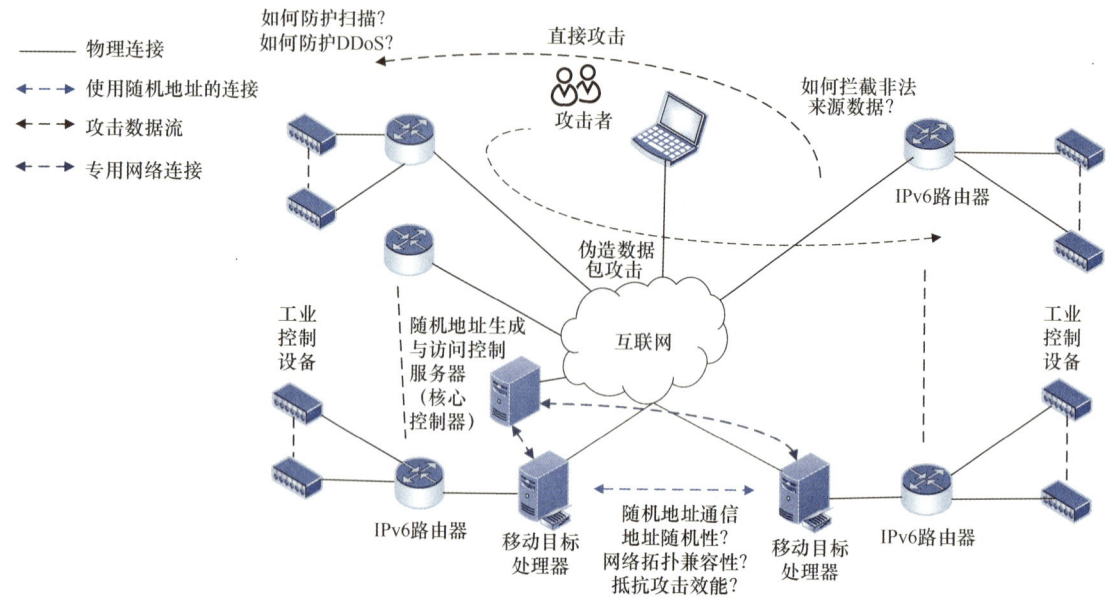

• 图 11-12　基于 IPv6 的工业互联网防护架构

首先，该网络架构需要在被保护的两端网络分别部署移动目标处理器，用于对被保护网络传输的数据包进行 IP 地址随机变换及访问控制。其次，每个移动目标处理器均使用自身标识符，从随机地址生成与访问控制服务器（简称核心控制器）中获取随机 IP 地址组。当核心控制器接收到移动目标处理器标识符后，结合访问控制列表，随机生成并返回与此移动目标处理器相关的随机 IP 地址组，使用核心控制器下发的随机 IP 地址组可减少移动目标处理器重复的访问控制配对运算，来提升移动目标处理器的随机地址替换和访问控制效率。同时，通过核心控制器生成随机 IP 地址组，可进一步提高访问控制的安全性，避免移动目标处理器获取非必要的随机 IP 地址从而导致潜在的安全风险。当工业互联网设备发送数据包时，移动目标处理器将原始的 IP 地址替换为随机的 IP 地址，在到达另一侧的移动目标处理器时，将接收到数据包的随机 IP 地址还原为原始 IP 地址。

2. 基于 Web 服务的移动目标防御方法

景湘评等人基于传统分层移动目标防御模型提出了一种 IP 地址跳变和基于指纹的 Web 服务响应信息跳变相结合的分层移动目标防御模型。在网络层，通过透明的虚拟 IP 地址跳变防御基于 IP 地址扫描的攻击，是防御攻击者发现网络目标并发起攻击的第一道屏障。在应用层，采用基于指纹的 Web 服务响应信息跳变的新方法，使得攻击者无法准确获得 Web 服务器指纹信息，增加了攻击者分析并进行漏洞利用的难度。同时，针对传统移动目标防御技术中无状态跳变的低效问题，提出基于网络流量 Hurst 值检测网络异常状况，从而确定跳变频率的方法，使得跳变频率随网络异常状况不断变化，跳变过程更有针对性。

面向 Web 服务安全的分层移动目标防御模型如图 11-13 所示，可看出，实施跳变的主要是基于指纹的 Web 服务响应信息跳变和 IP 地址跳变。对基于指纹的 Web 服务响应信息跳变，随机选择 Web 服务器的类型和版本配置，从数据库中读取配置信息，根据 Web 响应指纹数据库的响应信息修改 Web 服务响应数据包，使得 Web 服务暴露给攻击者的 Web 服务器指纹信息在跳变前后有所不同。IP 地址跳变通过突变主机虚拟 IP 地址，从而使得攻击者针对主机静态 IP 地址的攻击在跳变后失效。

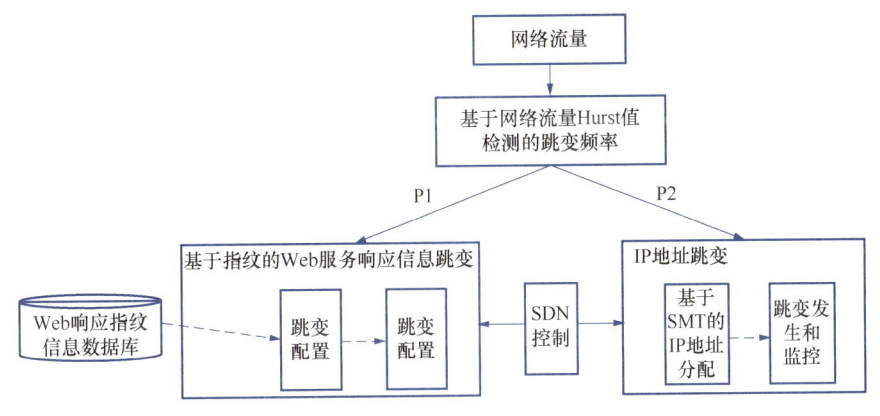

● 图 11-13　面向 Web 服务安全的分层移动目标防御模型

11.5　网络空间拟态防御技术

当前互联网中，网络攻击者和防御者之间存在着大量信息的不对称。网络攻击者可以决定采取何种攻击类型以及何时攻击，网络防御者则通常以一种预定义（静态且被动）的方式去防御。这种基于传统的被动式防御理念（如防火墙、入侵检测、入侵防御系统等），已经无法起到有效的防护作用。拟态防御作为一种新型的主动防御技术为工业互联网安全提供了一种新的解决思路，提高了对未知漏洞和后门攻击的防御能力。其主要思路是在目标对象给定服务功能和性能不变的前提下，拟态防御系统中的内部架构、冗余资源、运行机制、核心算法、异常表现等环境因素可以做出策略性的时空变化，从而对攻击者呈现出"似是而非"的场景，以此扰乱攻击链的构造和生效过程，使攻击成功的代价倍增，同时使系统不需要人为的被动响应就可以防止安全事件的发生。

11.5.1　拟态防御的主要内容

针对网络的被动防御问题，最早由美国网络与信息技术研究与发展计划提出了动态目标防御思想，在可控的范围内通过动态变化改变系统的各种属性，使攻击者无法确定系统的固有属性，让其难以捉摸，无法找到攻击点，从而提高系统的安全性。之后由于受到生物学中病毒免疫和章鱼模拟其他生物躲避敌人攻击现象的启发，邬江兴团队从攻击链的脆弱性出发，针对网络空间未知威胁和漏洞后门等缺陷，提出拟态防御技术理论，以构建具有内生机理的风险可控、安全可信的主动网络安全防御技术。主动防御技术的发展历程如图 11-14 所示。

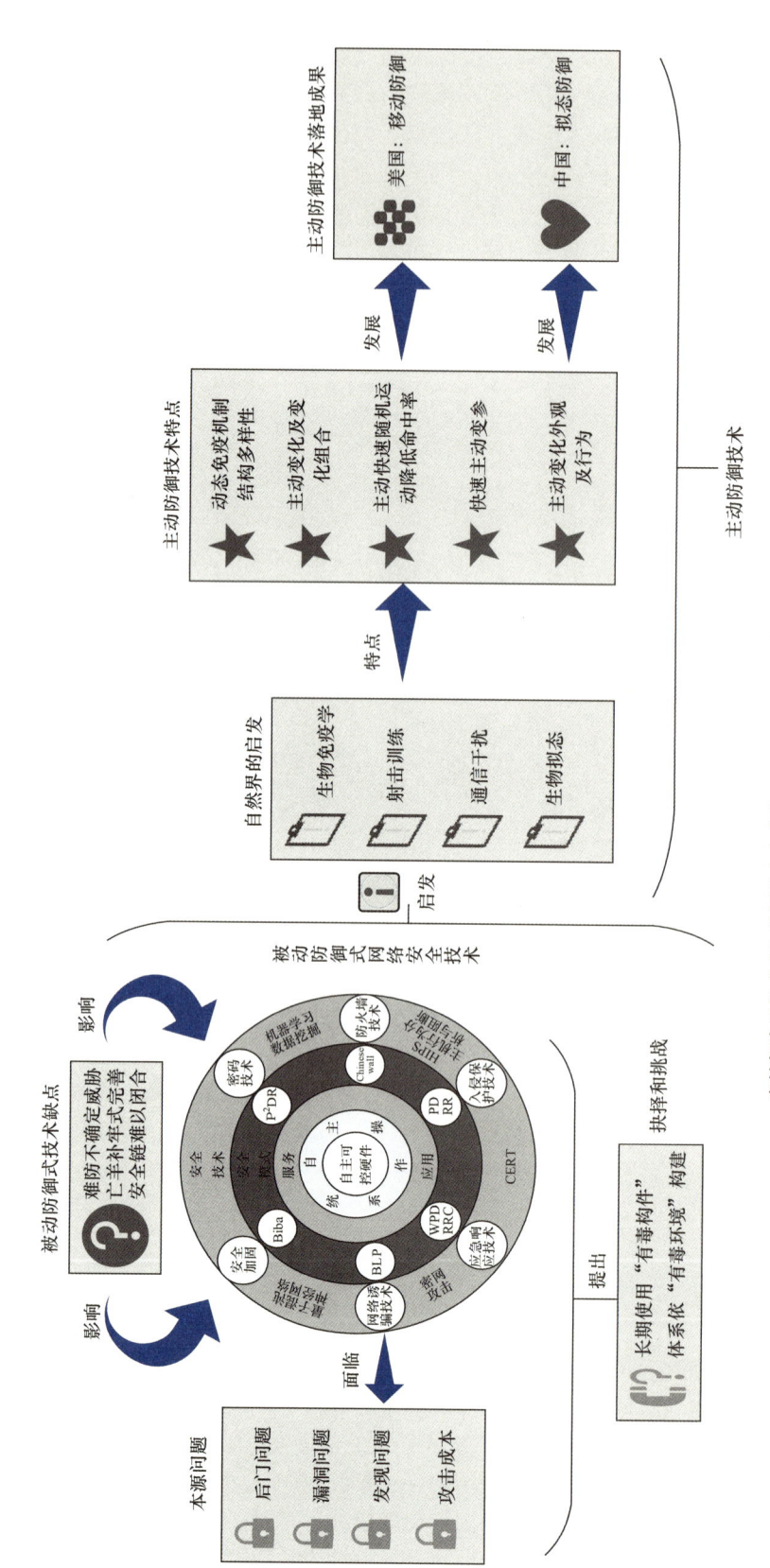

图 11-14 主动防御技术的发展历程

1. 动态异构冗余架构

拟态防御的核心架构是动态异构冗余，如图 11-15 所示。在动态异构冗余体系结构中，从异构体资源池中选择奇数个执行器组成一个异构执行体集。策略分发对应输入代理环节，根据策略调度环节的指令决定是否将外部输入与当前服务集内的指定异构执行体进行连接。每个异构执行体独立处理输入代理分发的相同信息，分别将等效处理结果输出给策略表决模块。由策略表决模块通过多模式决策算法对执行体集的输出进行判断，并将决策结果作为最终的统一输出。策略表决模块将执行体集的决策结果反馈给策略调度模块，策略调度模块根据相应的策略动态调整异构执行器集，包括执行体的切换和清理处理。在动态异构冗余体系结构中，异构体资源池 E 是能够满足需求的所有异构行为体功能元素的集合。策略调度根据事先制定的重构重组方案从异构体资源池 E 中抽取元素生成功能等价的新执行体，或者在现有的执行体中更换某些构件，生成或更新异构执行体集 A。

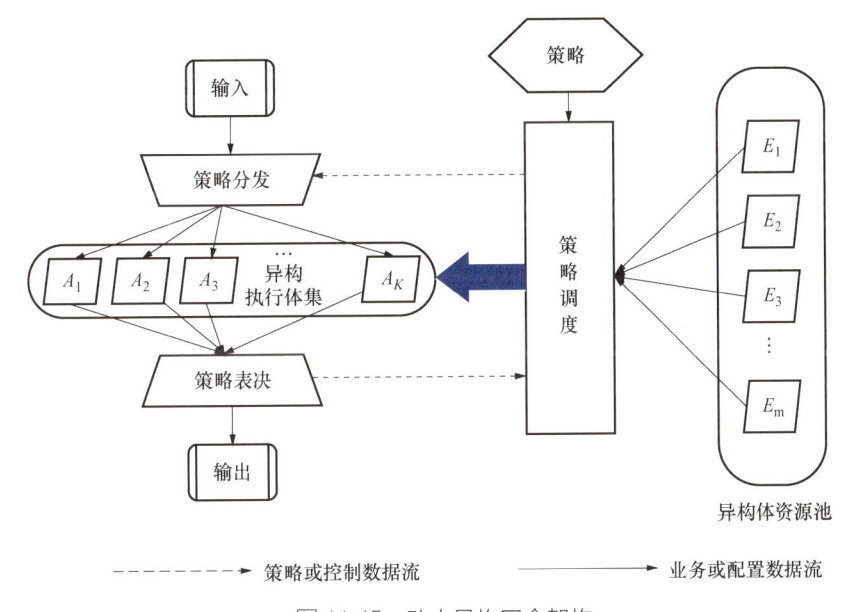

● 图 11-15　动态异构冗余架构

动态异构冗余架构的基础是异构性。执行体应尽可能地保证在各种属性或特征上的异构，才能避免相同漏洞的同时出现。相反地，当攻击针对非异构的属性时，动态异构冗余架构则失去了防护能力。异构的层面越多，即执行体异构的属性越多，能够防御的漏洞越多，攻击难度就越高。异构性可以基于多样性实现，应用的多样性、操作系统的多样性、程序设计语言的多样性均能带来一定的异构性。多样性也存在"同源"的问题，即表面上异构，而实质上是不同版本的更替，或基于同一代码框架的不同实现。动态性作为异构性在时间维度上的增益，能够补救"同源"带来的异构性不足的问题。动态选择算法使动态异构冗余架构具有动态性。如果当前执行体集被攻击突破，动态选择算法在得到系统反馈后，就会重新生成执行体集替换当前执行体集，改变攻击所依赖的环境，使相同攻击难以维持或再现。此外，动态性的存在使系统在不同的时间段表现出不一样的特征，对攻击者呈现出不确定性，进一步增大了攻击难度。冗余是指多执行体处理同一请求，对比不同执行体的处理结果通过表决得到相对正确的响应返回给用户。冗余性与异构性相互配合，实现对攻击所依赖的单一环境的改变，增大了攻击难度，提高了系统的安全性。在模型具体化的过程中，执行体集内执行体的个数至少应为两个，才能维持异构冗余的特征，然而两个执行体处理结果不一致时，无法判断出相对正确的结果。三模冗余是大数表决算法需要的最少执行体个数，也是常见的冗余方式。

2. 裁决与调度

动态异构冗余架构的核心是裁决和调度模块，下面分别说明。

（1）裁决机制

对拟态裁决器表决策略的相关研究主要集中于多数一致性表决算法及其改进算法，其中较为典型的是基于异构度、历史置信度等多数一致性表决算法。多数一致性表决算法是对 n 个输入的数据进行比对，选择赞同数最大的结果输出，当赞同数相同时，输出结果具有随机性。表决结果随机性越大，系统安全性越差。基于异构度的表决是用异构度来定义异构执行体之间的差异性，进行表决时，在考虑赞同数大小的基础上考虑异构执行体的差异度，选择差异度较大的结果表决输出能够在一定程度上解决共模逃逸问题，从而提高安全性。基于历史置信度的表决则是构建执行体的置信度记录，从 n 个输入中选择赞同数较高且运行的执行体置信度高的结果，认为执行体置信度高的输出结果可靠性较高，能够提高裁决器的安全性。

（2）调度算法

异构执行体的调度算法主要是负反馈动态调度算法。常见的异构执行体动态调度算法按照是否存在人为干预分为以下两类。

1）无人为干预调度，是指不进行人为干预，系统自身按照一定的规律进行异构执行体调度。常见的有先进先出（FIFO）算法和完全随机算法（CRA）。FIFO 算法的核心思想是利用队列结构，始终换入最先进入等待池中的异构执行体。若运行池容量远小于等待池容量，则 FIFO 算法能够始终保证新的异构执行体被选中换入运行池，这样做能够防止攻击方采取经验性攻击手段，但是其缺点也很明显，即具有极强的规律性。CRA 的核心思想是采用完全随机选择的方式换入异构执行体，保证了防御系统的随机性，攻击面和防御规律不可预测。采用完全随机换入的方式能够增大防御系统的随机性，但是缺乏对防御具体场景的攻击面广度和防御经验的考虑，这将导致防御的针对性和引导性缺失，若不对防御经验进行总结，攻防博弈后期的防御效果将无法收敛到较优的值。

2）人为干预调度，是指人为地对异构体换入换出进行调度，如人工加权算法（AWA）。AWA 又被分为静态 AWA 和动态 AWA。静态 AWA 是指仅在异构执行体进入等待池时赋予权重，在异构体执行过程中不再做出更改；而动态 AWA 是指根据防御过程动态地调整异构执行体权重，算法的可塑性更强。因此可以利用动态 AWA 的思想，结合输出裁决器的反馈内容，设计新的动态调度策略。动态 AWA 广泛用于需要加入人为动态调度的拟态构造，同时结合场景实际进行算法改造，可获得更好的调度效果，且具备动态性、随机性等特性的调度能够为系统提供更高的安全性能。动态异构冗余架构的不确定扰动和感知主要来源于对异构执行体的输出进行裁决。

11.5.2 拟态防御的相关应用

近年来，拟态防御的相关研究越来越受到关注。Zhang 等人基于马尔可夫模型建立了可描述分析动态异构冗余架构核心特征的模型，通过蒙特卡罗仿真验证了冗余度、可用异构资源与拟态防御系统安全防御能力之间的关系。马海龙等人在基于动态异构冗余机制的路由器拟态防御体系结构中提出了基于执行体可信度的随机调度策略和基于执行体性能权重的随机调度策略，该策略将可信度、性能权重应用于执行体上线阶段，以达到可信度高、性能好的执行体优先上线的效果。陈利跃等人提出了信誉度与相异度相结合的自适应拟态控制器，利用相异度指标衡量各执行体之间的差异，从而得到异构程度最高的执行体，利用信誉度指标衡量执行体的脆弱程度，从而决定执行体在多模裁决中的作用程度。贾洪勇等在人工调度方案的基础上引入高阶异构度思想，设计并提出了一种同时考虑历史威胁信息和执行体高阶异构度的调度算法，同时基于容斥原理给出高阶相似度和高阶异构度的计算方式，解决了目前缺少高阶异构度计算方法的问题，也解决了因未考虑异构度导致系统共模漏洞过多、只考虑异构度造成执行体调度固化而无法动态变动的问题。

伴随理论研究的不断深入，拟态防御技术已经广泛用于路由器、交换机、Web 服务器等关键网元设备，赋予设备内生安全的功能。宋克等人针对以太网交换机面临的未知漏洞和未知后门安全威胁，提出了一种基于拟态防御理论的交换机内生安全体系结构。张峥等人基于拟态防御模型构建了拟态防御 Web 服务器，介绍了其架构，分析了拟态原理在 Web 服务器上的实现。针对拟态防御技术在工程实践上有效性的验证，岳阳阳主要针对拟态防御中异构执行体集异构性难以量化问题，提出了树层次模型的异构性量化算法。在工业控制领域，工业应用的生态资源相对封闭，可实现的异构执行体个数受限。针对上述问题，张汝云等人提出了一种适用于有限异构资源约束条件下的工业控制拟态调度算法。该算法通过引入执行体上线保护寄存器、周期清洗定时器等，能够根据运行环境自适应选择合适的执行体上线。下面对几种典型应用进行详细说明。

1. 基于动态异构冗余的路由器拟态防御体系结构

对于路由器软件系统，无论是管理软件还是控制软件，其功能流程都可以概括为"输入-处理-输出"（Input Process Output，IPO）模型。IPO 模型中将进行消息处理的单元定义为功能执行体，路由器软件系统包含各种路由协议的功能执行体和各种管理软件的功能执行体。功能执行体存在的漏洞和后门可以被攻击者扫描探测并利用，进而进行提权、系统控制和信息获取。针对攻击者对路由器各功能执行体的攻击步骤，采用邬江兴院士提出的拟态防御机制，设计了基于动态异构冗余的路由器拟态防御体系结构模型，如图 11-16 所示。该结构模型针对每一种软件系统的功能，引入多个异构冗余的功能执行体，对同一输入进行处理，并对多个功能执行体输出的消息进行多模表决，识别哪个功能执行体输出消息异常，从而进行路由系统的安全防御。

2. 基于拟态防御的以太网交换机内生安全体系结构

依据动态异构冗余的典型结构，基于拟态防御的以太网交换机体系结构如图 11-17 所示，它主要由异构执行体集、拟态调度器和交换芯片组成。其中，异构执行体集由 3 个不同的异构执行体组成，每个执行体包含不同架构的 CPU，分别运行不同的操作系统及通过多样化编译生成的异构协议栈和管理软件。拟态调度器融合了动态异构冗余结构中的输入策略分发、策略表决输出及策略调度功能，是整个体系结构的核心控制环节。拟态调度器与异构执行体之间通过以太网接口和串口连接。拟态调度器与交换芯片之间通过 PCIe（外围组件互连快件）及以太网接口连接。同时，拟态调度器与用户控制口和外部存储之间分别通过以太网、串口和存储控制接口连接。

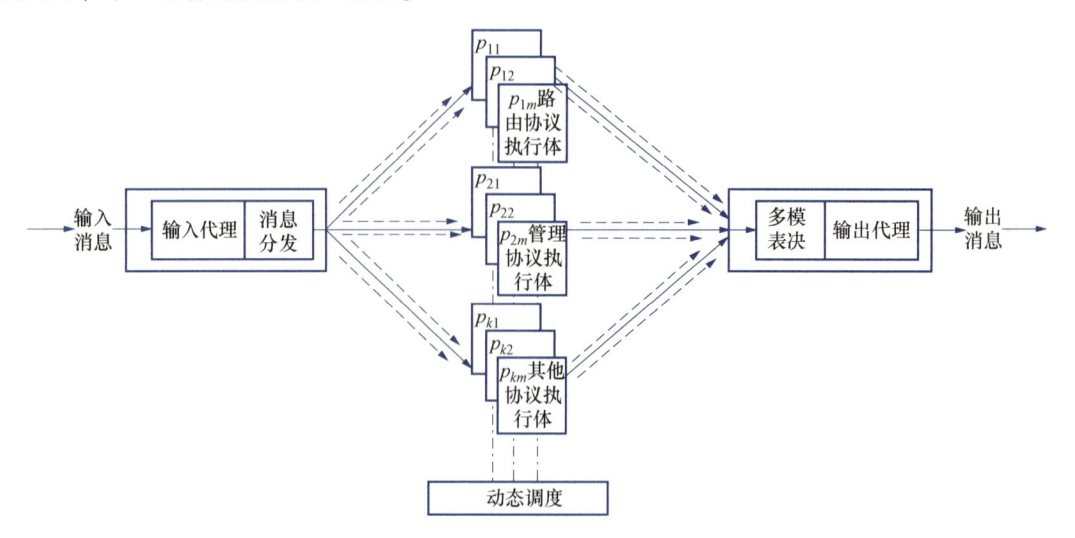

● 图 11-16 基于动态异构冗余的路由器拟态防御体系结构模型

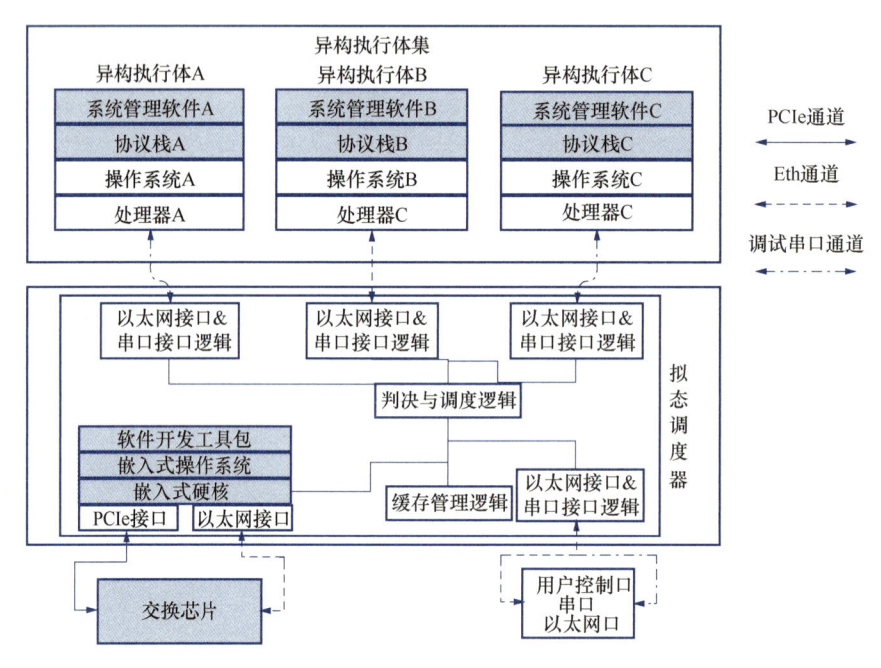

● 图 11-17 基于拟态防御的以太网交换机体系结构

基于拟态防御理论，拟态防御以太网交换机（以下简称拟态交换机）的安全机理可描述如下。

1）交换芯片上运行的控制管理指令或协议解析数据通过透明传输通道，由调度器进行复制并分发输入异构执行体 A、B、C。

2）异构执行体 A、B、C 独立响应并执行输入的指令或进行协议解析，结果分别输出到拟态调度器。

3）拟态调度器将各异构执行体的输出数据进行分组解析、乱序处理、掩膜替代、哈希运算后，进行数据内容比对。

4）正常情况下，异构执行体的输出数据应该是一致的，调度器将此结果正常输出到交换芯片。

5）在面临差模攻击（即某一个执行体响应了攻击指令）时，遭受攻击的执行体输出数据与其他两个执行体不一致，调度器选择多数一致的正确数据输出，并对少数不一致的执行体进行清洗恢复处理。

6）在协同或共模攻击时（即2个或3个执行体响应了攻击指令），各执行体的输出数据均不一致，或者多数一致的数据是错误数据，此时系统将面临短时攻击逃逸，需要进行特殊处理。

3. 基于拟态架构的内生安全云数据中心

张帆等人在对现有云安全形势分析的基础上，通过新兴的内生安全概念探索云数据中心的安全架构、关键技术和实现方法，期望利用拟态架构设计解决现有防护手段难以处理的漏洞、后门等内生安全问题。同时，提出了一种云数据中心内生安全逻辑架构与相关关键技术实现构想，如图11-18所示。

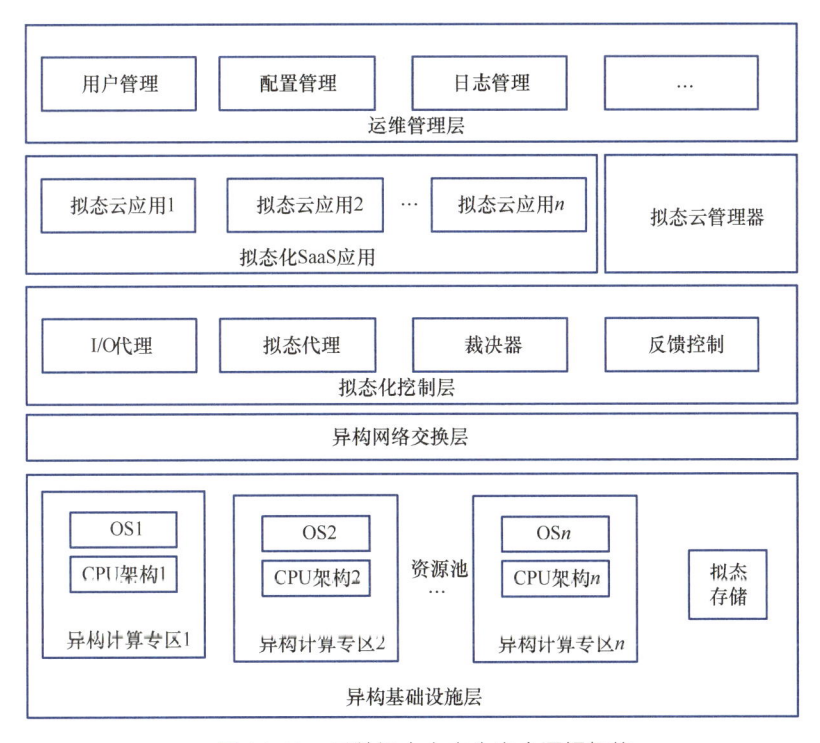

● 图11-18 云数据中心内生安全逻辑架构

11.6 PLC 代码安全审计

在工业4.0时代，计算机控制系统已经成为电网、交通运输以及制造业等关键基础设施的支柱。与使用固定电子电路构建的传统集成电路相比，可编程逻辑控制器（PLC）为这些领域带来了灵活性、可配置性和自动化。随着工业控制系统由封闭走向互联，大量的控制器配备了以太网通信组件，使得攻击者可以直接访问 PLC 硬件及其编辑软件。PLC 代码的安全缺陷成为工业控制系统的重要安全威胁之一，因此，PLC 代码安全审计变得格外重要。

11.6.1　PLC 代码安全审计的主要内容

1. 安全审计

安全审计是指收集有关整体健康与安全管理体系的效率、有效性和可靠性的独立信息，并制订纠正措施计划。通俗来讲，安全审计用于衡量管理体系的健康状况，可以看成是由一个小团体定期执行监督，以确定公司是否遵守安全法规。安全审计是系统的，具有一个明确定义的目标，并且规定审计的边界和职权范围，同时安全审计是基于采样关键参数或特征，而不是检查范围内的所有特征，并根据某些参数或是参考点来衡量建议。审计的级别和团队成员的资格将根据审计的范围来协调确定。审计的最终产物是一份详细的审计报告，在报告中会指出亮点和不足之处，以及对客户的行动建议。

国内对计算信息安全的认知是要保证计算机信息系统中信息的保密性、完整性、可控性、可用性和不可否认性。安全审计是这"五性"的重要保障之一，可对计算机信息系统中的所有网络资源进行安全审计，记录发生的所有事件，提供给系统管理员作为维护系统以及安全防范的依据。因此，安全审计具有以下重要作用。

1）对潜在的攻击者起到震慑和警告的作用。
2）对于已经发生的系统破坏行为提供有效的追究证据。
3）为系统管理员提供有价值的系统使用日志，从而帮助系统管理员及时发现系统入侵行为或是系统漏洞。
4）补足系统性能上的不足或需要改进和加强的地方。

2. 代码安全审计

代码安全审计是查找代码中安全漏洞的方法，是保证代码质量的一个关键环节。代码安全审计通常可以分为自动化审计和人工审计。

自动化代码安全审计是以自动化工具的方式查找代码的安全漏洞，这样的工具一般称为静态代码检测工具（SAST）。SAST 的优势就是能够极大地减少查找代码漏洞的时间，但是其劣势就是有极高的误报率，这种高误报率的主要原因在于其无法准确理解开发人员的代码含义。静态代码分析流程图如图 11-19 所示。

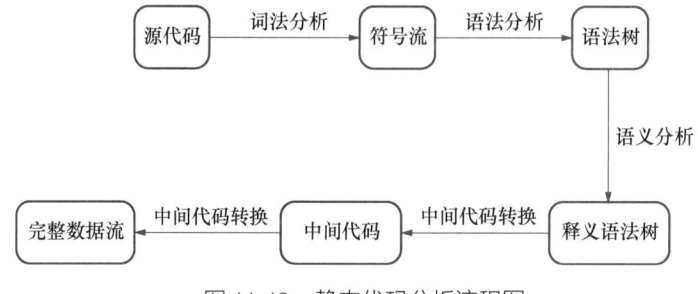

● 图 11-19　静态代码分析流程图

自动化代码安全审计往往无法查找业务相关的漏洞，比如支付漏洞、任意密码重置、优惠券叠加等。相比于自动化审计，人工审计的优势在于查找业务逻辑相关漏洞，但是对应成本也远高于自动化工作。因此，自动化审计和人工审计两种方法并不是相互独立的，而是互为补充，二者并用才是代码安全审计的"最佳实践"，代码安全审计流程图如图 11-20 所示。

从审计流程图可以看出，代码安全审计工作的关键环节在于以下两点。

1) 设定审计基线，包括针对代码和开发平台的基线（如代码开发语言、架构、安全审计质量准则等）、合规基线（如等级保护要求、支付卡行业标准、中央银行规定等）和针对漏洞的基线（明确代码安全审计要覆盖哪些漏洞）。不同代码和平台之间关注的问题不同，所以审计基线各不相同。合规基线是各种组织必须满足的要求。在漏洞基线中，要明确是仅仅覆盖一种类型的漏洞还是要覆盖所有类型的漏洞。

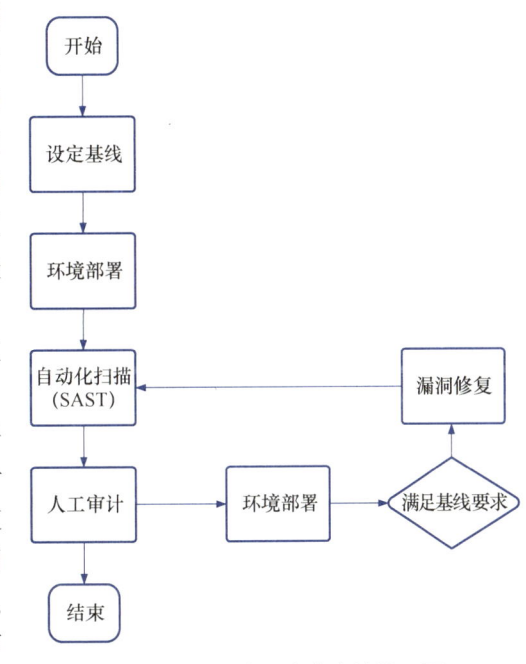

● 图 11-20　代码安全审计流程图

2) 人工审计，主要分为验证工具扫描出的问题和查找工具未覆盖的安全问题。

PLC 具有通用性强、使用方便、适应面广、可靠性高、抗干扰能力强、编程简单等特点，是专门为工业环境应用所设计的。PLC 代码安全审计是指对 PLC 代码进行安全检测，查找 PLC 代码中的安全漏洞（缺陷）。

3. PLC 代码缺陷

工业控制系统入侵与传统互联网入侵虽然手段上大同小异，但工业控制系统的部署与物理工艺是紧耦合的，因此利用工艺流程中的代码逻辑缺陷成为针对工业控制系统的有效打击手段之一。下面从 PLC 代码逻辑缺陷和 PLC 代码安全需求规约两个方面来对基于软件的 PLC 代码缺陷进行分类研究。

（1）PLC 代码逻辑缺陷

PLC 代码逻辑缺陷具有隐蔽性强的特性，难以发现，可以潜伏多年，传统的安全防御思路无法解决这方面的问题。在工业控制系统中，一次开关动作不执行，工艺执行流程的改变以及特定的输出响应故障都可能造成毁灭性的破坏。陈辉等人以梯形图语言为例分析 PLC 代码逻辑缺陷，其 PLC 代码逻辑缺陷可能是由阶梯图中各种指令元素和组件位置放置不恰当、链接和范围不正确引起的。阶梯图语言形象直观，与继电器的控制电路的表达方式极为相似。关于 PLC 代码逻辑缺陷分类及其相关描述见表 11-3。

● 表 11-3　PLC 代码逻辑缺陷分类及其相关描述

缺陷分类	描述
计时器条件竞争	计时器竞争现象可造成计时器振荡
比较函数硬编码	采用硬编码，易于被攻击者修改，造成执行流程改变

(续)

缺陷分类	描述
跳转和链接缺失	PLC 程序中存在跳转、标签、返回指令，这些指令都可能被攻击者利用并嵌入恶意程序
触发线圈缺失	PLC 的输出作为开关时，缺失触发线圈将导致开关不可控
隐藏跳转	代码中存在隐藏跳转可改变程序的执行流程
重复对象使用	代码存在多个输入独立控制同一个输出，造成输出响应故障
未使用对象	已定义但未使用的对象易被攻击者利用
无效转移	条件转移时分支条件为定值，导致某分支无法到达
代码不可达	某段代码无法通过正常的控制流到达
无限循环	循环退出条件总是为假，使循环无法退出

通过分析表 11-3 所列举的 PLC 代码逻辑缺陷，可以实现拒绝服务攻击、中间人攻击，会对工业控制系统造成难以估量的损失。以计时器条件竞争缺陷为例，PLC 编程中计时器可以通过设置预设时间触发计时器。当不正确放置定时器完成位元件时，可能会导致涉及定时器完成位的过程和定时器本身进入竞争条件。当定时器完成位成为激活其自身触发机制的必需元素时，会发生竞争使得定时器陷入死循环并使定时器复位。又如比较函数硬编码缺陷，PLC 逻辑代码中的数字指令包含比较指令，该比较指令如果编码不正确可能会导致安全隐患，使得恶意用户可以通过比较指令将不正确的数据插入到进程中。这些数据可能会导致进程序列发生变化，或者导致进程完全中止。

（2）PLC 代码安全需求规约

除了 PLC 代码逻辑缺陷，PLC 代码在物理现场的安全需求属性也将决定 PLC 缺陷利用的成功与否。安全需求属性是由工业控制现场的安全要求决定的，是指为了保证工业控制系统的安全，对设备状态、时序、时间、输入输出量等的约束。例如，一个电机的额定转速不超过 2000rpm 以及交叉路口的绿灯不能同时点亮等约束条件。在代码中可能由于程序员的疏忽导致违反安全需求属性的情况，就需要对其进行检测。可见安全需求属性不是常量，而需要实际用户进行描述并输入到检测器中。O. Pavlovic 将安全需求总结为四类，见表 11-4。

● 表 11-4 PLC 代码安全需求规约表

规约分类	描述
时序冲突	按照时序要求进入某一状态，如红灯总在黄灯后点亮
状态冲突	不同设备在某一时间段不能处于相同状态，如十字路口的东西方向和南北方向不能同时为绿灯
变量阈值越界	变量值设置在安全的阈值范围内，如锅炉的温度要在安全的温度范围内
I/O 点映射错误	输入点映射错误，如两个输出线圈对应的现场设备颠倒

不同工控行业的安全约束条件也不尽相同，PLC 的代码安全还要结合特定行业的物理现场安全需求属性，对时序逻辑、设备状态、变量阈值等进行约束。例如，电梯控制系统中按照加速、匀速、减速的顺序升降，交通信号灯控制系统中东西方向和南北方向的交通信号灯在同一时刻不相同，供暖的控制系统中锅炉必须控制在安全的额定温度下运行等。

11.6.2 PLC 代码安全审计方法

1. PLC 代码形式化分析

PLC 代码形式化分析旨在检测出 PLC 代码缺陷，防止恶意代码的入侵。由于 PLC 程序仅包含有限的状态集合和有限的变量，且程序内部不包含循环、安全需求依赖于输出变量等，所以在一定程度上形式化验证技术适用于 PLC 程序分析和恶意代码检测。形式化分析分为定理证明和模型检测两种方法，定理证明过程过于复杂和冗繁，实际中利用定理证明来验证 PLC 程序正确性的研究并未得到认可。模型检测是一种广泛使用的形式化方法，更适合用于 PLC 代码的验证，相比于传统的计算机程序，对低级的 PLC 程序建模会更容易，因为它的状态转换系统相对简单。PLC 控制代码检测技术路线如图 11-21 所示。下面对三个主要组件进行说明。

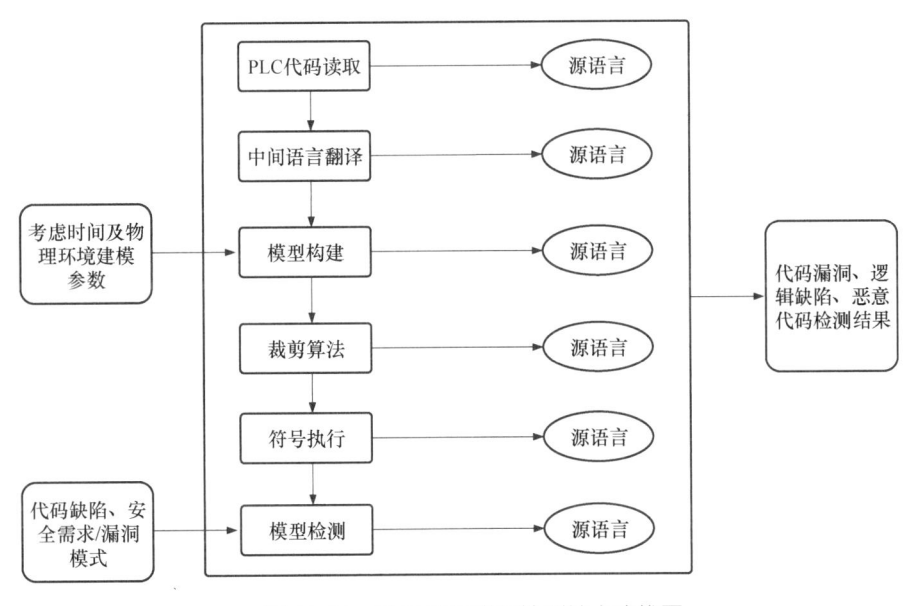

● 图 11-21　PLC 控制代码检测技术路线图

（1）中间语言翻译

由于工业控制器支持多种标准编程语言，且语法语义上都有较大差异，现有的模型检测技术大都基于特定的编程语言，为了降低建模的复杂性，需要把 PLC 编程语言转化成模型检测器可以处理的中间语言。

（2）模型构建

构建时间模型，工业控制系统的实时性要求很高，因此时间是很重要的建模对象。延时定时器（On-Delay Timer，TON）用于确保 PLC 中实时性属性，TON 指令为 PLC 的输入信号提供延迟机制。对 TON 建模会极大地提高建模的难度并增加检测的时间，但不考虑时间就无法检测出与时间相关的安全规约，因此对 TON 的形式化验证成为 PLC 代码形式化验证的瓶颈之一。

（3）模型检测

模型检测是一种广泛使用的自动化验证技术，选择合适的模型来验证系统，并且通过系统地探测建模来检查所要验证的属性。由于模型检测可以自动执行，并能在系统不满足性质时提供反例路径，因此在工业界比演绎证明更受推崇。模型检测在 PLC 系统安全的验证方面特别有用，因此与传统的计算机编程相比，可以更容易地将低级 PLC 代码建模为状态转换系统。

2. 基于时间上下文感知的程序分析方法

PLC 代码形式化验证是发现 PLC 代码逻辑缺陷的一种重要且有效的方法，静态分析和验证会导致严重的误报，并且不能显示特定的运行时上下文，同时动态分析和符号执行会因无法处理现实世界中事件驱动和时间敏感的 PLC 程序而失败。因此，下面将介绍一种面向现实工厂的 PLC 代码自动化安全设置。

在进行 PLC 代码自动化安全设置之前，对 PLC 代码进行分析，与分析其他领域的程序（如 Android 应用程序、Web 程序）相比，PLC 代码的分析具有内在的独特性，主要原因是 PLC 代码控制多种受独特物理限制的定制硬件；由于引入了 PLC 扫描周期，PLC 软件遵循独特的编程范式；最重要的是，由于机器的物理性质，PLC 软件具有高度的时间敏感性。这种时间敏感性正是导致某些安全问题的原因。

在 J. Nellen、A. Cimatti 提出的模型检测器基础上，Zhang 等人提出了一种基于时间上下文感知的程序分析方法（VetPLC），生成可用于自动安全审查的定时事件序列，从而实现 PLC 代码的自动动态安全审查。该方法不仅可以执行静态程序分析来创建时间事件因果图，以理解 PLC 代码中事件之间的因果关系；还可以从工业控制系统（ICS）测试床收集的数据痕迹中挖掘时间不变量，以定量衡量受机器操作约束的时间依赖性。此外，VetPLC 补充了之前关于动态分析和符号执行的研究，并且进一步介绍了探索时间事件空间的新技术，从而有效地运行和检查 PLC 程序。PLC 的安全问题很大一部分源于多个设备之间的协调，因为多个设备是由不同的供应商单独编程，并没有考虑不同的环境（如时间）。因此考虑到 PLC 的安全问题，将 VetPLC 部署为一种审查工具，在 PLC 代码发布到生产系统之前对其进行检查。VetPLC 体系结构图如图 11-22 所示，其中，生成事件因果关系图，通过给定 PLC 和机器人代码，执行静态程序分析，以提取互联设备的事件因果关系图，并进一步利用指定的 I/O 映射来处理跨设备通信。为了理解程序代码无法显示的定量时间关系，挖掘时态不变量从物理 ICS 测试台上收集 PLC 变量的运行数据轨迹，检查踪迹以推断特定事件的发生，并进行

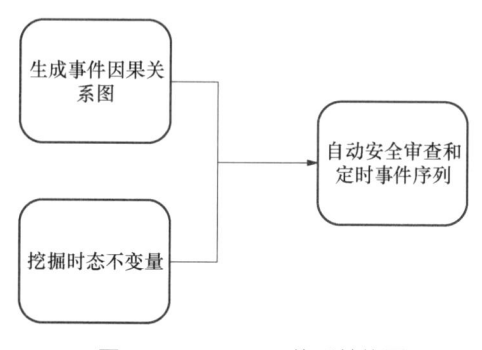

● 图 11-22　VetPLC 体系结构图

数据挖掘以发现时间事件不变量。在自动安全审查与定时事件序列组件中，受生成的定时事件因果图的约束，执行事件排列来自动创建定时事件序列，应用于 PLC 代码的动态分析。为了自动识别安全问题，根据专家知识制定安全规范，并进行运行验证。

11.7 本章小结

工业互联网环境下，企业经营生产过程面临着更加严重的多途径的网络攻击和病毒侵扰。传统的安全防御已难以有效应对新的安全威胁，急需建立全新的安全防护理念以确保工业智能化应用的安全可靠。根据工业互联网防护技术的普及度，本章对渗透测试的安全加固技术、工控蜜罐技术、数据丢失防护（DLP）技术、移动目标防御技术、网络空间拟态防御技术和PLC代码安全审计等进行详细介绍，并介绍现有文献中对上述防护技术的使用及改进。

11.8 思考与练习

1. 安全加固技术是什么？目前主流的安全加固技术有哪些？
2. 蜜罐的定义是什么？常见的工业控制系统蜜罐技术有哪些？各有什么特点？
3. 什么是数据丢失防护？数据丢失的方式有哪几种？
4. 简单说明平时还遇到过哪些蕴含移动目标防御思想的网络防御技术。
5. 动态异构冗余架构容易受到检测攻击，对于正在运行的实体以及等待调用的实体该如何避免检测攻击？
6. 请阐述PLC代码的内在独特性。

第 12 章 工业互联网应急响应体系

"应急响应"(Incident Response 或 Emergency Response)通常是指一个组织为了应对各种意外事件的发生所做的准备以及在事件发生后所采取的措施。计算机网络安全事件应急响应的对象是针对计算机或网络所存储、传输、处理的信息的安全事件,事件的主体可能来自自然界、系统自身故障、组织内部或外部的人、计算机病毒或蠕虫等。

工业互联网应急能力是工业互联网安全保障体系建设的重要组成部分,其目的是预防和应对工业互联网安全事件,减少安全事件造成的损失和危害。加强工业互联网应急工作具有必要性和紧迫性。

提高工业互联网应急能力是提高安全保障能力的关键环节。加强工业互联网应急能力建设,旨在建立健全应急组织、信息监测、预警通报、应急处置等机制,提高各地区及行业预防和处置安全事件的能力,预防和减少工业互联网安全事件造成的危害及损失,是抵御工业互联网安全威胁的最后防线,关系着工业互联网能否快速恢复,对保障工业互联网高质量发展意义重大。

提高工业互联网应急能力是增强风险防范意识、做好事件应对准备的基础性工作。工业互联网应急工作坚持"预防为主,预防与应急相结合"的工作原则,强调日常防护和应急处置并重,注重宣传培训和应急演练,对于提高全社会工业互联网安全风险防范意识、增强技能、做好应对工作具有重要作用。

提高工业互联网应急能力是保障两个强国建设的必然要求。在当前国内外形势错综复杂的情况下,"制造强国"和"网络强国"建设需要工业互联网创新发展的有力支撑,而加强工业互联网应急能力能够有效保障工业互联网安全、稳定和可靠运行,促进制造业创新、快速发展。

12.1 应急响应相关的法律法规

为规范和指导工业互联网建设与发展,政策引导和顶层设计至关重要。世界各国都将网络空间安全纳入国家安全战略,制定和完善网络空间安全战略规划与法律法规。习近平总书记明确提出"没有网络安全就没有国家安全",而网络安全应急响应工作是网络安全的最后一道防线,完善网络安全应急响应标准体系,规范网络安全应急响应工作,提升网络安全应急响应能力,对于保卫国家安全至关重要。近年来,我国陆续出台了一系列政策文件,旨在推动互联网、大数据、人工智能和实体经济深度融合,明确提出要加强工业互联网安全保障体系建设。表 12-1 列举了我国近年来涉及网络安全应急响应相关内容的部分重要法律法规、政策。

• 表 12-1　部分重要法律法规、政策

名　　称	年　份	简　　介
关于促进云计算创新发展培育信息产业新业态的意见	2015 年	2015 年 1 月 6 日，国务院印发，为促进我国云计算创新发展、积极培育信息产业新业态提出的意见
国家中长期科学和技术发展规划纲要（2006—2020 年）	2006 年	2006 年 2 月 9 日，国务院印发，该纲要旨在促进我国科学技术创新发展，旨在国防事业、环境保护事业创新发展。纲要的实施关系全面建设小康社会目标的实现，关系社会主义现代化建设的成功，关系中华民族的伟大复兴。我国"十三五"国家科技创新规划也是以该纲要为重要依据进行编制的
关于深化制造业与互联网融合发展的指导意见	2016 年	2016 年 5 月 20 日，国务院印发，为进一步深化制造业与互联网融合发展，协同推进"中国制造 2025"和"互联网+"行动，加快制造强国建设提出的意见
中华人民共和国网络安全法	2016 年	2016 年 11 月 7 日，第十二届全国人民代表大会常务委员会第二十四次会议通过《中华人民共和国网络安全法》，自 2017 年 6 月 1 日起施行。为保障网络安全，维护网络空间主权和国家安全、社会公共利益，保护公民、法人和其他组织的合法权益，促进经济社会信息化健康发展，制定本法规
信息产业发展指南	2016 年	2016 年 12 月 30 日，中华人民共和国工业和信息化部、国家发展改革委印发，为贯彻落实《中华人民共和国国民经济和社会发展第十三个五年规划纲要》《中国制造 2025》和《国家信息化发展战略纲要》，引导"十三五"时期信息产业持续健康发展，工业和信息化部、发展改革委联合制定
国家网络安全事件应急预案	2017 年	2017 年 1 月 10 日，中央网络安全和信息化领导小组办公室印发，建立健全国家网络安全事件应急工作机制，提高应对网络安全事件能力，预防和减少网络安全事件造成的损失和危害，保护公众利益，维护国家安全、公共安全和社会秩序
工业控制系统信息安全事件应急管理工作指南	2017 年	2017 年 5 月 31 日，中华人民共和国工业和信息化部印发，为加强工业控制系统信息安全（以下简称工控安全）应急工作管理，建立健全工控安全应急工作机制，提高应对工控安全事件的组织协调和应急处置能力，预防和减少工控安全事件造成的损失与危害，保障工业生产正常运行，维护国家经济安全和人民生命财产安全，依据《中华人民共和国突发事件应对法》《中华人民共和国网络安全法》以及《国务院关于深化制造业与互联网融合发展的指导意见》等法规政策，制定本指南
公共互联网网络安全威胁监测与处置办法	2017 年	2017 年 8 月 9 日，中华人民共和国工业和信息化部印发，为深入贯彻习近平总书记关于网络安全的重要讲话精神，积极应对严峻复杂的网络安全形势，进一步健全公共互联网网络安全威胁监测与处置机制，维护公民、法人和其他组织的合法权益，根据《中华人民共和国网络安全法》等有关法律法规，制定本办法

（续）

名　　称	年　份	简　　介
公共互联网网络安全突发事件应急预案	2017年	2017年11月14日，中华人民共和国工业和信息化部印发，为进一步健全公共互联网网络安全突发事件应急机制，提升应对能力，根据《中华人民共和国网络安全法》《国家网络安全事件应急预案》等，制定本预案
关于深化"互联网+先进制造业"发展工业互联网的指导意见	2017年	2017年11月19日，国务院印发，为深化供给侧结构性改革，深入推进"互联网+先进制造业"，规范和指导我国工业互联网发展提出的意见
推进互联网协议第六版（IPv6）规模部署行动计划	2017年	2017年11月26日，中共中央办公厅、国务院办公厅印发，为贯彻落实党中央、国务院关于建设网络强国的战略部署，加快推进基于互联网协议第六版（IPv6）的下一代互联网规模部署（以下简称IPv6规模部署），促进互联网演进升级和健康创新发展，根据《国民经济和社会发展第十三个五年规划纲要》《国家信息化发展战略纲要》《"十三五"国家信息化规划》，制订本行动计划
工业控制系统信息安全行动计划（2018—2020年）	2017年	2017年12月12日，中华人民共和国工业和信息化部发布，旨在深入落实国家安全战略，加快工控安全保障体系建设，促进工业信息安全产业发展
网络安全等级保护条例（征求意见稿）	2018年	2018年6月27日，公安部发布，作为《中华人民共和国网络安全法》的重要配套法规，《网络安全等级保护条例》对网络安全等级保护的适用范围、各监管部门的职责、网络运营者的安全保护义务以及网络安全等级保护建设提出了更加具体、操作性也更强的要求，为开展等级保护工作提供了重要的法律支撑
加强工业互联网安全工作的指导意见	2019年	2019年7月26日，中华人民共和国工业和信息化部、教育部、人力资源和社会保障部、生态环境部、国家卫生健康委员会、应急管理部、国务院国有资产监督管理委员会、国家市场监督管理总局、国家能源局、国家国防科技工业局十部门印发，按照《国务院关于深化"互联网+先进制造业"发展工业互联网的指导意见》部署，为加快构建工业互联网安全保障体系，提升工业互联网安全保障能力，促进工业互联网高质量发展，推动现代化经济体系建设，护航制造强国和网络强国战略实施，就加强工业互联网安全工作提出意见
关于深化新一代信息技术与制造业融合发展的指导意见	2020年	2020年6月，习近平总书记主持召开中央全面深化改革委员会第十四次会议审议，为我国制造业融合发展指明了方向
工业互联网创新发展行动计划（2021—2023年）	2020年	2020年12月22日，工业互联网专项工作组第二次会议审议通过，为深入实施工业互联网创新发展战略，推动工业化和信息化在更广范围、更深程度、更高水平上融合发展而制订的计划

(续)

名　　称	年　份	简　　介
"工业互联网+安全生产"行动计划（2021—2023年）	2020年	2020年10月10日，中华人民共和国工业和信息化部、应急管理部印发，为贯彻落实习近平总书记关于"深入实施工业互联网创新发展战略""提升应急管理体系和能力现代化""从根本上消除事故隐患"的重要指示精神，推进《关于深化新一代信息技术与制造业融合发展的指导意见》深入实施，实现发展规模、速度、质量、结构、效益、安全相统一而制订的计划
"十四五"信息化和工业化深度融合发展规划	2021年	2021年11月17日，中华人民共和国工业和信息化部印发，全面部署"十四五"时期两化深度融合发展工作重点，加速制造业数字化转型，持续做好两化深度融合

2017年，中央网络安全和信息化领导小组办公室，依据《中华人民共和国突发事件应对法》《中华人民共和国网络安全法》《国家突发公共事件总体应急预案》《突发事件应急预案管理办法》和《信息安全技术信息安全事件分类分级指南》（GB/Z 20986—2007）等相关规定，制定了《国家网络安全事件应急预案》，明确了网络安全事件分级、预警等级、预警响应、应急处置、调查与评估、预防工作等相关内容。

工业和信息化部发布的《工业控制系统信息安全事件应急管理工作指南》适用于工业和信息化主管部门、工业企业开展工控安全应急管理工作，明确工业控制系统信息安全事件应急管理工作中的组织机构与职责、工作机制、监测通报、敏感时期应急管理、应急处置、保障措施等相关内容。地方工业和信息化主管部门根据工业和信息化部统筹安排，指导和管理本行政区域内的工业控制系统信息安全应急工作。

12.2　应急响应事件的分级分类

《国家网络安全事件应急预案》中，网络安全事件分为四级：特别重大网络安全事件、重大网络安全事件、较大网络安全事件、一般网络安全事件。

1）符合下列情形之一的，为特别重大网络安全事件。

① 重要网络和信息系统遭受特别严重的系统损失，造成系统大面积瘫痪，丧失业务处理能力。

② 国家秘密信息、重要敏感信息和关键数据丢失或被窃取、篡改、假冒，对国家安全和社会稳定构成特别严重威胁。

③ 其他对国家安全、社会秩序、经济建设和公众利益构成特别严重威胁、造成特别严重影响的网络安全事件。

2）符合下列情形之一且未达到特别重大网络安全事件的，为重大网络安全事件。

① 重要网络和信息系统遭受严重的系统损失，造成系统长时间中断或局部瘫痪，业务处理能力受到极大影响。

② 国家秘密信息、重要敏感信息和关键数据丢失或被窃取、篡改、假冒，对国家安全和社会稳定构成严重威胁。

③ 其他对国家安全、社会秩序、经济建设和公众利益构成严重威胁、造成严重影响的网络安全事件。

3) 符合下列情形之一且未达到重大网络安全事件的，为较大网络安全事件。

① 重要网络和信息系统遭受较大的系统损失，造成系统中断，明显影响系统效率，业务处理能力受到影响。

② 国家秘密信息、重要敏感信息和关键数据丢失或被窃取、篡改、假冒，对国家安全和社会稳定构成较严重威胁。

③ 其他对国家安全、社会秩序、经济建设和公众利益构成较严重威胁、造成较严重影响的网络安全事件。

4) 除上述情形外，对国家安全、社会秩序、经济建设和公众利益构成一定威胁、造成一定影响的网络安全事件，为一般网络安全事件。

《公共互联网网络安全突发事件应急预案》中，根据社会影响范围和危害程度，公共互联网网络安全突发事件分为四级：特别重大事件、重大事件、较大事件、一般事件。

（1）特别重大事件

符合下列情形之一的，为特别重大网络安全事件。

① 全国范围大量互联网用户无法正常上网。

② CN 国家顶级域名系统解析效率大幅下降。

③ 1 亿以上互联网用户信息泄露。

④ 网络病毒在全国范围大面积爆发。

⑤ 其他造成或可能造成特别重大危害或影响的网络安全事件。

（2）重大事件

符合下列情形之一的，为重大网络安全事件。

① 多个省大量互联网用户无法正常上网。

② 在全国范围有影响力的网站或平台访问出现严重异常。

③ 大型域名解析系统访问出现严重异常。

④ 1 千万以上互联网用户信息泄露。

⑤ 网络病毒在多个省范围内大面积爆发。

⑥ 其他造成或可能造成重大危害或影响的网络安全事件。

（3）较大事件

符合下列情形之一的，为较大网络安全事件。

① 1 个省内大量互联网用户无法正常上网。

② 在省内有影响力的网站或平台访问出现严重异常。

③ 1 百万以上互联网用户信息泄露。

④ 网络病毒在 1 个省范围内大面积爆发。

⑤ 其他造成或可能造成较大危害或影响的网络安全事件。

（4）一般事件

符合下列情形之一的，为一般网络安全事件。

① 1 个地市大量互联网用户无法正常上网。

② 10 万以上互联网用户信息泄露。

③ 其他造成或可能造成一般危害或影响的网络安全事件。

2014年12月29日，国务院办公厅以国办函〔2014〕119号印发了《国家突发环境事件应急预案》，根据突发环境事件的严重程度和发展态势，将应急响应设定为Ⅰ级、Ⅱ级、Ⅲ级和Ⅳ级四个等级。

根据《国家安全生产事故灾难应急预案》，安全生产事故灾难预警级别分为一般（Ⅳ）级、较重（Ⅲ）级、严重（Ⅱ）级和特别严重（Ⅰ）级四级，预警级别依次用蓝色、黄色、橙色和红色表示。Ⅳ级响应：当事故级别为一般（Ⅳ）级，或事故预警级别为较重（Ⅲ）级以下情形的响应。Ⅲ级响应：当事故级别为较大（Ⅲ）级，或事故级别为一般（Ⅳ）级，但预警级别为较重（Ⅲ）级情形的响应。Ⅱ级响应：当事故级别为重大（Ⅱ）级，或事故级别为较大（Ⅲ）级，但预警级别为严重（Ⅱ）级情形的响应。Ⅰ级响应：当事故级别为特别重大（Ⅰ）级，或事故级别为重大（Ⅱ）级，但预警级别为特别严重（Ⅰ）级情形的响应。

工业互联网安全应急与一般的网络安全应急不同，一是事件影响不同，一般的网络安全事件涉及数据丢失、系统不可用、业务中断等情况，通常不会涉及物理、人身和环境资源的影响。二是业务风险不同，一般的网络应急过程以恢复业务运行为主，不关注当前物理和环境资源的前提限定或者后续的影响；工业应急涉及网络、控制设备、主机、仪表等资产，操作应急所带来的风险在没有业务运行感知的情况下有一定的风险。三是基础资源不同，一般的网络数据和备份措施比较完善，恢复相对较快；工业互联网环境中冗余和备份措施相对较差，恢复过程相对较长。四是处置的手段不同，一般的网络处置手段比较成熟，处理过程比较直接和迅速；工业互联网则需要看业务的运行阶段，评估对业务的影响后采用合适的手段进行处置。

根据以上文件，工业互联网应急响应等级按照突发事件发生的紧急程度、发展态势和可能造成的危害程度分为Ⅰ级、Ⅱ级、Ⅲ级和Ⅳ级，分别用红色、橙色、黄色和蓝色表示，Ⅰ级（特别严重）、Ⅱ级（严重）、Ⅲ级（较重）和Ⅳ级（一般），具体标准可参照事件类型及所处行业领域应急预案判断。

2019年7月26日，工业和信息化部等十部委联合发布《加强工业互联网安全工作的指导意见》中明确指出："建立分类分级管理机制。建立工业互联网行业分类指导目录、企业分级指标体系，制定工业互联网行业企业分类分级指南，形成重点企业清单，强化逐级负责的政府监管模式，实施差异化管理。"强调了工业互联网安全的战略地位和重要作用，推动建设工业互联网安全保障体系，护航制造强国和网络强国建设。

12.3 应急响应 PDCERF 模型

自《关于深化"互联网+先进制造业"发展工业互联网的指导意见》和《工业互联网发展行动计划（2018—2020年）》等政策发布以来，我国工业互联网发展呈现良好势头。但近几年工业企业网络攻击事件的应急响应需求中，涉及汽车生产、智能制造、能源电力、烟草等行业，大多数攻击事件都导致工业主机蓝屏、重要文件被加密，甚至导致停工停产，给工业企业造成了重大损失。一系列网络攻击事件表明，工业互联网已成为网络世界攻击的靶标。

工业互联网应急能力是工业互联网安全保障体系建设的重要组成部分，其目的是预防和应对工业互联网安全事件，减少安全事件造成的损失和危害。加强工业互联网应急工作具有必要性和紧迫性。为最大限度科学、合理、有序地处置网络安全事件，采纳业界经典的PDCERF模型描述应急响应全过程。

PDCERF模型是在1987年由美国宾夕法尼亚匹兹堡软件工程研究所在关于应急响应的邀请工作会议上提出的。将应急响应分成准备（Preparation）、检测（Detection）、抑制（Containment）、根除（Eradication）、恢复（Recovery）、跟踪（Follow-up）6个阶段的工作，并根据网络安全应急响应总体策略对每个阶段定义适当的目的，明确响应顺序和过程。

1）准备（Preparation）阶段：准备阶段主要是以预防为主。在这个阶段中，需要制定安全事件应急响应相关的制度文件和处理流程，组建应急响应小组并明确各岗位人员，维护组织资产清单并明确各资产负责人，并准备应急响应过程中所需要的资源。准备阶段的意义在于当安全事件发生时，以最快的速度安排人员依据制定好的流程进行应急响应工作。

2）检测（Detection）阶段：检测阶段是对捕获到的安全事件进行检测工作。检测工作包括安全事件的确认，确认安全事件是否已经发生；评估安全事件的危害以及影响范围；安全事件定级定性；调查安全事件的发生原因，如取证追查、漏洞分析、后门检查、收集数据并分析等。

● 图12-1　PDCERF模型

例如，主机发生CPU异常高使用率事件，需要利用进程检测、网络连接检测等工具确定主机是否是感染挖矿病毒，并确定感染的主机数量、是否已经进行横向攻击、利用何种漏洞进行攻击等。

3）抑制（Containment）阶段：抑制阶段的工作是控制安全事件的影响范围大小。中断安全事件影响的蔓延，防止其影响到其他组织内的IT资产和业务环境，如发生勒索病毒、蠕虫病毒等安全事件时，将被感染机器从组织网络环境中下线。需要注意的是，抑制阶段需要综合考虑抑制效果和对业务影响的平衡。

4）根除（Eradication）阶段：在根除阶段中，需要对检测阶段中找到的引起安全事件的漏洞、缺陷等进行修复。并对安全事件中遗留的攻击痕迹（如后门、病毒文件等）进行彻底清除。

5）恢复（Recovery）阶段：漏洞修补、痕迹清除等工作完成后，需要对被影响的业务资产进行恢复上线。恢复上线前应该对业务资产进行安全测试、复查等工作，防止因修复不完全导致恢复上线后再次被攻击造成安全事件。

6）跟踪（Follow-up）阶段：在跟踪阶段，通过工具、安全设备等手段监控安全事件是否已经有效处置完毕，确定是否存在其他的攻击行为。总结安全事件的处置流程，改进工作中存在缺陷的点，完善应急工作制度，并输出完善的安全事件应急响应报告。

在安全事件应急管理技术工具的设计过程中，需要遵循PDCERF模型的六个阶段。

12.4 应急响应预案

习近平总书记指出，网络安全是动态的而不是静态的，是相对的而不是绝对的。维护网络安全必须"防患于未然"。制定《国家网络安全事件应急预案》是网络安全的一项基础性工作，是落实《中华人民共和国突发事件应对法》的需要，更是实施《中华人民共和国网络安全法》、加强国家网络安全保障体系建设的本质要求。

《中华人民共和国网络安全法》第五十三条要求，国家网信部门协调有关部门建立健全网络安全风险评估和应急工作机制，制定网络安全事件应急预案，并定期组织演练。这里的预案即《国家网络安全事件应急预案》，由《中华人民共和国网络安全法》授权国家网信部门牵头制定。同时，《中华人民共和国网络安全法》要求，网络运营者应当制定网络安全事件应急预案；负责关键信息基础设施安全保护工作的部门应当制定本行业、本领域的网络安全事件应急预案，在《国家网络安全事件应急预案》的总体框架下分别制定。

组织在进行应急响应机制建立时，应充分考虑上述要求并作为自身机制编制依据，以满足《中华人民共和国突发事件应对法》《中华人民共和国网络安全法》《国家突发公共事件总体应急预案》《突发事件应急预案管理办法》和《信息安全技术信息安全事件分类分级指南》（GB/Z 20986—2007）等相关规定。

《工业互联网创新发展行动计划（2021—2023年）》中，重点任务（十）明确提到依法落实企业网络安全主体责任、强化网络安全技术保障能力。实施工业互联网企业网络安全分类分级管理制度，指导地方工业和信息化、通信主管部门建设属地工业互联网安全保障体系，健全闭环管理机制，强化监督检查，完善态势感知、事件通报、整改落实的闭环管理。加强对重点工业互联网平台、App的安全检测评估；强化企业自身防护，鼓励支持重点企业建设集中化安全态势感知和综合防护系统，提升网络和数据安全技术能力，健全完善监测预警、信息共享、协同处置等闭环工作机制。

应急响应预案包括的主要内容有确定风险场景、描述可能受到的业务影响、描述使用的预防性策略、描述应急响应策略、识别和排列关键应用系统、行动计划、团队和人员的职责、联络清单、所需资源配置等。

制定应急响应预案需要考虑以下原则。

1）必须集中管理应急响应预案的版本和发布。

2）为了建立有效的版本控制体系，必须建立规范的应急响应预案的问题提交、解决、更新、跟踪、发布的渠道和流程。

3）建立相关的保密管理规定，保证应急响应预案中涉及的秘密信息得到保护。

4）应急响应预案在内容管理方面应注意内容的分布和粒度，可根据版本和内容的更新频度将应急响应的内容进行适当的分布。

5）建立合理的应急响应预案的保管制度，强调存放的安全性和易取得性。

成功的应急响应预案通常具有以下特点：清楚、简洁；高级管理层支持/组织承诺；不断改进和更新的恢复策略；及时的更新维护；组织职责分工明确；保留、备份和异地存储计划；完整记录并定期演练；风险得到管理；弱点得到优先重视；灵活、可适应等。

国家网络安全事件应急预案与行业、地方网络安全事件应急预案一起形成了我国的网络安全事件应急预案体系,如图 12-2 所示。中央网信办协调有关部门定期组织演练,检验和完善预案,提高实战能力。

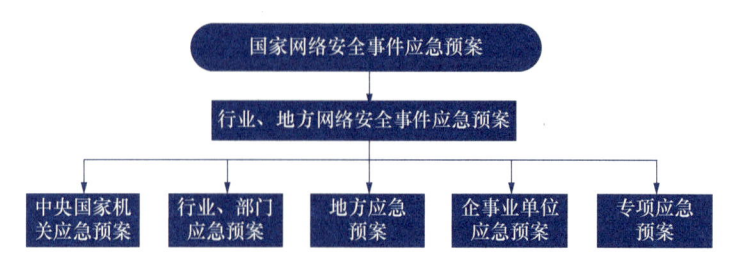

图 12-2 国家网络安全事件应急预案体系

1)特别重大网络安全事件,成立国家网络安全事件应急指挥部,负责特别重大网络安全事件处置的组织指挥和协调,指挥部办公室设在中共中央网络安全和信息化委员会办公室。

2)重大网络安全事件,事件发生省(区、市)或部门负责指挥应对,及时将事态发展变化情况报中共中央网络安全和信息化委员会办公室,处置中需要其他有关地区部门和国家网络安全应急技术支撑队伍配合与支持的,由中共中央网络安全和信息化委员会办公室予以协调。中共中央网络安全和信息化委员会办公室综合研判,向有关地区部门通报情况。

3)较大和一般网络安全事件,中共中央网络安全和信息化委员会办公室将情况通报有关地区和部门,由其指导督促相关单位进行处置,并向中共中央网络安全和信息化委员会办公室反馈处置情况。

12.5 应急响应管理体系

管理体系(Management System)是组织用于建立方针、目标以及实现这些目标的过程的相互关联和相互作用的一组要素。一个组织的管理体系可包括若干个不同的管理体系,如质量管理体系 ISO 9001、环境管理体系 ISO 14001、职业健康安全管理体系 ISO 45001、信息安全管理体系 BS 7799/ISO 27001、汽车行业质量管理体系 IATF 16949、电信行业的质量管理体系(TL9000)、食品安全管理体系(HACCP)等。管理体系是企业组织制度和企业管理制度的总称。

网络安全应急响应体系的管理是一个周而复始、持续改进的过程,大致包含以下三个阶段。

1)网络安全应急响应需求分析和应急响应策略的确定。

2)编制网络安全应急响应计划文档。

3)应急响应计划的测试、培训、演练和维护。

从管理角度看,网络安全应急响应的管理可分为事件报告、事件评估、应急启动、应急处置、后期处置,目前对于工业互联网应急响应缺乏管理体系,需要行业领域及职能管理部门共同完善。从应急工作机制、应急手段建设和资源储备、应急队伍和专家力量建设、应急演练等方面发力,加快工业互联网安全保障体系建设,提升工业互联网应急能力,加快提升我国工业互联网安全保障能力。

12.6 本章小结

本章首先介绍了应急响应的概念，并简单论述了工业互联网应急能力的重要性，列举了我国近年来涉及网络安全应急响应相关内容的部分重要法律法规、政策，从不同角度认识应急响应事件的分级分类，重点介绍了 PDCERF 模型，为预案编制提供了流程参考。目前，对于工业互联网应急预案体系职能部门未明确给出，但学习者可以参考国家网络安全事件应急预案体系进行了解。最后讨论了网络安全应急响应的管理可分为事件报告、事件评估、应急启动、应急处置、后期处置五个阶段。

12.7 思考与练习

1. 提高工业互联网应急能力的意义是什么？
2. 我国近年来不断推出涉及网络安全应急响应相关内容的重要法律法规、政策，其主要目的是什么？
3. 为什么要进行应急响应事件分级分类？
4. 简要描述 PDCERF 模型各阶段任务。
5. 制定应急响应预案主要涉及哪些内容？
6. 假设你是某市工业和信息化相关单位工作人员，为建立健全某市工业互联网信息安全事件应急保障和恢复工作机制，提高职能部门和企业应对突发网络安全事件组织指挥和应急处置能力，试编制《某市工业互联网信息安全事件应急预案》。

第 13 章 工业互联网应急响应实施方法

在传统互联网时代，人们对网络安全习惯于采取"事后补救"的措施，而这些措施往往是"头痛医头、脚痛医脚"，不能彻底、全面地解决问题，也无法满足新型工业互联网的安全需求。工业互联网高速发展的同时还面临日益严峻的安全挑战。据国家互联网应急中心发布的《2020 年上半年我国互联网网络安全监测数据分析报告》显示，网络安全态势较为严峻，网络恶意程序增长较快，安全漏洞大幅增长，工业互联网设备存在严重安全隐患。此时，需要工业互联网应急响应实施方法实现智能化应急管理。

应急响应系统是将突发事件、应急响应人员以及应急响应流程通过应急响应任务有机结合在一起，建立响应快速启动、全方位无管理死角响应覆盖、应急高效组织、事后分析总结的现代应急响应体系，使得各个环节都责任到人，任何的步骤缺失都可追究责任部门或个人，通过将预案等流程化的管理智慧高速应用到每个生产安全事故现场，实现发现早、传达快、判研准、执行透的应急管理过程，以及完善的数据科学归纳、自动留存手段，快速提升管理水平。工业互联网面临很多挑战，分析安全现状及风险，可以做到安全应急响应，使工业企业防患于未然。本章主要阐述应急响应常用工具、应急响应常用系统命令、应急响应关键排查点和应急响应案例学习。

13.1 应急响应常用工具

攻击者在入侵网站时，通常要通过各种方式写入 WebShell，从而获得服务器的控制权限，比如执行系统命令、读取配置文件、窃取用户数据、篡改网站页面等操作。此时，需要掌握常用的应急响应工具并熟悉工业互联网平台。

13.1.1 进程分析工具

1. Process Hacker

Process Hacker 是一款进程分析工具，可查看所有进程信息，包括进程加载的 dll、进程打开的文件、进程读写的注册表等，也可以将特定进程的内存空间 Dump（转储）到本地，此外还可以查看网络连接。软件下载链接为 https://processhacker.sourceforge.io/，其软件界面如图 13-1 所示。

2. Process Explorer

Process Explorer 是由 Sysinternals 开发的 Windows 系统和应用程序监视工具，已并入微软旗下。不仅结合了 Filemon（文件监视器）和 Regmon（注册表监视器）两个工具的功能，还增加了多项增强功能。包括稳定性和性能改进、强大的过滤选项、修正的进程树对话框（增加了进程存活时间图表）、可根据单击位置变换的右击菜单过滤条目、集成带源代码存储的堆栈跟踪对话框、更快的堆栈跟踪、可在 64 位 Windows 上加载 32 位日志文件的能力、监视映像（DLL 和内核模式驱动程序）加载、系统引导时记录所有操作等。

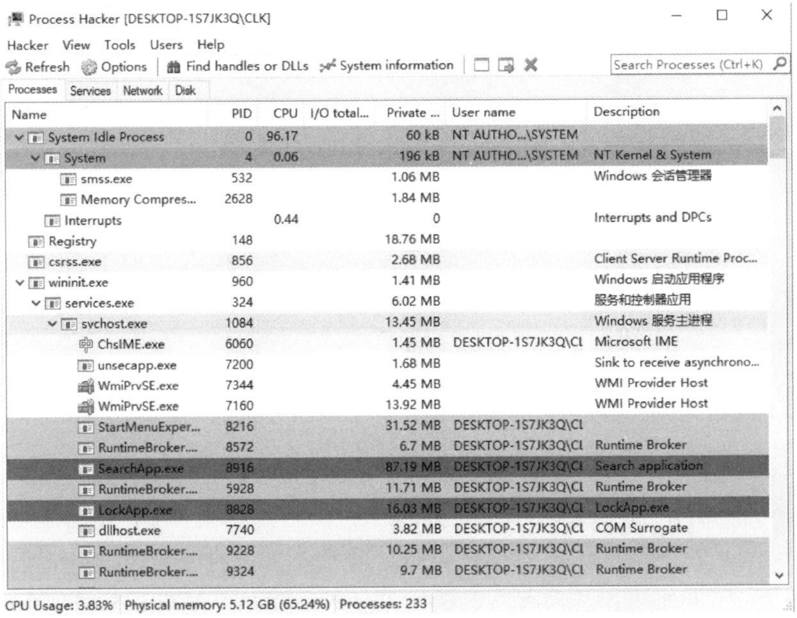

● 图 13-1　Process Hacker 进程分析工具软件界面

Process Explorer 让使用者能了解看不到的在后台执行的处理程序，能显示已经载入哪些模块，分别是正在被哪些程序使用着，还可显示这些程序所调用的 DLL 进程，以及它们所打开的句柄。Process Explorer 最大的特色就是可以终止任何进程，甚至包括系统的关键进程。

Process Explorer 软件下载链接为 https://docs.microsoft.com/en-us/sysinternals/downloads/process-explorer，其软件界面如图 13-2 所示。

Process Explorer 的独特之处如下。

1）显示被执行的映像文件的完整路径。
2）显示进程安全令牌。
3）加亮显示进程和线程列表中的变化。
4）显示作业中的进程，以及作业的细节。
5）显示运行 .NET/WinFX 应用的进程，以及与 .NET 相关的细节。
6）显示进程和线程的启动时间。
7）显示内存映射文件的完整列表。
8）能够挂起一个进程。
9）能够杀死一个线程。

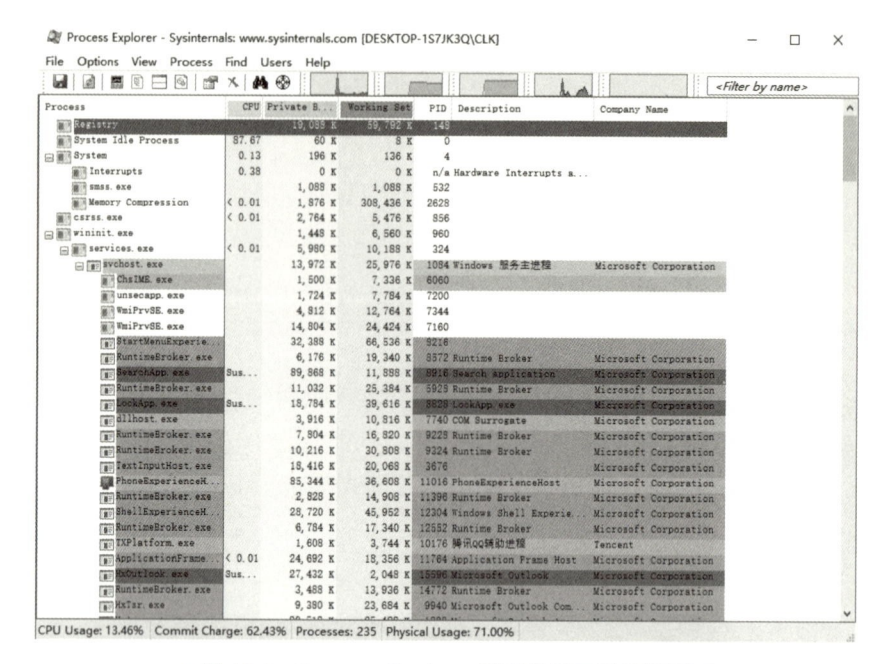

● 图 13-2　Process Explorer 进程分析工具软件界面

3. Process Monitor

Process Monitor 是一款系统进程监视软件，总体来说，Process Monitor 相当于 Filemon+Regmon，其中的 Filemon 专门用来监视系统中的任何文件操作过程，而 Regmon 用来监视注册表的读写操作过程。有了 Process Monitor，使用者就可以对系统中的任何文件和注册表操作同时进行监视和记录，通过注册表和文件读写的变化，对于帮助诊断系统故障或是发现恶意软件、病毒或木马来说，非常有用。这是一个高级的 Windows 系统和应用程序监视工具，由 Sysinternals 开发，并且已并入微软旗下，可靠性较高。

Process Monitor 软件下载链接为 https://docs.microsoft.com/en-us/sysinternals/downloads/procmon。Process Monitor 不仅结合了 Filemon（文件监视器）和 Regmon（注册表监视器）两个工具的功能，还具有以下增强功能。

- 监视进程和线程的启动和退出，包括退出状态代码。
- 监视映像（DLL 和内核模式驱动程序）加载。
- 捕获更多输入输出参数操作。
- 非破坏性的过滤器允许用户自行定义而不会丢失任何捕获的数据。
- 捕获每一个线程操作的堆栈，使得可以在许多情况下识别一个操作的根源。
- 可靠捕获进程详细信息，包括映像路径、命令行、完整性、用户和会话 ID 等。
- 完全可以自定义任何事件的属性列。
- 过滤器可以设置为任何数据条件，包括未在当前视图中显示的。
- 高级的日志机制，可记录上千万的事件、数 GB 的日志数据。
- 进程树工具显示所有进程的关系。
- 原生的日志格式，可将所有数据信息保存，让另一个 Process Monitor 实例加载。
- 进程悬停提示，可方便地查看进程信息。

- 详细的悬停提示信息让用户可以方便地查看列中不能完整显示的信息。
- 搜索可取消。
- 系统引导时记录所有操作。

(1) Process Monitor 的使用场景

运行 Process Monitor 建议使用管理员模式，当启动 Process Monitor 后，它就开始监听三类操作，包括文件系统、注册表、进程。

1) 文件系统。Process Monitor 显示所有的 Windows 文件系统活动，包括本地磁盘和远程文件系统。它会自动探测到新的文件系统设备并监听它们。所有的系统路径都会被显示为相对于在用户会话中的一个文件系统操作的执行。想在列表中清除文件系统的操作，在 Process Monitor 工具栏上反选"文件系统"按钮，可以增加对文件系统的监听。

2) 注册表。Process Monitor 记录所有的注册表操作并显示使用常见的注册表根键缩写来显示注册表路径（如 HEKY_LOCAL_MACHINE 缩写为 HKLM）。想在列表中清除注册表的操作，在 Process Monitor 工具栏上反选"注册表"按钮，可以增加对注册表的监听。

3) 进程。在 Process Monitor 的进程/线程监听子系统中，它将跟踪所有进程/线程的创建和退出操作，包括 DLL 和设备驱动程序的加载操作。想在列表中清除进程的操作，在 Process Monitor 工具栏上反选"进程"按钮，可以增加对进程的监听。

4) 网络。Process Monitor 使用"Windows 事件跟踪（ETW）"来跟踪并记录 TCP 和 UDP 活动。每个网络操作包括源地址和目标地址，还有发送和接收到的一定数量的数据，但不包括真实的数据。想在列表中清除网络的操作，在 Process Monitor 工具栏上反选"网络"按钮，可以增加对网络的监听。

(2) Process Monitor 的常见用法

下载 Procmon.exe 软件后，双击直接启动，Procmon 会自动扫描分析系统当前程序的运行情况。软件中四个常用按钮的作用分别为捕获开关、清屏、设置过滤条件、查找。最后 5 个并排的按钮，用来设置捕获那些类型的时间，分别表示注册表的读写、文件的读写、网络的连接、进程和线程的调用与配置事件。

输出结果包括序号、时间点、进程名称、PID、操作、路径、结果、描述等，监控项通常包括：文件系统、注册表、进程；跟踪所有进程和线程的创建与退出操作、剖析事件；扫描系统中所有活动线程，为每个线程创建一个剖析事件，记录它耗费的核心和用户 CPU 的时间，以及线程自上次剖析事件以来执行了多少次上下文转换。

为了更好地定制选择，也可以在 Options 菜单中选择 Select Columns 选项，然后通过弹出的列选择对话框来定制列的显示。常用列的选择如下。

1) Application Details。
- Process Name：产生事件的那个进程的名字。
- Image Path：进程镜像的完整路径。
- Command Line：命令行，用于启动进程。
- Company Name：进程镜像文件中的企业名称。这个文本是由应用程序的开发者定义的。
- Description：进程镜像文件中的产品描述信息。这个文本是由应用程序的开发者定义的。

- Version：进程镜像文件中的产品版本号。这个文本是由应用程序的开发者定义的。

2）Event Details。
- Sequence Number：操作在全体事件中的相对位置，也包括当前的过滤。
- Event Class：事件的类别（如文件、注册表、进程）。
- Operation：特殊事件操作，比如 Read、RegQueryValue 等。
- Date & Time：操作的日期和时间。
- Time of Day：只是操作的时间。
- Path：一个事件引用资源的路径。
- Detail：事件的附加信息。
- Result：一个完成了的操作的状态码。
- Relative Time：一个操作相对于 Process Monitor 的启动后的时间，或者相对于 Process Monitor 的信息清除后的时间。
- Duration：一个已经完成了的操作所持续的时间。

3）Process Management。
- User Name：正在执行操作的进程的用户账户名。
- Session ID：正在执行操作的进程的 Windows 会话 ID。
- Authentication ID：正在执行操作的进程的登录会话 ID。
- Process ID：执行了操作的进程的进程 ID。
- Thread ID：执行了操作的线程的线程 ID。
- Integrity Level：正在运行的进程执行操作时的可信级别（仅支持 Vista 以上系统）。
- Virtualized：执行了操作的进程的虚拟化状态。

4. Xue Tr

Xue Tr（简称 XT）是一个 Windows 系统信息查看软件，可协助排查木马、后门等病毒。下载链接为 http：//www.xuetr.com/，功能如下。

1）进程、线程、进程模块、进程窗口、进程内存、定时器、热键信息查看、杀进程、杀线程、卸载模块等功能。

2）内核驱动模块查看，支持复制内核驱动模块的内存。

3）SSDT、Shadow SSDT、FSD、Keyboard、TCP/IP、Classpnp、Atapi、Acpi、SCSI、Mouse、IDT、GDT 信息查看，并能检测和恢复 ssdt hook 与 inline hook。

4）CreateProcess、CreateThread、LoadImage、CmpCallback、BugCheckCallback、Shutdown、L ego 等 Notify Routine 信息查看，并支持对这些 Notify Routine 的删除。

5）端口信息查看。

6）查看消息钩子。

7）内核模块的 iat、eat、inline hook、patches 检测和恢复。

8）磁盘、卷、键盘、网络层等过滤驱动检测，并支持删除。

9）注册表编辑。

10）进程 iat、eat、inline hook、patches 检测和恢复。

11）文件系统查看，支持基本的文件操作。

12）查看（编辑）IE 插件、SPI、启动项、服务、Host 文件、映像劫持、文件关联、系统防火墙规则、IME。

13）ObjectType Hook 检测和恢复。

14）DPC 定时器检测和删除。

15）MBR Rootkit 检测和修复。

16）内核对象劫持检测。

17）其他一些手工杀毒时需要用到的功能，如修复 LSP、修复安全模式等。

5. PCHunter

XueTr 的增强版，功能和 XueTr 相似。下载链接为 http：//www.xuetr.com/，链接中提供了 PCHunter 本地下载地址。相比 XueTr，PCHunter 增加了以下功能，可以进一步提升故障检测能力。

1）MBR Rootkit 检测和修复。

2）内核对象劫持检测。

3）WorkerThread 枚举。

4）Ndis 中一些回调信息枚举。

5）硬件调试寄存器、调试相关 API 检测。

6）枚举 SFilter/Flgmgr 的回调。

7）系统用户名检测。

6. Process Dump

Process Dump 是一款 Windows 逆向工程分析工具，该工具基于命令行接口实现，可以帮助广大研究人员从内存中将恶意软件 PE 文件导出至磁盘并进行分析。一般来说，在执行恶意软件文件之前，攻击者都会对其进行打包和模糊处理，以避免 AV（反病毒）扫描。但是，在执行这些文件时，它们通常会在内存中解包或注入反混淆版本的恶意软件代码。恶意软件研究人员在分析恶意软件时的一项常见任务是将这些未打包的代码从内存转储回磁盘，以便使用 AV 产品进行扫描或使用 IDA 等静态分析工具进行分析。下载链接为 https://docs.microsoft.com/en-us/sysinternals/downloads/procdump。

进程转储适用于 Windows 32 位和 64 位操作系统，可以从特定进程或当前运行的所有进程转储内存组件。Process Dump 支持创建和使用良性文件哈希数据库，因此可以跳过所有的良性文件。Process Dump 的功能如下。

1）从特定进程或所有进程转储代码。

2）查找并转储进程中未正确加载的隐藏模块。

3）查找和转储松散代码块，即使它们不与 PE 文件关联。

4）重构转储信息。

5）可以在关闭转储监视器模式（-closemon）下运行，在该模式下，进程将在终止前暂停并转储。

6）支持多线程，因此转储所有正在运行的进程时，它的运行速度将非常快。

7）可以生成一个良性文件哈希数据库，在计算机感染恶意软件之前生成此文件，以便在进程转储时仅转储新的恶意软件组件。

7. PsTools

PsTools 是一款多功能计算机系统命令行管理套件，用于列出在本地或远程计算机上运行的进程、重新启动计算机、转储事件日志等。下载链接为 https://docs.microsoft.com/en-us/sysinternals/downloads/PsTools。套件中的第一个工具是 PsList，该工具允许查看有关流程的详细信息。PsList 中的"Ps"前缀与标准 UNIX 进程列表命令行工具命名为"ps"这一事实相关，因此所有工具采用此前缀，以便将它们绑定到 PsTools 工具套件中。

13.1.2　流量分析工具

流量分析工具用于深入了解网络运行情况或发现安全威胁。网络流量分析解决方案允许网络管理员收集流经网络的流量数据。这些工具通常用于识别性能问题或发现安全问题。接下来推荐几种最佳的网络流量分析解决方案，帮助收集和分析流经其网络的数据，从而识别安全威胁和性能问题。

1. Awake Security Platform

Awake Security Platform 是一种网络流量分析解决方案，专注于发现、评估和处理安全威胁。该工具分为三个部分：Awake 传感器，持续监控和收集设备、应用程序和用户的数据；Awake Nucleus，它分析数据以理解实体的行为和属性并应用深度取证；Ava，是一个隐私感知安全专家系统，将机器学习应用于收集的数据。下载地址为 https://www.arista.com/，其官网界面如图 13-3 所示。

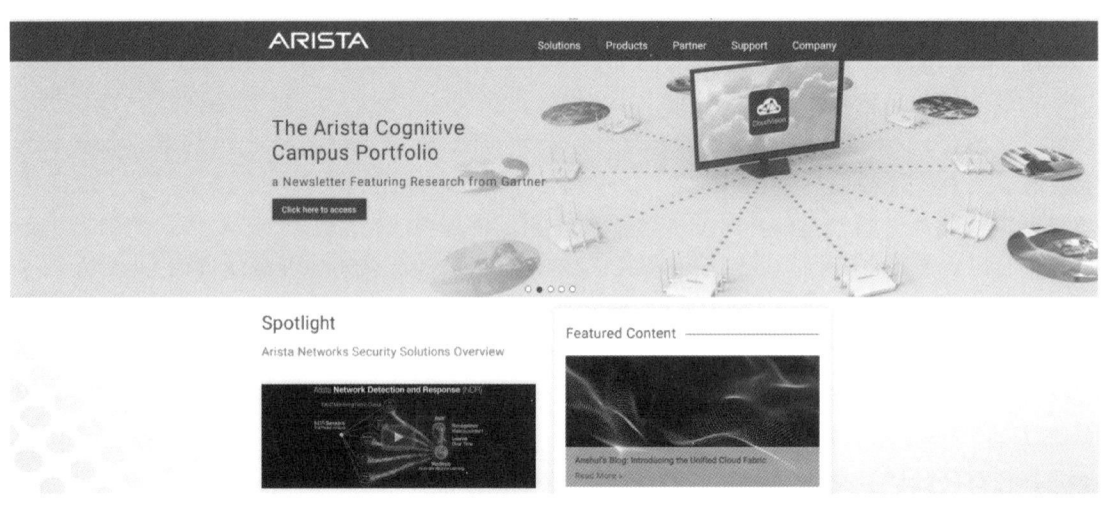

• 图 13-3　Awake Security Platform 流量分析工具

2. Corelight

Corelight 是一个以安全为中心的网络流量分析提供商，它使用开源网络安全监控器 Zeek 作为基础。Corelight 传感器将网络流量数据转换为日志和提取的文件，这些文件都可以通过 Corelight Fleet Manager 进行管理。通过 Fleet Manager，管理员可以自定义组、分配各个角色以及设置访问级别。Corelight 传感器既可以作为网络硬件，也可以作为虚拟传感器，还可以作为 AWS 的云流量监控器。下载地址为 https://corelight.com/，其官网界面如图 13-4 所示。

• 图 13-4　Corelight 流量分析工具

3. Flowmon

Flowmon 是一家网络性能和安全解决方案提供商，提供网络流量监控和分析功能。该解决方案提供实时 NetFlow 和 IPFIX 监控，并分析来自物理、虚拟或云基础架构的网络流量数据。它还收集由路由器、交换机或独立硬件探测器生成的流数据统计信息。用户可以添加自定义过滤器，根据用户想要查看的数据设置数据收集参数。下载地址为 https://www.flowmon.com/，其官网界面如图 13-5 所示。

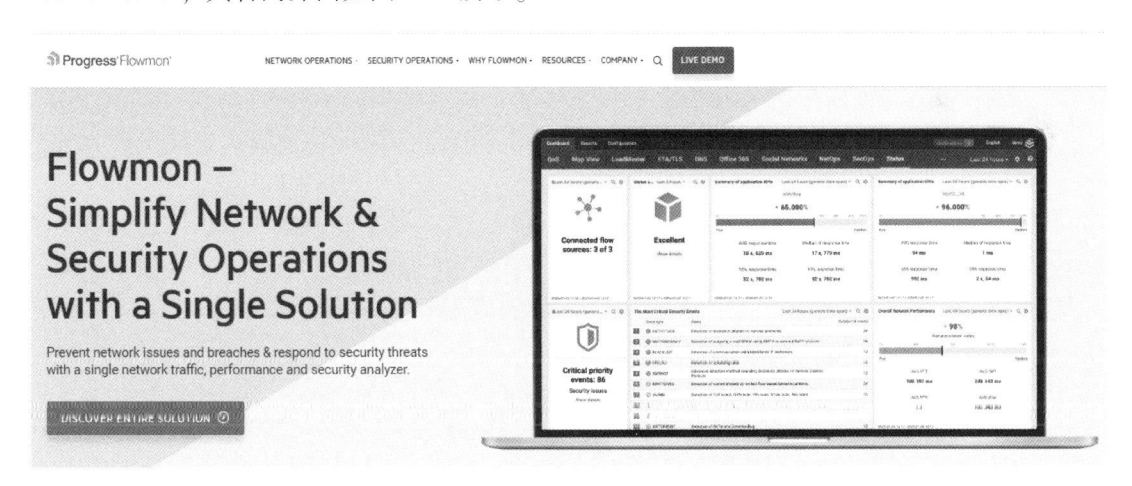

• 图 13-5　Flowmon 流量分析工具

4. Kentik Platform

Kentik Platform 是一个 AIOps 平台，可将人工智能和机器学习功能应用于网络流量分析。该解决方案可分析下游和中转流量、帮助企业识别对等机会、优化网络路由，并更好地控制其服务性能。它还提供网络流量工程功能，以最大限度地提高资源利用率和流量，并深入了解网络容量，从而帮助推动经济高效的流量。下载地址为 https://www.kentik.com/product/

kentik-platform/。

5. Wireshark

Wireshark 是一个网络封包分析软件。网络封包分析软件的功能是截取网络封包,并尽可能显示出最为详细的网络封包资料。Wireshark 使用 WinPCAP 作为接口,直接与网卡进行数据报文交换。下载地址为 https://www.wireshark.org/。

网络管理员使用 Wireshark 来检测网络问题,网络安全工程师使用 Wireshark 来检查资讯安全相关问题,开发者使用 Wireshark 来为新的通信协议除错,普通使用者使用 Wireshark 来学习网络协议的相关知识。当然,有的人也会"居心叵测"地用它来寻找一些敏感信息。

Wireshark 不是入侵检测系统(Intrusion Detection System, IDS)。对于网络上的异常流量行为,Wireshark 不会产生警示或是任何提示。然而,仔细分析 Wireshark 截取的封包能够帮助使用者对网络行为有更清楚的了解。Wireshark 不会对网络封包产生内容的修改,它只会反映出流通的封包资讯。Wireshark 本身也不会将封包送至网络上。

Wireshark 的工作流程如下:

1)确定 Wireshark 的位置。如果没有一个正确的位置,启动 Wireshark 后会花费很长的时间来捕获一些与自己无关的数据。

2)选择捕获接口。一般都是选择连接到互联网的接口,这样才可以捕获到与网络相关的数据。否则,捕获到的其他数据对自己也没有任何帮助。

3)使用捕获过滤器。通过设置捕获过滤器,可以避免产生过大的捕获文件。这样用户在分析数据时,也不会受到其他数据干扰。而且,还可以为用户节约大量的时间。

4)使用显示过滤器。通常使用捕获过滤器过滤后的数据往往还是很复杂,为了使过滤的数据包更细致,此时使用显示过滤器进行过滤。

5)使用着色规则。通常使用显示过滤器过滤后的数据,都是有用的数据包。如果想更加突出地显示某个会话,可以使用着色规则高亮显示。

6)构建图表。如果用户想要更明显地看出一个网络中数据的变化情况,使用图表的形式可以很方便地展现数据分布情况。

7)重组数据。Wireshark 的重组功能,可以重组一个会话中不同数据包的信息,或者重组一个完整的图片或文件。由于传输的文件往往较大,所以信息分布在多个数据包中。为了能够查看到整个图片或文件,这时候就需要使用重组数据的方法来实现。

6. 科来网络分析系统

科来网络分析系统具有行业领先的专家分析技术,通过捕获并分析网络中传输的底层数据包,对网络故障、网络安全以及网络性能进行全面分析,从而快速排查网络中出现或潜在的故障、安全及性能问题。科来网络分析系统的地址为 https://www.colasoft.com.cn/。

科来网络分析系统的主要功能如下。

1)故障诊断:自动诊断 40 多种网络故障,自动定位故障点,自动分析故障产生的原因并推荐解决方法。

2)流量分析:多达 42 种的流量分析数据,能对整个网络、单个部门、单个 VLAN、单个 IP 和单个 MAC 进行统计分析。

3)网络连接和通信监视:直观反映网络中机器的连接情况,监视网络活动。

4)为网络管理工作提供了全面可靠的数据依据,它可以帮助用户排查网络故障、规避网络风险、提升网络性能、提高故障处理能力、减少故障损失并降低管理成本。

5) 能够在各种网络问题中对症下药的网络管理方案,它对网络中所有传输的数据进行检测、分析、诊断,帮助用户排除网络事故、规避安全风险、提高网络性能、增大网络可用性价值。

6) 可以帮助企业把网络故障和安全风险降到最低,网络性能会逐步得到提升。

7) 它可以帮助网络管理人员快速查找和排除网络故障;找到网络瓶颈提升网络性能;发现和解决各种网络异常危机,提高安全性;管理资源,统计和记录每个节点的流量与带宽;规范网络,查看各种应用、服务、主机的连接,监视网络活动;分析各种网络协议,管理网络应用质量。

8) 整合了行业领先的专家分析技术,对当前复杂的网络提供精确分析,在网络安全、网络性能、网络故障方面提供最全面和深入的数据依据,是企业、政府、学校等网络管理所需要的关键性产品。

13.1.3 启动项分析工具

AutoRuns 是一款出色的启动项目管理工具。AutoRuns 的作用是检查开机自动加载的所有程序,如硬件驱动程序、Windows 核心启动程序和应用程序。它比 Windows 自带的 msconfig.exe 还要强大,通过它还可以看到一些在 msconfig 里面无法查看到的病毒和木马以及恶意插件程序,还能够详细地把启动项目加载的所有程序列出来。比如 logon、explorer 还有 IE 上加载的 dll 及其他组件。AutoRuns 软件下载地址为 https://docs.microsoft.com/en-us/sysinternals/downloads/autoruns。软件启动分析截图如图 13-6 所示。

● 图 13-6　AutoRuns 启动项分析工具

13.1.4 信息收集工具

对于入侵者而言，了解电子取证可以更全面地了解到自己可能在系统中留下的痕迹，从而有针对性地消除痕迹；而对于取证人员来说，电子取证无疑是了解整个入侵过程的关键。FastIR Collector 是一个 Windows 下的信息收集工具，收集内容包括关键日志、关键信息，方便后续取证和排查分析。下载地址为 https://github.com/kevien/Fastir_Collector。

BrowsingHistoryView 是一种解决如何查看网页浏览历史记录的实用工具，它支持读取 4 种不同的 Web 浏览器（IE 浏览器、Mozilla 的火狐、谷歌 Chrome 和 Safari）的历史数据，并显示在一个表中的所有 Web 浏览器浏览历史。浏览历史记录表包括的信息有访问过的 URL、标题、访问时间、访问次数、Web 浏览器和用户配置文件，方便追溯域名、URL 的访问来源是否是用户行为。

13.1.5 辅助工具

应急响应常用的辅助工具如下。

1）Hash 是文件 Hash 计算工具，可计算文件 MD5、SHA1、CRC 值，用于辅助判断文件是否被篡改，或者使用哈希值到威胁情报网站查看是否为恶意文件。QuickHash 是一个开源的计算哈希值工具，官网地址为 https://quickhash-gui.org/，GitHub 上的网址为 https://github.com/tedsmith/quickhash。软件界面截图如图 13-7 所示。

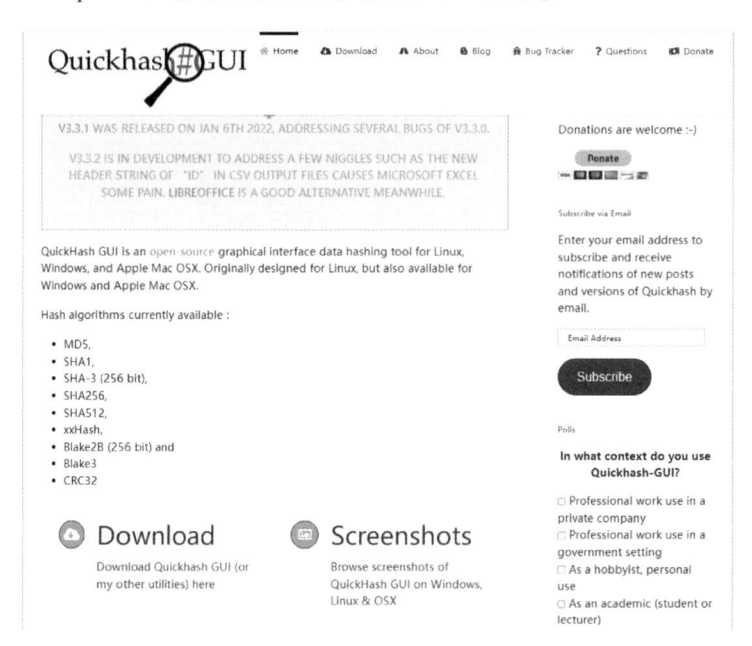

● 图 13-7 文件 Hash 计算工具

2）ntfsdir，病毒也有可能是以创建服务启动项的方式保持长久运行，单击 Autoruns 的 Services 功能，检查是否有异常的服务启动项。

3）Unlocker，可对难以删除的文件（包括锁定的文件）进行强制删除，安装后右击菜单"Unlocker"即可弹出界面。

13.1.6 WebShell 查杀工具

WebShell 是一种可以在 Web 服务器上执行的后台脚本或者命令执行环境，黑客通过入侵网站上传 WebShell 后获得服务器的执行操作权限，比如执行系统命令、窃取用户数据、删除 Web 页面、修改主页等，其危害不言而喻。

1. WebShellkiller

WebShellkiller 是深信服自研的一款 WebShell 查杀工具。主要功能是扫描网站后台地址，扫描速度快且稳定，可以自定义常见的后台地址，有 DOS 界面和简单的图形化界面。由于其后台扫描能力突出，因此被广泛应用于漏洞扫描。软件下载地址为 https：//edr.sangfor.com.cn/#/introduction/wehshell。软件界面截图如图 13-8 所示。

● 图 13-8　Web 后门查杀工具

2. D 盾

D 盾是深圳市迪元素科技有限公司的一款 WebShell 查杀工具。D 盾 Web 查杀具有目录限制、执行限制、网络限制、组件限制、.NET 安全、注入防御、3389 防御、防 CC 攻击、禁止下载某文件类型等功能。工具下载地址为 http：//www.d99net.net，软件界面截图如图 13-9 所示。

1）目录限制：有效防止入侵者通过脚本上传危险程序或代码，让服务运行于安全状态。

2）执行限制：防范入侵者执行危险程序，防范提权的发生。

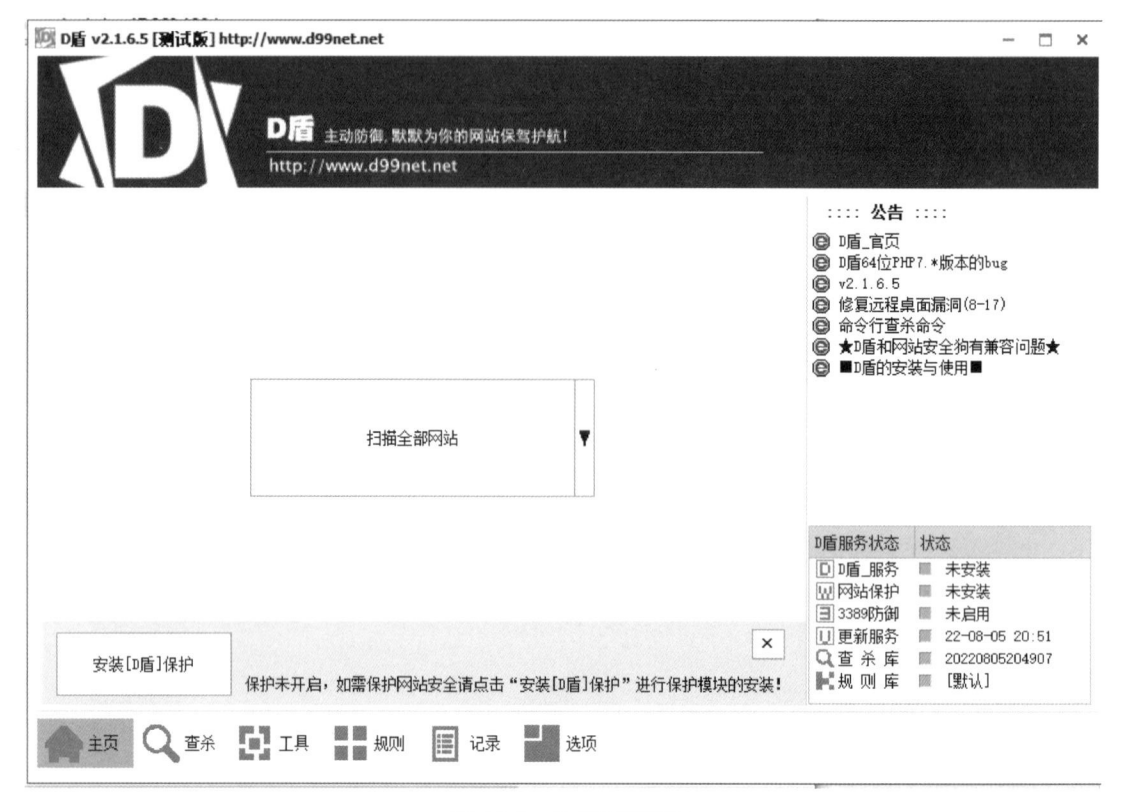

• 图 13-9　D 盾查杀工具

3）网络限制：禁止脚本连接本机的危险端口，如常见的 Serv-U 提权端口，防范通过第三方软件的网络端口进行提权；禁止 UDP 向外发送，可有效防范 UDP 的 DDoS 攻击，如 PHP-DDoS 等，有效限制网络带宽被恶意占用。

4）组件限制：禁止危险的组件。

5）注入防御：防范因网站有注入问题导致服务器被入侵。

6）禁止下载某文件类型：防止不该被下载的文件被下载，防止信息外露。

7）允许执行的脚本扩展名：有效地防止未经允许的扩展名脚本恶意执行，如 CER、CDX 等扩展名的木马。或是/1.asp/1.gif 等会执行的情况。

8）禁止如下目录执行脚本：防止图片和上传等可写目录执行脚本。

9）防范工具扫描网站目录和文件信息：让入侵者不容易知道网站结构。

10）防范 MSSQL 数据库错误信息反馈暴露表或数据信息：防范信息暴露。

13.1.7　专杀工具

飞客蠕虫专杀是专门针对飞客蠕虫病毒进行查杀的工具。飞客蠕虫专杀工具有：卡巴斯基公司针对飞客蠕虫设计的专杀工具（KidoKiller），下载链接为 http：//lit.edu.cn/xxhjszx/info/1022/1331.htm；趋势科技公司的飞客蠕虫专杀工具（TMCleanTool），KidoKiller 和

TMCleanTool 的共同下载地址为 http：//nic.mtc.edu.cn/info/1067/1101.htm。KidoKiller 软件界面截图如图 13-10 所示，TMCleanTool 软件界面截图如图 13-11 所示。

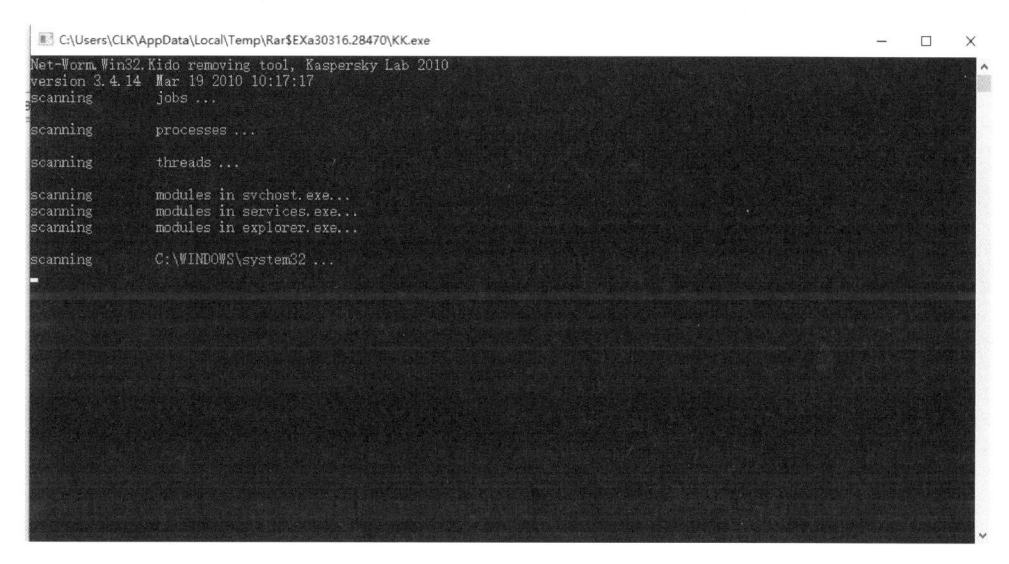

• 图 13-10　KidoKiller 专杀工具

• 图 13-11　TMCleanTool 专杀工具

卡巴斯基反病毒软件是世界上拥有最尖端科技的杀毒软件之一，由卡巴斯基实验室开发，其总部设在俄罗斯首都莫斯科，是国际著名的信息安全领导厂商，创始人为俄罗斯人尤金·卡巴斯基。公司为个人用户、企业网络提供反病毒、防黑客和反垃圾邮件产品。KidoKiller 运行全为 0 值表明没有中飞客蠕虫，如果有非 0 值，即说明中了飞客蠕虫。

除上述专杀工具，Ramnit 专杀是专门针对 Ramnit 类家族病毒进行查杀的工具，而 FxRamnit 是赛门铁克出品的 Ramnit 专杀工具。

注意：由于 Ramnit 是全盘感染性病毒，故此专杀工具运行时间比较长，需耐心等待（FxRamnit 常常给人一种"假死"的感觉）。

13.2 应急响应常用系统命令

13.2.1 应急响应系统内容

随着工业4.0时代功能需求的快速发展，现代工业控制系统（ICS）不再是孤岛，更容易受到各种网络攻击威胁，此时工业控制系统将安全网络、安全控制系统、安全物理过程及其交互无缝整合到一个统一的框架中。一般来说，应急响应内容包含入侵检测、入侵诱捕、防火墙拦截、故障检测、物理域与信息域依赖关系检测、网络拓扑测绘、脆弱性发现。工业控制系统安全技术与应用研究总体架构如图13-12所示。

1）设备层安全：指工业互联网中工业智能设备和智能产品的安全挑战，包括所用芯片安全、嵌入式操作系统安全、编码规范安全、第三方应用软件安全以及功能安全等，均存在漏洞、缺陷、规范使用、后门等安全挑战。

2）网络层安全：主要为工业网络、无线网络、商业网络3个方面。主要挑战包括网络数据传递过程的常见网络威胁（如拒绝服务、中间人攻击等）、网络传输链路上的硬件和软件安全（如软件漏洞、配置不合理等）、无线网络技术使用带来的网络防护边界模糊等。

3）控制层安全：主要来自控制协议、控制平台、控制软件等方面，其在设计之初可能未考虑完整性、身份校验等安全需求，存在输入验证，许可、授权与访问控制不严格，不当身份验证，配置维护不足，凭证管理不严等安全挑战。

4）应用层安全：指支撑工业互联网业务运行的应用软件及平台的安全，如Web、企业资源计划（ERP）、产品数据管理（PDM）、客户关系管理（CRM）以及正被越来越多企业使用的云平台及服务等。应用软件将持续面临病毒、木马、漏洞等传统安全挑战；云平台及服务也面临着虚拟化中常见的违规接入、内部入侵、多租户风险、跳板入侵、内部外联、社工攻击等内外部安全挑战。

5）数据层安全：是指工厂内部生产管理数据、生产操作数据以及工厂外部数据等各类数据的安全问题，不管数据是通过大数据平台存储，还是分布在用户、生产终端、设计服务器等多种设备上，海量数据都将面临数据丢失、泄露、篡改等安全威胁。

6）人员管理的挑战：随着工业与IT的融合，企业内部人员，如工程师、管理人员、现场操作员、企业高层管理人员等，其有意识或无意识的行为，可能破坏工业系统、传播恶意软件、忽略工作异常等，而针对人的社会工程学、钓鱼攻击、邮件扫描攻击等大量攻击都利用了员工无意泄露的敏感信息。因此，在工业互联网中，人员管理也面临着巨大安全挑战。

工业互联网中的APT是以上6个方面各种挑战的组合，是最难应对、后果最严重的威胁。攻击者精心策划，为了达成既定目标，长期持续地进行攻击，其攻击过程包括收集各类信息、入侵技术准备、渗透准备、入侵攻击、长期潜伏和等待、深度渗透、痕迹消除等一系列精密攻击环节。此时，需要工作人员熟练掌握应急响应的目的及流程，并且熟悉常用应急响应命令。

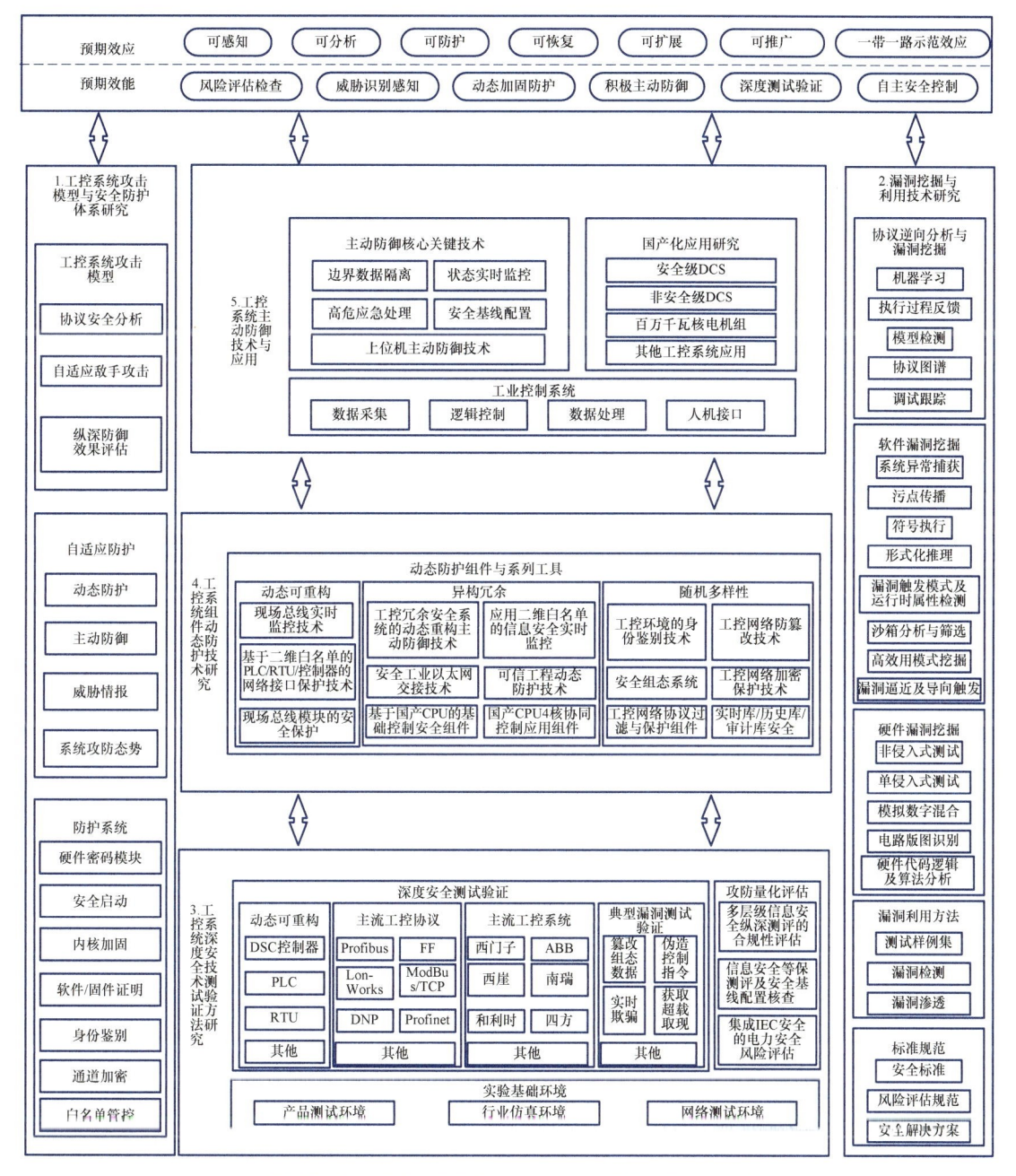

• 图 13-12　工业控制系统安全技术与应用研究总体架构

13.2.2　应急响应目的及流程

应急响应目的是判断这次应急是否为成功入侵的安全事件，找到攻击者入口点，提取恶意样本，帮助客服梳理攻击者的攻击路线，提供漏洞修复方案。应急响应包含4个基本步骤：识别现象、清除病毒、闭环兜底和系统加固，其基本流程如图13-13所示。其中，识别现象主要是从用户场景的主机异常现象出发，先识别出病毒的可疑现象。清除病毒旨在定位到具体的病毒进程以及病毒文件，并进行清除。闭环兜底一般会通过一些自启动项及守护程序进行重复感染，要执行闭环兜底确保病毒不再被创建。系统加固是将主机上的病毒项清除干净后，进行系统加固，防止病毒从 Web 再次入侵。系统加固完成数据安全防护，把破坏降到最低，防止病毒从 Web 再次入侵，为业务系统加一把锁，从而提高安全性。

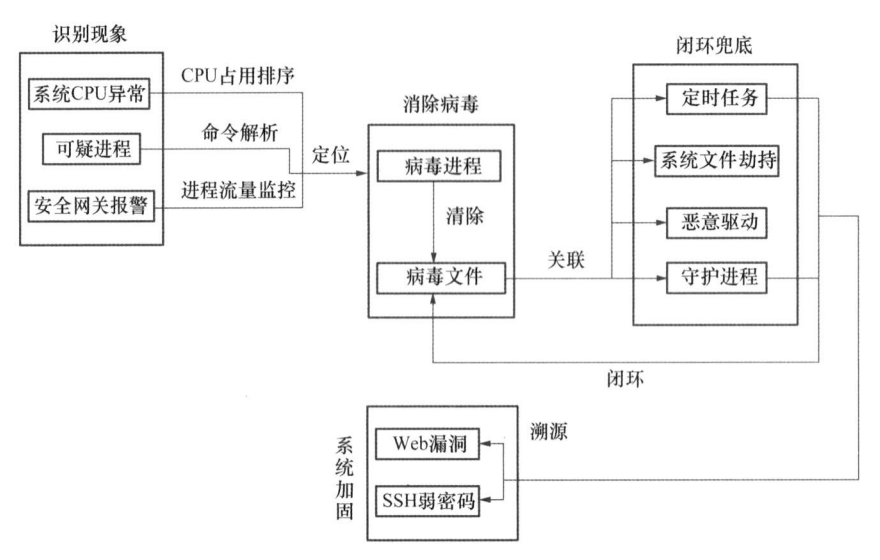

• 图 13-13　应急响应的基本流程

13.2.3　基于 Linux 的工业系统的常用命令

Linux 环境下处理应急响应事件往往会更加棘手，因为相比于 Windows，Linux 没有像 AutoRun、Procexp 这样的应急响应利器，也没有统一的应急响应处理流程。

（1）处理 Linux 应急响应的四个环节

识别现象→清除病毒→杜绝后患→系统加固。

（2）查看进程，用 top 命令按 CPU 降序排序

CPU 利用率超过 70% 的进程为可疑进程，大概率是挖矿。可以使用 ps -aux，一般，可疑的命令行带有 url 等奇怪的字符串时，就要注意了，它很可能是个病毒。

（3）安全网关有无报警

确认主机已经感染了病毒只是第一步，接下来需要定位，确定具体是哪个进程在与 C&C 通信。

监控与目标 IP 通信的进程：

```
while true; do netstat -antp |grep [ip]; done
```

有时安全网关检测到的不全是恶意 IP，还有可能是域名，这种情况下，域名对应的 IP 是变化的，不能直接用上述方法进行监控。

(4) 查看历史命令

```
history
```

(5) 清除病毒

```
ps -elf | grep [pid] kill -9 [pid]
```

删除病毒文件：

```
ls -al /proc/[pid]/exe
rm -f [exe_path]
```

(6) 闭环兜底

```
crontab -l
```

(7) 查看 anacron 异步定时任务

```
cat /etc/anacrontab
```

(8) 检查是否存在可疑服务

```
service --status-all
find /usr/bin/ /usr/sbin/ /bin/ /usr/local/bin/ -type f -mtime +7 | xargs ls -la
                #7 天内被修改过的文件
lsof -p [pid]       #是否存在病毒守护进程
```

(9) 扫描是否存在恶意驱动

枚举/扫描系统驱动：lsmod

安装 chkrootkit 进行扫描：

```
wget ftp://ftp.pangeia.com.br/pub/seg/pac/chkrootkit.tar.gztar zxvf chkrootkit.tar.gzcd chkrootkit-0.52make sense./chkrootkit
```

安装 rkhunter 进行扫描：

```
wgethttps://nchc.dl.sourceforge.net/project/rkhunter/rkhunter/1.4.4/rkhunter-1.4.4.tar.gz
tar -zxvf rkhunter-1.4.4.tar.gz
cd rkhunter-1.4.4
./installer.sh --install
rkhunter -c
```

(10) 查询 log 主机登录日志

```
grep "Accepted " /var/log/secure* | awk '{print $1, $2, $3, $9, $11}'
```

(11) 定位有爆破的源 IP

```
grep "Failed password" /var/log/secure |grep -E -o "(25[0-5]|2[0-4][0-9]|[01]?[0-9][0-9]?).(25[0-5]|2[0-4][0-9]|[01]?[0-9][0-9]?).(25[0-5]|2[0-4][0-9]|[01]?[0-9][0-9]?).(25[0-5]|2[0-4][0-9]|[01]?[0-9][0-9]?)" |uniq -c
```

(12) 爆破日志的用户名密码

```
grep "Failed password" /var/log/secure |perl -e 'while($_=<>){ /for(.*?) from/; print "$1\n";}' |uniq -c |sort -nr
```

SSH 爆破是 Linux 病毒最常用的传播手段，若主机存在弱密码，则其很容易被其他感染主机 SSH 爆破成功，从而再次感染病毒。

（13）添加命令审计

```
sed -i 's/^HISTSIZE=1000/HISTSIZE=10000/g' /etc/profile    #保存1万条命令
```

在 /etc/profile 的文件尾部添加如下行数配置信息：

```
USER_IP=who-uam i 2>/dev/null |awk'{print $NF}'|sed-e's/[()]//g'
if[ "$USER_IP"=""]
then
USER_IP=hostname
fi
exportHISTTIMEFORMAT="%F %T $USER_IPwhoami "
shopt-shistappend
exportPROMPT_COMMAND="history -a"
```

让配置生效：

```
source /etc/profile
```

（14）历史操作命令的清除

```
history -c
```

但此命令并不会清除保存在文件中的记录，因此需要手动删除 .bash_profile 文件中的记录。

（15）入侵排查

```
cat .bash_history >> history.txt
```

（16）端口排查

```
netstat -antlp |more
```

使用 netstat 网络连接命令，分析可疑端口、IP、PID。

查看 PID 所对应的进程文件路径：

```
运行 ls -l /proc/$PID/exe 或 file /proc/$PID/exe（$PID 为对应的 pid 号）
```

（17）进程分析

```
ps aux | grep pid
```

（18）漏洞补丁

1）structs2 系列 RCE 漏洞。

2）thinkphp5.XRCE 漏洞。

3）Redis 未授权访问漏洞。

4）ConfluenceRCE 漏洞（CVE-2019-3396）。

5）DrupalRCE 漏洞（CVE-2018-7600）。

6）ThinkPHPRCE 漏洞（CVE-2019-9082）。

识别系统异常现象的命令如下。

```
stat:显示文件 UID、文件名、文件属性、文件访问时间、文件内容修改时间、文件元数据变化时间。
top:检查系统 CPU 运行状态。
ps:检查系统中运行的进程。
netstat:监控与指定 IP 通信的进程,netstat -antp |grep [ip]。
history:查看系统中的历史命令,检查是否有异常命令。
清除可疑进程的进程链:ps -elf |grep [pid]。
删除病毒文件,定位病毒进程对应的文件路径:ls -al /proc/[pid]/exe。
```

杜绝后患（检查是否存在可疑的定时任务）:
枚举定时任务:

```
crontab -l
```

查看 anacron 异步定时任务:

```
cat /etc/anacrontab
```

检查是否存在可疑服务枚举主机所有服务，查看是否有恶意服务:

```
service --status-all
```

检查系统文件是否被劫持，枚举系统文件夹的文件，按修改事件排序查看 n 天内被修改过的文件:

```
find /usr/bin/ /usr/sbin/ /bin/ /usr/local/bin/ -type f -mtime +n |xargs ls -la
```

监控守护进程的行为:

```
lsof -p [pid]
strace -tt -T -e trace=all -p $pid
```

扫描是否存在恶意驱动:
枚举/扫描系统驱动:

```
lsmod
```

还可使用 chkrootkit、rkhunter 等工具进行扫描。
系统加固:
查询 log 主机登录日志:

```
grep "Accepted " /var/log/secure* |awk '{print $1,$2,$3,$9,$11}'
```

定位进行爆破的源 IP:

```
grep "Failed password" /var/log/secure |grep -E -o "(25[0-5]|2[0-4][0-9]|[01]?[0-9][0-9]?)\.(25[0-5]|2[0-4][0-9]|[01]?[0-9][0-9]?)\.(25[0-5]|2[0-4][0-9]|[01]?[0-9][0-9]?)\.(25[0-5]|2[0-4][0-9]|[01]?[0-9][0-9]?)"|uniq -c
```

爆破日志的用户名密码:

```
grep "Failed password" /var/log/secure |perl -e 'while($_=<>){ /for(.*?) from/; print "$1\n";}'|uniq -c |sort -nr
```

添加命令审计:
保存 1 万条命令:

```
sed -i 's/^HISTSIZE=1000/HISTSIZE=10000/g' /etc/profile
```

在/etc/profile 的文件尾部添加如下行数配置信息：

```
USER_IP=`who -u am i 2>/dev/null |awk '{print $NF}' |sed -e 's/[()]//g'`
```

让配置生效：

```
source /etc/profile
```

13.2.4 基于 Windows 的工业系统的常用命令

（1）Windows 系统中的常见应急响应事件
1）Web 入侵：网页挂马、主页篡改、WebShell。
2）系统入侵：病毒木马、勒索软件、远控后门。
3）网络攻击：DDoS 攻击、DNS 劫持、ARP 欺骗。
（2）Windows 的常用应急响应命令

```
查看系统中运行的进程:tasklist。
关闭恶意进程:taskkill -T -F -pid $pid,强制关闭 pid 对应的整个进程树。
查看系统中存在的账户:net user。
计算机管理中进行异常任务排查:compmgmt.msc。
查看异常端口和对应进程:netstat -ano -p TCP |findstr port。
系统内核查询:winver。
系统补丁查询:systeminfo。
系统信息查询:msinfo32。
敏感目录与文件查看:
host 文件:系统根目录\System32\drivers\etc\hosts[防止本地 DNS 篡改]。
```

快捷指令：

```
compmgmt.msc:计算机管理[包括计划任务、事件查看器、共享文件夹、本地用户和组、设备管理器、磁盘管理、服务、WMI]。
devmgmt.msc:设备管理器[包含于 compmgmt]。
lusrmgr.msc:本地用户和组[包含于 compmgmt]。
perfmon.msc:计算机性能监测程序[包含于 compmgmt]。
diskmgmt.msc:磁盘管理实用程序[包含于 compmgmt]。
fsmgmt.msc:共享文件夹管理器[包含于 compmgmt]。
services.msc:本地服务设置[包含于 compmgmt]。
eventvwr.msc:事件查看器[包含于 compmgmt]。
wmimgmt.msc:打开 Windows 管理体系结构(WMI)[包含于 compmgmt]。
gpedit.msc:组策略。
regedt32:注册表编辑器[与 regedit 类似]。
Msconfig.exe:系统配置实用程序[包括引导、服务、启动项和工具]。
rsop.msc:组策略结果集。
regedit.exe:注册表。
dcomcnfg:打开系统组件服务[包括组件服务、事件查看器、服务]。
wscript:Windows 脚本宿主设置。
certmgr.msc:证书管理实用程序[排查计算机内恶意证书]。
secpol.msc:本地安全策略。
```

services.msc:本地服务设置。
gpedit.msc:组策略。
sigverif:文件签名验证程序[可以快速筛选出没有通过签名验证的程序]。

程序快速启动指令:

explorer:打开资源管理器。
notepad:打开记事本。
charmap:打开字符映射表。
calc:打开计算器。
taskmgr:打开任务管理器。
mstsc:远程桌面连接。
write:打开写字板。
mspaint:打开画图板。
magnify:放大镜实用程序。
mmc:打开控制台。
Sndvol32:打开音量控制程序。
eudcedit:打开造字程序。
cliconfg:SQL Server 客户端网络实用程序。
osk:打开屏幕键盘。
odbcad32:ODBC 数据源管理器。
iexpress:捆绑工具,系统自带[可以用来制作免杀木马]。

磁盘相关命令:

cleanmgr:打开磁盘清理工具。
chkdsk.exe:Chkdsk 磁盘检查。

检查命令:

dxdiag:检查 DirectX 信息。
winver:检查 Windows 版本。
sfc /scannow:扫描错误并复原。
sfc.exe:系统文件检查器。

系统信息显示相关:

显示系统信息:systeminfo。
查看远程主机的系统信息:systeminfo /S ip /U domain\user /P Pwd。
显示进程和服务信息:tasklist /svc。
显示所有进程以及 DLL 信息:tasklist /m。
显示进程和所有者:tasklist /v。
查看远程主机的进程列表:tasklist /S ip /v。
显示具体的服务信息(包括二进制路径和运行使用):sc qc Spooler。

显示网络信息命令:

打印路由表:route print。
保存当前主机上的所有 WiFi 信息:netsh wlan export profile folder=. key=clear。
设置当前配置禁用防火墙:netsh advfirewall set currentprofile state off。
设置端口转发:netsh interface portproxy add v4tov4 listenport=3000 listenaddress=1.1.1.1 connectport=4000 connectaddress=2.2.2.2。
启用远程访问:reg add "HKEY_LOCAL_MACHINE\SYSTEM\CurrentControlSet\Control\Terminal Server" /v fDenyTSConnections /t REG_DWORD /d 0 /f。

```
启用远程协助:reg add "HKEY_LOCAL_MACHINE \SYSTEM \CurrentControlSet \Control \Terminal
Server" /v fAllowToGetHelp /t REG_DWORD /d 1 /f。
修改远程访问端口:reg add "HKEY_LOCAL_MACHINE \SYSTEM \CurrentControlSet \Control \Terminal
Server \WinStations \RDP-Tcp" /v PortNumber /t REG_DWORD /d 12345 /f。
```

常用工具：

```
Procexp:查看进程详细信息,如加载的 dll 文件、签名、内存使用等。
Autoruns:查看计划任务、自启动、服务等信息。
TCPView:查看网络连接的情况。
PSExec:轻量级的 telnet 工具。
Registry Workshop:好用的注册表工具。
Event Log Explorer:查看系统日志。
其他一些工具,如 PCHunter、D 盾、火绒剑、Log Parser、Wireshark、AutoRuns、Process Explorer 等。
```

Windows 日志分析：

```
Windows 2000 / Server 2003 / Windows XP 的日志目录:
\%SystemRoot%\System32\Config\* .evt
Windows Vista / 7 / 10 / Server 2008 的日志目录:
\%SystemRoot%\System32\winevt\Logs\* .evtx
系统日志(System.evtx):驱动程序、系统组件和应用软件的崩溃以及数据丢失错误等。
应用程序日志(Application.evtx):记录程序运行方面的事件。
安全日志(Security.evtx):登录日志、对象访问日志、进程追踪日志、特权使用、账号管理、策略变更、系统事件。
```

安全日志也是调查取证中最常用到的日志。默认设置下，安全日志是关闭的，管理员可以使用组策略来启动安全日志，或者在注册表中设置审核策略，以便当安全日志满后使系统停止响应。

13.3 应急响应排查

13.3.1 电力生产企业工业互联网安全能力建设

依据网络安全保护相关法律法规制度要求和电力生产企业生产运营管理特点，结合国家行业网络安全监管机制，基于实战能力提升构建适合电力生产特色的工业互联网安全防护体系，以电力生产工业网络安全赋能，采用二级三层架构设计，建设电力生产企业工业互联网安全综合服务平台。形成基层电力生产企业、上级主管单位、国家或行业监管机构、工业设备制造商、工业网络安全服务商等工业生产供应链体系化安全运营机制，构建完整的网络安全运营服务体系，为电力生产单位提供专业全面的安全服务，合法、依规、安全、高效地为电力生产企业工业智能化升级转型助力，践行国家《网络安全法》《数据安全法》《密码法》、等保2.0 等法律法规要求在电力生产行业的示范应用，其功能架构设计如图 13-14所示。

工业互联网安全服务平台（以下简称 UCSP）提供工业互联网安全监测分析、态势感知与综合服务能力，同时可对接上级监管单位和国家平台，满足监管要求并共享威胁情报资源等综合安全职能服务，具备互联网工业资产探测、流量分析、风险识别、态势分析、预警通报、应急处置、态势感知等安全业务功能，从业务角度分析并实现工业互联网资产、监测单位和整体的安全态势觉察、跟踪和分析，并通过大屏实现可视化呈现，全面掌握企业工业生产网络的安全态势，及时预警所监测范围内的安全威胁、安全风险和安全隐患。

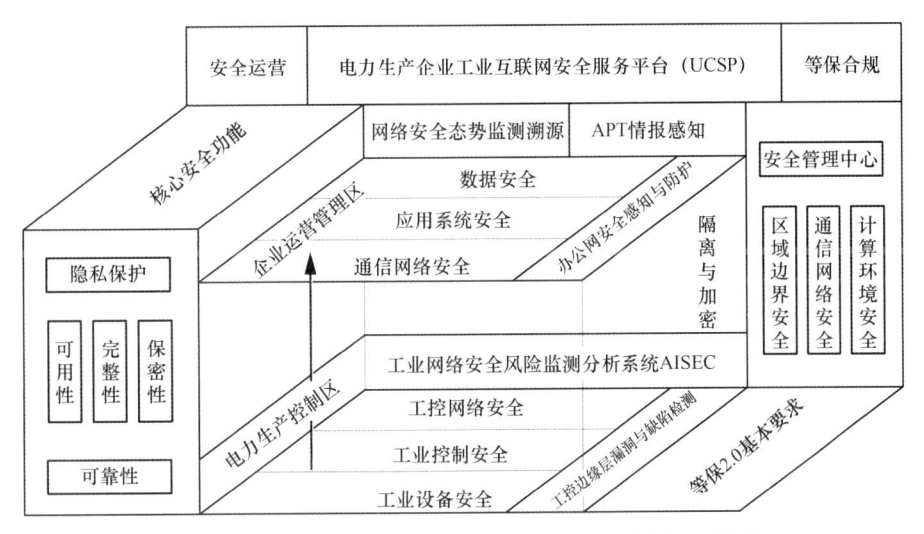

• 图 13-14 电力生产企业工业互联网功能架构设计图

工业网络安全风险监测分析系统可从防护技术策略角度出发，满足国家相关法律法规与标准要求，确保工业生产区的网络边界安全、网络通信安全、应用安全、数据安全。生产企业工业网络安全风险监测系统涵盖安全企业生产经营管理中相关国家与行业安全防护技术规范要求。企业侧安全设计以安全风险可知、可视、可控作为安全防护体系建设的主要目标，强化电力工业生产企业网络安全管理能力。企业办公管理区具备安全信息采集、资产识别管理、安全审计、安全告警、安全处置跟踪以及数据治理等功能，同时为统一网络空间安全服务平台提供在线安全状态监测情报，作为平台提供在线服务的数据支撑。企业工控边缘层是工业生产控制安全防护的核心区域，实施分层分域安全策略，构建多技术融合安全防护体系，提升工业互联网边缘侧设备安全、控制安全、网络安全防护能力。电力生产企业的工业控制设备采用身份鉴别与访问控制、固件安全增强、漏洞修复等安全策略。接入工控网络的现场设备具备硬件特征的唯一标识符，为上层应用提供基于硬件标识的身份鉴别与访问控制能力，确保只有合法的设备能够接入工业网络，根据访问控制规则发送或读取数据。

工业控制过程采取控制协议安全机制、控制软件安全加固、指令安全审计、故障保护等安全策略。对使用系统的用户进行身份认证，未经认证的用户所发出的控制命令则不被执行。在控制协议通信过程中，加入认证约束，避免攻击者通过截获报文获取合法地址建立会话，影响控制过程安全。控制协议采用加密措施，保证通信双方的信息不被第三方非法获取；控制软件安全加固方面，及时对控制软件中出现的漏洞进行修复或提供其他替代解决方案，如关闭可能被利用的端口等；指令安全审计可及时发现网络安全事件，避免发生安全事故。

工业边缘层部署漏洞与缺陷监测探针，实现资产自动识别、漏洞无损发现、威胁实时检测、行为异常分析、工业协议审计等核心功能，通过接入旁路镜像流量的方式部署，监测对应网络交换机的镜像端口流量，实现对部署区域网络的监测审计，工控系统设备的安全状态数据采集、设备系统漏洞发现、违规操作识别、设备日志采集、流量协议分析，并通过边缘计算安全系统进行前置网络安全情报及安全事件处理，将有效的安全情报数据加密上传到 AISEC 平台。

通过 UCSP 服务平台实时监控各类工业系统的访问，能够有效地提高工业控制系统的整体信息安全，及时发现工业网络中的可疑行为，有效地降低可能的风险，保障工业系统的信息安全。UCSP 服务平台能够改善电力生产企业工控系统的安全现状，逐步排除现有的安全隐患，防止潜在风险发生，保障国民经济生产及国家建设，符合国家信息安全的战略需求。

13.3.2　工业互联网的公共卫生应急响应排查

公共卫生应急事件是诸多应急活动中比较特殊的一种。如果说地质灾害和气候灾害的应急响应可以调集大量的人力投入，公共卫生应急事件却反其道而行之，必须尽量减少人员的流动、严格控制人力资源的集中使用。

工业互联网的理念，是通过协同设计、协同制造、协同生产来促进生产方式的转变。采用云上协作方式，可以迅速弥合传统生产和协同模式下的很多"裂缝"，把信息流转过程压缩到极致，让不正确、不合规的信息无法进入流转过程，大大提高效率和效能。对于应急生产来说，有着天然的优越性。

公共卫生应急响应物资供应体系的信息流始于卫生防疫部门的需求，基于大数据和专家系统，对公共卫生应急需求做出及时量化分析甚至前瞻性量化分析；然后把处理过的量化分析结果分解成对于原材料、运输能力、电力、必要人力等方面的需求信息，流向相关的企业、政府和其他机构，触发原材料、运输、政策保障等多方面的响应；在政府保障和运输业支持下，原材料连同附属信息依次流向各级工序，最后形成合格的产品和附属信息；经过物流程序，把产品和附属信息直接投送到最终用户——医院和卫生防疫执行单位手中。

其中最有价值的，或许就是对于爆发性需求的前瞻性响应和量化分析结果的分解。实际上，医学界对传染病发展早已经有了成熟的预测模型，有些专家甚至可以凭借个人经验，就能够迅速判断出事态发展轨迹，这就为前瞻性响应的模型提供了基本条件。至于量化分析结果的分解，则是由有关单位来牵头实现的。

工业互联网在应对这种突发应急事件的时候，可以瞬间完成对整个社会的资源整合和有效调动。在前面所讨论的各种信息流转，如果用传统形式，发出单位要经过公文拟制、审批、盖章、递送等一系列流程，各个收文单位也要经过一系列流程才能把信息落实到生产线上。不同单位有不同的响应速度，总体响应速度实际上是由动作最慢的那个单位决定的。但在工业互联网场景下，可以通过软件以及硬件灵活配置的方式，实现柔性生产。

公共卫生应急的需求，强烈呼唤着制造业必须向智能化转型，实现通过工业互联网来运营和控制生产的全过程，包括需求的确认、生产资料的筹措、生产活动的组织、成品的运输和分发。为此，包括航天云网在内的各个工业互联网供应商责无旁贷。这已经不仅仅是产业升级或者寻求制造业利润的问题，而是事关国家安全和社会安全治理的问题。

13.3.3　工业互联网安全态势感知助力石油石化行业安全防护

针对日益严峻的石油石化行业网络安全运行和管理需求，工业互联网安全态势感知平台基于大数据及人工智能等技术,通过安全分析平台将各安全组件有机结合在一起,对各个组件进行全局统筹和协同响应,构建"云-网-端"协同立体防御体系。同时,建立知识库进行策略管理,根据实时场景自适应决策响应,快速生成应急响应预案,主动将安全策略推送给全网关键安全设备。通过云端检测与边界防御相结合,实时预警和响应安全事件,实现对外部威胁的主动发现。

项目实现了实时感知石油石化行业生产系统、设备、平台的安全状况、风险隐患及企业安全管理运行情况等信息,实现对网络安全监测信息的分类汇聚、精准研判;覆盖对云、网、端的工业互联网监测防御,通过多手段、全流程的信息采集和多维度分析,形成工业互联网关键信息基础设施安全自适应监测体系。

相关技术研究方面,唐龙胜等人提出了工业互联网安全态势感知技术探究,张小俊等人针对能源管道行业工业互联网安全现状、石油管道行业的网络安全面临的问题,对工业网络安全态势感知平台进行了介绍,重点阐述了工业互联网安全态势感知在能源管道行业的应用。针对日益复杂的国际形势,阐明能源管道行业的网络安全维护需要加快发展节奏,找准发展目标,保持正确态度,不断提升迎接机遇和应对挑战的能力。

主要技术特点和应急相应关键排查点如下。

(1) 工业互联网智能安全引擎

通过智能工业互联网安全 AI 模型分析发现威胁,通过机器学习建立操作行为、工控资产及工控流量基线模型,发现异常操作、异常行为、异常流量及恶意攻击流量,通过分类、聚类、回归、深度学习等算法进行模型训练,提供相应的安全 AI 能力,提升深度防护能力,实现从被动监测到主动防御的跨越,提前预警安全风险。工业 AI 入侵检测方面,万明等人提出在全互联互通模式下进行工业 AI 入侵检测方法分析,给出了工业互联网建设时应重点考虑安全脆弱性,然后重点论述了人工智能(AI)算法在工业入侵检测中的应用以及分类,分析了每类方法的优势与不足,并提出了全互联互通模式下工业 AI 入侵检测方法的研究重点。

(2) 大数据安全分析技术及平台

在传统数据分析的基础上,构建融合新一代分析技术的安全态势感知分析平台,基于大数据计算及存储模型支撑海量数据的实时及历史分析,建立安全威胁分析模型,实现从传统的静态特征匹配发现威胁到主动关联分析发现威胁以及海量安全数据的检测,提升深度安全防护能力。王强等人指出大数据分析对于社会经济各方面的发展具有十分重要的积极作用,可以有效提高工作的效率,推动各行业科学发展。

(3) 多源异构安全数据采集与处理

通过多源异构安全数据,实现从被动防御到主动监测的数据集合的跨越,数据采集对象范围包括 IT 基础设施运行状态数据、网络流量数据、日志数据、资产数据、安全告警数据、威胁情报数据、业务数据等,进行内部、外部、情报相关安全数据的全面采集,使安全数据可以反映出所有时段、各个安全层面。

(4) 多维度安全态势可视化

通过态势多维监测,实现从被动防御到主动监测的跨越,建立主动防御体系,基于机器学习、人工智能和专家系统,对大范围样本数据进行安全分析,并对安全态势、行为审计和设备运维态势进行可视化呈现。通过态势多维监测,可以非常直观地看到:被攻击最频繁的区域、攻击类型分布及趋势、攻击源攻击目的和实时的攻击事件;用户的内网应用流量分布、内网用户访问流量模型；设备的状态，包括高危资产、资产漏洞分布、关键服务器性能监控、关键网络设备负载监控和最新的告警信息。

多维度安全态势可视化方面，魏凡翔等人针对空管网络实现了落地应用，最终设计并构建了一个面向网络安全感知的态势可视化系统。同时提出，传统的网络安全态势感知存在着诸多不足，如感知结果表现形式单一、感知层次不够丰富等。为了能更好地方便用户探索网络安全的发展态势，如何将网络安全态势感知和可视化技术结合（即网络态势可视化技术）已成为当下亟待解决的问题。

（5）异常流量多维检测与预警

基于动态流量基线对异常流量进行检查，是提升网络安全的重要手段，通过分析主机流量访问、内网流量访问、互联网出口用户的流量访问以及用户主机的各种流量传输行为，结合机器学习和人工智能算法，准确找到用户与流量之间的基线关系，通过机器学习等算法对潜在的流量异常行为进行挖掘和判断，确保安全合规和信息泄露防护的需求，实现对用户和业务访问的精细化管理。

（6）资产/业务安全运维管理

对用户、资产和业务进行关联，聚焦资产或业务的状态监控、性能监控、配置基线管理、运维告警和故障诊断，结合大数据的分析方法，全面感知和监控资产的运营状态与安全指数，为运维决策并联动响应处置提供可视化的呈现和简易化的操作。

石油石化环境下的安全态势感知平台，利用大数据技术对网络安全态势信息进行关联分析、数据挖掘和可视化展示，绘制关键信息基础设施网络安全态势地图，为石油石化行业各项系统安全提供支持。

（7）全网资产监控排查

为了有效监控在网资产运行及风险状态，快速处置故障及风险事件，系统基于云计算和容器技术进行微服务的自动部署与动态管理，对关键对象状态进行实时监控，对重要资产进行风险分析，能够快速生成配置策略和任务工单，实现运维的响应和处置；同时支持工单的作业化管理，实现工单的自动触发、派发、跟踪、提醒和关闭。

（8）异常流量检测排查

基于动态流量基线对异常流量进行检查，是提升网络安全的重要手段，通过分析主机流量访问、内网流量访问、互联网出口用户的流量访问以及用户主机的各种流量传输行为，结合机器学习和人工智能算法，准确找到用户与流量之间的基线关系，通过机器学习等算法对潜在的流量异常行为进行挖掘和判断，确保安全合规和信息泄露防护的需求。

（9）业务安全运维排查

聚焦资产或业务的状态监控、性能监控、配置基线管理、运维告警和故障诊断，结合大数据的分析方法，全面感知和监控资产的运营状态与安全指数，通过对用户网络安全策略体系与业务系统进行针对性分析，实现安全策略合规矩阵的可视化展示，为运维决策和联动响应提供可视化的呈现和简易化的操作；同时也可以实现对用户的远程代维代管，为后续安全云运维增值业务的开展提供帮助。

针对日益严峻的工业互联网安全运行和管理需求，研究应用大数据和机器学习等技术解决工业互联网安全防御面临的监测、分析、决策、响应等问题，从而为工业互联网网络防御中基于知识的态势管理和智能决策带来新的方法与理念。

13.3.4 工业互联网安全应急响应中的关键排查技术

作为工业信息安全保障体系的最后一道防线，工业信息安全应急工作的任务包括持续识别威胁、制定周密预案、快速发现事件、及时介入干预、深度排查分析、彻底清除隐患、细致调查溯源、追踪事件原因、恢复系统稳定、降低事件危害、全面安全加固、复盘总结经验。一般的安全应急响应排查管理流程图如图 13-15 所示。

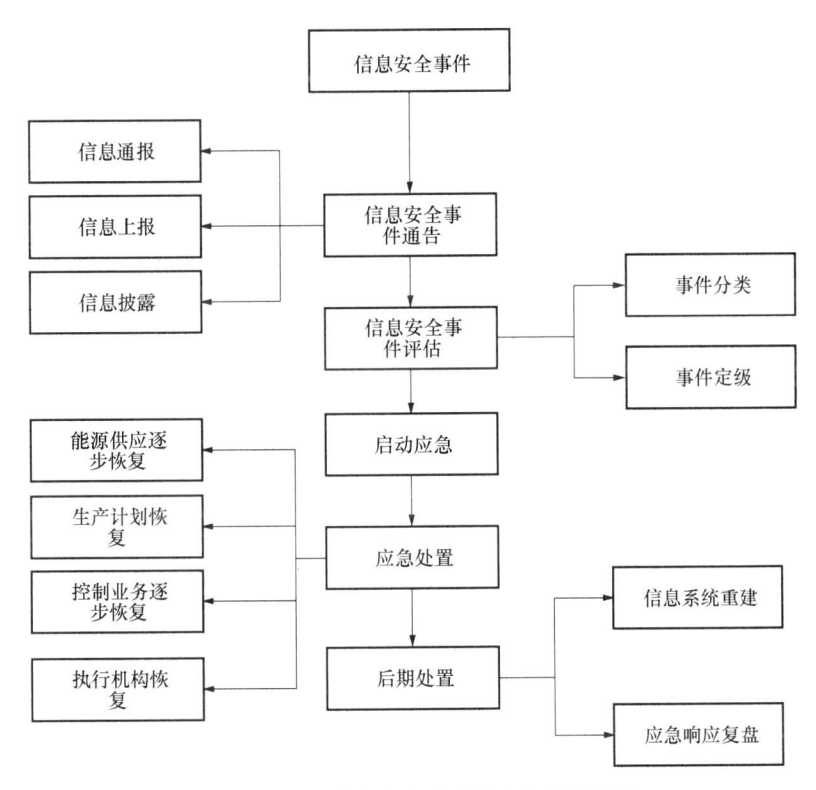

● 图 13-15 安全应急响应排查管理流程图

首先，进入应急启动阶段，应急工作组接公司接口部门安全事件申告，立即对事件进行初步评估；初步评估完成，第一时间上报应急领导小组；应急领导小组通知应急处理组第一时间隔离被感染主机，并通知应急处理组人员到达现场进行事件处理。安全运维负责人根据安全运维人员、网络管理员、业务系统管理员汇报的情况，向应急现场负责人汇报情况，双方迅速对本事件进行安全事件的影响范围与影响程度确定。

然后，进入应急处理阶段。

1）紧急操作。检查客户端防病毒软件监控日志，确定恶意代码源头，定位到具体设备 IP。必要情况下切换备机，断网隔离。通过在业务防火墙或网络设备设置访问控制策略，限制外部的访问。

2）事件处理。启动备用服务器并进行安全加固，确保其不会被勒索软件感染。备份系统以供主机应急过程中产生的意外回退。在条件允许的情况下，确定问题主机勒索软件特征。重新安装操作系统并进行安全加固。安装病毒查杀软件，对系统进行全面杀毒，开启杀毒软件实时安全防护功能。排查应用代码和系统漏洞，及时修补。

3) 事件恢复。在确认勒索软件被彻底根除之后，恢复系统运行，如果启动了备用服务器，应将服务器切换到原来的服务器。

最后是应急结束阶段，根据应急处理后系统运行状态正常，主机得到安全控制，领导小组下达应急工作结束指令。应急工作组传递应急工作结束指令，并向相关单位通报本次网络攻击与信息安全事件情况。对事件的整个过程进行完整的记录和分析，如有必要可优化、调整应急预案。事件处置完成后，将事件处理分析报告上报给相关主管部门。

13.4 应急响应案例剖析

近年来，工业互联网安全事件层出不穷，安全形式日益严峻。本节主要分析近些年有代表性的应急响应案例的发生及处理过程，最后对处置的应急响应案例进行总结。

13.4.1 应急响应案例回顾与分析

1. 某知名汽车零部件生产企业遭受"永恒之蓝"勒索病毒攻击

（1）场景回顾

2018 年 7 月 17 日，某知名汽车零部件生产企业工业生产网络遭受"永恒之蓝"勒索病毒的攻击，酸轧生产线一台 Windows Server 2008 R2 主机出现蓝屏、重启现象。当日晚上，4 台服务器出现重启，现场工程师通过查阅资料，对病毒进行了手动处理。2018 年 9 月 10 日各条生产线开始出现大量蓝屏和重启现象，除重卷、连退生产线外，其他酸轧、包装、镀锌生产线全部出现病毒感染、蓝屏/重启现象。此时，病毒已对正常生产造成严重影响。2018 年 9 月 12 日，该汽车零部件生产企业求助工业互联网安全应急响应中心，工业安全应急响应中心高度重视，对事件进行全面处置。

（2）问题研判

经过对各生产线的实地查看和网络分析可知，网络中存在的主要问题如下。

- 网络中的交换机未进行基本安全配置，未划分 VLAN，各条生产线互联互通，无明显边界和基本隔离。
- 生产线为了远程维护方便，分别开通了 3 个运营商 ADSL 拨号，控制网络中的主机在无安全措施下访问外网。
- 控制网中提供网线接入，工程师可随意使用自己的便携机接入网络。
- U 盘随意插拔，无制度及管控措施。
- 安全意识不高。
- IT、OT 的职责权限划分不清晰。

（3）处置方案

攻击目标是经过精心选择的，承载了核心业务系统，客户一旦中招须缴纳赎金或者自行解密，否则会造成业务瘫痪。例如，镀锌生产线处于停产状态，以"处置不对工业生产造成影响或最小影响"为原则,首先检查镀锌生产线服务器,然后进行病毒提取,停止病毒服务,手动删除病毒;对于在线终端,第一时间推送病毒库更新和漏洞补丁库并及时采取封端口、打补丁等措施,避免再次感染。

2. 某大型炼钢厂遭受挖矿蠕虫病毒攻击

(1)场景回顾

2018 年 10 月 31 日,工业安全应急响应中心接到某炼钢厂电话求助,称其工业生产网络自 10 月起各流程工艺主机遭受了蠕虫病毒的攻击,出现不同程度的蓝屏、重启现象。早期在其他分厂区曾出现过类似现象,2018 年 10 月 18 日该炼钢分工厂出现主机蓝屏重启,2018 年 10 月 30 日晚间蓝屏重启主机数量增多,达到十几台。意识到病毒在 L1 生产网络有爆发的趋势,厂区紧急配置了趋势杀毒服务器,并在各现场工控主机终端安装趋势杀毒网络版本进行杀毒,部分机器配合打补丁进行应急处置。

(2)问题研判

通过工业安全应急响应人员近两天的情况了解、现场处置,可以确认 L1 网络中感染了利用"永恒之蓝"漏洞传播的挖矿蠕虫病毒(WannaMine),OA/MES 网络主机既感染了挖矿蠕虫病毒,又感染了"永恒之蓝"勒索蠕虫变种。由于网络未做好隔离与最小访问控制,关键补丁未安装(或安装未重启生效),蠕虫病毒通过网络大肆快速传播与感染,导致蓝屏、重启事件。网内主机感染时间有先后,网络规模庞大,因业务需要,外网主机可远程通过 VPN 访问生产网中主机,进而访问现场 PLC;网络中存在多个双网卡主机,横跨 L1、L2 网络,进而造成整个 L1、L2、L3 实质上互联互通;同时传播感染有一定的时间跨度,被感染的主机亦可以攻击网络中其他目标,无全网全流量监控。由分析可知,挖矿蠕虫病毒、"永恒之蓝"勒索蠕虫变种通过某种网络途径,采用系统漏洞利用的方式传入,由于内部网络无基本安全防护措施且互联互通,进而导致了病毒迅速蔓延扩散。

(3)处置方案

对该炼钢厂 L1 生产网络中的多个流程工艺,包括转炉、异型坯、地面料仓、精炼、倒灌站等操作站主机进行处置,病毒传播、蓝屏重启现象已得到基本控制,部分主机已做过处理。对于其他主机建议做如下处理:确认主机是否存在挖矿蠕虫病毒或"永恒之蓝"勒索病毒;挖矿蠕虫病毒处置方式:安装微软补丁,建立完善的工业安全防护制度和统一方案,确保生产安全、连续、稳定。

3. 某卷烟厂遭受蠕虫病毒攻击

(1)场景回顾

2018 年 11 月 12 日,某大型卷烟厂卷包车间主机出现不同程度的蓝屏、重启现象,运维人员通过安装免费版本杀毒软件及关闭 445 端口暂时解决了问题,但是在 2018 年 11 月 19 日,卷包车间工业生产网络(包括数采、物流和生产)较多数量工控机出现蓝屏、重启现象,意识到病毒在生产网络有爆发的趋势,该卷烟厂相关负责人紧急联系了工业安全应急响应中心,同步现场情况。工业安全应急响应中心对事件高度重视,对该卷烟厂工业主机蓝屏问题进行全面处置。

(2)问题研判

经过情况了解、现场处置,工业安全应急响应人员可以确认工业生产网络中感染了"永恒之蓝"勒索蠕虫变种。由于网络未做好隔离与最小访问控制,关键补丁未安装(由于系统原因部分无法安装),蠕虫病毒通过网络大肆快速传播与感染,导致蓝屏、重启事件。

工业生产网络中存在大量双三网卡主机，车间多个接入交换机、汇聚交换机直至核心交换机进行串行级联，无基本逻辑隔离，加之多网卡主机的存在，导致网络边界模糊，生产网络与办公室网络连通，办公室主机遭受蠕虫感染之后，通过网络迅速传入生产网络中，网络中暂无全网全流量监控、工业级防火墙和主机安全防护。由分析可知，"永恒之蓝"勒索蠕虫变种通过某种网络途径，利用操作系统漏洞的方式传入，先感染车间办公室主机，进一步通过网络感染内网中的工控机。

（3）处置方案

经过基本处理，对卷包车间的 10 台工控机进行了处置：手动进行病毒检测样本抓取，创建阻止 445 端口数据传播的组策略，当前病毒传播、蓝屏重启现象已得到基本控制，对于其他主机，建议做如下处理：确认主机是否存在"永恒之蓝"勒索病毒；安装微软补丁；建立完善的工业安全防护制度和统一方案，确保生产安全、连续、稳定。

4. 某半导体制造企业遭勒索软件攻击

（1）场景回顾

2018 年 12 月 5 日，国内某半导体制造企业遭受勒索病毒攻击，其核心生产网络和办公业务网络被加密，导致生产停工，被加密的主机被要求支付 0.1 个比特币的赎金。

（2）问题研判

企业安全应急响应专家通过对现场终端进行初步排查，发现客户终端主机被植入勒索病毒，导致无法进入操作系统。修复 MBR 后使用数据恢复软件恢复部分文件，在部分机器上对日志进行分析，发现其存在域控管理员登入记录。经过排查，初步判断此次攻击事件由黑客入侵企业的备用域控，获得其账号密码，并在 bat 脚本中批量使用 cmdkey 命令将远程主机凭据保存到当前会话，随后调用 psexec 远程执行命令，向域中机器下发攻击文件进行勒索。企业安全人员在客户现场共提取了 update3.exe、update.exe、update2.exe 三个样本，其功能分别为：将勒索病毒写入主机 MBR、使用类似 TEA 的对称加密算法加密文件、使用 libsodium-file-crypter 开源项目开源代码加密文件。因目前已有多家工控企业遭受该勒索病毒，且攻击者通过人工渗透的方式释放病毒，不排除攻击者会对其他已经控制的内网系统下手，安全监测与响应中心提醒广大用户及时做好安全防护工作。

（3）处置方案

使用 PE 系统登入服务器，使用磁盘工具搜索磁盘，并使用安全工具恢复 MBR 即可解决系统无法启动的问题。对于已中招服务器下线隔离。对于未中招服务器在网络边界防火墙上全局关闭 3389 端口或 3389 端口只对特定 IP 开放；开启 Windows 防火墙，尽量关闭 3389、445、139、135 等不用的高危端口；每台服务器设置唯一口令，且复杂度要求采用大小写字母、数字、特殊符号混合的组合结构（两种组合以上），口令位数足够长（15 位）；安装终端安全防护软件。

13.4.2 应急响应案例总结

1. 勒索病毒主要攻击目标瞄准工业主机

以上所述仅为近年来多起应急响应案例中的四个典型案例。对所有应急响应处置进行综合分析、总结，不难得出以下基本结论。

（1）从问题和现象上看

企业遭受攻击后的现象多为蓝屏、重启、勒索；病毒多为"永恒之蓝"蠕虫变种、挖矿蠕虫；蠕虫病毒普遍利用 MS17-010 漏洞进行大面积传播；2017 年 5 月，WannaCry（"永恒之蓝"勒索蠕虫）在全球范围内大规模爆发，而 2018 年，蠕虫变种在工业环境中感染、传播呈现爆发的趋势。"永恒之蓝"勒索蠕虫存在多个变种，"永恒之蓝"挖矿也从 WannaMine1.0、WannaMine2.0 到 WannaMine3.0 不断更新，传播速度和感染面积惊人。当前企业内网中仍然存在大量未安装"永恒之蓝"补丁的主机，工业环境中主机处于裸奔现象更为普遍，病毒在漏洞利用传播的过程中，不同操作系统平台存在不稳定现象，存在引起主机蓝屏、重启概率，挖矿病毒更是利用目标进行挖矿活动，大量消耗主机资源，对连续、稳定、安全生产构成了巨大威胁。

（2）从行业分布上看

当前感染蠕虫病毒的企业多为智能制造、钢铁、烟草等行业的企业。

（3）从根本原因分析上看

首先，工业环境缺乏基本的安全防护为最主要原因；病毒攻击的目标为主机，而工业主机基本处于裸奔状态；其次，网络结构划分不当，缺乏边界防护和网络流量监测手段；最后是安全管理的问题，包括补丁管理、移动介质使用、第三方运维准入、网络资产台账、人员管理、安全意识提升等多个方面。

2. 构造完善的工业安全产业体系

应急处置只能暂时性解决当下存在的问题，从工厂整体改造要求出发，从确保生产安全、连续、稳定和企业发展的长远利益出发，制定全面解决方案、建立完善的工业安全防护体系刻不容缓。企业可从以下方面开展工作。

（1）提高安全意识和培训

人是安全的尺度，网络攻击者知道人仍然是信息安全中最薄弱的环节，大多数安全漏洞都是由人为错误造成的。通过培训提升 OT 人员的安全意识和技能，将会最快、最有效地规避因为人的不了解带来的低级安全风险，缩短隐患、事件的判断和恢复时间。

（2）对 OT 资产进行清点、分级和分类

OT 资产是安全防护的对象，包括设备、操作、软件、网络和人员，分析这些资产之间的互联和依赖关系。定义各类 OT 资产重要性及安全要求，以达到所要求的风险降低水平，确定所要进行的安全工作，如网络分割、身份和访问管理应急计划（备份等）、漏洞管理、远程访问（包括特权和非特权访问）安全监控、第三方管理修补程序管理事件响应。

（3）实施工业主机安全防护

网络攻击（如勒索挖矿病毒等）首要对象是工业主机，相比改进重新分隔 OT 网络，对工业主机实施"白名单"类的安全防护更简单易行，可以在生产间隙或检修时完成，效果十分明显。

（4）构建全面的防御和监测体系

在网络边界处部署工业级防火墙，接入交换、核心交换处旁路部署全流量监测产品，对病毒和网络攻击进行全面拦截，即便发生入侵亦可快速被发现、告警、定位，全面建立工厂、公司、集团的多方预警监测。

13.5 本章小结

保障工业网络安全的重要性是不言而喻的,当今社会的信息网络安全已是影响国家安全的一个高权重因素。虽然保护网络安全的技术迅速发展,但实践证明,现实中再昂贵的安全保护也无法发现和抵御所有的威胁。因此,完善的网络安全体系要求在保护体系之外必须建立应急响应体系。将工业控制系统直接暴露在互联网上存在较大的安全隐患,然而由于业务需求,仍有很多此类设备和系统直接暴露在互联网上。当工业系统接入互联网后,检测应急响应关键排查点及建立工业网络安全应急响应体系就尤为必要了。不论是企业还是机构,未来将面临的一个重要网络安全问题是,企业内网络安全的防护不再是孤立的,而是和整个互联网安全状况和突发网络安全事件紧密联合起来。

工业互联网属于现代信息技术、制造业融合发展的新型应用结构,属于开放性全球化网络,利用互联网与大数据技术,可以实现智能交互,促进工业升级更新。工业互联网发展期间,极易受到不法分子或黑客攻击,因此必须积极应对攻击,采用攻击检测机制,对各方攻击进行监测。建立和完善应急响应机制,遭受攻击后必须迅速做出响应,采取科学方式抵御攻击,以此降低恶意攻击所造成的损害影响。通过多种检测模型建立异常检测机制,以此补充防火墙保护机制。利用异常代码检测、入侵检测和病毒查杀等方式,对各类潜在攻击行为进行监测。通过模型入侵检测法、非参数累积检测法、差分自回归移动平均模型法、场景指纹异常检测法,可以准确预测攻击事件和不法入侵,尽早准备好安全防护措施。其次,注重建立快速攻击响应机制,对于工业互联网入侵事件,在较短时间内做出响应动作。攻击响应机制必须迅速分类入侵事件,同时按照不同入侵事件启动不同响应动作,采取对应的应急响应策略,在最短时间内恢复系统运行。

熟悉应急响应预案的制定规则和实施流程,相关组织需要对应急响应预案进行培训,并通过演练来检验所制定的应急响应预案的有效性,使之在真正应对突发事件(如网络入侵和攻击等情况)时,能够临危不乱,有效应对。通过应急演练,还可以发现应急预案中存在的问题,在突发事件发生前暴露预案的缺点,验证预案在应对可能出现的各种意外情况时所具备的适应性,找出预案需要进一步完善和修正的地方。

13.6 思考与练习

1. 从问题和现象、行业分布、根本原因视角,完成对典型工业互联网安全应急响应案例的总结及分析。
2. 常见应急响应大致包括哪几个环节?请绘制常见应急响应流程图。
3. 常用应急响应工具及命令有哪些?
4. 如何构建完善的工业安全产业体系?
5. 请结合某一工控网络安全事件编写应急响应报告。
6. 了解工业互联网平台应用问题以及解决对策,浅谈工业互联网平台助力安全生产的现状与建议。

第 14 章 典型行业工业互联网安全解决方案

工业互联网的本质是以机器、原材料、控制系统、信息系统、产品以及人之间的网络互联为基础，通过对工业数据的全面深度感知、实时传输交换、快速计算处理和高级建模分析，实现智能控制、运营优化和生产组织方式变革。工业互联网是互联网和新一代信息技术与工业系统全方位深度融合所形成的产业和应用生态，是当前工业智能化发展的关键综合信息基础设施。

在深入推进工业互联网安全工作的过程中，面临一系列固有和新兴的安全问题。不同行业所面临的风险与威胁也不尽相同，本章将着重介绍一些典型行业所面临的风险及其相关解决方案。

14.1 水电厂工业互联网电力监控系统综合安全防护解决方案

14.1.1 方案概述

1. 行业现状

为全面提升我国电力监控系统安全防护能力，进一步完善电力企业生产安全保障建设体系，国家能源局组织开展了电力监控系统安全防护的专项检查工作，并发布了《电力监控系统安全防护专项监管报告（2016）》。根据国家监管要求，南方电网公司和调峰调频发电有限公司制定并颁发《南方电网电力监控系统安全防护提升工作方案》（南方电网系统〔2016〕26 号文）、《调峰调频发电公司监控系统安全防护提升工作方案》（调峰调频设备〔2016〕18 号文）。

2. 发展前景

电力行业是我国重要的工业领域之一，发展工业互联网是电力行业数字化转型的必然过程，根据工信部印发的《工业互联网创新发展行动计划（2021—2023 年）》的相关内容要求，电力行业将进一步加快工业互联网创新发展步伐，持续推动工业数字化转型。

3. 技术现状

随着工业互联网领域的安全事件频发，工业领域网络安全态势日趋严峻。当前，根据上级监管要求，电厂进行了电力生产监控网络的相关安全建设，部署了安全访问隔离和纵向认证加密装置等设备，但并没有从合规性和安全能力等方面进行系统规划和体系建设，导致电厂电力生产监控网络的防护水平低、防护效果差。

4. 发展趋势

根据《工业互联网创新发展行动计划（2021—2023 年）》中提出的实施企业网络安全能力贯标计划，明确企业设备、控制、网络、平台、应用和数据等的安全防护基本要求，强化企业自身防护，鼓励支持重点企业建设集中化安全态势感知和综合防护系统，提升网络和数据安全技术能力，开展对 PLC、SCADA 等重要系统的安全监测评估工作。安全是工业互联网发展的关键保障，电力生产监控网络安全又是工业互联网安全发展的重要组成部分。因此，电厂电力生产监控网络安全建设将是未来电力行业发展工业互联网、智慧电力的必然趋势。

5. 安全风险和挑战

云计算、人工智能、大数据、量子通信等数字技术的变革与发展，推动了网络攻防技术的快速更新迭代。勒索病毒、零日漏洞、数据泄露、社会工程学攻击已成为工业领域最为突出的攻击方式。当下，我国电力行业的电力生产监控网络安全防护水平普遍较弱，将无法应对外部和内部的数字安全风险。

14.1.2　典型安全问题

某水电厂电力生产监控网络和管理信息网络存在以下主要安全问题。

1. 生产控制区

- 工作站未采取有效的主机防病毒措施，无法对病毒、木马和蠕虫等恶意代码攻击进行技术防护和处理。
- 在安全访问控制方面，尚未根据分区分域原则设计部署有效的安全防护设备，缺乏更有针对性的安全防护策略和安全机制。
- 缺乏对安全威胁和风险的入侵检测能力，无法对端口扫描、后门注入、DDoS、缓冲区溢出等攻击行为进行及时检测与告警。
- 缺乏针对电力监控生产网络中网络流量和工控协议的安全审计能力，无法监测工控网络攻击行为、异常流量并感知安全异常事件。
- 在上下级调度机构控制系统与电力调度数据网之间没有部署纵向加密设备，无法保证生产环境数据在传输过程中的保密性、完整性和可用性。
- 没有有效的身份认证以及账号权限管理措施，无法对运维人员的操作行为进行权限控制和操作行为审计，易造成账号密码泄露，带来安全隐患。
- 未对电力监控生产网络进行集中的安全管理，不能对网络状况进行集中的监控和对网络设备进行统一的管理。缺乏对安全事件识别、监测、分析、处置、响应的一体化运维能力，无法保障生产环境的业务可持续性运行，使得安全运维管理成本高、运维工作效率低。

2. 管理信息区

- 办公主机未采取有效的主机防病毒措施，无法对病毒、木马和蠕虫等恶意代码攻击行为进行技术防护与处理。
- 缺乏对 USB 移动设备进行有效管控的技术手段，容易在 USB 移动设备摆渡之后造成病毒、木马的传播扩散。

14.1.3 安全解决方案

1. 主要解决的问题

本方案涉及范围包括厂房监控系统和集中控制系统，主要包括主机安全防护软件、工业防火墙、纵向加密、工控入侵检测、工控安全审计、运维安全审计、工控漏洞扫描、工业网络安全监测预警平台及附属等设备系统，并分别对厂房监控系统和集中控制系统进行安全防护能力建设。

（1）区域隔离与防护

在监控系统的测量单元与工作站之间部署工业防火墙。通过部署工业防火墙，阻止来自区域之间的越权访问、入侵攻击和非法访问等，保护控制系统安全运行。实现横向逻辑隔离，将安全威胁和风险控制在有限范围内。

（2）纵向加密认证

在生产控制区与调度数据网的纵向连接处部署电力专用纵向加密认证网关或加密认证装置，为上下级调度机构或主站与子站端的控制系统之间的调度数据网通信提供双向身份认证、数据加密和访问控制服务。

（3）网络入侵检测和恶意代码防范

在生产控制区边界处旁路部署入侵检测设备，实时监控各种数据报文及来自网络外部或内部的多种攻击行为。在第一时间发现并阻止攻击和恶意破坏行为，同时形成日志报表，便于用户调查取证。入侵检测系统能够帮助安全管理人员及时发现威胁，扩展了管理人员的安全管理能力，可提高信息安全基础结构的完整性。通过在交换机上部署网络入侵检测系统，对关键的网络进行监控。

（4）资产识别与漏洞闭环管理

在生产控制区部署漏洞检测设备，能够及时发现上位机、服务器、控制设备、网络协议等的安全漏洞，及早发现潜在的安全隐患，并提供修补改进建议。漏洞检测系统能够帮助安全管理人员及时了解整个系统自身存在的脆弱性，便于及时采取相应的防护和应急响应手段。

（5）主机安全防护

在生产控制区上位机及服务器与管理信息区的主机上安装主机防护软件，监控分析应用程序和人工操作的行为特征，生成白名单。通过"白名单"阻止所有非法软件的执行，使得在没有杀毒软件或杀毒软件更新不及时的环境下，病毒、蠕虫、木马等恶意程序依然无法执行。

（6）网络安全审计

在生产控制区的区域边界旁路部署工控网络监测与审计设备，收集全网工控设备流量，向工控安全管理平台集中汇报。统一收集网络日志，通过建模分析当前网络安全状态，为管理员提供可视化的操作行为、异常波动、告警信息等。

（7）运维安全审计

在管理信息区旁路部署堡垒机，接管数据库、网络等设备的登录，运维人员、第三方人员统一在堡垒机上操作。通过堡垒机进行权限分配、操作审计、合规性管理，对风险行为进行告警。

（8）统一安全管理

在生产控制区分别部署统一的安全管理平台，配合相关安全产品形成工控系统纵深防御体系。建立从网络边界到工业主机的立体式纵深防御体系，一是多处设防，避免单点被外部攻击后出现重大安全事件；二是集中管理，对全网安全策略和攻击事件进行统一管理。

2. 技术架构与部署架构

（1）技术架构

方案采用"平台+探针"的分层式技术架构。

（2）部署架构

安全防护设计方案网络拓扑如图 14-1 所示。

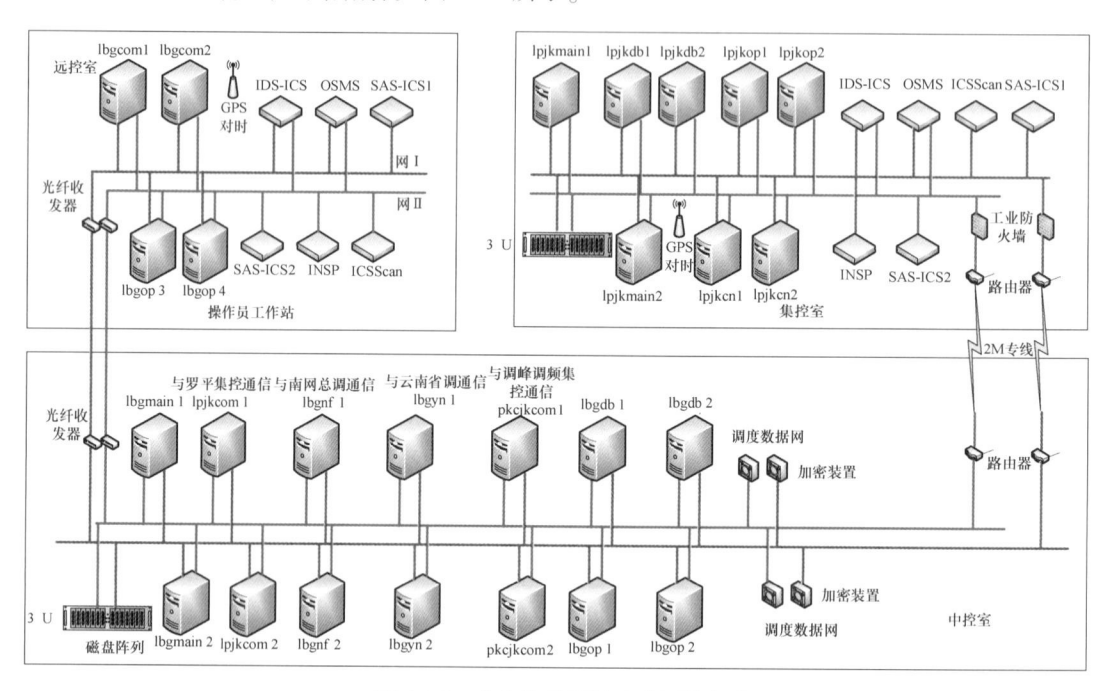

● 图 14-1　安全防护设计方案网络拓扑

（3）关键组件/模块、核心功能

工业网络安全监测预警平台系统架构如图 14-2 所示。

- 数据采集层：提供多种数据格式的接口，如 Syslog、SNMP 等协议格式，收集工业网络中各类上位机服务器、工控终端、网络交换设备。
- 数据分析层：对采集后的来自不同类型设备的日志、事件、配置信息进行集中分析和处理。
- 系统功能层：实现系统的应用功能。包括基于工控网络拓扑的综合态势管理、基于攻击链和业务行为基线的风险预警管理、基于工控事件库和处置预案库的工控知识库以及其他核心功能模块。
- 可视化展示层：实现可视化的交互展示，包括可视化全景视图、资产运维展示、工控拓扑展示、风险仪表盘等可视化模块。

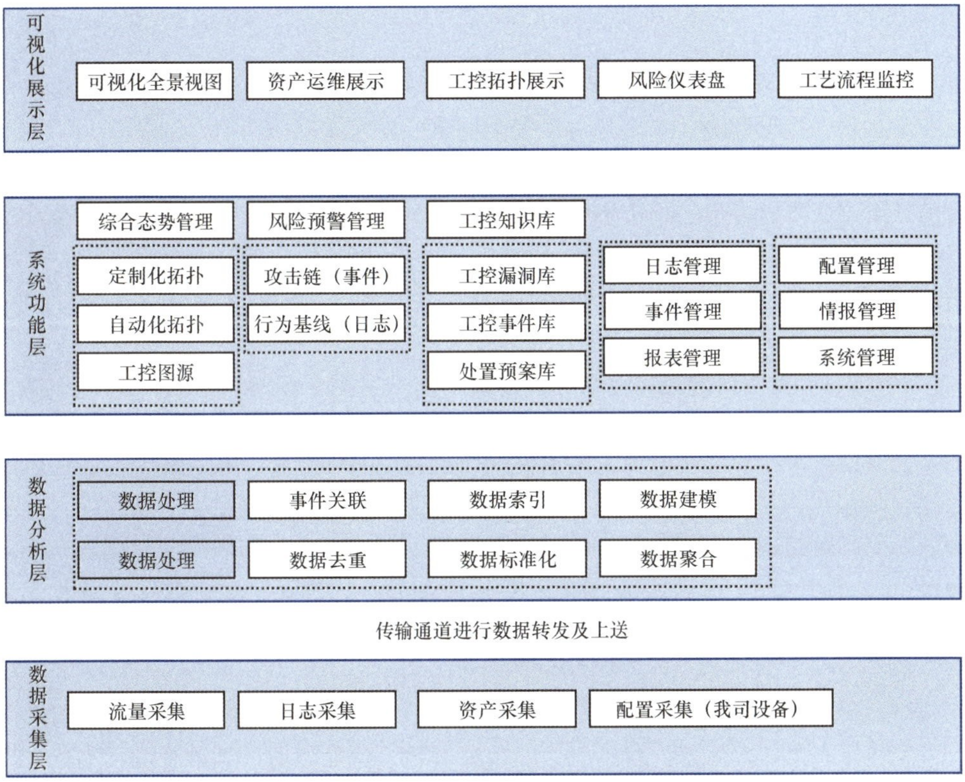

● 图 14-2　工业网络安全监测预警平台系统架构

（4）方案的创新点、先进性、实用性和效益

1）创新点。

① 强大的分析引擎。平台中预制关联分析引擎，对专项分析提供基础能力支撑，如风险分析、脆弱性分析、态势分析、资产分析、攻击链条分析等。分析引擎采用分布式设计，能够进行横向扩展，面对工业网络数据量时能够实现按需扩展，将分析引擎分散到其他更多的机器中，实现按需进行计算资源扩展。

② 独有的数据强化技术。提供一套简洁有效的日志统一分类机制，使用独有的技术将日志快速标准化，并基于安全分析需要进行数据的过滤和强化，丢弃无法使用的噪声信息，提升日志查询和分析效率。

③ "组态化"的配置模板。提供基于组态的配置模板，针对客户的业务场景可以利用模板进行场景化配置，方便现场的操作人员对规则进行配置和使用，使用上贴合现场操作人员对工控系统的使用习惯。通过预制的设备类型和应用场景，用户无须关注具体的规则设备，只需要配置场景就可以实现在应用场景内的规则配置和应用。

④ 智能协议识别和辅助规则生成。智能协议识别采用被动检测的方式从网络中采集数据包，并进行数据包的解析，智能地与系统内置的协议特征、设备对象等进行匹配，生成可供参考的网络交互信息列表，通过对协议分布和流量信息进行匹配，形成"网络流量行为基线"，帮助用户以最快捷的方式了解和掌握网络中的业务通信状态，发现网络潜在的安全

风险。智能化的流量自学习规则还可以辅助系统自动生成相关的异常检测规则，对现有的规则进行调优等。

2）先进性。

① 成熟的安全架构。方案借鉴国际通用的 NISTCSF 安全能力框架，为用户构建从风险识别、安全防护、持续监测、安全响应和安全恢复的安全闭环能力。

② 领先的安全理念。打破传统的被动、静态式的边界安全防御理念，为客户重构主动、自适应的纵深安全防御体系，打造风险可视化、防御动态化和运行自动化的一体化安全能力。

③ 创新的安全技术。方案中采用了较多的创新安全技术，如人工智能算法、大数据分析模型、SOAR、威胁知识图谱、攻击链分析等技术，对攻击溯源分析和安全事件自动化处置提供了重要的技术基础。

3）实用性。方案中涉及的核心产品均为自主设计研发，具有良好的自主可控性。在应用前全部通过严格的安全性测试和质量检测，以确保产品的高可靠性。为更好地满足客户场景化的安全建设需求，前期对电力生产监控环境进行调研和分析，并对解决方案在该场景下的可用性、可靠性、安全性进行了充分的测试和验证。在实际的电力生产过程中，安全防护系统为电力生产监控网络提供了良好的安全保障作用，方案具有良好的实用性。

4）效益。提升电力生产监控网络的安全运营能力，优化安全运维效率，降低安全运维成本，有效保障了电厂的可持续安全业务生产效益。

(5) 适用场景和对平台/软硬件的要求

1）适用场景。该方案非常成熟，可适用于离散、流程型工业领域的工业互联网厂内电力生产监控网络安全防护场景，包括电力、石油石化、智能制造、烟草制造、水务、机械加工等行业。

2）对平台/软硬件的要求。平台软件系统可灵活适配于 x86 架构的服务器，其他探针类安全产品需满足工业生产环境要求。

14.1.4　小结

1. 主要价值体现

为电厂电力生产监控网络和管理信息网络建立集风险可视化、防御主动化、运行自动化的一体化安全能力，建立安全威胁感知和预警机制，完善纵深安全防御体系建设，提升安全运维效率。

2. 方案的特点和优劣势

(1) 合规性

不仅满足等保 2.0 合规性和上级单位监管要求，同时也很好地开展、落实并践行了《工业互联网发展行动计划（2018—2020 年）》。

(2) 适用性

方案不仅适用于电力生产监控网络场景下的安全防护体系建设，同时还可以广泛应用到其他离散和流程工业领域。

(3) 创新性

在《工业互联网创新发展行动计划（2021—2023 年）》中提倡的利用人工智能、大数据技术等创新能力强化网络安全技术保障能力方面，绿盟采用独特的人工智能算法、大数据分析模型、UEBA 和安全编排、自动化响应处置等关键创新技术，帮助电厂构建弹性可扩展、动态自适应的安全防护体系。

14.2 风电场电力监控系统网络安全解决方案

14.2.1 方案概述

电网作为我国最重要的关键基础设施，如何针对清洁环保的新能源关键信息系统设计安全有效的防护方案，以保障新能源安全地并入电网，是一项比较大的挑战。风力发电因环保、能量储蓄大、资源丰富等特点，受到全球各国的广泛重视。随着大量的风力发电并网技术的成熟，风力发电不仅解决了日益增产的能源需求，同时有效地保护了我国的自然生态环境。

国家电网作为我国最重要的关键基础设施，大量风力发电并网的同时，给电网的信息安全保障工作在管理和技术上提出了更高的挑战，国家能源局于 2015 年出台的《电力监控系统安全防护总体方案》（国能安全〔2015〕36 号）以"安全分区、网络专用、横向隔离、纵向认证"的纵深防御原则，提出了省级以上调度中心、地县级调度中心、发电厂、变电站、配电等的二次系统安全防护方案，综合采用防火墙、入侵检测、主机加固、病毒防护、日志审计、统一管理等多种手段，为二次系统的安全稳定运行提供了明确的技术指导方案。

本方案基于纵深防御的工业安全防护理念，结合风电场监控系统网络安全的案例实施，在项目过程上从现状分析、安全设计（包括网络边界的隔离和加密、上下位主机安全防护以及外设管控等技术层面）方案实施以及安全方案实施后的攻防验证，进行了一体化、一致性的安全设计。

14.2.2 典型安全问题

从网络相关性来看，风力发电分成两部分，一部分是发电生产相关的生产过程控制和监控系统以及相关的企业运营和决策系统，另一部分是和电网并网业务关联的控制Ⅰ区、控制Ⅱ区和电力调度系统。

虽然风力发电和输、变、配、用电由不同的公司运营，且各自的网络大小、规模和使用人群等复杂度和专业均有不同，但均涉及传感、控、调和生产调度、办公运营各部门组成，故从整体上看，不管是风电场还是电网公司的网络业务系统，均能参照工控系统普渡模型对具体业务间的逻辑进行分层理解。

控制网络的生产区间系统包括风场内控制系统和由风场集控中心电力监控运营决策组成的典型跨物理区域的分布式工业监控系统，与电力并网的电力调度并不直接存在网络耦合关系（简称非涉网区域）。和电力调度并网相关的系统包含远动子站、AVC 子站、保信子站等和电网中变电站相关的子系统，属于国家能源局《电力监控系统安全防护总体方案》所定义的控制大区范畴（简称涉网区域）。相关元素详见表 14-1 和表 14-2。

• 表 14-1　涉网区域典型网络元素

网络元素	是否属于控制大区	物理归属地
远动子站	是	风电场
AVC 子站	是	风电场
保信子站	是	风电场
测控装置	是	风电场
风力预测	是	风电场
工作站	是	风电场
其他二次装置	是	风电场
纵向加密装置	是	风电场
横向隔离装置	是	风电场
对时装置	是	风电场
交换机	是	风电场

• 表 14-2　非涉网区域典型网络元素

网络元素名称	是否属于控制大区	物理归属地
缓存服务器	否	集控中心
数据库服务器	否	集控中心
历史服务器	否	集控中心
工作站	否	集控中心
工程师站	否	集控中心
终端服务器	否	集控中心
应用服务器	否	集控中心
运营分析服务器	否	集控中心
前置机	否	集控中心
GPS 时钟/授时装置	否	集控中心
PLC	否	集控中心
仪表	否	集控中心
升压监控	否	集控中心

风力发电网络安全防护的常见问题如下。

风力发电因生产占地区域广，具备涉网和非涉网两大功能网络，同时，非涉网区域存在大量的互联网接入引入了安全风险。在分析问题前，可对安全脆弱性电力行业工业控制系统风险评估工作流程进行工业控制系统的威胁分析，经过现场调查，监控系统常见安全问题如下。

（1）涉网区域常见的安全问题

1）缺少信息加密手段。调度数据网和非实时控制区（控制Ⅱ区）之间采取纵向防火墙进行防护而缺乏纵向加密装置，存在网络传输过程被窃听和篡改的可能。

2）控制Ⅰ区缺乏安全防护和逻辑隔离措施。远动系统（控制Ⅰ区）与风功率预测系统

（控制Ⅱ区）连接，并没有安全防护和逻辑隔离措施。

3）控制Ⅰ/Ⅱ区缺少隔离装置或存在装置故障。风功率预测服务器出口反向隔离装置故障。

4）未采取入侵检测措施和安全审计设备。

5）缺乏防范恶意代码的技术设备。

6）上位机缺乏病毒管控措施。控制区大量上位机系统暂未安装防病毒软件，部分主机已感染病毒和木马。

7）上位机外围接口缺乏监管。现场的上位机 USB 端口缺少有效监管。

（2）非涉网区域常见的安全问题

因非涉网区域独立运营的特殊性，风电场和集控中心在非涉网区域，除了涉网区域提到的上述问题，还存在如下问题。

1）工作站和服务器缺少有效的监管。

2）与外网存在广泛交互，且缺少相关安全措施，存在跨网攻击的可能。

3）纵向加密装置普遍缺失。

14.2.3　安全解决方案

本方案以"安全分区、网络专用、横向隔离、纵向认证"的纵深防御原则，引入工业系统在线集中管理和监测平台精准地通知企业整改，在企业的纵深防御中加入相应防护，防患于未然。

1. 网络安全防护方案

1）网络分区。划分控制区和非控制区，在非涉网的区域内，增加工业防火墙进行逻辑分区隔离。

2）纵向加密。网络至调度的上行边界处，部署支持国密加密算法的纵向加密装置。

3）横向隔离。在控制区域内，部署正反向装置进行横向隔离。

4）入侵检测。风电场内部旁路部署工控入侵检测审计一体化设备，实现基于业务行为和流量白名单的常见恶意攻击行为和异常流量检测告警，并且能够实现网络行为和流量审计，提供异常行为和流量日志回溯。

5）日志管理。搜集并存储日志，用于安全事件追溯还原，以及业务运维和预警。

6）安全集中管理监测。部署统一管理平台，相关安全设备的统一管理和安全策略的统一下发集中管理、分析设备运行状态，提升安全管理效率，降低运行维护成本。

2. 主机安全防护方案

1）主机加固。主机安装工控专用的主机和服务器防护软件，抵抗病毒、木马等恶意程序攻击。

2）外设管控。主机安装对 USB 端口进行防护和监管的软件，抵抗 U 盘、外设摆渡攻击。

3. 整体防护方案一览

首先，按照控制Ⅰ区、控制Ⅱ区以及管理大区对风电场场内和集控中心网络系统进行分区。其次，基于方案设计阶段，对整体网络进行脆弱性分析，结合前面所述的安全防护方案，分别部署正反向隔离装置、工业防火墙、工业监测审计系统、工控主机卫士和统一安全管理平台，达到监控系统网络纵深防御的效果。整体如图 14-3 所示。

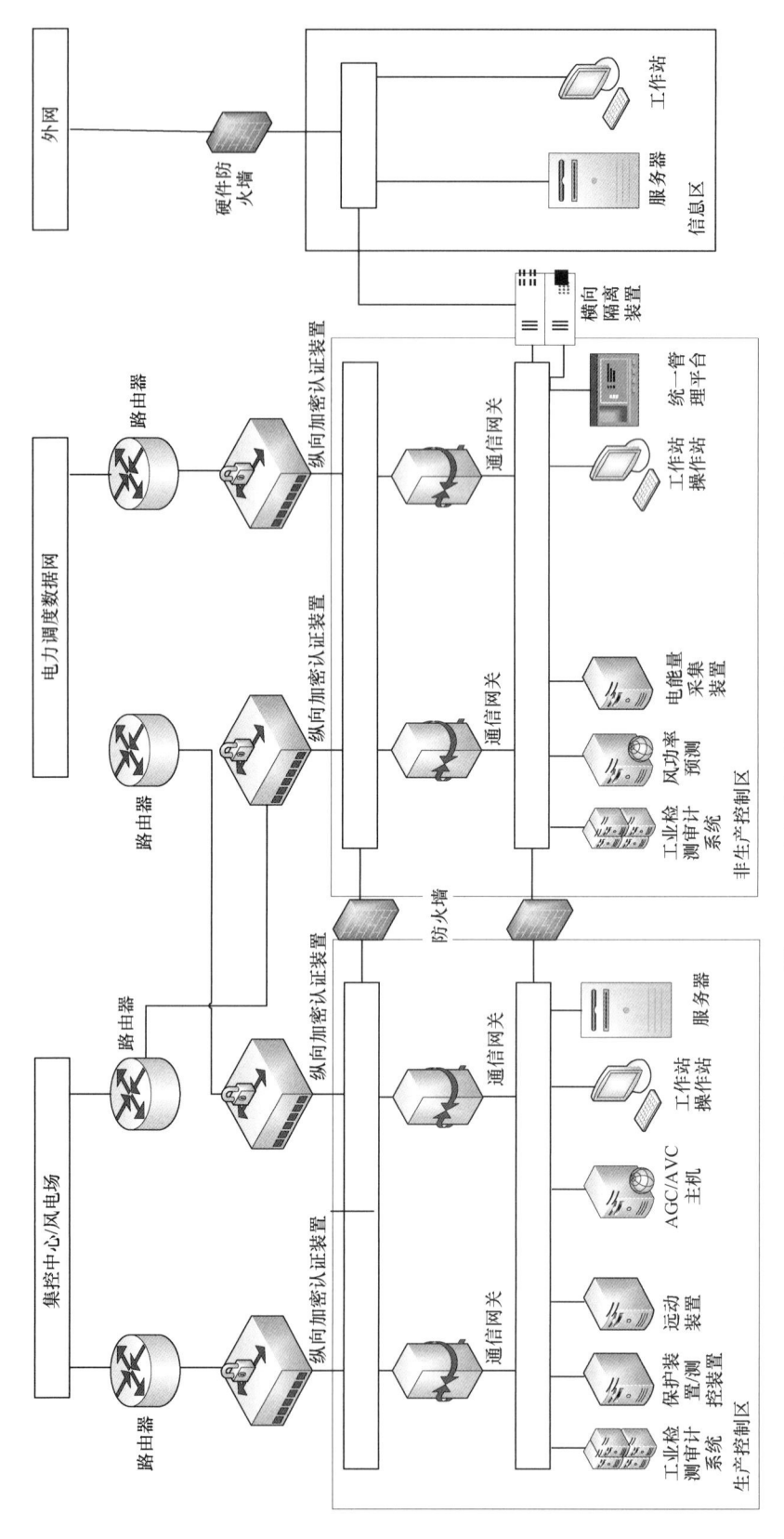

● 图14-3 风电场电力监控系统整体防护方案

4. 安全设备部署说明

本项目配置关键安全设备见表14-3。

●表14-3　安全设备配置列表

序号	类型	主要功能	部署依据
1	工业防火墙	基于安全规则精准行为控制，工控网络攻击特征分析与拦截	国能安全〔2015〕36号文附件4《发电厂监控系统安全防护方案》。 控制区与非控制区之间应当采用具有控制访问功能的设备或相当功能的设施进行逻辑隔离。 5.1 入侵检测：生产控制大区可以统一部署一套网络入侵检测系统，应当合理设置检测规则，检测发现隐藏于流经网络边界正常信息流中的入侵行为，分析潜在威胁并进行安全审计。 5.4 安全审计：生产控制大区的监控系统应当具备安全审计功能，能够对操作系统、数据库、业务应用的重要操作进行记录、分析，及时发现各种违规行为及病毒和黑客的攻击行为。对于远程用户登录到本地系统中的操作行为，应该进行严格的安全审计
2	工控主机卫士	操作系统及监控软件安全加固	国能安全〔2015〕36号文附件4《发电厂监控系统安全防护方案》。 2.5 综合防护：综合防护是结合国家信息安全等级保护工作的相关要求对电力监控系统从主机、网络设备、恶意代码防范、应用安全控制、审计、备份及容灾等多个层面进行信息安全防护的过程。 5.2 主机与网络设备防护：发电厂厂级信息监控系统等关键应用系统的主服务器以及网络边界处的通信网关机、Web服务器等，应当使用安全加固的操作系统。加固方式包括安全配置、安全补丁、采用专用强化操作系统访问控制能力以及配置安全的应用程序，其中配置的更改和补丁的安全应经过测试
3	纵向加密认证装置	风电场安全Ⅱ区与调度之间进行数据传输加密	国家发展和改革委员会第14号令《电力监控系统安全防护规定》第十条：在生产控制大区与广域网的纵向联接处应当设置经过国家指定部门检测认证的电力专用纵向加密认证装置或者加密认证网关及相应设施
4	横向隔离装置	用于风电场安全区Ⅰ/Ⅱ和安全区Ⅲ的单向数据传递	国家发展和改革委员会第14号令《电力监控系统安全防护规定》第九条：在生产控制大区与管理信息大区之间必须设置经国家指定部门检测认证的电力专用横向单向安全隔离装置
5	杀毒计算机	用于风电场上位机和服务器不受病毒的侵犯	国能安全〔2015〕36号文附件4《发电厂监控系统安全防护方案》。 5.7 恶意代码防范：应当及时更新特征码，查看查杀记录。恶意代码更新文件安装应当经过测试
6	安全审计网关	用于风电场安全区Ⅰ/Ⅱ安全监测和审计	国能安全〔2015〕36号文附件4《发电厂监控系统安全防护方案》。 5.4 安全审计：生产控制大区的监控系统应当具备安全审计功能，能够对操作系统、数据库、业务应用的重要操作进行记录、分析，及时发现各种违规行为及病毒和黑客的攻击行为。对于远程用户登录到本地系统中的操作行为，应该进行严格的安全审计

5. 关键设备功能参数

1）工业防火墙的性能指标见表14-4，功能指标见表14-5。

• 表 14-4　性能指标

序　号	技术指标项	技　术　规　格
1	变量处理点数	10 万点
2	吞吐量	900M
3	并发	50 万
4	新建	每秒 6000 个
5	时延	满负荷运行的时延时间 ≤100μS

• 表 14-5　功能指标

序号	技术指标项	技　术　规　格
1	部署方式	• 支持无 IP 透明方式部署、路由方式部署
2	工业协议支持	• 支持超过 12 种工控协议的深度解析和指令集控制（包括但不限于 Modbus/TCP、OPCDA、DNP3、S7、IEC104、MMS、PROFINET、BACnet、GOOSE、SV、EtherNet/IP、OPCUA_TCP 等）。 • 实现指令级控制，对 Modbus 协议实现某个功能码或寄存器地址上的数据进行解析和控制；对 S7 协议实现 PDU 类型和功能操作的解析与控制；对 OPC-DA 协议实现读写操作的解析和控制。 • 支持 OPC 断线重连功能
3	实时监控	• 事件实时监控，包括事件总数、未读事件数以及事件发生的高峰时段，将事件信息分为安全事件和系统事件两类分别监控，并支持将事件导出为 Excel 格式。 • 日志监控功能，包括用户登录日志、用户操作日志、防火墙报文日志记录功能。 • 未知设备监测，对系统内未知的设备接入进行实时告警，迅速发现系统中存在的非法接入，并支持阻断功能
4	安全策略	• 须支持黑名单规则配置，每个漏洞对应一条保护规则，用户可以选择将哪些规则部署到网络中。 • 黑名单特征数量不低于 900 条，并支持无扰导入。 • 支持自学习创建白名单应用规则，学习时间可配置。支持基于网络层的基础网络安全策略。 • 支持 IP/MAC 地址绑定规则，同时需要支持针对特定工控设备的绑定和解绑编辑功能。 • 支持工业控制协议读写控制，包含 Modbus 协议、S7 协议、OPC-DA 协议等。支持针对单个 IP 流量的控制及针对单个 IP 会话数的控制。 • 支持防 DDoS 攻击和防扫描攻击功能，用户可以开启防御来实现防 SYN Flood、UDP Flood、WinNuke、Land、Smurf、Ping of Death 攻击。 • 能防止 TCP 扫描和 UDP 扫描攻击
5	运维管理	• 支持测试模式和工作模式等不同运行模式，以保障工控系统运行的稳定性。 • 支持单一设备自管理完成所有管理功能项
6	集中部署	• 支持集中管理，可由统一安全管理平台集中进行配置、监控、管理。 • 支持日志上报至统一安全管理平台进行统一查看

2）工控主机卫士的功能及技术要求、性能指标见表 14-6。

• 表 14-6　工控主机卫士的功能及技术要求、性能指标

序号	项　目	技　术　规　格
1	功能及技术要求	• 一键主机加固，一键扫描并将当前操作系统的全部文件生成基准白名单，对文件进行唯一标示管理，防止被病毒、恶意程序篡改 • 支持进程白名单管理：增、删、改、查。 • 对非白名单内程序的执行进行阻止。 • 对阻止的信息进行审计记录，记录包括时间、次数、程序名称、路径、结果、父进程名称、公司名、产品名、版本等详细信息。 • 采用静默气泡提醒，对用户无打扰 • 支持对单文件及文件夹的保护，防止文件被勒索病毒、木马等程序恶意篡改。 • 支持对注册表保护，防止注册表被恶意篡改。 • 对被保护文件及注册表的修改行为的阻止过程进行审计记录，包括文件、注册表的完整路径、尝试修改的时间等详细信息。 • 采用静默气泡提醒，对用户无打扰 • 支持 USB 管理，禁止白名单以外的非法 USB 设备连接并产生安全事件，记录非法 USB 设备的连接企图，支持对 USB 设备操作行为审计。 • 支持对 USB 设备的识别与授权，支持 USB 存储设备的多种操作权限，如读写、禁止等 • 对异常的文件篡改和程序执行采用气泡形式实时告警 • 须支持本地图形化管理 • 程序自身防护，退出程序需要输入有退出权限操作的管理员/用户的密码
2	性能指标	• 运行状态：正常运行状态 CPU 占用不超过 1%，内存占用不超过 10MB。 • 固化过程：CPU 占用不超过 50%，内存占用不超过 40MB

6. 验收与攻防验证

不知攻焉知防，在方案设计和实施后，需要对整改后的风电场电力监测系统进行攻防验证，以尽可能地覆盖解决已知的安全威胁。攻防验证可以采用第三方的渗透测试、工控风险评估来完成，通过模拟黑客远程和内部恶意用户入侵的手段与方法，测试并发掘该网络中存在的安全问题，主动暴露整体系统在安全防护方案实施后可能存在的安全脆弱盲点和漏洞，进一步进行消除和弥补，避免将来可能产生的经济上、生产上的损失。比如工控环境主机漏洞进一步的检测、工控组态软件漏洞分析和工控协议漏洞的识别与利用分析、弱口令探测和扫描、网络分区连接的进一步排查，从而优化防护设施和装置的安全策略。

7. 方案的创新性分析

1）全方位一体化工控系统信息安全解决方案。本项目针对风电场信息化建设环境下的信息安全保障需求，构建从管理、技术及考核三位一体的纵深防控体系，通过技术手段打通传统工控安全分区隔离技术造成的信息孤岛，形成一体化安全解决方案。

2）自主建设智能可控的信息安全保障体系。将智能黑白名单技术、智能网络安全审计技术等智能化信息安全保障技术和自主工控相关技术、自主容灾备份技术等自主可控信息安全保障技术相结合，从技术、管理、运维多个维度打造适用于风电场的新型智能可控信息安全保障系统。

3）风电场安全攻防测试。通过模拟黑客远程和内部恶意用户的入侵手段与方法，测试

并发掘该网络中存在的安全问题，事先主动暴露网站所存在的安全脆弱点和漏洞，进而可以对其进行消除和弥补，避免将来可能产生的经济上、生产上的损失。攻防测试的范围包括工控环境主机漏洞检测、工控组态软件漏洞分析和工控协议漏洞的识别和利用。

8. 方案实施效果

以具备大量风力发电的某公司的风电场安全整改为例，依据方案在该公司下辖6个风电场进行安全整改和实施，对涉及的安全事项一一进行了整改，提供了该风电场建设系统整体安全运行能力的有力保障，同时提高了设备自动化水平和人工使用效率，实现了集团资源优化配置，保障了电力监控安全稳定运行，减少了因网络安全事故而带来的经济损失及社会负面影响，得到了用户的好评。

14.2.4 小结

针对发电企业工控系统网络安全的设计思路充分考虑到电厂工业控制系统的业务连续性和工业特性，并且结合国家发改委的14号令《电力监控系统安全防护规定》、国家能源局发布的《关于印发电力监控系统安全防护总体方案等安全防护方案和评估规范的通知》（国能安全〔2015〕36号）及其附件和工信部的《工业控制系统信息安全防护指南》，以及各电力企业针对电厂工业控制系统的相关技术要求，对全国电力系统包括风电场的信息安全体系化建设具有指导意义。

随着电力能源消耗的逐年增多，传统发电对生态环境带来了恶劣影响，为保护自然生态环境，光、风、地、气等各种清洁无污染的新能源面临着广泛并网的趋势，《电力信息系统安全等级保护实施指南》于2019年7月开始正式实行，该指南在技术和管理能力两方面均提出了更详尽的要求。本项目作为新能源板块的工控安全示范项目，满足了示范性、合规性的需求，极大地保障了风电场信息系统的安全运行，具有在新能源领域复制和推广的价值。

14.3 火力发电工业控制系统安全防护解决方案

14.3.1 方案概述

火电厂工控系统主要由中央控制室和各配电室、电子间等子站组成，系统中布置有数千个开关、数百个模拟测量点以及数个PID调节回路的控制对象。其中，中央控制室设备通常包括建立在以太网连接上的操作员站、工程师站、数据采集服务器、报表打印设备等。中央控制网络与各子站控制系统采用光纤作为通信链路，各子站配有光纤收发器和工业交换机。

14.3.2 典型安全问题

1）中央控制网络与各控制子站网络互联，存在来自上层网络的安全威胁，缺少重点边界、区域的安全防护手段。

2）工控系统及网络缺乏监测手段，无法感知未知设备、非法应用和软件的入侵，无法对网络中传输的未知异常流量进行监测。

3）工控系统缺乏对用户操作行为的监控和审计，针对用户操作行为缺乏有效可靠的审计手段。

4）工业控制系统缺乏分区边界防护，容易受到来自信息网络和相邻系统的安全影响。

14.3.3 安全解决方案

1. 安全防护原则

（1）安全分区

按照《电力监控系统安全防护规定》，原则上将基于计算机及网络技术的业务系统划分为生产控制大区和管理信息大区，并根据业务系统的重要性和对一次系统的影响程度将生产控制大区划分为控制区（安全区Ⅰ）及非控制区（安全区Ⅱ），重点保护生产控制以及直接影响电力生产（机组运行）的系统。

（2）网络专用

电力调度数据网是与生产控制大区相连接的专用网络，承载电力实时控制、在线交易等业务。生产控制大区的电力调度数据网应当在专用通道上使用独立的网络设备组网，在物理层面上实现与电力企业其他数据网及外部公共信息网的安全隔离。生产控制大区的电力调度数据网应当划分为逻辑隔离的实时子网和非实时子网，分别连接控制区和非控制区。

（3）横向隔离纵向认证

横向隔离是电力监控系统安全防护体系的横向防线。应当采用不同强度的安全设备隔离各安全区，在生产控制大区与管理信息大区之间必须部署经国家指定部门检测认证的电力专用横向单向安全隔离装置，隔离强度应当接近或达到物理隔离。生产控制大区内部的安全区之间应当采用具有访问控制功能的网络设备、安全可靠的硬件防火墙或者有相当功能的设施，从而实现逻辑隔离。防火墙的功能性能电磁兼容性必须经过国家相关部门的认证和测试。

纵向加密认证是电力监控系统安全防护体系的纵向防线。生产控制大区与调度数据网的纵向连接处应当设置经过国家指定部门检测认证的电力专用纵向加密认证装置，实现双向身份认证、数据加密和访问控制。

（4）综合防护

综合防护是结合国家信息安全等级保护工作的相关要求对电力监控系统从主机、网络设备、恶意代码防范、应用安全控制、审计、备份及容灾等多个层面进行信息安全防护的过程。

生产控制大区可以统一部署一套网络入侵检测系统，应当合理设置检测规则，检测发现隐藏于流经网络边界正常信息流中的入侵行为，分析潜在威胁并进行安全审计。

非控制区的网络设备与安全设备应当进行身份鉴别、访问权限控制、会话控制等安全配置加固。可以应用电力调度子证书，在网络设备和安全设备实现支持 HTTPS 的纵向安全 Web 服务，能够对浏览器客户端访问进行身份认证及加密传输。

生产控制大区的监控系统应当具备安全审计功能，能够对操作系统、数据库、业务应用的重要操作尽心记录、分析，及时发现各种违规行为以及病毒和黑客的攻击行为。对于远程用户登录到本地系统中的操作行为，应当进行严格的安全审计。

2. 具体方案

解决方案拓扑图如图 14-4 所示。

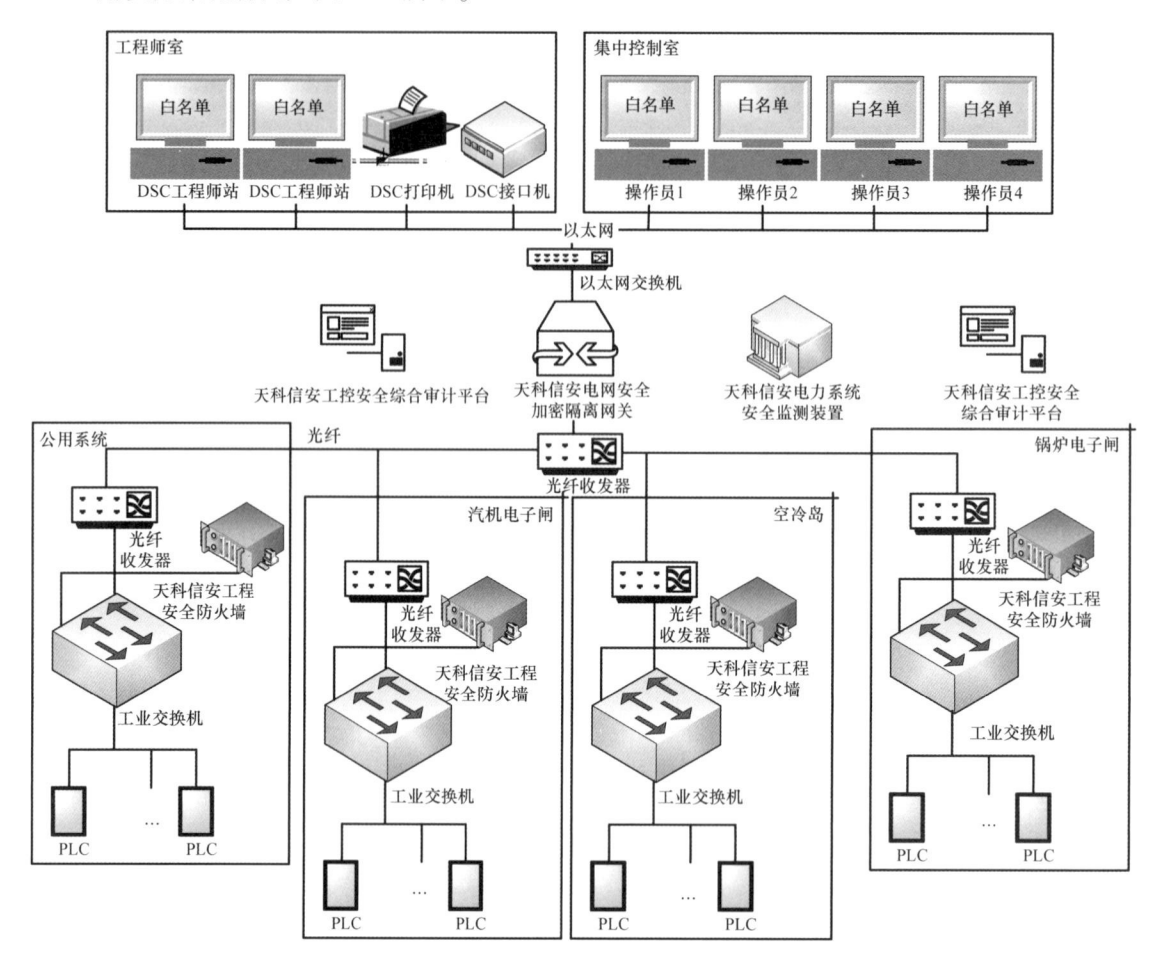

• 图 14-4　解决方案拓扑图

1）部署工控安全综合监管平台、工业安全防火墙，深度解析工控协议，防范非法访问，迅速检测异常网络节点，及时预警，并监控工业防火墙运行状态，实时获取工控网安全事件日志和报警任务。

2）在操作员站和工程师站部署工控主机安全防护系统，防范非法程序和应用以及未经授权的任何行为。

3）部署堡垒机及工控安全综合审计系统，对违规操作行为进行控制和审计，保障网络和数据不受外部和内部用户的入侵与破坏。

4）采用工控安全隔离网闸设备，物理隔离中央控制室和各子站网，提供两网数据交换安全通道，阻止来自上层网络的非法访问以及病毒和恶意代码的传播。

14.3.4 小结

该解决方案具备如下特点。
1）加强了对重点边界、区域的安全防护。
2）对违规操作行为能够进行控制和审计，保障网络和数据不受外部和内部用户的入侵和破坏。
3）提供了两网数据交换安全通道，阻止来自上层网络的非法访问以及病毒和恶意代码的传播。

14.4 某石油石化企业安全解决方案

14.4.1 方案概述

通过分析石油企业在各生产环节中所面临的信息安全问题，提出了保障生产信息网络安全的防护解决方案，同时具体提出了企业应采取的安全策略和解决措施，阐明了全面构筑工控信息安全体系，消除网络安全隐患，做到防患于未然。

14.4.2 典型安全问题

某石油石化企业面临的安全问题如下。
1）油田网络容易遭受病毒等恶意代码的侵袭。
2）缺乏监测及防御人为恶意或者无意的违规操作行为的技术手段。
3）对外部、内部的网络攻击行为缺乏防御手段。
4）安全事件发生后不能迅速定位找出问题根源。

14.4.3 安全解决方案

针对石油石化企业面临的安全问题，其解决方案如下。
1）在油田各生产环节的网络边界和各网络内部区域之间采取安全隔离与访问控制措施，防止用户的越权访问和非法入侵行为。
2）对工控网络中的场站服务器、实时数据库、生产调度系统等主机进行加固，保障主机及其运行数据的安全。
3）提供安全数据交换介质，杜绝移动存储介质"滥用"的安全隐患，保障工控主机间数据交换安全。
4）提供工控网络操作行为监测审计功能，帮助企业建立网络监测审计机制。
5）对油田各层级网络中的安全设备或系统进行集中管理，实现全局配置、集中监控、统一管理，提高管理人员的工作效率，降低企业的人员投入成本。

工控安全规划与访问控制拓扑图如图 14-5 所示，典型部署如下。

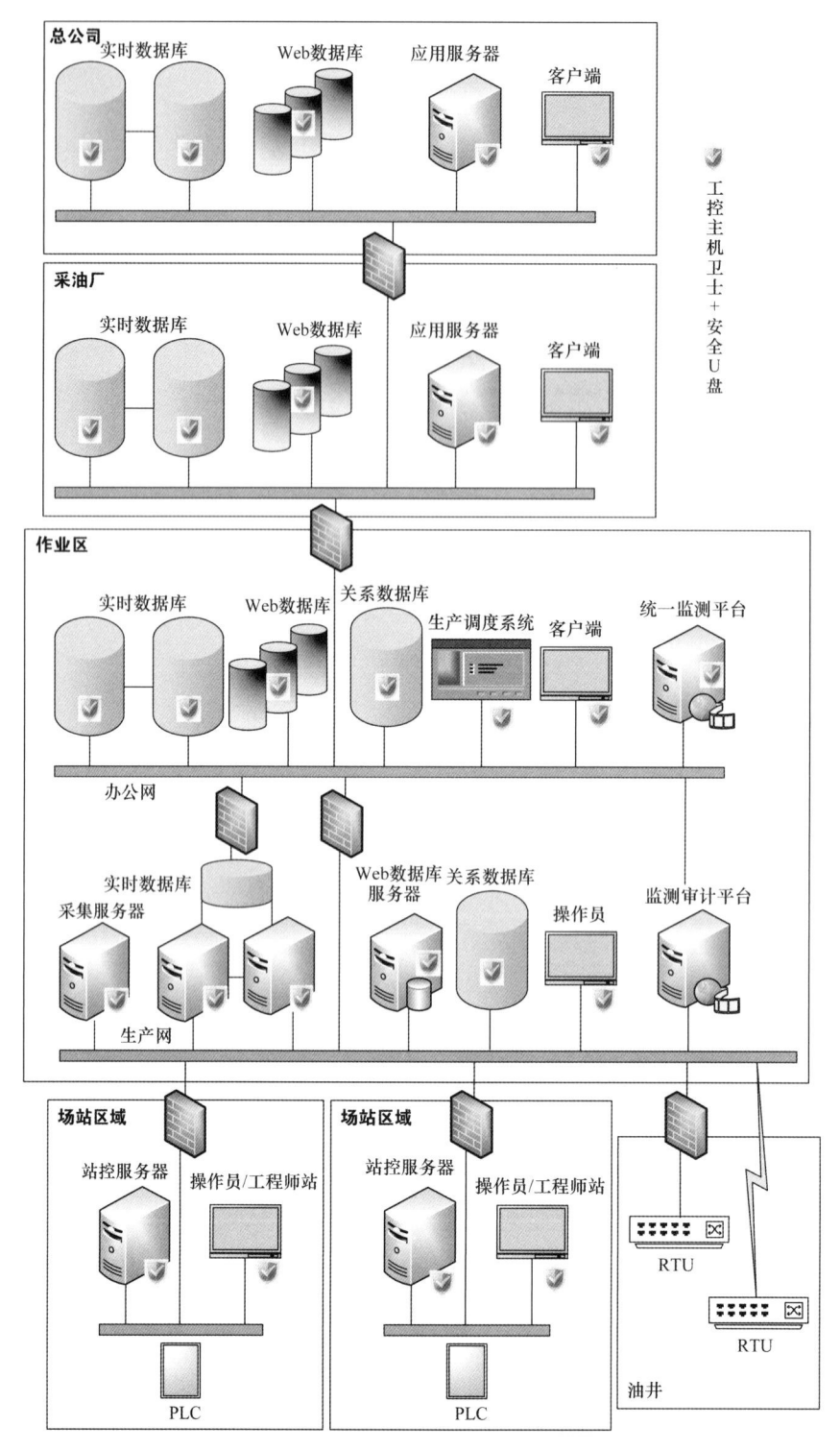

● 图 14-5　工控安全规划与访问控制拓扑图

(1)边界、区域边界防护

在采油厂、作业区、场站区域边界及作业区边界部署工业防火墙,对各层级用户和外来的访问进行控制,保障采油厂、作业区等重要生产区域网络的可用性和安全性。

(2)主机安全防护

在采油厂、作业区、场站油井的实时数据库、关系数据库、生产调度系统等重要主机系统部署工控主机卫士。采用"白名单"防护机制,保证只有安全的软件程序才能够在主机系统中运行,同时对主机操作系统、注册表等进行防护。

(3)数据交换安全

采用安全U盘作为数据交换介质,避免不安全的移动存储介质进入工控网络影响生产网络的正常运行。

(4)网络监测审计

在作业区的办公网和生产网旁路部署监测审计平台,监控和记录用户对数据库、生产调度系统、采集服务器的违规操作、误操作行为,为事后调查取证提供依据。

(5)集中管理

在作业区的办公网中部署统一管理平台,对整个工控网络中的安全设备和系统进行统一策略配置下发、状态集中监控、网络流量分析。实时掌握工业控制网络运行状态,便于出现问题及时溯源定位。

14.4.4 小结

结合风险分析和案例技术分析,本解决方案具备如下特点。
1)满足国家及行业政策法规及相关技术要求。
2)提高企业整体安全防护水平,保障生产安全稳定运行。
3)提供安全审计手段,协助管理员快速发现并解决安全问题。
4)通过统一安全管理平台,有效提高工作效率,降低运维成本。

14.5 智慧水务典型安全解决方案

14.5.1 方案概述

某市级水务集团现拥有8家现代化水厂,实际最高日供水120万立方米,持续保障市区的用水需求。随着水务投资规模的增加,目前处于向智慧水务方向拓展的阶段。该水务集团公司开展了智慧水务建设项目,将其管辖的8家自来水厂实现统一的运营管理、生产调度、状态监测、安全管理等功能。水厂网络与集团网络实现更高效的互联互通,随之,安全问题更加突出。为保障智慧水务安全稳定开展,水务集团启动"工业互联网信息安全防护"项目,针对下辖的所有水厂进行工业控制系统安全建设,保障关键信息基础设施的安全运行,完成工控系统网络安全备案、整改建设以及等级保护测评工作。

同时，在信息化、智慧化建设的过程中，将网络安全建设与其业务场景结合，达成满足合规以及获得实际防护能力与安全管理能力的目标。北京启明星辰信息安全技术有限公司面向智慧水务场景下的安全需求，辅助用户将业务运行与安全防护有机融合。

14.5.2　典型安全问题

2020年4月，以色列供水系统的网络攻击事件引起各国对供水设施遭受攻击和入侵的重视，美国国土安全部的统计显示：早在2015年，针对供水系统的网络攻击事件的数量就已经排入前三名，仅次于关键制造和能源行业。由此可见，网络威胁已经向城市供水系统领域渗透，将水务工业控制系统作为攻击目标，为城市供水系统敲响了安全警钟。

该水务集团下的工业控制系统不仅用于监控水源、水处理过程、控制管道中的压力和流量以及供应成品的水，而且执行数据记录、报警和诊断功能，保障大型、复杂的水务过程系统的持续运营。现有的工业自动化控制系统在设计、研发中没有充分考虑安全问题，在部署、运维中又缺乏安全意识、管理、流程、策略与相关专业技术的支撑，导致供水、排水系统存在着诸多安全问题，一旦被无意或恶意利用就会造成各种信息安全事件。供水、排水调度工业自动化控制系统的安全直接关系到"生命线"安全。

该水务集团建设面临的工业信息安全风险主要有以下3个方面。

（1）安全防护水平相对落后

下辖各个公司的供水调度、排水工业控制系统普遍存在安全漏洞，缺乏有效的安全配置策略，外网边界易被突破；企业内网边界访问控制管理薄弱，安全防护设备严重缺乏；工控设备开启高风险远程访问服务现象普遍，存在高危风险隐患；工控系统主机安全防护措施较弱，控制权限易被远程获取，会引起病毒感染与扩散、生产中断等风险。

（2）网络攻击风险持续加剧

供水调度、排水工业控制系统采用大量的IT技术，互联性逐步加强，工业控制信息安全日益进入黑客的研究范围，国内外大型的信息安全交流会议已经把工业控制信息安全作为一个重要的讨论议题。随着黑客的攻击技术不断进步，攻击的手段日趋多样，入侵到某个系统，成功破坏其完整性成为可能；工业控制系统普遍缺乏网络准入和控制机制，上位机与下位机通信缺乏身份鉴别和认证机制，只要能够从协议层面与下位机建立连接，便可以对下位机进行修改，普遍缺乏对系统最高权限的限制，高权限账号往往掌握着数据库和业务系统的命脉，任何一个操作都可能导致数据的修改和泄露。

（3）安全管理机制尚待健全

由于存在工作人员对工业控制系统信息安全的重视不够，工控安全责任意识、风险意识不足，管理制度不健全，相关标准规范缺失，技术防护措施不到位，安全防护能力和应急处置能力不高的问题，需要形成常态的安全运营机制，定期进行事件分析、安全运维、安全培训等。

14.5.3　安全解决方案

本解决方案中的智慧水务业务场景包含智慧水务平台、自来水厂生产系统两大部分。安全建设也依据其业务场景进行设计实施，总体框架如图14-6所示。

图 14-6 智慧水务总体框架示意图

智慧水务平台是依托云架构的物联网水务平台，平台包含大数据管理平台、供水管网地理信息系统（GIS）、供水调度自动化控制系统（SCADA）、供水管网水力模型系统、供水管网DMA漏损管理、供水管网水质管控分析系统、营业收费管理系统。可对8家自来水厂实现云端管控、任务处理、数据存用、任务下发、业务监测等功能。

集团下辖8家自来水厂的工艺流程基本相同，从智慧水务工业控制系统的环境特点、技术特点、协议特点角度分析，大型自来水厂多数采用的处理工艺一般是常规处理加深度处理，工艺复杂，设备先进。常规处理包括混合、反应、沉淀、过滤及消毒几个过程。深度处理工艺在常规处理工艺的基础上添加了臭氧处理和碳过滤或投加高锰酸钾和粉末活性炭等工艺流程。臭氧处理加碳过滤的深度处理工艺流程，如图14-7所示。

从现场调研的工艺流程分析来看，整个大型自来水厂工艺流程包含的现场控制层设备分为机械设备和控制设备，机械设备一般有几十种，如鼓风机、提升泵、刮泥机、加压泵、臭氧制备机、回流泵、加药泵、搅拌机等，都是工艺处理环节中的关键设备。控制设备有现场控制层的PLC、仪器仪表、RTU等，监控层有上位机组态软件、工业数据库、网络摄像头等。

生产系统由企业管理层、生产执行层、过程监控层、现场监控层组成，分别承担以下任务。

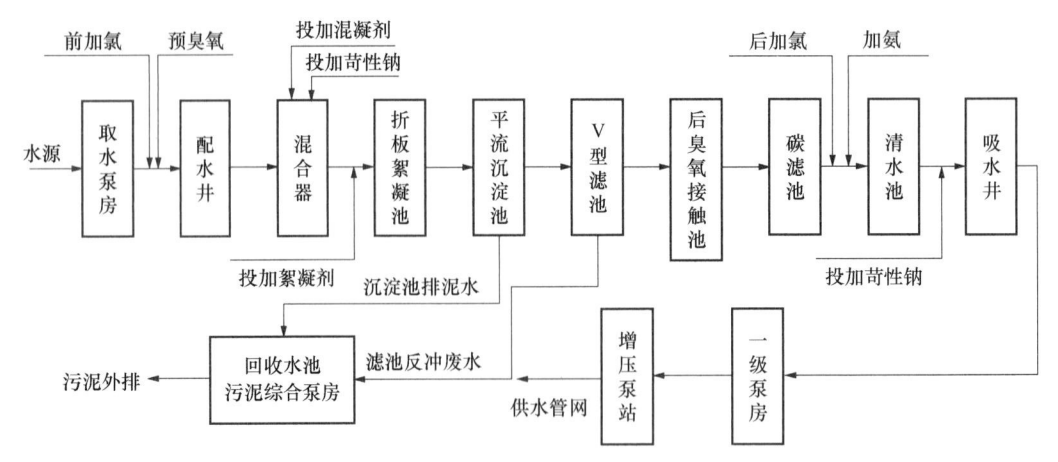

● 图 14-7　自来水厂深度处理工艺流程图

- 企业管理层：负责监控各个水厂工艺流程的实时监控、生产调度、数据分析等功能，涉及供水管网地理信息系统（GIS）、供水调度自动化控制系统（SCADA）、供水管网水质管控分析系统等。设备类型以传统服务器以及传统信息系统为主，企业管理层同时承担为水务集团总部传送业务数据的功能，实现上下级平台联动。
- 生产执行层：负责对各工艺流程的具体生产活动下发执行指令，其中包括操作员站、数采工作站、上位机等设备，以工作站设备为主。
- 过程监控层：负责对自来水生产流程以及厂区环境数据进行监控以及数据采集。主要包括 SCADA 系统、DCS、视频监控服务器等。
- 现场监控层：负责执行具体生产指令以及收集数据。具体设备包括 PLC、温度传感器、压力传感器、液位传感器、工业摄像头等终端设备。

水厂的生产数据包含流量、液位、压力、浊度等，生产数据均汇聚到水务集团办公网的集中控制中心的智慧水务平台进行分析处理。经过对客户的业务场景梳理、分析，本方案针对边缘安全防护场景、企业安全防护场景和企业安全综合管理平台三个安全场景提供解决措施，分别针对不同安全需求和风险，部署安全措施。

智慧水务平台侧通过应用威胁情报分析、异常流量监测、资产安全威胁预警、网络攻击预测等技术实现智能化、智慧化的安全管理，保障智慧水务系统安全稳定运行。

自来水厂工控系统通过实施分层分域安全策略，部署工业防火墙、工业主机防护系统、工业入侵防御系统等，从终端管控、主机防护、平台管理、跨网跨域防护等角度保障设备安全、控制安全和边缘测的网络安全。

本解决方案从业务视图、功能架构、实施框架及技术体系四个维度解决现阶段面临的最主要的安全问题，同时结合水务行业工业系统的环境特点及最新的工业安全标准与技术，方案设计拓扑如图 14-8 所示。

本解决方案在智慧水务项目建设背景下实现以下场景化防护效果。

1. 基于生产控制系统安全稳定运行场景效果

按照工艺流程，以工控子系统为防护对象，分成取水口控制站、送水泵房控制站、絮凝池控制站、加药消毒控制站、滤池控制站等安全域，以"域间隔离，统一监测"为防护策略，采取安全措施如下。

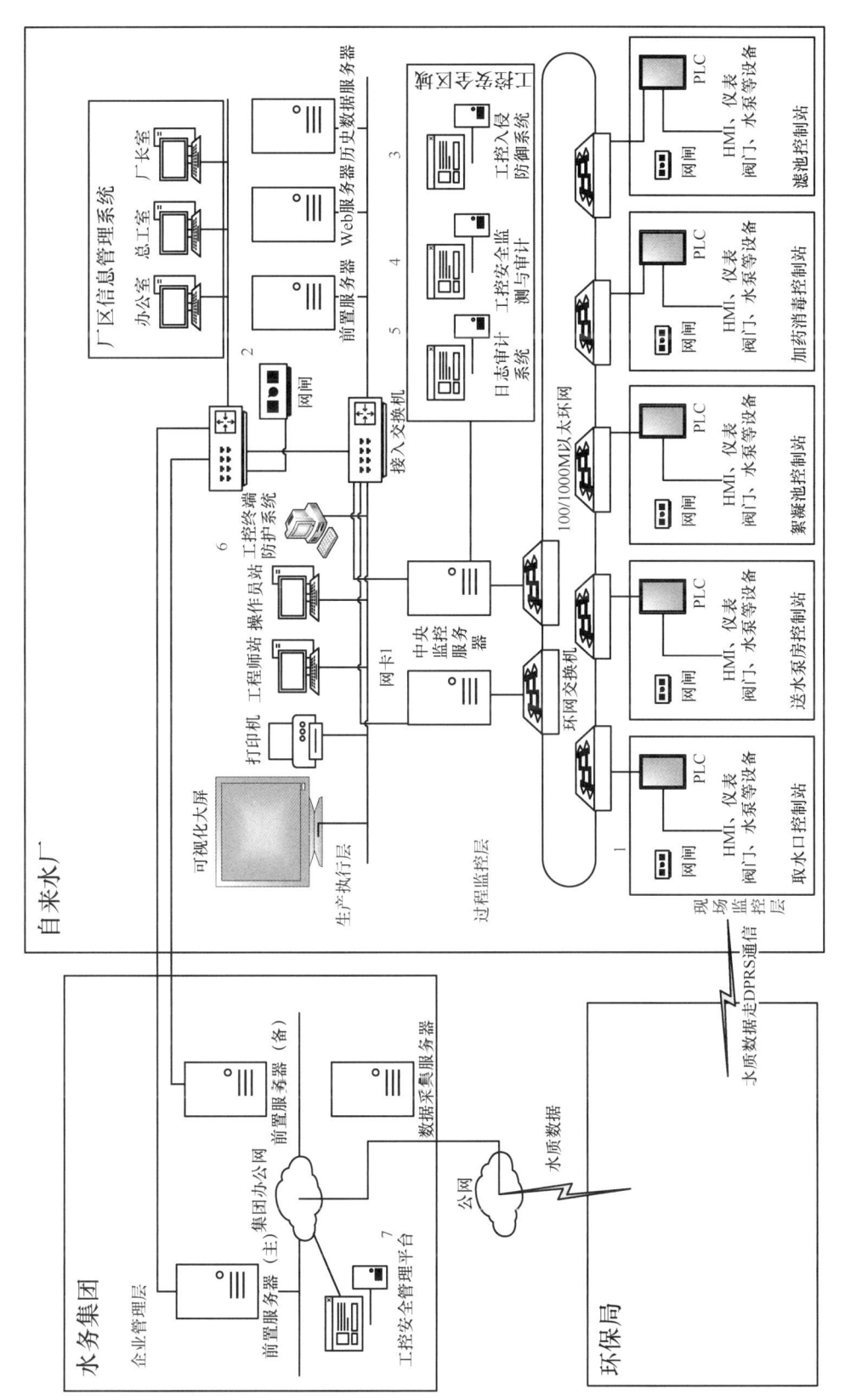

● 图 14-8 水厂等级保护建设规划拓扑

1）边界防护：在厂区安全域之间采取适用于工业环境的专用防火墙以逻辑串接的方式进行部署，对安全域边界进行监视，识别边界上的入侵行为并进行有效阻断。通过工业协议的深度识别与过滤，实现了从边界、区域到终端的完整防护，降低了网络被入侵及安全威胁迁移扩散的风险。

2）入侵防护+安全策略：在工控环网与生产执行层的接口处部署入侵防御系统，结合行业定制化安全策略，提供工控信息安全特色场景化的防护。通过对设备固件进行安全增强，识别并阻断该高危端口扩散，预防攻击传播风险。例如，从水务集团下辖的某自来水厂服务器的运作过程发现异常，不断向外部发送大量的 445 端口数据包，且在枚举内网及互联网 IP 地址，并发起攻击传播行为，从此现象出发为防范水务集团之前遭遇恶意攻击的问题再次出现，采用规避技术手段防止扩散、及时止损，现采用水务行业工控信息安全特色场景化的入侵防御系统，已经识别并阻断该高危端口扩散，阻断 5 万多次攻击。

3）异常监测+安全审计：在工控环网与生产执行层的接口处部署异常监测与审计系统，对工控网络敏感指令数据进行记录和异常检测。可检测工控网络中发生的入侵攻击，实时监测工控网络中的敏感操控，实现故障与异常的预警。

4）保障工控系统日志集中管理：通过旁路部署日志审计系统，将网络中存在的网络设备、操作系统、数据库系统、安全设备等产生的日志信息统一存储、分析、告警。解决水务集团现有工控系统中日志存储分散，不利于统一管理，同时对于数据存储时间、维度没有进行统一管理的问题。

2. 基于集团网络与水厂网络安全互联场景效果

为保障自来水厂生产数据安全可靠上传，避免形成安全风险暴露点，影响水厂工控系统和智慧水务平台的安全稳定运行，采取如下措施。

1）主机防护+白名单：在设备层和边缘层上部署主机防护系统，制定白名单安全策略，从源头上遏制了恶意代码的运行，消除病毒或恶意代码通过终端外设进入工控终端及工控生产网络的可能性。从操作系统内核、协议栈等方面进行安全增强，并力争实现对于设备固件的自主可控。

2）边界防护：在集团办公网与下属水厂边界部署工业加固型网闸，对两网间的数据交换进行安全防护，同时对 OPC、Modbus/TCP 等工业协议进行深度解析和指令级的控制，保证只允许合法的指令和访问通过。

14.5.4 小结

本解决方案从智慧水务下关键基础设施面临的安全挑战入手，给出了针对性的场景化安全防护应对措施。实现水务集团内部工控网络安全风险细粒度管控，健全了企业工控网络安全管理体系，提高了企业内部威胁监测能力，打造出以水务行业专属入侵监测系统为核心的特色安全框架，为智慧水务工控信息安全赋能。该解决方案以启明星辰安全厂商提供技术支撑，充分利用该水务集团工业控制系统的特点不断动态调整防护的重点和优先级，迈出了水务行业工控安全建设的第一步。

14.6 某燃气企业安全解决方案

14.6.1 方案概述

随着业务的飞速发展、人力成本的上升以及管网的不断变长和复杂化，原有的燃气工控系统的"监而不控"方式已经无法适应，迫切需要对其控制系统进行安全防护。

14.6.2 典型安全问题

1）调度中心、站场、阀室未采取横向逻辑隔离措施。
2）工控网络的各门站、储配站、输配站内部之间未采取安全隔离和防病毒措施。
3）现场工程师站、操作员站、服务器等工控主机缺乏安全加固措施。

14.6.3 安全解决方案

1）对调度中心、有人值守站控系统、无人值守站控系统边界进行访问控制、病毒防护，保护系统数据不被非法访问、窃取或篡改，保障工控网络安全运行。
2）在工作站和服务器上部署终端防护软件，阻止非法程序和未经授权软件运行，保障主机全生命周期的安全。
3）对工控网络中传输的数据进行实时监测、记录、审计，及时发现网络违规操作和异常行为，实现事前部署、事中监控、事后追溯。
4）对工业网络中的安全设备进行统一的配置和管理，并对其日志信息进行统一收集、管理和分析。

燃气企业工控安全方案拓扑图如图14-9所示。

（1）边界、区域安全防护

1）在调度中心各区域边界部署工业防火墙，对各区域进行逻辑隔离，并根据业务需要进行访问控制策略设置。
2）在调度中心和有人值守站控系统、无人值守站控系统之间部署工业防火墙进行网络层级间的安全隔离和防护。
3）在各场站PLC/RTU等工控设备的网络出口位置部署工业防火墙，以达到重要工控装置的单体设备级安全防护。

（2）主机安全防护

在调度中心和各场站的工程师站、操作员站及服务器上部署工控主机卫士，保护各主机免受病毒、木马、蠕虫等恶意软件的侵袭。

（3）网络监测与审计

在调度中心核心交换机上旁路部署安全监测审计平台，实时发现针对PLC、DCS等重要工业控制系统的攻击和破坏行为，以及病毒、木马等恶意软件的扩散和传播行为，为工业控

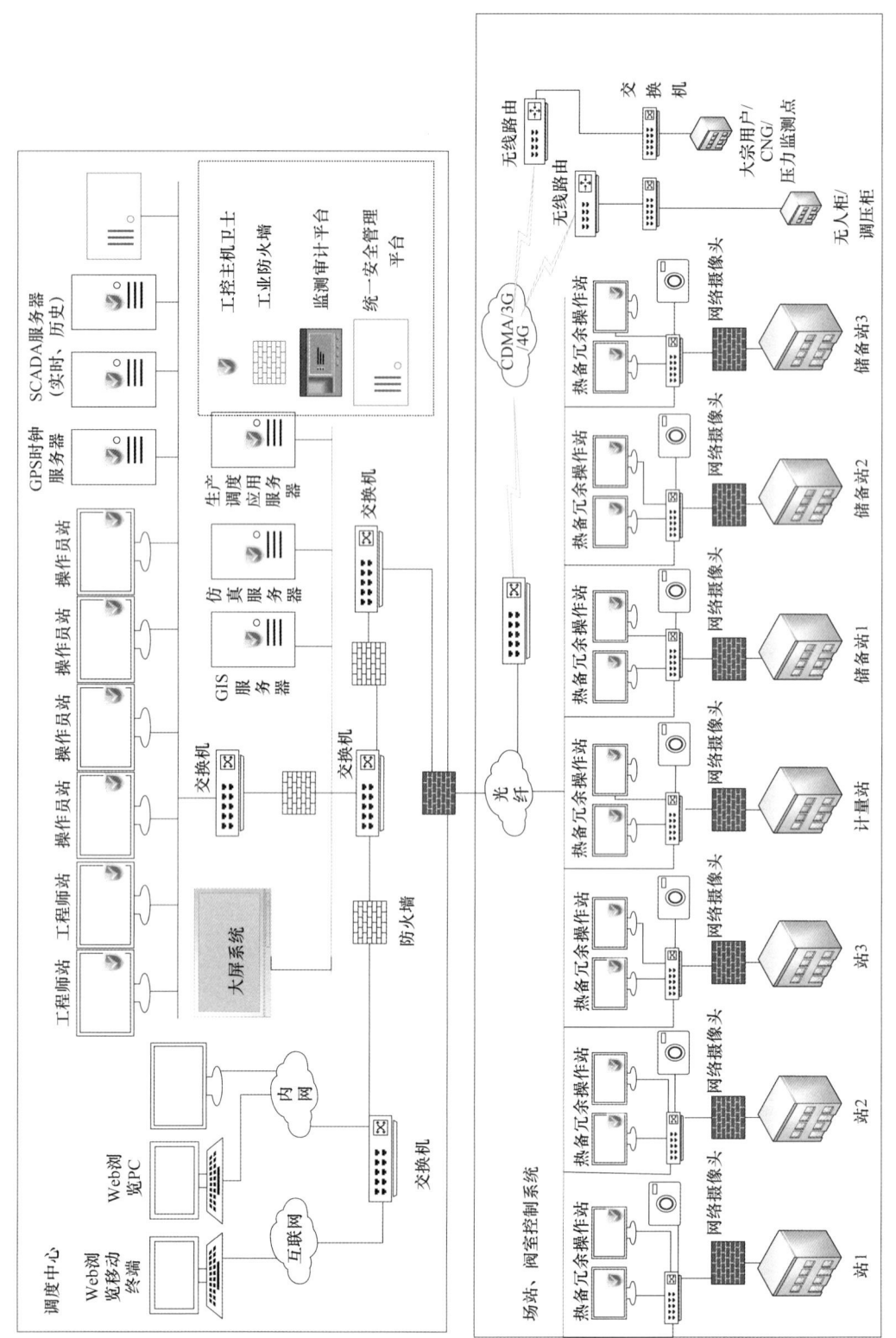

图14-9 燃气企业工控安全方案拓扑图

制网络安全事件调查提供依据。

（4）集中管理

在调度中心部署统一安全管理平台，实现对全网中各安全设备、系统及主机的统一配置、全面监控、实时告警、流量分析等。

14.6.4 小结

该解决方案具备如下特点。

1）实现了调度中心与各场站的安全隔离，避免非授权访问和恶意攻击，保护了燃气系统网络边界安全。

2）避免工控系统主机遭受恶意软件感染和扩散，避免通过普通 U 盘感染主机，保护了工控主机安全。

3）阻止病毒木马程序进入调度中心和场站操作员站、工程师站和服务器，降低了系统被攻击利用的风险。

4）实现网内安全产品统一管理、日志统一收集，提高了运维人员的工作效率，降低了人力投入成本。

14.7 本章小结

本章总结了典型行业工业互联网安全解决方案，包括水电厂、风电场、火电厂、石油石化企业、水务企业和燃气企业，对各个行业的方案进行了概述，总结了该行业存在的典型安全问题，最后提出了安全解决方案，并对方案进行了总结。

14.8 思考与练习

1. 油气田作为国家重要的关键基础设施，两化融合提高油气田生产效率的同时，也使油气田面临如下网络威胁。

（1）通用病毒侵入：病毒通过网络、USB 口或服务商服务过程方式侵入系统。

（2）黑客恶意攻击：如敌对势力、不法分子、对企业不满者等，通过远程修改控制策略、修改测控参数等手段攻击。

（3）客服恶意植入：如敌对势力、不法分子、对企业不满者，恶意植入危险程序，造成工艺装置发生事故或停产损失。

（4）企业信息被盗：企业重要信息被恶意窃取，影响企业经营或国家利益。

请根据以上威胁设计安全解决方案。

2. 请介绍一种工业互联网系统及其面临的威胁问题，并设计安全问题解决方案。

参 考 文 献

［1］ 国务院.关于深化"互联网+先进制造业"发展工业互联网的指导意见［EB/OL］.（2017-11-19）［2022-07-20］.http：//www.gov.cn/zhengce/content/2017-11/27/content_5242582.htm.

［2］ 李海花.工业互联网的发展历程及实现路径［J］.互联网天地，2019（8）：23-27.

［3］ 工业互联网产业联盟（AII）.工业互联网体系架构（版本1.0）［EB/OL］.（2016-09-07）［2022-07-20］.http：//www.aii-alliance.org/index/c315/n100.html.

［4］ 工业互联网产业联盟（AII）.工业互联网体系架构（版本2.0）［EB/OL］.（2020-04-23）［2022-07-20］.http：//www.aii-alliance.org/index/c315/n45.html.

［5］ 亓晋，王微，陈孟玺，等.工业互联网的概念，体系架构及关键技术［J］.物联网学报，2022，6（2）：38-49.

［6］ 赵敏.工业互联网平台的六个支撑要素——解读《工业互联网平台白皮书》［J］.中国机械工程，2018，29（8）：1000-1007.

［7］ 傅扬.国内外工业互联网安全态势和风险分析［J］.信息安全研究，2019，5（8）：728-733.

［8］ 张雪莹，杨帅锋，王冲华，等.工业互联网数据安全分类分级防护框架研究［J］.信息技术与网络安全，2021，40（1）：2-9.

［9］ 陶耀东，贾新桐，崔君荣.工业互联网IT/OT一体化的安全挑战与应对策略［J］.电信网技术，2017，11：8-12.

［10］ 夏志杰.工业互联网的体系框架与关键技术——解读《工业互联网：体系与技术》［J］.中国机械工程，2018，29（10）：1248-1259.

［11］ 工业互联网产业联盟（AII）.中国工业互联网安全态势报告（2020年）［EB/OL］.（2021-12-16）［2022-07-20］.http：//www.aii-alliance.org/index/c319/n2700.html.

［12］ 安恒威胁情报中心.研究人员曝光佛罗里达水厂网络攻击事件背后的水坑攻击［EB/OL］.（2021-05-17）［2022-07-20］.https：//ti.dbappsecurity.com.cn/info/1981.

［13］ 安全内参.欧洲能源技术供应商遭勒索攻击，业务系统被迫关闭［EB/OL］.（2021-05-17）［2022-07-20］.https：//www.secrss.com/articles/31248.

［14］ 安全内参.丹麦风电巨头维斯塔斯遭网络攻击并导致数据泄露［EB/OL］.（2021-11-23）［2022-07-20］.https：//www.secrss.com/articles/36370.

［15］ 六方云.工业互联网安全架构白皮书［EB/OL］.（2020-05-26）［2022-07-20］.https：//www.6cloudtech.com/portal/article/index/id/265/cid/2.html.

［16］ 董悦，王志勤，田慧蓉，等.工业互联网安全技术发展研究［J］.中国工程科学，2021，23（2）：65-73.

［17］ 陶源，黄涛，张墨涵，等.网络安全态势感知关键技术研究及发展趋势分析［J］.信息网络安全，2018（8）：79-85.

［18］ 深圳市标准技术研究院.工业互联网安全标准体系研究报告（2020版）［EB/OL］.（2020-09-22）［2022-07-20］.https：//www.sist.org.cn/fwzl/Biaozhun/szbzllyj/202102/P020210207545275521266.pdf.

［19］ 工业互联网产业联盟（AII）.工业互联网安全框架［EB/OL］.（2018-12-11）［2022-07-20］.http：//www.aii-alliance.org/index/c319/n76.html.

［20］ 赵敏.基于RAMI 4.0解读新一代智能制造［J］.中国工程科学，2018，20（4）：90-96.

［21］ 张甜甜.日本工业价值链的新动向——日本工业价值链促进会"面向互联制造业碳中和的新挑战"春季研讨会上的声音［J］.中国质量，2022（7）：32-34.

[22] 王春喜，王成城，汪烁.世界智能制造模型大盘点［J］.MT 机械工程导报，2017（6）：1-10.

[23] 国务院.关键信息基础设施安全保护条例［EB/OL］.（2021-08-17）［2022-07-20］.http：//www.gov.cn/zhengce/content/2021-08/17/content_5631671.htm.

[24] 国家互联网信息办公室，中华人民共和国国家发展和改革委员会，中华人民共和国工业和信息化部，等.网络安全审查办法［EB/OL］.（2022-01-04）［2022-07-20］.http：//www.cac.gov.cn/2022/01/04/c_1642894602182845.htm.

[25] 国家互联网信息办公室.数据出境安全评估办法［EB/OL］.（2022-07-07）［2022-07-20］.http：//www.gov.cn/zhengce/zhengceku/2022/07/08/content_5699851.htm.

[26] 工业和信息化部，教育部，人力资源和社会保障部，等.十部门关于印发加强工业互联网安全工作的指导意见的通知［EB/OL］.（2019-08-28）［2022-07-20］.http：//www.gov.cn/xinwen/2019-08/28/content_5425389.htm.

[27] 工业和信息化部，国家标准化管理委员会.工业互联网综合标准化体系建设指南（2021 版）［EB/OL］.（2021-11-24）［2022-07-20］.http：//www.gov.cn/zhengce/zhengceku/2021-12/25/content_5664533.htm.

[28] 北京炼石网络技术有限公司.2021 数据安全与个人信息保护技术白皮书［EB/OL］.（2022-07-06）［2022-07-20］.http：//www.ciphergateway.com/product/40588.html.

[29] 陆英.网络安全法律法规知多少［J］.计算机与网络，2019，45（16）：48-50.

[30] 工业互联网产业联盟（AII）.工业互联网标准体系（版本 3.0）［EB/OL］.（2021-12-31）［2022-07-20］.http：//www.aii-alliance.org/index/c315/n3038.html.

[31] 工业互联网产业联盟（AII）.工业互联网 典型安全解决方案案例汇编（2020）［EB/OL］.（2021-12-16）［2022-07-20］.http：//www.aii-alliance.org/index/c319/n2699.html.

[32] 工业互联网产业联盟（AII）.工业互联网产业人才发展报告（2020—2021 年版）［EB/OL］.（2021-12-31）［2022-07-20］.http：//www.aii-alliance.org/index/c315/n3144.html.

[33] 斯塔克.威胁建模：设计和交付更安全的软件［M］.江常青，班晓芳，梁杰，等译.北京：机械工业出版社，2015.

[34] KHAN R，MCLAUGHLIN K，LAVERTY D，et al.STRIDE-based threat modeling for cyber-physical systems［C］//2017 IEEE PES Innovative Smart Grid Technologies Conference Europe（ISGT-Europe）.New York：IEEE，2017：1-6.

[35] Microsoft.Getting started with the Threat Modeling Tool［EB/OL］.（2022-08-25）［2022-09-25］.https：//learn.microsoft.com/en-us/azure/security/develop/threat-modeling-tool-getting-started.

[36] HAIDER M H，SALEEM S B，RAFAQAT J，et al.Threat modeling of wireless attacks on advanced metering infrastructure［C］//2019 13th International Conference on Mathematics，Actuarial Science，Computer Science and Statistics（MACS）.New York：IEEE，2019：1-6.

[37] WANG Y，ZHENG J，SUN C，et al.Quantitative security risk assessment of Android permissions and applications［C］//IFIP Annual Conference on Data and Applications Security and Privacy.Berlin：Springer，2013：226-241.

[38] ZHANG H，LOU F，FU Y，et al.A conditional probability computation method for vulnerability exploitation based on CVSS［C］//IEEE Second International Conference on Data Science in Cyberspace（DSC）.New York：IEEE，2017：238-241.

[39] MELL P，SCARFONE K，ROMANOSKY S.A complete guide to the common vulnerability scoring system version 2.0［C/OL］.（2007-07-30）［2022-12-30］.https：//tsapps.nist.gov/publication/get_pdf.cfm?pub_id=51198.

[40] ZHAO C，GILL J S，PISU P，et al.Detection of false data injection attack in connected and automated vehi-

cles via cloud-based sandboxing[J]. IEEE Transactions on Intelligent Transportation Systems,2022,23(7):9078-9088.

[41] 蒋诚.信息安全漏洞等级定义标准及应用[J].信息安全与通信保密,2007(6):148-149,152.

[42] UCEDAVELEZ T, MORANA M M.Risk centric threat modeling:process for attack simulation and threat analysis[M]. New York:John Wiley & Sons,2015.

[43] ZHANG M, CHEN C Y, KAO B C, et al.Towards automated safety vetting of PLC code in real-world plants[C]// 2019 IEEE Symposium on Security and Privacy (SP).New York:IEEE,2019:522-538.

[44] ABBAS S G, ZAHID S, HUSSAIN F, et al.A threat modelling approach to analyze and mitigate Botnet attacks in smart home use case[C]//International Conference on Big Data. New York:IEEE,2020:122-129.

[45] ASSANTE M J, LEE R M.The industrial control system cyber kill chain[J/OL].[2015-10-05]. https://www.sans.org/white-papers/36297/.

[46] MITRE.ATT&CK Matrix for Enterprise[EB/OL].(2022-05-28)[2022-07-20]. https://attack.mitre.org/.

[47] STRAUB J.Modeling attack, defense and threat trees and the cyber kill chain, ATT&CK and stride frameworks as blackboard architecture networks[C]//2020 IEEE International Conference on Smart Cloud (SmartCloud). New York:IEEE,2020:148-153.

[48] HOWARD R, OLSON R.Implementing intrusion kill chain strategies[J]. The cyber defense review,2020,5(3):59-76.

[49] STROM B E, BATTAGLIA J A, KEMMERER M S, et al.Finding cyber threats with ATT&CK-based analytics[R]. Bedford, MA:The MITRE Corporation,2017.

[50] 天地和兴工业网络安全研究院.工业控制系统（ICS）威胁建模实践的思考[EB/OL].(2020-06-11)[2022-07-20]. http://www.tdhxkj.com/news/575.html.

[51] 谢丰,伊胜伟,高洋.加强工业互联网风险分析与安全测评,保障"新基建"安全[J].中国信息安全,2020(7):36-38.

[52] SHAMSI Z, NANDWANI A, LEONARD D, et al.Hershel:Single-Packet OS Fingerprinting[J]. IEEE/ACM Transactions on Networking,2016,24(4):2019-2209.

[53] 邹权臣,张涛,吴润浦,等.从自动化到智能化：软件漏洞挖掘技术进展[J].清华大学学报（自然科学版）,2018,58(12):1079-1094.

[54] JOVANOVIC N, KRUEGEL C, KIRDA E.Pixy:a static analysis tool for detecting web application vulnerabilities[C]//Proceedings of the 2006 IEEE Symposium on Security and Privacy.Oakland, California, USA:IEEE Computer Society,2006:258-263.

[55] BUSH W R, PINCUS J D, SIELAFF D J.A static analyzer for finding dynamic programming errors[J]. Software:practice and experience,2000,30(7):775-802.

[56] SHASTRY B, YAMAGUCHI F, BIECK K, et al.Towards vulnerability discovery using staged program analysis[C]//Proceeding of the 13th International Conference on Detection of Intrusions and Malware, and Vulnerability Assessment.New York, USA:Springer,2016:78-97.

[57] FEIST J, MOUNIER L, POTET M L.Statically detecting use after free on binary code[J]. Journal of Computer Virology and Hacking Techniques,2014,10(3):211-217.

[58] CHENG S, YANG J, WANG J, et al.Loongchecker:Practical summary-based semi-simulation to detect vulnerability in binary code[C]//Proceedings of the 2011 IEEE 10th International Conference on Trust, Security and Privacy in Computing and Communications.Washington, DC, USA:IEEE Computer Society, 2011:150-159.

[59] GAO D, REITER M K, SONG D.BinHunt:automatically finding semantic differences in binary programs[C]//International Conference on Information and Communications Security. Birmingham UK:Springer,

2008：238-255.

[60] Peach Tech.Peach software official website［EB/OL］.［2018-08-02］.http：//www.peachfuzzer.com/products/peach-platform/.

[61] BRADSHAW S.Spike software official website［EB/OL］.［2018-08-02］.http：//www.immunitysec.com/.

[62] PHAM V T，BOHME M，ROYCHOUDHURY A.Model-based whitebox fuzzing for program binaries［C］//Proceeding of the 32st IEEE/ACM International Conference on Automated Software Engineering.Singapore：ACM，2016：543-553.

[63] GODEFROID P，LEVIN M Y，Molnar D A.Automated whitebox fuzz testing［C］//Proceedings of the Network and Distributed System Security Symposium（NDSS）.San Diego，California，USA：Internet Society，2008，8：151-166.

[64] AVGERINOS T，REBERT A，Cha S K，et al.Enhancing symbolic execution with veritesting［C］//Proceeding of the 36th International Conference on Software Engineering.Hyderabad，India：ACM，2014：1083-1094.

[65] SZEGEDY C，ZAREMBA W，SUTSKEVER I，et al.Intriguing properties of neural networks［C/OL］//Proceeding of the 2th International Conference on Learning Representations.［2014-02-19］.https：//arxiv.org/pdf/1312.6199.

[66] GOODFELLOW I，SHLENS J，SZEGEDY C.Explaining and harnessing adversarial examples［C/OL］//Proceeding of the 3th International Conference on Learning Representations.［2015-03-20］.https：//arxiv.org/pdf/1412.6572.

[67] PAPERNOT N，MCDANIEL P，JHA S，et al.The limitations of deep learning in adversarial settings［C］//2016 IEEE European Symposium on Security and Privacy.New York：IEEE，2016：372-387.

[68] 全国信息安全标准化技术委员会（SAC/TC260）.信息安全技术　信息安全风险评估方法：GB/T 20984—2022［S］.北京：中国标准出版社，2022.

[69] 全国信息安全标准化技术委员会（SAC/TC260）.信息安全技术　信息安全风险评估实施指南：GB/T 31509—2015［S］.北京：中国标准出版社，2016.

[70] 中国机械工业联合会.工业控制网络安全风险评估规范：GB/T 26333—2010［S］.北京：中国标准出版社，2011.

[71] 国家市场监督管理总局，国家标准化管理委员会.信息安全技术　工业控制系统风险评估实施指南：GB/T 36466—2018［S］.北京：中国标准出版社，2018.

[72] 全国信息安全标准化技术委员会（SAC/TC260）.信息技术　安全技术　信息安全风险管理：ISO/IEC 27005：2018［S/OL］.（2021-09-30）［2022-07-20］.https：//www.stdlibrary.com/p-2238052.html.

[73] 工业和信息化部.工业控制系统信息安全防护指南［EB/OL］.（2016-10-17）［2022-07-20］.http：//www.gongkong.com/news/201611/352143.html.

[74] 于成丽，王建.工业互联网资源测绘与安全分析平台体系研究［J］.保密科学技术，2021（3）：29-35.

[75] 王永，李翔，任国明，等.全球网络空间测绘地图研究综述［J］.信息技术与网络安全，2019，38（5）：1-6.

[76] 王宸东，郭渊博，甄帅辉，等.网络资产探测技术研究［J］.计算机科学，2018，45（12）：24-31.

[77] 解旭东.工业互联网安全监测审计及态势感知技术研究［J］.信息安全研究，2020，6（11）：996-1002.

[78] 涂国勇.融合威胁动态检测的网络安全评估探究［J］.计算机安全，2009（4）：62-64.

[79] 汤立波.电信网准实时动态风险评估方法研究［J］.现代电信科技，2009，39（11）：38-42.

[80] 朱振乾，张周晶，马慧慧，等.基于Wireshark与Nmap的工业协议分析与工业漏洞挖掘的实现［J］.通信技术，2021，54（3）：716-726.

[81] 夏冀,甘俊杰,李琳.工业控制系统信息安全风险评估方法研究[J].自动化博览,2019,36(S2):58-60.

[82] 高涛.《工业自动化和控制系统的安全性——第3-2部分:系统设计的信息安全风险评估》标准解析[J].中国标准化,2022(6):89-96,111.

[83] 威努特工控安全.工业控制系统信息安全风险评估浅谈[EB/OL].(2017-06-15)[2022-07-20].https://www.sohu.com/a/149036951_723268.

[84] 钱鉴青.基于网络功能虚拟化的工控系统网络仿真技术研究与应用[D].合肥:合肥工业大学,2021.

[85] 余晓晖,刘默,蒋昕昊,等.工业互联网体系架构2.0[J].计算机集成制造系统,2019,25(12):2983-2996.

[86] 王晓聪,张冉,黄赪东.渗透测试技术浅析[J].计算机科学,2012,39(S1):86-88.

[87] HAYAJNEH T, MOHD B J, ITRADAT A, et al. Performance and information security evaluation with firewalls [J]. international journal of security and its applications, 2013, 7(6):355-372.

[88] MARAJ A, JAKUPI G, ROGOVA E, et al.Testing of network security systems through DoS attacks [C]// 2017 6th Mediterranean Conference on Embedded Computing.New York:IEEE,2017:1-6.

[89] ZHU X, ATWOOD J W.A web database security model using the host identity protocol [C]//Database Engineering and Applications Symposium. New York:IEEE,2007:278-284.

[90] ZHU Y Q, HUI Y, HUA L, et al.Design of a new web database security model [C]//2009 Second International Symposium on Electronic Commerce and Security.New York:IEEE,2009:292-295.

[91] BERTINO E, SANDHU R.Database security-concepts, approaches, and challenges [J]. IEEE Transactions on Dependable and Secure Computing,2005,2(1):2-19.

[92] SIBONI S, SACHIDANANDA V, MEIDAN Y, et al.Security testbed for Internet-of-Things devices [J]. IEEE transactions on reliability,2019,68(1):23-44.

[93] WANG Y, CHE T Y, ZHAN X H, et al. A blockchain-based privacy information security sharing scheme in industrial Internet of Things [J]. Sensors,2022,22(9):3426.

[94] PARK B, DANG S P, Noh S, et al. Dynamic virtual network honeypot [C]//2019 International Conference on Information and Communication Technology Convergence (ICTC).New York:IEEE,2019:375-377.

[95] TIAN W, DU M, JI X, et al. Contract-Based incentive mechanisms for honeypot defense in advanced metering infrastructure [J]. IEEE Transactions on Smart Grid,2021,12(5):4259-4268.

[96] DU M, WANG K. An SDN-enabled pseudo-honeypot strategy for distributed denial of service attacks in Industrial Internet of Things [J]. IEEE Transactions on Industrial Informatics,2019,16(1):648-657.

[97] TABARI A Z, OU X M. A multi-phased multi-faceted IoT honeypot ecosystem [C/OL]//Proceedings of the 2020 ACM SIGSAC Conference on Computer and Communications Security (CCS'20). New York:Association for Computing Machinery,2020:2121-2123[2022-07-20].https://doi.org/10.1145/3372297.3420023.

[98] XU J, GUO Y. Mobile communication security defense method based on honeypot technology [C]//2020 2nd International Conference on Information Technology and Computer Application (ITCA). New York:IEEE 2020:496-499.

[99] 吴浩.数据泄露防护(DLP)分域安全技术分析[J].信息与电脑(理论版),2019,31(20):197-198,201.

[100] 杜博杰,钟慧茹,葛运伟.计算机网络信息安全中防火墙技术的有效运用分析[J].中国新通信,2020,22(1):154-155.

[101] TAHBOUB R R, SALEH Y. Data Leakage/Loss Prevention Systems (DLP) [C]//2014 World Congress on Computer Applications and Information Systems (WCCAIS). New York:IEEE,2014:1-6.

［102］ HUO D D, CAO C, LIU P, et al.Commercial hypervisor-based task sandboxing mechanisms are unsecured? But we can fix it![J]. Journal of Systems Architecture, 2021, 4: 102114.

［103］ WANG J, CHEN J H, REN Y J, et al.Data security storage mechanism based on blockchain industrial Internet of Things[J]. Computers & Industrial Engineering, 2022, 164: 107903.

［104］ LIU D, LIU X, MA L, et al.Research on leakage prevention technology of sensitive data based on artificial intelligence[C]//2020 IEEE 10th International Conference on Electronics Information and Emergency Communication (ICEIEC). New York: IEEE, 2020: 142-145.

［105］ Ghouse M, NENE M J. graph neural networks for prevention of leakage of secret data[C]//2020 5th International Conference on Communication and Electronics Systems (ICCES). New York: IEEE, 2020: 994-999.

［106］ GHOUSE M, NENE M J, VEMBUSELVI C. Data leakage prevention for data in transit using artificial intelligence and encryption techniques[C]//2019 International Conference on Advances in Computing, Communication and Control (ICAC3). New York: IEEE, 2019: 1-6.

［107］ 王群, 袁泉, 李馥娟, 等.零信任网络及其关键技术综述[J/OL]. 计算机应用, 2022: 1-10[2023-03-20]. http://kns.cnki.net/kcms/detail/51.1307.TP.20220622.0934.006.html.

［108］ 诸葛程晨, 王群, 刘家银, 等.零信任网络综述[J/OL]. 计算机工程与应用, 2022, 58(22): 12-29.

［109］ SIMPSON W R, FOLTZ K E.Resolving network defense conflicts with zero trust architectures and other end-to-end paradigms[J] International journal of network security & its applications (IJNSA), 2021, 13(1): 1-20.

［110］ PAPAKONSTANTINOU N, BOSSUYT D, LINNOSMAA J, et al.A zero trust hybrid security and safety risk analysis method[J] Journal of computing and information science in engineering, 2021(5): 1-26.

［111］ 吉尔曼, 巴斯.零信任网络: 在不可信网络中构建安全系统[M]. 奇安信身份安全实验室, 译. 北京: 人民邮电出版社, 2021.

［112］ ELIYAN L F, PIETRO R D.DoS and DDoS attacks in software defined networks: a survey of existing solutions and research challenges[J]. Future generation computer systems, 2021, 122: 149-171.

［113］ DESHPANDE A. Analyzing the deployment of zero trust network architecture in enterprise networks[J]. GIS-Zeitschrift für Geoinformatik, 2021, 8(5): 1587-1594.

［114］ Cloud Security Alliance (CSA). SDP Specification v1.0[EB/OL].(2014-04-30)[2022-01-03]. https://cloudsecurityalliance.org/artifacts/sdp-specification-v1-0/.

［115］ INDU I, RUBESH A, VIDHYACHARAN B. Identity and access management in cloud environment: mechanisms and challenges[J]. Engineering science and technology, an international journal, 2018, 21(4): 574-588.

［116］ PANG L, YANG C, CHEN D, et al.A survey on intent-driven networks[J]. IEEE Access, 2020, 8: 22862-22873.

［117］ 伍擎.计算机网络防御关键技术研究[J]. 信息与电脑（理论版）, 2022, 34(8): 224-226.

［118］ 王鹏超.基于博弈模型的动态网络防御关键技术研究[D]. 郑州: 战略支援部队信息工程大学, 2019.

［119］ 李振宇, 丁勇, 袁方, 等.基于IPv6网络的移动目标防御与访问控制融合防护方法[J]. 计算机研究与发展, 2022, 59(5): 1105-1119.

［120］ 景湘评.基于Web服务的移动目标防御技术研究与实现[D]. 北京: 北京邮电大学, 2018.

［121］ 邬江兴.网络空间内生安全发展范式[J]. 中国科学: 信息科学, 2022, 52(2): 189-204.

［122］ 樊琳娜, 马宇峰, 黄河, 等.移动目标防御技术研究综述[J]. 中国电子科学研究院学报, 2017, 12

(2)：209-214.

[123] HU H, WU J, WANG Z. Mimic defense：a designed-in cybersecurity defense framework [J]. IET Information Security, 2017, 12 (3)：226-237.

[124] MA B L, ZHANG Z.Security research of redundancy in mimic defense system [C] //Proceedings of 3rd IEEE International Conference on Computer and Communications (ICCC). New York：IEEE, 2017：2910-2914.

[125] 马海龙, 伊鹏, 江逸茗, 等.基于动态异构冗余机制的路由器拟态防御体系结构 [J]. 信息安全学报, 2017, 2 (1)：29-42.

[126] 陈利跃, 孙歆, 吴春明, 等.一种基于异构度的拟态执行体调度模型研究 [C] // "先进计算与防御技术" 会议.北京：人民邮电出版社, 2018：494-500.

[127] 贾洪勇, 潘云飞, 刘文贺, 等.基于高阶异构度的执行体动态调度算法 [J]. 通信学报, 2022, 43 (3)：233-245.

[128] 宋克, 刘勤让, 魏帅, 等.基于拟态防御的以太网交换机内生安全体系结构 [J]. 通信学报, 2020, 41 (5)：18-26.

[129] 仝青, 张铮, 张为华, 等.拟态防御 Web 服务器设计与实现 [J]. 软件学报, 2017, 28 (4)：883-897.

[130] 岳阳阳.面向多接入边缘计算的拟态防御研究 [D]. 南京：南京邮电大学, 2021.

[131] 张汝云, 李合元, 李顺斌.有限异构资源条件下的工业控制拟态调度算法 [J]. 电信科学, 2021, 37 (3)：57-65.

[132] CHOI J, GOH K I. Dynamics of consensus formation on multiplex networks：the majority-vote model [C] //Proc of APS March Meeting.Ridge, NY：American Physical Society, 2018.

[133] 武兆琪, 张帆, 郭威, 等.一种基于执行体异构度的拟态裁决优化方法 [J]. 计算机工程, 2020, 46 (5)：12-18.

[134] WU Z Q, ZHANG F, GUO W. A mimic arbitration optimization method based on heterogeneous degree of executors [J]. Computer Engineering, 2020, 46 (5), 12-18.

[135] 仝青, 张铮, 邬江兴.基于软硬件多样性的主动防御技术 [J]. 信息安全学报, 2017, 2 (1)：1-12.

[136] 张帆, 谢光伟, 郭威, 等.基于拟态架构的内生安全云数据中心关键技术和实现方法 [J]. 电信科学, 2021, 37 (3)：39-48.

[137] 国务院.关于促进云计算创新发展培育信息产业新业态的意见 [EB/OL]. (2015-01-30) [2022-07-20]. http：//www.gov.cn/zhengce/content/2015-01/30/content_9440.htm.

[138] 国务院.国家中长期科学和技术发展规划纲要 [EB/OL]. (2006-02-09) [2022-07-20]. http：//www.gov.cn/jrzg/2006-02/09/content_183787.htm.

[139] 国务院.关于深化制造业与互联网融合发展的指导意见 [EB/OL]. (2016-05-20) [2022-07-20]. http：//www.gov.cn/zhengce/content/2016-05/20/content_5075099.htm.

[140] 全国人民代表大会常务委员会.中华人民共和国网络安全法 [EB/OL]. (2016-11-07) [2022-07-20]. http：//www.npc.gov.cn/npc/c30834/201611/270b43e8b35e4f7ea98502b6f0e26f8a.shtml.

[141] 工业和信息化部.信息产业发展指南 [EB/OL]. (2017-01-19) [2022-07-20]. http：//www.cac.gov.cn/2017-01/19/c_1120346635.htm.

[142] 中央网信办.国家网络安全事件应急预案 [EB/OL]. (2017-06-27) [2022-07-20]. http：//www.cac.gov.cn/2017-06/27/c_1121220113.htm.

[143] 工业和信息化部.工业控制系统信息安全事件应急管理工作指南 [EB/OL]. (2017-06-15) [2022-07-20]. http：//www.gov.cn/xinwen/2017-06/15/content_5202783.htm.

[144] 工业和信息化部.公共互联网网络安全威胁监测与处置办法 [EB/OL]. (2017-09-13) [2022-07-

20］. http：//www.gov.cn/xinwen/2017-09/13/content_5224866.htm.

［145］ 工业和信息化部. 公共互联网网络安全突发事件应急预案［EB/OL］.（2017-11-25）［2022-07-20］. http：//www.cac.gov.cn/2017-11/25/c_1122007444.htm.

［146］ 国务院. 关于深化"互联网+先进制造业"发展工业互联网的指导意见［EB/OL］.（2017-11-27）［2022-07-20］. http：//www.gov.cn/zhengce/content/2017/11/27/content_5242582.htm.

［147］ 中共中央办公厅，国务院. 推进互联网协议第六版（IPv6）规模部署行动计划［EB/OL］.（2022-11-27）［2023-01-20］. https：//www.miit.gov.cn/xwdt/szyw/art/2020/art_12d0cc795a6d4a39b676f8158067ad77.html.

［148］ 工业和信息化部. 工业控制系统信息安全行动计划（2018—2020 年）［EB/OL］.（2017-12-29）［2022-07-20］. https：//www.miit.gov.cn/jgsj/xxjsfzs/wjfb/art/2020/art_dc95c79d172344eb9a240720725c4317.html.

［149］ 公安部. 网络安全等级保护条例（征求意见稿）［EB/OL］.（2018-06-27）［2022-07-20］. https：//www.mps.gov.cn/n2254536/n4904355/c6159136/content.html?from=timeline.

［150］ 国务院. 关于深化新一代信息技术与制造业融合发展的指导意见［EB/OL］.（2016-05-20）［2022-07-20］. http：//www.gov.cn/zhengce/content/2016-05/20content_5075099.htm.

［151］ 工业和信息化部. 工业互联网创新发展行动计划（2021—2023 年）［EB/OL］.（2021-01-13）［2022-07-20］. https：//www.miit.gov.cn/ztzl/rdzt/gyhlw/wjfb/art/2021/art_6706d89a6cbc49cea75e8d47d4787064.html.

［152］ 工业和信息化部，应急管理部. "工业互联网+安全生产"行动计划（2021—2023 年）［EB/OL］.（2020-10-10）［2022-07-20］. http：//www.scio.gov.cn/xwfbh/xwbfbh/wqfbh/42311/44021/xgzc44027/Document/1690213/1690213.htm.

［153］ 工业和信息化部. "十四五"信息化和工业化深度融合发展规划［EB/OL］.（2021-12-01）［2022-07-20］. http：//www.gov.cn/zhengce/2021-12/01/content_5655201.htm.

［154］ 赵亚楠. 工业控制系统信息安全 2020 年十大发展趋势［J］. 自动化博览，2020，（3）：14-17.

［155］ 陶耀东，李强，李宁. 工业互联网的安全挑战及应对策略［J］. 中兴通信技术，2016，22（5）：36-41，46.

［156］ 郝闯，马卓元，李丹. 工业互联网安全现状与风险分析［J］. 网络安全和信息化，2021，（8）：29-30.

［157］ 叶晓虎. 构建应急体系护航工业运行安全［J］. 新型工业化，2021，11（10）：11-14.

［158］ 廉明. 基于工业互联网安全的可信应急平台［J］. 新型工业化，2021，11（10）：155-156.

［159］ 锁延锋，王少杰，秦宇，等. 工业控制系统的安全技术与应用研究综述［J］. 计算机科学，2018，45（4）：25-33.

［160］ 边泽楠，电力生产企业工业互联网安全能力建设实践［J］. 网络安全技术与应用，2022，（4）：101-103.

［161］ 唐龙胜，侯正炜，程胜林，等. 工业互联网安全态势感知技术探究［J］. 智能物联技术，2021，4（5）：42-46.

［162］ 张小俊，史威，贾立东，等. 工业网络安全态势感知平台在能源管道行业应用的机遇与挑战［J］. 自动化应用，2021，（8）：80-82，87.

［163］ 万明，李晋芳，罗浩，等. 全互联互通模式下工业 AI 入侵检测方法分析［J］. 自动化博览，2019，36（S2）：50-53.

［164］ 王强. 探析大数据背景下安全分析的网络安全技术发展趋势［J］. 电子世界，2020，（13）：84-85.

［165］ 魏凡翔. 面向网络安全感知的态势可视化技术研究［D］. 南京：南京理工大学，2019.

［166］ JILLEPALLI A A, LEON D C D, STEINER S, et al.Hardening the client-side：a guide to enterprise-level hardening of web browsers［C］// 2017 IEEE 15th Intl Conf on Dependable, Autonomic and Secure Computing, 15th Intl Conf on Pervasive Intelligence and Computing, 3rd Intl Conf on Big Data Intelligence and Computing and Cyber Science and Technology Congress（DASC/PiCom/DataCom/CyberSciTech）. New York：IEEE，2017：687-692.

［167］ 米昂.Web 安全加固系统的设计与实现［D］. 长沙：中南大学，2013.

[168] LÓPEZ-MORALES E, RUBIO-MEDRANO C, DOUPÉ A, et al.HoneyPLC: a next-generation honeypot for industrial control systems [C] // 2020 ACM SIGSAC Conference on Computer and Communications Security (CCS'20).New York: ACM, 2020: 279-291.

[169] LI J, QIU J, DOU K, et al. A reference architecture and evaluation framework for industrial internet platform [C] // 2019 3rd International Conference on Electronic Information Technology and Computer Engineering (EITCE).New York: IEEE, 2019: 1290-1298.

[170] FAN P, ZHANG W, ZHOU H, et al. A security scheme for industrial internet platform based on trusted computing technology [C] // 2021 International Conference on Computer Engineering and Artificial Intelligence (ICCEAI). New York IEEE, 2021: 32-37.

[171] MOSENIA A, SUR-KOLAY S, RAGHUNATHAN A, et al. DISASTER: dedicated intelligent security attacks on sensor-triggered emergency responses [J]. IEEE transactions on multi-scale computing systems, 2017, 3 (4): 255-268.

[172] ZHOU C, HU B, SHI Y, et al.A unified architectural approach for cyberattack-resilient industrial control systems [C] // Proceedings of the IEEE. New York: IEEE 2021, 109 (4): 517-541.

[173] 邬惠峰.浅谈可编程逻辑控制器（PLC）的技术现状和发展趋势 [J]. 自动化博览, 2022, 39 (4): 18-21.

[174] 陈辉, 李坚强, 裴海龙, 等.基于梯形图语言的软 PLC 技术研究与实现 [J]. 微计算机信息, 2006 (25): 266-268.

[175] PAVLOVIC O, PINGER R, KOLLMANN M.Automated formal verification of PLC programs written in IL [DB/OL]. (2023-01-09) [2023-02-28]. https://doc.taixueshu.com/foreign/rgArti2007185252104.html.

[176] NELLEN J, DRIESSEN K, NEUHAEUSSER M, et al.Two CEGAR-based approaches for the safety verification of PLC-controlled plants [J]. Information Systems Frontiers, 2016, 18 (5): 1-26.

[177] CIMATTI A, CLARKE E, GIUNCHIGLIA F, et al.NuSMV: A new symbolic model verifier [C] // International Conference on Computer Aided Verification.Berlin: Springer, 1999: 410-425.